Elke Morlok

Kabbala und Haskala

Studia Judaica

Forschungen zur Wissenschaft des Judentums

Begründet von
Ernst Ludwig Ehrlich

Herausgegeben von
Günter Stemberger, Charlotte Fonrobert,
Elisabeth Hollender, Alexander Samely
und Irene Zwiep

Band 114

Elke Morlok

Kabbala und Haskala

Isaak Satanow (1732–1804) zwischen jüdischer Gelehrsamkeit, moderner Physik und Berliner Aufklärung

DE GRUYTER

ISBN 978-3-11-151856-5
e-ISBN (PDF) 978-3-11-071632-0
e-ISBN (EPUB) 978-3-11-071642-9
ISSN 0585-5306

Library of Congress Control Number: 2021932231

Bibliographic information published by the Deutsche Nationalbibliothek
The Deutsche Nationalbibliothek lists this publication in the Deutsche Nationalbibliografie; detailed bibliographic data are available on the Internet at http://dnb.dnb.de.

Dieser Band ist text- und seitenidentisch mit der 2022 erschienenen gebundenen Ausgabe.

www.degruyter.com

Danksagung

Bei der vorliegenden Arbeit handelt es sich um eine überarbeitete Version meiner Habilitationsschrift im Fach Judaistik mit dem Titel „Kabbala und Haskala – Isaak ben Moshe Halevi Satanow (1732–1804)“, die im März 2017 dem Fachbereich 09 Sprach- und Kulturwissenschaften der Goethe-Universität Frankfurt am Main vorgelegt wurde. Für die Unterstützung auf dem Weg der Realisierung derselben danke ich ganz herzlich der Hochschule für Jüdische Studien in Heidelberg, der Judaistik in Mainz, dem Seminar für Judaistik in Frankfurt sowie dem vom LOEWE Programm des Hessischen Ministeriums für Wissenschaft und Kunst geförderten Forschungsschwerpunkt „Religiöse Positionierung: Modalitäten und Konstellationen in jüdischen, christlichen und muslimischen Kontexten“. Für die Betreuung und Durchführung des Verfahrens gilt mein Dank besonders den Mitgliedern der Habilitationskommission: Elisabeth Hollender, Rebekka Voß, Christian Wiese und Moshe Idel. Letzterem schulde ich meinen tiefen Dank für die Anregung nicht nur zur Beschäftigung mit der jüdischen Mystik, sondern auch zur Auseinandersetzung mit einer der faszinierendsten Figuren der jüdischen Aufklärung – Isaak Satanow, dessen Denken zwischen Newton und Kabbala einen bleibenden Eindruck nicht nur bei mir, sondern auch bei zahlreichen Vertretern der europäischen Geistesgeschichte hinterlassen hat.

Ohne anregende Diskussionen zu Satanow, der Haskala sowie den kabbalistischen Literaturen wäre solch ein Buch niemals zustande gekommen. Daher möchte ich Kolleginnen und Kollegen aus aller Welt meinen Dank aussprechen: Daniel Abrams, Avriel Bar-Levav, Eliezer Baumgarten, Michael Brocke, Jeremy Phillip Brown, Flavia Buzzetta, Julie und Yossi Chajes, Cristina Ciucu, Saskia Dönitz, Shmuel Feiner, Gideon Freudenthal, Uriel Gellmann, Yuval Harari, Tamar Herzig, Boaz Huss, Iris Idelsohn-Shein, Maoz Kahana, Marion Keller, Patrick Koch, Tal Kogman, Annelies Kuyt, Uta Lohmann, Yehuda Liebes, Jonatan Meir, Ronit Meroz, Frederek Musall, Gerold Necker, Agata Paluch, Erik Petry, Ada Rapoport-Albert (z"l), Bill Rebiger, Monica Rüthers, David Ruderman, Uri Safrai, Gadi Sagiv, David Sclar, Yael Sela, Avi Siluk, David Sorkin, Avinoam Stillman, Ze'ev Strauss, Assaf Tamari, Anna Maria Vileno, Robert Wilkinson, Marcin Wodzinski, Elliot Wolfson und Irene Zwiep. Für die Gastfreundschaft in Krakau bin ich Michał Galas, Adam Kazmierczyk sowie dem Leiter der Princes Czartoryski Library, Janusz Nowak, zu großem Dank verpflichtet. Dies gilt in gleichem Maße für das Jewish Historical Institute in Warschau, vor allem Magdalena Bendowska und Jan Doktór, sowie Shoshana Ronen an der dortigen Universität.

Wie bei allen meinen Studien wäre die Durchführung derselben ohne die Unterstützung der Scholem Bibliothek und der Nationalbibliothek in Jerusalem,

https://doi.org/10.1515/9783110716320-001

insbesondere der Handschriftenabteilung, nicht möglich gewesen. Für die Einräumung der Bildrechte geht mein Dank an die National Library of Israel in Jerusalem, das Jewish Institute St. Petersburg, das Jewish Historical Institute Warsaw, die Herzog August Bibliothek Wolfenbüttel, Olaf Müller, Hanan Benayahu sowie die Princes Czartoryski Library in Krakau. Von den wertvollen Bänden der Haskala-Sammlung des Salomon Ludwig-Steinheim Instituts in Essen sowie den Schätzen der Judaica-Sammlung in Frankfurt habe ich ebenfalls enorm profitiert. Beiden möchte ich ebenfalls meinen besonderen Dank für ihre Unterstützung und die Erlaubnis zum Druck einiger Abbildungen aussprechen.

Ohne die kritische und zugleich motivierende Durchsicht der Habilitationsschrift und des Buchmanuskripts von Marcus Held und Ansgar Martins hätte ich vielleicht kurz vor dem Ziel aufgegeben – mein herzlichster Dank an beide für ihre ebenso fachkundige wie freundschaftliche Unterstützung bei diesem Projekt.

Den Herausgeberinnen und Herausgebern der Reihe *Studia Judaica: Forschungen zur Wissenschaft des Judentums* bei Walter de Gruyter sei herzlich für die Aufnahme in diese Reihe gedankt.

Meiner Familie, die schon viele Höhen und Tiefen im Verlauf meiner wissenschaftlichen Arbeit miterlebte, soll dieses Buch in Liebe und Dankbarkeit gewidmet sein.

Schelklingen, September 2020

[...] denn „von Sonnenaufgang bis zu ihrem Niedergang wird gelobt der Name des Ewigen!“ (Ps 113,3) in diesen herrlichen Wundern (*peli'ot*) der Säume der Gewänder, die Gottes Wunderwerke verkünden, „die Wundergebilde des vollkommenen Weisen“ (Hi 37,16), die er auf erhabene vollkommene Weise gründete. Und wer weise (*ḥakham*) ist, begreift dies (Jer 9,11), und derjenige, dem Gott „das Ohr erweckt zu horchen wie Lehrlinge“ (nach Jes 50,4) den Gesang (*shira*), aus den Säumen der Gewänder offenbart, wird die Worte ihres lauten Schreiens verstehen.

(Isaak Satanow, *Imre Bina*, 24a)

Inhalt

1 **Einleitung — 1**
1.1 Vorbemerkungen — **9**
1.2 Forschungsstand — **20**
1.3 Methodologische Überlegungen — **33**

2 **Isaak Satanow zwischen Podolien und Preußen — 47**
2.1 Leben und Werk Isaak Satanows (1732–1804) — **47**
2.2 Periodisierung der Berliner Haskala — **84**
2.3 Aufklärung und Kabbala — **96**
2.3.1 Salomon Maimon (1753–1800) — **101**
2.3.2 Israel Zamosc (ca. 1700–1772) und Moshe Ḥayyim Luzzatto (1707–1746) — **118**
2.4 *Ha-Me'assef*, der Kreis der *Me'assfim* und die Orientalische Buchdruckerey — **130**
2.5 Zur Drucklegung von *'Eṣ Ḥayyim* durch Isaak Satanow und Johann Anton Krüger — **156**
2.5.1 Johann Anton Krüger / Krieger (ca. 1705–1779) — **177**
2.5.2 Jóseph Klemenz Czartoryski (1740–1810) — **182**

3 **Kabbala, Philosophie und Naturwissenschaft in *Imre Bina* (Worte der Einsicht) — 188**
3.1 Jüdische Wissenschaftsgeschichte — **188**
3.2 *Imre Bina* (Worte der Einsicht) und *Zohar Tinyana* (Zweiter *Zohar*) — **199**
3.2.1 *Zohar Tinyana* — **203**
3.2.2 *Imre Bina* — **215**
3.3 Newton, Optik und die zehn Sefirot: Naturwissenschaft und Kabbala in Einklang — **247**
3.4 Weltschöpfung und *Ṣimṣum (Imre Bina* 20a–23a) — **284**
3.4.1 *Hester Panim* (Verbergen des Antlitzes) und *Ṣimṣum* — **302**
3.4.2 *Ṣimṣum* bei Salomon Maimon — **318**
3.5 *Levushim* (Bekleidungen), *Malbush* (Gewand) und Gottes Vergnügen (*Sha'ashua'*) — **324**

4 **Re-Orientierungen zur Kabbala in der „Wissenschaft des Judentums" — 353**
4.1 Scholem, Kurzweil und weitere Debatten — **354**

4.2 Scholem, Satanow und die „Wissenschaft des Judentums" — **374**
4.3 Satanow innerhalb der „Wissenschaft des Judentums" — **385**
4.3.1 Satanow als Literat — **386**
4.3.2 Satanow bei Heinrich Graetz (1817–1891) — **406**

5 Fazit und Ausblick — 412

Bibliographie — 424
Primärliteratur von Isaak Satanow — **424**
Primärliteratur anderer Autoren — **425**
Archivalien und Handschriften — **429**
Sekundärliteratur — **430**

Namensregister — 480

Ortsregister — 486

Sachregister — 488

1 Einleitung

Es gibt wohl wenige Autoren in der jüdischen Tradition, die einen unmittelbaren Zusammenhang zwischen Isaak Newton, der lurianischen Vorstellung der Selbstverschränkung Gottes, dem korrekten Schliff eines Diamanten und den zehn Sefirot aus der kabbalistischen Literatur herstellen können. Isaak ben Moshe Halevi aus Satanow meistert eben jenes Kunststück und zwar in solcher Weise, dass sowohl jüdische Intellektuelle als auch christliche Gelehrte von seinem Wissen in allen Bereichen beeindruckt sind. Satanows einzigartige Synthese verschiedener jüdischer Traditionen, naturwissenschaftlicher Errungenschaften und philosophischer Wahrheitsfindung werde ich in der vorliegenden Untersuchung aus unterschiedlichen Perspektiven beleuchten, um aufzuzeigen, dass die gängigen Analyse-Kategorien der jüdischen Aufklärung wie Säkularisierung, Assimilation, Rationalismus, Krise oder auch Bildungsreform zu kurz greifen, um Autoren wie Satanow und deren Bedeutung für die europäische Geistesgeschichte angemessen beurteilen zu können.

Gershom Scholem, der Begründer der wissenschaftlichen Erforschung der jüdischen Mystik, schreibt in seinem Aufsatz „Die letzten Kabbalisten in Deutschland“:

> Daß bei diesem Prozeß manchmal auch schon merkwürdige Amalgamierungen der kabbalistischen Studien mit der neuen Gedankenwelt der Aufklärung vorkamen, läßt sich nicht nur an der reichen literarischen Produktion des Isaak Satanow (1732–1804) erweisen, der dem Kreise Moses Mendelssohns und des *Ha-Me'asseph* angehörte, zugleich aber in seinen Schriften auf alle mögliche, z.T. recht versteckte Weisen auch kabbalistischen Ideen Einlaß gewährte. In der Druckerei der jüdischen Freischule in Berlin, aus der eine große Zahl der ersten Aufklärungsschriften hervorging, erschienen 1783 und 1784 auch zwei Schriften Satanows, die ausschließlich der Propagierung seiner Synthese kabbalistischer und moderner Ideen gewidmet waren und keineswegs als versteckte Polemik aufzufassen sind. Es wird immer erstaunlich bleiben, daß gerade Satanow es war, der schon lange nach seiner Berührung mit dem Mendelssohnschen Kreis im Jahre 1784 die erste Drucklegung des Buches *Ez Chajim*, des Hauptwerkes der Lurianischen Kabbala, veranstaltete, die er in Koretz in Wolhynien herausbrachte. Eine Studie über diese eigenartige Figur steht noch aus.[1]

1 Gershom Scholem, „Die letzten Kabbalisten in Deutschland“, in ders., *Judaica 3*, Frankfurt a. M. 1973, 219–220. Zu diesem Aufsatz siehe Jonatan Meir, „‚Die letzten Kabbalisten in Deutschland‘: Gershom Scholem und die Familie Wechsler“, in Gerold Necker / Elke Morlok / Matthias Morgenstern (Hg.), *Gershom Scholem in Deutschland. Zwischen Seelenverwandtschaft und Sprachlosigkeit*, Tübingen 2014, 243–258.

https://doi.org/10.1515/9783110716320-002

Bislang wurde Scholems Aufruf zur weiteren Untersuchung dieses bedeutenden Autors der jüdischen Aufklärung (Haskala), Isaak Satanow, noch nicht Folge geleistet. Dies ist zum einen der Tatsache geschuldet, dass Satanow bereits bei seinen Zeitgenossen einen zweifelhaften Ruf genoss. Sein Zeitgenosse Moses Mendelssohn Frankfurter, der Sohn des Hamburger Rabbiners Moses ben Menaḥem Mendel Frankfurt, der für sich selbst aus Bewunderung für den Berliner Gelehrten den Familiennamen Mendelssohn wählte,[2] meinte etwa, er sei „halb Häretiker und halb Frommer".[3] Zum anderen sind die meisten seiner Schriften auf Hebräisch / Aramäisch verfasst, wobei die Vielfalt seiner kunstvollen Stilrichtungen und Imitationen der unterschiedlichsten Sprachstufen verschiedener Epochen eine Interpretation derselben erheblich erschwert.

In der vorliegenden Studie wird die jüdische Aufklärung (Haskala) in ihrer spezifischen Ausprägung bei Satanow dargestellt, analysiert und kontextualisiert. Besondere Aufmerksamkeit erhalten dabei die von Scholem indirekt erwähnten Schriften *Imre Bina* (Worte der Einsicht) von 1784 und Satanows Neufassung des Hauptwerkes der mittelalterlichen jüdischen Mystik, das *Sefer ha-Zohar* (Buch des Glanzes), aus dem Jahr 1783 mit dem Titel *Zohar Tinyana* (Ein zweiter *Zohar*).[4] Ich möchte hierbei primär die Rolle kabbalistischer Symbole und Konzeptionen in ihrer Aufnahme und Interpretation bei Satanow beleuchten. Zudem finden deren Funktionen innerhalb seiner einzigartigen Synthese zwischen Haskala, Philosophie, Tradition und Naturwissenschaft angemessene Beachtung.

Es soll gezeigt werden, dass nicht nur säkularisierende Tendenzen des Rationalismus sowie assimilatorische Perspektiven[5] eine entscheidende Rolle beim Eintritt der jüdischen Religion und Kultur in die Moderne spielten, sondern auch Traditionen der mittelalterlichen Philosophie und Mystik an dieser Schwellen-

---

2 Im wissenschaftlichen Diskurs fügt man zur Unterscheidung der beiden bei Menaḥem Mendel den Namen Frankfurter hinzu.

3 Moses Mendelssohn (Frankfurter), *Pene Tevel* [Erdkreis], Amsterdam 1872, 252.

4 Siehe Nehama Rezler-Bersohn, *Isaac Satanow, the Man and his Work: A Study in the Berlin Haskalah*, PhD Thesis Columbia University 1976, 24.

5 Ein Aspekt, der in den Arbeiten Jonathan I. Israels zur Aufklärung deutlich hervorgehoben wird. Siehe z. B. ders., *Demographic Enlightenment. Philosophy, Revolution, and Human Rights 1750–1790*, Oxford / New York 2011; ders., *Philosophy Contested. Philosophy, Modernity, and the Emancipation of Man 1670–1752*, Oxford / New York 2006; ders., *Radical Enlightenment. Philosophy and the Making of Modernity 1650–1750*, Oxford / New York 2001; zur aktuellen Debatte über und Begriffsklärung von „Radikalaufklärung" siehe den Sammelband ders. / Martin Mulsow (Hg.), *Radikalaufklärung*, Berlin 2014.

position eine nicht zu vernachlässigende Wirkung ausübten.[6] Indirekt stelle ich damit die Frage, ob die jüdische Aufklärung und die Wissenschaft des Judentums einen Bruch oder eine Kontinuität mit ihrer jüdischen Vergangenheit verkörpern und in welcher Form jüdische Traditionen aus der Geschichte in neuen Epochen adaptiert werden.[7]

Bei unserem Autor, wie auch bei seinem Zeitgenossen Salomon Maimon (1753–1800), nahm die Vereinbarkeit von traditionellem Glauben, zeitgenössischen Erkenntnissen aus den Naturwissenschaften und philosophischen Positionen der jüdischen Tradition sowie kabbalistischen Gedanken eine übergeordnete Funktion ein. Verschiedene Fragen schließen sich für die Interpretatoren dieses Typs von Aufklärer an: Worin lagen Unterschiede und Gemeinsamkeiten zwischen jüdischer und nichtjüdischer Aufklärung, wo fanden sich Berührungspunkte der beiden Phänomene im Hinblick auf kabbalistische Symbolik? Welche Persönlichkeiten und Kontexte prägten die jüdische Aufklärung diesbezüglich und wie wurde der Eintritt in die Moderne von diesen Denkern in Idealform angestrebt? Welche neuen Traditionen bildeten sich aus den zahlreichen kulturellen und intellektuellen Interaktionen dieser Epoche und unter welchen Umständen? Welche Positionen innerhalb und außerhalb der jüdischen Tradition nahmen jene Maskilim ein, die kabbalistisches Gedankengut in ihre Konzeptionen einzubinden versuchten? Dabei wird vornehmlich die Rolle mystisch-kabbalistischer Vorstellungen in Bezug auf das jüdische Selbst- und Geschichtsverständnis zu bedenken sein.

Ein weiteres Augenmerk der vorliegenden Studie liegt auf den damals virulenten Migrationsprozessen zwischen Ost- und Westjudentum, die in der Folge einen religiös-kulturellen Austausch zwischen den intellektuellen Eliten der Haskala im Westen und im Osten initiierten und nachhaltig prägten.[8] Welche Auswirkung hatte Satanows osteuropäische Herkunft auf seine schriftstellerischen und editorischen Tätigkeiten und inwieweit fand eine Integration seiner Ideen in westeuropäisches Denken der damaligen Zeit statt? Welche Konsequenzen hatten seine zahlreichen Reisen zwischen Berlin und Koretz oder anderen Städten im Königreich Polen? Simon Dubnow (1860–1941) beschrieb den Einfluss der kabbalistisch-philosophischen Gedankenwelt (meist aus Italien und Sefarad) auf die

6 Siehe David Sorkin, der eindrücklich die Rolle der Religion in der jüdischen Aufklärung beleuchtet: *The Religious Enlightenment: Protestants, Jews, and Catholics from London to Vienna*, Princeton 2008; ders., *Moses Mendelssohn and the Religious Enlightenment*, Berkeley 1996.

7 Dies ist exakt der Streitpunkt zwischen Gershom Scholem und Baruch Kurzweil. Siehe unten zur Scholem-Kurzweil Debatte Kap. 4.

8 Siehe auch Scholems Aussage über die Zugehörigkeit Satanows zur podolischen und nicht zur berlinerischen Kultur, Scholem, „Letzte Kabbalisten", 220.

jüdische Gesellschaft in Polen und Russland. Diese traf nun in Folge der Ost-West Migration auf die jüdische Aufklärung in Deutschland.[9] Denn wenngleich das Phänomen der Aufklärung meist mit Aspekten wie Rationalismus, Innovationen in den Naturwissenschaften, Akkulturation und Säkularisation in Verbindung gebracht wird, treten zugleich auch bedeutende Verschränkungen mit mystischen, chassidischen, sabbatianischen und frankistischen Themen bei führenden Persönlichkeiten der Haskala auf.[10] Es stellt sich so die Frage nach dem Charakter, dem Stellenwert und der Funktion mystischer Traditionen innerhalb dieser „Revolution der Vernunft, des Humanismus, der Ethik und Toleranz"[11] oder der „größten Revolution der jüdischen Intellektuellen [...] in Königsberg, Berlin, Prag, Wilna, Amsterdam und Odessa"[12] um so dringender für die nachfolgenden geistesgeschichtlichen Entwicklungen in Europa. Haskala tritt dabei als ein Phänomen zu Tage, das sich sowohl durch eine zeitliche als auch durch eine geistesgeschichtliche „Ungleichzeitigkeit" zur europäischen Aufklärung auszeichnet. Letztere setzte früher ein und wies andere Zentren auf als die jüdische Aufklärung in Deutschland.[13] Aufgrund der divergierenden Tendenzen spricht man auch von letzterer im Plural, um der Pluralität der Strömungen gerecht zu werden.[14]

---

9 Simon Dubnow, *History of the Jews in Russia and Poland. Vol. I: From the Earliest Times until the Present Day*, Philadelphia 2001, 131–138, mit dem wichtigen Hinweis auf Johann Christoph Wagenseil (1633–1705) und dessen Veröffentlichung des hebräischen Textes von *Ḥizzuq Emuna* des Karäers Isaak Troki mit lateinischer Übersetzung im Jahr 1681.

10 Zu diesem Themenbereich wurden umfangreiche Arbeiten, vor allem über Joseph Perl, von Shmuel Werses und von Jonatan Meir vorgelegt: Shmuel Werses, *Haskala we-Shabbeta'ut. Toledotaw shel Ma'avaq* [Haskala und Sabbatianismus. Die Geschichte einer Kontroverse], Jerusalem 1988; ders., *Megamot we-Ṣurot be-Sifrut ha-Haskala* [Trends und Formen der Haskala Literatur], Jerusalem 1990, 91–109; ders. / Jonatan Meir (Hg.), *Words of the Righteous: An Anti-Hasidic Satire by Joseph Perl and Isaac Baer Levinsohn*, Los Angeles / Jerusalem 2004 (Hebräisch); dies. (Hg.), *Re'shit Ḥokhmah: An Unknown Anti-Hasidic Manuscript*, Jerusalem 2011 (Hebräisch); Jonatan Meir, *Imagined Hasidism: The Anti-Chassidic Writings of Joseph Perl*, Jerusalem 2013 (Hebräisch); ders., *Joseph Perl: Sefer Megale Temirim*, 2 Bde., Jerusalem 2013 (Hebräisch); siehe auch Christoph Schulte, „Haskala und Kabbala", in ders., *Die jüdische Aufklärung*, München 2002, 119–137.

11 Shmuel Feiner, Art. „Haskala", in Dan Diner (Hg.), *Enzyklopädie Jüdischer Geschichte und Kultur*, Bd. 2, Stuttgart / Weimar 2012, 544–554, hier 545.

12 Ebd., 554. Im weiteren Verlauf wird zu prüfen sein, ob es sich wirklich um eine Revolution oder eher um einen gemäßigteren Reformversuch handelte.

13 So waren die Zentren der jüdischen Aufklärung u. a. in Berlin, Breslau, Dessau, Königsberg, Posen, Wien, Amsterdam, London, Wilna, Odessa, Prag und Kopenhagen zu finden.

14 In der Forschung zur Aufklärung spricht man heute von „Aufklärungen", da nicht von einer einheitlichen geistesgeschichtlichen Bewegung unter dem Primat der Vernunft auszugehen ist, sondern vielmehr ein „Zeitgeistgefüge" des 18. Jahrhunderts mit unterschiedlichen lokalen Ausprägungen vorausgesetzt wird. Dabei werden zunehmend auch Magie, Hermetik und Esoterik in den wissenschaftlichen Untersuchungen berücksichtigt; siehe Kristina-Monika Hinneburg /

Die jüdische Aufklärung – Haskala

Der hebräische Terminus Haskala wird vom hebräischen *sekhel* (Verstand, Vernunft, Intellekt)[15] bzw. der Wurzel *s-kh-l* im Hif'il (wörtl. veranlassen zu verstehen, einsichtig zu werden)[16] abgeleitet. Haskala kann nicht nur als Prozess der Rationalisierung und Säkularisierung des europäischen Judentums verstanden werden, sondern im weitesten Sinne auch als Bezeichnung für eine Renaissance bzw. Wiederbelebung jüdischer Kultur und religiöser Tradition von der Mitte des 18. bis der des 19. Jahrhunderts.

Innerhalb der jüdischen Philosophie des Mittelalters prägte vor allem Rabbi Moses ben Maimon, Maimonides, (ca. 1138–1204) die Lehre zur Einheit von *sekhel* (Vernunft, Wissen, Verstand), *maskil* (dem Wissenden, Verstehenden) und *muskal* (dem Objekt des Wissens, Verstehens).[17] In seinem Werk *More ha-Nevukhim*

Grażyna Jurewicz, „Einleitung", in dies. (Hg.), *Das Prinzip Aufklärung zwischen Universalismus und partikularem Anspruch*, München 2014, 8–9. Zur Haskala in Osteuropa siehe zunächst Israel Bartal, *Geschichte der Juden im östlichen Europa 1772–1881*, Göttingen 2010, 101–112; Immanuel Etkes, „The Question of the Forerunners of the Haskala in Eastern Europe", *Tarbiz* 57,1 (1987): 95–114 (Hebräisch); ders. (Hg.), *The East European Jewish Enlightenment*, Jerusalem 1993 (Hebräisch); David Sorkin, „The Early Haskala", in Shmuel Feiner / ders. (Hg.), *New Perspectives on the Haskalah*, Oxford / Portland, Oregon 2001, 9–26; sowie Shmuel Feiner, *Haskalah and History. The Emergence of a Modern Jewish Historical Consciousness*, Oxford / Portland, Oregon 2002.

15 Jacob Klatzkin, *Thesaurus Philosophicus Linguae Hebraicae et Veteris et Recentioris*, Bd. 4, New York 1968, 92–106. Zum Themenkomplex frühneuzeitlicher philosophischer und wissenschaftlicher hebräischer Terminologie siehe auch das DFG Projekt „*Peshat* – Premodern Philosophic and Scientific Hebrew Terminology in Context" am Institut für Jüdische Philosophie und Religion in Hamburg unter http://www.peshat.org (Zugriff: 11. November 2015).

16 Zur Verwendung des Begriffs aus der rabbinischen Literatur bei den Maskilim siehe Christoph Schulte, *Die Jüdische Aufklärung*, München 2002, 17; sowie Shmuel Feiner, „Towards a Historical Definition of the Haskala", in Feiner / Sorkin (Hg.), *New Perspectives*, 184–219.

17 Carlos Fraenkel, „Maimonides' God and Spinoza's *Deus sive Natura*", *Journal of the History of Philosophy* 44,2 (2006): 179–182. Zur Vereinbarkeit einer Philosophie der Vernunft und mystischer Erfahrung bei Maimonides in seiner sogenannten „philosophischen Mystik" siehe David Blumenthal, „Maimonides: Prayer, Worship, and Mysticism", in ders. (Hg.), *Philosophic Mysticism: Studies in Rational Religion*, Ramat-Gan 2006, 96–114; zur bekannten Schloss-Parabel Maimonides' am Endes des *More ha-Nevukhim* III, 51 und deren Interpretation als *unio mystica* siehe Menaḥem Kellner, *Maimonides on Human Perfection*, Atlanta 1990. Zum Verhältnis ontologischer Prämissen und epistemologischer Theoreme in der philosophischen Mystik, innerhalb derer mystische Erfahrung als kulturell vermittelt betrachtet werden muss, siehe Steven Katz, „Language, Epistemology and Mysticism", in ders., *Mysticism and Philosophical Analysis*, Oxford / New York 1978, 22–74; Gideon Freudenthal, „The Philosophical Mysticism of Maimonides and Maimon", in Idit Dobbs-Weinstein / Lenn E. Goodman / James A. Grady (Hg.), *Maimonides and His Heritage*, Albany 2009, 113–152. Zur Rezeption Maimonides während der Haskala siehe Yeruḥam Fishel Lachower, „Ha-Rambam we-ha-haskala ha-'ivrit be-re'shitah [Maimonides und die beginnende hebräische Aufklärung]", in ders., *'Al Gevul ha-Yashan we-he-Ḥadash. Massot Sifrutiyyot*

(Führer der Unschlüssigen, ca. 1190 – 1200)[18] entwickelte Maimonides den Gedanken der dreifachen Einheit des Intellekts als höchste Stufe von Erkenntnis im Sinne einer *unio mystica*, der dann in der jüdischen Mystik mittels aristotelischer Epistemologie zur Interpretation von *devequt* (Anhaften) als intellektueller Vereinigung zwischen *sekhel*, *maskil* und *muskal* „umbesetzt" wurde.[19] Allerdings sind diese hebräischen Termini, die den lateinischen *intellectus, intellegens, intellectum* entsprechen sollen, an dieser Stelle irreführend, da sie eine Idee des Intellekts als Substanz nahelegen, was in diesem Zusammenhang vermieden werden sollte. In seinem anderen, halachischen Hauptwerk, der *Mishne Tora*,[20] verwendet Maimonides hingegen in diesem Kontext die Termini *ha-de'a, ha-yodea'* und *ha-yadua'* (Derivate der Wurzel *y-d-'*, wissen), um ein derartiges Missverständnis zu vermeiden. Maimonides angestrebte Einheit des Denkens mit dem Subjekt und dem Objekt desselben wurde von vielen Maskilim als Ideal intel-

[An der Grenze vom Alten zum Neuen. Literarische Streifzüge], Jerusalem 1961, 97 – 107; James H. Lehmann, „Maimonides, Mendelssohn, and the Me'assfim. Philosophy and the Biographical Imagination in the Early Haskalah", *Leo Baeck Institute Year Book* 20,1 (1975): 87 – 108; sowie Reimund Leicht, „Neu-*Orient*-ierung an Maimonides? Orientalische Deutungsparadigmen in der jüdischen Aufklärung und der frühen Wissenschaft des Judentums", in Burkhard Schnepel / Gunnar Brands / Hanne Schönig (Hg.), *Orient – Orientalistik – Orientalismus. Geschichte und Aktualität einer Debatte*, Bielefeld 2011, 93 – 121.

18 Der arabische Titel lautet *dalālat ha-hā'irīn* (Wegweisung für die Orientierungslosen). Die judeo-arabische Standardausgabe wurde von Salomon Munk und Isaachar Joel 1931 als kritische Ausgabe mit einer französischen Übersetzung publiziert. 1204 hatte R. Shmuel Ibn Tibbon eine hebräische Übersetzung angefertigt, die bis heute als Standardausgabe gilt, auch wenn Yehuda Al-Ḥarizi zeitnah ebenfalls eine hebräische Übersetzung vorlegte. 1520 erstellte Augustinus Justinianus die erste vollständige lateinische Ausgabe, die in Paris gedruckt wurde. Englische Übersetzung 1963 von Shlomo Pines (mit einem Vorwort von Leo Strauss); 1977 hebräische Übersetzung von Joseph Qafiḥ; moderne, hebräische Version von Michael Schwarz 2002; erste deutsche Übersetzung 1923 von Adolf Weiss in Leipzig; Textauswahl mit arabisch-deutschem Text von Wolfgang von Abel, Ilya Levkovich und Frederek Musall, Freiburg i. Br. 2009.

19 Unter dem Einfluss neuplatonisch orientierter Kabbalisten des Mittelalters wurde dann *devequt* als Vereinigung des Individuums mit der Universalseele gedeutet. In Folge einer Prägung durch die Hermetik wurde dieses Anhaften auch als eine Vereinigung zwischen der spirituell vollkommenen Seele des Mystikers als Magier und den spirituellen Entitäten interpretiert. Siehe Moshe Idel, *Kabbalah: New Perspectives*, New Haven / London 1988, 35 – 58. Zum maimonidischen Ideal der individuellen Vervollkommnung anhand von Habitualisierung und zur Bedeutung des sozialen Kontexts bei Mendelssohn siehe Elke Morlok, „Isaac Satanow (1732 – 1804) on Moral and Intellectual Perfection", *European Journal of Jewish Studies* 14,2 (2020): 300 – 333.

20 *Sefer ha-Madda'*, Hilkhot Yesode ha-Tora 2,10.

lektueller Konzeptionen in der Aufklärung erneut diskutiert, wie dies bei Satanow der Fall ist.[21]

Der Begriff Haskala kann zudem als „mit Hilfe des Verstandes aufklären" übersetzt und im Sinne einer sozio-kulturellen Strömung, mit dem Ziel einer Restrukturierung der jüdischen Gesellschaft als Parallelbewegung zur allgemeinen Aufklärung interpretiert werden – wie es z. B. bei Michael Graetz geschieht.[22] Die Verwendung des Begriffs als Selbstbezeichnung der Maskilim und ihrer literarischen Werke im Sinne von Aufklärung und Vernunft – als einer Religion der Vernunft – setzte erst relativ spät ein, nachdem er einige semantische Metamorphosen durchlaufen hatte. Die Gründer der Bewegung[23] bezogen *Haskala* zunächst nicht auf ihre eigenen Schriften, da das Konzept beispielsweise für Naphtali Herz Wessely (1725–1805), dem Verfasser des maskilischen Manifests *Divre Shalom we-Emet* (Worte des Friedens und der Wahrheit),[24] eine philosophische Strömung nichtjüdischer Denker bezeichnete, der die jüdische *ḥokhma* (Weisheit) der Tora entgegenstand.[25] Wesselys Schrift kann als jüdische Reaktion auf das Toleranzpatent des habsburgischen Herrschers Joseph II. angesehen werden, die eine angestrebte Reform des jüdischen Erziehungs- und Bildungssystems thematisiert. Mendelssohn verwendet die Bezeichnung in einem positiveren Sinne, da jeder Maskil und Gelehrte die Logik (im Sinne Maimonides) als ein göttliches Geschenk empfangen habe. Vielmehr ermögliche ihm diese Gabe, im Rahmen seiner eigenen Möglichkeiten nach Wahrheit zu suchen und Vollkom-

---

21 Siehe Irene Zwiep, „From Moses to Moses ...? Manifestations of Maimonides in the Early Jewish Enlightenment", in Görge Hasselhoff / Ottfried Fraisse (Hg.), *Moses Maimonides (1138–1204). His Religious, Scientific, and Philosophical* Wirkungsgeschichte *in Different Cultural Contexts*, Würzburg 2004, 323–336; Yitzhak Melamed, „‚Let the Law Cut Through the Mountain': Salomon Maimon, Moses Mendelssohn and Mme Truth", in Lukas Muehlethaler (Hg.),*„Höre die Wahrheit, wer sie auch spricht". Stationen des Werks von Moses Maimonides vom islamischen Spanien bis ins moderne Berlin*, Göttingen 2014, 70–76. Zur Unterscheidung zwischen Wahrheit und Unwahrheit in Maimonides *Führer der Unschlüssigen* und Mendelssohns Interpretation in seinen hebräischen Schriften siehe Edward Breuer / David Sorkin (Hg.), *Moses Mendelssohn's Hebrew Writings*, New Haven / London 2018, 70–78.

22 Michael Graetz, „Jüdische Aufklärung", in Mordechai Breuer / ders., *Deutsch-Jüdische Geschichte in der Neuzeit. Bd. 1: Tradition und Aufklärung 1600–1780*, hg. v. Michael Meyer, München 2000, 251.

23 Zur frühen Phase der Haskala und dem italienischen Ausgangspunkt der Bewegung im späten 15. Jahrhundert siehe David Ruderman, *Early Modern Jewry. A New Cultural History*, Princeton / Oxford, 198–206.

24 Naphtali Herz Wessely, *Worte des Friedens und der Wahrheit. Dokumente einer Kontroverse über Erziehung in der europäischen Spätaufklärung*, hg. v. Ingrid Lohmann, Münster 2014.

25 Naphtali Herz Wessely, *Levanon*, Wilna 1871, 78.

menheit anzustreben.[26] Erst in den 1860er Jahren begann die Debatte zum Begriff Haskala als offizielle Bezeichnung der Bewegung als Äquivalent zum „Rationalismus der Aufklärung“, nachdem die Zeitschriften *ha-Meliṣ* (1862) und *ha-Ṣefira* (1862) ihn übernommen hatten. Doch wies der Terminus auch eine alternative Genealogie als „jüdischer Widerstand“ gegenüber der säkularen „Ideologie der Aufklärung“ auf. [27] Die Akzeptanz des Begriffs im Sinne des Rationalismus stellte einen entscheidenden Einschnitt in der Entwicklung der Bewegung dar.[28] Joseph Klausner (1874–1958) definierte 90 Jahre später Haskala in seiner *Geschichte der modernen hebräischen Literatur* (1952) ebenfalls als Rationalismus (*ratio* = *sekhel*) und auch als Korrespondenzbegriff zum deutschen Konzept der Aufklärung.[29] Freilich muss bedacht und beachtet werden, dass nicht alle maskilischen Vertreter der Epoche Satanows diese Position teilten.

Einen besonderen Platz in der Begriffsgeschichte nimmt Salomon Maimon ein. Er strebte in der Nachfolge Kants in seinem subversiven Kommentar zu Maimonides' *More Nevukhim* mit dem Titel *Giv'at ha-More* (Anhöhe des *More*, Berlin 1791)[30] eine dialektische jüdische Adaption der Bezeichnung „Haskala“ an und definierte sie als „transzendentes“ Ziel des menschlichen Strebens nach Bildung und Herausbildung der spekulativen Vernunft zum Zwecke einer leibli-

26 Moses Mendelssohn, *Hebräische Schriften*, Bd. 1, hg. v. Ḥayyim Borodianski, Breslau 1939, 28–29. Zur Perfektibilität des Einzelnen und der Gemeinschaft anhand der Habitualisierung des Intellekts im sozialen Kontext siehe Uta Lohmann, *Haskala und allgemeine Menschenbildung: David Friedländer und Wilhelm von Humboldt im Gespräch: Zur Wechselwirkung zwischen jüdischer Aufklärung und neuhumanistischer Bildungstheorie*, Münster 2020, 58–67, 105, 133, 221, 552; Moshe Pelli, *Haskalah and Beyond. The Reception of the Hebrew Enlightenment and the Emergence of Haskalah Judaism*, Lanham 2010, 145; Morlok, „Isaak Satanow (1732–1804)“. Siehe weiter unten in diesem Kapitel sowie 2.2 und 3.4.2.

27 Uzi Shavit, „An Examination of the Term *Haskala* in Hebrew Literature“, *Jerusalem Studies in Hebrew Literature* 12 (1990): 51–83 (Hebräisch), zu Satanow 70–73, der laut Shavit in seinen *Mishle Asaf* eindeutig aufklärerische Lichtmetaphorik verwendet, die viel weiter gefasst ist als der Haskala-Begriff von Mendelssohn und Wessely. Auf Satanows und auch Maimons spezifische Definitionen des Begriffs wird noch eingegangen werden.

28 Olga Litvak, *Haskalah. The Romantic Movement in Judaism*, New Brunswick / London 2012, 157–180. Auf den Zusammenhang mit dem aufkommenden Skeptizismus verweist bereits Moshe Pelli, „Isaac Satanow: Metamorphosis of Judaic Values – *Mishlei Asaf* as Reflecting Haskalah Ideology“, in ders., *The Age of Haskalah*, Leiden 1979, 151–170, hier 150 (zuvor *Hebrew Studies* 18 [1977]: 112–126).

29 Joseph Klausner, *Hisṭorya shel ha-Sifrut ha-'Ivrit ha-Ḥadasha* [Geschichte der modernen hebräischen Literatur], Bd. 1, Jerusalem 1960, 13.

30 Zur Bezeichnung „subversiv“ siehe Aaron Hughes, *The Art of Dialogue in Jewish Philosophy*, Bloomington / Indianapolis 2008, 26–49 (am Beispiel Yehuda Halevis).

chen, seelischen und geistigen Vervollkommnung. Es handle sich dabei um die fruchtbringende Aktualisierung des menschlichen intellektuellen Potentials.[31]

1.1 Vorbemerkungen

Die jüdische Aufklärung, die sich ab der Mitte des 18. Jahrhunderts von Deutschland ausgehend innerhalb kurzer Zeit in vielen europäischen Zentren ausbreitete, war keine homogene oder einheitliche Bewegung in religiös-kultureller Perspektive. Vielmehr umfasste sie ein äußerst facettenreiches und breites Spektrum von überzeugten Vertretern der jüdischen Modernisierung und Assimilierung bis hin zu Sympathisanten der traditionellen Kultur und Lebensweise. In dieser Übergangsphase zur Moderne fanden einschneidende sozio-kulturelle Transformationen und Interaktionen in Europa statt – sowohl innerhalb des Judentums als auch in seiner Umwelt. Ihre Akteure betrachteten sich als Teilnehmer eines beispiellosen historischen Prozesses, der teilweise mit utopisch-messianischen Vorstellungen assoziiert wurde.[32] Doch es gab unter den Texten auch zahlreiche Schriften mit dem Ziel der Errichtung einer traditionellen Gesellschaft, die auf aufklärerischen Werten basieren sollte. An dieser entscheidenden historisch-kulturellen Schnittstelle zwischen Idealismus, Klassik, Aufklärung und Romantik brachte Satanow seine schriftstellerischen und redaktionellen Arbeiten ein.

Laut Moses Mendelssohn (1729 – 1786), dem bekanntesten Vertreter der jüdischen Aufklärung, sollte Bildung im induktiven Sinne auf „kultureller Praxis", im objektiven Sinne auf „Güte, Feinheit und Schönheit in Handwerken, Künsten und Geselligkeitssitten" beruhen, während in subjektiver Hinsicht „Fertigkeit, Fleiß und Geschicklichkeit" die Grundlage bilde. Das kulturelle Niveau hänge nach seiner Meinung davon ab, wie weit der „Bestimmung des Menschen" Rechnung getragen werde. Dieses Niveau beziehe sich objektiv auf „vernünftige Erkenntnis" und subjektiv auf „Fertigkeit", d. h. die Fähigkeit „zum vernünftigen Nachdenken

---

31 Salomon Maimon, *Giv'at Hammore*, hg. v. Shmuel Hugo Bergman / Nathan Rotenstreich, Jerusalem ²2000, 1. Zu Maimon siehe unten Kap. 2.3.1 und 3.3.2.

32 Zu messianischen Hoffnungen und Endzeitspekulationen im ashkenazischen Raum des 16. Jahrhunderts siehe Rebekka Voß, *Umstrittene Erlöser. Politik, Ideologie und jüdisch-christlicher Messianismus in Deutschland, 1500 – 1600*, Göttingen 2011; zu den messianischen Konstellationen im osteuropäischen Raum in Folge des Sabbatianismus und Frankismus siehe Moshe Idel, *Messianic Mystics*, New Haven / London 1999, 183 – 247.

über Dinge des menschlichen Lebens nach Maßgebung ihrer Wichtigkeit und ihres Einflusses in der Bestimmung des Menschen".[33]

In diesem Zusammenhang wird auch Satanows Konzeption von Bildung und Aufklärung zu untersuchen sein: Inwieweit basieren kabbalistische Motive, die ihrerseits wiederum häufig auf platonische und neuplatonische Konzeptionen Bezug nehmen, hinsichtlich Erkenntnis und Bestimmung auf diesem „platonischen Modell" in seiner jüdischen Adaption? Welche innovativen dynamischen Konzepte entstehen aus derartigen Transfers zwischen unterschiedlichen literarischen Korpora im Zeitalter der Haskala? Welchen Einfluss haben diese Schriften auf die neuen Ideale von Erziehung und Bildung der Jugend? Welchen Stellenwert haben sie im Umfeld Mendelssohns? Satanow ist eindeutig in diesen Kontext einzuordnen, auch wenn er als eigenständige Person wahrgenommen werden muss.

Der Kreis um Mendelssohn sollte hinsichtlich dieser Fragestellungen und kabbalistischer Einflüsse näher beleuchtet werden, wie dies bereits Scholem im weiteren Verlauf des obigen Zitats einfordert:

> Satanow jedoch kam aus der gleichnamigen Stadt in Podolien und kann nicht zu den deutschen Juden gerechnet werden, wenn er auch einen großen Teil seines Lebens in Berlin verbrachte. Überhaupt war der Kreis um Mendelssohn nicht so völlig gegen kabbalistische Infiltrationen abgesichert, wie es den Anschein hat.[34]

Des Weiteren soll folgenden Fragen nachgegangen werden: Welche Personen im Umkreis des bedeutendsten jüdischen Aufklärers Mendelssohn hatten eine tiefgreifende Kenntnis von kabbalistischen Vorstellungen? Welche Auswirkungen hatten diese Kenntnisse auf deren innovative Konzeptionen zu Glaube, Tradition, Philosophie, Naturwissenschaften und Bildung? Repräsentativ für diese neue Kategorie von „hybriden" Gelehrten waren,[35] wie bereits erwähnt, Isaak Satanow

---

33 Moses Mendelssohn, „Über die Frage: was heißt aufklären?", *Berlinische Monatsschrift* 4 (September 1784): 193–200. Siehe auch Horst-Joachim Zeller, „Moses Mendelssohn – Vernetzung von Bildung, Kultur und Aufklärung 1784", in Botho Brachmann u. a. (Hg.), *Die Kunst des Vernetzens. Festschrift für Wolfgang Hempel*, Berlin 2006, 203–210, hier 206–207; Christoph Schulte, „Was heißt aufklären? Zur Aktualität von Moses Mendelssohns Aufklärungsverständnis", *Mendelssohn-Studien* 16 (2009): 397–412.

34 Scholem, „Letzte Kabbalisten", 220.

35 Zum Begriff der „Hybridität" siehe Moshe Rosman, „Hybrid with What? The Variable Contexts of Polish Jewish Culture: Their Implications for Jewish Cultural History and Jewish Studies", in Anita Norich / Yaron Z. Eliav (Hg.), *Jewish Literatures and Cultures. Context and Intertext*, Providence 2008, 129–154; Yossef Schwartz, „Jewish Orientalism Pre-Modern and Modern: Epochal Variations of Cultural Hybridity?", in Ottfried Fraisse (Hg.), *Modern Jewish Scholarship on Islam in*

und Salomon Maimon.[36] Die Kombination mit kabbalistischem Gedankengut findet sich erst bei diesen beiden Autoren, die aus osteuropäischen Gebieten mit sabbatianischer und prächassidischer Prägung nach Berlin eingewandert waren und ihre Gedankenwelt in die reformatorischen Zielsetzungen der Haskala einzubringen suchten.

Die einzigartige symbiotische Amalgamierung von religiöser Tradition und naturwissenschaftlicher Innovation in Optik, Chemie, Mechanik, Medizin, im Magnetismus und anderen Naturwissenschaften des 18. Jahrhunderts, wie auch deren Harmonisierung mit philosophischen und traditionellen Denkansätzen verschiedener Epochen des Judentums, machen die genannten Personen zu Autoren, die nicht nur das jüdische Denken des 18./19. Jahrhunderts, sondern auch das der nachfolgenden Generationen nachhaltig prägten. Sie stellen jene vielschichtigen Repräsentanten der Haskala dar, welche den ernsthaften Versuch unternahmen, auf die religiösen und intellektuellen Herausforderungen ihrer Zeit Antworten zu geben. Ihre Gedanken sollen in der vorliegenden Arbeit exemplarisch entfaltet werden.

Kapitelübersicht

Kapitel 1: Einleitung, Methode und Forschung

Die „Berliner Haskala" wird sowohl als Ursprung als auch aus dem gemeinsamen Erbe aller Maskilim entstandener Anfang der jüdischen Aufklärung als Erneuerung in Europa betrachtet. Sie ist sowohl aus einer innerjüdischen Entwicklung als auch aus einer dynamischen Begegnung mit der protestantisch-theologischen Aufklärung als Erneuerungsbewegung parallel zum Reformkatholizismus her-

---

Context: Rationality, European Borders, and the Search for Belonging, Berlin / Boston 2018, 31–59. Zur sefardischen und polnisch-jüdischen „Kodifikation" siehe Elchanan Reiner, „The Ashkenazi Elite at the Beginning of the Modern Era: Manuscript versus Printed Book", *Polin* 10 (1997): 93–98. Vier hybride Identitäten werden von David Ruderman in seinem Kapitel 5 als „Mingled Identities" in ders., *Early Modern Jewry*, 159–189 besprochen: Konversos (getaufte Christen, die zum Judentum zurückkehren, sog. „New Christians" nach dem Verlassen der iberischen Halbinsel), Sabbatianer, christliche Hebraisten und jüdische Konvertiten zum Christentum. Zur Thematik des Kulturtransfers in der jüdischen Geschichte, wie er hier vorliegt, siehe Wolfgang Schmale / Martina Steer (Hg.), *Kulturtransfer in der jüdischen Geschichte*, Frankfurt a. M. / New York 2006; besonders den Beitrag von Klaus Hödl, „Zum Wandel des Selbstverständnisses zentraleuropäischer Juden durch Kulturtransfer", ebd., 83–96.

36 Siehe Rivka Horwitz, „Mendelssohn und die Kabbala", in Eveline Goodman-Thau / Gert Mattenklott / Christoph Schulte (Hg.), *Kabbala und die Literatur der Romantik. Zwischen Magie und Trope*, Tübingen 1999, 17–32.

vorgegangen.[37] Die vorliegende Studie konzentriert sich auf diese früheste (1778–1797) von fünf Phasen der Haskala,[38] wobei sowohl die Relevanz vorheriger Anfänge der Bewegung als auch die nachfolgende Rezeption und Wirkung der Berliner Phase in späteren Epochen und anderen geographischen Regionen zu beachten sein wird.

In Satanows literarischem Wirken steht eine Neukonstitution des Judentums seiner Zeit im Zentrum. Dabei ist nicht von einer einheitlichen weltweiten jüdischen Gemeinschaft auszugehen, die bloß „im Dialog" mit unterschiedlichen Gastkulturen steht, sondern es müssen die jeweils partikularen Kommunikations- und Traditionsbildungsprozesse berücksichtigt werden.[39] Die Rolle kabbalistischer Ideen und Symbole im jüdischen Akkulturations- und Renaissanceprozess der Aufklärung und der Einfluss mittelalterlicher jüdischer Mystik sowie des frühen Chassidismus mit seiner neuen Führungselite, die ihre Autorität nicht mehr von sozialen Werten wie familiäre Abstammung, religiöses Wissen oder Vermögen ableitete, sondern allein vom Charisma,[40] soll u. a. im Hinblick auf die Herausbildung einer „Metahistorie" skizziert werden. So etablierte sich in der Postmoderne eine neue, multikulturelle „Metahistorie", wobei jede jüdische Gesellschaft einen „hybriden Bestandteil der ‚hegemonialen' Gastgesellschaft und -kultur darstelle."[41]

Die kontextuelle Historisierung des Judentums beginnt mit der Haskala[42] und erfährt bei den frühen Vertretern der Wissenschaft des Judentums ihren ersten

37 David Sorkin, *The Berlin Haskalah and German Religious Thought. Orphans of Knowledge*, London / Portland, Oregon 2000, 9; Feiner, „Haskala", 546.

38 Feiner, „Haskala", 548–549. Feiner gibt die fünf Phasen wie folgt an: 1. (1787–1797), 2. (1797–1824), 3. Verlagerung nach Russland und Kongresspolen, 4. zweite Hälfte 19. Jahrhundert unter Zar Alexander II. (1855–1881), 5. nach den Pogromen und dem Beginn der jüdischen Nationalbewegung (1880–1900).

39 Moshe Rosman, *How Jewish is Jewish History?*, Oxford / Portland, Oregon 2007, 53.

40 Bartal, *Geschichte der Juden*, 58.

41 Rosman, *How Jewish*, 53: „Postmodernity has led to the emergence of a new, as yet not fully articulated, metahistory that can be termed 'multicultural'. Its proponents view the various historical contexts of Jewish existence as not only significant, but determinative. In each historical context, Jewish society and culture are not seen to be cells of some worldwide Jewish community 'in dialogue' with 'surrounding' or 'host' societies and cultures, as the acculturationist school had it, but to be a 'hybrid' component of the 'hegemonic' society and culture whose frameworks set the templates according to which, and the parameters within which, Jewish identity, culture, and society are 'constructed' – differently – in each time and place. The engine of Jewish self-definition is the encounter with the non-Jewish Other." Ders. „Hybrid with What?", 149–154.

42 Siehe Rosman, *How Jewish*; sowie zu dieser Thematik auch Shmuel Feiner, *Haskalah and History. The Emergence of a Modern Jewish Historical Consciousness*, Oxford / Portland, Oregon 2004, besonders 1–70 und 341–348.

Höhepunkt, der im Zusammenhang der zuvor skizzierten Entwicklungen vorgestellt werden soll. Die weitere Entfaltung, die zu unterschiedlichen Positionen in der jüdischen Historiographie, insbesondere bezüglich der territorialen Frage führte, ist laut Salo Baron mit den prägenden Narrativen der jüdischen Emanzipationsdiskurse verbunden.[43]

Neben den Rationalisierungstendenzen innerhalb der Kultur- und Wissenschaftsgeschichte der Frühen Neuzeit beherrschte jene Epoche auch eine große Faszination für Geheimnisse und Geheimhaltung und Juden wurden oftmals als Hüter eines genuinen geheimen Wissens wahrgenommen, obwohl sie sich gleichzeitig mit aufgeklärter, deutscher Philosophie zu beschäftigen begannen.[44] Daher sollte neben der zeitgenössischen Faszination für „esoterisches Wissen" im Zeitalter des „Geheimen" auch die jüdische Position zu derartigen Strömungen bedacht werden, da jüdische Konzeptionen entscheidende Impulse für die weiteren geistesgeschichtlichen Dispositionen in Europa gaben. Lassen sich hier wesentliche Unterschiede zwischen einer „Innen- und einer Außenansicht" feststellen oder ist eher von einem ähnlichen Verständnis der Minoritäts- und der Majoritätsgesellschaft auszugehen?[45] In intellektueller Assonanz zum oben erwähnten Begriff der „Metahistorie" findet derzeit innerhalb der kultur- und religionswissenschaftlichen Forschung eine zunehmende Konzentration auf die „prekären" oder „geheimen" Wissenskulturen in der Frühen Neuzeit statt.[46] Die

---

43 Salo Baron, *A Social and Religious History of the Jews*, 3 Bde., New York 1937 (2. Auflage 1952–1983).

44 Daniel Jütte, *Das Zeitalter des Geheimnisses. Juden, Christen und die Ökonomie des Geheimen (1400–1800)*, Göttingen 2011; Martin Mulsow, *Kriminelle – Freidenker – Alchemisten: Räume des Untergrunds in der Frühen Neuzeit*, Köln 2014; ders., *Prekäres Wissen. Eine andere Ideengeschichte der Frühen Neuzeit*, Berlin 2012; Wouter Hanegraaff, *Esotericism and the Academy: Rejected Knowledge in Western Culture*, Cambridge 2012; Egil Asprem, „Dis/Unity of Knowledge: Models for the Study of Modern Esotericism and Science", *Numen* 62,5–6 (2015): 538–567; ders., „Reassessing the Sociology of the Occult: Deviance and Rejected Knowledge in Socio-Historical Explanations of Esotericism", in Bernd-Christian Otto / Marco Pasi (Hg.), *Western Esotericism and Deviance: Proceedings of the Sixth International Conference of the European Society for the Study of Western Esotericism*, Leiden / Boston 2020, 1–36.

45 Zum Begriff der „Esoterik" innerhalb des jüdischen Denkens der Frühen Neuzeit und der Moderne siehe auch Julie Chajes / Boaz Huss (Hg.), *Theosophical Appropriations: Esotericism, Kabbalah, and the Transformation of Traditions*, Be'er Sheva 2016.

46 Siehe vor allem die Arbeiten von Monika Neugebauer-Wölk, die im Zusammenhang der DFG-Forschergruppe „Die Aufklärung im Bezugsfeld neuzeitlicher Esoterik" an der Universität Halle-Wittenberg erschienen sind, sowie die zahlreichen Publikation von Martin Mulsow, dem Direktor des Forschungszentrums Gotha für kultur- und sozialwissenschaftliche Studien der Universität Erfurt; als auch die publizierte Dissertation von Jütte, *Zeitalter des Geheimnisses*; sowie die in Fn 44 angeführte Forschung zur esoterischen Soziologie von Egil Asprem und Wouter Hanegraaff.

vorliegende Studie leistet dazu einen originären Beitrag: Bislang haben jüdische Autoren der Haskala, vor allem Hebräisch schreibende, irritierenderweise kaum Beachtung gefunden. Eine Untersuchung zu Isaak Satanow eröffnet somit eine zusätzliche Perspektive auf aktuelle Fragestellungen innerhalb dieses Forschungszweiges. Im Spannungsfeld der widersprüchlichen Ansichten zu Aufklärung und Mystik[47] verspricht Satanows Synthese zwischen *ratio* und *sod* (Geheimnis), zwischen Wissen und Sinn als Orientierung im Handeln – im Sinne von Max Weber und Alfred Schütz[48] – vor dem Hintergrund der neuzeitlichen Wissenschafts- und Kulturgeschichte mehr als einen interessanten Impuls für künftige Studien.[49]

Kapitel 2: Leben und Werk

Nach der Darstellung von Satanows Leben und Werk, seinen Wurzeln in Podolien und den dortigen familiären Verhältnissen, seiner Tätigkeit als Händler, Ankunft in Berlin und Aufnahme in den Kreis der Maskilim, werden in diesem Kapitel seine Werke als Autor und Herausgeber detailliert aufgestellt und kategorisiert.

Sodann wende ich mich Satanows Tätigkeit als Leiter der „Orientalischen Buchdruckerey" in Berlin zu, einer Institution der Jüdischen Freischule (*Ḥevrat Ḥinnukh Ne'arim*),[50] die eine eigene Infrastruktur zur Produktion und Verbreitung des aufklärerischen Wissens darstellte. Satanows Wirken und seine Position im Kreis des zentralen Publikationsorgans der Haskala, *ha-Me'assef* (wörtl. der Sammler) – erstmals erschienen im Jahr 1783 –, das zunächst in Königsberg, dann in Berlin und später in Breslau angesiedelt war, werden näher beleuchtet.

Diese erste moderne Druckerei für hebräische Schriften veröffentlichte neben der genannten Zeitschrift sowohl Werke und Abhandlungen zur Aufklärung als

---

47 In der jüngsten Forschung wird die Verwendung des Begriffs „Mystik" zunehmend in Frage gestellt, da dieser eng mit national-zionistischen Paradigmen und einer politischen Agenda verknüpft ist, vor allem bei Gershom Scholem und Martin Buber, die darin eine „universelle Erfahrung" im Sinne des romantischen Idealismus suchen. Siehe Boaz Huss, *The Question About the Existence of Jewish Mysticism: The Genealogy of Jewish Mysticism and the Theologies of Kabbalah Research*, Tel Aviv 2016 (Hebräisch).

48 Siehe Hubert Knoblauch, „Was ist Wissen?", in ders., *Wissenssoziologie*, Konstanz [2]2010, 359–366.

49 Inwieweit hier Parallelen zu esoterischem Wissen und dessen Soziologie bzw. kabbalistischen Gedanken als eine Art „Untergrundwissen" existieren, muss in der künftigen Forschung noch eingehend analysiert werden.

50 Ingrid Lohmann (Hg.), *Chevrat Chinuch Nearim. Die jüdische Freischule in Berlin (1778–1825) im Umfeld preußischer Bildungspolitik und jüdischer Kultusreform. Eine Quellensammlung*, 2 Bde., Münster 2001.

auch Schriften mittelalterlicher jüdischer Philosophie und Grammatik sowie Kalender, Gebetbücher (*Siddurim*) und Lehrmaterial für die ansässige jüdische Freischule. Dabei wurden die Publikationen durch ein Subskribentensystem im größeren Stil finanziert, bei dessen Organisation Satanow eine überaus aktive Rolle spielte.[51] Vor diesem Hintergrund soll hier zudem auf die Fragen des Universalismus[52] und der Toleranz jüdischen Denkens innerhalb des Herausgeberkreises eingegangen werden. Im Zuge einer zunehmenden „Intellektualisierung und Rationalisierung" führten diese Entwicklungen aber bei den genannten Autoren nicht zwangsläufig zu einer beherrschbaren Berechenbarkeit und „Entzauberung der Welt."[53] Denn in zahlreichen Schriften und Artikeln fanden diese „merkwürdigen Amalgamierungen der kabbalistischen Studien mit der neuen Gedankenwelt der Aufklärung"[54] ihren Niederschlag. Sie dienen der vorliegenden Studie als wichtige Quellen, um die innovativen Tendenzen der beginnenden Haskala zu eruieren.

Während Satanow in Berlin vornehmlich als Direktor der Orientalischen Buchdruckerey und Verleger in Erscheinung trat, hatte er beim Druck der lurianischen Schriften in Koretz eine andere Funktion inne. Ein weiteres Ergebnis der geistesgeschichtlichen und historischen Vernetzungen zwischen Ost und West ist die von Scholem erwähnte Drucklegung der lurianischen Hauptschrift *'Eṣ Ḥayyim* (Baum des Lebens) in Koretz, heute in der Ukraine, im Jahr 1782.[55] Satanow arbeitet dabei eng mit Johann Anton Krüger / Krieger (ca. 1705–1779) zusammen. Dieses Projekt soll in seinem historischen Kontext näher dargestellt werden, da es

51 Siehe Siegbert Neufeld, „Subskribentenlisten als Geschichtsquellen", *Zeitschrift für die Geschichte der Juden in Deutschland* 4 (1936): 244–245; sowie Satanows Veröffentlichung solch einer Liste in *Sefer ha-Galuy we-ha-Ḥatum* [Buch des Aufge- und Unterzeichneten], Berlin 1783/84. Rezler-Bersohn gibt das Werk mit 1784 an, doch lässt sich im Druck selbst kein Hinweis darauf finden. Siehe Rezler-Bersohn, *Isaac Satanow*, 24.

52 Siehe den Abschnitt „Einleitung" in Hinneburg / Jurewicz (Hg.), *Prinzip Aufklärung*, 7–16; Christoph Schulte, „Integration durch *Haskala?* Ein Paradigma für Minoritäten-Integration heute?", in ebd., 25–36; der aufkeimende Nationalismus wurde 1981 von Nehama Rezler-Bersohn thematisiert, „An 18th Century Expression of Jewish Nationalism: The Case of Isaac Satanow", *Proceedings of the Eighth World Congress of Jewish Studies. Vol. 8, Division C*, Jerusalem 1981, 111–116.

53 Max Weber, *Wissenschaft als Beruf 1917/1919. Politik als Beruf 1919. Studienausgabe*, hg. v. Wolfgang J. Mommsen / Wolfgang Schluchter, Tübingen 1994, 9.

54 Scholem, „Letzte Kabbalisten", 219.

55 In dem oben genannten Zitat gibt Scholem 1784 als Jahr der Drucklegung an, was ggf. auf einen Druckfehler zurückzuführen ist. Gerold Necker hat nachgewiesen, dass die korrekte Angabe 1782 lauten muss, wie dies auch auf der Titelseite zu lesen ist; Gerold Necker, *Einführung in die lurianische Kabbala*, Frankfurt a. M. 2008, 31, 170, 175; siehe auch Christoph Schulte, *Zimzum. Gott und Weltursprung*, Berlin 2014, 344.

über die persönlichen (nicht nur die wirtschaftlichen) Anliegen der Protagonisten Auskunft geben kann. Bisher sind über diese Edition nur wenige historische Fakten bekannt. Die Zusammenarbeit zwischen den beiden Druckern und dem Stadtfürsten von Koretz, Jóseph Klemenz Czartoryski (1740 – 1810) liegt bislang ebenso im Dunkeln wie dessen religiös-kulturelle Neigungen. Da dieses Unternehmen einen entscheidenden Wendepunkt innerhalb der Wirkungsgeschichte kabbalistischer Literatur in Europa darstellt, soll es in der vorliegenden Arbeit näher beleuchtet und mit Hilfe von neu gesichtetem Material aus polnischen Archiven interpretiert werden. Welche Auswirkungen diese Vorgänge auf Satanows intellektuelle Biographie auch schon vorher hatten, wird kurz nach seiner Rückkehr nach Berlin in den beiden Hauptwerken mit kabbalistischer Symbolik, *Imre Bina* (1784) und *Zohar Tinyana* (1783), deutlich. Lurianische Ideen und Symbole prägen vor allem das Traktat *Imre Bina* und bilden die Matrix für die darin enthaltenen Diskussionen.[56]

Kapitel 3: *Zohar Tinyana* und *Imre Bina*

Daher werden im dritten Kapitel dieser Arbeit, das sich mit signifikanten Abschnitten aus den Werken *Imre Bina* (Worte der Einsicht) und *Zohar Tinyana* (Ein zweiter *Zohar*) befasst, verschiedenste Ideen und Symbole der jüdischen Mystik bzw. Kabbala sowie die daraus resultierenden Konsequenzen für Satanows intellektuelle Synthesen vorgestellt. Dabei nehmen in Satanows einzigartiger Kombination zwischen physischem und metaphysischem Wissen die Erkenntnisse der neueren Naturwissenschaften und der Philosophie seiner Zeit eine exponierte Stellung ein. Besonderes Augenmerk soll auf die Adaption newtonscher Innovationen im Bereich der Optik sowie auf die Neudefinition der Naturphilosophie gelegt werden. Beleuchtet wird dabei Satanows Darstellung der lurianischen Konzeption von Weltschöpfung durch ein vorausgehendes Zusammenziehen, eine Beschränkung Gottes (*ṣimṣum*), um sich zu konzentrieren und Raum für den künftigen Kosmos zu schaffen, das in Einklang mit naturwissenschaftlicher Kenntnis gesetzt wird. Vor allem wissenschaftliche Entwicklungen der zweiten Hälfte des 18. Jahrhunderts, die sogenannte „naturwissenschaftliche Revolution" (*Scientific Revolution*) und ihre Folgen, kommen hier zwangsläufig in den Blick. Ein weiteres eindrückliches Beispiel ist in Satanows Beschreibung der „Nervensäfte" zu finden, dessen deutschsprachige Vorlagen an dieser Stelle angeführt werden.

56 Siehe unten Kap. 3.

Im deutschen Sprachraum dominierten kantianische und neukantianische Parameter der Logik als *Organon* der Wissenschaften. Dies kann am Beispiel des „Ursprungsprinzips“ im wissenschaftsgeschichtlichen Kontext als Grundlage jeglicher Theorie in diesem Bereich belegt werden. Satanow folgt diesem Prinzip, überträgt es jedoch auf seine theologischen Überlegungen und impliziert in seiner Antwort die „Ent-theologisierung der Wissenschaften“ des 17. Jahrhunderts noch vor Hermann Cohens (1842–1918) *Religion der Vernunft aus den Quellen des Judentums* und der Marburger Schule.[57] Epistemologische Voraussetzungen für die Erkenntnis des göttlichen Willens, seine Realisierung in der Geschichte und die Folgen, die sich daraus für philosophische und naturwissenschaftliche Forschung ergeben, müssen anhand von *Imre Bina* detailliert eruiert werden, bevor man sich anderen Themen wie theosophischen Lehren, Offenbarung, universeller und natürlicher Wahrheit, Vernunftwahrheit und Verhüllungen bei Satanow zuwendet. Zudem sollen die mittelalterlichen Quellen dieser Erkenntnistheorie und der Seelenlehre skizziert werden. Auch Satanows Verwendung newtonscher Paradigmen in *Imre Bina* werden an dieser Stelle zur Sprache kommen. Hermeneutische Überlegungen hinsichtlich der Rolle und Funktion kabbalistischer Symbolik und deren Konsequenzen bezüglich pädagogischer, liturgischer und literarischer Zielsetzungen werden ebenfalls angesprochen.

Einen letzten Topos des dritten Kapitels bildet „Gottes Vergnügen“ (*sha‘ashua‘*), welcher vor allem traditionsgeschichtlich in rabbinischen und kabbalistischen Quellen verortet ist. Satanow versucht diesen Begriff mit modernem Denken zu harmonisieren, wobei er implizit die Bedeutung der Gebote, das Verbergen Gottes (*hester panim*) und die Thematik der Offenbarung sowie der Erlösung (*tiqqun*) erörtert.

In der Darlegung dieser Themen wird deutlich, welche Pionierarbeit Satanow mit der Übertragung mittelalterlicher hebräischer Termini auf moderne Wissenschaften und auch bei der Neuschöpfung hebräischer Begrifflichkeiten, die eng mit seinen Bemühungen um die hebräische Sprache an sich zusammenhängt,[58] leistet.

---

57 Amos Funkenstein, „The Persecution of Absolutes: On the Kantian and Neo-Kantian Theories of Science“, in Edna Ullmann-Margalit (Hg.), *The Kaleidoscope of Science. The Israel-Colloquium: Studies in History, Philosophy and the Sociology of Science*, Bd. 1, Dordrecht 1986, 40–41; ders., *Theology and the Scientific Imagination. From the Middle Ages to the Seventeenth Century*, Princeton 1986.

58 Diesbezüglich sind folgende Schriften Satanows zu nennen: *Iggeret Bet Tefilla* (Epistel zum Gebetshaus, Berlin 1773) mit grammatikalischen Anmerkungen zum *Siddur* (Gebetbuch); *Sifte Renanot* (Singende Lippen, 1773), eine Grammatik mit Erläuterungen zu Syntax, Verblehre und Substantiven, bestehend aus 4 Teilen: *Sefer ha-Gedarim* (Buch der Definitionen), *Sefat Emet*

Kapitel 4: Forschungsgeschichtliche Nachwirkungen
Im vierten Kapitel wird Scholems These zur Historie und Historiographie der jüdischen Tradition, also die Frage nach Bruch und Kontinuität in der jüdischen Geschichte und ihrer Wissenschaft gestellt, und der Stellenwert kabbalistischer Literaturen in der Geschichte und ihre Einschätzung innerhalb der „Wissenschaft des Judentums" diskutiert.[59] Welche Konsequenzen ergeben sich aus den jeweiligen Positionen der Wissenschaftsschulen für die Bewertung der Schriften Satanows?

Im letzten Abschnitt dieses Kapitels werden die wissenschaftlichen Betrachtungsweisen jüdischer Mystik und der Werke Satanows, wie sie in den Schriften der ersten Repräsentanten der „Wissenschaft des Judentums"[60] z. B. Julius Fürst, Leopold Zunz, Heinrich Grätz und Moritz Steinschneider auftauchen, erörtert. Auch deren Beurteilung kabbalistischer Ideen innerhalb der Haskala

---

(Sprache der Wahrheit) und *Devarim Aḥadim* (Einzelne Dinge), *Safa Aḥat* (Eine Sprache, 1783), hebräisches Wörterbuch, zweiter Teil von *Sifte Renanot*; *Wa-Ye'etar Yiṣḥaq* (Und Isaak betete, 1784/5), ein grammatikalischer Kommentar zum *Siddur*. Satanows *Siddur* mit dem Titel *Tefilla mikol ha-Shana*, Berlin 1785, hatte mehr als 400 Subskribenten, ebd., 8; siehe Pelli, *Haskalah and Beyond*, 79; *Sefer ha-Shorashim* (Buch der verbalen Wurzeln, 1787) beinhaltet *Sefat Emet* und *Devarim Aḥadim* sowie „Mi-darke ha-lashon we-ha-meliṣa [Sprachliche und rhetorische Methodik]", ein Beitrag, den er 1788 im *Me'assef* 4 (82–95) veröffentlichte und der sich mit der Entwicklung der hebräischen Sprache sowie deren derzeitiger Degeneration und möglichen Verbesserungen auseinandersetzt; unter seinen verloren gegangenen Werken lässt der Titel *Sefer ha-Meturgeman* (Buch des Übersetzers) vermuten, dass es sich um eine Übersetzung der Tora ins Aramäische mit Anmerkungen zu Übersetzung, Grammatik etc. handelt, was aber nicht bewiesen werden kann. Der Hinweis auf dieses Werk findet sich in *Megillat Ḥasidim* (Berlin 1802), 1. Zur Thematik siehe Rezler-Bersohn, *Isaac Satanow*, 23–27.

59 Gershom Scholem, *Die jüdische Mystik in ihren Hauptströmungen*, Frankfurt a. M. [3]1988; ix; siehe Daniel Weidner, „Gershom Scholem, die Wissenschaft des Judentums und der ‚Ort' des Historikers", *Aschkenas. Zeitschrift für Geschichte und Kultur der Juden* 11,2 (2001): 435–464; Joseph Dan, *Gershom Scholem and the Mystical Dimension of Jewish History*, New York 1988; Daniel Abrams, „Defining Modern Academic Scholarship: Gershom Scholem and the Establishment of a New(?) Discipline", *Journal of Jewish Thought and Philosophy* 9,2 (2000): 267–302; sowie zur Komplexität des Verhältnisses von Scholem zur Wissenschaft des Judentums George Y. Kohler, *Kabbalah Research in the Wissenschaft des Judentums 1820–1880. The Foundation of an Academic Discipline*, Berlin / Boston 2019, 8–12; siehe unten 4.2.

60 Gershom Scholem, *Judaica 6. Die Wissenschaft vom Judentum*, hg. und übs. v. Peter Schäfer in Zusammenarbeit mit Gerold Necker und Ulrike Hirschfelder, Frankfurt a. M. 1997; Peter Schäfer, „Gershom Scholem und die ‚Wissenschaft des Judentums', in ders. / Gary Smith (Hg.), *Gershom Scholem. Zwischen den Disziplinen*, Frankfurt a. M. 1995, 122–156; Schulte, *Jüdische Aufklärung*, 114–122, 168.

bzw. der Wissenschaft des Judentums sowie der sogenannten „Bibelkritik"[61] werden vorgestellt. Es zeigen sich äußerst divergierende Einschätzungen von Satanows Werk.

In gewisser Weise präsentiert sich in der Person Satanows das Dilemma, das sich den Vertretern der Wissenschaft des Judentums und deren Nachfolgern im Umgang mit ihrer Umwelt und ihrem eigenen Erbe stellte: Verkörpert die jüdische Aufklärung und danach die Wissenschaft des Judentums in ihren Säkularisierungstendenzen einen Bruch oder eine Kontinuität mit ihrer jüdischen Vergangenheit? Kristallisiert sich jüdisches Bewusstsein zu Beginn der Moderne als Bruch mit vergangenen Traditionen, so Yosef Ḥayyim Yerushalmi (1932–2009),[62] oder als epistemische Beziehung der Juden zu ihrer jüdischen Vergangenheit, zu den kanonischen Quellen der Tradition und impliziert daher eine konstante Absorption von Einflüssen der Umwelt, wie Amos Funkenstein (1937–1995) proklamierte?[63]

Wenn Satanow von manchen Historikern als Lügner und Fälscher verschmäht, jedoch von anderen, vor allem literaturwissenschaftlich orientierten Forschern (Delitzsch, Werses, Pelli) als Philosoph, Physiker und Dichter gerühmt wird,[64] so finden sich hier Anfänge einer modernen Wissenschaftsdebatte, wie sie auch unter der ersten Generation von Akademikern in Israel, beispielsweise zwischen Gershom Scholem und Baruch Kurzweil, auftritt.[65] Anhand der Analyse

61 Zu diesem Themenkomplex siehe vor allem Edward Breuer, *The Limits of Enlightenment. Jews, Germans, and the Eighteenth-Century Study of Scripture*, Cambridge, Mass. / London, England 1996; und zum Druck hebräischer Bibelmanuskripte Theodor Dunkelgrün, „The Humanist Discovery of Hebrew Epistolography", in Scott Mandelbrote / Joanna Weinberg (Hg.), *Jewish Books and their Readers: Aspects of the Intellectual Life of Christians and Jews in Early Modern Europe*, Leiden 2016, 211–259; ders., „Like a Blind Man Judging Colors: Joseph Athias and Johannes Leusden Defend their 1667 Hebrew Bible", in Shlomo Berger / Emile Schrijver / Irene Zwiep (Hg.), *Mapping Jewish Amsterdam: The Early Modern Perspective. Dedicated to Yosef Kaplan on the Occasion of his Retirement*, Leuven / Paris 2012, 79–115.

62 Siehe David Myers, „Recalling *Zakhor*: A Quarter-Century's Perspective", *Jewish Quarterly Review* 97,4 (2007): 487–490.

63 Ronny Miron, *The Angel of Jewish History. The Image of the Jewish Past in the Twentieth Century*, Boston 2014, 3–70.

64 Siehe unten 4.3.1.6.

65 Zu dieser sehr scharf geführten Auseinandersetzung zwischen Gershom Scholem und Baruch Kurzweil (1907–1972), dem Begründer der literaturwissenschaftlichen Fakultät an der Bar Ilan Universität, siehe Noam Zadoff, „The Debate between Baruch Kurzweil and Gershom Scholem in the Research of Sabbateanism", *Kabbalah. Journal for the Study of Jewish Mystical Texts* 16 (2007): 299–360 (Hebräisch); Miron, *Angel of Jewish History*, 71–159. Eventuell muss auch hier die Frage gestellt werden, was Scholem dazu antrieb, die kabbalistische Forschung an der neu gegründeten

von „hybriden“ Autoren wie Satanow und Maimon in einem weiteren Kontext könnten auch andere Schwellenpositionen adäquat analysiert und eingeordnet werden.

Kapitel 5: Ambivalenz und Fazit
Abschließend soll im letzten Kapitel eine Einordnung von Satanows Wirken und Werk, seiner Synthese von traditionell-jüdischer Religion und Kultur, Philosophie, Naturwissenschaft und Kabbala im Rahmen der europäischen Kultur- und Geistesgeschichte vorgenommen werden. Da Satanow anhand der Verwendung kabbalistischer Motive bildungspolitische Fragen im Blick hat, wird verstärkt die Funktion kabbalistischer Modelle und Symbole innerhalb der jüdischen Aufklärung und ihrer angestrebten Reform im Bildungsbereich zu bedenken sein. Auch die Vernetzung der Haskala mit ihrer nichtjüdischen Umwelt, ihre kontextuelle Hermeneutik und Hybridität[66] sowie die weiteren Auswirkungen solcher Adaptionen und Rezeptionen sollen im Verlauf der Untersuchungen bis in die Moderne konkretisiert werden.

1.2 Forschungsstand

Auch wenn Satanows Zeitgenossen wie Moses Mendelssohn Frankfurter und viele Repräsentanten der beginnenden Wissenschaft des Judentums eine ambivalente, wenn nicht sogar äußerst negative Bewertung des Wirkens Satanows zum Ausdruck bringen, kann man dennoch eine gewissen Faszination für diese Figur nicht leugnen.[67] Heinrich Graetz (1817–1891) merkt an: „Satanow war eine unehrliche Natur mit erstaunlicher Sprachbegabung. Auch sein religiöses Verhalten war charakterlos; er heuchelte eben sowohl bei den Frommen wie bei den Aufgeklärten“[68] und lobt somit trotz seiner Abneigung die sprachlichen Fähigkeiten Satanows in den höchsten Tönen. Es scheint, dass in verschiedenen Epochen

Hebräischen Universität außerhalb der Philosophie und außerhalb der Geschichtswissenschaften zu etablieren. Siehe dazu die Ausführungen, besonders zum Nihilismus, in Kap. 4.

66 Siehe oben Fn 41 sowie Volker Küster, *Einführung in die Interkulturelle Theologie*, Göttingen 2011, 82–85.

67 Siehe Kohler, *Kabbalah Research*.

68 Heinrich Graetz, *Geschichte der Juden von der ältesten Zeit bis in die Gegenwart. Band 11: Geschichte der Juden vom Beginn der Mendelssohnschen Zeit (1750) bis in die neueste Zeit (1848)*, Leipzig ^{2}1900, 124–125; siehe auch Kohler, *Kabbalah Research*, 156–159, 190–211; siehe unten 4.3.2.

Rückschlüsse von Satanows äußerer Erscheinung auf seine Persönlichkeit und seine Werke gezogen wurden. Dies geschah nicht unbedingt zu seinen Gunsten.[69] So griff ihn z. B. Aaron Wolfssohn unter dem Pseudonym Heymann in seiner Kritik zu *Mishle Asaf* im *Me'assef* stark aufgrund seiner podolischen Herkunft an und unterstellte ihm, die Bedeutung bestimmter biblischer Begriffe nicht angemessen zu verstehen.[70] Auch der Maskil Judah Leib Ben Ze'ev (Benseeb) äußert an Satanows intellektuellen Fähigkeiten deutliche Zweifel „Sein Buch enthält Neuigkeiten und Nützliches, doch die Neuigkeiten sind nicht nützlich und das Nützliche ist nicht neu."[71] Daraus entwickelten sich im Laufe der Zeit schließlich Aussagen wie die von Franz Delitzsch „Unter dem polnischen Kaftan, über den sein Bart herabwallte, trug er die feinste Kleidung eines deutschen *petit maître* [...]"[72] oder Leopold Zunz' Kritik an Satanows Ausgabe der *Seliḥot* (Bußgebete): „Doctrinäre Sprachverbesserer sind keine Textkritiker."[73] Doch nicht erst Gershom Scholem forderte zu weiteren Studien über diese schillernde Persönlichkeit auf, sondern bereits Moritz Steinschneider verwies in höchst positiven Tönen auf ihn:

> Thatsächlich hat Satanow mehr nützliche Kenntnisse, Witz und Geschmack besessen und verbreitet, als die vorgeblichen Vertreter des Hebräischen in Jahrbüchern und Zeitungen 100 Jahre nach ihm. [74]

---

69 Zahlreiche Beispiele hierzu finden sich bei Pelli, „Isaac Satanow: Metamorphosis of Judaic Values", 153 – 154. Auf die Introversion antijüdischer Klischees kann hier nicht näher eingegangen werden, doch finden sich im 18. und 19. Jahrhundert eine Vielzahl antijüdischer szenischer Darstellungen in Bezug auf Kleidung, siehe z. B. Hans-Peter Bayersdörfer, „‚Harlekine in jüdischer Kleidung?'– Der szenische Status der Judenrollen zu Beginn des 19. Jahrhunderts", in Hans Otto Horch / Horst Denkler (Hg.), *Conditio Judaica. Judentum, Antisemitismus und deutschsprachige Literatur vom 18. Jahrhundert bis zum Ersten Weltkrieg. Interdisziplinäres Symposium der Werner-Reimers-Stiftung Bad Homburg. Zweiter Teil*, Tübingen 1989, 92 – 117.

70 *Me'assef* 7,3 (1796): 251 – 266 (Hebräisch). Siehe auch *Me'assef* 7,4 (1797): 395 – 399 (Hebräisch).

71 Judah Leib ben Ze'ev, *Oṣar ha-Shorashim* [Buch der Wurzeln], Wien 1807, 8 in der Einleitung (ohne Paginierung): יש בספרו חדשות ומועילות אך החדשות אינן מועילות והמועילות אינן חדשות.

72 Franz Delitzsch, *Zur Geschichte der jüdischen Poesie*, Leipzig 1836, 115.

73 Leopold Zunz, *Der Ritus des synagogalen Gottesdienstes*, Berlin 1859, 231 – 232. Weitere Belege sind in den Fußnoten bei Pelli, „Isaac Satanow: Metamorphosis of Judaic Values", 153 – 154 zu finden.

74 Moritz Steinschneider, „Hebräische Drucke in Deutschland (Berlin 1762 – 1800)", *Zeitschrift für die Geschichte der Juden* 5,2 (1892): 154 – 186, hier 163; zu Steinschneider siehe den Sammelband von Reimund Leicht und Gad Freudenthal (Hg.), *Studies in Steinschneider. Moritz Steinschneider and the Emergence of the Science of Judaism in Nineteenth-Century Germany*, Leiden 2012; Moshe Idel, „Moshe Steinschneider, the Study of Kabbalah and Gershom Scholem", *Pe'amim* 129 (2011): 99 – 109 (Hebräisch). Zur Beurteilung Satanows bei Steinschneider und Delitzsch siehe unten 4.3.1.5. und 4.3.1.6.

Um diese Wertung Steinschneiders, der noch mit Zunz über Satanow diskutiert hatte, beurteilen zu können, sind in diesem Kontext auch die Meinungen anderer Forscher zu berücksichtigen, vor allem von Israel Zinberg (1873–1939), Ḥayyim Naḥum Shapira (1895–1943), Yeruḥam Fishel Lachover (1883–1947) und schließlich in neuerer Zeit Joseph Klausner, Shmuel Werses, Moshe Pelli und Shmuel Feiner.

In den Bewertungen Satanows werden meist seine pseudepigraphischen Tätigkeiten thematisiert, so etwa bei Zinberg, der ihm einerseits einen Hang zur Camouflage anhand von Fälschungen bescheinigt, ihn andererseits aber auch einen Meister der Nachahmung nennt. Er habe so viele Stilrichtungen beherrscht, dass er keinen eigenen Stil oder gar Persönlichkeit besäße.[75] Shapira beschreibt diese Vorgehensweise eher als Verspieltheit, eine typische Eigenschaft Satanows – stärker unter dem Einfluss des Rokoko als eine innere Konstitution. [76] Klausner räumt Satanow eine herausragende Position innerhalb der Berliner Haskala ein und schreibt seine Ungereimtheiten eher dem historischen Kontext zu. Die Fehlerhaftigkeit seiner Ausgaben klassischer jüdischer Autoren sei auf seine akademische Verantwortungslosigkeit und seine Beschäftigung mit zu vielen Genres zurückzuführen. Die pseudepigraphischen Zuschreibungen sieht Klausner nicht als Mängel an, da es sich hierbei um eine alte literarische Tradition handle, deren Ursprünge bereits in den Pseudepigraphen der intertestamentarischen Literatur zu suchen seien. Aufgrund seines Zusammenführens unterschiedlichster Fäden der hebräischen Literatur sei ihm ein Ehrenplatz innerhalb derselben zuzugestehen.[77] Yeruḥam Fishel Lachover bescheinigt Satanow außergewöhnliche sprachliche Fähigkeiten. Er sei ein Mann zweier Welten gewesen – der Berliner Haskala und der antiken hebräischen Kultur.[78] Als Verfasser der *Mishle Asaf* sei er einer der Begründer der Gattung der Fabel in der modernen hebräischen Literatur.[79]

---

75 Israel Zinberg, *Toledot Sifrut Yisra'el* [Geschichte der Literatur Israels], Bd. 5, Tel Aviv ²1959, 118–122; ders., *A History of Jewish Literature. The Berlin Haskalah*, Bd. 8, New York 1976, 185–191.

76 Ḥayyim N. Shapira, *Toledot ha-Sifrut ha-'Ivrit ha-Ḥadasha* [Geschichte der modernen hebräischen Literatur], Bd. 1, Tel Aviv ²1967, 315.

77 Klausner, *Hisṭorya*, Bd. 1, 167–172.

78 Yeruḥam Fishel Lachover, *Toledot ha-Sifrut ha-'Ivrit ha-Ḥadasha* [Geschichte der modernen hebräischen Literatur], Tel Aviv 1963, 81.

79 Zur Gattung der Fabel unter den *Me'assfim* siehe Moshe Pelli, „Literature of Haskalah in the Late 18th Century", *Zeitschrift für Religions- und Geistesgeschichte* 52,4 (2000): 343–347; eine hebräische ausführliche Fassung in ders., *Sugot we-Sugiyot be-Sifrut ha-Haskala ha-'Ivrit: ha-G'enre ha-Maskili we-Avizareyhu* [Kinds of Genre in Haskalah Literature: Types and Topics], Tel Aviv 1999, 116–137. Siehe unten die Diskussionen zu Satanows Gebrauch von Fabeln, Parabeln und Rätseln.

Auch Shmuel Werses kommt bei seiner Analyse dieses „bedauernswerten Maskil" zu einer ambivalent-positiven Bewertung.[80] Er beschreibt Satanow zwar als „frustrierten Intellektuellen", der ein Leben lang nach Anerkennung seiner Fähigkeiten lechzte, aber trotz aller Rückschläge sein Sendungsbewusstsein nicht verlor, auch wenn er zunehmend den kulturellen Niedergang und das schrumpfende Publikum hebräischer Bücher beklagte.[81] Das Verbergen der eigenen Identität als Autor sei zu jener Zeit eine allgemein anerkannte Praxis gewesen, vor allem bei der Verbreitung polemischer Schriften. Selbst Isaak Euchel und Satanows Gegenspieler, Aaron Wolfssohn, hätten sich im *Me'assef* dieser Technik bedient.[82] Die Inanspruchnahme biblischer Autoren wie Asaf sei daher keinesfalls als ein Bruch mit der rabbinischen Autorität zu verstehen, sondern konstituiere vielmehr eine komplexe dialektische Position zwischen gleichzeitiger Liebe für und Hass auf die Tradition, in welcher diese Autoren ihre Werke verfassten.[83]

Moshe Pelli ordnet Satanow den moderaten Maskilim zu, deren literarische Arbeit den Niedergang traditioneller jüdischer Werte und Grundlagen einleitete,[84] die die jüdische Zivilisation an die Schwelle zur Moderne brachten.[85] Mit Satanow wurde laut Pelli der neu interpretierte jüdische Skeptizismus in die heilige Literatur des Judentums eingepflanzt.[86] Seine Verbreitung führe schließlich zu freiem

---

80 Shmuel Werses, „'Al Yiṣḥaq Saṭnov we-ḥibburo *Mishle Asaf* [Über Isaak Satanow und seine Schrift *Mishle Asaf*]", *Tarbiz* 32,4 (1962/3): 370–392.

81 Siehe Feiner, *Haskala – Jüdische Aufklärung*, 312.

82 Werses, „'Al Yiṣḥaq Saṭnov", 378.

83 Ebd.

84 Moshe Pelli, *Yiṣḥaq Saṭnov. Ha-Min ha-Ma'amin be-Sifrut ha-Haskala ha-'Ivrit be-Germanya* [Isaak Satanow. Der gläubige Häretiker innerhalb der hebräischen Haskala-Literatur in Deutschland], Be'er Sheva 1973; ders., „Isaac Satanow: Metamorphosis of Judaic Values", 151–170; ders., „Le-berur", 436–439; ders. „Utopia as a Genre in Haskalah Literature: Isaac Satanow's ‚Divre Rivot'", *Proceedings of the World Congress of Jewish Studies. Vol. 2, Division C: Jewish Thought and Literature*, Jerusalem 1989, 73–80 (Hebräisch); ders., „Yiṣḥaq Saṭnov, ha-mahadir shel ‚megillot genuzot' she-ḥibbaran be-'aṣmo [Isaak Satanow, der Herausgeber ‚verborgener Schriftrollen', die er selbst verfasste]", *Biṣaron. Quarterly Review of Hebrew Letters* 1 (1980): 73–78; ders., „The Attitude Toward Ḥazal in the Writings of Isaac Satanow", *Biṣaron. Quarterly Review of Hebrew Letters* 4 (1983/4): 72–80 (Hebräisch); sowie seine Artikel in *Ha-Do'ar* 61,12 (1982): 188–189; 61,13 (1982): 204–205; 61,14 (1982): 218–19: „Ha-g'enre shel pulmus ha-dati be-sifrut ha-haskala ha-'ivrit: 250 shana le-huladeto shel Yiṣḥaq Saṭnov [Das Genre der religiösen Polemik innerhalb der hebräischen Haskala-Literatur: 250jähriger Geburtstag von Isaak Satanow]", und zuvor in *Ha-Do'ar* 57,21 (1979): 336–337; 57,22 (1979): 350 mit dem Titel „Le-re'shit yeṣirato shel Yiṣḥaq Saṭnov: Hashlama ven yahadut we-haskala [Zum Beginn des Schaffens Isaak Satanows: Eine Harmonisierung zwischen Judentum und Haskala]".

85 Pelli, „Isaac Satanow: Metamorphosis of Judaic Values", 151.

86 Ebd., 154–155. Dieser Vorschlag Pellis sollte in einer gesonderten Studie mit Scholems These zu Häresie, Nihilismus und Aufklärung verglichen werden. Siehe vorläufig unten 4.1.

Denken. Satanow kleide innovative, kontroverse Ideen in antike Literaturformen und beschleunige damit den Zusammenbruch der bisherigen jüdischen Weltanschauung. Die Werke Satanows zeigen laut Pelli, dass durch die Übernahme des biblischen, epigrammatisch bestimmenden Stils seinen Worten eine Aura von unumstößlicher Wahrheit und Autorität verliehen werden konnte, die zu unmittelbarem Handeln nach den genannten Prinzipien aufforderten. Zugleich befinde er sich jedoch in der dichotomen Position zwischen der theozentrischen Welt der Bibel und einer anthropozentrischen zeitgenössischen Weltanschauung. Als Ergebnis dieser Zwischenposition werde der Leser mit einer pseudo-klassischen Form konfrontiert, in deren Untertönen Skepsis und kritisches Hinterfragen mitschwingen. Die Spannung zwischen diesen Brüchen versuche Satanow in seinen Werken zu lösen und dem Leser eine Synthese der divergierenden Strömungen zu präsentieren.

In diesem Vorgehen wird ein Austausch zwischen kabbalistischem Gedankengut und naturwissenschaftlichen Thesen in beide Richtungen ermöglicht, wie im weiteren Verlauf dieser Arbeit zu zeigen ist. Satanow selbst spricht in dieser Beziehung von einem „umgekehrten Plagiat": er stehle nicht wie üblicherweise von anderen und schreibe diese Erkenntnisse sich selbst zu, sondern er stehle von sich selbst und schreibe sein Wissen anderen zu.[87] Mit Hilfe derartiger Operationen gelingt es Satanow als Kommentator, die Illusion einer Entfremdung zwischen dem Exegeten und dem Verfasser des Textes zu erwecken.

Dies führe, so Pelli, zu Widersprüchlichkeiten in der wissenschaftlichen Bewertung seiner Schrift *Mishle Asaf*, sowohl als literarischem Werk als auch als Quelle zur Ideologie der jüdischen Aufklärung in Deutschland.[88] Satanow wolle unter Anwendung der talmudischen Idee von *hava amina*[89] lehren und überzeugen. Dabei werde zunächst ein Gedanke eingeführt und der Eindruck erweckt, der Autor stimme mit diesem überein. Dann werde jedoch ein gegensätzlicher Standpunkt eingenommen und der Leser solle von einer konträren Meinung überzeugt werden. Laut Satanow sei es für einen „Seelenarzt" zulässig, zunächst den törichten Ideen seiner „Patienten" zuzustimmen und sie dann schrittweise von einem Extrem zum anderen zu führen, bis sie schließlich zu Wahrheit und Recht gelangen.[90] Der Anklang an das platonisch-sokratische Dialogmodell ist

87 Isaak Satanow, *Zohar Tinyana*, Berlin 1783, 2. Siehe Pelli, „Isaac Satanow: Metamorphosis of Judaic Values", 155.

88 Ebd., 156.

89 Ursprüngliche Annahme: Eröffnung eines Textes mit einer Position, die am Ende der Diskussion verworfen wird.

90 Satanow selbst beschreibt diese Methode in *Mishle Asaf* II, 26a und *Divre Rivot*, 43b. Siehe Pelli, *Yiṣḥaq Saṭnov. Ha-Min ha-Ma'amin*, Fn 134–142. Die Verwendung des Begriffs „Seelenarzt"

hierbei unüberhörbar und wird von vielen führenden Maskilim, allen voran Mendelssohn, häufig in ihren Schriften nach sokratischem Vorbild verwendet. Dies ging sogar soweit, dass Mendelssohn und Sokrates als Zwillingspaar inszeniert wurden.[91] Pelli verweist zudem auf den großen Einfluss mittelalterlicher Philosophie wie z. B. Maimonides und dessen Ideal von universaler *ḥokhma* (Weisheit), die von Satanow als säkulares Wissen, einschließlich der Naturwissenschaften und der Philosophie gedeutet werde. Denn nur anhand der Erkenntnis erfahrbarer Dinge könne man zur göttlichen Weisheit, der Erkenntnis der Intelligibilia gelangen.[92] Insbesondere der aufkommende Deismus habe eine große Faszination auf Satanow ausgeübt. Er habe die Notwendigkeit vor Augen geführt, die Religion des Einzelnen und der Gesellschaft als Religion der Vernunft (*ha-dat ha-ḥakhama*) in jüdischer Perspektive zu entwickeln.[93] Pelli resümiert, dass in diesem Kontext Satanows Skepsis seine eigenen Werte und Tugenden als notwendige Grundlagen für Wissen und Weisheit propagiere. Dies habe zwangsläufig zu einem Bruch mit traditionellen Werten, zwischen altem und

---

stellt meines Erachtens einen direkten Hinweis auf Maimonides' *Shemona Peraqim* (Einleitung) und einen indirekten Verweis auf Isaak Luria dar, welcher ebenfalls als ein solcher tituliert wird. In Satanows Einleitung zu *Sefer ha-Middot* wird die Funktion eines Seelenarztes in einer Parabel ausführlich beschrieben, siehe Uta Lohmann / Ingrid Lohmann (Hg.), *„Lerne Vernunft!" Jüdische Erziehungsprogramme zwischen Tradition und Modernisierung. Quellentexte aus der Zeit der Haskala, 1760–1811*, Münster 2005, 87–91; dazu Morlok, „Isaac Satanow (1732–1804)"; zum lurianischen Seelenarzt siehe Lawrence Fine, *Physician of the Soul, Healer of the Cosmos. Isaac Luria and His Kabbalistic Fellowship*, Stanford 2003, 150–186.

91 Uta Lohmann, „Sokrates und Mendelssohn – Zur Bedeutung der Zwillingsmetapher im Bildungskonzept von David Friedländer und Jeremias Heinemann", in Ulrike Schneider u. a. (Hg.), *Zwischen Ideal und Ambivalenz. Geschwisterbeziehungen in ihren soziokulturellen Kontexten*, Frankfurt a. M. 2015, 281–301.

92 Pelli, „Isaac Satanow: Metamorphosis of Judaic Values", 157. Diese epistemologische Prämisse wird in der vorliegenden Arbeit noch mehrmals thematisiert werden. Zur Maimonides- bzw. Philosophie-Rezeption in der Haskala siehe auch Amos Funkenstein, „Das Verhältnis der jüdischen Aufklärung zur mittelalterlichen jüdischen Philosophie", in Karlfried Gründer / Nathan Rotenstreich (Hg.), *Aufklärung und Haskala in jüdischer und nichtjüdischer Sicht*, Heidelberg 1990, 13–21.

93 Pelli, „Isaac Satanow: Metamorphosis of Judaic Values", 159–164. Pelli geht hier ebenfalls auf den Zusammenhang von religiöser Toleranz und dem aufkommenden Neuhumanismus als auch die deistische Ablehnung von Tradition und Autorität ein. Siehe hierzu das DFG Projekt von Uta Lohmann, *David Friedländer und Wilhelm von Humboldt im Gespräch. Zur Wechselwirkung zwischen jüdischer Aufklärung (Haskala) und Neuhumanismus* (http://www.epb.uni-hamburg.de/erzwiss/lohmann/JF/Schriftenreihe.htm) (Zugriff: 1. Oktober 2015), sowie die kürzlich erschienene Monographie Uta Lohmann, *Haskala und allgemeine Menschenbildung.*

neuem Judentum führen müssen. Satanow habe die neue, aufklärerische Form trotz seiner augenscheinlichen Harmonisierungsversuche favorisiert.[94]

Shmuel Feiners Interpretation der Tätigkeiten Satanows steht ganz im Sinne seiner allgemeinen Deutung der Haskala als kulturelle Revolution.[95] Aus seiner Sicht als israelischer Historiker deutet er die öffentlichen Debatten über die Glaubwürdigkeit Satanows (und Shaul Berlins) im Kontext der Angriffe auf rabbinische Autoritäten und ihre Infragestellung durch die intellektuelle Elite der Haskala.[96] Die Darstellung Satanows als frustrierten Intellektuellen (Werses) und zwanghaften Literaten sowie die Analyse seiner erotischen Metaphorik[97] lassen eine recht ambivalente Einschätzung erkennen. Dabei sei die Tätigkeit Satanows für die Druckerei nicht hoch genug zu bewerten. Für Feiner verkörpern die Schriften Satanows einerseits exemplarisch den subversiven Charakter der Bibliothek der Haskala in den 1790er Jahren, auch wenn andererseits ein konservativer, polnischer Einfluss auf seine Schriften nicht zu leugnen ist.[98] Im Sinne von Jonathan Israels *Radikalaufklärung* sieht Feiner in Satanows Werk einen entscheidenden Schritt innerhalb des Säkularisierungsprozesses des Judentums zu Beginn der jüdischen Aufklärung. Dies sei auch dann positiv festzustellen, wenn Satanows „Publikationsbesessenheit" teilweise extreme Züge erkennen lasse.[99]

2012 hat Amir Banbaji eine wissenschaftliche Einordnung Satanows unter literaturästhetischen Gesichtspunkten vorgelegt.[100] Banbaji analysiert die divergierenden philosophischen Ansätze innerhalb der maskilischen Literaturtheorie und Ästhetik. Nach Banbaji propagieren sowohl Satanow als auch Abraham Dov Baer Lebensohn (1794–1878), ein führender Literat, Talmudist und Vertreter der

---

94 Pelli, „Isaac Satanow: Metamorphosis of Judaic Values", 170. Im Verlauf der weiteren Arbeit wird noch an zahlreichen Stellen auf die umfangreichen Forschungen Pellis eingegangen werden.

95 Feiner, *Haskala – Jüdische Aufklärung*, 315–319 und gemäß Index; sowie ders. / Natalie Naimark-Goldberg, *Cultural Revolution in Berlin: Jews in the Age of Enlightenment*, Oxford 2011.

96 Feiner, *Haskala – Jüdische Aufklärung*, 309–319, 404–415, 422–428.

97 Ebd., 313 sowie ders., „Seductive Science and the Emergence of the Secular Jewish Intellectual", *Science in Context* 15,1 (2002): 121–135.

98 Shmuel Feiner u. a. (Hg.), *The Library of the Haskala. The Creation of a Modern Republic of Letters in Jewish Society in the German-Speaking Sphere*, Tel Aviv 2014, 23, 32–33 (Hebräisch). Zu einer ähnlichen Entwicklung im Sinne einer „republic of letters" im Kreise der Pietisten siehe die Arbeiten von Lucinda Martin, z. B. dies., „The ‚Language of Canaan': Pietism's Esoteric Sociolect", *Aries* 12 (2012): 237–253; und vor allem dies., „Noch eine ‚res publica literaria'? Die Briefe der Unsichtbaren Kirche als diskursiver Raum", *Aufklärung* 28 (2016): 135–172. Mein herzlicher Dank geht an die Autorin für die Zusendung der Beiträge vor deren Veröffentlichung.

99 Feiner, *Haskala – Jüdische Aufklärung*, 251, 312–313 und 404.

100 Amir Banbaji, „Two Paradigms of Aesthetics in Haskalah Literary Criticism: From Satanov to Lebensohn", *Hebrew Studies* 53 (2012): 143–177.

Haskala in Wilna,[101] im Gegensatz zur weit verbreiteten Meinung die Ansicht, dass Schönheit und ästhetische Erfahrung die traditionelle Rolle der esoterischen Verbergung der Weisheit vor einem öffentlichen Zugang übernehmen solle. Beide Autoren hätten jedoch eine gegensätzliche Haltung zum Verhältnis von Schönheit und Wahrheit eingenommen. Die Chiffrierung in der modernen Literatur sei laut Satanow eine notwendige Maßnahme, um esoterische Erkenntnisse zu schützen. Dabei liege die Aufgabe der Texte einerseits darin, dieses Wissen vor dem Zugriff Unwissender zu schützen, andererseits jedoch, es zugleich einem eingeweihten Publikum zu offenbaren. Hier sei Satanows Beitrag zur weiteren Entwicklung der Fabeltheorie einzigartig,[102] insofern er in diesem Genre die Spannung zwischen religiösen Glaubensgrundsätzen und intellektuellen bzw. wissenschaftlichen Erkenntnissen zum Ausdruck zu bringen verstehe. Doch aufgrund der Unterscheidung zwischen „zeitlicher" und „tugendhafter" Priorität bestünden letztendlich religiöser Glaube und Vernunft aus derselben Substanz. Sie seien daher im Menschen nicht in einen Gegensatz zueinander zu stellen, sondern sollen ihn vielmehr zur Vollkommenheit führen.[103] Somit hole Satanow die Fabel aus dem Bereich der Metaphysik und Philosophie zurück und stelle sie hinein in die Psychologie, indem er eine neue Form hebräischer Ästhetik für eine kleine, intellektuelle Elite einführe.[104]

Die maimonidische Unterscheidung von exoterisch und esoterisch in Bezug auf die Masse der Unverständigen und eine kleine verständige Elite werde hier zu einer Frage des ästhetischen Geschmacks und des Klassenunterschieds. Satanows Ästhetik lasse sich nicht in eine universale Auffassung von Schönheit einordnen, sondern die poetische Sprache markiere bei ihm den Unterschied zwischen Wissenden und Törichten, Initiierten und nicht Initiierten.[105]

Zusammenfassend lässt sich sagen, dass Satanow in der heutigen wissenschaftlichen Debatte von Shmuel Werses, Moshe Pelli und Amir Banbaji auf positive Weise rezipiert wird, indem sie Pseudepigraphie als integralen Teil des literarischen Schaffens der damaligen Epoche betrachten und Satanows Zuschreibungen und fingierte Approbationen weniger unter einem historischen

---

101 Shmuel Yoseph Fuenn, *Safa le-Ne'emanim* [Sprache für die Treuen], Wilna 1881, 156–158; ders., *Kenesset Israel*, 36–37.

102 Banbaji, „Two Paradigms", 151

103 Ebd., 153 mit Verweis auf Moshe Pelli, *Struggle for Change. Studies in the Hebrew Enlightenment in Germany at the End of the 18th Century*, Tel Aviv 1988, 114–118 (Hebräisch).

104 Banbaji, „Two Paradigms", 158

105 Ebd., 161–163. In der kabbalistischen Literatur des Mittelalters nimmt diese hermeneutische Unterscheidung eine zentrale Position ein und wird in den folgenden Kapiteln in Bezug auf Satanows Schriften diskutiert werden.

als vielmehr unter literarhistorischen und -ästhetischen Gesichtspunkten analysieren. Satanow sah sich selbst in der Tradition eines Moshe de Leon, dessen Zuschreibung des *Zohar* an Shimon bar Yoḥai dadurch berechtigt gewesen sei, dass die zeitgenössischen Leser ohnehin die mittelalterliche, nicht die spätantike Herkunft des Werkes anhand seiner Sprache erkennen würden.[106] Dies füge aber der Autorität der Worte, deren Wahrheit sich selbst Bahn brechen werde, keinen Schaden zu. Satanow ging in Folge dessen davon aus, dass sich seine Schriften und die der Kabbala wie *'Eṣ Ḥayyim* oder seine Version des *Zohar* aufgrund der in ihnen schlummernden Wahrheit verbreiten würden, unabhängig von ihren realen oder fiktiven Autoren. In seinem Fall war die Erkenntnis der Zuschreibung zur aktuellen Epoche jedoch aufgrund seiner meisterlichen Fähigkeit zur Imitation der Stilrichtungen weitaus schwieriger. Gerade Satanows literarischen Fähigkeiten werden von Steinschneider, Zunz, Delitzsch und Scholem in den Vordergrund gestellt und geschätzt.

Alexander Altmann erwähnt in seiner Mendelssohn-Biographie Satanow durchaus lobend als einen hochtalentierten und profilierten Autor, der mit seinen eigenen Schriften eine ganze Druckerei beschäftigen konnte.[107] Er kommt daher zu dem Schluss, dass Mendelssohn das Genie Satanows erkannt habe und wusste, dass er sämtliche Strömungen und Stilrichtungen der hebräischen Literatur in vollkommener Weise imitieren konnte.[108]

Auch wenn Satanow eine häufig erwähnte Figur in der hebräischen Literaturwissenschaft und in den Geschichtswissenschaften darstellt, ist in der modernen judaistischen Forschung bislang nur eine ausführliche Untersuchung zu Isaak Satanow verfasst worden. Sie stammt von Nehama Rezler-Bersohn, ihre unveröffentlichte Dissertation an der Columbia University (1976) mit dem Titel *Isaac Satanow, the Man and His Work: A Study in the Berlin Haskalah.*[109] Rezler-Bersohn konzentriert sich neben biographischen und bibliographischen Analysen darauf, Satanow innerhalb der Haskala einzuordnen und seine literarische und sprachliche Kontextualisierung als Ausdruck eines neuen Nationalbewusstseins zu deuten, das in engem Zusammenhang mit der Wiederbelebung der hebräischen Sprache zu verstehen sei.[110] Außerdem geht sie auf die Anwendung

---

106 Aus diesem Grund ist der Aussage Rezler-Bersohns (*Isaac Satanow*, 155) und Satanows eigenen Angaben in *Zohar Tinyana* (25), dass die Autorenschaft des *Zohar* allein Shimon bar Yoḥai zuzuschreiben sei, an dieser Stelle zu widersprechen.

107 Altmann, *Moses Mendelssohn*, 352–353.

108 Ebd., 353.

109 PhD Thesis Columbia University 1976.

110 Zu diesem Themenkomplex siehe auch ihren späteren Beitrag: Rezler-Bersohn, „An 18th Century Expression", 111–116.

literaturwissenschaftlicher Ideen und schließlich auf Satanows Verhältnis zur Kabbala, zum Frankismus und deren möglichen Einfluss auf sein literarisches Schaffen ein. Abschließend stellt sie fest, dass Satanow mit frankistischer Ideologie vertraut gewesen sei und diese seine Publikationen und seine Arbeit als Herausgeber tiefgehend beeinflusst hätten.[111] In ihrem letzten Kapitel mit der Überschrift „Cabbalah and Frankism; their influence on Satanow"[112] beschäftigt sich Rezler-Bersohn mit der Stellung kabbalistischer Literatur in Satanows Schriften. Seine Wertschätzung mystischer Schriften und die Debatten mit Aaron Wolfssohn bezüglich der Autorenschaft des *Zohar* bringt Rezler-Bersohn ebenfalls zur Sprache. Satanows Kategorisierung der Kabbala als höchste Wissenschaft in *Zemirot Asaf*, Kap. 5, wird in Übersetzung angeführt und analysiert. Sie kommt zu dem Schluss, dass Satanow kabbalistische Theoreme vorwiegend benutze, um die Grenzen zwischen Wissenschaft und Rationalismus aufzuweichen. Man müsse die sinnlich wahrnehmbare, die untere Welt studieren, um zu den Wahrheiten der oberen, der intellektuellen zu gelangen.[113] Eine christliche Vermischung von Trinitätslehre und den oberen drei Sefirot lehne er entschieden ab.[114] Im Sinne Jakob Franks wolle auch Satanow die Situation der Juden verbessern,[115] indem er ihnen die zeitgenössische Kultur näherbringt, keiner Religion den Vorzug gibt und wissenschaftliche Innovationen in seine Diskurse einbaut sowie die rabbinischen Autoritäten ablehnt.[116] Sowohl Frank als auch Satanow befürworten die Aufnahme jüdischer Männer in die Armee, um das Klischee des Feiglings abzustreifen, zum heroischen Kämpfer zu werden und die eigene Sicherheit zu gewährleisten, vor allem angesichts zunehmender Massaker gegen Juden in Polen.[117] Als weiteren Vergleichspunkt zu Frank führt Rezler-Bersohn die Aufforderung beider an, das Leben zu genießen und im Moment zu leben. Doch kommt sie eindeutig zu dem Schluss, dass Satanow kein Anhänger Franks war, da er an vielen Stellen der Ideologie Franks widerspricht und seine Anhänger bzw.

---

111 Rezler-Bersohn, *Isaac Satanow*, 171. Auf Rezler-Bersohns Forschung wurde hier bereits in zahlreichen Fußnoten verwiesen und sie wird im weiteren Verlauf noch ausführlich erörtert werden. Allerdings weist die Autorin nur ein sehr allgemeines Wissen über den Frankismus auf und stellt keinen Bezug zu frankistischen Lehren bzw. Texten her.

112 Rezler-Bersohn, *Isaac Satanow*, 151–170.

113 Ebd., 159.

114 Siehe Satanow, *Divre Rivot*, Bd. I, Berlin 1793, 17–20.

115 Siehe Aleksander Kraushaar, *Franq we-'Adato 1726–1816* [Frank und seine Gemeinschaft], übs. aus dem Polnischen v. Naḥum Sokolow, Warschau 1895, 20, 32, 225.

116 Rezler-Bersohn, *Isaac Satanow*, 161–162.

117 Ebd., 164–165. Zum positiven Bild des Juden als heroischer Kämpfer in der Berliner Haskala siehe Isaak Eisenstein-Barzilay, „The Ideology of the Berlin Haskalah", *Proceedings of the American Academy of Jewish Research* 25 (1956): 21–24.

die Sabbatianer aufgrund ihrer freizügigen moralischen Ansichten verurteilt.[118] Auch könne er sich nicht deren Ablehnung gegenüber dem Talmud anschließen.[119] Rezler-Bersohn verortet den Einfluss mystischen und frankistischen Denkens nicht nur in Satanows Abhandlungen, sondern vor allem in seinem Lebensstil und seiner Offenheit gegenüber zeitgenössischen Errungenschaften. Doch bleibt sie einen detaillierten Vergleich zwischen Franks und Satanows Interpretation kabbalistischer Vorlagen dem Leser eindeutig schuldig.

Tal Kogman[120] hat in verschiedenen Aufsätzen Satanows potentielle Quellen für seine naturwissenschaftlichen Kenntnisse untersucht und vertritt unter anderem die These, dass Leonhard Eulers (1707–1783) *Briefe an eine deutsche Prinzessin: Über verschiedene Gegenstände aus der Physik und Philosophie* aus dem Jahr ^{2}1773/74 (Leipzig),[121] vor allem die Beschreibung der *camera obscura* im dritten Band, Satanow als Vorlage gedient haben sollen. Allerdings betont sie, dass Satanow, auch wenn er dem Versuchsaufbau und der Terminologie Eulers gefolgt sei, doch eher die Thesen Newtons zur Optik als diejenigen Eulers vertreten habe. Wie noch zu erörtern sein wird, vermutet Rezler-Bersohn hingegen, Satanow habe seine naturwissenschaftlichen Theorien entweder aus entsprechenden Artikeln des *Me'assef* gewonnen oder auch David Gans' (1541–1613) Diskussionen zu den aktuellen Entwicklungen in den Naturwissenschaften aus dessen Werk *Ṣemaḥ Dawid* (Die Pflanze Davids) von 1592 rezipiert – oder etwa Jehuda Leib Margolioths (1751–1811) *Or 'Olam* (Licht der Welt) von 1782 oder dessen *Bet Middot* (Haus der Ethik) aus dem Jahr 1777.[122]

Die Kenntnisse Satanows in naturwissenschaftlichen Belangen werden überdies noch in den Arbeiten von Adam Shear zu Halevis *Kuzari* und dessen Wirkungsgeschichte innerhalb der Haskala thematisiert.[123] Satanow bezeuge in

118 Rezler-Bersohn, *Isaac Satanow*, 167.

119 Ebd., 169–170. Zur Stellung des Talmud innerhalb der Haskala siehe weiter unten in diesem Kapitel.

120 Tal Kogman, „Intercultural Contacts in Maskilic Texts about Sciences", in Shmuel Feiner / Israel Bartal (Hg.), *The Varieties of Haskala*, Jerusalem 2005, 29–42 (Hebräisch); dies., *The ‚Maskilim' in the Sciences: Jewish Scientific Education in the German-Speaking Sphere in Modern Times*, Jerusalem 2013, 95–115 (Hebräisch); dies., „Min ha-defus li-khetav yad – 'alonim be-republiqat ha-haskala [Vom Druck zur Handschrift – Bulletins in der Republik der Haskala]", in Shmuel Feiner u. a. (Hg.), *The Library of the Haskalah. The Creation of a Modern Republic of Letters in Jewish Society in the German-Speaking Sphere*, Tel Aviv (2014), 81–101 (Hebräisch).

121 Es handelt sich dabei um eine Übersetzung aus dem Französischen.

122 Rezler-Bersohn, „Epitome", 86; zu Margolioth siehe auch Feiner, „Seductive Science", 126–128.

123 Adam Shear, *The* Kuzari *and the Shaping of Jewish Identity*, New York 2008, 53, 213, 216, 226–230, 237–239, 251–254, 272, 278; ders., „Juda Halevi's *Sefer ha-Kuzari* in Early Modern Ashkenaz

dem Kommentar zu dieser Schrift aus dem Jahr 1795 seine Vertrautheit mit neuesten wissenschaftlichen Forschungen zu Optik, Blutkreislauf, Mechanik, Magnetismus, Elektrizität, Luftpumpe und Gravitation und unternehme dabei den Versuch, Halevis Werk als ein Argument für die rationale Untersuchung der Religion zu etablieren. Dabei sei für Satanow das geoffenbarte Gesetz nicht notwendigerweise rational, doch stehe es für ihn nie im Gegensatz zur Vernunft, da alle göttlichen Gebote einen sinnvollen Zweck erfüllten. Wie Silber vom Verkäufer eingeschmolzen werden müsse, um seinen Wert zu belegen und verkauft werden zu können, so müsse auch der Glaube auf seinen Wahrheitsgehalt hin durch rationale Befragung geschmolzen und geprüft werden. Denn wir (d. h. die Generation Satanows) seien dazu angehalten, derartige Untersuchungen zu unternehmen.[124] Die jüdische Tradition bestehe diesen „Schmelztest" und sei sogar aufgrund der rationalen Grundlage ihrer Gesetze für derartige Analysen prädestiniert. Die Kombination von rationalen und geoffenbarten Gesetzen der Religion verlange das Studium von Werken der Religionsphilosophie wie dem *Kuzari*, Maimonides und Joseph Albo (1380–1444), um die Position der jüdischen Kultur und Religion innerhalb derselben besser zu verstehen und um von den rationalen Erkenntnissen zu den göttlichen zu gelangen. Daher könne der Mensch nur durch die Zwillingsschwestern von wissenschaftlicher Untersuchung und Kabbala, bzw. Gottesfurcht und Weisheit (Wissen) zur Vollkommenheit gelangen, wie auf der Titelseite von *Imre Bina* angedeutet werde.[125]

Auch wenn sich die vorliegende Arbeit im Rahmen der judaistischen Forschung bewegt und sich die angeführten Untersuchungen vornehmlich mit Satanows philosophisch-religiösen Aussagen befassen – etwa unter dem Aspekt kultureller Transformationsprozesse –, müssen auch Satanows reformatorische

und the Early Haskalah: A Case Study in the Transmission of Cultural Knowledge", in Resianne Fontaine u. a. (Hg.), *Sepharad in Ashkenaz. Medieval Knowledge and Eighteenth-Century Enlightened Jewish Discourse*, Amsterdam 2007, 69–83; ders., „Jehuda Halevi's *Kuzari* in the Haskalah: The Reinterpretation and Reimagining of a Medieval Work", in Ross Brann / Adam Sutcliffe (Hg.), *Renewing the Past. Reconfiguring Jewish Culture: From Al-Andalus to the Haskalah*, Philadelphia 2004, 71–92. Eine ähnliche Position zum Verhältnis zwischen Rationalität und Judentum findet sich auch in Mendelssohns *Jerusalem*. Siehe Paul Mendes-Flohr, Art. „Moses Mendelssohn", in Andreas Kilcher / Ottfried Fraisse (Hg.), *Metzler Lexikon Jüdischer Philosophen*, Stuttgart / Weimar 2003, 187–191, hier 189–190.

124 So in der Einleitung auf der ersten Seite nach dem Titelblatt, Isaak Satanow (Hg.), *Yehuda Halevi. Sefer ha-Kuzari*, Berlin 1795. Siehe Shear, „Jehuda Halevi's *Kuzari* in the Haskalah", 76.

125 Siehe auch *Mishle Asaf* I, 12a und II, 69a. Die Metapher des Zwillingspaares wird noch ausführlich in Kap. 3 der vorliegenden Arbeit behandelt werden; siehe auch Elke Morlok, „Blurred Lines. Methodology and Kabbalistic Ideas Within the Berlin *Haskalah*", *Kabbalah. Journal for the Study of Jewish Mystical Texts* 40 (2018): 33–59; zu den Zwillingsschwestern 44–58.

Gedanken im Hinblick auf Erziehung und Bildung der Jugend im Sinne der Emanzipation und der Toleranz berücksichtigt werden. Denn auf diesem Gebiet zeigt er sich ebenfalls stark durch philosophisch-kabbalistische Einsichten beeinflusst, wobei wiederum eine Wechselwirkung mit zeitgenössischen jüdischen und nichtjüdischen Autoren und Konzeptionen anzunehmen ist. In dieser Hinsicht sind vor allem die umfangreichen Arbeiten von Uta und Ingrid Lohmann zur Bildungsgeschichte der Juden in Deutschland in die Untersuchung mit einzubeziehen.[126]

Diese Reihe zur jüdischen Bildungsgeschichte in Deutschland bietet zahlreiche Texte der jüdischen Erziehungsprogramme aus der Zeit der Haskala in einer deutschen Übersetzung bzw. kritischen Ausgabe dar. Dabei ist der Titel „Lerne Vernunft!" einem Zitat Satanows aus *Eine Sprache*[127] entnommen, um die Erlernbarkeit vernünftigen Denkens und rational begründeter Maxime des Handelns als zentrales Motiv der maskilischen jüdischen Bildungsreform zu demonstrieren.[128] Ein in dieser Reihe erschienener Band zur jüdischen Freischule[129] liefert einschlägige Analysen und Quellentexte zur jüdischen Kulturreform, innerhalb derer Satanow als Autor und Herausgeber eine entscheidende Rolle einnahm. Die angestrebte Vereinigung einer erneuerten Religiosität mit Vernunftdenken und wissenschaftlicher Rationalität sowie die Forderung, dass Erziehung und Unterricht zu deren Verbreitung beitragen müssen, bilden axiomatische Forderungen in Satanows Gesamtwerk. Ebenso haben die Schriften mit kabbalistischen Motiven letzten Endes die „Erziehung des Menschengeschlechts", die „Glückseligkeit", vor allem der Jugend, zum Ziel und wollen das menschliche Streben nach Vollkommenheit fördern.[130]

Reformbestrebungen innerhalb der jüdischen Erziehung und Bildung nach aufklärerischem Vorbild im osteuropäischen Judentum hat Nancy Sinkoff anhand des Schaffens und Wirkens von Mendel Lefin Satanower (1749 – 1826), der aus demselben Ort wie Isaak Satanow stammte, untersucht.[131] Wie Joseph Perl scheiterte Mendel Lefin darin, die Mehrheit seiner Zeitgenossen von den maski-

---

126 Eine Liste der bisherigen Veröffentlichungen findet sich unter http://www.epb.uni-hamburg.de/erzwiss/lohmann/JF/Schriftenreihe.htm (Zugriff: 22. Oktober 2015).

127 Aus *Safa Aḥat*, Berlin 1783.

128 Uta Lohmann / Ingrid Lohmann (Hg.), *„Lerne Vernunft!" Jüdische Erziehungsprogramme zwischen Tradition und Modernisierung. Quellentexte aus der Zeit der Haskala, 1760 – 1811*, Münster 2005.

129 Lohmann (Hg.), *Chevrat Chinuch Nearim*.

130 Siehe Morlok, „Isaac Satanow (1732 – 1804)".

131 Nancy Sinkoff, *Out of the Shtetl. Making Jews Modern in the Polish Borderlands*, Providence 2004.

lischen Idealen zu überzeugen. Dabei gelang es ihnen jedoch, eine neue Sicht auf modernes jüdisches Leben zu lancieren, die die europäische Kultur mit dem traditionellen Judentum in Einklang zu bringen vermochte. Am Ende des 18. Jahrhunderts, als sich die polnisch-jüdische Bevölkerung der Wahl zwischen einer als areligiösem Rationalismus beargwöhnten Moderne und dem aufstrebenden Chassidismus gegenüber sah, favorisierten diese beiden Denker ihre eigene Version einer moderaten jüdischen Aufklärung zwischen atheistischer Moderne und chassidischer Frömmigkeit.[132] Auf ähnliche Weise ist auch der Bedeutung von Frömmigkeit und Religion in der Berliner Haskala ein hoher Stellenwert einzuräumen.[133] Die einschneidenden Veränderungen zwischen 1772 und 1795, die die osteuropäischen Juden zu europäischen Juden zu machen versuchten, stießen aufgrund der historischen Vergangenheit und den spezifischen Verhältnissen in den Gemeinden auf massive Widerstände bezüglich der Integration jüdischer Bürger in die neuen Staatsgebilde und deren Kultur. In seiner Darstellung der Haskala als moderate, vernünftige und religiös motivierte Bewegung unternahm Lefin den Versuch, diesen Widerständen entgegenzuwirken und eine Integration der polnischen Juden in das „neue Europa“ voranzutreiben. Inwieweit dies auch Satanow mit seinen kabbalistisch-naturphilosophischen Syntheseversuchen anstrebte, soll in der vorliegenden Arbeit untersucht werden.

1.3 Methodologische Überlegungen

Um sich einem Autor wie Satanow zu nähern, für den (ähnlich wie bei Salomon Maimon[134]) Kabbala, wenn sie in Übereinstimmung mit der Philosophie und unter Berücksichtigung naturwissenschaftlicher Erkenntnisse aufgefasst wird, die letzte Wahrheit verkörpert, bedarf es einer komplexen Auswahl an methodologischen Betrachtungsweisen, vor allem im Hinblick auf seine Anfänge. In jüngster Zeit findet die Form der „intellektuellen Biographie“ viel Verwendung. Obwohl

---

132 Solch eine Unterscheidung im Sinne von „wahrer“ und „falscher“ Aufklärung bzw. den Fall, wenn religiöser Rationalismus zu Atheismus führt und die Haskala generell als Atheismus bezeichnet wird, diskutiert ebenfalls Shmuel Feiner, „The Pseudo-Enlightenment and the Question of Jewish Modernization“, *Jewish Social Studies* 3,1 (1996): 62–88.

133 Siehe Sorkin, *Berlin Haskalah.* Zur Rolle der Frömmigkeit als Modus des Eintritts in die Moderne siehe Rebekka Voß / Avi Siluk, „The 18th Century as a Time of Religious Renewal and Reform“, *Zutot* 16,1 (2019): 3–18; sowie den Band von Anders Jarlert (Hg.), *Piety and Modernity. The Dynamics of Religious Reform in Northern Europe, 1780–1920*, Leuven 2019.

134 *Ḥesheq Shelomo* [Das Verlangen Salomons], Hs Abraham Geiger. Hochschule für die Wissenschaft des Judentums Berlin 1778 / Jerusalem – The National Library of Israel Hs Heb. 8°6426.

dieses Vorgehen sicherlich eine gewisse Berechtigung im Umgang mit Autoren wie Abraham Cohen de Herrera (1570 – 1635) haben kann,[135] soll an dieser Stelle nicht die gesamte Werkbiographie Satanows vor dem Hintergrund der historischen Ereignisse gleichermaßen detailliert analysiert werden. Der Fokus liegt vielmehr auf Satanows spezifischem Umgang mit kabbalistischen Traditionen und seiner Frage nach deren Vereinbarkeit mit philosophischen Strömungen und naturwissenschaftlichen Errungenschaften im Übergang zur Moderne sowie deren Funktion in seiner anspruchsvollen und vielschichtigen Vermittlung jüdischer Bildung. Satanow kann nur schwer unter die geläufigen geistesgeschichtlichen Schulen seiner Zeit subsumiert werden. Er vertrat vielmehr einen gänzlich eigenen Ansatz zur Harmonisierung unterschiedlicher intellektueller Tendenzen innerhalb und außerhalb der jüdischen Tradition. Sein Grundgedanke lässt sich verschiedentlich mit den innovativen Ideen Salomon Maimons vergleichen, dessen transzendente Hermeneutik zwar nicht von ihm selbst entwickelt, von ihm aber erstmals auf kabbalistische Texte übertragen und genuin aus der Lektüre dieser Texte zur Erschließung derselben angewandt wurde.[136]

In den 1980er Jahren fand ein bedeutender methodischer Umschwung in der Erforschung der kabbalistischen Literaturen statt, der ebenfalls im Hintergrund der folgenden Darstellung Satanows steht. Mit *Kabbalah: New Perspectives* forderte Moshe Idel einen Neuansatz innerhalb des Faches,[137] den er in einem wei-

---

135 Wie Gerold Necker, *Humanistische Kabbala im Barock. Leben und Werk des Abraham Cohen de Herrera*, Berlin / Boston 2011 gezeigt hat. Einen anderen Ansatz mit Fokus auf unterschiedliche Themen der Kabbala im Gesamtwerk von Elijah Benamozegh (1823 – 1900) bietet Alessandro Guetta, *Philosophy and Kabbalah. Elijah Benamozegh and the Reconciliation of Western Thought and Jewish Esotericism*, Albany 2009. Ein ähnlicher Zugang wie bei Guetta soll auch hier zur Anwendung kommen.

136 Dustin Atlas, „Solomon Maimon's Philosophical Exegesis of Mystical Representations of Time and Temporal Consciousness", in Brian Ogren (Hg.), *Time and Eternity in Jewish Mysticism. That Which is Before and That Which is After*, Leiden / Boston 2015, 66 – 80; Meir Buzaglo, *Salomon Maimon: Monism, Skepticism, and Mathematics*, Pittsburgh 2002; Gideon Freudenthal, „A Philosopher between Two Cultures", in ders. (Hg.), *Salomon Maimon: Rational Dogmatist, Empirical Skeptic: Critical Assessments*, Dordrecht / Boston 2003, 1 – 17.

137 Moshe Idel, *Kabbalah: New Perspectives*, New Haven / London 1988, 1 – 34. Zu einer kritischen Beurteilung von Idels methodologischem Zugang siehe Daniel Abrams, „A Critical Return to Moshe Idel's *Kabbalah: New Perspectives*: An Appreciation", *Journal for the Study of Religions and Ideologies* 6,18 (2007): 30 – 40; ders., „Phenomenology of Jewish Mysticism – Moshe Idel's Methodology in Perspective", *Kabbalah. Journal for the Study of Jewish Mystical Texts* 20 (2009): 7– 146. Siehe auch Hava Tirosh-Rothschild, „Continuity and Revision in the Study of Kabbalah", *AJS Review* 16,1 – 2 (1991): 161 – 192; Peter Schäfer, „Jewish Mysticism in the Twentieth Century", in Judit Targarona Borrás / Angel Sáenz-Badillos (Hg.), *Jewish Studies at the Turn of the Twentieth Century*, Leiden / Boston / Köln 1999, 3 – 18, hier 13 – 16.

teren Aufsatz mit dem Titel „Rabbinism versus Kabbalism" Anfang der 1990er Jahre bekräftigte.[138] Darin weist Idel Scholems vorwiegend historisch-philologischen Zugang als zu eng für die Untersuchung mystischer Texte zurück. In Bezug auf kabbalistische Texte schlägt er eine Erweiterung des Ansatzes in Form einer phänomenologischen Alternative im Sinne Mircea Eliades und Edmund Husserls vor, deren Modelle und Entwürfe nun auch mit vergleichbaren Strukturen außerhalb der jüdischen Tradition komparativistisch dargestellt werden können. Scholems These, dass historische Ereignisse mystische Strömungen – im Sinne von Nietzsches „Vom Nutzen und Nachteil der Historie für das Leben"[139] –, beeinflusst haben und somit in kausalem Zusammenhang zu diesen historischen Geschehnissen stehen, wird von Idel einer kritischen Revision unterzogen. Seiner Meinung nach solle die innere Logik mystischer Strukturen und Konzeptionen der verschiedenen Texte und Autoren erfasst werden, um deren inhärente Entwicklung aufzuzeigen.[140] Besonders Scholems Interpretation kabbalistischer Motive im Zusammenhang mit dem Gnostizismus und die Einordnung jener Motive als „Symbole" stießen auf Idels Kritik.[141] Demgegenüber sei ein viel deutlicherer Einfluss der jüdischen Philosophie, besonders seitens Maimonides, aber auch linguistischer Techniken zu berücksichtigen. Idel entwickelte eine Typologie der beiden kabbalistischen Hauptströmungen des Mittelalters, der ekstatisch-vereinigenden (inklusive *unio mystica)* eines Abraham Abulafia und seiner Schule und der theosophisch-theurgischen Strömung mit dem *Zohar* und anderen Schriften zu den göttlichen Sefirot im Zentrum der Lehre. Idels religionsphänomenologische Kategorisierung mit zahlreichen Modellen zu theosophischen, linguistischen

---

138 Moshe Idel, „Rabbinism versus Kabbalism: On G. Scholem's Phenomenology of Judaism", *Modern Judaism* 11,3 (1991): 281–296; Idels Kritik an Scholems Zugang und Isaiah Tishbys Phänomenologie bzw. Historiographie findet sich bei Moshe Idel, „History of the Kabbalah and History of the Jews", *Theory and Criticism* 6 (1995): 137–147, hier 146–147 (Hebräisch).

139 Dies kommt verstärkt in Scholems Interpretation der Vertreibung aus Spanien, der lurianische Kabbala und den damit verbundenen Konsequenzen in den kabbalistischen Texten nach der Vertreibung zum Ausdruck. Siehe Friedrich Nietzsche, *„Vom Nutzen und Nachteil der Historie für das Leben"*, hg. v. Dieter Borchmeyer, Frankfurt a. M. 1996; vor allem auf Scholems Interpretation des lurianischen Mythos von der Erlösung des Kosmos (*tiqqun*) findet diese Schrift Auswirkungen. Siehe Gershom Scholem, „Isaak Luria und seine Schule", in ders., *Die jüdische Mystik*, 267–314; ders., „*Gilgul*; Seelenwanderung und Sympathie der Seelen", in ders., *Von der mystischen Gestalt der Gottheit. Studien zu Grundbegriffen der Kabbala*, Frankfurt a. M. ^{4}1995, 194–247; ders., „Kabbala und Mythos", in ders., *Zur Kabbala und ihrer Symbolik*, Frankfurt a. M. ^{7}1992, 117–158.

140 Idel, *New Perspectives*, 218–234, 250–271.

141 Zu Scholems Symboltheorie siehe auch Moshe Idel, „Die Funktion von Symbolen bei Gershom Scholem", in ders., *Alte Welten. Neue Bilder. Jüdische Mystik und die Gedankenwelt des 20. Jahrhunderts*, Berlin 2012, 135–176.

und hermeneutischen Entwürfen gilt seither, wenn auch nicht unumstritten, als Standard innerhalb der Kabbala-Forschung.[142]

Wie bereits angeführt bewegen sich die Schriften Satanows in unterschiedlichen Gattungen. Als Autor stand er intellektuell und soziologisch-politisch zwischen divergierenden Welten. Nicht nur Satanows unmittelbare Umwelt in Podolien und Berlin beeinflussten sein Schreiben, sondern auch Schriften aus der zweitausendjährigen literarischen Tradition des Judentums unterschiedlichster Prägung. Da ein erheblicher Mangel an historisch verlässlichem Material über sein Leben und seine zahlreichen Reisen besteht, lassen sich die meisten Einflüsse auf Satanow nicht genau zuordnen. Im Sinne eines „rekonstruktionistischen Ansatzes", wie er in Idels *New Perspectives* gefordert wird, sollen im Folgenden theologisch-philosophische Modelle und hermeneutische Konstellationen aus anderen Werken und Epochen vergleichend herangezogen werden. Dabei werden die philosophischen Hintergründe herausgearbeitet, die zu Satanows Synthese unterschiedlicher Traditionen aus verschiedenen Epochen führten. Eine solche Vorgehensweise fragt danach, welche Wirkung Schriften aus der unmittelbar vorausgehenden und der kontemporären Epoche ausübten und inwieweit aber auch Schriften aus der entfernteren Vergangenheit oder nichtjüdische Denkansätze seinen Anschauungen neue Impulse gaben.

Diese Vorgehensweise, in der nicht unbedingt den zeitlich am nächsten stehenden Epochen die stärkste Gewichtung zukommt, wird in Bezug auf die Chassidismus-Forschung als „panoramic view",[143] eine Ausweitung des genannten phänomenologischen Ansatzes, bezeichnet. Sie verfolgt die Absicht, ein religiös-philosophisches Phänomen nicht nur aus der Gegenwartsperspektive westlicher Philosophien zu untersuchen (als unmittelbarem Kontext des For-

---

142 Zur Kontroverse zwischen Scholem und Idel in Bezug auf die lurianische Kabbala bzw. den Sabbatianismus siehe John Steven Sewell, *Lurianic Kabbalah and the Expulsion of 1492: The Scholem-Idel Debate*, MA Thesis Arizona State University 1999; sowie Moran Gam-Hacohen, *Trends in Kabbalah Research in Israel, 1929–2010*, PhD Thesis Ben-Gurion University of the Negev, Be'er Sheva 2010 (Hebräisch).

143 In der deutschen Übersetzung von Idels *Old Worlds, New Mirrors. On Jewish Mysticim and Twentieth-Century Thought*, Philadelphia 2010 beim Jüdischen Verlag im Suhrkamp Verlag als *Alte Welten. Neue Bilder*, Berlin 2012 wird der Begriff mit „ein umfassender Blickwinkel" (335–344) wiedergegeben. Dabei geht leider die metaphorisch angedeutete Idee des Panoramaausblicks verloren, da die Chassidim – bildlich gesprochen – als „Wanderer" von einer Anhöhe aus einen Panoramablick rundum auf vielfältige Vorstellungen und Strömungen unterschiedlicher Epochen, meist in deren volkstümlicher Form, hatten, aus welchen sie eine Auswahl treffen konnten. In seinem neuesten Buch erweitert Idel diese Grundlage in Hinblick auf einen methodischen Perspektivismus: Moshe Idel, *The Privileged Divine Feminine in Kabbalah*, Berlin / Boston 2019, 9.

schenden), sondern aufgrund der Quellenlage neue Modelle zur Kategorisierung desselben zu erarbeiten. Dabei werden als wichtigste Vorlagen nicht notwendigerweise die zeitlich nächststehenden Epochen betrachtet, sondern es werden phänomenologische Vergleiche mit sämtlichen Perioden, also dem „ganzen Panorama", wie es dem Autor vorlag, durchgeführt.

In Bezug auf den Chassidismus konstruiert Idel in diesem Sinne ein magisches, ein mystisch-magisches und das mystisch-ekstatisches Modell aus den vorliegenden Texten mit z. B. einer anthropozentrischen Ausrichtung im Sinne von Erich Neumanns „mystischem Menschen".[144] Dabei müssen bezüglich des Chassidismus, der diesem Ansatz als Beispiel dient, nicht zwangsläufig die sabbatianischen oder frankistischen Quellen – wie im linearen historiographischen Ansatz Scholems – die größte Relevanz für die neu entstehende Bewegung gehabt haben, sondern es kommen auch mittelalterliche oder antike Quellen in Frage, was in der jüngsten Forschung oft gezeigt wurde. Da die chassidischen Autoren aus einem fast unerschöpflichen Reichtum der mystischen Literatur seit der Bibel und der jeweiligen Umwelten, vor allem auch aus vorlurianischen Quellen, schöpften, muss die ganze Bandbreite der jüdischen Tradition bis zum Chassidismus bei der Untersuchung der Texte in den Blick genommen werden. Idel präsentiert den Chassidismus als späte Epoche, die das „gesamte Panorama" früherer mystischer Modelle zur Auswahl gehabt habe und diese nun an ihre innovativen Paradigmen und Konzeptionen adaptierte, wobei sie unterschiedlichste Modelle aus antiken und mittelalterlichen Quellen wieder aufnahm. Idel präsentiert einen phänomenologischen Überblick zu diesen Vorlagen und ihren späteren Transformationen im Chassidismus, wobei es sich nicht um eine historische Rekonstruktion der Bewegung handelt. Man könnte im Gegensatz dazu den Zugang Scholems als monochron bezeichnen, dessen Analyse der mystischen Elemente im Judentum nach historischen Perioden angeordnet war, während Idel eher einem synchronen bzw. diachronen Ansatz folgt. Er geht nicht von einem historischen Kontinuum zwischen den unterschiedlichen Schulen und Strömungen innerhalb der jüdischen Mystik aus. Vielmehr besteht in seinem innovativen, synchronen Modell die grundlegende Hypothese darin, dass bei der

---

144 Moshe Idel, *Hasidism: Between Ecstasy and Magic*, Albany 1995, 1–30, 221–223, 227–238; zur terminologischen Kontinuität zwischen Moshe Cordovero und dem Chassidismus siehe nun Moshe Idel, *Vocal Rites and Broken Theologies. Cleaving to Vocables in R. Israel Ba'al Shem Tov's Mysticism*, New York 2020, 1–12; siehe auch Jonathan Garb, „Moshe Idel: An Intellectual Portrait", in Hava Tirosh-Samuelson / Aaron Hughes (Hg.), *Moshe Idel: Representing God*, Leiden / Boston 2015, 15; Moshe Idel, „Transfer of Categories: the German-Jewish Experience and Beyond", in Steven E. Aschheim / Vivian Liska (Hg.), *The German-Jewish Experience Revisited*, Göttingen 2015, 15–43.

Entstehung neuer Bewegungen bewusst eine Reihe von Entscheidungen zwischen alternativen Manifestationen der jüdischen Mystik getroffen wurden, unabhängig von deren historischer Verortung oder geographischer Ausbreitung.[145] Dies gilt auch für Isaak Satanow.

Nur die Koexistenz einer Vielzahl von mystischen Paradigmen kann erklären, warum zum Beispiel der Chassidismus eine ganze Reihe mystischer Schlüsselbegriffe aufnehmen konnte, die in der vorausgegangenen lurianischen Literatur und im Sabbatianismus höchstens eine Nebenrolle spielten.[146] Innerhalb einer solchen Beurteilung wird der Chassidismus nicht als Reaktion auf eine Krisensituation, sondern als das Resultat einer langen Reihe von Interaktionen spiritueller Entwürfe, Paradigmen und sozialer Faktoren betrachtet. Deshalb ist bei diesem Phänomen nicht von einer „Neutralisierung" der messianischen Idee[147] auszugehen, sondern vielmehr von einer bewussten Auswahl vielfältig vorliegender mystischer, oft divergierender Entwürfe und religiöser Modelle im Judentum.[148] Auf ähnliche Weise ist m. E. anzunehmen, dass die Haskala, besonders Satanow, bewußt eine solche Auswahl traf. Satanow nahm nur solche Entwürfe

---

145 Zu den unterschiedlichen Zeitkonzeptionen innerhalb der jüdischen Tradition und die Besonderheit kabbalistischer und chassidischer Zeitdimensionen siehe Moshe Idel, „'Higher than Time': Observations on Some Concepts of Time in Kabbalah and Hasidism", in Brian Ogren (Hg.), *Time and Eternity in Jewish Mysticism. That Which is Before and That Which is After*, Leiden / Boston 2015, 179–210; ders. „Multiple Forms of Redemption in Kabbalah and Hasidism", *Jewish Quarterly Review* 101,1 (2011): 27–70.

146 Idel, *Hasidism*, 10–11.

147 Scholem, *Jüdische* Mystik, 361. Scholem spricht hier zunächst von einer Elimination des Messianismus als einer akuten Macht, bevor er sich auf den Begriff der „Neutralisierung des messianischen Elements" verständigt. Siehe auch ders., „Zum Verständnis der messianischen Idee im Judentum", in ders., *Judaica 1*, Frankfurt a. M. 1963, 7–74; ders., „Die Krise der Tradition im jüdischen Messianismus", in ders., *Judaica 3*, Frankfurt a. M. 1973, 152–197; aus der umfangreichen Debatte zu dieser These Scholems seien hier nur Shmuel Rom (Hg.), *The Messianic Idea in Jewish Thought. A Study Conference in Honour of the Eightieth Birthday of Gershom Scholem. Held 4–5 December 1977*, Jerusalem 1982 (Hebräisch); und Moshe Idel, *Messianic Mystics*, New Haven / London 2000; sowie ders., „Mystical Redemption and Messianism in R. Israel Ba'al Shem Tov's Teachings", *Kabbalah. Journal for the Study of Jewish Mystical Texts* 24 (2011): 7–121 (besonders Fn 4 mit einer ausführlichen Kritik zu Scholems Tendenz, jüdischen Messianismus mit Apokalyptik gleichzusetzen) genannt. Zum vorausgehenden Wechselspiel zwischen jüdischem Messianismus und christlicher Apokalyptik im ashkenazischen Raum im 16. Jahrhundert, welches auch die nachfolgenden Entwicklungen prägte, siehe Voß, *Umstrittene Erlöser*, 14–16, 192–193.

148 An dieser Stelle sei Mendel Piekarz erwähnt, der die umfangreiche jüdisch-ethische Literatur (Musar-Literatur) als Quelle für die chassidischen Entwürfe erschloss. Mendel Piekarz, *Ideological Trends of Hasidism in Poland During the Interwar Period and the Holocaust*, Jerusalem 1990 (Hebräisch); ders., *Studies in Bratslav Hasidism*, Jerusalem 1972 (Hebräisch); ders., *The Beginning of Hasidism. Ideological Trends in Derush and Musar Literature*, Jerusalem 1978 (Hebräisch).

auf, die sich in das jeweilige Konzept seiner Schrift harmonisch einfügten. Die Adaption der unterschiedlichen Modelle an sein jeweiliges Gesamtkonzept stellt einen faszinierenden Aspekt in der Erforschung seiner Werke dar.

Es mehren sich in jüngster Zeit kritische Stimmen zu Idels methodischem Ansatz. Idel wird gelegentlich als „Opfer" seiner von ihm selbst postulierten methodischen Offenheit bezeichnet.[149] Vor allem Daniel Abrams konzentriert sich auf diese „Offenheit" gegenüber sämtlichen Konzeptionen und methodischen Zugängen, besonders von Idels Rekonstruktionismus im Sinne einer philosophischen Phänomenologie. Das Postulat der Objektivität werde letzten Endes nicht eingehalten, da Idel der „Erfahrung" auf Kosten der Literalität einen zu hohen Stellenwert einräume. Die notwendige Spannung zwischen Idels phänomenologischem Zugang und seinen „Neuen Perspektiven" bilde dabei den neueren Forschungsansatz (und nicht mehr die Quellentexte), werde jedoch seinen eigenen Ansprüchen eines „objektiven Standpunktes" nicht mehr gerecht. Es komme zu einer „Beliebigkeit" der Konzeptionen und Modelle. Zudem sei Idels Konstruktion einer „unhistorischen" Geschichte der jüdischen Mystik nicht mit den historischen Prämissen kompatibel, wie sie in wissenschaftlichen Studien zu religiösen Mustern, Wissensordnungen, rituellen und erfahrungsbasierten Techniken und Praktiken gefordert werden.[150] Besonders Idels Auffassung seines eigenen Standpunktes als „objektiv" und „unideologisch" bzw. seine Ablehnung einer „Theologisierung"[151] oder Theologie generell in der jüdischen Mystik, wurde im Zuge dieser Kritik hinterfragt.[152] Idels angestrebte „Befreiung" der Forschung zur jüdischen Mystik von dogmatischen Schlussfolgerungen mittels einer klar erkennbaren Trennung zwischen Erforschung der Kabbala und der kabbalistischen Quellen widerspreche allerdings der Wiederaufnahme von und Rückkehr zu Scholems Methodik und Denkansätzen, die keineswegs als subjektiv und ahistorisch bezeichnet werden können. Dabei sei eine zunehmende Spannung zwischen dem Anspruch, die Texte und Phänomene aus der Perspektive und dem Kontext der Kabbalisten selbst und ihrer Erfahrung bzw. ihren spezifischen

149 Abrams, „Critical Return"; ders., „Phenomenology of Jewish Mysticism", 7–146.

150 Siehe z.B. Clifford Geertz, *The Interpretation of Cultures: Selected Essays*, New York 1973, 93–94.

151 Siehe Moshe Idel, „On the Theologization of Kabbalah in Modern Scholarship", in Yossef Schwartz / Volkhard Krech (Hg.), *Religious Apologetics – Philosophical Argumentation*, Tübingen 2004, 123–174.

152 Siehe Boaz Huss, „‚Authorized Guardians': The Polemics of Academic Scholars of Jewish Mysticism Against Kabbalah Practioners", in Olaf Hammer / Kocku von Stuckrad (Hg.), *Polemic Encounters. Esoteric Discourse and Its Other*, Leiden 2007, 81–104; ders., *Question About the Existence.*

Techniken vorzunehmen, und der versuchten Einordnung dieser Phänomene in eine Ideengeschichte festzustellen, so Abrams.[153] Die Interpretation des Mythos als Ausdruck einer Kontinuität innerhalb jüdisch-mystischer Traditionen seit der Antike überbrücke bei Scholem die Kluft zwischen Rabbinismus und Kabbalismus. Laut Idel finde im Mittelalter die Rückkehr und Adaption bzw. Umdeutung der antiken Mythen des Judentums in der kabbalistischen Literatur statt. Die Historie diene insofern als zeitlicher Bezugspunkt der Entstehung derartiger Traditionen, nicht als ihr Grund oder ausschließlicher Kontext. Das dialektische, spannungsvolle Verhältnis zwischen einem Überblick der Formen ahistorischer mystischer Erlebnisse, deren Techniken und rituelle Praktiken und der historischen bzw. geographischen Kontextualisierung ihres Auftretens stellt dabei nach Abrams an Idels phänomenologischem Ansatz die Herausforderung dar.[154] Der innere Zusammenhang zwischen Scholems und Idels Methodik, aber auch deren Divergenzen in Bezug auf Idels ahistorischen, rekonstruktionistischen Ansatz mit einer undeutlichen Definition des Begriffs „Struktur" und dem Zirkelschluss seiner Begründung der Existenz kabbalistischer Motive in älteren Texten, werden deutlich von Hava Tirosh-Rothschild in ihrer Rezension zu Idels *New Perspectives* aufgezeigt.[155] Zudem verweist Tirosh-Rothschild auf die Affinität von Idels Zugang zum französischen Strukturalismus eines Claude Lévi-Strauss und dem systematischen Versuch, tiefgreifende, universale mentale Strukturen offenzulegen, die sich in weitreichenden sozialen Mustern in der Literatur, Philosophie und der Mathematik manifestierten.[156]

Die Frage bleibt, ob solche Konzeptionen angemessen auf das Judentum und dessen „mystische" Schriften angewandt werden können. Bereits die Verwendung des Begriffs „mystisch" impliziert das Postulat von tiefgreifenden, universalen mentalen Strukturen. Lassen sich aus den Texten selbst autoritative Modelle und Strukturen für die Forschung ableiten und können diese sowohl auf die mittelalterlichen als auch die neuzeitlichen Literaturen angewandt werden? Inwiefern ist eine „objektive" Darstellung des Inhalts und der Struktur überhaupt möglich und kann ein phänomenologischer Vergleich mit Texten aus anderen Kulturen und Religionen als sinnvoll erachtet werden? Orientiert sich Satanow stärker an den Quellen der vorausgehenden Periode oder solchen aus anderen Epochen?

Der Kritik an Idels Zugang ist gewiss in einigen Punkten zuzustimmen, vor allem was die geforderte Objektivität und die historische Kontextualisierung be-

---

153 Abrams, „Critical Return", 34.

154 Abrams, „Phenomenology of Jewish Mysticism", 144–146.

155 Tirosh-Rothschild, „Continuity and Revision", hier 172–174.

156 Ebd., 173. Siehe Edith Kurzweil, *The Age of Structuralism: Lévi-Strauss to Foucault*, New York 1980, 1.

trifft. Andererseits basiert Idels Ansatz auf den Aussagen der kabbalistischen Autoren selbst. Er versucht, ihnen den größtmöglichen Raum in der Erforschung zu geben und sie innerhalb der jüdischen und nichtjüdischen Literaturen zu kontextualisieren. Eine um historische und selbstkritische Aspekte ergänzte Methode auf der Basis von Idels Vorschlägen zum phänomenologischen Vergleich ist daher derzeit die bevorzugte Herangehensweise. Sie erweist sich auch in unserem Fall als äußerst hilfreich, weil Satanow sich vornehmlich auf mittelalterliche Quellen und deren Interpretation konzentriert, obwohl auch lurianische Konzeptionen in seiner Schöpfungstheorie an zentraler Stelle vorkommen. Doch das Spektrum der zur Auswahl stehenden Schriften und Strömungen bei Satanow ist noch erheblich größer, da es sich auf philosophische, maskilische und naturwissenschaftliche Abhandlungen außerhalb des Judentums ausweiten lässt.

In der kabbalistischen Literatur des Mittelalters, an der sich Satanow orientiert, steht das übermittelte Wissen in enger Korrelation zu einer zusätzlichen mündlichen Überlieferung bzw. Initiation, der „Dechiffrierung" des überlieferten Textes im Sinne der jeweiligen kabbalistischen Schule.[157] Es gilt vielmehr zu beachten, dass mit dieser Überlieferungspraxis ein spezifisches rituelles Handeln und soziale Interaktion in Bezug auf die Überlieferung verbunden ist. Dieses korrelative Moment von rituellem Handeln und sozialer Interaktion gilt es bei Satanow aufzusuchen und zu untersuchen, da er es in seinen Schriften thematisiert. Für die mittelalterlichen Quellen, auf die sich Satanow bezieht und die er auch als Herausgeber publiziert, hat kabbalistische Exegese unmittelbare Auswirkungen auf das praktische religiöse Handeln, die rituelle Performanz (z. B. im Gebet). Bei ihm steht zudem das Geheimnis als „Objekt", als „prinzipielle Wißbarkeit" im Fokus. Vor allem geht es dabei um die Tradierung solcher „Geheim-

157 Von solch einer mündlichen Überlieferungskette spricht bereits Rabbi Ezra ben Shlomo aus Gerona (um 1240) in seinem Kommentar zum Hohelied; Elke Morlok, *Rabbi Joseph Gikatilla's Hermeneutics*, Tübingen 2011, 16 – 20, 40, 66, 199 – 201; Moshe Idel, „On Transmission in Jewish Culture", in Yaakov Elman / Israel Gershoni (Hg.), *Transmitting Jewish Traditions: Orality, Textuality, and Cultural Diffusion*, New Haven / London 2000, 138 – 165; Elliot R. Wolfson, „Beyond the Spoken Word: Oral and Written Transmission in Medieval Jewish Mysticism", 166 – 224 im selben Sammelband; siehe auch ders., „Circumcision and the Divine Name: A Study in the Transmission of Esoteric Doctrine", *Jewish Quarterly Review* 78,1 – 2 (1987): 89 – 96. In diesem letzten Beitrag wird die spezifische Interdependenz zwischen ritueller Handlung und mystischer Exegese besonders deutlich. Zu einer umfassenderen Darstellung des „Verbergens" in der jüdischen Tradition und deren Überlieferung siehe Moshe Halbertal, *Concealment and Revelation: Esotericism in Jewish Thought and its Philosophical Implications*, Princeton 2007. Zur mittelalterlichen Literatur und der Funktion von Geheimnissen in unterschiedlichen religiösen Strömungen des Mittelmeerraumes siehe Hans G. Kippenberg / Guy Stroumsa (Hg.), *Secrecy and Concealment. Studies in the History of Mediterranean and Near Eastern Religions*, Leiden 1995.

nisse".[158] Wie in den Studien von Idel und Wolfson zur kabbalistischen Wissensüberlieferung gezeigt wird,[159] ist ein spezifischer Modus kommunikativen Wissensaustausches und sozialen Handelns ein integraler Bestandteil kabbalistischer Exegese und elitärer Sozialisation.[160] Doch wie wird solch ein Wissensaustausch zwischen unterschiedlich religiös und kulturell geprägten Netzwerken und sozialen Strukturen möglich und welche Gefahren bergen der Transfer und die Appropriation prekären Wissens in sich? Ähnlich Scholems Wiederaufnahme der Nietzscheanischen „Inselmetaphorik" aus „Vom Nutzen und Nachteil der Historie" kann an dieser Stelle in kulturwissenschaftlich-soziologischem Kontext prekäres Wissen als eine Art „Counter-History",[161] eine „Gegengeschichte der Ideengeschichte" nachgezeichnet werden, zu dessen Vertretern auch Satanow gezählt werden sollte.[162] Der Begriff wird hier nicht im Sinne einer Dekonstruktion

---

158 Siehe Jütte, *Zeitalter des Geheimnisses*, 20. Ein bibliographischer Überblick über die Forschungsliteratur zu Geheimnis und Geheimhaltung in der Frühen Neuzeit wird dort auf S. 21 Fn 35 geboten.

159 Siehe auch Moshe Idel, „Der Begriff der Überlieferung in der Kabbala des 13. Jahrhunderts", in Ulrich Raulff / Gary Smith (Hg.), *Wissensbilder. Strategien der Überlieferung*, Berlin 1999, 61–93.

160 Siehe Moshe Idel, „Kabbalah and Elites in Thirteenth-Century Spain", *Mediterranean Historical Review* 9 (1994): 5–19; Morlok, *Gikatilla's Hermeneutics*, 65–66, 124. Dies ändert sich radikal in der chassidischen Bewegung.

161 Auch Scholem geht von einer „sozialen Funktion mystischer Ideen" im Zuge der Popularisierung der Kabbala innerhalb des Chassidismus aus, siehe Scholem, *Die jüdische Mystik*, 358. Eine ausführliche Studie zu Scholems Idee der Kabbala als *Counter-History* bietet David Biale, *Gershom Scholem. Kabbalah and Counter-History*, Cambridge, Mass. [2]1982. Siehe hierzu auch Moshe Idel, „Subversive Katalysatoren: Gnosis und Messianismus in Gershom Scholems Verständnis der jüdischen Mystik", in ders., *Alte Welten. Neue Bilder*, 215–249. Eine soziologische Perspektive versucht auch Scholem in seiner Schrift *Qaryera shel Franqist: Moshe Dobrushqa we-Gilgulaw* [Karriere eines Frankisten: Moshe Dobrushka und seine Nachwirkungen], Jerusalem 1969/70 (italienische Übersetzung *Le Tre Vite di Moses Dobrushka*, übs. v. Saverio Campanini / Elisabetta Zevi, Mailand 2014) zu entwickeln.

162 Inwieweit kabbalistisches Wissen, die Vermittlung desselben und damit zusammenhängende Sozialisation mit esoterischen Bewegungen vergleichbar sind, muss in der derzeitigen Forschung noch untersucht werden. Doch wurden durch die Studien von Boaz Huss, Wouter Hanegraaff, Kocku von Stuckrad und Jonathan Garb bereits vielversprechende Anfänge gemacht, die von nachfolgenden Forschergeneration fortgesetzt werden. Siehe Wouter Hanegraaff, *Esotericism and the Academy: Rejected Knowledge in Western Culture*, Cambridge 2012; Egil Asprem / Kennet Granholm, „Constructing Esotericisms: Sociological, Historical and Critical Approaches to the Invention of Tradition", in dies. (Hg.), *Contemporary Esotericism*, Sheffield 2013, 1–24; Egil Asprem / Asbjørn Dyrendal, „Conspirituality Reconsidered: How New and How Surprising Is the Conflation of Spirituality and Conspiracy Theory?", *Journal of Contemporary Religion* 30,3 (2015): 367–382; Egil Asprem, *The Problem of Disenchantment: Scientific Naturalism and Esoteric Discourse, 1900–1939*, Leiden / Boston 2014; ders., „Reassessing the Sociology of the Occult"; Boaz Huss, „All You Need Is LAV: Madonna and Postmodern Kabbalah", *Jewish Quarterly Review* 95,4

des herrschenden Narrativ gebraucht, sondern bezeichnet jene Strömungen, die den „Bodensatz eine unbekannten Ideengeschichte der Neuzeit" bilden.[163]

Die funktionale und soziologische Bedeutung „geheimen" Wissens im häufig gebrauchten Modus der Inszenierung in der Frühen Neuzeit, die – tatsächliche oder fiktive – Gefährdung bestimmter Traditions- und Wissensbestände sowie das Risiko des häretischen Transfers lassen sich auch in den Werken Satanows nachweisen, selbst im Zusammenhang der Präsentationen von Wissen im Zuge der „Wissenschaftlichen Revolution".[164]

Die Idee des „Geheimen" orientiert sich dabei weniger an Satanows Umgebungskultur, sondern an seinen mittelalterlichen und frühneuzeitlichen kabbalistischen Quellen. Laut Satanow vermögen nur die Kabbalisten den Dialog zwischen der oberen und der unteren Welt herzustellen und ihr Wissen sowohl in ihrer historischen als auch ihrer intellektuellen Lebenswelt fruchtbar zu machen. Die Ausweitung der lebendigen Dialoge von Autoren wie Satanow und Maimon sowohl untereinander als auch mit ihren Quellentexten spiegelt einige wichtige Aspekte von Jürgen Habermas berühmter Definition von Lebenswelt wider. Habermas versieht das phänomenologische Lebensweltkonzept von Alfred Schütz (1899–1959), dem Begründer der phänomenologischen Soziologie, mit einer kommunikationstheoretischen Wendung und hebt die gelebte Teilnahme an sozialen Interaktionen hervor. „Die Lebenswelt öffnet sich nur einem Subjekt, das von seiner Sprach- und Handlungskompetenz Gebrauch macht. Es verschafft sich dadurch Zugang, daß es an den Kommunikationen der Angehörigen mindestens virtuell teilnimmt und so selber zu einem mindestens potentiellen Angehörigen wird."[165] In diesem Kontext wurden die frühmodernen Gesellschaften in einem

---

(2005): 611–624; ders., *Question about the Existence*; ders. (Hg.), *Kabbalah and Contemporary Spiritual Revival*, Be'er Sheva 2011; ders. / Marco Pasi / Kocku von Stuckrad (Hg.), *Kabbalah and Modernity. Interpretations, Transformations, Adaptations*, Leiden / Boston 2010; Jonathan Garb / Philip Wexler (Hg.), *After Spirituality. Studies in Mystical Traditions*, New York u. a. 2012; Jonathan Garb, *Yearnings of the Soul: Psychological Thought in Modern Kabbalah*, Chicago 2015; Julie Chajes / Boaz Huss (Hg.), *Theosophical Appropriations: Esotericism, Kabbalah and the Transformation of Traditions*, Be'er Sheva 2016.

163 Mulsow, *Prekäres Wissen*, 11–36.

164 Siehe Kap. 3 der vorliegenden Arbeit.

165 Jürgen Habermas, *Theorie des kommunikativen Handelns*, Bd. 1, Frankfurt a. M. 1981, 165. Der Lebenswelt-Begriff unterscheidet in seiner Komplexität zwischen a) der materiellen Grundlage der Lebenswelt und b) den symbolischen Komponenten derselben, die durch die Partizipation der Menschen am „Netz kommunikativer Alltagspraxis" erhalten und weitergegeben werden. Dabei definiert man *Kultur* als unseren gesellschaftlichen Wissensvorrat an Deutungsmustern, *Gesellschaft* als das „soziale Band", d. h. die konkreten sozialen Beziehungen, Solidaritäten und Einbindungen des Individuums und *Persönlichkeit* als die durch Sozialisation entwickelte kommunikative Kompetenz des Einzelnen.

dynamischen Prozess von Brüchen innerhalb der diskursiven Interaktionen zwischen der jeweiligen Lebenswelt und einem Netzwerk kommunikativer Aktionen mit unterschiedlichen Partnern etabliert, die auf divergierenden historischen, kulturellen, religiösen und soziologischen Ebenen stattfanden. Auf der Suche nach neuen Parametern der jüdischen Tradition als Eigenprodukt der jüdischen *Lebenswelt* unterzog sich die jüdische Kultur einer einschneidenden Transformation, innerhalb derer sie nicht länger nur die Initiatorin, sondern auch das Produkt eines Religions- und Kulturtransfers wurde. Mit Hilfe des Netzes kommunikativen Handelns als Medium reproduzierte sich die Lebenswelt unserer maskilischen Autoren und der postmodernen Erforscher dieses Phänomens selbst.[166] Laut Habermas könne diese Konzept das geeignetste für unser Gesellschaftsmodell sein.[167] Es wird in der neueren Forschung, auch in kulturwissenschaftlichen Studien zu Wissenskulturen, wieder eine Annäherung des Wissensbegriffs an den Sinnbegriff und eine Auffassung von Wissen als Orientierung im Handeln vorausgesetzt. Sie kann adäquat auf Satanows Integration mittelalterlicher und frühneuzeitlicher Gedankenwelten und deren Konsequenzen für die alltägliche Praxis angewandt werden.[168]

Im Zuge dessen sollte Satanows angestrebte Bildungsreform im Rahmen der „Lebenswelt"-Definition Husserls und Habermas' interpretiert werden. Wenn mit Husserl der Begriff der „Lebenswelt" als „die raumzeitliche Welt der Dinge, so wie wir sie in unserem vor- und außerwissenschaftlichen Leben erfahren und über die erfahrene hinaus als erfahrbar wissen"[169] definiert wird, dann ist diese Definition auch in unserem Fall zutreffend. Satanow lotet innerhalb der jüdischen Aufklärung nach Habermas' „Theorie des kommunikativen Handelns" die Grenzen der jüdischen Tradition im diskursiven Spannungsfeld[170] mit der jüdischen und nicht jüdischen Umwelt neu aus, um zu einer erneuten Stabilisierung und Selbstver-

---

166 Siehe Jürgen Habermas, *Nachmetaphysisches Denken. Bd. 2: Aufsätze und Repliken*, Frankfurt a.M. 2012, 19–76 und den folgenden Absatz.

167 Siehe Morlok, „Blurred Lines", 56, 60–61; sowie unten (Kap. 3) ausführlich zu Status und Funktion kabbalistischen Wissens.

168 Hubert Knoblauch, „Was ist Wissen?", in ders., *Wissenssoziologie*, Konstanz ^{2}2010, 359–366; Mulsow, *Prekäres Wissen*, 12–13.

169 Edmund Husserl, *Die Krisis der europäischen Wissenschaften und die transzendentale Phänomenologie*, hg. v. Walter Biemel, The Hague 1954, 141.

170 Zum binären hermeneutischen Zugang von „Gegenüberstellungen", welche nach Ansicht der chassidischen Meister den Diskurs der heiligen Texte ausmachten und auf dynamische Weise die spirituelle, innere Wandlung der Mystiker widerspiegelten, siehe Moshe Idel, „Hermeneutics in Hasidism", *Journal for the Study of Religions and Ideologies* 25 (2010): 3–16. Zur Ethik im Chassidismus siehe auch Shaul Magid, *Hasidism Incarnate: Hasidism, Christianity, and the Construction of Modern Judaism*, Stanford 2015, 51–80.

sicherung jüdischer Identität zu gelangen.[171] Damit muss Satanow als exemplarisch für eine dynamische Interaktion und Kommunikation zwischen verschiedenen Gesellschaften bzw. Welten gelten und auf die gegebenen philosophisch-soziologischen Parameter dieser Theorie hin eingeordnet werden. Ein ähnlicher Ansatz, ebenfalls auf der Grundlage von Habermas' und Alfred Schütz' Lebensweltdefinition, wird von Dirk Sadowski[172] für seine Untersuchung der maskilischen Bildungsreform in Galizien durch Herz Homberg angewandt und hat sich in diesem Zusammenhang als geeignet erwiesen. Auch wenn diese Methode nicht umfänglich auf Satanows Wirken appliziert werden kann, so sollte sie dennoch bei der Analyse seines Lebens und Wirkens mitbedacht werden und wichtige Impulse für die Interpretation seines Werkes geben.

In historiographischer Perspektive macht der Soziologe und Geschichtsphilosoph Siegfried Kracauer (1889–1966)[173] den „Lebenswelt"-Begriff viel stärker fruchtbar als dies bei Habermas der Fall ist. Kracauer stellt eine materiale Affinität zwischen (Alltags-)Geschichtsschreibung und Lebenswelt-Perspektive fest, während dieser Zusammenhang bei Husserl und Habermas stark philosophisch bleibt: „Das Universum des Historikers besteht größtenteils aus demselben Stoff wie unsere Alltagswelt – derselben Welt, der Husserl als erster philosophische Würde verlieh. In jedem Fall kommt diese Welt dem am nächsten, was er die Lebenswelt nennt und als die Quelle und letztliche Rechtfertigung aller Humanwissenschaften ausweist."[174]

Die Komplexität dieser Lebenswelt sowie Satanows Transferposition zwischen unterschiedlichen Ausprägungen und sozialen Räumen derselben werden

---

171 Jürgen Habermas, *Theorie des kommunikativen Handelns*, Bd. 2, Frankfurt a. M. 1981, 589. Zur „Lebenswelt" bei Habermas siehe ders., *Nachmetaphysisches Denken*, 19–76 sowie kürzlich mit explizit religionshistoriographischem Bezug ders., *Auch eine Geschichte der Philosophie*, Bd. 1: *Die okzidentale Konstellation von Glauben und Wissen*, Berlin 2019, 35, 102, 136–140, 167–172. Zur Anwendbarkeit dieses Ansatzes auf die jüdischen Studien siehe http://www.hfjs.eu/LebensweltundDiskurs/konzept.html (Zugriff: 14. Oktober 2015). Für eine Übertragung auf die Soziologie und das Alltagsleben siehe Alfred Schütz / Thomas Luckmann, *Strukturen der Lebenswelt*, Konstanz 2003; Thomas Luckmann, *Lebenswelt und Gesellschaft: Grundstrukturen und geschichtliche Wandlungen*, Paderborn 1980; ders., *Lebenswelt, Identität und Gesellschaft. Schriften zur Wissens- und Protosoziologie*, Konstanz 2007.

172 Dirk Sadowski, *Haskala und Lebenswelt. Herz Homberg und die jüdischen deutschen Schulen in Galizien 1782–1806*, Göttingen 2010, 31–32.

173 Ansgar Martins, „Chapter 14: Siegfried Kracauer: Documentary Realist and Critic of Ideological ‚homelessness'", in Beverley Best u. a. (Hg.), *SAGE Handbook of Frankfurt School Critical Theory*, London 2018, 234–251.

174 Siegfried Kracauer, *Geschichte – Vor den letzten Dingen*, in ders., *Werke*, Bd. 4, hg. v. Ingrid Belke, Frankfurt a. M. 2009, 55, siehe auch 232. Mein herzlicher Dank geht an Ansgar Martins für diesen Hinweis.

nicht zuletzt in seiner Sprache deutlich. Die Satzkonstruktionen in *Imre Bina* lassen im Hebräischen Rudimente einer deutsche Syntax erkennen, kombinieren deutsche Begriffe in hebräischen Buchstaben mit Fachtermini aus den verschiedensten Bereichen der jüdischen Tradition, den zeitgenössischen Naturwissenschaften und philosophischen Strömungen seit der Antike. Aufgrund dieser Vorgehensweise und einer höchst assoziativen Anordnung der unterschiedlichen Elemente in Satanows sprachlichem Duktus ist eine präzise Übersetzung weiter Passagen des Werkes schlichtweg unmöglich. Aus diesem Grund übersetze ich in der vorliegenden Arbeit nur wenige Zitate wörtlich aus der hebräischen Vorlage ins Deutsche und biete stattdessen möglichst präzise Paraphrasen der zentralen Stellen der Schriften.[175]

---

175 Siehe jedoch die hervorragende Übersetzung von Satanows Einleitung zu *Imre Bina* von Rainer Wenzel in Lohmann / Lohmann (Hg.), *Lerne Vernunft!*, 57–60. Leider besteht in vielen Werken Satanows ein großer sprachlicher Unterschied zwischen den Einleitungen und dem Korpus der Schrift selbst.

2 Isaak Satanow zwischen Podolien und Preußen

2.1 Leben und Werk Isaak Satanows (1732–1804)

Im Zuge der Wiederentdeckung und der Erforderlichkeit von Renovierungsmaßnahmen an Grabsteinen auf dem jüdischen Friedhof in der Großen Hamburger Straße in Berlin rief Leopold Zunz,[1] eine der Gründerfiguren der „Wissenschaft des Judentums", im März 1861 zu Spenden auf, um auch die Restaurierung der Grabmale von vier Schriftstellern der Haskala zu ermöglichen:

> Je weniger für Männer, von deren Arbeiten Zeitgenossen und Nachkommen die Früchte genießen, gethan werden konnte, als sie am Leben waren, desto mehr sollte geschehen, wenn nur noch ihre Namen leben, ihr Andenken zu ehren.
>
> Mögen sie immerhin für die Fortdauer ihres Namens keines äußerlichen Zeichens bedürfen – uns ziemt es, durch ein sichtbares Denkmal zu beweisen, daß wir über die Ruhestätten verdienstvoller Männer nicht gleichgültig hinschreiten. Bei der Aufnahme der auf dem vormaligen Friedhofe der hiesigen jüdischen Gemeinde vorhandenen Grabschriften sind auf Gräbern denkwürdiger Personen die Steine – *mazzewot* – in einem verfallenen Zustande gefunden worden, welche gegenwärtig durch die Angehörigen oder durch die Gemeinde wiederhergestellt werden.
>
> Da nun für diejenigen Gräber, welche auf diese Weise nicht berücksichtigt werden können, durch freiwillige Beiträge gesorgt werden müßte, so wird solche Theilnahme insonderheit für die Ruhestätten von vier Männern erbeten, welche in wenig glänzenden Umständen gelebt, ihr Leben aber für die Veredelung ihrer Brüder, also für uns verwendet haben. Es sind:
>
> Isak Euchel und Isak Satanow, die im Jahre 1804
> Joseph Haltern und Lipmann Büschenthal, die im Jahre 1818
>
> hier beerdigt wurden.
>
> [...] Satanows zahlreiche Schriften haben den Sinn für Wissenschaft verbreiten und Aberglauben und Thorheiten verbannen helfen.

1 Zu Zunz siehe Dieter Vetter, „(Mit-)Begründer der Wissenschaft des Judentums", *Freiburger Rundbrief* 13 (2006): 111–122; Giuseppe Veltri, „A Jewish Luther? The Academic Dreams of Leopold Zunz", *Jewish Studies Quarterly* 7,4 (2000): 338–351; Leo Trepp, „Leopold Zunz – eine Einführung", *Emuna* 7 (1972): 248–254; Thomas Rahe, „Leopold Zunz und die Wissenschaft des Judentums", *Judaica. Beiträge zum Verstehen des Judentums* 42,3 (1986): 188–199; Gregor Pelger, „Zwischen jüdischen und anderen Enzyklopädien: Leopold Zunz und das universelle Projekt der Wissenschaft des Judentums", *Jahrbuch des Simon-Dubnow-Instituts* 9 (2010): 457–503; Andreas Kilcher, „‚Jewish Literature' and ‚World Literature': Wissenschaft des Judentums and its Concept of Literature", in Andreas Gotzmann / Christian Wiese (Hg.), *Modern Judaism and Historical Consciousness. Identities, Encounters, Perspectives*, Leiden 2007, 299–325; Andreas Lehnardt, „Nachman Krochmal and Leopold Zunz: On the Influence of the *Moreh Nevukhe ha-Zeman* on the *Wissenschaft des Judentums*", *European Journal of Jewish Studies* 7,2 (2013): 171–185, ders., *Führer der Verwirrten der Zeit*, Bd. 1, Hamburg 2012, vii–li.

https://doi.org/10.1515/9783110716320-003

> […] Im Vertrauen auf solche Gesinnung fordern die Untgerzeichneten zu dem angegebenen Zwecke zu Beträgen auf, die Herr … [*es folgt freier Raum*] in Empfang zu nehmen bereit ist. Jedem, auch außerhalb Berlins, der aus den Werken jener Zeit und jener Autoren Bildung geschöpft hat, ist hier die Gelegenheit geboten, durch eine Beisteuer seine Dankbarkeit zu beweisen.[2]

Das Bittschreiben zeigt zum einen die Hochachtung der nachfolgenden Generation für diese vier Aufklärer, zum anderen aber auch die Tatsache, dass weder Familie noch Gemeinde bereit waren oder über die notwendigen finanziellen Mittel verfügten, die Restauration dieser Grabsteine durchführen zu lassen.

Wer war dieser Isaak Satanow, dessen zahlreiche Schriften den „Sinn für Wissenschaft" verbreiteten, der in wenig glänzenden Umständen gelebt, jedoch sein Leben für die „Veredelung" der Brüder verwendet hatte?

Die Grabinschrift Satanows,[3] die wie die von Euchel noch den traditionellen Vorbildern treu bleibt, auch wenn sie länger und persönlicher ist als die Euchels,[4] beschränkt sich nach Aufzeichnungen des Privatgelehrten Elieser Leiser Landshuth, der den Aufruf zur Sorge um die jüdischen Friedhöfe als wichtige Quellen der noch jungen „Wissenschaft des Judentums" und im Auftrag der Gemeinde die Inschriften ab 1860 aufnahm,[5] auf folgende Angaben:

Jizchak Halevi aus Satanow
Gest. Dienstag!, 25.12.1804[6]

פ"נ איש חבר חברים מאהל של תורה לא מש ויהי ידיו אמונה הכתיבת חבוריו עד בא השמש ה"ה
הרבני החכם מו"ה יצחק הלוי מסטנאב שמו נודע בשערים ויואל הלוי לגור פה ופה כתב רובי תורתו
נפטר ונקבר ביום ב' כ"ג טבת לפרט ויצא יצחק לשוח בשדה לפ"ק.

---

2 CAHJP, Sammlung Moritz Stern, P17/160. Abgedruckt in Nathanja Hüttenmeister / Christiane E. Müller, *Umstrittene Räume: Jüdische Friedhöfe in Berlin*, Berlin 2005, 57–58.

3 Laut der Angaben in Elieser Leiser Landshuths handschriftlichen Notizen zu den verlorenen Grabmalen der Großen Hamburger Straße in Berlin (genauer gesagt den Aufzeichnungen zu Landshuth von Rabbi Koppenheim, einem frommen rabbinischen Privatgelehrten) in den Central Archives for the History of the Jewish People, Jerusalem, P229 (Ldh. 2742) ist am Ende der Inschrift noch ת.נ.צ.ב.ה. (Möge seine Seele eingebunden sein in das Bündel des Lebens) zu lesen. Zum Geburtsdatum ist hier noch angegeben. „lt. Fürst, Bibl. Jüd., S. 251, Anm. 3: ‚Geb. am 29. Elul 1732 in Satanow.'" Mein herzlicher Dank geht an das Steinheim-Institut in Essen für die Zusendung dieser Aufzeichnungen aus den Central Archives Jerusalem und den Hinweis auf Koppenheim.

4 Hüttenmeister / Müller, *Umstrittene Räume*, 59.

5 Ebd., 10–11. Zu Landshuth als Verwalter des Friedhofs in der Großen Hamburger Straße siehe ebd., 60–67.

6 Laut den Angaben von Hüttenmeister / Müller, *Umstrittene Räume*, 60 ist Montag (*yom bet*) falsch. Dort findet sich auch die Inschrift inklusive Übersetzung abgedruckt mit dem Verweis, dass der zweite Teil der Inschrift auf Deutsch mit hebräischen Buchstaben geschrieben war. Zu den Korrekturen des Sterbedatums siehe auch CAHJP P229 (oben Fn 3).

> Hier ist begraben ein treuer Freund, aus dem Zelte der Tora wich er nicht, und seine Hände waren verlässlich im Schreiben seiner Werke bis die Sonne unterging, es ist der rabbinische Weise, unser Lehrer Jizchak Halevi aus Satanow, sein Name war bekannt in den Toren, und der Levite entschloss sich, hier zu wohnen, und hier verfasste er den Großteil seiner Lehre. Verschieden und begraben am Tag 2, 23. Ṭevet, nach der Zählung, „Und Yiṣḥaq zog aus zu sinnen auf dem Felde“ nach der kleinen Zählung.

Angeblich hat sich Satanow selbst eine Grabinschrift „erdichtet“, wie Landshuth in seinen handschriftlichen Notizen nach der Korrektur des Sterbedatums (von Montag auf Dienstag vermerkt: „Wer diese Grabschrift verfertigt, ist unbekannt. Der Vf. wußte [anscheinend] nicht, dass Sat. sich selbst eine solche dichtete. Sie befindet sich in seinem ספר החזיון (Berlin, Bl. 60a).“[7]

Dort findet sich folgende *qina* (Totenklage) aus der Feder Satanows (siehe Abb. 1):

> Verfasst eine Totenklage auf jenen Mann, der die hebräische Sprache erwog
>
> und er erließ ihre Gesetze für die Gemeinde, für Zeit um Zeiten für jeden Freund
>
> sein Name, Isaak, überall [bekannt], dem Hause Levi war er Bruder und Freund
>
> und als seine Sonne kam und die Zeit des Todes, grub man hier den Ort seines Grabes.

Laut der Rekonstruktion von Nathanja Hüttenmeister[8] und den Hinweisen Julius Beers[9] befand sich Satanows Grab an der nordöstlichen Begrenzungsmauer des Friedhofs zum Sophienkirchhof, einem eher unehrenhaften Ort innerhalb des Friedhofsgeländes. Dies sei laut einer unzuverlässigen Quelle darauf zurückzuführen, dass Satanow ein „bekannter Freigeist“ gewesen sei, „deshalb mußte er in die Ecke des Kirchhofs wandern.“[10] Eine derartige Deutung würde allerdings sowohl der Grabinschrift als auch dem Text des Spendenaufrufs von Zunz völlig widersprechen.[11]

Um solche Widersprüche auflösen und eine bessere Einschätzung von Satanows Leben und Wirken und letztendlich verlässlichere Vermutungen über eine „ehrenhafte“ oder „unehrenhafte“ Lage seines Grabes abgeben zu können, soll

---

7 CAHJP P229 (Ldh. 2742): [1804: 1 טבת Mo. 3. Dez., also 23. Tebet = Di. 25. Dez. 1804] Richtig ... im פנקס החברה: ר׳ איצק סאטונאווי נו"נ מת ג כ"ג טבת.

8 Hüttenmeister / Müller, *Umstrittene Räume*, 96 – 97, 158.

9 Julius Beer, „Ein altberlinischer Friedhof I“, *Die Gegenwart – Berliner Wochenschrift für jüdische Angelegenheiten* 14 (1867): 111.

10 Ebd.

11 Auch Christiane Müller äußert Zweifel an der Vermutung, dass dies ein unehrenhafter Bereich gewesen sein soll. Siehe Hüttenmeister / Müller, *Umstrittene Räume*, 262 Fn 367.

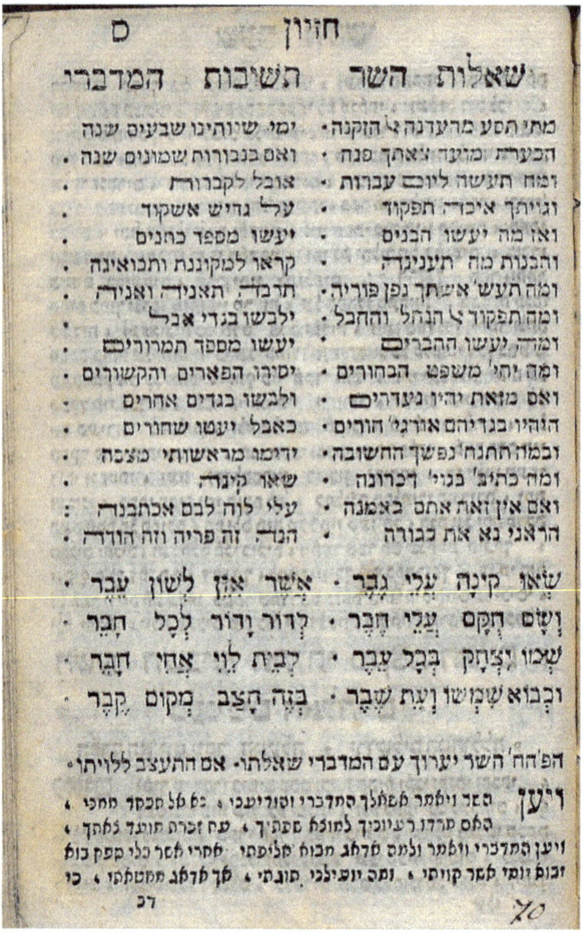

חזיון ס

שאלות השר	תשובות המדברי
מתי תסע מרעדנה צ׳ הזקנה ·	ימי שיותינו שבעים שנה
הכערת מועד צאתך פנה ·	ואם בגבורות שמונים שנה ·
ומה תעשה ליוכם עברות ·	אובל לקבורות ·
וגויתך איכה תפקוד ·	על גדיש אשקוד ·
ואז מה יעשו הבנים ·	יעשו מספד כהנים ·
והבנות מה תעניגה ·	קראו למקוננת ותבואינה ·
ומה תעש׳ אשתך גפן פוריה ·	תרבה תאנידה ואנידה ·
ומה תפקוד צ׳ הנחל והחבל ·	ילבשו בגדי אבל ·
ומה יעשו החברים ·	יעשו מספד תמרורים ·
ומה יהי׳ משפט הבחורים ·	יסירו הפארים והקשורים ·
ואם מזאת יהיו נעדרים ·	ולבשו בגדים אחרים ·
הגהיו בגדיהם אורגי׳ חורים ·	באבל יעטו שחורים ·
ובמה תחנח׳ נפשך החשובה ·	ידימו מראשותי מצבה ·
ומה כתיב׳ בגוי׳ דכרונה ·	שאו קינה ·
ואם אין זאת אתם באמנה ·	עלי לוה לבם אכתבנה :
הראני נא את כבורה ·	הנה זה פריה וזה הודה ·

שְׂאוּ קִינָה עֲלֵי גֶבֶר · אֲשֶׁר אֵין לְשׁוֹן עֵבֶר ·
וְשָׂם חֻקָּם עֲלֵי חֶבֶר · לְדוֹר וָדוֹר לְכָל חָבֵר ·
שְׁמוֹ יִצְחָק בְּכָל עֵבֶר · לְבֵית לֵוִי אֲחִי חָבֵר ·
וּבְבוֹא שִׁמְשׁוֹ וְעֵת שֶׁבֶר · בְּזֶה הַצַּב מְקוֹם קֶבֶר ·

הפ׳הח׳ השר יערוך עם המדברי שאלתו · אם התעצב ללויתו ·

ויען

דכ

70

Abb. 1: Isaak Satanow, *Sefer ha-Ḥizzayon*, Berlin 1774/5, 60a, Steinheim-Institut Essen

zunächst eine genauere Betrachtung seines Lebens, seiner Werke und seines Wirkens unternommen werden.

Podolien

Isaak ben Moshe Halevi wurde am 18. September 1732 (29. Elul 5492) in Satanow (ukr. Sataniv) in Podolien, einer östlichen Provinz des damaligen Polen, geboren, die heute zum Khmelnitski Bezirk in der Ukraine gehört.[12] Der Bezirk liegt am Flussufer des Zbruch, der die Grenze zwischen Polen und Galizien markierte. In diesem Grenzgebiet, das 28 Jahre (1672–1699) lang vom Königreich Polen abgeschnitten war und unter türkischer Herrschaft[13] gestanden hatte, lebte Isaak Halevi ungefähr 40 Jahre lang, bevor er um die Jahre 1768–1772 nach Berlin übersiedelte.[14] Über diese ersten vier Jahrzehnte seines Lebens ist fast nichts bekannt oder in den Quellen festgehalten. Seine eigentliche Berufung galt jedoch von Beginn an der Schriftstellerei, wie er selbst in seinem Werk *Minḥat Bikkurim* (Gabe der Erstlingsfrüchte) erklärt.[15] Dreimal jährlich reiste er aus beruflichen Gründen zu den Messen nach Frankfurt an der Oder und in die Ukraine. Seit 1744 wurde in Satanow jährlich eine große, vierwöchige Handelsmesse abgehalten, so dass im Gegenzug jüdische Kaufleute auf die Messen nach Breslau, Leipzig und Frankfurt fuhren und enge Handelsbeziehungen zu anderen Wirtschaftszentren bestanden.

Nach dem Friedensvertrag von Karlowitz 1699[16] mit der Hohen Pforte, der osmanischen Regierung, war eine Rückkehr Podoliens zu Polen möglich geworden.

Die Stadt Satanow war im 18. Jahrhundert eine der führenden und größten jüdischen Gemeinden in Podolien, wurde aber vor allem durch die Prozesse gegen die Anhänger Jakob Franks bekannt.[17] Isaak Satanow verbrachte einen großen

12 Joseph Klausner, *Hisṭorya shel ha-Sifrut ha-'Ivrit ha-Ḥadasha* [Geschichte der modernen hebräischen Literatur], Bd. 1, Jerusalem 1960, 165; Rezler-Bersohn, *Isaac Satanow*, 3. Zur Problematik der „Migration auf Zeit" aufgrund der hohen Reisetätigkeit jüdischer Geschäftsleute und die daraus resultierenden Beziehungsnetze in der damaligen Epoche siehe Cilli Kasper-Holtkotte, *Im Westen nichts Neues. Migration und ihre Folgen: Deutsche Juden als Pioniere jüdischen Lebens in Belgien, 18./19. Jahrhundert*, Leiden / Boston 2003, 143–164.

13 Zu Podolien unter türkischer Herrschaft siehe Dariusz Kołodziejczyk, *Podole pod panowaniem tureckim: Ejalet Kamieniecki 1672–1699*, Warschau 1994.

14 Rezler-Bersohn, *Isaac Satanow*, 3. Zu den Ereignissen dieses Jahres innerhalb der jüdischen Gemeinden in Polen bzw. Osteuropa und dem Ende der alten Ordnung siehe Bartal, *Geschichte der Juden*, 33–46. Zum genaueren Datum der Übersiedlung Satanows siehe unten.

15 Isaak Satanow, *Minḥat Bikkurim*, Berlin 1797, 11; siehe Nehama Rezler-Bersohn, „Isaac Satanow. An Epitome of an Era", *Leo Baeck Institute Year Book* 25,1 (1980): 81.

16 Monika Molnár, „Der Friede von Karlowitz und das Osmanische Reich", in Arno Strohmeyer / Norbert Spannenberger (Hg.), *Frieden und Konfliktmanagement in interkulturellen Räumen. Das Osmanische Reich und die Habsburgermonarchie in der Frühen Neuzeit*, Stuttgart 2013, 197–220.

17 Zu den Anhängern Jakob Franks und dem sogenannten Frankismus, einer kabbalistisch-messianischen Bewegung in Osteuropa aus der Mitte des 18. Jahrhunderts von Podolien ausgehend und aus dem Sabbatianismus entstanden, siehe Pawel Maciejko, *The Mixed Multitude: Jacob Frank and the Frankist Movement, 1755–1816*, Philadelphia 2011; Gershon D. Hundert, *Jews in Poland-Lithuania in the Eighteenth Century. A Genealogy of Modernity*, Berkeley / Los Angeles

Teil seines Lebens in einem Gebiet, in dem sowohl der Sabbatianismus als auch der Frankismus einen weitreichenden Einfluss ausübten. Einige seiner Schriften beinhalten direkte oder indirekte Reaktionen auf diese Strömungen. Die Kenntnis frankistischer Lehren kann er nicht nur aus persönlichen Begegnungen gewonnen haben, sondern auch aus den Schriften der Vorläufer dieser Bewegung, denn Satanow besaß eine der größten jüdischen Bibliotheken des Landes.[18]

Die zweite sozio-religiöse Hauptströmung der damaligen Zeit und Region war der neu aufkeimende Chassidismus. Er war später in dieser Region die verbreitetste Form des Judentums und hatte ebenfalls in Podolien und im südlichen Wolhynien seinen Ausgangspunkt genommen. Die enge Verbindung zwischen Ashkenaz und Polen hinsichtlich der jüdischen Religion und Kultur wird an dieser Bewegung besonders deutlich, da der Chassidismus sich in hohem Maße aus ashkenazischen Quellen speiste. Die Rolle der ashkenazischen Aspekte in der Entstehung und Verbreitung dieser religiösen Bewegung lässt sich mit folgender pointierten Charakterisierung von Moshe Idel erahnen: „Der Chassidismus ist die Schöpfung eines Teils der ashkenazischen Welt, die zum einen den Sabbatianismus und den Frankismus, zum anderen die Aufklärung ablehnte."[19] Der Begründer dieser Bewegung, Rabbi Israel ben Eliezer, bekannt unter dem Namen Ba'al Shem Tov[20] oder seinem Akronym Besht,[21] war der Legende nach um 1700 in

---

2004, 153–159, besonders 156; Bernard Dov Weinryb, *The Jews of Poland: A Social and Economic History of the Jewish Community in Poland from 1100–1800*, Philadelphia 1973, 236–261; Ada Rapoport-Albert, *Women and the Messianic Heresy of Sabbatai Zevi 1666–1816*, Oxford / Portland, Oregon 2011; spätere Zeugnisse dieser Ereignisse in Satanow finden sich auch in den Werken Isaac Bashevis Singers, siehe dazu Chone Shmeruk, „The Frankist Novels of Isaac Bashevis Singer", in *Studies in Contemporary Jewry: Vol. XII: Literary Strategies: Jewish Texts and Contexts*, hg. v. Ezra Mendelsohn, Oxford 1996, 116–128, hier 121.

18 Rezler-Bersohn, *Isaac Satanow*, iv, sowie dies., „Epitome", 97–99.

19 Moshe Idel, *Hasidism: Between Ecstasy and Magic*, Albany 1995, 27: „As a mystical phenomenon, Hasidism is the creation of part of the Ashkenazi world, which rejected Sabbateanism and Frankism on the one hand, and the Enlightenment on the other." (Übersetzung oben E.M.).

20 Zu diesem Ehrentitel als Bezeichnung von „Wunderrabbinern" in Volkserzählungen in Ashkenaz siehe Karl-Erich Grözinger, „Wundermann, Helfer und Fürsprecher. Eine Typologie der Figur des Ba'al Schem in aschkenazischen-jüdischen Volkserzählungen", in Anthony Grafton / Moshe Idel (Hg.), *Der Magus. Seine Ursprünge und seine Geschichte in verschiedenen Kulturen*, Berlin 2001, 169–192 (erweiterte Fassung in ders., *Jüdisches Denken. Theologie, Philosophie, Mystik*, Bd. 2, Frankfurt a. M. / New York 2005, 714–753).

21 Von den zahlreichen Studien zum Ba'al Shem Tov (Meister des guten Namens, Wundermann) und dem Chassidismus siehe exemplarisch Moshe Rosman, *Founder of Hasidism. A Quest for the Historical Ba'al Shem Tov*, Berkeley / Los Angeles 1996; Joseph Weiss, *Studies in East European Jewish Mysticism and Hasidism*, London 1997; Weinryb, *Jews of Poland*, 262–303; Immanuel Etkes, *The Besht: Magician, Mystic, and Leader*, Hanover / London 2005; Gershon David Hundert (Hg.),

einem kleinen Ort namens Okopy,[22] in der Nähe von Krolówka, geboren worden. Es handelt sich demnach um die Zeit kurz vor oder nach der Rückgabe des Gebietes an das Königreich Polen, aus dem diese letzte große mystische Bewegung der jüdischen Geistes- und Sozialgeschichte ihren Anfang nahm,[23] bevor sie sich rasch in ganz Osteuropa ausbreitete.[24]

Die gesellschaftlichen und ökonomischen Beziehungen zwischen den jüdischen Gemeinden und der podolischen Aristokratie waren vor der Teilung Polens zwar sehr eng, aber durchaus auch ambivalent und stellten keinen Sicherheitsfaktor für die jüdische Seite dar. Im Unterschied zu Zentraleuropa waren Juden in Osteuropa nach einiger Zeit, in der man sich vor allem auf den Geldverleih spezialisiert hatte, Teil der Feudal- und Pachtwirtschaft geworden. Die in den Städten ansässigen Juden waren meist in verschiedenen Bereichen von Handel und Produktion als Pächter adeligen Besitzes tätig. So hatte sich eine Interessengemeinschaft mit den polnischen Grundbesitzern entwickelt, die sich intensivierte, als die Magnaten, die Angehörigen der polnischen Hochadeligen und Großgrundbesitzer,[25] in der ersten Hälfte des 17. Jahrhunderts Juden dazu anregten, in

Essential Papers on Hasidism. Origins to Present, New York / London 1991; Ada Rapoport-Albert (Hg.), *Hasidism Reappraised*, London 1996; Idel, *Hasidism*; Ada Rapoport-Albert / David Assaf (Hg.), *Let the Old Make Way for the New. Studies in the Social and Cultural History of Eastern European Jewry Presented to Immanuel Etkes*, Jerusalem 2009 (Hebräisch); Arthur Green, *Tormented Master. The Life and Spiritual Quest of Rabbi Nahman of Bratslav*, Woodstock 1992; sowie die zahlreichen hebräischen Studien von Mendel Piekarz zum Bratslaver Chassidismus.

22 Siehe dazu Moshe Idel, „In the State of Walachia, Near the Border? Or: Was the Besht Indeed Born in Okopy?", *Eurolimes. Journal of the Institute for Euroregional Studies* 5 (2008): 14 – 20, der davon ausgeht, dass der Besht um 1698 in Bukovina, dem rumänischen Teil nahe der Grenze zu Podolien, das dann wieder an Polen und später an Habsburg überging und den Namen Bukovina erhielt, geboren war. Er kam erst später nach Podolien und wurde dort aktiv. Laut Idel besteht ein möglicher Zusammenhang zwischen dem in Bukovina verbreiteten Neo-Hesychasmus des Paisie Velicikovsky (1722 – 1794) und der chassidischen Bewegung.

23 Zu den sozialen Aspekten bezüglich der Entwicklung des Chassidismus von einer kleinen Gruppe zu einer breiten gesellschaftlichen Bewegung siehe Ada Rapoport-Albert, „The Hasidic Movement after 1772. Structural Continuity and Change", *Zion* 55,2 (1990): 183 – 245 (Hebräisch); Immanuel Etkes, „Hasidism as a Movement – The First Stage", in Bezalel Safran (Hg.), *Hasidism: Continuity or Innovation*, Cambridge 1988, 1 – 26; zur sozialen Neuordnung nach dem Tod des Maggid von Mezeritch 1772 siehe Moshe Rosman, „Hasidism as a Modern Phenomenon – The Paradox of Modernization Without Secularization", *Jahrbuch des Simon-Dubnow-Instituts* 6 (2007): 215 – 224, hier 219.

24 Zum Verhältnis von Chassidim, Mitnaggedim und Maskilim in Osteuropa siehe Bartal, *Geschichte der Juden*, 55 – 65. Jedoch steht eine gesonderte Studie zur Mentalitäts- und Rezeptionsgeschichte des Chassidismus noch aus und stellt ein dringliches Desiderat der Forschung dar.

25 Zur Entstehung dieser Schicht und der Rolle der polnisch-litauischen Magnaten im frühneuzeitlichen Polen siehe Hans-Jürgen Bömelburg, „Die polnisch-litauischen Magnaten als im-

Städten im südöstlichen Grenzland des Königreichs Polen-Litauen sesshaft zu werden.[26] In den meisten Herrschaftsgebieten waren die jüdischen Kaufleute die einzige verlässliche Finanzquelle der Magnaten und spielten daher eine erhebliche Rolle bei der Verteilung der Ressourcen in den Latifundien. Doch die autonomen Institutionen der jüdischen Gemeinden befanden sich in einer Krise, was sowohl innerjüdische (soziale Spannungen, schlechte Führungsqualitäten der Gemeindeleiter, divergierende Interessen) als auch äußere Gründe (Finanzkrise, fehlende Rechts- und Machtstrukturen) hatte.[27] Eine große Anzahl der aristokratischen Herrscher unternahm den Versuch, die Position des *qahal* (jüdische Gemeindeleitung)[28] in dessen Mittlerfunktion zwischen den jüdischen und den nichtjüdischen Gemeinden zu schwächen, um ihre eigene Machtposition zu stärken und unmittelbaren Einfluss auf jüdische Untertanen ausüben zu können. Dies führte zu einer erheblichen Schwächung der jüdischen Selbstverwaltung, die meist oligarchisch nach Besitz, familiärer Abstammung und religiösem Status organisiert war[29] und eventuell zum Aufstieg eines charismatischen Führungsstiles beitrug, der im aufkommenden Chassidismus am Beispiel des Besht und seines Zirkels verkörpert wurde.

Doch werden in der Forschung auch ideologische Aspekte und die innovative Ideenwelt der charismatischen Führungspersönlichkeiten des Chassidismus sowie deren Antworten auf spirituelle, soziale und wirtschaftliche Krisen nach dem Sabbatianismus als Grund für den erstaunlichen Erfolg der chassidischen Bewegung angeführt.[30] In der sich ausbreitenden, neuen Strömung konnten zudem

---

periales Personal und übergreifende Herrschaftselite", in Stephan Wendehorst (Hg.), *Die Anatomie frühneuzeitlicher Imperien*, Berlin / München / Boston 2015, 195–209; siehe auch Heiko Haumann, *Geschichte der Ostjuden*, München 2008; und Heinrich Graetz, *Geschichte der Juden*, Bd. 10, Leipzig 1868, 406.

26 Bartal, *Geschichte der Juden*, 25–26.

27 Moshe Rosman, *The Lord's Jews. Magnate-Jewish Relations in the Polish-Lithuanian Commonwealth during the 18th Century*, Cambridge, Mass. ^{2}1991, 204–212; Ben-Zion Dinur, *Be-Mifne ha-Dorot* [An der Zeitenwende], Bd. 1, Jerusalem 1955, 84–86, 92–139.

28 Die Mitglieder des *qahal* übten in Rotation eine Kontroll- und Führungsfunktion in den Gemeinden aus, sammelten Steuern ein, führten Gemeindeaufgaben aus und hatten die Aufsicht über den religiösen, gesellschaftlichen und wirtschaftlichen Lebensbereich, indem sie hierfür Regeln festsetzten. Zudem hatte der *qahal* die Exekutive der Beschlüsse des Gemeindegerichts inne. Dabei blieb das jüdische Autonomiesystem ein gut integrierter Bestandteil des Gesamtsystems. Siehe Bartal, *Geschichte der Juden*, 27–28; sowie Gershon D. Hundert, „The ‚Kehilla' and the Municipality in Private Towns at the End of the Early Modern Period", in Antony Polonsky u. a. (Hg.), *The Jews in Old Poland, 1000–1795*, New York 1993, 174–185.

29 Bartal, *Geschichte der Juden*, 27.

30 Glenn Dynner, Art. „Chassidismus", in Dan Diner (Hg.), *Enzyklopädie jüdischer Geschichte und Kultur*, Bd. 1, Stuttgart / Weimar 2011, 489–498.

sozialreformerische Ideen und auch der Ausdruck eines gewissen gesellschaftlichen Protests als Basis für die schnelle Ausbreitung ausfindig gemacht werden, was sich in einer spezifischen Popularisierung und Demokratisierung kabbalistischen Wissens äußerte. Derartiges Wissen war zuvor kleinen, elitären Kreisen vorbehalten gewesen und wurde nun einem breiteren Publikum zugänglich gemacht. Darüber hinaus ermöglichte der informelle Charakter des Chassidismus ohne politische Autorität und unabhängig von formalen Körperschaften eine rasche Ausbreitung auch über die Staatsgrenzen hinweg.[31] Die gemeindlichen, überregionalen Räte hingegen, die unter anderem die Aufgabe hatten, gegen religiöse Bewegungen vorzugehen, die die bestehende Ordnung bedrohten, hatten sich bereits zuvor im Fall des Sabbatianismus und des aufkommenden Frankismus als wenig effektiv erwiesen. Zudem kam es häufig zu Konflikten mit anderen Gruppierungen innerhalb der Latifundien wie z. B. den Bauern, der Verwaltung oder den Stadtbewohnern, was ebenfalls zu einer Benachteiligung der jüdischen Gemeinden führen konnte. Als Kontaktpersonen zwischen den jüdischen Gemeinden und der Außenwelt wurden vom *qahal* sogenannte *shtadlanim* (Fürsprecher) ernannt, die man in diesem Zusammenhang als Lobbyisten bezeichnen könnte. Sie waren damit betraut, in den Reihen des polnischen Parlaments unter den Magnaten „Fürsprache" (*shtadtlanut*) für die jüdischen Gemeinden zu betreiben.[32] Die politischen Entscheidungen der jeweiligen Magnaten hatten unmittelbare Auswirkungen auf das jüdische Leben und zeitweise konnten einzelne jüdische Kaufleute zu erheblichem Wohlstand und Macht gelangen: zu Einfluss auf den *Sejim*,[33] im Stadt- oder Landrat, in den kirchlichen Institutionen oder an den Höfen der Stadtherrscher. Es bestand aber freilich auch die Möglichkeit, dass die lokale jüdische Autorität und autonome Gemeindeverwaltung aufgrund von Eigeninteressen der Aristokratie geschwächt wurden. Die Abschaffung des Vier-Länderrates im Jahr 1764 kann als Höhepunkt einer zunehmenden Schwächung autonomer jüdischer Strukturen angesehen werden. Damit einher ging die Enthebung der jüdischen Gesellschaft aus ihrer Mittlerrolle zwischen jüdischer Minoritäts- und polnischer Majoritätsgesellschaft. Mit der Teilung Polens im Jahr 1772 sahen sich viele jüdische Bewohner plötzlich mit einer völlig neuen, absolutistischen Herrschaftsform und veränderten gesellschaftlichen, ökonomischen

---

31 Bartal, *Geschichte der Juden*, 56 – 57, 60.

32 Ebd., 30 – 31.

33 Doch wurde 1791 eine neue Verfassung verabschiedet, die den Juden keinerlei politische Rechte zuerkannte. Dies war der Höhepunkt einer längeren Entwicklung, in welcher der *Sejm* bestrebt war, den Status der Juden, die nicht würdig schienen, Teil der „Nation" zu sein, herabzusetzen. Siehe Bartal, *Geschichte der Juden*, 40 – 41.

und politischen Gegebenheiten konfrontiert. Die jüdische Autonomie wurde nun als Störfaktor betrachtet, den es abzuschaffen galt.

Beim Niedergang des polnischen Königreichs ist daher zeitgleich der Zerfall der jüdischen Selbstverwaltung, die bis dato die Grundlage des traditionellen jüdischen Lebens dargestellt hatte, zu konstatieren.[34] Zugleich aber lässt sich mit Blick auf die Ausbreitung des Chassidismus festhalten, dass trotz der neuen politischen Grenzen zwischen den Regionen des alten polnisch-litauischen Königreichs noch lange ein großes Maß an Einheit und Einheitlichkeit in der jüdischen Gemeinschaft Polens erhalten blieb. Die Beibehaltung alter Ordnung stellte einerseits für die noch junge Haskala-Bewegung eine zu überwindende Rückständigkeit dar. Doch betrachtete sie auch die Chassidim als politische Feinde, die unabhängige soziale Räume errichteten, eigenständige Gemeindestrukturen aufbauten und dadurch die Idee eines modernen Staates gefährdeten. Diese vertraten, laut Meinung der Maskilim, einen inakzeptablen Irrationalismus und hemmten den Fortschritt der jüdischen Gemeinden.[35] Zwar war andererseits die „Zwangsheirat" zwischen jüdischer Ökonomie und polnischem Adel offiziell abrupt beendet worden. Doch in vielen Gegenden, in denen jüdische Familien Wälder, Anwesen und Tavernen von adligen Grundherren gepachtet hatten, blieb die enge Verbindung zwischen Juden und Magnaten, wie sie im 16. Jahrhundert entstanden war, bestehen. In manchen Gebieten war dies sogar bis zum Ersten Weltkrieg – wenn nicht sogar bis zum Zweiten – der Fall. Auch geht mit diesem Niedergang der jüdischen Autonomie nicht zwangsläufig eine Schwächung des jüdischen Merkantilismus in Polen und dessen Blüte einher. Die europäischen Handelsnetzwerke intensivierten sich vielmehr in diesem und im folgenden Jahrhundert und ließen Warschau und andere europäische Zentren zu neuen Sammelplätzen jüdischen Bankwesens und des Handels aufsteigen.[36] In diese Zeit fällt auch der Aufstieg einer neuen merkantilistischen Elite in Polen, die sich durch ihre enorme Mobilität sowie ein starkes Netzwerk auszeichnete[37] und in die Isaak Satanow aufgenommen zu werden strebte.

Zur besseren Einordnung der geopolitischen Stellung des Ortes Satanow sei zunächst angemerkt, dass Podolien sowohl der Name eines geographischen Ge-

34 Ebd., 31.
35 Ebd., 60 – 61.
36 Cornelia Aust, „Between Amsterdam and Warsaw: Commercial Networks of the Ashkenazic Mercantile Elite in Central Europe", *Jewish History* 27,1 (2013): 41 – 71; Jonathan Israel, *European Jewry in the Age of Mercantilism, 1550 – 1730*, London [3]1998; Rotraud Ries / Friedrich J. Battenberg (Hg.), *Hofjuden – Ökonomie und Interkulturalität: Die jüdische Wirtschaftselite im 18. Jahrhundert*, Hamburg 2002.
37 Zur Mobilität siehe Ruderman, *Early Modern Jewry*, 54.

Abb. 2: Jüdischer Friedhof Satanow, Fotographie Dimitri Vilensky, Institute of Jewish Studies St. Petersburg

bietes als auch die Bezeichnung einer Verwaltungseinheit des Königreichs Polen war. Frühneuzeitliche Quellen sprechen sogar von einer „Provinz Podolien“, was eine Region größer als die Pfalzgrafschaft Podolia, doch kleiner als das gesamte podolische Hochland bezeichnete, die in etwa die Woiwodschaften Podolien, Bracław und die östlichen Teile des ruthenischen Fürstentums umfasste.[38]

38 Maciejko, *Mixed Multitude*, 9.

Die jüdischen Gemeinden in den vier „Ländern“ Polens (Großpolen, Kleinpolen, Wolhynien und Podolien) wurden durch eine Dachorganisation derselben im Königreich, dem Rat der vier Länder (hebr. *wa'ad arba' arṣot* oder *medinot*),[39] verwaltet. Diese Organisation zahlte eine Kopfsteuer aller Gemeinden, die ihnen angehörten, an die Krone. Laut Simon Dubnow hatte die jüdische überkommunale Autonomie damit und mit den überkommunalen, regionalen Gremien (*wa'ade ha-galil*) eine parlamentarische Struktur, eine Art Ersatzstaat, geschaffen, die bis zu ihrer Auflösung 1764 als föderale Parlamente ähnlich den Adelsversammlungen (*sejmiki*) agierten.[40] Doch war nur ein winziger Teil der polnischen Juden, deren Zahl sich laut offizieller Zählung im Jahr 1765 auf 590.000 belief, aktiv an diesen überkommunalen Organisationen beteiligt. Die Gremien dienten aus der Sicht des polnischen Staates vornehmlich der Steuererhebung. Diese erfolgte nach einem Quotensystem und beruhte auf Privilegien des polnischen Staates. Juden galten „als Sklaven der königlichen Staatskasse“.[41] Die Aufbringung der festgesetzten Beträge (*shumot*, Steuerquoten), die nach einem komplexen Schlüssel aufgeteilt wurden, führte auch nach Auflösung der Räte noch zu heftigen Kontroversen.[42] Im Jahr 1765 entrichtete man für 1369 Juden in Satanow Kopfsteuer. Dies war der Fall, bis Satanow nach dem russisch-polnischen Krieg 1793 an das russische Kaiserreich überging und die Verhältnisse neu geregelt wurden.

Der Rabbiner jedes der vier Länder hatte zugleich die Gerichtsbarkeit inne und diente als Berufungsinstanz der örtlichen Gerichtshöfe (*bate din*).[43] Die Provinz Podolien war zudem Teil Rutheniens, wobei der Landesrabbiner in Lwów residierte. Auch die anderen drei Länder Großpolen, Kleinpolen und Wolhynien

---

39 Siehe Israel Halperin (Hg.), *Pinqas We'ad Arba' Arṣot. Acta congressus generalis Judeorum regni Poloniae (1580–1746) quae supersunt omnia cum deperditorum fragmentis et testimoniis*, Jerusalem 1945 (neue, revidierte Edition von Israel Bartal [Hg.], Jerusalem 1990); Simon Dubnow, *Weltgeschichte des jüdischen Volkes. Die Neuzeit*, Bd. 6, Berlin 1928, 348–353, 467–471 (Hebräisch); Haim H. Ben-Sasson (Hg.), *Geschichte des Jüdischen Volkes – von den Anfängen bis zu Gegenwart*, München ^{2}1992, 818–839; siehe auch die Beiträge von Shmuel Ettinger, „The Council of the Four Lands“; und Israel Bartal, „The ‚Pinkas' of the Council of the Four Lands“, in Polonsky u. a. (Hg.), *Jews in Old Poland*, 93–109 bzw. 110–118.

40 Simon Dubnow, *Nationalism and History. Essays on Old and New Judaism*, hg. v. Koppel S. Pinson, Philadelphia 1958, 133.

41 Israel Halpern, *Yehudim we-Yahadut be-Mizraḥ Eropa* [Juden und Judentum in Osteuropa], Jerusalem 1969, 50–66; zur Steuererhebung siehe vor allem Jacob Goldberg, *Ha-Ḥevra ha-Yehudit be-Mamlekhet Polin-Liṭa* [Die jüdische Gesellschaft im polnisch-litauischen Königreich], Jerusalem 1999; ders, „The Jewish Sejm: Its Origins and Functions“, in Polonsky u. a. (Hg.), *Jews in Old Poland*, 147–165.

42 Bartal, *Geschichte der Juden*, 29–30.

43 Maciejko, *Mixed Multitude*, 9.

hatten jeweils einen Landesrabbiner investiert. Nach der Wiedereingliederung Podoliens an Polen 1699 hatten sich die podolischen Gemeinden geweigert, ihre Kopfsteuer an Ruthenien zu entrichten, wodurch sich die Steuerlast in den anderen Regionen erheblich erhöhte.[44] Am 1. Juni 1713 ließ König August II. in der Region ein zusätzliches fünftes „Land" einteilen, dessen Oberrabbinat sich in Satanow befand.[45]

Nach der Rückgabe an Polen unterstand Satanow als Handelszentrum und Stadt nicht direkt der Krone und daher konnte die Ansiedlung von Juden dort nicht verboten werden. Es entwickelte sich zu einem beliebten Ort für jüdische Neuansiedler aus anderen polnischen Gebieten, besonders aus Galizien. Dies führte zu einem regen kulturellen und religiösen Austausch zwischen den unterschiedlichen Gruppierungen des polnischen Judentums in Satanow.[46]

Die Umstände, die noch das Sprichwort aus dem 17. Jahrhundert, *Clarum regnum polonorum est paradisum Judeorum*, laut dem die polnisch-litauische Adelsrepublik nicht nur als Zufluchtsort, sondern sogar als „Paradies für Juden" bezeichnet wurde, zum Ausdruck bringt, hatten sich im 18. Jahrhundert deutlich verändert. Zum Ende des Jahrhunderts setzte eine Migrationsbewegung von Ost nach West ein.[47] Die Entscheidung vieler jüdischer Handelsleute, in Deutschland eine bessere Zukunft zu suchen, lässt sich unter anderem mit der historischen Vergangenheit der jüdischen Gemeinden in Polen begründen. Denn es bestand eine enge Bindung zwischen deutschen und polnischen Juden, die sich anhand von Sprache, religiöser Praxis (*minhag ashkenaz*), Gemeindeorganisation sowie Rechtsstatus exemplifizieren lässt.[48]

Die ashkenazischen Bräuche verwundern nicht, denn die ersten jüdischen Ansiedlungen in Osteuropa waren hauptsächlich aus Wellen jüdischer Immigration aus Deutschland erwachsen und daher blieb für diese Gemeinden eine deutsch-ashkenazische Komponente in kultureller, religionsgesetzlicher und ge-

---

44 Ebd., 10. Siehe zu den Aufständen, besonders dem Khmielnitzki-Aufstand, Majer Balaban, *Zur Geschichte der Juden in Polen: Zwei Vorträge*, Wien 1915, 3 – 32. Zur Gesamtdarstellung jüdischen Lebens in Polen und Litauen seit dem Mittelalter bis zur Frühen Neuzeit siehe Antony Polonsky, *The Jews in Poland and Russia. Vol. 1: 1350 to 1881*, Oxford / Portland, Oregon, 7 – 247.

45 Der Erlass findet sich in *Arkhiv jugo-zapadnoj Rossii*, Bd. 5, Kiew 1863, Abschnitt I, 101.

46 Majer Balaban, *Le-Toledot ha-Tenu'a ha-Franqit* [Zur Geschichte der frankistischen Bewegung], Tel Aviv 1934, 21 – 23. Satanow erscheint bei Jakob Emden als eines der Zentren des Frankismus, siehe Jakob Emden, *Sefer Shimmush* [Buch des Gebrauchs], Altona 1758, 5 – 6.

47 Halperin, *Pinqas*, Bd. 1, hg. v. Israel Bartal, 22 – 23; Weinryb, *Jews of Poland*, 156 – 176; siehe auch Stefan Schreiner, „Josef Delmedigos Aufenthalt in Polen-Litauen", in Giuseppe Veltri / Annette Winkelmann (Hg.), *An der Schwelle zur Moderne. Juden in der Renaissance*, Leiden / Boston 2003, 207 – 232, besonders 207 – 208.

48 Halpern, *Yehudim we-Yahadut*, 9 – 33.

sellschaftlicher Hinsicht prägend.[49] Die Migrationsbewegung in der zweiten Hälfte des 18. Jahrhunderts kann als eine Art Rückkehr in die kulturell-religiöse Heimat angesehen werden,[50] auch wenn sich die polnische Judenheit seit der zweiten Hälfte des 13. Jahrhunderts in vielen dynamischen Immigrations- und Akkulturationsprozessen stark verändert und markante Eigenmerkmale entwickelt hatte.

Abb. 3: Burg Satanow, Fotographie Dimitry Vilensky, Institute of Jewish Studies St. Petersburg

Herkunft

Wie schon angemerkt, lässt sich über die ersten vierzig Jahre Isaak Satanows wenig berichten. Bislang wurde die Erforschung der spezifisch polnischen Entwicklung der Haskala, die nicht mit der in Galizien oder des russischen Reiches

49 Bartal, *Geschichte der Juden*, 23–31.

50 Siehe Michael Graetz, „Der kulturelle Austausch zwischen den jüdischen Gemeinden in Polen und Deutschland im 17. und 18. Jahrhundert", in Karl-Erich Grözinger (Hg.), *Die wirtschaftlichen und kulturellen Beziehungen zwischen den jüdischen Gemeinden in Polen und Deutschland vom 16. bis zum 20. Jahrhundert*, Wiesbaden 1992, 79–88.

gleichzusetzen ist, stark vernachlässigt und eine kulturell-jüdische Verortung von Isaak Satanow ist daher äußerst schwierig.[51]

Über Satanows eigene Familie ist bekannt, dass er mindestens zwei Söhne und mehrere Töchter hatte. Doch nur sein Sohn, mit vollem Namen Shlomo (Shema) ben Yiṣḥaq Iṣeq Halevi (geb. ca. 1768), der später den Namen Dr. Salomon / Shlomo Schöneman trug, folgte ihm nach Berlin, wo er zunächst Medizin studierte und dann in Dresden als Arzt praktizierte.[52] Satanow benutze des Öfteren den Namen seines Sohnes als Pseudonym. Dies trifft vor allem auf seine polemischen Schriften zu. Schöneman – oder Satanow selbst unter dessen Pseudonym – verfasste zudem ein Buch über *Chemie oder Scheidekunst*, das zahlreiche Kenntnisse der damaligen Chemie auf Deutsch in hebräischen Lettern präsentiert, aber in der Forschung bisher unbeachtet geblieben ist.[53]

Immerhin berichtet Satanows Sohn (wahrscheinlich eher Satanow selbst) in einer kurzen Passage der Schrift *Minḥat Bikkurim* (1797) über die Jugendjahre seines Vaters:

> Während seiner frühen Jugend, bis zum 15. Lebensjahr, lebte er in einem Lehrhaus, wo er die Tora unter großen Gelehrten studierte. Im Alter von 15 Jahren begann er zu schreiben und als er 18 Jahre war, heiratete er meine Mutter [...] Als er ungefähr 20 Jahre alt war, wurde er ein Kaufmann. Er verdiente sein Geld weit weg von der Heimat und reiste über 1000 Parasangen jedes Jahr. Dreimal im Jahr reiste er nach Frankfurt an der Oder, das 150 Parasangen entfernt lag. Und dreimal im Jahr reiste er in die Ukraine und verkaufte seine Waren. Doch auch in diesen Tagen hörte er nie auf zu schreiben. Er trug üblicherweise ein Tintenfass bei sich und wo immer er sich ausruhte, schrieb er seine Gedanken, die ihm während des Tages in den Sinn kamen, nieder.[54]

Aus diesem Bericht lässt sich entnehmen, dass er – wie oben erwähnt – Tora studierte, im Alter von 15 Jahren mit dem Schreiben begann, mit 18 heiratete und

51 Doch sind hier hervorzuheben: Marcin Wodziński, „Good Maskilim and Bad Assimilationists, or Toward a New Historiography of the Haskala in Poland", *Jewish Social Studies* 10,3 (2004): 87–122; ders., *Historical Atlas of Hasidism*, Princeton 2018; ders., *Hasidism and Politics: The Kingdom of Poland, 1815–1864*, Oxford / Portland, Oregon 2013; Mordechai Zalkin, „Ha-haskala ha-yehudit be-Folin: Qawim le-diyyun" [Die jüdische Aufklärung in Polen: Richtlinien], in Israel Bartal / Israel Gutman (Hg.), *Qiyyum wa-Shever: Yehude Folin le-Dorotehem* [Existenz und Bruch: Die Generationen der polnischen Juden], Bd. 2, Jerusalem 2001, 391–413.

52 Rezler-Bersohn, *Isaac Satanow*, 7–8; Satanow, *Minḥat Bikkurim*, 11; Aaron Wolfssohn in *Me'assef* 7 (1797): 396.

53 Dieses Buch wurde in der Druckerei der Jüdischen Freischule in Berlin gedruckt; Salomon Schöneman, *Chimia oder Scheidekunst*, Berlin 1795. Mein herzlicher Dank an Shmuel Feiner für diesen Hinweis. Unklar ist, ob es sich dabei um das laut Rezler-Bersohn, *Isaac Satanow*, 27, verschollene Buch zur Chemie von Satanow handelt.

54 Satanow, *Minḥat Bikkurim*, 11.

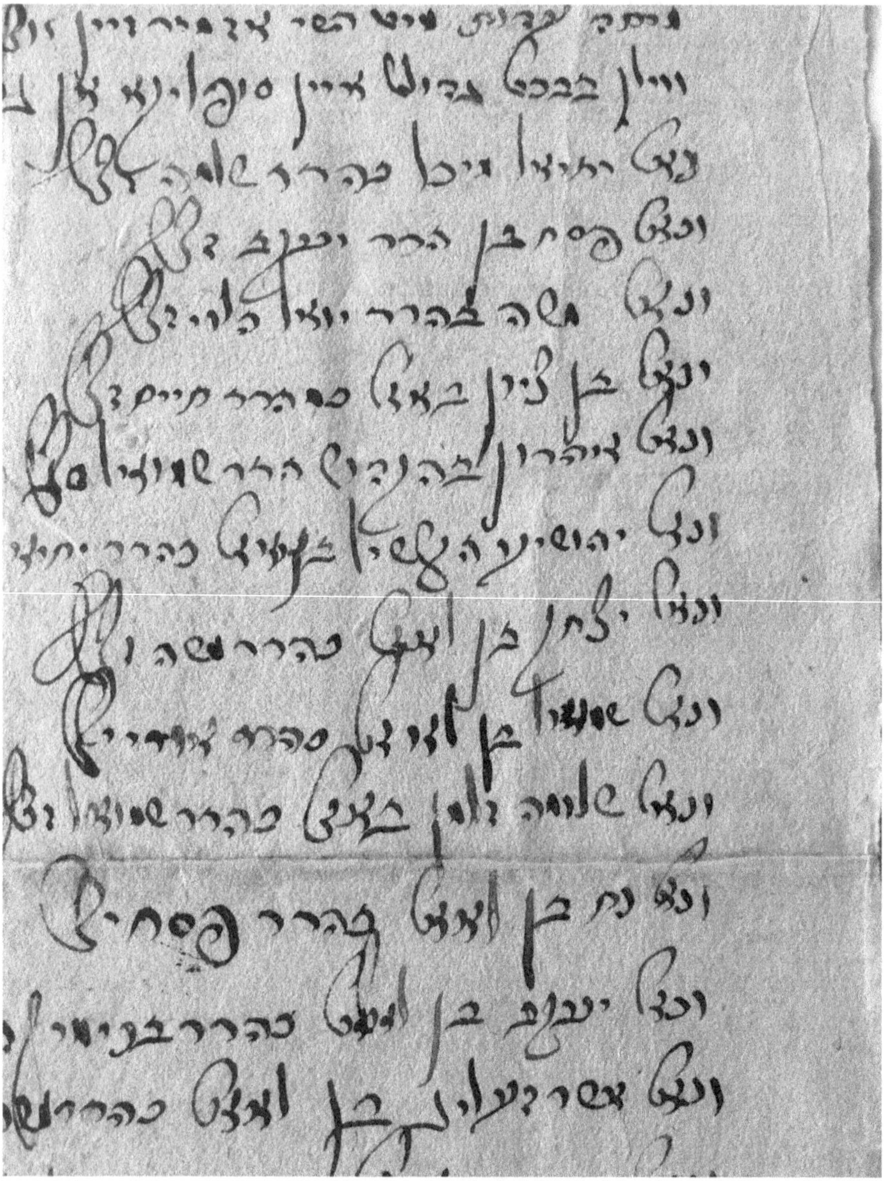

Abb. 4: Biblioteka Czartoryskich Krakau 8562 Ew 177, Protokoll aus dem Jahr 1741, letzte Seite (unpaginiert)

mit 20 gezwungenermaßen als Händler tätig war, um seine Familie zu ernähren. Auch über seine Eltern wusste man bisher nichts, doch konnte ich anhand von

Archivmaterial die Einsicht gewinnen, dass Satanows Vater Moshe ben Yo'el Halevi hieß (siehe Abbildung 4, 5. Zeile von oben).[55] Er scheint ein wichtiges Amt innerhalb der jüdischen Gemeinde eingenommen zu haben, da seine Unterschrift mit Moshe BHR"R (*ben ha-rav rabbi*) Yo'el Halevi in den Gemeindeakten Satanows im Czartoryski-Archiv in Warschau vermerkt ist.[56]

Anhand der Angabe im Namen von Satanows Vater BHR"R (*ben ha-rav rabbi*, Sohn des Rabbiners) ist davon auszugehen, dass Isaaks Großvater väterlicherseits Rabbiner oder Gelehrter[57] war. Auch Isaak hatte in jungen Jahren das traditionelle Tora- und Talmudstudium durchlaufen. Im Alter von 20 Jahren wurde er jedoch Kaufmann, um seine junge Familie finanziell versorgen zu können.

Abb. 5: Synagoge Satanow, Fotographie Michael Heyfez, Institute of Jewish Studies St. Petersburg

55 Shmuel Yoseph Fuenn, *Kenesset Israel*, Warschau 1876, 643. Zu Fuenns Einschätzung von Satanow als Poet siehe Moshe Pelli, *Haskalah and Beyond. The Reception of the Hebrew Enlightenment and the Emergence of Haskalah Judaism*, Lanham 2010, 98.

56 Biblioteka Czartoryskich Krakau 8562 Ew 177, Protokoll aus dem Jahr 1741, letzte Seite (ohne Paginierung).

57 Zu Titel und Amt des Rabbiners in Polen zu der damaligen Zeit siehe Leah Bornstein Makovetsky, Art. „Rabbi/Rabbinate", *Encyclopaedia Judaica*, Bd. 17, hg. v. Fred Skolnik / Michael Berenbaum, Detroit ^{2}2007, 12 – 15.

Aufbruch nach Berlin

Laut Moses Mendelssohn Frankfurter aus Hamburg siedelte Satanow im Jahr 1772 nach Berlin über: „In diesen Tagen lebte dort R. Isaak Satanow. [...] Er war 40 Jahre alt, als er aus Polen nach Ashkenaz kam."[58] Hierfür sind sowohl die angedeuteten wirtschaftlich-finanziellen Hintergründe als auch bildungspolitische Hoffnungen verantwortlich zu machen.[59] Allerdings wird in jüngster Zeit das Jahr der Übersiedlung nach Berlin deutlich früher anberaumt, da Satanow laut Bezalel Friedberg bereits 1770 eine Druckerei von Mordechai Lentzburg angemietet haben soll.[60] Joseph ben Meir Teomim (1727–1792), ein galizischer Rabbiner, der ebenfalls aus Polen nach Berlin kam, verfasste mit finanzieller Unterstützung von Daniel Itzig (1723–1799) einen Kommentar zum *Shulḥan Arukh* („Gedeckter Tisch" nach Ez 23,41), dem bekannten jüdischen Gesetzeskodex des Joseph Karo (1488–1575) aus Safed,[61] der unter dem Titel *Peri Megadim* („Süß schmeckende Frucht" nach Hld 4,13) veröffentlicht wurde. In seiner Approbation zum *Sefer ha-Kuzari* (Berlin 1795) gibt Teomim an, dass Satanow bei seiner Ankunft 1772 bereits eine etablierte Stellung innerhalb der Berliner Maskilim innehatte. Auf Grundlage dieses Berichts kann man davon ausgehen, dass Satanow vor 1772 nach Berlin gekommen war.[62] Teomim berichtet in dieser *haskama* (Zustimmung, Approbation) zur Drucklegung des Buches auch, dass er und Satanow gemeinsam im *Bet Midrash* (Lehrhaus) von Daniel Itzig (einem der bedeutendsten jüdischen Bankiers in Preußen[63]) sowohl Halevis *Kuzari*[64] als auch Maimonides *More ha-Nevukhim* zusammen studiert hätten. Satanow habe einen ausführlichen Kommentar zu beiden Werken verfasst. Es ist daher anzunehmen, dass Satanow bereits Ende der 1760er Jahre nach Berlin kam, zunächst von Eigenkapital lebte,

---

58 Moses Mendelssohn (Frankfurter), *Pene Tevel* [Erdkreis], Amsterdam 1872, 251.

59 Rezler-Bersohn, „Epitome", 82; und dies., *Isaac Satanow*, 9.

60 Ḥayyim Dov Baer Friedberg, *History of Hebrew Typography in Poland from the Beginning of the Year 1534 and its Development up to our Days*, Tel Aviv ^{2}1950, 95 (Hebräisch).

61 Zu Karo siehe R. J. Zwi Werblowsky, *Joseph Karo: Lawyer and Mystic*, London 1962. Der Erstdruck erfolgte 1565 in Venedig.

62 Kommentar von Teomim auf der ersten Seite nach der Titelseite des *Sefer ha-Kuzari*, Berlin 1795, das zusammen mit einem Kommentar von Satanow in der Orientalischen Buchdruckerey, der Druckerei der Jüdischen Freischule in Berlin, mit Teomims Approbation veröffentlicht wurde.

63 Thekla Keuck, *Hofjuden und Kulturbürger. Die Geschichte der Familie Itzig in Berlin*, Göttingen 2011.

64 Zu Yehuda Halevis *Kuzari* und dessen Bedeutung in Mittelalter und Aufklärung, siehe Adam Shear, *The* Kuzari *and the Shaping of Jewish Identity, 1167–1900*, New York 2008. Zu Satanows Ankunft in Berlin und deren Datierung ebd., 226–227.

bankrott ging und sich daraufhin an reiche jüdische Mäzene wenden musste.[65] Satanow selbst schreibt in der Einleitung seiner Schrift *Megillat Ḥasidim* aus dem Jahr 1802, dass er vor vierzig Jahren nach Berlin gekommen sei, also 1762. Doch scheint dies eine zu frühe Angabe zu sein, die eher dadurch zu erklären ist, dass Satanow eine biblisch-symbolische Zahl verwenden wollte.[66]

Die Gründe für die Satanows Umsiedlung nach Berlin sind offenbar vielfältig: Nach der Teilung des polnischen Königreiches und der Annexion der Ukraine waren die kaufmännischen Tätigkeiten Satanows stark eingeschränkt. Aufgrund der sich vertiefenden Handelsbeziehungen zwischen Polen und Preußen unter Friedrich II. sahen sich viele jüdische Kaufleute gezwungen, in die Hauptstadt Preußens zu ziehen.[67] Zudem trieben die Verfolgung der frankistischen Gruppen sowohl von Seiten der rabbinischen Autoritäten als auch der christlichen Inquisition und das mangelnde Bildungsniveau eine Auswanderung jüdischer Intellektueller voran.[68] Vor diesem Hintergrund war vornehmlich Berlin das naheliegende Ziel, ebenso wie Wien und andere westeuropäische Hauptstädte, in denen sich viele Juden etwa eine Stelle als Hauslehrer oder Rabbiner erhofften.[69] Dass dies nicht selten einen radikalen Bruch mit der bisherigen Lebensweise und

---

65 Lowenstein gibt bei seiner Untersuchung der jüdischen Gemeinde Berlin Satanows Ankunft mit 1771/2 an. Siehe Steven M. Lowenstein, *The Berlin Jewish Community: Enlightenment, Family and Crisis, 1770–1830*, New York 1994, 37; Shear, *The* Kuzari, 226–227.

66 Klausner, *Hisṭorya*, Bd. 1, 165–169, hier 165 Fn 2; Rezler-Bersohn, *Isaac Satanow*, 9.

67 Isaac Eisenstein-Barzilay, „The Background of the Berlin Haskala", in Joseph Blau u. a. (Hg.), *Essays on Jewish Life and Thoughts Presented in Honor of Salo Wittmayer Baron*, New York 1959, 193.

68 Zur Situation der Frankisten siehe Maciejko, *Mixed Multitude*, 52, 88–90, 104–105, 107–108, 120, 133–135, 143, 252–253; Ekaterina Emeliantseva, „Mystical Non-Conformism and Transgression of Religious Boundaries in Eastern Europe. Warsaw Frankists and St. Petersburg's Tatarinova Circle in the Early 19th Century", in Thies Schulze (Hg.), *Grenzüberschreitende Religion. Vergleichs- und Kulturtransferstudien zur neuzeitlichen Geschichte*, Göttingen 2013, 185–210; dies., „The Frankists in the Social Context of Late 18th-Century Warsaw (1789–1792)", in Roberta Ascarelli / Klaus Davidowicz (Hg.), *Along the Road to Esau. Studies on Jakob Frank and Frankism*, Arrezzo 2011, 105–130.

69 Zu dieser Migrationsbewegung von Ost- nach Westeuropa siehe Moses Shulvass, *From East to West: The Westward Migration of Jews from Eastern Europe during the Seventeenth and Eighteenth Century*, Detroit 1971, 79–125, hier 104–122; Michael Meyer (Hg.), *German Jewish History in Modern Times. Vol. 2: Emancipation and Acculturation 1780–1871*, New York 1997, 50–89; Steven Aschheim, „Between East and West: Reflections on Migration and the Making of German-Jewish Identity, 1800–1880", *Studia Rosenthaliana* 23 (1989): 77–87; sowie Howard M. Sachar, *The Course of Modern Jewish History*, neue, überarbeitete Auflage, New York 1990, 17–37.

Tradition bedeutet,[70] wird an zahlreichen Beschreibungen dieser Migranten deutlich. Nach außen hin mussten sie sich preußisch kleiden, „doch unter dem Frack einen polnischen Kaftan“ tragen.[71] Wie viele andere Migranten verlor Satanow trotz seiner Umsiedlung nach Berlin in den darauffolgenden Jahren nie den Kontakt zu seiner Heimat bzw. seiner Familie, die in Podolien geblieben war.

Im Anschluss an Israel Bartal[72] ist davon auszugehen, dass der Zeitraum von 1772 bis 1881 ein höchst bedeutsames Kapitel des größten jüdischen Kollektivs der Moderne darstellt, gewissermaßen den Eintritt der osteuropäischen Juden in dieselbe markiert.[73] Die historischen Umstände führten in dieser Epoche zur Etablierung bedeutender innerjüdischer Bewegungen, die von diesem Zeitpunkt an das Bild der jüdischen Gesellschaft entscheidend bestimmten. Zwischen 1772 und 1881 traten in Litauen und in der Ukraine die Begründer der Haskala auf, es entstanden die Anfänge der säkularen hebräischen Literatur und die ersten Werke auf Jiddisch traten in Erscheinung. Es entfaltete sich das Zeitungswesen in mehreren Sprachen. All diese Entwicklungen setzten die Juden der transformativen Kraft der Moderne aus und sollten künftig das jüdische Kollektiv prägen. Zudem traten die jüdische Nationalbewegung, die osteuropäische Orthodoxie und die jüdische Arbeiterbewegung in Aktion. Sie alle sollten späterhin einen hohen Stellenwert bei der Gestaltung der israelischen Gesellschaft einnehmen, so Bartal.[74]

Im Laufe des 18. Jahrhunderts wurden verschiedene „Reglements“ erlassen, die vermögenden Juden ein Wohnrecht zustanden, ärmere Familien aber aus der Stadt verdrängten. Mit dem General-Reglement von 1730, welches die Zahl der jüdischen Familien in Berlin auf 100 bzw. 120 (1743) begrenzte, sollte die weitere Ansiedlung gestoppt werden; doch die tatsächliche Zahl der jüdischen Bewohner war erheblich höher. Unter Friedrich dem Großen und seinem „Revidiertes Ge-

---

70 Der oben erwähnte Moses Mendelssohn Frankfurter fasst die ambivalente Haltung gegenüber dem Neuankömmling wie folgt zusammen: „[Satanow] ist halb Häretiker und halb Frommer.“ – והוא חצי מין והוא חצי מאמין; Moses Mendelssohn (Frankfurter), *Pene Tevel* [Erdkreis], 252.

71 Franz Delitzsch, *Zur Geschichte der jüdischen Poesie*, Leipzig 1836, 115; Rezler-Bersohn, „Epitome“, 82.

72 Bartal, *Geschichte der Juden*, 13.

73 Zu dieser Thematik innerhalb der jüdischen Literatur siehe Moshe Pelli, „When did *Haskalah* begin? Establishing the Beginning of *Haskalah* Literature and the Definition of ‚Modernism‘“, *Leo Baeck Institute Year Book* 44,1 (1999): 55–96; zu Satanow in diesem Zusammenhang siehe ebd., 82–88, 94.

74 Bartal, *Geschichte der Juden*, 13; Nationalismus, Arbeiterbewegung und Orthodoxie prägen bis heute das Bild des Staates Israel, siehe z. B. Shlomo Avineri, „The Presence of Eastern and Central Europe in the Culture and Politics of Contemporary Israel“, *East European Politics and Societies* 10,2 (1996): 163–172.

neralprivileg und Reglement für die Juden“ von 1750 verschlechterte sich die Lage der in Berlin lebenden jüdischen Familien weiter:[75] Nun wurde zwischen „ordentlichen“ und „außerordentlichen“ Juden unterschieden. Während die „ordentlichen“ Juden ihr Niederlassungsrecht auf nur ein Kind vererben konnten – für weitere Nachkommen wurden Geldzahlungen fällig –, kamen die Schutzbriefe der „außerordentlichen“ mit ihrem Tode zu einem Ende. 1750 gab es in Berlin etwa 200 Familien mit einem Status als „ordentliche“ und etwa 60 als „außerordentliche“ Juden. Zu den „Generalprivilegierten“ gehörten Hofjuden wie Daniel Itzig und Veitel Heine Ephraim (1703 – 1775). Um 1700 wird die Gesamtzahl der jüdischen Familien mit ca. 110 angegeben. In der Mitte des Jahrhunderts waren es bereits ca. 265 Familien.[76]

Auch wenn die Zahl jüdisch-polnischer Familien in Berlin mit nur 20 in der ersten Hälfte des 18. Jahrhunderts angegeben wird,[77] emigrierten mehrere Tausend polnisch-jüdische Familien – mit einer Anzahl von sechs bis acht Familienmitgliedern – in der zweiten Hälfte des 18. Jahrhunderts gen Westen. Als Folge der Migration stieg die Zahl der in Berlin lebenden Juden erheblich an. Hier lassen sich jedoch keine genauen Angaben machen, auch die Schätzung von 200.000 in Deutschland am Ende des 18. Jahrhunderts kann nur als grobe Angabe betrachtet werden.[78] Die Spannungen zwischen der ansässigen jüdischen Bevölkerung und den neu ankommenden Immigranten, den „Pollacken“, sowie die Rivalität um Rabbinerstellen und andere Positionen werden in verschiedenen Bühnenstücken, Gedichten und neuen Redewendungen thematisiert wie z. B. *Als der Sof iz Gout iz Alles Gout* oder im Gedicht *Die Beschreibung fun Ashkenz un Polack* (ca. 1675).[79]

Aufgrund der strengen Regelungen zur Ansiedlung von Juden und den begrenzten Verdienstmöglichkeiten, geht Adam Shear davon aus, dass Satanow zunächst von eigenem Vermögen lebte.[80] In den folgenden Jahren verhalf ihm Daniel Itzigs Schwiegersohn, David Friedländer (1750 – 1834), der bereits in jungen Jahren hohes Ansehen innerhalb der jüdischen Gesellschaft Berlins genoss,

---

75 Selma Stern, *Der preußische Staat und die Juden. Dritter Teil / Die Zeit Friedrichs des Großen. 2. Abteilung: Akten*, Tübingen 1971, 236/Nr. 102

76 Reinhard Rürup (Hg.), *Jüdische Geschichte in Berlin. Bilder und Dokumente*, Berlin 1995, 30 – 32 (zu Itzig). Zur jüdischen Bevölkerungsanzahl in Preußen um 1800 siehe Shulamit Volkov, *Die Juden in Deutschland 1780 – 1918*, München ^{2}2000, 4 – 5.

77 Josef Meisl (Hg.), *Protokollbuch der jüdischen Gemeinde Berlin (1723 – 1854)*, Jerusalem 1962, 152 – 401; Jacob Jacobson, *Die Judenbürgerbücher der Stadt Berlin*, Berlin 1962, 51 – 95.

78 Simon Dubnow, *Weltgeschichte des jüdischen Volkes*, Bd. 8, Berlin 1928, 16; Shulvass, *From East*, 107.

79 Erneut abgedruckt bei Max Weinreich, „Zvey yidishe shpotlider af yidn“, in ders., *Filologishe Shriften*, Bd. 3, Wilna 1929, 537 – 554; Shulvass, *From East*, 113 – 114.

80 Shear, *The* Kuzari, 352 – 354, siehe auch ebd., 366 – 430.

zu Tätigkeiten als Privatlehrer für wohlhabende jüdische Familien in Berlin, darunter z. B. Ephraim und Itzig.[81] Es scheint, dass Satanow zeitlebens mit seinen finanziellen Niederlagen haderte, was auch in seinen Werken an verschiedenen Stellen anklingt.[82] Jüdische Mäzenen hatten es sich im Sinne der Haskala zum Ziel gemacht, ihre jüdischen Mitbürger dahingehend für die bürgerliche Emanzipation[83] bereit zu machen, indem sie vor allem die Jugend durch Bildung und deren Angleichung an säkulare Curricula förderten bzw. Lehrer, Schriftsteller und Philosophen, die sich diesen Idealen anschlossen, finanziell unterstützten. Als sowohl im traditionellem als auch im modernen Sinne vielseitig gebildeter Intellektueller fand Satanow Aufnahme in den Kreis um Mendelssohn und wirkte dort als einflussreiche Persönlichkeit, vor allen in Angelegenheit des Buchdrucks sowie der damit verbundenen Auswahl geplanter Veröffentlichungen der Orientalischen Buchdruckerey. Zudem galt er in diesen Zirkeln als Autorität in Fragen kabbalistischen Denkens.[84] Wenn Satanow nicht gerade schrieb, war er darum bemüht, Gelder für den Druck von Büchern aufzutreiben. Er hatte sich offenbar völlig dem Buchwesen verschrieben. „Ich schreibe abends, und morgens kehre ich zurück in die Druckerei." Oder, wie er im Kommentar zum *Sefer ha-Kuzari* sein tristes Dasein schildert:

> Und das alles aus der Angst, daß der Tod mich abholt, bevor ich das, was ich angefangen habe, zu Ende bringen kann. So verrichte ich meine heilige Arbeit sehr schnell, mache die Nächte zum Tage, ich schlafe nachts nicht länger als drei oder vier Stunden, esse keine Delikatessen, trinke keinen Wein und kein berauschendes Getränk, ich führe ein karges Leben. Materielle Genüsse bedeuten mir nichts.[85]

Satanow fand schließlich eine Anstellung in der Druckerei der Jüdischen Freischule, der „Königlich Priviligierten Orientalischen Buchdruckerey", die ihre Erzeugnisse mit dem Hinweis אין דער קעניגליכן פריווילעגרטן אריענעאלישן בוכדרוקרייא versah. Somit konnte er seine Leidenschaft für Bücher und deren Druck doch noch zur

---

81 Ebd.; Alexander Altmann, *Moses Mendelssohn. A Biographical Study*, Oxford / Portland, Oregon 2011, 351; Klausner, *Hisṭorya*, Bd. 1, 165.

82 Siehe Satanow, *Mishle Asaf*, Berlin 1789, 64; ders., *More ha-Nevukhim*, Bd. 3, Berlin 1796, 47 (im Kommentar Satanows).

83 Altmann, *Moses Mendelssohn*, 474–478, 483; Christian Konrad Wilhelm von Dohm, *Über die bürgerliche Verbesserung der Juden*, Berlin / Stettin 1781 (ND Duisburg 2009).

84 Rivka Horwitz, „Mendelssohn und die Kabbala", in Eveline Goodman-Thau / Gert Mattenklott / Christoph Schulte (Hg.), *Kabbala und die Literatur der Romantik. Zwischen Magie und Trope*, Tübingen 1999, 17–32.

85 *Sefer ha-Kuzari*, Berlin 1795, 40. Die Übersetzung findet sich bei Shmuel Feiner, *Haskala – Jüdische Aufklärung. Geschichte einer kulturellen Revolution*, Hildesheim / Zürich / New York 2007, 312.

Grundlage seines – wenn auch bescheidenen – Einkommens machen. Die Gründung der Jüdischen Freischule 1778 stellte einen wichtigen Meilenstein in dem jüdischen Bestreben nach Bildung und Gleichstellung in Berlin dar.[86] Im Zuge der angestrebten Reform der jüdischen Religion und Kultur, die eng mit einer Erneuerung der Sprache und der Erziehung verbunden war, wurde diese Bildungseinrichtung von dem bereits erwähnten Daniel Itzig, seinem Sohn Isaak Daniel Itzig und seinem Schwiegersohn David Friedländer sowie Naphtali Herz Wessely, einem Kaufmann und Schriftsteller, gegründet. Die Freischule war der moralischen Vervollkommnung des Menschen, vor allem der Jugend gewidmet. [87] Allgemeine Bildung verhieß wirtschaftliche Verbesserung und sozialen Aufstieg in Einklang mit dem Versprechen von Toleranz, „bürgerlicher Verbesserung" und Emanzipation. Die Maskilim hatten in diesem Sinne ein umfangreiches Programm zur Reform der jüdischen Erziehung nach den Idealen Jean-Jacques Rousseaus entwickelt, das auch in der jüdischen Freischule verwirklicht werden sollte.

Erste Pläne für eine Armenschule hatten Berliner Juden bereits in den 1760er Jahren entworfen. Die Einrichtung sollte für mittellose Eltern gebührenfrei und die Finanzierung durch wohlhabende Bürger der Berliner Gemeinde gewährleistet sein. Es handelte sich zunächst um kein genuin maskilisches Unterfangen. Die Schule sollte vielmehr von der aufgeklärten, akkulturierten Elite der Berliner Gemeinde als philanthropisches Projekt initiiert werden. Das Curriculum entsprach nicht den traditionellen Konventionen bzw. Richtungen und es unterrichteten sowohl jüdische als auch christliche Lehrer. Satanow zog in seinem Artikel im *Me'assef* von 1784/85 (S. 27) in dieser Sache Mainz als leuchtendes Vorbild heran, da dort die jüdischen Lehrer eine staatliche Prüfung ablegen mussten, um vor allem in den nichtjüdischen Fächern wie Latein, Astronomie und Naturwissenschaften ihre Qualitäten unter Beweis zu stellen.[88] 1784 wurde im Anschluss an die Schule die Orientalische Buchdruckerey in Berlin gegründet. Durch den Druck und Vertrieb hebräischer Schriften, vor allem jüdischer Kalender, sollten weitere Einnahmequellen erschlossen werden. Am 3. Februar 1784 hatte Friedrich II. die Konzession zur Gründung der Druckerei der Freischule

86 Siehe die ausführliche Quellensammlung mit einleitenden Beiträgen von Ingrid Lohman (Hg.), *Chevrat Chinuch Nearim. Die jüdische Freischule in Berlin 1778–1825 im Umfeld preußischer Bildungspolitik und jüdischer Kultusreform*, 2 Bde., Münster 2001; sowie Uta Lohmann / Ingrid Lohmann (Hg.), *„Lerne Vernunft!" Jüdische Erziehungsprogramme zwischen Tradition und Modernisierung. Quellentexte aus der Zeit der Haskala, 1760–1811*, Münster 2005.

87 Dirk Sadowski, Art. „Freischule", in Dan Diner (Hg.), *Enzyklopädie jüdischer Geschichte und Kultur*, Bd. 2, Stuttgart / Weimar 2012, 385–391. Zur Bildungssituation in Galizien und Herz Hombergs Reform siehe ders., *Haskala und Lebenswelt*.

88 Rezler-Bersohn, „Epitome", 94; Rezler-Bersohn, *Isaac Satanow*, 93.

unterzeichnet. Die Erlaubnis beschränkte sich jedoch auf den Druck „orientalischer Sprachen“, denn – so in seiner Antwort an Staatsminister Münchhausen – „die Juden betätigten sich bereits zu sehr im Handel, und es gebe in Berlin kein Mangel an Druckereien. Wenn es sich jedoch um eine besondere Druckerei handle, die sich auf hebräische Bücher beschränke, sei er bereit, seine Erlaubnis zu geben.“[89]

Zugleich wurde ein weiteres Recht erteilt: das Wohnrecht für Mitarbeiter der Druckerei und deren Familien als „tolerierte“ Juden, das als Steuerungsmittel des merkantilistischen Staates genutzt wurde, um die Kapitalkraft seiner Untertanen zu erhöhen.[90] Satanow war die treibende Kraft bei der Einrichtung dieses Publikationsorgans und hatte von 1784 bis 1788 und von 1794 bis 1799 die Position des Direktors inne.[91] Zudem hatte er 1784 mit seinem *Sefer ha-Middot* (Das Buch der Tugenden / Ethik) eine Ausschreibung um das beste Lehrbuch an der Freischule gewonnen. Es sollte laut Wessely nicht nur religiöse Texte lehren, sondern sie auch aus der Perspektive des Humanismus und der Vernunft als Bestandteil der „Lehre vom Menschen (*torat ha-adam*)“ vermitteln. Das Buch sollte an der Schule als Lehrbuch verwendet werden und es scheint, dass Satanow bereits im Jahr 1774 einen großen Vorrat an fertigen Manuskripten besaß, von denen er jetzt bloß noch eines hervorziehen und einreichen musste. Wessely selbst hatte gleichfalls an einem solchen Lehrbuch gearbeitet, doch durch den um ihn entbrannten Kulturkampf nach seinen *Worten des Friedens und der Wahrheit* kam es zu Verzögerungen bei der Fertigstellung und so konnte Satanow den Preis gewinnen, sehr zur Enttäuschung Wesselys.[92]

1788 löste Isaak Euchel, der aus Königsberg nach Berlin kam, Satanow als Direktor der Druckerei ab. 1799 schließlich übernahm Aaron Wolfssohn die Leitung in Breslau, doch Satanow blieb bei beiden Führungswechseln weiterhin als Drucker und Autor bei der Druckerei beschäftigt. Das editorische Programm konnte er so weiterhin beeinflussen und auch zahlreiche eigene Schriften zum Druck bringen. Als eine Art Trägergesellschaft des Verlags bzw. Stiftung war im

---

89 Feiner, *Haskala – Jüdische Aufklärung*, 314–315.

90 Dass die Bezeichnung nicht mit Toleranz, sondern mit einer fiskalischen Berechnung bzw. wirtschaftlichem Innovationspotential zusammenhing, zeigt J. Friedrich Battenberg, „Tolerierte Juden in Berlin. Zur Ansiedlung Wiener Juden in der Mark Brandenburg unter dem großen Kurfürsten“, in Jörg Deventer u. a. (Hg.), *Zeitenwenden. Herrschaft, Selbstbehauptung und Integration zwischen Reformation und Liberalismus. FS Arno Herzig*, Berlin [2]2006, 81–100; ders., Art. „Privileg“, in Dan Diner (Hg.), *Enzyklopädie jüdischer Geschichte und Kultur*, Bd. 5, Stuttgart / Weimar 2014, 22–24.

91 Rezler-Bersohn, „Epitome“, 83.

92 Feiner, *Haskala – Jüdische Aufklärung*, 317. Der Text der Ausschreibung findet sich bei Lohmann (Hg.), *Chevrat Chinuch Nearim*, 211.

Herbst 1785 die *Ḥevrat Maṣdiqe ha-Rabbim* (Gesellschaft derer, die viele zur Wahrhaftigkeit / Gerechtigkeit führen) gegründet worden, deren Leitung ebenfalls Daniel Itzig, David Friedländer und Satanow oblag und welche zugleich das leitende Gremium der *Ḥevrat Ḥinnukh Ne'arim* (Gesellschaft für Knabenerziehung) bildeten.[93] Die Vereinigung zählte zunächst 145 Mitglieder und Unterstützer in Berlin, Hamburg, Breslau, Königsberg und Wien. Sie waren zumeist Subskribenten der Zeitschrift *ha-Me'assef.*

Die Politik der Druckerei folgte nicht nur finanziellen Gesichtspunkten. In den Statuten der Gründungsgesellschaft wurde vielmehr festgelegt, dass auch eine „Redaktion für Publikationen" – ein Novum im jüdischen Buchdruck – neben Satanow tätig werden sollte. Bisher war der Weg eines Manuskripts bis zu seinem Druck hauptsächlich von wirtschaftlichen Gesichtspunkten und seinen rabbinischen Approbationen diktiert worden. Doch nun wurden Manuskripte einem Gremium von jüdischen Aufklärern vorgelegt. Die Besitzer der Druckerei hatten festgelegt, dass ein Buch erst dann in Druck gehen konnte, wenn mindestens drei Gutachten erstellt worden waren.[94]

Im Jahr 1794 wurde die Redaktion der Zeitschrift nach Breslau verlegt, wo sie nun Aaron Wolfssohn, der ehemaligen Rektor der dortigen Schule, leitete. Ab dem siebten Jahrgang von 1795 wurde die Zeitschrift auch in Breslau gedruckt.[95] Laut Statuten waren die Mitglieder zur regelmäßigen Abnahme einer bestimmten Zahl von Druckbögen verpflichtet, und bei Geburten und Hochzeiten sollte sogar ein gewisser zusätzlicher Betrag gespendet werden. Jedes eingereichte Manuskript musste, wie schon erwähnt, von drei Gelehrten des jeweiligen Faches begutachtet werden, ehe es publiziert werden konnte. Neben Kalendern und Gebetbüchern bildeten vor allem drei Gruppen von Schriften das Verlagsprogramm:

a) Mittelalterliche Autoren, die unter den Maskilim hohes Ansehen genossen und deren Werke mit einem neuen, aufklärerischen Kommentar versehen wurden.
b) Aktuelle Schriften von jüdischen Aufklärern.
c) Schulbücher zum Gebrauch an der Freischule.

Wenn sich im Jahr 1786 noch 145 Mitglieder zur Finanzierung der Druckerei innerhalb der *Ḥevrat Maṣdiqe ha-Rabbim* gefunden hatten, so folgten acht Jahre später nur noch wenige Satanows Aufruf zur geregelten Unterstützung derselben

---

93 Dirk Sadowski, Art. „Orientalische Buchdruckerey", in Dan Diner (Hg.), *Enzyklopädie jüdischer Geschichte und Kultur*, Bd. 4, Stuttgart / Weimar 2013, 441 – 444; Feiner, *Haskala – Jüdische Aufklärung*, 311. Mehr zum Thema der Buchdruckerei in Abschnitt 2.4.

94 Feiner, *Haskala – Jüdische Aufklärung*, 315.

95 Ebd., 410.

durch die neu gegründete *Ḥevrat Marpe la-Nefesh* (Vereinigung zur Heilung der Seele). Enttäuscht stellte Satanow fest, dass sich die herkömmlichen Gelehrten für die maskilischen Bücher nur interessierten, „um ihren Lohn in der kommenden Welt" zu erhalten, aber ihr Wissen nicht über die traditionellen Werke hinaus erweiterten. Zudem hätten die meisten wohlhabenden Juden ihre Hand auf dem Beutel, wenn es um den Kauf von Büchern gehe und gäben ihr Geld lieber für vergängliche Vergnügen aus.[96] In den 1790er Jahren stellten Satanows eigene Schriften ein Viertel der in der Buchdruckerey publizierten Bücher dar. Er war somit erneut der wichtigste Autor und Verleger der Haskala-Bibliothek.

Werke Satanows

Satanow brachte seine eigenen Schriften fast ausschließlich in der Orientalischen Buchdruckerey zum Druck. Darunter war auch eine Reihe von Lehrbüchern und grammatischen Schriften zu finden sowie seine ethischen und philosophischen Abhandlungen und seine Kommentare zu mittelalterlichen und zeitgenössischen Werken. Im Rahmen des erwähnten Wettbewerbs erschien 1784 sein erstes Lehrbuch für die Freischule, *Sefer ha-Middot* (Das Buch der Tugenden / Ethik) und 1788 wurde sein zentrales Werk *Mishle Asaf* (Sprüche Assafs) dort aufgelegt, das Gleichnisse und Sprichworte im Stil biblischer Weisheitsliteratur enthielt.

Inhaltlich kann der Großteil der Schriften Satanows in drei thematische Gruppen eingeteilt werden: a) philosophische, ethische und wissenschaftliche Arbeiten, b) grammatikalische, linguistische und die Halacha betreffende Werke und c) kabbalistische Schriften.

Üblicherweise werden in der Forschung die Arbeiten Satanows chronologisch dargestellt, nur Klausner folgt aus literaturhistorischer Sicht einer Klassifizierung nach Themen.[97] Dabei teilt er die Werke in a) Dichtung, b) Ethik, Philosophie und Wissenschaft, c) Polemik und aktuelle Ereignisse sowie d) Neuausgaben klassischer Werke der jüdischen Tradition und Kommentare ein. Die Verwendung bzw. Wiederbelebung der hebräischen Sprache stellt einen zentralen Programmpunkt der jüdischen Aufklärungsbewegung dar. Mit ihr geht eine Rückbesinnung auf mittelalterliche Gelehrte und deren Literatur einher: Maimonides, David Kimchi, Raschi, Abraham Ibn Esra und andere gelten als geistige Vorbilder, die einen wesentlichen Beitrag zur angestrebten kulturellen Erneuerung und den Nachweis der Vereinbarkeit von Glauben und Vernunftdenken leisten konnten. Daher

---

96 Anmerkungen am Ende des Buches *Bi'ur Millot ha-Higgayon* aus dem Jahr 1793. Ich verwende statt des grammatikalisch korrekten *be'ur* die bei den Maskilim gängige Aussprache *bi'ur*.
97 Klausner, *Hisṭorya*, Bd. 1, 169 – 172.

sollten diese Quellen einem breiteren Publikum – auch anhand von Kommentaren, wie sie Satanow verfasste – zugänglich gemacht werden.[98]

Rezler-Bersohn führt aus judaistischer Perspektive eine zusätzliche Einteilung nach Autorenschaft ein,[99] d. h. inwieweit die Schriften

a) von anderen Autoren Satanow zugeschrieben werden.
b) von Satanow selbst als Autor beansprucht werden.
c) Kommentare und Neuveröffentlichungen klassischer Werke sind.
d) nicht mehr auffindbar sind.
e) ihm ohne eindeutige Belege von anderen Autoren zugewiesen werden.

Für die vorliegende Untersuchung werden die thematischen und urheberspezifischen Kategorisierungen vereint und nach inhaltlichen Fragestellungen ausgerichtet.

In chronologischer Reihenfolge lässt sich das Gesamtwerk Satanows als Verfasser wie folgt aufstellen:[100]

Veröffentliche Bücher und Artikel:

1772	*Iggeret Eder ha-Yaqar* (Brief über die teure Zeder)
1773	*Iggeret Bet Tefilla* (Brief über das Gebethaus)
1773	*Sefer Sifte Renanot* (Buch Singende Lippen)[101]
1774/5	*Ḥeleq Rishon mi-Sefer ha-Ḥizzayon* (Erster Teil von dem Buch der Vision)[102]
1783[103]	*Zohar Tinyana* (Ein zweiter *Zohar*)

98 Lohmann / Lohmann (Hg.), *„Lerne Vernunft!“*, 16.

99 Rezler-Bersohn, *Isaac Satanow*, 30.

100 Rezler-Bersohn, *Isaac Satanow*, 23–58. Dort werden auch die jeweiligen inhaltlichen Angaben der Werke in den Fußnoten angemerkt.

101 Der lateinische Untertitel wird mit *Compendium Grammaticae novae Linguae Sanctae Prima eiusdem tradens Principia Firmis superstructa Fundamentis – Auctore Isaco Mose* angegeben. Siehe http://www.steinheim-institut.org/haskala/haskala-katalog/frame2.htm (Zugriff: 20. September 2015).

102 Es handelt sich um ein Werk zur Dichtung, eine Einleitung in die hebräische Poesie inklusive der Ankündigung weiterer Bücher am Schluss sowie ein Aufruf zur Subskription und ein Gedicht von Naphtali Herz Wessely. Im Buch befinden sich zwei beidseitig bedruckte Tafeln mit zu geometrischen Formen angeordneten Gedichten. Zur Datierung siehe Moshe Pelli, „Le-berur she'elot bibliografiyyot bi-yeṣirato shel Yiṣḥaq Saṭnov [Zur Klärung bibliographischer Fragen des Werkes Isaak Satanows]“, *Qiryat Sefer* 49 (1973/4): 437.

103 Eigentlich mit dem Titel *Qunṭres mi-Sefer ha-Zohar Ḥibbura Tinyana* (Sammlung aus dem Buch *Zohar*, zum zweiten Mal zusammengestellt). Zur falschen Jahresangabe im Buch siehe unten Kap. 3.2.2 Fn 101.

1783	*Safa Aḥat* (Eine Sprache)[104]
1784	*Sefer ha-Galuy we-ha-Ḥatum* (Buch des Aufge- und Unterzeichneten)
1784	*Sefer ha-Middot* (Buch der Tugenden / Ethik)[105]
1784	*Siddur Wa-Ye'etar Yiṣḥaq* (Gebetbuch „Und Isaak pries") [106]
1784	*Sefer Imre Bina* (Buch Worte der Einsicht)
1785	*Siyaḥ Yiṣḥaq* (Erzählung Isaaks)
1787	*Sefer ha-Shorashim* (Buch der [Verb-] Wurzeln)[107]
1788	„Mi-darke ha-lashon we-ha-meliṣa" („Sprachliche und rhetorische Methodik", *Me'assef* 4 [1787/88])
1789	*Mishle Asaf* (Sprüche Assafs)
1792	*Gam Elle Divre Asaf* (Auch jene sind Sprüche Assafs)
1793	*Zemirot Asaf* (Lieder Assafs)
1794	*Tehillim 'im Perush Rashbam* (Psalmen mit Rashbams Kommentar)
1795	*Sefer Holekh Tamim* (Buch Aufrecht Wandelnder)
1797	*Minḥat Bikkurim* (Gabe der Erstlingsfrüchte)
1799	*Shir Yedidut* (Gedicht über Freundschaft)
1793/1800 (?)	*Sefer Divre Rivot* (Buch der Polemik)[108]
1802	*Megillat Ḥasidim* (Schriftrolle der Frommen)

Die erste Epistel aus dem Jahr 1772 enthält Aufsätze und Gedichte zu Ethik, Rhetorik, Mathematik und Logik sowie eine Beschreibung des Tempels nach Ezechiel 40 – 47. *Iggeret Bet Tefilla* bietet eine kritische Auseinandersetzung mit dem jüdischen Gebetbuch (*Siddur*) inklusive grammatikalischer Korrekturen zum Text, wohingegen *Singende Lippen* eine hebräische Grammatik mit Syntax, Verb- und Wortlehre darstellt. Es handelt sich dabei um den ersten Teil des *Sefer ha-Gedarim* (Buch der Definitionen des Menaḥem ben Abraham Bonafos aus Perpignan),

104 Wörterbuch der hebräischen Wurzeln, zweiter Band des *Sefer ha-Shorashim.*

105 Nicht zu verwechseln mit seiner gleichnamigen Übersetzung der *Nikomachischen Ethik.*

106 Dieser Band beweist Satanows genaue Kenntnis lurianischer Literatur, da er auf fol. 19b von *Peri 'Eṣ Ḥayyim* verweist und die *Qunṭrese ha-Ri"zal.* Es hat wahrscheinlich das Gebetbuch des Begründers der Chabad-Bewegung, Rabbi Shneur Zalmans von Liadi beeinflusst, wie Amiel Vick nachweisen konnte. Amiel Vick, *"Through which all of Israel can ascend": On R. Shneur Zalman of Lyady's Composition of Nusah Haari*, MA Thesis Hebrew University Jerusalem 2012, 55 – 56; zudem ediert er darin den Text von Lurias liturgischen Gedichten für die Shabbatmahlzeiten; siehe auch Avinoam Stillman, *Living Leaves: Printing Kabbalah at Korets, 1778 – 1786*, MA Thesis Ben-Gurion University of the Negev 2019, 89–90.

107 Teil 1 bildet *Sefat Emet* (Sprache der Wahrheit) und Teil 2 *Devarim Aḥadim* (Einzelne Dinge). Es handelt sich um ein hebräisch-deutsches Lexikon zum intendierten Gebrauch an Schulen.

108 Mit fiktiver Approbation. Zu Ort und Jahr siehe Pelli, „Le-berur", 436 – 437; sowie die weiteren Ausführungen dazu weiter unten in diesem Kapitel.

welcher 1798 pseudepigraphisch veröffentlich wurde und sich an das grammatikalische Muster von David Kimchis (1160 – 1235) berühmten *Sefer Ha-Mikhlol* anlehnt.[109] Der zweite Teil trägt den Titel *Safa Aḥat* (Eine Sprache). Das *Buch der Visionen* präsentiert eine Zusammenstellung von Gedichten, Poetik, Wissenschaft und Grammatik, die laut Moritz Steinschneider und Joseph Klausner im Jahr 1775 erschienen sein soll, auch wenn im Buch selbst keine Angabe dazu zu finden ist. Es findet sich in der Einleitung auch ein Gedicht Naphtali Wesselys, das Satanow gewidmet ist.[110]

Bei *Zohar Tinyana* handelt es sich um eine Imitation des Hauptwerks der mittelalterlichen kabbalistischen Literatur vom Ende des 13. Jahrhunderts, die sich im Unterschied zum Vorbild allerdings auf das erste Kapitel der Genesis beschränkt. Allein der Titel lässt schon auf Satanows hochgesteckte Ambitionen schließen. Satanows hohe Wertschätzung des *Zohar* kommt an vielen Stellen seiner Schriften zum Ausdruck, doch er war im Gegensatz zu Jakob Emden der Meinung, dass das vollständige Werk ursprünglich tatsächlich von Shimon bar Yoḥai, dem legendären Autor nach der Tradition, verfasst und dann von Moshe de Leon bei seinem Fund rekonstruiert bzw. ergänzt worden sei. Er verwirft auch Emdens Ansicht, dass darin Äußerungen gegen den Talmud zu finden seien.[111] Obwohl Satanow in seinen *She'elot u-Teshuvot Miṭpaḥat Sefarim* (Fragen und Antworten zu Buchumschlägen), die 1783 als Anhang zu seinem *Zohar Tinyana* gedruckt wurden, Emdens These widerspricht, stimmt er zugleich Emdens Annahme, dass der *Zohar* pseudepigraphische Segmente enthalte, zu.[112] Später lobt er im *Kuzari* Emden explizit im Hinblick auf die Entstehung des *Zohar* und gibt an, dass er über zusätzliches Material in dieser Hinsicht verfüge, das Emdens Aussagen belege.[113]

Safa Aḥat bildet den zweiten Teil des erwähnten *Sefer ha-Gedarim*, ein Wörterbuch, während *Sefer ha-Galuy we-ha-Ḥatum* (Buch des Aufge- und Unterzeichneten) eine Liste prospektiver Veröffentlichungen in sich birgt. Die *Erzählung Isaaks* ist ein Kommentar zur *Pesach Aggada* mit einer Diskussion zur Grammatik

---

109 Jacob Tauber, *Standpunkt und Leistung des R. David Kimchi als Grammatiker, mit Berücksichtigung seiner Vorgänger und Nachfolger*, Breslau 1867.

110 Moritz Steinschneider, „Hebräische Drucke in Deutschland (Berlin 1762 – 1800)", *Zeitschrift für die Geschichte der Juden* 5 (1892): 154 – 186, hier 170 – 171; Klausner, *Hisṭorya*, Bd. 1, 109. Zu diesem Werk siehe die unveröffentlichte MA-These von Bracha Ben-Shamai, *Ideals and Trends of the Enlightenment Movement in the 18th as Reflected in „Sefer haḤizzayon" by Isaac Halevy Satanow*, MA Thesis Tel Aviv University 2002 (Hebräisch); siehe auch Rezler-Bersohn, „Epitome", 83.

111 Rezler-Bersohn, „Epitome", 87; Boaz Huss, *The Zohar. Reception and Impact*, Oxford / Portland, Oregon 2016, 268 – 270.

112 Satanow, *She'elot u-Teshuvot Miṭpaḥat Sefarim*, Berlin 1783, 1.

113 Siehe *Kuzari*, 1a, 25b, 26a, 88; siehe unten auch 3.2.1 und 4.1.

des Textes, während *Sefer ha-Middot* (Buch zur Ethik) einen Hinweis auf das noch unveröffentlichte *Sefer ha-Nefesh* (Buch der Seele), eine Übersetzung von Mendelssohns *Phaedon*, enthält.[114] Bei *Und Isaak pries* handelt es sich um einen grammatikalischen Kommentar zum Gebetbuch mit polemischen Bemerkungen gegen frühere Grammatiker.

Auf die *Worte der Einsicht*, Satanows Versuch einer Synthese zwischen traditioneller Religion, Philosophie, Naturwissenschaft und Kabbala, wird noch ausführlich in Kapitel 3 einzugehen sein. 1799 veröffentlichte Satanow Azariah de Rossis (ca. 1511–1578) Schrift *Me'or 'Enayim* (Erleuchtung der Augen), deren Hauptteil denselben Titel wie sein eigenes Werk, *Imre Bina*, trägt.[115] Das *Sefer ha-Shorashim*, die Darstellung der Verbalwurzeln im Hebräischen, wurde in Anlehnung an David Kimchis Schrift mit demselben Titel verfasst. Der Beitrag „Sprachliche und rhetorische Methodik“ erschien 1788 in der Zeitschrift *ha-Me'assef*[116] und befasst sich mit der Entwicklung der hebräischen Sprache und ihrem derzeitigen, degenerierten Zustand, während *Mishle Asaf*, die biblischen Proverbien und die Sprüche Ben Sirachs, in der Forschung bisher am meisten Beachtung fanden.[117] *Mishle Asaf* besteht aus drei Teilen, wobei der erste *Die Sprüche Asafs*, der zweite *Auch jene sind die Sprüche Asafs* und der dritte Teil mit *Lieder / Psalmen Asafs* betitelt werden. Der zweite Teil, *Gam Elle Divre Asaf*, befasst sich intensiv mit dem Thema der Konversion, die Satanow grundsätzlich ablehnt, da die unterschiedlichen Religionen von geographischen und histori-

---

114 Siehe Altmann, *Moses Mendelssohn*, 181; Uta Lohmann, „‚Dem Wahrheitsforscher zur Belehrung‘. Die Herausgaben von Moses Mendelssohns *Ha-nefesh* (1787) und *Phädon* (1814–1821) durch David Friedländer: Kontexte, Adressaten, Intentionen“, *Mendelssohn-Studien* 19 (2015): 45–77.

115 Joana Weinberg, *Azariah de' Rossi. The Light of the Eyes*, New Haven 2001; Robert Bonfil, „Some Reflections on the Place of Azariah de Rossi's *Meor Enayim* in the Cultural Milieu of Italian Renaissance Jewry“, in Bernard D. Cooperman (Hg.), *Jewish Thought in the Sixteenth Century*, London 1983, 23–48. Zu diesem Werk de Rossis und dessen Bedeutung für die Haskala siehe Ze'ev Strauss, *Rabbi Jedidja ha-Alexandri und die Maskilim* (in Vorbereitung bei De Gruyter), Einleitung und besonders Kap. 2.5, 2.9 und 2.11. Zu Mendelssohn und de Rossi siehe Edward Breuer / David Sorkin, *Moses Mendelssohn's Hebrew Writings*, New Haven / London 2018, 281 Fn 38, 283 Fn 46.

116 *Me'assef* 4 (1787/88): 82–95. Siehe Andreas Kennecke, „HaMe'assef. Die erste moderne Zeitschrift der Juden in Deutschland“, *Das Achtzehnte Jahrhundert* 23,2 (1999): 176–199; und die fünf Bände von Moshe Pelli bei Magnes Press zu den maskilischen Zeitschriften, vor allem *The Gate to Haskalah. An Annotated Index to Hame'asef, the First Hebrew Journal*, Jerusalem 2000 (Hebräisch). Zu dieser Zeitschrift und ihrem Umfeld siehe auch Kap. 2.1. der vorliegenden Arbeit.

117 Shmuel Werses, „Isaac Satanow and His Treatise ‚Mishley Asaph‘“, in ders., *Trends and Forms in Haskalah Literature*, Jerusalem 1990, 163–186 (Hebräisch) (zuvor *Tarbiz* 32,4 [1962/63]: 370–392); Moshe Pelli, „Isaac Satanow: Metamorphosis of Judaic Values – *Mishlei Asaf* as Reflecting Haskalah Ideology“, in ders., *The Age of Haskalah*, Leiden 1979, 151–170.

schen Umständen bestimmt und die Gesetze jeder Religion dem Charakter der Menschen in den verschiedenen Regionen angepasst seien. Eine universale Religion sei daher undenkbar, auch wenn in *Imre Bina* durchaus universalistische Ansätze im Sinne einer „Erziehung des Menschengeschlechts" auftauchen, wie sie bei Gotthold Ephraim Lessing[118] zu finden sind. Satanows besonderes Interesse an dieser Problematik könnte mit den Massenkonversionen von Frankisten während seines Aufenthaltes in Podolien in Zusammenhang stehen.[119]

Bei *Divre Rivot* handelt es sich um ein zweibändiges Werk über die Grundlagen des Judentums und religiöse Reformen.[120] Es ist wohl die einzige Schrift, in welcher Satanow seine Forderung nach Toleranz und Glaubensfreiheit aller Völker – ähnlich den Forderungen Lessings – mit der nach einer tiefgreifenden Reform des jüdischen Erziehungs- und Bildungswesens, der innergemeindlichen Organisation und der Wirtschaft verbindet. Dieser Appell ist zudem implizit in *Imre Bina* enthalten, wie unten auszuführen sein wird. Eine besondere Stellung nehmen in seiner utopischen Gesellschaftsskizze die Intellektuellen und Wissenschaftler ein, die aller bürgerlichen Pflichten enthoben sind, keine Steuern zahlen müssen und als einzige die richterliche Gewalt besitzen.[121] *Megillat Ḥasidim* bildet den vierten und letzten Teil der *Mishle Asaf* und setzt den weisheitlichen Stil und die damit verbundenen Themen fort.[122]

Der Kommentar Rabbi Shmuel ben Meirs (1085 – 1158) zu den Psalmen, einem bekannten Tosafisten aus Troyes, Enkel Raschis, wird bereits in *Auch jene sind die Sprüche Asafs*[123] erwähnt. Bei *Der aufrecht Wandelnde* handelt es sich um eine ethische Schrift, die wie *Imre Bina* den Versuch einer Harmonisierung zwischen jüdischer Tradition und säkularem Wissen unternimmt. *Siyaḥ Yiṣḥaq* von 1797 wird nur bei Hillel Zeitlin (1871 – 1942) erwähnt, einem Angehörigen der chassidischen Chabad-Dynastie, der 1942 im Warschauer Ghetto ermordet wurde und in seinem Werk eine große Bandbreite von traditionellem, säkularem, orthodoxem

---

118 Monika Fick, *Lessing Handbuch. Leben – Werk – Wirkung*, Stuttgart [4]2016.

119 Rezler-Bersohn, „Epitome", 96 – 97.

120 Hierzu siehe vor allem Kap. 3 der Arbeit von Rezler-Bersohn, *Isaac Satanow*, 59 – 112. Zur Einordnung der Schrift innerhalb der polemischen Literatur siehe Moshe Pelli, „Religious Disputation in Hebrew Haskalah Literature (Isaac Satanow's ‚Divrei Rivot')", *Proceedings of the World Congress of Jewish Literature. Vol. 9 Division C: Jewish Thought and Literature*, Jerusalem 1985, 193 – 198 (Hebräisch).

121 Feiner, *Haskala – Jüdische Aufklärung*, 407 – 409.

122 Siehe auch die Liste bei Moritz Steinschneider, *Catalogus Librorum Hebraeorum in Bibliotheca Bodleiana*, Berlin 1852 – 1860, Sp. 2501 – 2505; und Meir Roest, *Catalog der Hebraica und Judaica aus der L. Rosenthal'schen Bibliothek*, Bd. 1, Amsterdam 1875, 477 – 480.

123 Kap. 69, Kommentar 22.

und kabbalistischem Wissen präsentiert.[124] Das *Gedicht über Freundschaft* hatte Satanow zum 77. Geburtstag seines Gönners Daniel Itzig am 18. März 1799 verfasst.

Als verlorene Werke können gelten:
Sefer Toledot Yiṣḥaq (Buch der Generationen Isaaks)
Iggeret 'Emeq Yehoshafat (Brief über das Tal Yehoshafat)
Ma'amar Ḥayye Hitbonenut (Essay über das kontemplative Leben)
Yerushalayim (Jerusalem)
Har Ṣiyyon (Der Berg Zion)
Sefer Khimiya (Buch zur Chemie)[125]
Bi'ur 'al ha-Tora (Kommentar zur Bibel)
Sefer ha-Meturgeman (wörtl. Buch des Übersetzers; Übersetzung der Bibel ins Aramäische)

Publikation von Werken anderer Autoren mit eigenem Kommentar oder Korrekturen:

1785	*Bi'ur / Seder Seliḥot* (Bußgebete)
1789	*Nevu'at ha-Yeled* (Gebet / Prophetie des Kindes)
1790	*Qol Shaḥal* (Stimme des jungen Löwen)[126]
1790/91	*Sefer ha-Middot shel Arisṭoṭelis* (Nikomachische Ethik des Aristoteles)[127]

124 Jonatan Meir, „Hillel Zeitlin's *Zohar*. The History of a Translation and Commentary Project", *Kabbalah. Journal for the Study of Jewish Mystical Texts* 10 (2004): 119 – 157; ders., *Rabbi Nahman of Bratslav: World Weariness and Longing for the Messiah. Two Essays by Hillel Zeitlin. Introduction and Critical Notes*, Jerusalem 2006 (Hebräisch).

125 Siehe oben die Angaben zur Autorenschaft von Satanows Sohn, Salomon / Shlomo Schöneman.

126 Zitat aus Hi 4,10. Es handelt sich um die von Satanow als sehr mangelhaft kritisierte Ausgabe von Ephraim Luzattos Gedichtsammlung *Elle Vne ha-Ne'urim*, London 1768.

127 In zwei Teilen. Es handelt sich dabei um den ersten Teil der aristotelischen Ethik, welche zwischen 1390 und 1410 von Meir Alguadez, dem damaligen Hofarzt der kastilischen Könige, aus dem Lateinischen übersetzt wurde. Satanow verweist im Vorwort auf den Erwerb des Buches, wahrscheinlich durch Daniel Itzig, den sich auch ein „Vornehmer nur mit Mühe und gegen teures Geld" leisten konnte. Es wird vermutet, dass es sich dabei um eine Handschrift des Kommentars von Joseph Ben Shem Ṭov (ca. 1400–ca. 1460) handelte, die 1780 durch Shalom ben Isaak aus Mezeritch angefertigt wurde. Satanow fügt dem Werk einen umfangreichen Kommentar hinzu. Siehe http://www.steinheim-institut.org/haskala/haskala-katalog/b/buch18.htm (Zugriff 10. Oktober 2015) mit Verweis auf die Originalhandschrift bei Christie's New York. Siehe auch Lohmann, „Dem Wahrheitsforscher", 59 Fn 54.

1791 – 96	*More ha-Nevukhim* (Führer der Verwirrten)[128]
1794	*Me'or 'Enayim* (Erleuchtung der Augen)[129]
1794	*Bi'ur Millot ha-Higgayon* (Erläuterung zu den Logikbegriffen)[130]
1795	*Sefer ha-Kuzari* (Das Buch Kuzari)[131]
1796	*Maḥberot 'Immanu'el* (Hefte / Makame des Immanuel)[132]
1798	*Sefer ha-Gedarim* (Buch der Definitionen)[133]
1799	*Perush le-Iyyov* (Kommentar zu Hiob)

Für die weitere Forschung zur Vereinbarkeit von Naturwissenschaft, Glaube / Religion und Kabbala sind neben den hier thematisierten *Imre Bina* und *Zohar Tinyana* vor allem *Prophetie des Kindes* sowie die Kommentare zu *More ha-Nevukhim* und *Sefer ha-Kuzari* von Interesse. Um die Kompatibilität von traditionellem Glauben und moderner Naturwissenschaft bzw. Philosophie zu untermauern, führt Satanow auch in diesen Schriften kabbalistische Ideen an Schlüsselstellen an. Bei *Prophetie des Kindes* handelt es sich laut Scholem um fünf mystische Prophezeiungen auf Aramäisch, die im Raum Palästina um das 13. Jahrhundert verfasst wurden und zu denen Abraham ben Eliezer ha-Levi 1517 einen Kommentar schrieb.[134] Das Chronostichon verweist mit *Ḥayye Yiṣḥaq ha-Lewi* deutlich auf Satanow als Herausgeber. Auf Satanows Kommentar zu den

128 In der hebräischen Übersetzung von Shmuel Ibn Tibbon; der Kommentar zum ersten Teil stammt von Salomon Maimon, zum zweiten und dritten Teil von Satanow. Es ist unklar, ob Maimon auch Teil 2 und 3 kommentieren sollte und Satanow dann diese Aufgabe an sich riss oder ob dies von Beginn an so vorgesehen war.

129 Dieses Werk besteht aus drei Teilen: *Qol Elahim* beschreibt das Erdbeben in Ferrara, es folgt eine Übersetzung des Aristeasbriefes sowie ein Kapitel mit der Überschrift *Imre Bina* zu Gesichtspunkten der jüdischen Geschichte in der zweiten Ära des Commonwealth. Siehe Rezler-Bersohn, *Isaac Satanow*, 28.

130 Eine Ausgabe des maimonidischen Werkes in der Übersetzung von Shmuel ibn Tibbon mit einem Kommentar von Moses Mendelssohn und Glossen Satanows.

131 In der Übersetzung des Yehuda ibn Tibbon mit einem Kommentar von Satanow.

132 Das Werk stammt von Immanuel ben Salomo ha-Romi und auf dem Titelblatt findet sich ein Hinweis, dass Isaak Itzig die Ausgabe finanziell ermöglichte.

133 Das Werk stammt von Menaḥem ben Abraham Bonafos aus Perpignan (Saloniki 1567) und wurde von Satanow mit einem Kommentar versehen. Es handelt sich um eine alphabetisch nach Disziplinen (Ethik, Logik, Mathematik, Medizin, Metaphysik, Naturwissenschaft) geordnete Enzyklopädie philosophischer und medizinischer Begriffe des Aristoteles; Lohmann, „Dem Wahrheitsforscher", 59 Fn 54.

134 Gershom Scholem, „Ha-mequbbal R. Avraham b. Eli'ezer ha-Lewi [Der Kabbalist R. Abraham b. Eliezer ha-Levi]", *Qiryat Sefer* 2 (1945/26): 101 – 144, 269 – 273. Siehe auch ders., „Ḥaqirot ḥadashot 'al R. Avraham b. Eli'ezer ha-Lewi [Neue Untersuchungen zu R. Abraham b. Eliezer ha-Levi]", *Qiryat Sefer* 7 (1930/1): 149 – 165, 440 – 456.

Teilen 2 und 3 von Maimonides' *More ha-Nevukhim* wird im weiteren Verlauf der vorliegenden Arbeit an verschiedenen Stellen ebenfalls eingegangen werden, ebenso wie auf seinen Kommentar zu Yehuda Halevis *Kuzari*, in dem man an zahlreichen Stellen ähnliche Harmonisierungsversuche zwischen mittelalterlicher Philosophie des Judentums und wissenschaftlichen Errungenschaften der frühen Neuzeit entdeckt. So finden sich darin viele Anmerkungen zu neuesten wissenschaftlichen Forschungen im Bereich der Optik, Blutkreislauf, Mechanik, Magnetismus, Elektrizität, Luftpumpe und Gravitation, die Satanow ganz im Sinne Halevis als Argument für die rationale Untersuchung der Religion zu etablieren sucht.[135]

Pseudepigraphie

Satanow war nicht nur ein äußerst sprachgewandter Autor, der die unterschiedlichsten Sprachstile verschiedener Epochen wie des biblischen, weisheitlichen, rabbinischen Hebräisch sowie des antiken und mittelalterlichen Aramäisch ausgezeichnet imitieren konnte, sondern er neigte auch dazu, seine eigenen Werke als die vergangener Autoritäten der jüdischen Tradition zu veröffentlichen und gelegentlich die notwendigen Zustimmungen durch rabbinische Autoritäten (*haskamot*) zu fälschen. Dies führte wie erwähnt zu harscher Kritik sowohl von Seiten seiner Zeitgenossen als auch später innerhalb der wissenschaftlichen Forschung. Da für ihn jedoch der didaktische und pädagogische Zweck der Schriften im Fokus stand, war laut seinen eigenen Angaben die Inanspruchnahme früherer Gelehrter als Autorennamen gerechtfertigt.

Es bleibt festzustellen, dass Satanow erst bei seinen späteren, eigenen Werken die Approbationen aus pädagogischen Gründen als literarische Kunstform selbst zu schreiben begann. Selbst wenn die Approbationen seiner früheren Werke wie *Sifte Renanot* (1773) gefälscht sein sollten, so lassen sie zugleich eine intime Kenntnis der osteuropäischen rabbinischen Netzwerke erkennen und er kopierte auf meisterhafte Art die bekannten zeitgenössischen Rabbinen Osteuropas. Doch ist davon auszugehen, dass er bereits vor seiner Ankunft in Berlin die rabbinischen Zustimmungen seiner grammatischen Bücher eingeholt hatte.[136] Dass die spätere Inanspruchnahme aus pädagogischen Gründen – also zur Selbstbildung wie auch zur Selbstvervollkommnung des Lesers – gerechtfertigt sei, kommt vor allem in seiner Einleitung zum *Kuzari*[137] und *Minḥat Bikkurim*[138]

---

135 Shear, *The* Kuzari, 53, 213, 216, 226–230, 237–239, 251–254, 272, 278.
136 Stillman, *Living Leaves*, 87–89.
137 *Kuzari*, Berlin 1795, 1.
138 Berlin 1797, 6.

zum Ausdruck. Unter seinen Zeitgenossen war dies eine übliche Methode, um die beanspruchte Autorität der vorliegenden Schrift zu stärken, doch wird ihm dieses Vorgehen immer wieder zum Vorwurf gemacht. Dies mag mit den Äußerungen zu seiner Kleidung und seiner osteuropäischen Herkunft zusammenhängen, doch lassen sich bisher keine eindeutigen Hinweise darauf finden.

Seine sogenannten „Fälschungen" oder „pseudepigraphischen" Arbeiten[139] umfassen drei Kategorien: a) Bücher, die berühmten Gelehrten der Vergangenheit zugeordnet werden, wie seine vier Bücher Asafs (*Mishle Asaf*, *Gam Elle Divre Asaf*, *Zemirot Asaf*, *Megillat Ḥasidim*), Rashbams Kommentar zu den Psalmen und *Zohar Tinyana*; b) Werke, die unbekannten Verfassern der Vergangenheit zugeschrieben werden wie *Imre Bina* und *Divre Rivot*; als auch c) Bücher, die unter dem Namen seines Sohnes publiziert werden, wie *Minḥat Bikkurim*, *Yerushalayim*, *Har Ṣiyyon*, das Buch zur Chemie und der Artikel zur sprachlichen und rhetorischen Methodik.[140]

Im Fall von *Imre Bina* geht Satanow sogar so weit zu behaupten, dass er ein altes, teilweise zerstörtes und unvollständiges Manuskript gefunden habe, das er für die Veröffentlichung restaurieren und ergänzen musste. Oder, an anderer Stelle schreibt er, falls der Leser etwas Gutes darin fände, sei es Rashbam (Rabbi Shmuel ben Meir) zuzuschreiben, und wenn es sich um einen Irrtum handle, dann stamme er von ihm selbst.[141] Die Schriften, die er seinem Sohn als Verfasser zuschrieb, sind meist polemischer Natur. Bei diesen Titeln wollte Satanow als Direktor der Buchdruckerey vermutlich im Hintergrund bleiben und sich nicht radikal der Meinung seiner Autoren und Gönner entgegenstellen. Doch finden sich in späterer Zeit (ab 1797) in seinen Artikeln des *Me'assef* auch zahlreiche polemische Anspielungen auf Äußerungen zeitgenössischer Mitstreiter aus dem Kreise der *Me'assfim* wie z. B. Aaron Wolfssohn (1754 – 1835), seinem stärksten Kritiker, der inzwischen Herausgeber der Zeitschrift geworden war.[142] Ṭuvia Feder (1760 –

139 Zur Thematik der „Fälschungen" siehe Moshe Pelli, „Yiṣḥaq Saṭnov we-she'elat ha-ziyyuf ba-sifrut [Isaak Satanow und die Frage literarischer Fälschung]", *Qiryat Sefer* 54 (1979), 817 – 824.

140 Laut Moshe Pelli, *Yiṣḥaq Saṭnov. Ha-Min ha-Ma'amin be-Sifrut ha-Haskala ha-'Ivrit be-Germanya* [Isaak Satanow. Der gläubige Häretiker innerhalb der hebräischen Haskala-Literatur in Deutschland], Be'er Sheva 1973, 45 Fn 28 hat Satanow mehrere Artikel gemeinsam mit seinem Sohn im *Me'assef* veröffentlicht, z. B. in Ausgabe 4 (1788): 82 – 95, oder in *Sefer ha-Middot* (Berlin 1784), 88b auf eine Zusammenarbeit mit seinem Sohn hingewiesen. Auch übersetzte Schöneman einige Passagen aus seines Vaters Schrift *Mishle Asaf* ins Deutsche mit dem Titel „Uebersetzung einiger Verse aus meines Vaters Assaf", *Neue Berlinische Monatsschrift* 2 (Okt. 1800): 303 – 308.

141 David Rosin, *Perush Rashbam 'al ha-Tora* [Tora-Kommentar des Rabbi Shmuel ben Meir], Bratislava 1881, 341.

142 Siehe unten Kapitel 2.2, als es in der letzten Ausgabe des *Me'assef* 1796/97 zum polemischen Schlagabtausch mit Wolfssohn kam, da dieser Satanow die Verfasserschaft des umstrittenen

1817), ein weiterer scharfer Angreifer Satanows, warf ihm vor, seine Bücher nur um des Geldes Willen zu veröffentlichen. Zudem seien seine Ausgaben der hebräischen Klassiker fehlerhaft, auch wenn er ein ausgezeichneter Grammatiker sei.[143] Der Autor des *Sefer ha-Berit* (Buch des Bundes), Pinḥas Eliyah Hurwitz (ca. 1731–1805), machte Satanow seine pseudepigraphische Vorgehensweise zum Vorwurf, was vor allem die *Mishle Asaf* und *Zemirot Asaf* betraf, die nach Satanow dem biblischen Asaf, Sohn des Berechia, zuzuordnen waren.[144] Auch wenn noch Zinberg diese Vorgehensweise als „schamlos" bezeichnet,[145] wird sie doch inzwischen als literarische Methode bzw. Stilmittel der Haskala mit poetisch-hermeneutischer Berechtigung in der Forschung anerkannt.

Hurwitz hegte große Antipathie gegen Satanow aufgrund von dessen kabbalistischen Neigungen.[146]

Letzte Jahre

Trotz der erwähnten Antipathien und Zerwürfnisse und seiner zunehmenden Erblindung, linksseitigen Lähmung und anderer Gebrechen blieb Satanow Zeit seines Lebens sowohl als Autor als auch als Herausgeber mit der Orientalischen Buchdruckerey verbunden und wohnte bis zu seinem Tod in einer Wohnung über der Druckerei im „Jeckeholz" in Berlin, die auch als Buchladen diente.[147] Noch im Jahr 1799, bevor er erblindete, hatte er zahlreiche Bittgesuche um finanzielle Unterstützung der Druckerei an die Begüterten der großen jüdischen Gemeinden

---

Werkes *'Eyn Mishpaṭ* (Quelle des Rechts) vorwarf. Zuvor hatte sich Wolfssohn im dritten Heft von 1796 sehr abfällig über Satanows *Mishle Asaf* geäußert und gegen dessen polnische Herkunft polemisiert. Satanow reagierte darauf in *Minḥat Bikkurim*, 4. Siehe auch *Me'assef* 7 (1797): 251–271; Rezler-Bersohn, *Isaac Satanow*, 172; Feiner, *Haskala – Jüdische Aufklärung*, 413.

143 Auch Moses Mendelssohn hatte Satanow ob der Mängel in seinen Ausgaben kritisiert. Siehe Rezler-Behrsohn, *Isaac Satanow*, 174. Zu Satanows Exzellenz in Sachen Grammatik siehe die Approbationen zu *'Eṣ Ḥayyim* in Kapitel 2.5.

144 *Sefer ha-Berit*, Warschau 1876, 112. In der Neuausgabe *Sefer ha-Berit ha-Shalem*, Jerusalem 1989/90, 358 und 360.

145 Zinberg, *Toledot Sifrut Israel*, Bd. 5, 119. Zum Genre des „subversiven Kommentars" bzw. Dialogs in der jüdischen Philosophie siehe Aaron Hughes, *The Art of Dialogue in Jewish Philosophy*, Bloomington / Indianapolis 2008, 26–49, am Beispiel von Halevis *Kuzari*.

146 David Ruderman, *The Best-Selling Hebrew Book of the Modern Era: The* Book of the Covenant *of Pinḥas Hurwitz and Its Remarkable Legacy*, Seattle / London 2015, 63–67. Hurwitz spricht in Anlehnung an kabbalistische Terminiologie von Satanow als א"ס (Itzik Satanow), zugleich die Bezeichnung für *En Sof* (das Unendliche). Siehe *Sefer ha-Berit ha-Shalem*, Jerusalem1989/90, 52, 358, 360. Zu weiteren Kritikern Satanows siehe Rezler-Bersohn, *Isaac Satanow*, 175–177; Feiner, *Haskala – Jüdische Aufklärung*, 407.

147 Rezler-Bersohn, *Isaac Satanow*, 19–20; dies., „Epitome", 81–99.

in Europa verschickt, fuhr mehrmals nach Frankfurt an der Oder und war Gast in den Häusern der Berliner Finanzelite wie den Familien Itzig, Friedländer und Ephraim.[148]

Satanow verstarb am 24. Dezember 1804 und wurde wahrscheinlich ohne besondere Ehren auf dem Friedhof in der Großen Hamburger Straße beigesetzt.[149] Sein Sohn verstarb am 4. September 1831 und wurde wie sein Vater in Berlin, doch auf dem jüdischen Friedhof an der Oranienburger Straße bestattet.[150] Die Grabinschrift weist mit folgenden Worten auf seinen Vater hin: „Sohn des Rabbi, unseres Lehrers und Meisters Jizchak Izek Halevi, sein Andenken zum Segen, geboren in der heiligen Gemeinde Satanow in Kleinpolen."[151]

Wie schon erwähnt, rief Leopold Zunz fast 60 Jahre nach seinem Tod, im März 1861, zu Spenden für die Renovierung von Isaak Satanows Grabstein auf, um ihm zumindest posthum die zu Lebzeiten verweigerte Ehrerbietung für seine unermüdlichen Dienste als Autor und Herausgeber in den Anfängen der jüdischen Aufklärungsbewegung zukommen zu lassen.

---

148 Feiner, *Haskala – Jüdische Aufklärung*, 404–405.

149 Zu den unterschiedlichen Angaben mit 25.12. (Steinschneider) und 24.12. (Pinner mit Berufung auf Pinax) siehe Louis Lewin, „Die jüdischen Studenten an der Universität Frankfurt a.d. Oder", *Jahrbuch der Jüdisch-Literarischen Gesellschaft XVI* (1924): 43–85, hier 55 Fn 1.

150 Salomon hatte in Frankfurt an der Oder Medizin studiert (Immatrikulation 1791), in Dresden als Arzt praktiziert und war mit Rebecca, geb. Dehn (ca. 1774–1851) verheiratet gewesen; siehe Jacob Jacobson (Hg.), *Jüdische Trauungen in Berlin 1759 bis 1813: Mit Ergänzungen für die Jahre 1723 bis 1759*, Berlin 1968, 435; siehe auch Lewin, „Jüdische Studenten", 55–56.

151 Die vollständige Inschrift auf Vorder- und Rückseite – die einzige Stele des Friedhofs, welche beidseitig beschriftet ist – lautet: „Hier ist begraben | der weise Toragelehrte, der Arzt, unser Lehrer und Meister, Herr Schlomo, |3| Doktor Schönemann, | Sohn des Rabbi, unseres Lehrers und Meisters Jizchak Izek Halevi, sein Andenken zum Segen, | geboren in der heiligen Gemeinde Satanow in Kleinpolen, |6| verschieden im Alter von 65 Jahren (am) 26. Elul 591 der kleinen Zählung | auf seinem Besitz | in Havelhausen. |9| Seine Seele sei eingebunden in das Bündel des Lebens. | Ein Mann von Edelmut, | er nahm sich der Darbenden an, |12| er wandelte in Lauterkeit und wirkte Wohl | und redete Wahrheit in seinem Herzen, | nicht verleumdete er mit seiner Zunge, |15| seinem Nächsten tat er nichts Böses | und Schmähung erhob er nicht gegen seinen Verwandten. | Seine Seele sei eingebunden in das Bündel des Lebens." Siehe http://steinheim-institut.de/cgi-bin/epidat?id=ora-202e (Zugriff: 19. September 2015), wo auch der hebräische Originaltext angegeben wird.

2.2 Periodisierung der Berliner Haskala

Mit Adam Shear wird davon auszugehen sein, dass mit der Ankunft jüdischer Gelehrter aus Polen wie Israel ben Moshe Halevi Zamosc (1700 – 1772),[152] Aaron Salomon Gumpertz (1723 – 1769), und dann später mit Satanow und Maimon eine entscheidende Wende der Haskala-Bewegung eingeläutet wurde, die sich in den 1770er Jahren konstituierte.[153] Erst ab dem Zusammenschluss der „früheren" und der „späteren" polnischen Intellektuellen und deren Migration kann von einer „Bewegung" gesprochen werden.[154] Für die meisten dieser Migranten aus Osteuropa begann der intellektuelle Werdegang wie im Fall Maimons und Mordechai Aaron Günzburgs (1795 – 1846) mit dem Studium der klassischen jüdischen Werke und besonderem Augenmerk auf der talmudischen Literatur und ihrer Interpretation.[155]

Die in Polen-Litauen stark verbreitete Sehnsucht nach „Bildung" – als Gegensatz zur „Unwissenheit"[156] und im Sinne von Kultivierung und Selbst-Bildung – hatte diese polnischen Juden gen Westen geführt, um dort ihre jüdische Identität durch die Aneignung weiterer Wissensfelder auszubauen und neu herauszubilden. Inwieweit jedoch auch eine „Rhetorik der Klage" über die ehemalige Situation aus retrospektiver, maskilischer Perspektive angewandt wird, ist in jedem Fall einzeln zu überprüfen.

In Salomon Maimons *Lebensgeschichte* kommt das Ineinandergreifen von Fakten und Fiktion diesbezüglich besonders deutlich zum Ausdruck. Seine „Innenansicht" des Ostjudentums beeinflusst die Wahrnehmung desselben bei sei-

152 Zu Zamosc siehe die weiterführenden Literaturangaben in den folgenden Fußnoten.

153 Zur Periodisierung der frühneuzeitlichen jüdischen Kultur und Aufklärung siehe David Ruderman, „Why Periodization Matters – On Early Modern Jewish Culture and Haskalah", *Jahrbuch des Simon-Dubnow-Instituts* 6 (2007): 23 – 32.

154 Shear, *The* Kuzari, 224.

155 *Salomon Maimons Lebensgeschichte. Von ihm selbst geschrieben und herausgegeben von Karl Philipp Moritz*, hg. v. Zwi Batscha, Frankfurt a. M. 1995, 29; siehe Shear, *The* Kuzari, 281; Abraham Socher, *The Radical Enlightenment of Salomon Maimon. Judaism, Heresy, and Philosophy*, Stanford 2006, 109 – 142; Pelli, *Age of Haskalah*, 48 – 72. Pelli zeigt, dass die allgemein vorherrschende Meinung, die Maskilim hätten den Talmud verachtet, eher ein späteres Konstrukt der Forschung darstellt, als dass sie die Einstellung der ersten Generationen der jüdischen Aufklärer widerspiegelt. Diese erste Generation brachte oftmals ihre höchste Ehrerbietung für den Talmud zum Ausdruck. Ebd., 50 – 53. Auch die spätere „Verachtung" kann ggf. als rhetorisches Stilmittel zur Herausstellung der Diskrepanz zwischen dem damaligen und dem heutigen, maskilischen Status interpretiert werden.

156 Siehe Moshe Pelli, *Haskalah and Beyond. The Reception of the Hebrew Enlightenment and the Emergence of Haskalah Judaism*, Lanham 2010, 20 – 24, 34, 186; Nancy Sinkoff, *Out of the Shtetl. Making Jews Modern in the Polish Borderlands*, Providence 2004, 113 – 167.

nen Rezipienten in hohem Maß. „Man pries seine anschaulichen Schilderungen des jüdischen Lebens im dunkelsten Litauen und seine Fähigkeit, sich aus eigener Kraft aus dem Zustand primitivster Unwissenheit in das Reich der Philosophie emporzuheben.“[157] Eine derartige Darstellung reflektiert zugleich das vorherrschende Bild des „ungebildeten Ostjuden“ und verbindet den Akkulturationsprozess mit mythisch-mystischen Tendenzen. Es ist die Absicht Maimons, hier das Bild eines neuen, modernen jüdischen Selbstverständnisses zu skizzieren, das nicht nur die Geschichte seiner Wanderung und Wissenssuche reflektiert, sondern auch Kritik an der Gesellschaft, die er zu Beginn verehrte – die Berliner Haskala – zeigt.[158] Seine Position als Aufklärer wird in Schilderungen über seine Kindheit deutlich, wenn er das Verlangen nach weltlicher Bildung als angestrebte „Vervollkommnung der Seele“ oder als „Erfüllung seiner menschlichen Bestimmung“ preist.[159] Maimon bestärkt mit seiner Darstellung des Ostjudentums die Differenzen zwischen Ost und West und bekräftigt damit jüdische Stereotype, die sich bis weit ins 20. Jahrhundert hinein halten sollten. Wenn Maimon sich im zweiten Band mit der aufgeklärten jüdischen Elite der westlichen Gesellschaft auseinandersetzt, wird seine Abwendung vom religiösen Judentum deutlich und seine Kritik am Talmud nimmt zu, wobei er nicht die Methoden des Talmud selbst, sondern vor allem dessen Bedeutung im Bildungskanon anprangert. Daher sind derartige negative Äußerungen zur osteuropäischen jüdischen Bildung stets kritisch zu hinterfragen.[160]

Salomon Judah Rapoport (1790–1867), ein Schüler Nachman Krochmals, beschreibt die Unzufriedenheit mit dem osteuropäischen Bildungsniveau noch im Jahr 1841 und bezeichnet die Bildungssituation in den polnischen Gebieten als desolat:

> Euch [den Bewohnern Westeuropas] ist es wohl leicht, den verschiedensten Studien zu obliegen, denn es gibt Lehrhäuser und Lehrer für jeden Zweig der Wissenschaften; wie an-

---

157 Amos Elon, *Zu einer anderen Zeit. Porträt der deutsch-jüdischen Epoche 1743–1933*, München ^{2}2007, 64.

158 Hans Otto Horch, *Handbuch der deutsch-jüdischen Literatur*, Berlin / Boston 2016, 55–57. Siehe auch Liliane Weissberg, „Erfahrungsseelenkunde als Akkulturation: Philosophie, Wissenschaft und Lebensgeschichte bei Salomon Maimon“, in Hans Jürgen Schings (Hg.), *Der ganze Mensch: Anthropologie und Literaturwissenschaft im achtzehnten Jahrhundert*, Stuttgart 1994, 298–329.

159 Gideon Freudenthal, „Die Autarkie des Salomon Maimon“, in Lars Lamprecht / Eva-Maria Tschurenev (Hg.), *Geschichtliche Welt und menschliches Wesen*, Frankfurt a.M. 1994, 15–35, hier 19.

160 Siehe zur Situation der osteuropäischen Juden auch David E. Fishman, *Russia's First Modern Jews: The Jews of Shklov*, New York / London 1996, besonders 46–121.

> ders sieht es noch heute [sc. 1841] in den Ländern des Nordens aus und wie muss es dort vor vierzig Jahren ausgesehen haben! [...] Wer eine neue Bahn betreten wollte, hat sie auch selbst ebnen und frei machen müssen, weil sich ihm nach jeder Richtung hin Hindernisse entgegenstellten, die ihm von Freunden sowohl als auch von Verwandten bereitet wurden.[161]

Im Fall von Satanow und Maimon bilden hingegen talmudische Interpretationsmethoden und der (Rück-)Bezug auf die traditionellen Texte selbst zeitlebens den Ausgangspunkt für intellektuelle Unternehmungen, wie unten noch näher zu erläutern sein wird. Auch wenn z. B. Shaul Berlin (1740 – 1794) das Studium des Talmud kritisierte, da dadurch die Bibel ein „versiegeltes Buch" bleibe,[162] fordert Wessely in seinen *Worte des Friedens und der Wahrheit* eine Rückkehr zu den klassischen Quellen.[163]

Eine der wichtigsten mittelalterlichen Quellen der Haskala war der berühmteste jüdische Philosoph des Mittelalters: Rabbi Moshe ben Maimon (1135/8 – 1204). Nicht selten wird das Studium von Maimonides' *More* als entscheidender biographischer Wendepunkt in den Selbstdarstellungen der Vertreter der Haskala über ihre Suche nach Wissen und Bildung angesehen,[164] da mit ihm eine intensive Auseinandersetzung mit philosophischen Texten des Mittelalters und später auch

---

161 Salomon Judah Rapoport, „Mikhtav 3", *Qeren Ḥemed* 6 (1841): 45. Siehe dazu Andreas Lehnardt, *Führer der Verwirrten der Zeit*, Bd. 1, Hamburg 2012, xi.

162 Ingrid Lohmann / Rainer Wenzel / Uta Lohmann (Hg.), *Naphtali Herz Wessely. Worte des Friedens und der Wahrheit. Dokumente einer Kontroverse über Erziehung in der europäischen Spätaufklärung*, Münster / New York 2014, 550.

163 Wessely, *Worte des Friedens und der Wahrheit*, 21. Siehe das Vorwort von Karl Philipp Moritz in *Salomon Maimons Lebensgeschichte*, 7.

164 Yeruḥam Fishel Lachover, „Ha-Rambam we-ha-haskala ha-'ivrit be-re'shitah [Maimonides und die Anfänge der hebräischen Haskala]", *Moznayim* 3 (1938/39): 539 – 546; Isaak Eisenstein-Barzilay, „The Ideology of the Berlin Haskalah", *Proceedings of the American Academy of Jewish Research* 25 (19556): 4 – 7; Azri'el Shoḥeṭ, *'Im Ḥillufe Tequfot* [Im Wandel der Zeiten], Jerusalem 1960, 207; James H. Lehmann, „Maimonides, Mendelssohn and the Me'asfim. Philosophy and the Biographical Imagination in the Early Haskalah", *Leo Baeck Institute Yearbok* 20,1 (1975): 87 – 108; Yehuda Friedlander, „Die Stellung der Halacha in der Haskala Literatur: Die Haltung gegenüber Maimonides als halachische Autorität", *Jerusalem Studies in Jewish Thought* 5 (1986): 349 – 362 (Hebräisch); zu Maimon siehe Carlos Fraenkel, „Maimonides and Spinoza as Sources for Maimon's Solution of the Problem ‚quid iuris' in Kant's Theory of Knowledge", *Kant-Studien* 100,2 (2009): 212 – 240; ders., „Maimonides. Spinoza, Salomon Maimon and the Completion of the Copernican Revolution in Philosophy", in Resianne Fontaine u. a. (Hg.), *Sepharad in Ashkenaz. Medieval Knowledge and Eighteenth-Century Enlightened Jewish Discourse*, Amsterdam 2007, 193 – 220; Gideon Freudenthal, „Salomon Maimon: The Maimonides of Enlightenment?", in Hasselhoff / Fraisse (Hg.), *Moses Maimonides (1128 – 1204)*, 347 – 362; Moshe Idel „On Salomon Maimon and Kabbalah", *Kabbalah. Journal for the Study of Jewish Mystical Texts* 28 (2012): 67 – 105, hier 71, 77, 82, 84, 96, 98.

mit wissenschaftlichen Werken der jeweiligen Gegenwart einherging. Diese Beschäftigung führte häufig zu einer intellektuellen Neuorientierung. Nicht selten wurde Maimonides daher in der Haskala als Idealfigur, ja als „Held“[165] gezeichnet. Dabei wurden die Hoffnungen der Zukunft auf eine historische Figur projiziert, mit der sich identifiziert werden konnte. Die Berufsbezeichnung als „Wahrheitsforscher“ und das Ideal der Habitualisierung auf der steten Suche nach Wahrheit und Vollkommenheit lassen sich ebenfalls auf Maimonides zurückführen.[166] Die entsprechenden Autoren gingen stellenweise sogar so weit, den großen jüdischen Philosophen literarisch als einen Jungen zu skizzieren, der aufgrund seiner philosophischen Bestrebungen vom Vater aus dem Haus gejagt und später als berühmter Wanderprediger bei seiner Rückkehr von diesem wiedererkannt und mit offenen Armen empfangen wird. Diese Stilisierung entsprach dem Motiv eines verfolgten Maskil à la Mendelssohn und der häufig kreierten Symbolik bzw. Typologie zwischen Rambam (Maimonides) und Rambeman (Mendelssohn). Dabei wurde nicht nur Mendelssohn zu Maimonides stilisiert, sondern auch Maimonides verwandelte sich in Mendelssohn und strebte nach denselben Idealen wie z. B. säkularer Bildung und der Verkörperung des „weisheitlichen Märtyrers“ oder sogar des „leidenden Gottesknechts“.[167] Im *Me'assef* von 1786[168] wird das Selbststudium des *More* und die Nachfolge in den Spuren Rambams mit dem Streben nach Frieden und Wohlergehen aller Menschen bzw. Anerkennung in den Augen aller Nationen gleichgesetzt. Sowohl Mendelssohn als auch Maimonides erscheinen so als Idealfiguren aller Völker. In der *Me'assef*-Ausgabe von 1809 wird zudem ein „himmlischer Dialog“ zwischen Maimonides

165 Siehe Lehnardt, *Führer der Verwirrten*, Bd. 1, xiii–xiv; Simon Rawidowicz, „Mavo [Einleitung]“, in ders., *The Writings of Nachman Krochmal. Edited with an Introduction by S. Rawidowicz*, 2. erw. Auflage, London 1961, 27 (Hebräisch); Shmuel Feiner, *Haskalah and History. The Emergence of a Modern Jewish Historical Consciousness*, Oxford 2000, 51–52.

166 Morlok, „Isaac Satanow (1732–1804)“; Yitzhak Melamed, „‚Let the Law Cut Through the Mountain:‘ Salomon Maimon, Moses Mendelssohn and Mme Truth“, in Lukas Muehlethaler (Hg.), *„Höre die Wahrheit, wer sie auch spricht“. Stationen des Werks von Moses Maimonides vom islamischen Spanien bis ins moderne Berlin*, Göttingen 2014, 70–76; Lohmann, *Haskala und allgemeine Menschenbildung*, 58–73; Lohmann, „Dem Wahrheitsfinder“; Allan Nadler, „The ‚Rambam Revival‘ in Early Modern Jewish Thought: Maskilim, Mitnagdim, and Hasidim on Maimonides' ‚Guide of the Perplexed‘“, in Jay M. Harris (Hg.), *Maimonides after 800 Years. Essays on Maimonides and His Influence*, Cambridge, MA 2007, 231–256; zu Maimonides' Bedeutung in der Haskala siehe auch Irene Zwiep, „From Moses to Moses ...? Manifestations of Maimonides in the Early Jewish Enlightenment“, in Hasselhoff / Fraisse (Hg.), *Moses Maimonides (1138–1204)*, 323–336.

167 Siehe *Me'assef* 3 (1788): 116 mit Bezug auf Mendelssohn; siehe Lehmann, „The Me'asfim“, 101–102.

168 *Me'assef* (1786): 43.

und Mendelssohn in Szene gesetzt,[169] der beide unter Bezugnahme auf den biblischen Moses als zu Unrecht Verfolgte und Beschuldigte inszeniert, die in ihrer Umwelt verkannt sind. Ganz so, wie das Volk Israel nach dem Exodus aus Ägypten wieder in die Sklaverei zurückkehren wollte und gegen Moses meuterte, weil sie nicht an die Freiheit gewöhnt gewesen seien, begehre man gegen den heutigen Moses auf und verkenne seine Rolle. Auch in der späteren Haskala ist die Rambam-Rambeman Typologie ein häufig wiederkehrendes Motiv. Folgt man Joseph Klausner, so stellen der biblische Moses die Sonne, Maimonides den Mond und Mendelssohn die Sterne dar.[170] Doch auch Mendelssohn selbst, nicht nur sein Biograph Euchel, schätzte Maimonides' Schriften überaus, sowohl die Einführung in den *More* mit Zamosc als Lehrer, als auch in die Wissenschaften – deren Studium von Maimonides empfohlen wird – durch Gumpertz.[171] Für Salomon Maimon war das Studium des *More* die unabdingbare Voraussetzung, um in die Hallen der Kabbala eintreten zu können.[172] Ein ähnliches Zitat, doch diesmal in Bezug auf die Lehre des Maimonides, findet sich im *Me'assef* von 1786:

> Glaube an alles, an das Rambam glaubte, da er der letzte der Geonim seiner Zeit war, doch der wichtigste an Bedeutung. Dann wirst du nicht beschämt sein, denn in all den Hallen der Tora und der Weisheit sollst du Gott fürchten.[173]

Nahm man in der Haskala vorwiegend Bezug auf die klassischen Quellen oder wurde nicht vielmehr ein „neues Bücherregal" im Sinne der Reform geschaffen?[174] Eli Lederhendler bezeichnete den Übergang von traditioneller zu moderner Bil-

---

169 *Me'assef* (1809): 295. Zur Wiederbelebung der platonischen Dialogstruktur im Sinne der Mäeutik in der Haskala siehe oben 1.2.

170 Siehe Klausner, *Hisṭorya*, Bd. 1, 90. Diese Typologie erscheint selbst in James Joyces *Ulysses*, New York 1961, 687.

171 Siehe Altmann, *Moses Mendelssohn*, 21–25 mit dem Hinweis auf Mendelssohns Studium des *More* bei Zamosc und mit Gumpertz' Einführung in die Wissenschaften (Brief an Joh. Jacob Spieß vom 1. März 1774). Siehe Moses Mendelssohn, *Gesammelte Schriften*, Bd. 5, hg. v. Georg Benjamin Mendelssohn, Leipzig 1844, 526: „Allhier [Berlin] gewann ich durch den Umgang mit dem nachherigen Doctor der Arzneigelartheit, Herrn Aron Gumperz (der vor einigen Jahren zu Hamburg verstorben), Geschmack an den Wissenschaften, dazu ich auch von demselben einige Anleitung erhielt." Zur Aaron Salomon Gumpertz siehe David Kaufmann / Max Freudenthal, *Die Familie Gomperz*, Frankfurt a. M. 1907, 164–200.

172 *Ḥesheq Shelomo*, Hs Abraham Geiger. Hochschule für die Wissenschaft des Judentums Berlin 1778 / Jerusalem – The National Library of Israel, Hs Heb. 8°6426, 142. Siehe auch Satanows Einleitung in *Imre Bina*, wo ebenfalls von den „Hallen der Kabbala" gesprochen wird.

173 *Me'assef* (1786): 174. Siehe Lehmann, „The Me'asfim", 99.

174 Shmuel Feiner u. a. (Hg.), *The Library of the Haskala. The Creation of a Modern Republic of Letters in Jewish Society in the German-Speaking Sphere*, Tel Aviv 2014 (Hebräisch).

dung als „Herausbildung eines Maskil (The Making of a Maskil)".[175] In der Tat lassen sich häufig parallele Entwicklungen der Lebensgeschichten von Maskilim feststellen. Shmuel Feiner nennt hierzu unterschiedliche Faktoren, die oftmals zur Hinwendung vor allem junger Männer zur Haskala geführt haben: Enttäuschung in der Begegnung mit dem Chassidismus (so z. B. Salomon Judah Rapoport, Nachman Krochmal, Isaak Erter, Salomon Maimon, Shmuel Yoseph Fuenn, Abraham Baer Gottlober), die Aufnahme als Tutor im Hause eines wohlhabenden Patrons, der die Haskala sehr schätzte und seinem Schützling nahe brachte (so zu finden bei Judah Leib Mieses, Shneur Sachs, Mendele Mokher Seforim, Judah Leib Gordon, Abraham Baer Gottlober im Hause Joseph Visners, sowie Eliezer ben Jehuda), persönliche Freundschaften (u. a. zwischen Samson Bloch und Nachman Krochmal, Shmuel Yoseph Fuenn und Mordechai Trivush, Judah Leib Levin und David Lurie) und natürlich der Einfluss der maskilischen Literatur im Selbststudium oder unter Anleitung (wie wir es bei Mordechai Aaron Günzburg,[176] Salomon Judah Rapoport,[177] Nachman Krochmal,[178] Abraham Baer Gottlober, Mordechai David Brandstetter beobachten können).

---

175 Eli Lederhendler, „The Making of a Maskil", in ders., *Jewish Responses to Modernity: New Voices in America and Eastern Europe*, New York / London 1994, 47–66; Shmuel Werses, „Portrait of the Maskil as a Young Man", in Shmuel Feiner / David Sorkin (Hg.), *New Perspectives on the Haskalah*, Oxford / Portland, Oregon 2004, 128–143. Siehe auch Pelli, *Haskalah and Beyond*, 24–26 zur neuen Idealform des gelehrten Philosophen. Siehe zudem Herz Hombergs autobiographische Einleitung in *Imre Shefer* [Schöne Worte], Wien ²1816, 12. Ggf. ist solch ein Wandel auch mit Asprems Kategorie der sozialen Mobilität zu vergleichen. Siehe oben.

176 Nicht nur das Studium von Mendelssohns Schriften, sondern auch Maimonides' *More* nahmen hier wie oben erwähnt eine übergeordnete Rolle ein; Feiner, „Portrait", 140. Zu Günzburg siehe Israel Bartal, „Mordechai Aaron Guenzburg: A Lithuanian Maskil Faces Modernity", in Frances Malino / David Sorkin (Hg.), *From East and West: Jews in a Changing Europe, 1750–1870*, Oxford 1990, 126–147.

177 Zu diesem Wegbegleiter Nachman Krochmals siehe Lehnardt, *Führer der Verwirrten*, Bd. 1, viii–ix; Isaac Barzilay, „The Scholarly Contribution of Salomon Judah Leib Rapoport", *Proceedings of the American Academy for Jewish Research* 35 (1967): 1–41; sowie ders., *Shlomo Yehuda Rapoport (Shir) – (1790–1867) – and His Contemporaries*, Jerusalem 1969. Siehe auch Chanan Gafni, *„The Mishnah's Plain Sense". A Study of Modern Talmudic Scholarship*, Tel Aviv 2011, 162–188 (Hebräisch); Strauss, *Rabbi Jedidja ha-Alexandri*, Kap. 3.

178 Lehnardt, *Führer der Verwirrten*, Bd. 1, vii–li; ders., „Rabbi Nachman Krochmal. Eine Biographie zwischen Tradition und Aufklärung", in Folker Siegert (Hg.), *Grenzgänge. Biographien auf der Grenze zwischen Judentum und Christentum, Christentum und Judentum. Festschrift für Diethard Aschoff*, Münster 2002, 140–151; ders., „Geschichte und Individuum – Nachman Krochmals *More Nevukhe ha-Zeman*", *Jahrbuch des Simon-Dubnow-Instituts* 6 (2007): 363–388; sowie ders., Art. „Krochmal, Nachman (ha-Kohen)", *Biographisch-Bibliographisches Kirchenlexikon* 28 (2007): 941–952. Siehe auch Gafni, *Mishnah's Plain Sense*, 132, 148–162 (Hebräisch).

In diesem Zusammenhang entwickelten sich zahlreiche neue Vorbilder und Stereotypen eines idealen jüdischen Intellektuellen. Mordechai David Brandstetter beschreibt in seinem Werk *Ha-Ṣorer be-Grilov* (Der Unterdrücker von Grilov, 1870),[179] wie junge Studierende des *Bet Midrash* neben dem Talmud heimlich im Haus der Eltern nachts Haskala-Literatur gelesen hätten, um die enorme Anziehungskraft dieser Schriften vor allem unter jungen Männern zu demonstrieren. Auch Mendele Mokher Seforim's Satire *Ha-Avot we-ha-Banim* (Die Väter und die Söhne) illustriert die Suche des jungen Shim'on nach säkularem Wissen, nach einem neuen „Bücherregal",[180] das in der Haskala verwirklicht wird. Nachdem er das Elternhaus verlässt, werfen Vater und Mutter voll Zorn und Verachtung all diese verderblichen Bücher – wie Mendelssohns *Bi'ur* und Erters *Ha-Ṣofe le-Vet Yisra'el* (Der Wächter des Hauses Israel) – aus dem Haus.[181] Im Leben der jungen Maskilim vollzieht sich somit jener Bruch mit dem Elternhaus und oftmals mit dem bisherigen sozialen Umfeld, wie in den Novellen und Satiren der damaligen Zeit beschrieben wird. Die Konzentration auf Bildung und intellektuelles Streben als Ideal der Maskilim könnte von der genannten Enttäuschung durch den Chassidismus oder einer Opposition gegen denselben herrühren,[182] da dieser eine charismatische Elite herausbildete, die sich gerade nicht durch halachische Expertise bzw. philosophische und wissenschaftliche Bildung auszeichnete, sondern vornehmlich auf persönlichem Charisma, ekstatischer Meditation und Gebet, messianischen Ansprüchen und einer größeren Schar von Anhängern basierte.[183] Hier bildeten sich auf literarischer Ebene Stereotypen heraus, die bis weit in das 20. Jahrhundert hinein nachwirkten.

---

179 Mordechai Brandstetter, *Sippurim* [Erzählungen], hg. v. Ben-Ami Feingold, Jerusalem 1974, 136.

180 Die Metapher des „Bücherregals" oder der „Bibliothek" als Hinwendung zu neuer Literatur und Tradition bzw. den modernen Wissenschaften wird häufig in der Forschung Shmuel Feiners im Zusammenhang von Bildung bzw. einer Umwälzung derselben nach neuen, maskilischen Paradigmen aufgenommen.

181 Feiner, „Portrait", 142.

182 Siehe Sinkoff, *Out of the Shtetl*, 113–167.

183 Siehe Gershom Scholem, *Die jüdische Mystik in ihren Hauptströmungen*, Frankfurt a.M. [6]1996, 356–385; Moshe Idel, *Kabbala und Eros*, Frankfurt a.M. / Leipzig 2009, 251–290; Glenn Dynner, Art. „Chassidismus", in Dan Diner (Hg.), *Enzyklopädie jüdischer Geschichte und Kultur*, Bd. 1, Stuttgart / Weimar 2011, 489–498. Zur Herausbildung des Ṣaddiqismus und seiner Theologie bzw. der sozialen Rolle des Ṣaddiq siehe Immanuel Etkes, „The Zaddik: The Interrelationship between Religious Doctrine and Social Organization", in Ada Rapoport-Albert (Hg.), *Hasidism Reappraised*, Oxford / Portland, Oregon 1996, 159–167; sowie Ada Rapoport-Albert, „God and the Zaddik as the Two Focal Points of Hasidic Worship", *History of Religions* 18,4 (1979): 296–325; siehe auch Yeshayahu Balog / Matthias Morgenstern, „Der Chassidismus – eine mystische Bewegung im osteuropäischen Judentum", *Europäische Geschichte Online*, hg. v. Institut für Eu-

Woraus schöpften aber die „neuen Intellektuellen" ihr Wissen und welche „alten Bücherregale" standen zur Verfügung? Eine detaillierte Liste der damals verfügbaren Werke der traditionellen und der maskilischen Bibliothek findet sich in Moses Leib Lilienblums (1833–1910) Autobiographie. Dieser Autor hält fest, die talmudische Literatur habe ihn stets zur intellektuellen Auseinandersetzung aufgefordert, bis schließlich die maskilische Überzeugung die Oberhand gewann.[184] Feiner stellt diese Vorgänge als in zwei getrennten Welten dar, wobei die jungen, rebellischen Maskilim zunächst nur heimlich in die literarische Welt der Haskala eintauchen konnten. Dabei bleibt m. E. zu bedenken, dass alle genannten Beispiele bei Feiner, mit Ausnahme Maimons, aus einer späteren Epoche der maskilischen Bewegung in Osteuropa stammen. Entgegen der oben genannten Schilderungen zur Überwindung der Rückständigkeit traditioneller Bildung scheint es aber plausibel, dass zu Beginn der maskilischen Bewegung in Westeuropa noch eine hohe Wertschätzung traditioneller Gelehrsamkeit vorherrschte, wie sie vor allem unter den Intellektuellen mit osteuropäischer Herkunft in Berlin zu finden war. Daher gab es unter den Maskilim der frühen Generation nicht nur negative Assoziationen mit dem Amt des Rabbiners und dessen traditioneller Bildung. Erst bei den späteren Generationen der Maskilim wurde der wissenschaftlichen und semi-wissenschaftlichen Arbeit der vorhergegangenen Generationen und deren geistigen Errungenschaften eine negative Einstellung zum Rabbinat bzw. der jüdischen Tradition im Allgemeinen bescheinigt. Die Bewegung kann also bezüglich ihrer Haltung zur jüdischen Religion und Tradition in mindestens zwei Phasen bzw. Lager eingeteilt werden.[185]

Daher verdient die Haltung der Maskilim gegenüber den rabbinischen Autoritäten und den antiken Schriften besonderes Augenmerk. Auch Satanow lehnt als Mitglied der früheren Phase der Haskala in seiner jüdischen Gesellschaftsutopie *Divre Rivot* (48a) das Amt des Rabbiners nicht ab. Er unterzieht vielmehr dessen Stellung und seine skizzierte Ausbildung einer dramatischen Neubewertung. Im von ihm utopisch dargestellten Idealfall werden Rabbinen vom Volk gewählt. Sie beherrschen neben dem klassischen Curriculum weitere Sprachen und sind sowohl kulturell als auch naturwissenschaftlich bestens gebildet.[186]

---

ropäische Geschichte Mainz, Mainz 2010; online unter: http://ieg-ego.eu/de/threads/crossroads/religionsraeume-und-konfessionsraeume/yeshayahu-balog-matthias-morgenstern-chassidismus/?searchterm=Chassidismus&set_language=de (Zugriff: 2. November 2015).

184 Moses Leib Lilienblum, *Ḥaṭot Ne'urim* [Jugendsünden], in ders., *Autobiographische Schriften*, hg. v. Shlomo Breiman, Jerusalem 1970, 131; Feiner, „Portrait", 143.

185 Pelli, *Age of Haskalah*, 49.

186 Pelli, *Haskala and Beyond*, 24.

Zudem imitiert Satanow in diesem Werk das Genre talmudischer Dispute.[187] Ähnlich wie bei Salomon Maimon und anderen Maskilim aus Osteuropa bleibt auch bei Satanow die talmudische Praxis des steten Hinterfragens und Forschens ein prägendes Merkmal seiner philosophischen und ethischen Schriften, so dass trotz der von der Haskala angestrebten Erneuerung der Religion im Sinne der Vernunft an traditionellen Werten und Praktiken festgehalten wurde.

Im Sinne von Maimonides und Halevi – und wahrscheinlich durch die Schriften Yehuda Messer Leons und Azariah de Rossis beeinflusst – geht Satanow davon aus, dass den Talmudgelehrten (fast) das gesamte naturwissenschaftliche Wissen bekannt gewesen war und dann erst während der *galut* (Exil, Diaspora) verloren ging.[188] Auf ähnliche Weise formuliert ein Zeitgenosse Satanows, Joseph Teomim, die Bedeutung der Werke Maimonides und Halevis:

> Die Größe der beiden Bücher – des *Führers der Verwirrten* und des *Kuzari* – ist in Juda und in Israel bekannt. Sie sind wie eine sprudelnde Quelle, Ursprung der göttlichen und der biblischen Weisheit. Und besonders sollte jeder Mensch das Buch *Kuzari* studieren, da es dazu nützlich ist, den Glauben an Gott, gepriesen sei Er, zu erleuchten.[189]

Die beiden genannten mittelalterlichen Schriften besitzen demnach einen herausragenden Stellenwert in der Erziehung eines jeden Menschen und sollten in den Bildungskanon des ashkenazischen Judentums aufgenommen werden. Auch wenn Satanow die Approbation Teomims in seiner Ausgabe des *Kuzari* gefälscht haben mag, erfahren wir darin doch die Gedanken eines Maskil und eines Rabbinen in Kombination, um einen neuen Bildungskanon und vor allem neue Lehrmethoden zu fordern.[190] Einen Neuansatz im didaktisch-editorischen Sinne bietet – wie die Forschungen von Irene Zwiep zeigen – auch Satanows Vorwort bzw. das Titelblatt im zweiten und dritten Band seiner Ausgabe des *More ha-Nevukhim* von 1795.[191] Während Euchel in seiner Vorrede zum ersten Band von Maimonides die Aufgabe des Herausgebers dadurch kennzeichnet, den Leser anhand verlässlicher Textzeugen und eines Kommentars durch den Originaltext zu führen und somit die Gedanken des ursprünglichen Verfassers zum Ausdruck

187 Fol. 29b. Siehe Pelli, *Yiṣḥaq Saṭnov.*

188 Siehe in Satanows Ausgabe des *Kuzari*, Berlin 1795, 29b–30a, 70a–76a; Pelli, *Age of Haskalah*, 57–58; Shear, *The* Kuzari, 273.

189 Approbation Teomims auf der ersten Seite nach dem Titelblatt des *Sefer ha-Kuzari*, Berlin 1795.

190 Shear, *The* Kuzari, 273.

191 Irene E. Zwiep, „*From Perush to Be'ur*: Authenticity and Authority in Eighteenth-Century Jewish Interpretation", in Martin F. J. Baasten / Reinier Munk (Hg.), *Studies in Hebrew Language and Jewish Culture*, Dordrecht 2007, 257–269.

zu bringen, hebt Satanow bereits auf der Titelseite hervor, dass Korrekturen der früheren Ausgaben mit „großer Sorgfalt" (בשקידה רבה) angebracht wurden. Im Gegensatz zu Euchels „dokumentarischem Ansatz" im Sinne der christlichen Interpreten des 18. Jahrhunderts, bevorzugt Satanow in seinem Vorwort (*haqdama*) einen eher „didaktischen Zugang", der auf sieben Prinzipien beruht und dem Kommentator die Aufgabe zuweist, dem Leser dabei behilflich zu sein, den mittelalterlichen Text bzw. frühere Kommentare für sich selbst sprechen zu lassen.[192]

Die sieben genannten Prinzipien werden am Ende des Vorworts aufgeführt: 1. Ein Kommentator sollte sich nie zu sehr auf sein eigenes Wissen verlassen. 2. Er sollte nicht in irrationaler Philosophie schwelgen. 3. Er sollte nicht (zumindest nicht grundlos) von früheren Kommentatoren abweichen. 4. Er sollte Kapitel zusammenfassen und ihre übergreifenden Themen anzeigen, wie dies Maimonides selbst vorgeschlagen habe. 5. Er sollte seine eigenen Kommentare in Übereinstimmung mit den geistigen Fähigkeiten des Lesers einfach halten. 6. Er sollte nicht zu knapp oder zu ausführlich formulieren. 7. Er sollte nur Anmerkungen aus der Literatur anführen, die für das Thema relevant sind.[193]

Somit ist in den Kommentar-Ausgaben Satanows und seiner Zeitgenossen ein konzeptioneller Wandel zu beobachten, der in der Vorliebe des Begriffs *be'ur / bi'ur* („Erleuchtung") gegenüber dem traditionellen *perush* (Kommentar) seinen Ausdruck findet.[194] Die talmudischen Auslegungen haben hier ihren festen und berechtigten Platz inne, da die neuen Kommentare nicht grundlos von der traditionellen Interpretation (wenn eine solche vorliegt) abweichen sollten, sondern vielmehr darauf basieren. Die Autorität des Originaltextes bleibt – so legt sich aus Satanows Methodik nahe – unangetastet und wird durch den *be'ur* erläutert, aber nicht umgedeutet. Auch den früheren Kommentaren wie dem Talmud sollte daher nicht grundlos widersprochen werden.[195]

---

192 Dies wird so ebenfalls bei Zamosc' Neuausgabe von *Ruaḥ Ḥen* (Jessnitz 1744) angegeben, wo die mittelalterlichen Quellen durch aktuelle wissenschaftliche Theorien und Erkenntnissen ergänzt werden und Zamosc in seinem Vorwort diese „Subversion" thematisiert. Siehe Ruderman, *Jewish Thought and Scientific Discovery*, 332–342.

193 Im Gegensatz zur Wissenschaft des Judentums schätzen die Maskilim die vor-aufklärerischen Quellen als kreative Stimme innerhalb der zeitgenössischen Diskussionen, während die Wissenschaft des Judentums die mittelalterlichen Quellen als irrelevant für die Aufklärung betrachtet; siehe Zwiep, „*From Perush to Be'ur*", 267–268.

194 Siehe ebd., 265–268.

195 Da den Gelehrten des Talmud jedoch die wissenschaftlichen Forschungen bereits im voraus vertraut waren, so Satanow in *Imre Bina* (9b–10a), können von ihnen auch wissenschaftliche Innovationen angeführt werden.

Trotz der Tatsache, dass das Verhältnis zur talmudischen Literatur innerhalb der Bewegung sehr komplex war,[196] lässt sich feststellen, dass die Maskilim häufig die rabbinischen Autoritäten im Talmud als Idealbild ihrer selbst portraitierten, indem sie sie als Quelle der Weisheit, Gelehrsamkeit, Bildung, Wissenschaft und Toleranz priesen.[197] Auch Satanow vergleicht die Worte der rabbinischen Gelehrten mit den kostbarsten Besitztümern eines Königs.[198] Die Einschätzung des Talmud als aufgeklärtes Werk der jüdischen Tradition muss aus einem apologetischen Ansatz heraus als Verteidigung der jüdischen Religion *in toto* betrachtet werden, auch gegen Angriffe wie die eines Johann Andreas Eisenmenger (1654–1704) in seinem Werk *Entdecktes Judentum* von 1700.[199] Zudem versucht Satanow in *Divre Rivot* und seinem Kommentar zum *Kuzari* nicht, wie von Barzilay vermutet,[200] den Talmud aus dem Curriculum auszuschließen. Vielmehr schlägt Satanow im Unterschied zur herkömmlichen Methode zwei Arten des Talmudstudiums vor: zum einen das traditionelle Studium, zum anderen eine moderne Methode, die auf *ḥokhma* (Weisheit) und Vernunft basiere und ohne religiöse Einschränkungen betrieben werden solle.[201] Die Kritik der meisten Maskilim, auch im Fall Satanows und Wesselys, konzentriert sich dabei nicht auf den Talmud an sich und dessen Lehre, sondern vielmehr darauf, wie er von zeitgenössischen Rabbinern und Lehrern vermittelt werde.[202] Genauer gesagt: Es wird besonderer Wert darauf gelegt, in welcher Reihenfolge die traditionellen Schriften gelehrt werden sollten.[203] Ähnliche Kritik an den Unterrichtsmethoden im Kontext

---

196 Pelli, *Age of Haskalah*, 48–80.

197 Ebd., 72. Auch Mendelssohns Haltung gegenüber dem Talmud war grundsätzlich eine positive. Siehe Moshe Pelli, *Moshe Mendelssohn: Be-Khavle Masoret* [Moses Mendelssohn: Traditionsbande], Tel Aviv 1972, 83–84.

198 Satanow, *Sefer ha-Middot*, Berlin 1784, 40b. Zu anderen Beispielen der Wertschätzung des Talmud unter den Maskilim siehe Pelli, *Age of Haskalah*, 53–64.

199 Pelli, *Age of Haskalah*, 54.

200 Isaac Eisenstein-Barzilay, „The Treatment of the Jewish Religion in the Literature of the Berlin Haskalah“, *Proceedings of the American Academy for Jewish Research* 24 (1955): 39–68, hier 42.

201 *Divre Rivot*, Bd. II, 17b; siehe Pelli, *Age of Haskalah*, 66.

202 Wessely schlug in seiner Schrift *Worte der Wahrheit und des Friedens* vor, das Talmudstudium auf einige wenige Schüler zu beschränken, welche den Beruf des Rabbiners anstrebten, denn „nicht alle seien dazu bestimmt, in die Tiefen der Religionsgesetze einzutauchen und diese autoritativ zu lehren“ (16b). Siehe auch *Divre Shalom we-Emet*, Berlin 1782, Bd. I, 16b; und Bd. II, 17a–b, wo er eine Abkehr von der Methode des *pilpul* wieder zurück zur literarischen und allgemein verständlichen Interpretation der talmudischen Texte vorschlägt; siehe Pelli, *Age of Haskalah*, 61, 64–65; Gafni, *Mishnah's Plain Sense*, 137–140 (Hebräisch).

203 Siehe dazu die Satire von Aaron Wolfssohn, „Siḥa be-Ereṣ ha-Ḥayyim [Gespräch im Land der Lebenden]“, *Me'assef* 7,1 (1794): 284–285; Gafni, *Mishnah's Plain Sense*, 138 (Hebräisch). Zudem

einer angestrebten Reform – welche z.B. die talmudische Diskussionsmethodik des *pilpul* (Kasuistik, wörtl. Pfefferung)[204] als Ziel an sich und nicht die inhaltliche Erfassung der talmudischen Abschnitte im Blick hatte –, war bereits von Rabbi Judah Loew ben Bezalel aus Prag (1520–1609), besser bekannt unter seinem Akronym MaHaRaL (Morenu ha-Rav Loew), in der Schrift *Simḥat Asaf* (Freude Asafs) formuliert worden.

Die methodische Form des *pilpul* in Polen fasst Günter Stemberger zusammen:

> In der Form des Pilpul, die in Polen heimisch wurde, stellte man thematisch zusammengehörige Talmudstellen nebeneinander, untersuchte sie auf Widersprüche, die man dann harmonisierend wegzuerklären versuchte. Auch strebte man danach, durch immer feinere Begriffsdistinktionen und durch unerwartete Kombination von Texten und Lehren immer neue Auslegungen, ‚*Chidduschim*', zu erarbeiten. Die Meisterschaft in der Methode war dadurch zu erweisen, daß man dasselbe Resultat auf möglichst viele verschiedene Weisen erreichte; denn dadurch konnte das Ergebnis auch dann bestehen, wenn einer der Beweise widerlegt würde. Das Ganze diente so immer mehr der geistigen Schulung und Dialektik und war im allgemeinen auch gar nicht für die Anwendung in der halakhischen Praxis gedacht. [...] In ihren späteren Entwicklungsstufen hat sie [die Methode] dann sehr dazu beigetragen, das traditionelle Talmudstudium in Verruf zu bringen. [205]

Die Kritik des MaHaRaL aus Prag nahmen auch die Maskilim in Berlin erneut auf.[206] Nachdem eine Unterscheidung zwischen einer positiven Definition des

---

sollte man den Begriff *siḥa* (Gespräch) beachten: Zur Zeit der Gelehrten des Talmud sei eine Unterteilung [der Abschnitte] und des *pilpul* so wie in unseren Tagen noch nicht üblich gewesen, erst der Krakauer Rabbi Jakob Pollak (1460–1541) habe dies eingeführt, um den Verstand zu schärfen. Siehe auch Pelli, *Age of Haskalah*, 59, 61–62.

204 Siehe Daniel Boyarin, „‚Pilpul': The Logic of Commentary", *Dor le-Dor* 3 (1986): 1–25; Meir Raffeld, „Pilpul, ṣensura we-haskala: le-qoroteha shel parshanut aḥat le-sugiyat tanuro shel 'Akhnay [Pilpul, Zensur und Haskala: Zu den Quellen einer Interpretation des Abschnitts ‚Der Ofen des Achnai']", *Jerusalem Studies in Hebrew Literature* 18 (2001): 7–18. Zum Begriff, seiner positiven Bedeutung sowohl im Palästinischen als auch im Babylonischen Talmud, sowie seiner Verwendung in der frühen Neuzeit, mit zunehmender Kritik an dieser Praxis, und in der maskilischen Diskussion siehe Gafni, *Mishnah's Plain Sense*, 133–140 (Hebräisch).

205 Günter Stemberger, *Der Talmud. Einführung, Texte, Erläuterungen*, München [4]2008, 307; siehe auch ebd., 297.

206 Zu dieser Figur siehe Byron L. Sherwin, *Mystical Theology and Social Dissent: The Life and Works of Judah Loew of Prague*, London / Toronto 1982; Ben-Zwi Bokser, *The Maharal. The Mystical Philosophy of Rabbi Judah Loew of Prague*, Northvale / London 1994; Karl-Erich Grözinger, *Jüdisches Denken: Theologie – Philosophie – Mystik. Bd. 3: Von der Religionskritik der Renaissance zu Orthodoxie und Reform im 19. Jahrhundert*, Frankfurt a.M. / New York 2009, 233–280. Siehe auch Marvin J. Heller, „Observations on a Little Known Edition of Tractate Niddah (Prague, c. 1608) and its Relationship to the Talmudic Methodology of the Maharal of Prague", in ders., *Studies in the*

wahren *pilpul* (*pilpul amiti*) der Amoräer als Methode zur Findung der tatsächlichen Aussage der Halacha und dem *pilpul shel ḥevel* (vergeblicher / nichtiger *pilpul*) der zeitgenössischen Gelehrten von Judah Loew eingeführt worden war, übte diese Differenzierung einen weitreichenden Einfluss aus. Etwa auf seinen Schüler Rabbi Isaiah ben Abraham Halevi Horowitz (1565 – 1630) aus Prag,[207] dem berühmten Verfasser der *Shene Luḥot ha-Berit* (Die zwei Bundestafeln), einer einflussreichen enzyklopädischen Zusammenstellung von Ritual, Ethik und Mystik seiner Zeit. Die Frage, ob der Talmud in das schulische Curriculum aufgenommen oder eher im Erwachsenenalter studiert werden solle, wurde zwar ebenfalls kontrovers diskutiert, häufig aber nicht so negativ beantwortet, wie dies die Forschungsliteratur in der Breite veranschlagt.[208]

2.3 Aufklärung und Kabbala

In ähnlicher Weise ist nach der Stellung kabbalistischer Schriften im Diskurs der Haskala zu fragen. Obwohl die Forschung, wie schon Graetz, bisher meist von einer negativen Haltung der Maskilim gegenüber kabbalistischem Gedankengut – ähnlich wie gegenüber dem Talmud als Kristallisationspunkt traditioneller Bildung und Lebensweise – ausgegangen ist,[209] lassen sich doch erhebliche Kenntnisse derselben im 18. Jahrhundert, auch in dessen diesbezüglich strittiger zweiter Hälfte, nachweisen.[210] Zudem wird häufig die Opposition gegen den Frankismus als allgemeine Ablehnung der kabbalistischen Traditionen gewertet, wie z. B. im Fall Mendelssohns.[211] Rivka Horwitz hat jedoch in letzter Zeit gezeigt,

---

Making of the Early Hebrew Book, Leiden / Boston 2008, 298 – 321. Zum Text des Maharal siehe *Meqorot le-Toledot ha-Ḥinnukh be-Yisra'el* [Quellen zur Erziehungsgeschichte in Israel], Bd. 1, Tel Aviv 1925, 47 – 51; Wessely, *Divre Shalom we-Emet*, 17a.

207 Siehe Eugene Newman, *Life and Teachings of Isaiah Horowitz*, London 1972; Elliot R. Wolfson, „The Influence of Luria on the Shelah", *Jerusalem Studies in Jewish Thought* 10 (1992): 423 – 448 (Hebräisch).

208 Pelli, *Age of Haskalah*, 63, besonders Fn 37.

209 Zu Graetz siehe unten 4.3.2.

210 Moshe Idel, „Perceptions of the Kabbalah in the Second Half of the 18th Century", *Journal of Jewish Thought and Philosophy* 1,1 (1991): 55 – 114.

211 Dov Schwartz, „The Educational Development of Humankind in Mendelssohn's Thought – A Link in the Messianic Idea", *Da'at* 22 – 23 (1989): 109 – 121 (Hebräisch); Tzemaḥ Tsamryon, *Moshe Mendelssohn we-ha-Ide'ologya shel ha-Haskala* [Moses Mendelssohn und die Ideologie der Haskala], Tel Aviv 1985; Rivka Horwitz, „Mendelssohn und die Kabbala", in Eveline Goodman-Thau / Gert Mattenklott / Christoph Schulte (Hg.), *Kabbala und Romantik*, Tübingen 1994, 17 – 32, hier 17; siehe auch Alexander Altmann in seiner Einleitung zu Moses Mendelssohn, *Jerusalem, or, On Religious Power and Judaism*, hg. und komm. v. Alexander Altmann, Jerusalem / Hanover 1983, 22.

dass für Mendelssohn u. a. die Kabbala ein Hilfsmittel für die Erklärung seiner philosophischen Auffassung war.[212] Schon aus diesem Grund sollte die Freundschaft mit Isaak Satanow nicht verwundern.[213]

Scholem wies überzeugend nach, dass kabbalistische Traditionen Quelle für theologische und populäre Ansichten nicht nur im 17., sondern auch im 18. Jahrhundert waren. Dies hat Jacob Katz in seinen Studien besonders in Hinblick auf das Wirken Ephraim J. Hirschfelds (1758 – 1820) bestätigt.[214] Er fasste prägnant zusammen, dass der Rationalismus die mystischen Elemente in der jüdischen Tradition nicht völlig auslöschen konnte:

---

212 Siehe Horwitz, „Mendelssohn und Kabbala".

213 Simon Bernfeld, *Dor Tahapukhot* [Generation der Umwälzungen], Bd. 1, Warschau 1914, 84 – 85, der nicht glauben konnte, dass Mendelssohn die teils kabbalistisch geprägte Exegese des PaRDeS gebrauchte. Altmann geht davon aus, dass Mendelssohn über Satanows philosophische bzw. kabbalistische Neigungen und seine Verlegertätigkeit nicht sehr glücklich gewesen sei, doch bleibt er dafür den Beweis schuldig; Altmann, *Moses Mendelssohn*, 353; siehe auch ebd., 815 Fn 60 sowie Klausner, *Hisṭorya*, Bd. 1, 166.

214 Jacob Katz, „Über die Beziehungen zwischen den Sabbatianern, der Aufklärung und der Reform", in Siegfried Stein / Raphael Loewe (Hg.), *Studies in Jewish Religious and Intellectual History. Presented to Alexander Altmann on the Occasion of His 70th Birthday*, Alabama 1979, 83 – 100, hier 94 – 95 (Hebräisch); ders., „Moses Mendelssohn und E. J. Hirschfeld", *Bulletin des Leo Baeck Instituts* 7,28 (1964): 295 – 311. Auf S. 297 legt Katz dar, dass der ursprüngliche Name wohl Ephraim Hirschel lautet, doch er nach seinem Umzug nach Wien 1785 den aristokratisch klingenden Namen Hirschfeld, zeitweise sogar mit einem „von", benutzte; ders. *Jews and Freemasons in Europe 1713 – 1939*, Cambridge, Mass. 1970; siehe auch Gershom Scholem, „Ein verschollener jüdischer Mystiker der Aufklärungszeit: E. J. Hirschfeld", *Leo Baeck Institute Year Book* 7,1 (1962): 247 – 279. Jedoch wurde in jüngster Zeit bewiesen, dass weitreichende Kenntnisse kabbalistischer Quellen eher bei Hirschfelds Bruder Pascal zu finden sind. Siehe Patrick Koch / Giuseppe Veltri / Gerold Necker, „Die versuchte Wiederaufnahme des jüdischen Freimaurers Ephraim J. Hirschfeld in den Orden der ‚Asiatischen Brüder': Ein geheimer Rapport", *Judaica. Beiträge zum Verstehen des Judentums* 68,2 (2012): 129 – 155; Patrick Koch, „Ein verschollener jüdischer Mystiker? Gershom Scholems Nachforschungen zu Ephraim Joseph Hirschfeld", in Gerold Necker / Elke Morlok / Matthias Morgenstern (Hg.), *Gershom Scholem in Deutschland. Zwischen Seelenverwandtschaft und Sprachlosigkeit*, Tübingen 2014, 219 – 242. Darauf wies bereits Katz, „Mendelssohn und Hirschfeld", 296 hin und auf Hirschfelds Vater Joseph Hirschel, Sohn des Meir Zwi [Hirsch] aus Glogau, der „ein talmudisch gebildeter und auch kabbalistisch angehauchter Gelehrter" gewesen war und der die kabbalistische Lehre, den Gottesnamen beim Gebet mit einer bestimmten Intention (*kawwana*) laut auszusprechen von „dem berühmten Br. Moses Margarita, der aus dem Orient kam" erhalten und seinem Sohn weiter gegeben habe. Dieser wiederum führte diese mystische Methode in die freimaurerische Meditationspraxis ein (ebd., 301).

> In Wirklichkeit hat der Rationalismus auch während des 18. Jahrhunderts Theosophie und Mystik nicht ganz verdrängt. Diese begleiteten vielmehr die Aufklärung als eine mächtige, wenn auch getrübte und verworrene Unterströmung.[215]

Am Beispiel Hirschfelds lässt sich, so legen die Forschungen von Katz nahe, zeigen, dass eine Harmonisierung zwischen Religion und Vernunft, wie sie Hirschfeld selbst in seinen Berliner Tagen propagiert hatte, nicht mehr möglich war, sondern eher in einer Vertiefung der Religion in Richtung der Mystik und Theosophie zu suchen sei.[216] Aufklärung sei „eine trockene Moral nach Vernunftgründen, und dasjenige, was wir Glauben nennen, ist in ihren [der Religionslehrer und Prediger, E.M.] Augen ein Hirngespinst."[217] Vielmehr erklärt Katz Hirschfeld in dieser Hinsicht zur Ausnahme, da er in seiner Jugend dem Fortschrittsglauben der Aufklärung angehangen habe, sich dann aber mystischen und freimaurerischen Strömungen anschloss. Dies mag mit der Entwicklung zusammenhängen, dass nach 1770 Juden nicht mehr ohne weiteres in den offiziellen Freimaurerlogen akzeptiert wurden und sich zunehmend „inoffizielle" Logen bildeten wie die der „Asiatischen Brüder". Diese wurde 1781 in Wien von den Brüdern von Ecker und Eckhoffen, verarmtem Adel aus Bayern, ins Leben gerufen.[218] Hirschfeld ist aber diesbezüglich nicht das einzige Beispiel, da auch Satanow und Maimon diese Bahn einschlugen und Gesellschaften jenseits „offizieller Einrichtungen" der jüdischen Gemeinschaft ins Leben riefen,[219] dabei jedoch an ihrer Überzeugung von der Vereinbarkeit von Glaube und Vernunft unter kabbalistischen Vorzeichen festhielten. Nach Meinung Katz' und Scholems sei ausschlaggebend,[220] dass Hirschfeld im Sinne seiner angestrebten Neutralisierung der Lehre „alles Jüdische von seiner aus der Kabbala geschöpften Theosophie abstreifte" und sein Standpunkt sei, dass sich das sublime System der

215 Katz, „Mendelssohn und Hirschfeld", 305.

216 Ebd., 303–304. Siehe das Zitat aus Hirschfelds Brief an den Landgrafen Christian von Hessen-Darmstadt vom 27. März 1796, wo Hirschfeld zu Ziel und Zweck seiner Schrift *Biblisches Organon* schreibt, dass diese dem verderblichen Unglauben und den sozialen Wirren der Zeit entgegen wirken solle (ebd., 304).

217 Brief Hirschfelds an den Landgrafen Christian von Hessen-Darmstadt. Ebd., 310.

218 Jacob Katz, „The First Controversy Over Accepting Jews as Free Masons", *Zion* 30,3–4 (1965): 171–205 (Hebräisch). Katz beschreibt hier, wie Hirschfeld zunehmend eine „judaisierende" Tendenz innerhalb des Ordens vorgeworfen wurde, vor allem nach seiner Zusammenstellung einer freimaurerischen Schlüsselsymbolik, die unter dem Einfluss kabbalistischer Zeichen stand. Es kam zum Streit mit Ecker und schließlich wurde Hirschfeld auf Betreiben Karls von Hessen verhaftet.

219 Gideon Freudenthal, „Philosophizing in Commentaries", *Da'at* 53 (2004): 125–160 (Hebräisch); sowie Satanows zahlreiche Gesellschaften zur Unterstützung der Druckerei, siehe unten 2.4.

220 Katz, „Mendelssohn und Hirschfeld", 306.

Kabbalisten ebenso wenig nach den verschiedenen Religionsmeinungen, wie nach den verschiedenen profanen Ständen spezialisiere.[221]

Im Gegensatz dazu ging Mendelssohn keineswegs davon aus, in der Kabbala sei die gemeinsame Religion aller Menschen zu finden, die ihnen in ihrer Vernunft und in ihrem Gemüt gegeben sei. Vielmehr treffe dies auf den von der Vernunft gelehrten Glaube und die vom moralischen Gefühl übermittelte Ethik zu.[222] Dass unterschiedliche kabbalistische Strömungen dennoch im Umfeld Mendelssohns wie „ein unterirdischer Strom"[223] anwesend waren, bezeugen nicht nur Maimon und Satanow in ihrer jeweiligen persönlichen Situation, sondern auch Friedrich Christoph Nicolai (1733–1811). Nicolai, Freund und Verleger Mendelssohns, schreibt, Mendelssohn habe ihm erzählt, dass Spinoza sich in der Jugend für Kabbala interessiert und die kabbalistische Philosophie mit Descartes verbunden habe.[224] In Nicolais Erinnerungen wird zudem Mendelssohns Interesse an „Enthüllung" von „orientalischen" Philosophen und deren Bilder artikuliert.[225] Die

---

221 Scholem, „Verschollener jüdischer Mystiker", 251. Siehe auch die Fortsetzung des Zitats bei Katz: „Da aber auch nur in den Grundstücken der wahren Kabbalistik die einzige reine wahre und allgemeine Religion liegt, so ist auch nichts natürlicher, als dass sich hier alle nur möglichen Religionsverwandte einigen." (ebd.). Das universalistische Bestreben der Loge auf kabbalistischer Basis wird hier deutlich.

222 Jacob Katz, „To Whom was Mendelssohn Replying in ‚Jerusalem'?", *Zion* 29,1–2 (1964): 112–132 (Hebräisch).

223 Horwitz, „Mendelssohn und Kabbala", 19; siehe hierzu auch die These Scholems vom unterirdischen Strom der jüdischen Mystik, welcher in Anklang an Nietzsches „Vom Nutzen und Nachteil der Historie für das menschliche Leben" (*Unzeitgemäße Betrachtungen 2,* 1874) davon ausging, dass es letzten Endes kabbalistische Traditionen waren, die das Judentum in Krisenzeiten, dessen Lebendigkeit und es selbst vor dem Untergang bewahrten. Siehe Gershom Scholem, „Kabbala und Mythos", in ders., *Zur Kabbala und ihrer Symbolik*, Frankfurt a. M. [7]1992, 133–134, 156–158.

224 Friedrich Christoph Nicolai, *Über meine gelehrte Bildung, über meine Kenntniß der kritischen Philosophie und meine Schriften dieselbe betreffend, und über die Herren Kant, J. B. Erhard, und Fichte. Eine Beilage zu den neuen Gesprächen zwischen Christian Wolff und einem Kantianer*, Berlin / Stettin 1799, 43–44; siehe Horwitz, „Mendelssohn und Kabbala", 19. Zu Spinozas Kenntnis und „Missverständnis" des sefirotischen Systems bzw. seine Verwechslung von *Bina* (Einsicht) mit *Malkhut* (Königtum) und dem damit einhergehenden Pantheismus siehe Alexandro Guetta, *Philosophy and Kabbalah. Elijah Benamozegh and the Reconciliation of Western Thought and Jewish Esotericism*, Albany 2009, 37–39; siehe auch Moshe Idel, „*Deus sive Natura* – The Metamorphosis of a Dictum from Maimonides to Spinoza", in Robert S. Cohen / Hillel Levine (Hg.), *Maimonides and the Sciences*, Dordrecht 2000, 87–110; Carlos Fraenkel, „Maimonides' God and Spinoza's *Deus sive Natura*", *Journal of the History of Philosophy* 44 (2006): 169–215; Warren Zev Harvey, „*Ish, ḥesheq,* and *amor Dei intellecualis*", in Steven Nadler (Hg.), *Spinoza and Medieval Jewish Philosophy*, Cambridge 2014, 96–107.

225 Nicolai, *Über meine gelehrte Bildung*, 44.

Thematik der „orientalischen" Weisheit als arkanes Wissen zur Überwindung religiöser und kultureller Unterschiede nimmt allerdings bei Satanow wie auch bei anderen zeitgenössischen Maskilim eine übergeordnete (Meta-)Position ein. Das Verhältnis zwischen Orientalismus und Kabbala wurden in den letzten Jahren verstärkt im Kontext der westlichen Esoterik diskutiert.[226] Die Bedeutung des „Orientalismus" wird auf den ersten Blick im Namen der „Orientalischen Buchdruckerey" deutlich,[227] Mendelssohn bezeichnete die Kabbala als „orientalische Philosophie" und Satanow setzt auf der Titelseite von *Imre Bina* kabbalistische Metaphysik mit der „orientalischen Philosophie" gleich.[228] Es scheint, dass Satanows und Maimons Suche nach „orientalischen Quellen" eng mit deren Arkanisierung bzw. der angestrebten „Mystifizierung" oder „esoterischen Bedeutung" derselben verbunden ist. Besonders die Vorstellung, dass die Geheimnisse in der Natur in kabbalistischen Esoterica verborgen seien, die man von einer literarischen Ebene auf eine rationale Ebene erheben muss, war hierbei federführend. Zudem lässt natürlich der Titel der Schrift für die Kenner des kabbalistischen Systems auf die dritte Sefira, *Bina* (Einsicht) und deren Position im innergöttlichen Bereich schließen.

In Maimons *Lebensgeschichte* wird dieses Leitmotiv wie folgt ausgesprochen:

> Unbefriedigt von der literarischen Kenntnis dieser Wissenschaft [Kabbala] suchte ich in ihren Geist einzudringen; und da ich bemerkte, daß diese ganze Wissenschaft, wenn sie diesen Namen verdienen sollte, nichts anderes als die Geheimnisse der Natur, in Fabeln und Allegorien eingehüllt, enthalten könne, so bemühte ich mich, diese Geheimnisse ausfindig zu machen und dadurch meine bloße literarische Erkenntnis zu einer Vernunfterkenntnis zu erheben.

---

226 Boaz Huss, „Ask No Questions: Gershom Scholem and the Study of Contemporary Jewish Mysticism", *Modern Judaism* 25,2 (2005): 141–158; Gil Anidjar, „Jewish Mysticism Alterable and Unalterable: On *Orient*ing Kabbalah Studies and the ‚Zohar of Christian Spain'", *Jewish Social Studies* 3,1 (1996): 89–157; als Antwort darauf siehe Moshe Idel, „Orienting, Orientalizing or Disorienting: An Almost Absolute Unique Case of Occidentalism", *Kabbalah. Journal for the Study of Jewish Mystical Texts* 2 (1997): 13–47; Peter Schäfer, „Jewish Mysticism in the Twentieth Century", in Judit Targarona Borás / Ángel Sáens-Badillos (Hg.), *Jewish Studies at the Turn of the Twentieth Century. Vol. II: Judaism from the Renaissance to Modern Times*, Boston / Leiden 1999, 3–18, hier 16–18.

227 Steinschneider sieht in dem Adjektiv lediglich eine Alternative zu „hebräisch", da Friedrich II. am 3. Februar 1784 die Konzession einer Druckerei explizit mit der Beschränkung auf „orientalische Sprachen" unterzeichnet hatte, um eine Konkurrenz mit christlichen Druckern zu vermeiden. Steinschneider, „Hebräische Drucke", 169.

228 *Metaphysica cabbalistica, sive Philosophia orientalis antiqua, ad notiones nostri aevi accommodate*; siehe Morlok, „Blurred Lines", 45–46.

> Ich konnte aber dieses damals nur auf eine sehr unvollständige Art bewerkstelligen, weil ich noch sehr wenige Begriffe von Wissenschaften überhaupt hatte. Doch geriet ich von selbst durch eignes Nachdenken auf viele Applikationen dieser Art. So erklärte ich mir z. B. gleich die erste Instanz, womit die Kabbalisten gemeiniglich ihre Wissenschaft anfangen.[229]

Demnach fand Spinozas Wiedereingliederung innerhalb der zweiten Generation der Maskilim vorrangig bei Salomon Maimon statt,[230] der im Folgenden vorgestellt werden soll.[231]

2.3.1 Salomon Maimon (1753 – 1800)

Shlomo Ben Joshua im polnisch-litauischen Sukowiborg, der nahe der Stadt Mir[232] 1753 geboren wurde, kam im frühen Kindesalter nach Neschwitz, ein abgelegenes Dorf in Litauen.[233] Er änderte zwischen November 1783 und Februar 1785 seinen Namen in Anlehnung an sein großes philosophisches Vorbild Maimonides in

---

229 *Salomon Maimons Lebensgeschichte. Von ihm selbst geschrieben und herausgegeben von Karl Philipp Moritz*, neu hg. v. Zwi Batscha, Frankfurt a. M. 1995, 82 – 83; siehe auch Moshe Idel, „Kabbalah, Hieroglyphicity and Hieroglyphs", *Kabbalah. Journal for the Study of Jewish Mystical Texts* 11 (2004): 11 – 47, hier 35 – 37.

230 Zur Thematik des Spinozismus in der jüdischen Aufklärung siehe Yitzhak Y. Melamed, „Salomon Maimon and the Rise of Spinozism in German Idealism", *Journal of the History of Philosophy* 42,1 (2004): 67 – 96.

231 Jan-Hendrik Wulf, *Spinoza in der jüdischen Aufklärung. Baruch Spinoza als diskursive Grenzfigur des Jüdischen und Nichtjüdischen in den Texten der Haskala von Moses Mendelssohn bis Salomon Rubin und in frühen zionistischen Zeugnissen*, Berlin 2012, hier 321 – 391.

232 Maimon schreibt Mirz, doch gemeint ist Mir, siehe Zwi Batscha, „Anmerkungen zur ‚Lebensgeschichte'", in *Lebensgeschichte*, hg. v. Zwi Batscha, 323. Zu Maimons Leben siehe http://www.salomon-maimon.de/maimon/leben.html (Zugriff: 23. Dezember 2015). Siehe auch die neue Übersetzung von Yitzhak Y. Melamed und Abraham Socher (Hg.), *The Autobiography of Solomon Maimon*, Princeton / Oxford 2018, inklusive dem „Guide to Reading Maimon's Autobiography" (xiii–xxxv) der Herausgeber und dem Nachwort von Gideon Freudenthal (245 – 262).

233 Socher, *Radical Enlightenment*, 21 – 51, dort finden sich auch detaillierte Angaben zu Maimons Familie, seine Aufenthalte in Berlin sowie seine Bekanntschaft mit Mendelssohn und dem Maggid von Mezeritch, als auch zu seinen finanziellen Problemen, seinem Tod in Siegersdorf am 22. November 1800 und der unehrenhaften Bestattung. Socher geht im Gegensatz zu Bergmann (siehe folgende Fußnote) davon aus, dass Maimon erst im Alter von 30 Jahren seinen Namen in Salomon Maimon änderte. Über die Aufstiegsmöglichkeiten jüdischer Gelehrter ins Bürgertum in der Folge der Akkulturation siehe Simone Lässig, *Jüdische Wege ins Bürgertum. Kulturelles Kapital und sozialer Aufstieg im 19. Jahrhundert*, Göttingen 2004.

Salomon Maimon.[234] Ähnlich wie Satanow war auch Maimon an unterschiedlichsten Wissensgebieten, z. B. maimonidischer Philosophie, Kabbala, Mathematik, Sprach- und Naturwissenschaft und allgemeiner Philosophie, interessiert und verwandelte sich von einem angesehenen Talmudgelehrten zu einem Anhänger kabbalistischer Tradition, bevor er sich schließlich dem Chassidismus zuwandte – nicht jedoch ohne zuvor einflussreiche Kommentare zu Spinoza, Leibniz und Kant und deren philosophischen Errungenschaften zu veröffentlichen.[235] Vor allem seine Transferposition zwischen unterschiedlichen religiösen Kontexten[236] sowie die Hybridität seiner kulturellen und philosophischen Identität(en)[237] wurden in der wissenschaftlichen Auseinandersetzung mit ihm in neuerer Zeit intensiv diskutiert. Zudem wurde seine Haltung zum deutschen Idealismus,[238] der Romantik[239] und Leibniz,[240] den mathematisch-philosophi-

---

234 Der Zeitpunkt der Namensänderung wurde von Samuel Hugo Bergmann anhand einer Jubiläumsbroschüre des von Maimon besuchten Christianeums in Altona bestimmt, da diese zwei Schulzeugnisse Maimons mit unterschiedlichen Namensangaben enthält. Im ersten vom November 1783 wird Maimon als „ein junger Mann, jüdischer Herkunft, namens Salomon aus Litauen“ ausgewiesen, wohingegen im Februar 1785 er als „Salomon Maimon, aus Litauen gebürtig“ geführt wird. Siehe Samuel Hugo Bergmann, *The Philosophy of Solomon Maimon. Translated from the Hebrew by Noah J. Jacobs*, Jerusalem 1967, 2. Doch Maimons erster Aufsatz im *Me'assef* 1789 erschien noch traditionell unter seinem Namen Shlomo ben Joshua aus Litauen. Zu den Geburtsdaten Maimons (1754 oder 1752) siehe Achim Engstler, *Untersuchungen zum Idealismus Salomon Maimons*, Stuttgart 1990, 13; Hugo Bergmann, *Die Philosophie Salomon Maimons*, Jerusalem 1931/32, 1 (Hebräisch). Siehe auch Socher, *Radical Enlightenment*, 109–142; Weissberg, „Erfahrungsseelenkunde als Akkulturation“, 306.

235 Horwitz, „Mendelssohn und die Kabbala“, 23; Moshe Idel, „On Salomon Maimon and Kabbalah“, 67. Eine ausführliche Bibliographie zu Maimon findet sich unter http://www.salomon-maimon.de/alt/bibliographie.htm (Zugriff: 12. Dezember 2015).

236 Gideon Freudenthal, „A Philosopher Between Two Cultures“, in ders., (Hg.), *Salomon Maimon: Rational Dogmatist, Empirical Sceptic. Critical Assessments*, Dordrecht / Boston 2003, 1–17.

237 Wulf, *Spinoza in der jüdischen Aufklärung*, 321–391; Engstler, *Idealismus Salomon Maimons*; Melamed, „Rise of Spinozism“. Siehe zur mehrdeutigen Namenstheorie in seinem Kommentar zum *More ha-Nevukhim* Gideon Freudenthal / Sara Klein-Braslavy, „Salomon Maimon reads Ben-Maimon: On Ambiguous Names“, *Tarbiz* 72,4 (2003): 581–614 (Hebräisch). Zu Maimon, Kant und Spinoza siehe Noah J. Jacobs, „Salomon Maimon's Relation to Judaism“, *Leo Baeck Insitute Year Book* 8,1 (1963): 117–135.

238 Samuel Atlas, *From Critical to Speculative Idealism. The Philosophy of Solomon Maimon*, Den Haag 1964; Engstler, *Idealismus Salomon Maimons.*

239 Siehe Juliane Weissberg, „Kann ein Jude Romantiker sein?“, in Alexander von Bormann (Hg.), *Romantische Religiosität*, Würzburg 2005, 265–284, besonders 268–270.

240 Wulf, ebd.; siehe zu Leibniz und Kabbala vor allem Allison P. Coudert, *Leibniz and the Kabbalah*, Dordrecht 1995; dies. / Richard H. Popkin / Gordon M. Weiner (Hg.), *Leibniz, Mysticism and Religion*, Dordrecht 1998.

schen Innovationen seiner Zeit und dem damit einhergehenden Skeptizismus eingehend analysiert. [241]

Man könnte in Maimon und Satanow eine gewisse jüdische Parallelerscheinung zu neuzeitlichen Figuren wie Leibniz und Newton sehen, die ihre naturwissenschaftlichen Kenntnisse auf Augenhöhe mit philosophische bzw. kabbalistischen Einsichten ansiedelten. Satanow und Maimon unternahmen stärker den Versuch, ihre kabbalistischen Ausführungen durch naturwissenschaftliche Beispiele und Theorien zu untermauern, um auf diesem Wege eine innerjüdische Bildungsreform zu ermöglichen, indem sie einem kabbalistisch gebildeten Publikum Osteuropas naturwissenschaftliche Kenntnisse nahezubringen versuchten – auch wenn es dort durchaus eine naturwissenschaftlich gebildete intellektuelle Elite gab, wie an Satanow selbst, Zamosc und anderen deutlich wird. Ihre didaktische Methodik diente der Heranführung an die innovativen Erkenntnisse in den Naturwissenschaften und verfolgte so das weiter gesteckte Ziel einer Einübung in die Moderne. Zugleich hatten sie ein Berliner Publikum im Blick, das mit dem kabbalistischen Gemeingut via Naturwissenschaft vertraut gemacht werden sollte.[242]

Zwischen Spinoza und Kant

Maimons Synthese von Spinoza und Kant wurde vornehmlich durch einen Brief Kants an seinen Schüler Marcus Herz vom 26. Mai 1789 bekannt.[243] Letzterer hatte Kant Maimons *Versuch über die Transzendentalphilosophie* übersandt: Maimons Versuch, Kants *Kritik der reinen Vernunft* einer kritischen Revision zu unterziehen. Auf die Bitte hin, eine lobende Einführung zur Herausgabe von Maimons Schrift beizusteuern, antwortete Kant an Herz,

> [...] daß nicht allein niemand von meinen Gegnern mich und die Hauptfrage so wohl verstanden, sondern nur wenige zu dergleichen tiefen Untersuchungen so viel Scharfsinn besitzen möchten, als Hr. Maymon [...] Maymons Schrift enhält übrigens so viel scharfsinnige

---

241 Meir Buzgalo, *Salomon Maimon. Monism, Skepticism, and Mathematics*, Pittsburgh 2002; Hugo Bergmann, „Salomon Maimons Philosophie der Mathematik", *Isis* 16 (1931): 220 – 232; Jan Bransen, *The Antinomy of Thought: Maimonian Skepticism and the Relation between Thoughts and Objects*, Dordrecht 1991. Zum Skeptizismus Maimons siehe bereits Nathan Rotenstreich, „The Problem of the ‚Critique of Judgment' and Salmon Maimon's Scepticism", *Tarbiz* 10,2 (1939): 155 – 171 (Hebräisch); ders., „The Concept of Quantity in Salomon Maimon's Philosophy", *Iyyun. The Jerusalem Philosophical Quarterly* 1 (1945): 70 – 86 (Hebräisch).

242 Siehe Kap. 3.

243 Siehe auch Charlotte Katzoff, „Solomon Maimon's Interpretation of Kant's Copernican Revolution", *Kant-Studien* 66 (1975): 342 – 356.

> Bemerkungen, dass er sie nicht ohne einen für ihn vorteilhaften Eindruck, immer hätte ins Publicum schicken können, auch ohne im mindesten mir hierdurch zuwieder zu handeln, ob er auch gleich einen ganz anderen Weg nimmt, als ich; denn er ist doch darinn mit mir einig, dass mit der Festsetzung der Principien der Metaphysik eine Reform vorgenommen werden müsse, von deren Nothwendigkeit sich nur Wenige wollen überzeugen lassen. Allein, was Sie, werther Freund, verlangen, die Herausgabe dieses Werkes mit einer Anpreisung meinerseits zu begleithen, wäre nicht wohl thunlich, da es doch grossentheils auch wider mich gerichtet ist.[244]

Kant verstand die Kritik so, dass laut Maimon der Verstand, wenn er eine gesetzgebende Wirkung auf sinnliche Anschauungen haben soll, selbst der Urheber der sinnlichen Formen und somit sogar der Materie selbst sein müsse, da sonst Kants Frage *quid juris* (wie apriorische Begriffe auf aposteriorische Gegenstände angewandt werden könnten) nicht zufriedenstellend beantwortet werden könne. Verstandesvermögen und Anschauungsvermögen seien daher essentiell nicht unterschiedlich – so Maimon –, sondern können nach den Grundsätzen von Leibniz und Wolff nur graduell unterschieden werden, da der menschliche Verstand auf gewisse, wenn auch eingeschränkte Weise, mit dem göttlichen identisch sei.[245] Anschauung wäre folglich eine Minimalgröße des Bewusstseins, die dem

---

244 Immanuel Kant, *Kants Werke*, Bd. 9,1: Briefe von und an Kant, hg. v. Ernst Cassirer, Berlin 1922, Brief Nr. 362 an Marcus Herz vom 26. Mai 1789, 49 und 54. Vgl. https://korpora.zim.uni-duisburg-essen.de/Kant/briefe/362.html (Zugriff 8. August 2020):

> Ich war schon halb entschlossen das Mscrpt
> so fort, mit der erwähnten ganz gegründeten Entschuldigung, zurük
> zu schicken; allein ein Blick, den ich darauf warf, gab mir bald die Vorzüglichkeit
> desselben zu erkennen und, daß nicht allein niemand von
> meinen Gegnern mich und die Hauptfrage so wohl verstanden, sondern
> nur wenige zu dergliechen tiefen Untersuchungen soviel Scharfsinn besitzen
> möchten, als Hr. Maymon und dieses bewog mich, seine Schrift
> bis zu einigen Augenblicken der Musse zurük zu legen [...]
> Maymons Schrift enthält übrigens so viel scharfsinnige [Bemerkungen]
> daß er sie nicht ohne einen für ihn vortheilhaften Eindruk,
> immer hätte ins Publicum schicken können, auch ohne im mindesten
> mir hiedurch zuwieder zu handeln, ob er gleich einen ganz
> Weg nimmt, als ich; denn er ist doch darinn mit mir einig,
> mit der Festsetzung der Principien der Metaphysik eine Reform
> werden müsse, von deren Nothwendigkeit sich nur wenige
> wollen überzeugen lassen. Allein, was Sie werther Freund verlangen,
> Herausgabe dieses Werks mit einer Anpreisung meiner seits zu
> wäre nicht wohl thunlich, da es doch großentheils auch
> mich gerichtet ist.

245 Damit wäre mindestens eine Übereinstimmung mit Scholems Kriterien eines vorliegenden Pantheismus gegeben, siehe Gershom Scholem, Art. „Kabbalah“, *Encyclopaedia Judaica*, Bd. 11,

fragmentarischen Verstehen dient. Sie stellt während des Verstehensprozesses eine erkennbare, definitorische Größe dar und aposteriorische Erkenntnisse Formen des göttlichen Intellekts und die Folge eines Aktes der Selbsterkenntnis. Dabei sei Gott nach der spinozistischen Transformation nicht nur *causa formalis*, sondern auch *causa materialis* der Schöpfung. Der göttliche Intellekt gewährleiste in diesem Prozess die Einheit der Ideen und Objekte.[246] Fraenkel führt die monistische Leibniz-Umdeutung in Maimons *Ethik*, als „Salto mortale der Vereinigung der Kantischen Philosophie mit dem Spinozismo" auf Maimonides Schriften zurück, dessen Monotheismus in Spinozas Monismus gemündet sei.[247] Im Gegensatz dazu leitet Melamed Maimons Idealismus nicht von Spinozas *Ethik*, sondern aus einer Interpretation Spinozas als Repräsentant der monistischen Lehre des Parmenides und der vorsokratischen Eleaten her.[248] Allerdings stimmen Fraenkel und Melamed darin überein, dass Maimon seine Beeinflussung durch Spinoza bewusst in der Schwebe halten wollte.[249] Leibniz hatte Spinoza bezüglich des kosmologischen Beweises für die Existenz Gottes als selbstverursachte Ursache allen Seins ambivalent rezipiert und so verlief die weitere Entwicklung dieser Fragestellung in unterschiedlichen Bahnen.[250]

---

hg. v. Fred Skolnik, Detroit u. a. ²2007, 648. Auf den Pantheismusstreit der Spätaufklärung zwischen Friedrich Heinrich Jacobi und Moses Mendelssohn kann an dieser Stelle nicht ausführlich eingegangen werden und es sei hier nur auf Heinrich Scholz (Hg.), *Die Hauptschriften zum Pantheismusstreit zwischen Jacobi und Mendelssohn*, Berlin 1916; sowie auf Kapitel 4.6. bei Wulf, *Spinoza in der jüdischen Aufklärung*, 232–292, besonders das Zitat Maimons aus seiner *Lebensgeschichte* zu den beiden Kontrahenten (ebd., 365) verwiesen und die Aussage, dass die Wahrheit „allen Ausdruck hinter sich läßt".

246 Engstler, *Idealismus Salomon Maimons*, 44–45; Fraenkel, „Maimonides, Spinoza, Solomon Maimon", 197; ders., „Copernican Revolution", 193–220; ders., „Maimonides and Spinoza as Sources", 212–240, hier 239–240; Wulf, *Spinoza in der jüdischen Aufklärung*, 322–330. Siehe auch Yossef Schwartz, „*Causa Materialis.* Solomon Maimon, Moses ben Maimon and the Possibility of Philosophical Transmission", in Gideon Freudenthal (Hg.), *Salomon Maimon: Rational Dogmatist*, 125–143. Im Grunde erinnert diese Vorstellung deutlich an Maimonides' Einheit von *sekhel*, *maskil* und *muskal*, siehe oben Kap. 1.

247 Fraenkel, „Maimonides, Spinoza, Solomon Maimon", 237–240.

248 Siehe Melamed, „Salomon Maimon and the Rise", 75–76; sowie Schwartz, „*Causa Materialis*", 125–143.

249 Fraenkel, „Copernican Revolution", 213; Melamed, „Salomon Maimon and the Rise", 73. Zu der Aussage, dass Kabbala „nichts sei als erweiterter Spinozismus" (*Lebensgeschichte*, 84) siehe auch Wulf, *Spinoza in der jüdischen Aufklärung*, 353–371.

250 Siehe Morgens Lærke, „Leibniz's Cosmological Argument for the Existence of God", *Archiv für Geschichte der Philosophie* 93 (2011): 58–84.

In seinem Kommentar zum *More* führt Maimon diese Argumentation im Sinne von Spinozas Immanenzphilosophie in Bezug auf den Verstand weiter aus.[251] Er erläutert an dieser Stelle seinem hebräischen Publikum die Identität von Verstand, erkennendem Subjekt und erkanntem Objekt (hebr. *sekhel, maskil, muskal*)[252] in der Terminologie (wörtlich nach dem System) Kants und dann aus der Perspektive Leibniz':

> Nach der Meinung des Gelehrten Kant erfordert *die Erkenntnis* zwei Dinge, die voneinander unterschieden sind, namentlich *den Verstand* und *die Sinnlichkeit*; die Sinnlichkeit erhält (von dem uns unzugänglichen äußeren Ding) die Materie[253] der Erkenntnis, und der Verstand erzeugt aus sich heraus die Form[254] der Erkenntnis; und die Erkenntnis ist die Beziehung der Form des Verstandes zu einer besonderen Materie. [...] Aus diesem Grund werden beide notwendigerweise gebraucht, und auf diese Weise sind der Verstand, das erkennende Subjekt und das erkannte Objekt nur dann in Bezug auf die Form der Erkenntnis ein Ding in sich,[255] wenn sie selbst ein *Objekt der Erkenntnis* ist – wie ich bereits erklärt habe. [256]

Laut Spinoza charakterisiere diese Einheit auch die Ordnung der Erkenntnismodi.[257] Würde man hier Kants epistemologischen Dualismus auf die Aussage Maimonides' in *More* I, 68 anwenden, beschränkte sich die Einheit der drei Komponenten auf die bloße Form des Objekts. Das Problem *quid juris* könnte nur dann gelöst werden, wenn man davon ausgeht, dass sowohl die Form als auch die Materie des Erkenntnis-Objekts das Ergebnis des Erkenntnisprozesses des Verstandes wären. Das versucht Maimon im weiteren Verlauf des Abschnitts gemäß der Leibnizschen Metaphysik und der Arithmetik zu demonstrieren.[258] Das Ergebnis lässt sich mit der folgenden Aussage der *Progress*-Schrift unterstreichen: „Alle Begriffe der Mathematik werden von uns gedacht, und zugleich als reelle Objekte durch Konstruktion a priori dargestellt. Wir sind hierin Gott ähnlich."[259] Da dem menschlichen Verstand aufgrund seiner Begrenztheit empirische Objekte

---

251 Salomon Maimon, *Giv'at ha-More*, Bd. 1, Berlin 1791, 69; siehe Schwartz, „*Causa materialis*", 133 – 134.

252 Siehe oben die Ausführungen zu Maimonides.

253 Hebräisch *ḥomer.*

254 Hebräisch *ṣura.*

255 Hebräisch *eḥad be-'aṣmo.*

256 Nach der neuen Ausgabe von Bergmann / Rotenstreich, Jerusalem 2000, 107. Zur Übersetzung siehe Wulf, *Spinoza in der jüdischen Aufklärung*, 376 – 377, die hier leicht modifiziert übernommen wurde. Maimon selbst hat die Schlüsselbegriffe in deutscher Sprache in Klammern hinter die hebräischen gesetzt. Sie werden hier kursiv gekennzeichnet.

257 Fraenkel, „Maimonides and Spinoza as Sources", 240.

258 *Giv'at Hammore*, hg. v. Bergman / Rotenstreich, 107–108. Wulf, *Spinoza in der jüdischen Aufklärung*, 377–378.

259 Maimon, *Gesammelte Werke*, Bd. IV, 42.

als „gegeben" erscheinen – also als unabhängig von der Kognition –, geht Maimon davon aus, dass sich Kognition und empirisches Objekt vom unendlichen Verstand unterscheiden:

> Aber du [der Leser] solltest beachten, dass diese Unterscheidung der Methode der Erkenntnis vom *a priori* zum *a posteriori* oder vom *a posteriori* zum *a priori* nur für die Erkenntnis eines endlichen Verstandes angemessen ist, weil das Sein der Dinge nicht der Wahrnehmung folgt, sondern im Gegenteil, das bedeutet: seine Wahrnehmung folgt dem tatsächlichen Sein der Dinge. [260]

Diese Fragestellung ist besonders bei Maimons Interpretation von Gottes Rückzug (*ṣimṣum*) im lurianischen Schöpfungsmythos von großer Relevanz, vornehmlich in *Ḥesheq Shelomo*, aber auch in Satanows *Imre Bina*.[261]

Kant war in dieser Hinsicht zu keinem Zugeständnis an Maimon bereit, wie er in demselben Brief anmerkt:

> [W]eil wir sonst noch eine andere Anschauungsart, als die uns zu eigen ist und einen anderen Verstand, mit dem wir unseren Verstand vergleichen könnten und deren jeder die Dinge an sich selbst bestimmt darstelle, haben müssten: wir können aber allen Verstand nur durch unseren Verstand und so auch alle Anschauung nur durch die unsrige beurtheilen.[262]

Der „Problemdenker" Maimon entwickelte kein eigenes System, sondern antwortete vielmehr bruchstückhaft auf Fragen der zeitgenössischen Philosophie, deren Antworten er seinem Publikum in Mosaiksteinen „zur Beurtheilung" vorlegte.[263] Gerade diese Methode der „Assoziation" wurde häufig an Maimon kritisiert, gewinnt jedoch vor dem Hintergrund seiner talmudische Methodik größere Plausibilität – er legte letztere auch in seinen philosophischen Schriften nie völlig ab und orientierte sich ungebrochen an Maimonides' Erkenntnismodell. Anhand

---

260 *Giv'at Hammore,* hg. v. Bergman / Rotenstreich, 33. Siehe Wulf, *Spinoza in der jüdischen Aufklärung*, 378. Zur maimonidischen Unterscheidung von Aristoteles und der Möglichkeit der Identität Gottes mit der intelligiblen Form in der Aktualität Gottes, in der es keine Potentialität gibt, weil *sekhel, maskil* und *muskal* stets identisch sind; siehe Fraenkel, „Copernican Revolution", 207–208 (mit Hinweis auf *Ḥesheq Shelomo*); und Maimon, *Giv'at ha-More*, Bd. I, Berlin 1791, 74; siehe auch die weiteren Aussagen in ebd., 165.

261 Siehe unten Abschnitt 3.4 und 3.4.2.

262 Kant, *Werke*, Bd. XI, 51. Doch nahm Kant die Kritik Maimons ernster, als er dies in öffentlichen Äußerungen glauben machen wollte. Siehe Wulf, *Spinoza in der jüdischen Aufklärung*, 324; Engstler, *Idealismus Salomon Maimons*, 162.

263 Maimon, *Lebensgeschichte*, 298 und 438–439; siehe auch ebd., 3; sowie Engstler, *Idealismus Salomon Maimons*, 29–32; Wulf, *Spinoza in der jüdischen Aufklärung*, 326–327. Siehe unten die Ausführungen zur *meliṣa* bzw. *shibbuṣ*-Methode und den „Mosaiksteinen" bei Satanow.

Abb. 6: Portrait Salomon Maimon, Herzog August Bibliothek Wolfenbüttel: Briefsammlung V 1060a

der intellektuellen Ideale des Selbstdenkens und der prozessualen, diskursiven Wahrheitssuche verschmelzen verschiedene intellektuelle Traditionen in einem synthetisch-heuristischen Verfahren.[264] Das Problem Form / Materie ist laut

264 Wulf, *Spinoza in der jüdischen Aufklärung*, 328; Isabelle Thomas-Fogiel, „‚Coalition des systémes‘ et topologie des contradictions: la pratique herméneutique de Salmon Maimon“, *Révue Germanique Internationale* 9 (2009): 35 – 51. Zum Problem der Einordnung Maimons als „maimonidischer Kantianer“, siehe Schwartz, „*Causa materialis*“, 126 – 127.

Maimon nicht mit der Annahme eines Dualismus zu lösen, die auch auf andere Bereiche des kantischen Dualismus wie Erkenntnis und Vernunft, Theorie und Praxis ausgeweitet werde, sondern es müsse von einem göttlichen Intellekt ausgegangen werden. Der menschliche Intellekt sei mit dem göttlichen zwar substanziell identisch, jedoch im Gegensatz zu diesem begrenzt.[265]

Ḥesheq Shelomo (Das Verlangen Salomos)

Maimons Haltung gegenüber kabbalistischem Gedankengut und mystischen Traditionen, auch im Kontext der deutschen Romantik,[266] wurde aus unterschiedlichen Perspektiven beleuchtet. Die Forschung fokussierte sich größtenteils auf Maimons *Lebensgeschichte* (1792), seinen Kommentar zu Maimonides *opus magnum* mit dem Titel *Giv'at ha-More* (Anhöhe des *More*, 1791)[267] und den *Versuch über die Transzendentalphilosophie* (1790).[268] Weniger Beachtung fand das bisher unveröffentlichte Werk *Ḥesheq Shelomo*,[269] obwohl Maimon gerade in dieser

---

265 Paul W. Franks, „Jewish Philosophy after Kant: The Legacy of Salomon Maimon", in Michael L. Morgan / Peter Eli Gordon (Hg.), *The Cambridge Companion to Modern Jewish Philosophy*, 53 – 79, hier 63.

266 Christoph Schulte, „Kabbala in Salomon Maimons Lebensgeschichte", in Eveline Goodman-Thau / Gerd Mattenklott / ders. (Hg.), *Kabbala und die Literatur der Romantik*, Tübingen 1999, 33 – 66.

267 Freudenthal, „Salomon Maimon: The Maimonides of Enlightenment?", 347 – 362.

268 Siehe die neue Ausgabe mit Anmerkungen von Florian Ehrensperger, *Salomon Maimon: Versuch über die Transzendentalphilosophie*, Hamburg 2004.

269 Christoph Schulte, „Salomon Maimons Lebensgeschichte: Autobiographie und moderne jüdische Identität", in Karl-Erich Grözinger (Hg.), *Sprache und Identität im Judentum*, Wiesbaden 1998, 135 – 145. Siehe auch David Assaf, „The Teaching of the Maggid R. Dov Ber of Mezritsh in Salomon Maimon's Autobiography", *Zion* 71,1 (2006): 99 – 101 (Hebräisch); Achim Engstler, „Zwischen Kabbala und Kant. Salomon Maimons ‚streifende' Spinoza-Rezeption", in Hanna Delf / Julius Schoeps / Manfred Walther (Hg.), *Spinoza in der europäischen Geistesgeschichte*, Berlin 1994, 162 – 192; zum Verhältnis von jüdischer und nichtjüdischer europäischer Identität bei Maimon siehe Marcus Moseley, *Being for Myself Alone: Origins of Jewish Autobiography*, Stanford 2006, 54 – 68; Amir Engel, „Reading Gershom Scholem in Context: Salomon Maimon's and Gershom Scholem's German Jewish Discourse on Jewish Mysticism", *New German Critique* 41,1 (2014): 33 – 54. Zu dieser autobiographischen Thematik siehe auch Louise Hecht, „‚How the power of thought can develop within a human mind.' Salomon Maimon, Peter Beer, Lazarus Bendavid: Autobiographies of *Maskilim* Written in German", *Leo Baeck Institute Year Book* 47,1 (2002): 21 – 38; als auch Liliane Weissberg, „Erfahrungsseelenkunde als Akkulturation", 298 – 329; dies., „1792 – 93, Salomon Maimon writes his *Lebensgeschichte* (Autobiography), a Reflection on His Life in the (Polish) East and the (German) West", in Sander Gilman / Jack Zipes (Hg.), *Yale Companion to Jewish Writing and Thought in German Culture 1096 – 1996*, New Haven, Conn. 1998, 108 – 115.

Schrift eine komplexe Synthese seiner unterschiedlichsten Wissensgebiete in Hinblick auf die Kabbala unternahm.[270] Dass dieses Werk in der Forschung bisher nur am Rande berücksichtigt worden ist, liegt wohl auch an der Tatsache, dass nur eine Handschrift davon erhalten ist.[271] Maimon selbst berichtete in der *Lebensgeschichte* über seine Schrift zur Kabbala: „Ein ganzes Werk, das ich darüber schrieb, brachte ich noch mit nach Berlin und verwahre es bis jetzt als ein Denkmal für das Streben des menschlichen Geistes nach Vollkommenheit."[272] Damit kann nur *Ḥesheq Shelomo* gemeint sein.[273]

Maimon berichtet in der Einleitung, er habe das Buch 1778 in Posen vollendet, wo er sich von 1777 bis 1780 aufhielt. Doch schon Abraham Geiger wies darauf hin, dass Maimon in diesem Zusammenhang Locke und die Leibnizsche Monadenlehre erwähnt, die er erst später in Berlin kennengelernt haben kann. Somit ist

---

Siehe auch Shmuel Feiner, „Salomon Maimon and the Haskala", *Aschkenas. Zeitschrift für Geschichte und Kultur der Juden* 10,2 (2000): 337–359.

270 Es kann an dieser Stelle nicht eingehend auf dieses hoch komplexe, in schwierigem Hebräisch verfasste und äußerst assoziativ vorgehende Werk eingegangen werden. Doch sei darauf verwiesen, dass eine Edition desselben mit erläuternden Anmerkungen eine überaus vielversprechende Forschungsaufgabe und ein Desiderat für die weitere Erforschung der europäischen Geistesgeschichte bzw. den jüdischen Anteil an derselben für die Zukunft darstellt. In Kapitel 3 werden relevante Stellen zum Vergleich mit Satanows kabbalistischen Lehren herangezogen werden.

271 Jerusalem – The National Library of Israel, Hs Heb. 8°6426 (= Hs Abraham Geiger. Hochschule für die Wissenschaft des Judentums Berlin 1778). Idel, „On Salomon Maimon", 67–105; ders., „Perceptions of Kabbalah", 62–68, 106; ders., *Hasidism*, 37–41; Idel hebt vor allem den Einfluss Maimondes' auf Maimon hervor und veranschaulicht dies an der Schlüsselmetaphorik Maimons, der darstellt, wie Juden „den Schlüssel" zur esoterischen Weisheit der Kabbala, den Geheimnissen der Tora verloren haben. Es gibt dennoch einen Kern wahrer Kabbala, der sich finden lässt, welchen man von der vergänglichen Hülle unterscheiden können muss; ebd., 62; siehe hierzu auch ders., „Hieroglyphs, Keys, Enigmas: On G. G. Scholem's Vision of Kabbalah: Between Franz Molitor and Franz Kafka", in Bernhard Greiner / Christoph Schmidt (Hg.), *Die Arche Noah: Die Idee der „Kultur" im deutsch-jüdischen Diskurs*, Freiburg i. Br. 200, 234–241; ders., „Kabbalah, Hieroglyphicity and Hierglyphs", 35–37. Gideon Freudenthal, „Philosophizing in Commentaries", *Da'at* 53 (2004): 125–160 (Hebräisch); ders., „Salomon Maimon's Development from Kabbalah to Philosophical Rationalism", *Tarbiz* 80,1 (2012): 71–105 (Hebräisch); ders., „The Philosophical Mysticism of Maimonides and Maimon", in Idit Dobbs-Weinstein / Lenn E. Goodman / James Allen Grady (Hg.), *Maimonides and His Heritage*, Albany 2009, 113–152; Socher, *Radical Enlightenment.*

272 *Salomon Maimons Lebensgeschichte*, hg.v. Jakob Fromer, München 1911, 163.

273 Abraham Geiger beschrieb dieses Buch bereits 1866 in seiner *Jüdischen Zeitschrift für Wissenschaft und Leben*, wobei er darauf hinwies, dass Teile des Manuskripts unvollständig geblieben seien. Siehe Geiger, „Zu Salomon Maimon's Entwicklungsgeschichte", *Jüdische Zeitschrift für Wissenschaft und Leben* 4,3 (1866): 189–199.

anzunehmen, dass er auch nach seiner Ankunft in Berlin 1780 noch an dem Manuskript gearbeitet hat.

Das Werk beinhaltet im ersten Teil, *Ma'ase Nissim* (Wundertaten), einen Kommentar zu den *Derashot* (Auslegungen) des Rabbenu Nissim aus Gerona. Im zweiten, den Maimon *'Eved le-Avraham* (Knecht Abrahams) betitelt, findet sich ein übergreifender Kommentar zu Abraham Ibn Ezras Torakommentar aus dem 11. Jahrhundert und zu dessen Psalmenkommentar. Den dritten Teil, *Ma'ase Livnat ha-Sappir* (Werk des Saphirsteins), bildet ein Essay zum Verhältnis von Kabbala und Philosophie bzw. zwischen dem Schöpfungswerk (*Ma'ase Bere'shit*), dem göttlichen Thronwagen aus Ezechiel (*Ma'ase Merkava*) und den damit verbundenen metaphysischen Fragestellungen. Dieser Teil ist für das vorliegende Thema von besonderer Bedeutung.[274] Teil Vier, *Ma'ase Ḥoshev* (Werk des Denkenden), befasst sich mit Algebra und Teil Fünf, *Avarkhehka Baḥya*, beinhaltet Fragmente eines Superkommentars zu Baḥya ben Ashers kabbalistischem Kommentar zur Tora.[275]

Ähnlich wie Abraham Abulafia in seinen *Sheva' Netivot ha-Tora* (Sieben Pfade der Tora) beschreibt auch Maimon eine hierarchische Struktur der Wissensbereiche und der Wissbegierigen, die mit einer gesellschaftlichen Gliederung einhergeht. Im Gegensatz zu Abulafia geht Maimon in seiner Einleitung von drei Klassen aus: die Talmudlernenden, die Studierenden der Kabbala und die Philosophen. Die höchste Klasse, zu der er sich selbst rechnet, erkennt die Würde der Vernunft, die die weltliche Weisheit mit der Tora identifiziert. Erst nach dem Studium der Wissenschaften und der Sprachen nähert sie sich der „echten" Kabbala und erkennt, dass in ihr die Geheimnisse der Tora offenbart werden, welche als Geheimnisse der Natur in Fabeln und Allegorien gekleidet sind. Maimon bemerkt dazu in seiner Lebensgeschichte:

---

274 Hierzu siehe vor allem Orr Scharf, *The Works of Sapphire Stone. Ma'aseh Livnat ha-Sapir*, München (in Vorbereitung); Idel, „On Salomon Maimon", 69–71.

275 Socher, *Radical Enlightenment*, 52–84. Höchst interessant ist das ebenfalls unveröffentlichte Werk *Ta'alumot Ḥokhma* (Geheimnisse der Weisheit), Breslau 1786, welches sich derzeit in der Bodleian Library Oxford (Hs Mich. 186) befindet und sich mit Newtons Physik auseinandersetzt. Zur Bibliographie Maimons siehe Noah J. Jacobs, „The Literature on Salomon Maimon – Annotated Bibliography", *Qiryat Sefer* 41,2 (1966): 245–262 (Hebräisch); auf Deutsch als „Schrifttum über Salomon Maimon: Eine Bibliographie mit Anmerkungen", *Wolfenbütteler Studien zur Aufklärung* 4 (1977): 353–395; Freudenthal, *Salomon Maimon*, 263–272.

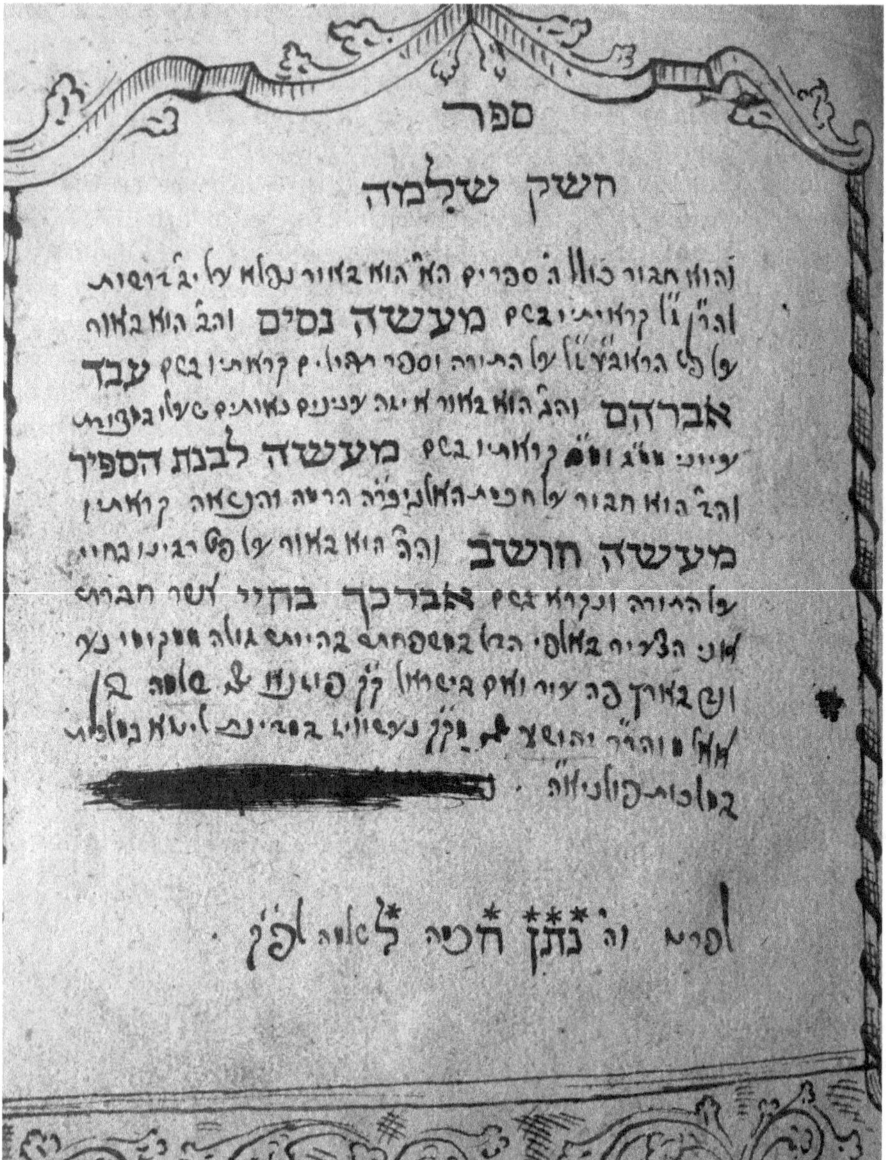

Abb. 7: Titelseite von Maimons *Ḥesheq Shelomo*, Hs Abraham Geiger. Hochschule für die Wissenschaft des Judentums Berlin 1778 / Jerusalem – The National Library of Israel, Hs Heb. 8° 6426

> Ursprünglich war die Kabbala vermutlich nichts anderes als Psychologie, Physik, Moral, Politik und dergleichen, durch Symbole und Hieroglyphen[276] in Fabeln und Allegorien vorgestellt, deren geheimen Sinn man nur denen entdeckte, die dazu tüchtig waren. Nach und nach ging, vielleicht durch manche Revolutionen, dieser geheime Sinn verloren, die Zeichen wurden statt der bezeichneten Sache selbst genommen. Da man aber leicht merkte, daß diese Zeichen doch etwas bedeuten müßten, so überließ man es der Einbildungskraft, diesen geheimen Sinn, der längst verlorengegangen war, aufs neue zu erdichten. Die entferntesten Analogien zwischen Zeichen und Sachen wurden ergriffen, bis endlich die Kabbala in eine Kunst, mit Vernunft zu rasen, oder eine auf Grillen beruhende systematische Wissenschaft ausartete. Das Vielversprechende ihres Zwecks: auf die ganze Natur nach Belieben zu wirken; der hohe Schwung und die Feierlichkeit, womit sie sich ankündigt, haben, wie natürlich, auf schwärmerische, durch Wissenschaften und vorzüglich durch eine gründliche Philosophie unerleuchtete Gemüter eine außerordentliche Wirkung. [277]

Das Studium der kabbalistischen Originaltexte könne zur Restauration der ursprünglichen und wahren Bedeutung führen. Sowohl naturwissenschaftliche als auch psychologische Kenntnisse seien bei diesem Studium von größtem Nutzen.

Doch wie gelangte Maimon zu seinem Wissen über kabbalistische Quellen? Maimons Interesse an der Kabbala war laut eigener Angaben durch den Rabbiner seines polnischen Wohnortes geweckt worden. Maimon beobachtete, wie dieser heimlich ein kabbalistisches Buch in der Synagoge las und es unter der Bank versteckte. Nachdem der Rabbiner nach Hause gegangen war, schlich sich Maimon in die Synagoge, um das Büchlein ebenfalls zu studieren. Er versteckte sich dort in einem Winkel, bis alle Besucher das Gotteshaus verlassen hatten, und studierte es den ganzen Tag ohne Essen und Trinken, bis der Synagogendiener abends die Synagoge wieder aufschloss. Satanow war sofort vom Inhalt des Bu-

276 Zur Thematik der Hieroglyphen bei Maimon und Satanow bzw. einem möglichen Einfluss auf Scholems Verständnis von Symbol siehe Moshe Idel, „Kabbalah, Hieroglyphicity and Hieroglyphs", 35 – 43; siehe auch die Ausführungen am Ende dieses Paragraphen.

277 Maimon, *Lebensgeschichte*, hg. v. Zwi Batscha, 76 – 77. Auf ähnliche Weise wird dies in Bezug auf den *Zohar* auch von Jakob Emden in seinem *Miṭpaḥat Sefarim*, Lemberg 1871, 77 dargestellt. Kabbalistische Geheimnisse können nicht in Büchern, sondern nur mündlich überliefert werden, so laut eines Zitats Emdens bei Rabbi Pinḥas Eliyah Hurwitz, *Sefer ha-Berit*, Wilna 1897, 292. Satanow konsultierte für seine Ausgabe von Lurias Gedichten im *Siddur* auch Emdens Gebetbuch. Siehe den Hinweis in *Wa-Ye'etar Yiṣḥaq* (Berlin 1784/5), fol. 162b: „Es soll bekannt gemacht werden, dass ich in den handschriftlichen Büchern und in der Gebetsordnung unseres Lehrers und Rabbiners Jakob Zwi [Emden] viele Varianten dieser Gedichte gefunden habe, die nicht angemessen sind [seiner Würde nicht entsprechen] und ich habe alle diese Formulierungen gesammelt, die am nächsten zur Klarheit und Erläuterung waren." Siehe Stillman, *Living Leaves*, 90; sowie Idel, „Perceptions of Kabbalah", 62; Maurice Hayoun, „Rabbi Jakob Emdens Autobiographie oder der Kämpfer wider die sabbatianische Häresie", in Karl-Erich Grözinger (Hg.), *Judentum im deutschen Sprachraum*, Frankfurt a. M., 222 – 236; ders., *Mémoires de Jacob Emden ou l'anti-Sabbatai Zewi*, Paris 1992.

ches, der ethisch-lurianischen Schrift *Sha'are Qedusha* (Tore der Heiligkeit) fasziniert,[278] doch konnte dieses Werk allein seinen Wissensdurst und die dadurch entfachte Begierde nach weiteren Lektüren dieser Art nicht stillen. Maimon schrieb dem Rabbiner einen Brief und bat darum, andere kabbalistische Werke im Haus des Rabbiners studieren zu dürfen. Der Rabbiner kam dieser Bitte gerne nach und gestattete Maimon in seinem Haus das Studium derselben. Maimon tat dies bald Tag und Nacht, woraufhin Maimons Begierde nach kabbalistischen Büchern mit den physischen Wünschen des Rabbiners nach seiner jungen, hübschen Ehefrau zu kollidieren begann, da das Haus aus nur einem Raum bestand.[279] Daraufhin gab der Rabbiner Maimon die Erlaubnis, jeweils ein Buch mit nach Hause zu nehmen, was dieser tat, bis er die ganze kabbalistische Bibliothek des Rabbiners verschlungen hatte.[280]

Laut Maimon ist die Philosophie, insbesondere von Maimonides' *More*, zum Verständnis der mystischen Tradition von bedeutendem Wert, wie er in *Ḥesheq Shelomo* schreibt:

> Wer nicht die Bücher der göttlichen Philosophen, besonders den *More* von Maimonides studiert hat, um die Sache der Negation aller Eigenschaften, Veränderungen und Leidenschaften Gottes zu verstehen, hat keinen Zugang zu den Kammern der Kabbala, dieses Tor wird verschlossen und nicht offen sein.[281]

Im weiteren Verlauf des Werkes beschreibt Maimon die kabbalistischen Geheimnisse zwar als wahr, jedoch zugleich als versiegelt und enigmatisch, gleich einem Traum, der nicht gedeutet werden kann.[282] Es bleibt nur das Anhaften an der überlieferten, verkommenen Tradition und menschliche Spekulation. Doch mit Hilfe maimonidischer Philosophie können kabbalistische Überlieferungen dem Geist und der Erkenntnis des Menschen dennoch von Nutzen sein. Kabbala

---

278 Zur „Erfindung" dieses Textkomplexes als Gesamtkompostion anhand der Drucke kabbalistischer Texte in dieser Zeit siehe Avishai Bar-Asher, „‚This Fourth Part has been neither Copied nor Printed': On the Identification of the Last Part of Sha'are Qedusha", *Alei Sefer* 23 (2013): 37–49 (Hebräisch); zum Text als ethischer Schrift siehe Gerold Necker, *Einführung in die lurianische Kabbala*, Frankfurt a. M. / Leipzig 2008, 76.

279 Maimon, *Lebensgeschichte*, hg.v. Zwi Batscha, 78–80.

280 Ebd.

281 In Anlehnung an Ez 44,20; Hs Berlin, 142. Siehe Idel, „Perceptions of Kabbalah", 64 (hebräischer Text, 106); zu Maimonides und das Mißverstehen der Kabbalisten, die nicht Maimonides studiert haben; siehe Moshe Idel, „Divine Attributes and Sefirot in Jewish Theology", in Sara Heller-Wilensky / Moshe Idel (Hg.), *Studies in Jewish Thought*, Jerusalem 1989, 87–111, hier 107–110 (Hebräisch).

282 Idel, „Perceptions of Kabbalah", 64–65.

muss laut Maimon als eine Art „erweiterter Spinozismus“[283] verstanden werden, der Spinoza in der innerjüdischen Geistesgeschichte wieder einen festen Platz zuweist. Unter Berücksichtigung maimonidischer Philosophie kann nicht nur die Schöpfung bzw. Gottes Rückzug am Anfang derselben verstanden, sondern es können Gott auch positive Eigenschaften beigelegt werden, die zunächst unendlich viele waren, dann aber von den Kabbalisten auf zehn reduziert wurden.[284] Vor allem in seinem Kommentar zum *More* verhilft Maimon der innerjüdischen Spinoza-Rezeption zu einem weiteren Durchbruch und er begibt sich in expliziten Widerspruch zu Mendelssohns *Morgenstunden.*[285] Für Maimon sind für ein Verstehen kabbalistischer Traditionen daher nicht nur Spinozismus, maimonidische Philosophie und astrale Magie – wobei er selbst wenig Interesse an der praktischen Seite der Kabbala,[286] sondern eher an deren systemischen Errungenschaften in Bezug auf Theologie und Philosophie bezeugt[287] – von Relevanz, sondern diese müssen durch unabhängige Spekulationen vervollständigt werden, um die „Hüllen“ derselben abzulegen und zum wahren Kern vorzudringen.[288] Maimon hatte weniger eine hierarchische Struktur konkurrierender Wahrheitsansprüche vor Augen, wie dies seine angesprochene dreiteilige Gesellschaftsstruktur der Studierenden vermuten lässt, sondern vielmehr wie Satanow eine Synthese verschiedener intellektueller Einflüsse in den jeweiligen kulturellen, philosophischen, religiösen und sozialen Kontexten. So schreibt er über die Gründe zu seiner Herausgabe des *Philosophischen Wörterbuches, oder Beleuchtung der wichtigsten Gegenstände der Philosophie, in alphabethischer Ordnung* (1791) in der *Lebensgeschichte:*

> Ich war Anhänger aller philosophischen Systeme nach der Reihe gewesen, Peripatetiker, Spinozist, Leibnizianer, Kantianer und endlich Skeptiker, und immer demjenigen System zugethan, welches ich zur Zeit für das einzig Wahre hielt. Endlich bemerkte ich, daß alle diese verschiedene Systeme etwas Wahres in sich enthalten, und in gewissen Rücksichten gleich brauchbar sind.[289]

---

283 Siehe Wulf, *Spinoza in der jüdischen Aufklärung*, 353–371.
284 Maimon, *Lebensgeschichte*, hg. v. Zwi Batscha, 84.
285 Wulf, *Spinoza in der jüdischen Aufklärung*, 353.
286 Maimon beschreibt in seiner *Lebensgeschichte* (81–82) einige misslungene „Versuche“ mit der praktischen Kabbala und unternahm seitdem eher eine „rationale Rekonstruktion“ derselben, auch wenn er m. E. den engen Zusammenhang zwischen Theorie und Praxis durchaus wahrnahm; siehe Engstler, „Zwischen Kabbala und Kant“, 166–167.
287 Idel, „On Salmon Maimon“, 101.
288 Siehe *Ḥesheq Shelomo*, 18 und 129; Idel, „Perceptions of Kabbalah“, 66 (bzw. 106). Zur Thematik der „Enthüllung“ und den „orientalischen Philosophien“ siehe auch oben.
289 Wulf, *Spinoza in der jüdischen Aufklärung*, 355; zum *Zohar* und dessen Verfasser R. Moshe de Leon; siehe Schulte, „Kabbala in Salomon Maimons Lebensgeschichte“, 53; und vor allem Mai-

Für Maimon besteht ein enger innerer Zusammenhang zwischen Spinoza und der kabbalistischen Literatur, die er studiert hatte – wahrscheinlich den *Zohar*, Vitals *Sha'are Qedusha* (Pforten der Heiligkeit) sowie *'Eṣ Ḥayyim* (Baum des Lebens) und Moshe Cordoveros (1522–1570) *Pardes Rimmonim* (Granatapfelgarten).[290] Er führt dazu aus:

> Ich las den Spinoza; das tiefe Denken dieses Philosophen und seine Liebe zur Wahrheit gefiel mir ungemein, und da ich schon in Polen durch Veranlassung der kabbalistischen Schriften auf das System desselben gerathen war, so fieng ich darüber aufs neue nachzudenken an, und wurde von dessen Wahrheit überzeugt, daß alle Bemühungen Mendelssohns mich davon abzubringen fruchtlos waren.[291]

Sein Studium der mystischen Werke habe ihn systemisch auf die spätere Spinoza-Lektüre vorbereitet. Dabei könnte der Begriff „Liebe zur Wahrheit" zudem auf Maimonides' *More* verweisen und erneut eine Synthese von Kabbala, mittelalterlicher jüdischer und moderner Philosophie im Hintergrund stehen. Maimon stellt in seinem *Versuch über die Transzendentalphilosophie* Mendelssohns „geläutertem Spinozismus" aus den *Morgenstunden*[292] einen „erweiterten Spinozismus" gegenüber, den er pejorativ durch die Kenntnisse der kabbalistischen Literatur, vor allem der lurianischen, erweitert.[293] Die Frage nach dem Verhältnis

---

mons berühmte Beschreibung des „Lustigen Balls" am Ende seiner *Lebensgeschichte*, hg. v. Zwi Batscha, 316–327; dazu auch Morlok, „Isaac Satanow (1732–1804)".

290 Zu einer ausführlichen Liste siehe Engstler, „Zwischen Kabbala und Kant", 166. Zu Maimons Kabbala- und Spinozakenntnissen siehe bereits Gershom Scholem, „Die Wachtersche Kontroverse über den Spinozismus und ihre Folgen", in Karlfried Günder / Wilhelm Schmidt-Biggemann (Hg.), *Spinoza in der Frühzeit seiner religiösen Wirkung*, Heidelberg 1984, 15–25, hier 15, 20 und 25; sowie ausführlicher Yitzhak Melamed, „Salomon Maimon et l'échec de la philosophie juive moderne", *Révue Germanique Internationale* 9 (2009): 174–187; Idel, „On Salomon Maimon".

291 Wulf, *Spinoza in der jüdischen Aufklärung*, 356.

292 Rivka Horwitz argumentiert, dass Mendelssohns Wissen und Wertschätzung der Kabbala viel größer war als dies Passagen aus den *Morgenstunden* vermuten lassen; siehe Horwitz, „Mendelssohn und die Kabbala". Zur Auseinandersetzung Maimons mit Mendelssohns *Morgenstunden* und seine Verteidigung Spinozas in verschiedenen Werken, siehe Wulf, *Spinoza in der jüdischen Aufklärung*, 384–391; sowie Gideon Freudenthal, „The Remedy to Linguistic Skepticism. Judaism as a Language of Action", *Naharaim* 4 (2010): 67–76.

293 Sylvain Zac, „Maimon, Spinoza et Kant", *Benedictus de Spinoza entre lumière et romanticime. Les Cahiers de Fontenary* 36–38 (1985): 65–75, hier 68; siehe auch Ze'ev Levy, „On Some Early Responses to Spinoza's Philosophy in Jewish Thought", *Studia Spinozana* 6 (1990): 251–278, hier 255. Zur „Erweiterung" im Sinne einer Modifikation göttlicher Eigenschaften in allen Einzelheiten siehe Wulf, *Spinoza in der jüdischen Aufklärung*, 360. Zur Kritik an Wulfs Interpretation von Maimons *ṣimṣum*-Verständnis siehe unten 3.4.2. Zudem beansprucht Maimon intellektuelle Redlichkeit für sich, die Mendelssohn und die Wolffianer vermissen ließen, da er die *Bina* (Ein-

von Spinozismus und Kabbala bei Maimon wird in der Forschung mitunter recht kontrovers beantwortet.[294] Doch es steht außer Frage, dass sowohl in Maimons Interpretation desselben als auch innerhalb der jüdischen Rezeption kabbalistische Traditionen entscheidende Einflüsse ausübten. Maimons Aussage in seiner *Lebensgeschichte*,[295] er sei mit dem lurianischen Werk *Sha'are Qedusha* (Pforten der Heiligkeit) so verfahren, wie die Talmudisten (bHag 15b)[296] über Rabbi Meir sagten, der einen Ketzer zum Lehrer hatte: „Er fand einen Granatapfel, aß die Frucht und warf die Schale weg", sollte dahingehend verstanden werden, dass Maimon trotz der entarteten Form kabbalistischen Wissens in seiner Zeit dennoch die arkane Wahrheit darin entdecken und die ursprüngliche Bedeutung rekonstruieren konnte. Dies war möglich, da in *Ḥesheq Shelomo* und in der *Lebensgeschichte* von einer Gleichsetzung des maimonidischen Gottesbegriffs mit dem der Kabbala ausgegangen wird. Das mystische *En Sof* (der transzendente Aspekt Gottes bzw. der Sefirotwelt, der verborgen bleibt) entspricht der philosophischen *causa materialis* und der *causa efficiens*, die zehn Sefirot (der immanente Aspekt des göttlichen Systems) werden als *causa formalis* und *causa finals* interpretiert. Somit stellt Maimon die Einheit Gottes und dessen Verbindung mit der Welt über alle vier Ursachen fest. Daher sei es unmöglich, ein anderes Seiendes als Gott zu

---

sicht) an politische Zwecke angleiche. Siehe Gideon Freudenthal, „Rabbinische Weisheit oder Rabbinische Philosophie? Salomon Maimons Kritik an Mendelssohn und Wiesel", *Mendelssohn-Studien* 14 (2005): 31–64, hier 61–62. Siehe dazu auch Wulf, *Spinoza in der jüdischen Aufklärung*, 366. Inwieweit Maimon Spinoza als jüdischen Denker, vor allem in Bezug auf theokratische Aussagen im *Tractatus* betrachtet wird, siehe ebd., 367–371.

294 Andreas Kilcher vertritt den Standpunkt, dass „die Geschichte der kabbalistischen Spinoza-Interpretationen die Geschichte einer Überinterpretation" sei (208). „Spinozas Philosophie ist dann eine von der Kabbala regulierte Rhetorik. Zugleich ist Spinozismus selbst die die Kabbala regulierende, transformierende und übersetzende Sprache. Spinozas Philosophie ist so gesehen die sprachliche Bühne, auf der sich diese synkretistische Konfiguration von kabbalistischer und kartesianischer Sprache ereignet." (231–232). Andreas Kilcher, „Kabbala in der Maske der Philosophie. Zu einer Interpretationsfigur in der Spinoza-Literatur", in Delf / Schoeps (Hg.), *Spinoza in der europäischen Geistesgeschichte*, 193–242. M. E. greift Kilchers Auffassung von Kabbala als reinem Sprachgeschehen und Zeichenstruktur zu kurz und berücksichtigt nicht die konzeptionellen und systemischen Aspekte derselben bzw. der kabbalistischen Literatur und Praxis im Allgemeinen. Maimon schreibt ja selbst in seiner *Lebensgeschichte* über die Notwendigkeit einer neuen Interpretation dieser „Zeichen / Hieroglyphen" und eigenen spekulativen Erweiterungen bzw. „Enthüllungen" (siehe unten der Abschnitt zu „Hieroglyphizität und Gehirnsäfte"). Zu Kilcher siehe auch Wulf, *Spinoza in der europäischen Aufklärung*, 362–364.

295 *Lebensgeschichte*, hg. v. Zwi Batscha, 78.

296 Zur einflussreichen kabbalistischen Interpretation dieser Stelle siehe Azriel von Geronas Kommentar zu den zehn Sefirot, *Perush 'Eser Sefirot*, in Meir Ibn Gabbai, *Sefer Derekh Emuna* [Buch des Glaubensweges], Warschau 1850.

erkennen.[297] Auf diese Weise kann Maimon in seinem Kommentar zum *More* eine eindeutig positive Haltung gegenüber Spinoza einnehmen und wiederholt betonen, dass Spinozas Philosophie nicht nur mit Leibniz, sondern auch mit älteren Traditionen des Judentums, vor allem den kabbalistischen (wie Lurias und dessen *ṣimṣum*-Lehre), konform gehe.[298] Es muss jedoch die Frage offen bleiben, ob Maimon bei gewissen kabbalistischen Konzeptionen bereits von pantheistischen Tendenzen Spinozas beeinflusst worden war, wie dies in der Forschung Yitzhak Melameds postuliert wird, oder ob er mit diesen Paradigmen doch direkt aus der kabbalistischen Literatur wie Azriel von Gerona (ca. 1160–ca.1238) vertraut war und diese in seine Schriften einfließen ließ.[299] Das bleibt noch zu untersuchen, hier muss die wertvolle „Übersetzungsarbeit" bezüglich Kant, Leibniz und Spinoza von Maimon für spätere Autoren und im Gegensatz zu Satanow herausgestellt werden, da letzterer sich, anders als Maimon, nur an ein Hebräisch sprechendes Publikum wendet, um eine innerjüdische Diskussion anzuregen, wohingegen Maimon auch deutschsprachige Leser anspricht. Doch wie sieht es diesbezüglich mit naturwissenschaftlichen Quellen aus?

2.3.2 Israel Zamosc (ca. 1700–1772) und Moshe Ḥayyim Luzzatto (1707–1746)

Für Maimons und Satanows Versuche einer Synthese zwischen Naturwissenschaft, Philosophie und Kabbala lassen sich in einem ähnlichen Kontext vor allem zwei Persönlichkeiten ausmachen: Israel ben Moshe Halevi aus Bóbrka (in der Nähe von Lemberg), also ebenfalls mit polnischer Herkunft, und Moshe Ḥayyim Luzzatto aus Padua,[300] dessen Schriften jedoch in Polen und Litauen

297 Wulf, *Spinoza in der jüdischen Aufklärung*, 363–364, hier 382–383 interpretiert diese Stelle unter der Prämisse von Maimons Skeptizismus und kritisiert Kilchers propagierte apodiktische ontologische Ernsthaftigkeit bei Maimons Kabbala-Studien. Zum Einfluss von Spinozas *Ethik* und der Einheit von *natura naturans* und *natura naturata* sowie der Ineinssetzung der vier aristotelischen Ursachen mit der kabbalistischen Ontologie in *Ḥesheq Shelomo* siehe Kapitel 3.4.2 und vorerst Idel, *Hasidism*, 38–39.

298 Wulf, *Spinoza in der jüdischen Aufklärung*, 391.

299 Vortrag von Moshe Idel in Paris beim Workshop: The Role of Jewish Mysticism in Early Modern Philosophy and Science: Kabbalah, „Atheism" and Non-Mechanical Philosophies of Nature in the 17th–18th Century, École des Hautes Études en Sciences Sociales (ÉHESS), 12.–13. Oktober 2015.

300 Zu den polemischen Kontroversen um Luzzattos kabbalistische Systeme siehe Jonathan Garb, *Kabbalist in the Heart of the Storm: R. Moshe Ḥayyim Luzzatto*, Tel Aviv 2014 (Hebräisch).

weite Verbreitung fanden.[301] Während bei Zamosc die Auseinandersetzung mit kabbalistischen Traditionen eher eine marginale Stellung innehatte und auch nur während einer kurzen Periode seines Lebens und Schaffens aktuell war, verfasste Luzzatto einflussreiche Schriften im Bereich der hebräischen Poetologie, die bis heute noch keine adäquate Würdigung erhalten haben und dem Programm Jakob Anatolis (ca. 1194–1256) aus dem 13. Jahrhundert nicht unähnlich sind.[302]

Zamosc

Die Stadt Zamosc wurde dank der Politik des Magnaten Jan Zamoyski (1541–1605) früh zu einem intellektuellen Zentrum im Geiste des Humanismus, in der zahlreiche wissenschaftliche Werke Verbreitung fanden und auch sephardische Juden aufgrund ihrer modernen Kultur und internationalen Verbindungen angeworben wurden. Sie scheinen das Studium der Wissenschaften, das im mittelalterlichen Spanien einen wichtigen Stellenwert im Judentum innehatte, in Osteuropa fortgesetzt zu haben und brachten auch zahlreiche gedruckte und handschriftliche Bücher mit sich. Israel Zamosc fand in diesem Zentrum der frühen Haskala einige Schüler und Verbündete, z. B. Issaschar Falkensohn Behr (1746–1817), der Autor der *Geschichte von einem polnischen Juden* (1772). Rasch verwandelte sich die Stadt in der Generation nach Israel Zamosc zu einem der führenden Zentren der jüdischen Aufklärung in Osteuropa. Zamosc verfasste neben seinem frühen Hauptwerk *Neṣaḥ Yisra'el* (Ewigkeit Israels, ca. 1737) noch eine Reihe weiterer Schriften, die deutlich von naturwissenschaftlichen Einflüssen geprägt sind, von denen aber viele heute leider als verschollen gelten. In *Neṣaḥ Yisra'el* kommentiert er hauptsächlich zentrale *Sugiyot* und ergänzt sie um mathematische und astronomische Sachkenntnisse. Dabei kritisiert er scharf die Auslegungen der

301 Hierzu vor allem Isaiah Tishby, „How Luzzatto's Kabbalistic Writings were Disseminated in Poland and Lithuania", in ders., *Messianic Mysticism. Moses Hayim Luzzatto and the Padua School*, Oxford / Portland, Oregon 2014, 404–453. Auf die spezifische Analyse von *Sefer ha-Berit* wird an dieser Stelle nicht näher eingegangen werden, da dies in jüngster Zeit von David Ruderman eingehend unternommen wurde.

302 Jakob Anatoli propagierte bereits im 13. Jahrhundert eine Synthese zwischen philosophischen und kabbalistischen Traditionen, laut derer sich der Mensch erst mit Mathematik und Physik und dann im Alter mit Metaphysik befassen sollte. Anatoli findet in mehreren biblischen Allegorien eine Anspielung auf diese hierarchische Ordnung der philosophischen Disziplinen. So stehe im Garten Eden für jede Einzelwissenschaft ein Baum, wobei der Lebensbaum mitten im Garten die Metaphysik symbolisiere bzw. das „Haus, in dem die Seele bestehen bleibt". Siehe Caterina Rigo, Art. „Jakob ben Abba Mari ben Shimshon Anatoli", in Andreas Kilcher / Ottfried Fraisse (Hg.), *Metzler Lexikon Jüdischer Philosophen*, Stuttgart / Weimar 2003, 57–60.

Talmudgelehrten des 15. und 16. Jahrhunderts.[303] Sein Ziel ist es, die Übereinstimmung zwischen Tradition und Vernunft aufzuzeigen, wobei er das Verhältnis zwischen Wissenschaft und Tradition mit dem zwischen Sonne und Mond, genauer: mit deren Dependenz, vergleicht.[304] Auch wenn Zamoscs eigene wissenschaftliche Kenntnisse oft veraltet waren, erwies sich seine exegetische Methode doch als äußerst innovativ. Er setzt stets voraus, dass die talmudischen Stellen ausnahmslos wissenschaftliche Wahrheiten zum Ausdruck bringen und interpretiert befremdliche Aussagen so, dass sie mit der Wissenschaft übereinstimmen. Maimon schreibt in seiner *Lebensgeschichte* voll Lob und Anerkennung über Zamosc:

> Natürlicherweise war unserem Rabbi Israel mehr an der Verbreitung nützlicher Kenntnisse unter seiner Nation als an der Erklärung oder Bestimmung eines Gesetzes gelegen, dessen er sich bloß als eines Vehikels bediente.[305]

Jedoch galten Zamoscs Ideen vielen seiner polnischen Zeitgenossen als zu subversiv, und er musste nach der Publikation von *Neṣaḥ Yisra'el* in Frankfurt an der Oder im Jahr 1741, das von seinen Gegnern mit *Reṣaḥ Yisra'el* (Ermordung Israel) karikiert wurde,[306] Zamosc verlassen. In Berlin wurde er Privatlehrer von Aaron Salomon Gumpertz und Moses Mendelssohn für Hebräisch, Naturwissenschaften und jüdische Philosophie. Es scheint, dass Mendelssohn ihn mit den modernen Naturwissenschaften der Zeit in Berührung brachte, wobei eventuell auch Gumpertz eine Rolle gespielt haben könnte.[307] Da Zamosc – im Gegensatz zu Maimon – nur bruchstückhafte Deutschkenntnisse besaß und die einzige Sprache, die er schriftlich beherrschte, Hebräisch war, benötigte er wohl Hilfe bei der Lektüre von

---

303 Gad Freudenthal, „Jewish Traditionalism and Early Modern Science: Rabbi Israel Zamosc's Dialectic of Enlightenment (Berlin, 1744)", in Robert S. Westman / David Biale (Hg.), *Thinking Impossibilities. The Intellectual Legacy of Amos Funkenstein*, Toronto 2008, 63–96, hier 66.

304 Gad Freudenthal, Art. „Israel ben Moshe Halewi Zamosc", in Andreas Kilcher / Ottfried Fraisse (Hg.), *Metzler Lexikon Jüdischer Philosophen*, Stuttgart / Weimar 2003, 174–176, hier 174.

305 Maimon, *Lebensgeschichte*, hg. v. Zwi Batscha, 158.

306 Zu dieser Verballhornung des Titels und den Rang der Wissenschaften in Zamoscs Werk siehe Gad Freudenthal, „‚Neṣaḥ Yisra'el' o ‚reṣaḥ Yisra'el'? Maqom ha-madda' be-ḥiddushaw shel R. Yisra'el mi-Zamoṭsh 'al ha-Talmud [‚Ermordung Israels' oder ‚Ewigkeit Israels'? Der Platz der Wissenschaft in den Neuerungen R. Israel Zamoscs zum Talmud]", in Ḥayyim Kreisel (Hg.), *Limmud we-Da'at be-Maḥshava Yehudit* [Lernen und Wissen in jüdischem Denken], Bd. 2, Be'er Sheva 2006, 223–235.

307 Freudenthal, „Jewish Traditionalism and Early Modern Science", 78.

deutschen Texten.[308] Doch es fand rasch eine radikale intellektuelle Wandlung und Begeisterung für das neu erworbene Wissen aufgrund der Lektüre eines verbreiteten Schulbuches zu den neuen Wissenschaften von Michael Friedrich Leistikow (1716 – 1740) – eine elementare Präsentation der Wolffschen Physik – bei ihm statt.[309] Sie ist vor allem in seinem Band *Ruaḥ Ḥen* (Geist der Gnade, 1744), einem Kommentar zu einer populären Einführung in die aristotelische Naturphilosophie, auf fast jeder Seite spürbar. In diesem Kommentar bedient sich Zamosc einer innovativen literarischen Form – des subversiven Kommentars. Er kommentiert den mittelalterlichen Text aus Sicht der modernen Wissenschaft des 18. Jahrhunderts und widerspricht ihm daher ständig, geht zugleich aber von dessen Autorität aus. Die Aufgabe des Kommentars liegt darin, die Aussagen im Text zu widerlegen, indem er sie neuen Erkenntnissen gegenüberstellt, welche sie negieren.[310] Diese Methode, die gelegentlich auch als „Trojanisches Pferd" bezeichnet wurde, da sie anhand eines autoritativen Textes neue Ideen in eine konservative Gesellschaft einbringt,[311] wandten Mendelssohn in seinem Kommentar zu Maimonides' *Millot ha-Higgayon* (Begriffe der Logik, 1762) und Salomon Maimon in *Giv'at ha-More* ebenfalls an. Zamoscs mangelndes Verständnis der Komplexität von Newtons Theorie und deren Unzulänglichkeit in Bezug auf den Heliozentrismus mögen eventuell der Grund für einen erneuten Umschwung hin zu einer konservativeren Haltung, vor allem gegenüber traditionellen Werken des Mittelalters und der kabbalistischen Literatur, gewesen sein. Denn in seinen

---

308 So Friedrich Nicolais Aussage in „Friedrich Nicolai's Anmerkungen zu Moses Mendelssohn's Briefwechsel mit Gotthold Ephraim Lessing", in Gotthold Ephraim Lessing, *Sämtliche Schriften*, Bd. 29, Berlin / Stettin 1828, 373.

309 Freudenthal zeigt auf, dass es sich hierbei um Michael Friedrich Leistikow, *Auszug der Versuche Herrn Christian Wolffens* (Halle 1738) gehandelt haben muss. Eine andere Quelle ist wohl mit Johann Gottlob Krügers (1715 – 1759) *Naturlehre* (1740) anzugeben. In Kapitel 3 muss untersucht werden, ob dieses Werk ggf. auch Satanow als Vorlage gedient haben könnte. Freudenthal, „Jewish Traditionalism and Early Modern Science", 77 – 79, 95.

310 Freudenthal, „Jewish Traditionalism and Early Modern Science", 64. Diese Definition von Kommentar entspricht präzise Adornos – wiederum durch Scholem beeinflusste – Philosophie des Kommentars: „Die Methexis der Philosophie an der Tradition wäre aber einzig deren bestimmte Verneinung. Sie wird gestiftet von den Texten, die sie kritisiert. An ihnen, welche die Tradition ihr zuträgt, und die die Texte selbst verkörpern, wird ihr Verhalten der Tradition kommensurabel. Das rechtfertigt den Übergang von Philosophie an Deutung, die weder das Gedeutete noch das Symbol zum Absoluten erhöht, sondern, was wahr sei, dort sucht, wo der Gedanke das unwiederbringliche Urbild heiliger Texte säkularisiert." (Theodor W. Adorno, *Negative Dialektik*, in *Gesammelte Schriften*, Bd. 6, hg. v. Rolf Tiedemann, Frankfurt a. M. ²2003, 64); siehe Martins, *Adorno und die Kabbala*, 118. Mein Dank geht an Ansgar Martins für diesen Hinweis.

311 Freudenthal, Art. „Zamosc", 175.

posthum veröffentlichten Werken *Oṣar Neḥmad* (Kostbarer Schatz)[312] und *Ṭov ha-Levanon* (Das Beste des Libanon),[313] nimmt er wiederum eine fideistische Haltung gegenüber den Wissenschaften ein und stellt dabei Glaube und Offenbarung über Vernunft und Wissenschaft.[314] Zamosc substituiert in der Folge moderne wissenschaftliche Ansichten durch mittelalterliche Standpunkte und präsentiert in beiden Kommentaren theologisch konservative Anschauungen in modernem Gewand. Laut Freudenthal geschah dies, weil er daran gescheitert war, tiefgreifende Kenntnisse wissenschaftlicher Analysen zu erwerben.[315] Dennoch stellt sich die Frage, ob die angestrebte Synthese in den genannten Kommentaren, die später in orthodoxen Kreisen als klassische Werke angesehen werden, nicht auch durch Maimons und Satanows Wirken beeinflusst wurde. Zamosc sah sich selbst als Reformer und Kritiker der geistigen und sozialen Situation des zeitgenössischen Judentums und hatte zum Ziel, seine Zeitgenossen „aufzuklären". Sein posthum veröffentlichtes Spätwerk *Nezed ha-Dema'* (Tränenspeise, 1773), eine melancholische, in Reimform verfasste pessimistisch-verbitterte Sozialkritik, wirft allerdings viele Fragen auf: Der Text ist sehr dunkel und viele der intertextuellen Anspielungen und Zitate können nicht eindeutig zugewiesen werden. Es lässt sich nicht klar bestimmen werden, ob es sich um eine Kritik am frühen Chassidismus oder an der jüdischen Gesellschaft im Allgemeinen handelt.[316] Vor allem Zamoscs Kommentar zu *Ruaḥ Ḥen* sollte aufgrund der inhaltlichen Berührungspunkte und der versuchten Synthese zwischen kabbalistischen Anschauungen und wissenschaftlichen Kenntnissen mit dem traditionellen Glauben bei der Analyse von Satanows *Imre Bina* unter neuen Gesichtspunkten untersucht werden.

Luzzatto

Moshe Ḥayyim Luzzatto (Akronym RaMḤaL) bezeugt in seinen Schriften den Facettenreichtum des europäischen Judentums.[317] Ähnlich wie bei Maimon und

312 Ein Kommentar zu Yehuda Halevis *Kuzari*.
313 Ein Kommentar zu Baḥya ibn Paqudas *Ḥovot ha-Levavot* (Herzenspflichten).
314 Freudenthal, „Jewish Traditionalism and Early Modern Science", 82–88.
315 Ebd., 70–76, 81–82.
316 Freudenthal, Art. „Zamosc", 176.
317 Roland Goetschel, Art. „Moses Chajim Luzzatto", in Andreas Kilcher / Ottfried Fraisse (Hg.), *Metzler Lexikon Jüdischer Philosophen*, Stuttgart / Weimar 2003, 176–178. Zu Leben und Werk Luzzattos siehe Simon Ginzburg, *The Life and Work of Moses Hayyim Luzzatto. Founder of Modern Hebrew Literature*, Philadelphia 1931; David Sclar, „Adaptation and Acceptance: Moses Ḥayim Luzzatto's Sojourn in Amsterdam among Portuguese Jews", *AJS Review* 40,2 (2016): 335–358; ders., „The Rise of the ‚Ramhal': Printing and Traditional Jewish Historiography in the ‚After-Life'

Zamosc übte auch auf ihn die lurianische Kabbala eine besondere Faszination aus, vor allem deren kosmologische und geschichtstheologische Aspekte. In Padua wurde Luzzatto bald zur Führungsfigur einer Gruppe junger jüdischer Intellektueller, die sich ähnlich der Bruderschaft um Luria dem intensiven Studium des *Zohar* widmeten und dessen Lektüre als eine Art theurgisch-messianische Tätigkeit deuteten.[318] Das Studium der zoharischen Schriften galt in ihren Augen als Wiederherstellung (*tiqqun*) der ursprünglichen Ordnung und Ganzheit der Welt, die daraufhin erneut als Wohnstätte der *Shekhina* fungieren konnte. Ab dem Alter von 20 Jahren sah sich Luzzatto – ähnlich Josef Karo (1488 – 1575) in Safed – als Medium einer Offenbarung durch einen himmlischen Mentor (*maggid*) in Form von Gesprächen, die bis 1736 fortdauerten und welche er schriftlich auf Aramäisch festhielt, indem er sie einem seiner Anhänger diktierte.[319] Man könnte diese Schriften in Form von Gesprächsprotokollen als Versuch werten, innerhalb der Aufklärung eine jüdisch-theologische Philosophie auf der Grundlage kabbalistischen Denkens zu etablieren.[320] Aufgrund eines Briefes von Jequti'el ben Leib Gordon, einem Anhänger Luzzattos, nach Wilna und Venedig, der dem scharfen Kritiker der Kabbala Moses Chagiz (1671 – 1750) in die Hände fiel, wurde die Gruppe 1730 verdächtigt, der sabbatianischen Häresie zu folgen.[321] Chagiz hatte sich den Kampf gegen den „sabbatianischen Unglauben" auf die Fahnen geschrieben[322] und bat die Rabbiner Venedigs um Intervention. Diese wandten sich

of Moses Hayyim Luzzatto", in Gadi Luzzatto Voghera / Mauro Perani (Hg.), *Ramhal: Pensiero ebraico e kabbalah tra Padova ed Eretz Israel*, Padua 2010, 139 – 153.

318 Tishby, *Messianic Mysticism*, 190 – 222; David Sclar, „Perfecting Community as ‚One Man': Moses Hayim Luzzatto's Pietistic Confraternity in Eighteenth-Century Padua", *Journal of the History of Ideas* 81,1 (2020): 45 – 66.

319 Garb, *Heart of the Storm*, 101 – 127 (Hebräisch). Zu Luzzattos Schriften und deren messianische Deutung der lurianischen *tiqqunim*, auch bei seinem Schüler Moshe David Valle, siehe ders., „The Circle of Moshe Hayyim Luzzatto in Its Eighteenth-Century Context", *Eighteenth-Century Studies* 44,2 (2011): 189 – 202; Elliot R. Wolfson, „‚*Tiqqun ha-Shekhinah*': Redemption and the Overcoming of Gender Dimorphism in the Kabbalah of Moses Ḥayyim Luzzatto", *History of Religions* 36,4 (1997): 289 – 332.

320 Goetschel, Art. „Luzzatto", 177. Zu Luzzattos kabbalistischen Schriften siehe Jonathan Garb, „The Authentic Kabbalistic Writings of R. Moses Hayyim Luzzatto", *Kabbalah. Journal for the Study of Jewish Mystical Texts* 25 (2012): 165 – 222 (Hebräisch); sowie die oben genannten Untersuchungen von David Sclar.

321 Zu Luzzattos Verhältnis zum Sabbatianismus siehe Tishby, *Messianic Mysticism*, 223 – 253; sowie Garb, *Heart of the Storm*, 153 – 171 (Hebräisch). Zur Rolle Chagiz in der Kontroverse um Luzzatto, siehe auch Christoph Schulte, *Zimzum. Gott und Weltursprung*, Berlin 2014, 235; zu Luzzatto allgemein und dessen Verständnis des *ṣimṣum*, ebd., 234 – 242.

322 Elisheva Carlebach, *The Pursuit of Heresy. Rabbi Moses Hagiz and the Sabbatian Controversies*, New York 1994, zu Luzzatto ebd., 195 – 255.

an Luzzattos Lehrer Rabbi Jesaja Bassan, der seinen Schüler zwar ob seiner messianischen Spekulationen rügte, aber doch vor den Rabbinern in Schutz nahm. Daraufhin war Luzzatto gezwungen, ein Dokument mit der Verpflichtung zu unterzeichnen, künftig keine Schriften mehr im Namen des *Maggid* oder im Stil des *Zohar* zu veröffentlichen und das Studium der kabbalistischen Werke aufzugeben – zumindest solange er sich nicht im Land Israel befindet. Als seine wichtigsten Werke aus den Jahren 1732–1734 gelten trotz dieses Verbots *Ḥoqer u-Mequbbal* (Gelehrter und Kabbalist) und *Qelaḥ Pitḥe Ḥokhma* (138 Pforten / Eingänge der Weisheit)[323] sowie sein Kommentar zu *Idra Rabba* (Die große Versammlung, ein Teil des *Zohar*). Bei dem ersten Werk handelt es sich – trotz seines unterzeichneten Schwurs, der kabbalistischen Literatur abzusagen – um einen Dialog zwischen einem Philosophen und einem Kabbalisten, in dem zahlreiche philosophisch-rationalistische Argumente gegen die lurianische Kabbala Punkt für Punkt widerlegt werden.[324] Diese Schrift weist zahlreiche Parallelen zu Satanows *Imre Bina* auf. Die *138 Pforten der Weisheit* beinhalten eine umfassende Darstellung der Kabbala aus Safed, und der Kommentar zu einem der Hauptteile des *Zohar*, der *Idra Rabba*, legt diesen wiederum im Sinne der lurianischen Tradition aus.

1732 verließ Luzzatto aufgrund anhaltender Spannungen mit dem dortigen Rabbinat Padua in Richtung Amsterdam. Die Rabbinen Venedigs hegten nun den Verdacht, er wolle seine Schriften dort veröffentlichen und sich Unterstützung bei Rabbi Jakob Cohen aus Frankfurt holen. Sie wandten sich erneut an Moses Chagiz, der die Unterzeichnung eines erneuten Verzichtes (diesmal auf das Unterrichten kabbalistischer Lehren) erzwang. Rabbi Jakob Cohen wurden daraufhin Luzzattos Schriften übergeben, die er zwar teilweise verbrannte, aber auch teilweise versteckte. Auf seinem Weg nach Amsterdam wurde Luzzatto 1734 in Frankfurt a. M. der schwarzen Magie angeklagt. 1735 wurde der Bann auf alle seine Schriften verhängt und 1736 erfolgte die Exkommunikation Luzzattos durch venezianische und deutsche Rabbinen.[325] Dennoch wurde Luzzatto von der portugiesischen Gemeinde Amsterdam mit viel Wohlwollen empfangen und konnte in

---

323 Der Zahlenwert von 138 wird durch die Konsonanten von *qelaḥ* angegeben, da im Hebräischen jeder Buchstabe auch als Zahlenwert verwendet werden kann: in unserem Fall also *quf* (=100) und *lamed* (=30) und *ḥet* (=8).

324 Zum Verhältnis von Kabbala und Wissenschaft in den Schriften Luzzattos siehe Joëlle Hansel, „Philosophy and Kabbalah in the Eighteenth Century: Moses Hayyim Luzzatto, Commentator of Maimonides", in Baasten / Munk (Hg.), *Studies in Hebrew Language*, 213–227.

325 Garb, *Heart of the Storm*, 52–88 (Hebräisch). Siehe auch den Vortrag von Jonatan Meir „Kabbalah, Censorship and Musar Literature: The Case of *Sefer Mesillat Yesharim*" unter https://www.youtube.com/watch?v=t4HqE2cuLfU (Zugriff: 25. August 2020).

dieser Stadt auf verschiedenen Gebieten – außer eben dem der Kabbala – tätig sein. Hier verfasste er im Jahr 1740 auch sein Werk *Mesillat Yesharim* (Pfad der Rechtschaffenen nach Prov 16,17), einen Gesamtentwurf der jüdischen Ethik, das den Beginn der popularen *Musar*-Literatur markiert.[326] In klarer Sprache und mit großem didaktischem Geschick wurde der Leser in diesem Buch etappenweise von der Sünde zur moralischen Vervollkommnung geführt. Bereits 1739 hatte er ein neues Drama verfasst, *La-Yesharim Tehilla* (Lob der Rechtschaffenen),[327] das nachfolgenden modernen Schriftstellern der hebräischen Literatur, besonders Abraham Mapu (1808–1867), dem Schöpfer der neuhebräischen Novelle,[328] als Modell dienen sollte. In Amsterdam schrieb er noch weitere theologische Schriften nieder – eine Grammatik und eine Logik –, bevor er 1743 nach Israel, Tiberias, auswanderte, um wieder zu den kabbalistischen Lehren zurückkehren zu können. 1746 starben er und seine Familie an den Folgen der Pest-Epidemie in

326 Garb, *Heart of the Storm*, 271–319. Die ursprüngliche Fassung der Schrift – die so nie gedruckt wurde – bestand in einer Diskussion zwischen einem Frommen (*ḥasid*) und einem Gelehrten (*ḥakham*), die sich vornehmlich auf die *middot* (Eigenschaften) konzentrierte. Siehe die Faksimile-Ausgabe von Josef Avivi (Hg.), *Mesillat Yesharim*, Jerusalem 1994.

327 Ben Zion Dinur sieht in diesem Werk exemplarisch den Übergang und die Komplexität desselben zwischen dem „alten" und dem „neuen" Zeitalter innerhalb der jüdischen Geschichte, welches die enttäuschende Erfahrung des Sabbatianismus, die Sehnsucht nach Erlösung und erste Funken der Haskala poetisch zum Ausdruck bringt. Siehe Ben Zion Dinur, *Be-Mifne ha-Dorot* [An der Zeitenwende], Jerusalem 1950, 9 und 13.

328 David Patterson, *Abraham Mapu. The Creator of the Modern Hebrew Novel*, London 1964. Ob Luzzatto als Beginn der modernen hebräischen Literatur betrachtet werden kann, wird in der Forschung kontrovers beantwortet; siehe Shimon Rawidowicz, *Schriften*, Buenos Aires 1962, 59; und Yeruḥam Fishel Lachover, *Toledot ha-Sifrut ha-ʻIvrit ha-Ḥadasha* [Geschichte der modernen hebräischen Literatur], Bd. 1, Tel Aviv 1951, 4. Diese Frage ist eng mit der Periodisierung jüdischer Geschichte bzw. der Haskala und der modernen hebräischen Literatur als „Echo der Moderne" verbunden, siehe Israel Bartal, „On Periodization, Mysticism, and Enlightenment – The Case of Moses Hayyim Luzzatto", *Jahrbuch des Simon-Dubnow-Instituts* 6 (2007): 201–214 (besonders zur Stellung der kabbalistischen Ideen Luzzattos und deren Bedeutung für seine Position sowie die Periodisierung in der jüdischen Historiographie bei Graetz, Dinur und Dubnow); Shmuel Feiner, „Hamṣa'at ha-ʻet ha-ḥadasha. Pereq ba-reṭoriqa u-va-todaʻa ha-ʻaṣmit shel tequfat ha-haskala [Die Erfindung der neuen Ära. Ein Kapitel zu Rhetorik und Selbstbewusstsein des Zeitalters der Haskala]", *Dappim le-Ḥeqer ha-Sifrut* 11 (1998): 9–28; siehe auch Moshe Pelli, „When did *Haskalah* Begin?", 55–95; zu Luzzatto bei Lachover, ebd., 61–62. Ḥayyim Nahman Bialik sieht in ihm den Beginn der modernen hebräischen Literatur, siehe Ḥayyim N. Bialik, „Ha-baḥur mi-Padova [Der junge Mann aus Padua]" in *Kol Kitve Ḥayyim N. Bialik* [Gesammelte Schriften Ḥayyim N. Bialik], hg. v. Yacob Fichman, Tel Aviv 1938, 228–229 (Hebräisch); siehe auch Alessandro Guetta, „Kabbalah and Rationalism in the Works of Mosheh Ḥayyim Luzzatto and some Kabbalists of his Time", in ders., *Italian Jewry in the Early Modern Era: Essays in Intellectual History*, Boston 2014, 185–226.

Akko und wurden in Tiberias begraben. Aus dieser Zeit sind leider keine schriftlichen Zeugnisse erhalten. Luzzatto verfasste ebenfalls eine Schrift mit dem Titel *Zohar Tinyana* und beherrschte die unterschiedlichsten literarischen Genres. Seine Kenntnisse der jüdischen Literaturen erstreckten sich über Musar, Haskala, Chassidismus, Sabbatianismus und Kabbala. Nach dem Scheitern der messianischen Ambitionen eines Shabbatai Zwi bestanden Luzzattos messianische Ambitionen darin, diesen tiefen Fall zu korrigieren und sich selbst seinen Anhängern als Messias zu präsentieren.

Luzzattos Neuinterpretation lurianischer Konzeptionen wie des *ṣimṣum*[329] übte weitreichenden Einfluss auf spätere Generationen aus, besonders auf kabbalistische Autoren Litauens wie z. B. Isaak Eizik Haver Waldman,[330] dem Autor der *Pitḥe She'arim* (Eingänge der Tore) und dessen Ausführungen zur Selbstkontraktion Gottes am Anfang der Schöpfung. Im Verlauf der weiteren Interpretationen des lurianischen Mythos und der Wiederherstellung der präexistenten göttlichen Einheit innerhalb des *tiqqun* spielt die Möglichkeit, sich selbst zu verbessern bzw. zwischen Gut und Böse zu unterscheiden, eine entscheidende Rolle. Zu den relevanten Themen dieser Schrift gehören vor allem Luzzattos Vorstellung vom Verhältnis von Gottes Unbegrenztheit, seinem Willen und der Aufgabe der Unbegrenztheit in der Schöpfung in Bezug auf die Wurzel des Bösen, des Gerichts,[331] sowie die Fähigkeit der geschaffenen Wesen zur Vervollkommnung im Verlauf des *tiqqun*.

Ṣimṣum

Luzzattos philosophische Propositionen im Stil Spinozas in den *138 Pforten der Weisheit* (*Qelaḥ Pitḥe Ḥokhma*) legen einen Vergleich mit Maimon und Satanow nahe, auch wenn sich bei ihm im Gegensatz zu Maimon und Satanow keine ausführlichen Schilderungen des *ṣimṣum*-Vorgangs oder dem Bruch der Gefäße (*shevirat ha-kelim*) finden. Denn ähnlich wie Satanow unternimmt Luzzatto einen

329 Gershom Scholem, „Schöpfung aus Nichts und Selbstverschränkung Gottes", in ders., *Über einige Grundbegriffe des Judentums*, Frankfurt a. M. 1970, 53 – 89; Moshe Idel, „On the Concept of *Ṣimṣum* in Kabbalah and its Research", in Rachel Elior / Yehuda Liebes (Hg.), *Lurianic Kabbalah*, Jerusalem 1992, 59 – 112 (Hebräisch); Schulte, *Zimzum*.

330 Zu Waldman und dessen *ṣimṣum* Interpretation siehe Shaul Magid, „Origin and Overcoming the Beginning. Zimzum as a Trope of Reading in Post-Lurianic Kabbala", in Aryeh Cohen / ders. (Hg.), *Beginning/Again. Towards a Hermeneutics of Jewish Texts*, New York 2002, 163 – 214, hier 187 – 191.

331 Zu dieser Thematik in den klassischen Texten der lurianischen Kabbala siehe Necker, *Lurianische Kabbala*, 81 – 107.

Abb. 8: Titelblatt von Luzzattos *Qelaḥ Pitḥe Ḥokhma*, Koretz 1785, mit dem Stempel Johann Anton Krügers, Jerusalem – The National Library of Israel 1128=R

„Übersetzungsversuch" lurianischer Vorstellungen in philosophische Begriffssprache,[332] wobei der Auftakt der *Eingänge* stark an Leibniz' *Theodizee* (1710) erinnert.[333] Luzzatto bemüht sich in mehreren Propositionen zu erklären, worin die Reinheit Gottes bestehe: sein einzig guter Wille, der die Welt schafft und ihre Vollkommenheit anstrebt. Auch wenn das Böse aus Gott emaniert, wird es in der Welt keinen Bestand haben, und Gott wird gemäß seiner Providenz die Welt zu einem guten Ende führen. In der Romanpoetik des 17. und 18. Jahrhunderts spielten Providenz und Kontingenz eine zentrale Rolle in der Auseinandersetzung mit einer universalen göttlichen Vorsehung in der jeweiligen historischen und sozialen Situation der Leser.[334] Die Radikalaufklärung und der Deismus lehnten göttliche Providenz entschieden ab.[335] Satanow ist wie fast alle deutschen Vertreter der moderaten Aufklärung zuzuordnen, was nicht zuletzt an der prominenten Position von Religion und Providenz in seinem Werk sichtbar wird. In der jüdisch-lurianischen Interpretation der göttlichen Vorsehung wird sich im *tiqqun* alles zur Vollkommenheit wenden und Gottes Einheit und Einzigartigkeit offenbaren. Durch den *ṣimṣum* verlässt das *En Sof*, die Unendlichkeit Gottes, die nicht zweckhaft ist (*bilti takhlit*), das Nicht-Teleologische und wählt den Weg der endlichen Tätigkeit (Proposition 24), so Luzzatto. Im Gegensatz zu Leibniz besitzt das *En Sof* vor dem Rückzug Gottes keine präexistenten Intentionen, sondern die Providenz des Göttlichen beginnt erst mit der Schöpfung. Im Unterschied zu anderen Interpretationen findet bei Luzzatto der *ṣimṣum* nicht innerhalb Gottes

---

332 Siehe unten die Ausführungen Satanows zur göttlichen Providenz, unten Kapitel 2.4.

333 Schulte, *Zimzum*, 239.

334 Werner Frick, *Providenz und Kontingenz. Untersuchungen zur Schicksalssemantik im deutschen und europäischen Roman des 17. und 18. Jahrhunderts*, Tübingen 1988.

335 Jonathan Israel / Martin Muslow, *Radikalaufklärung*, Berlin 2014, 10 – 11: „Der vielleicht deutlichste und wichtigste Unterschied zwischen dem Denken der Radikalaufklärung und der Philosophie von Locke, Newton, Leibniz, Voltaire und Hume besteht darin, dass ersteres für die Zukunft der Menschheit allein auf die ‚Vernunft' setzt, die als einziger Weg zur Wahrheit gesehen wird, während in letzterer eine Art von Kompromiss oder Balance zwischen Vernunft und Glauben (inklusive der Autorität der Kirche) hergestellt werden muss. Die beiden müssen zufriedenstellend verknüpft werden und Raum für grundlegende theologische Konzepte lassen, wie die Schöpfung, die göttliche Vorsehung und die Unsterblichkeit der Seele, Konzepte, die Leibniz und Voltaire als ‚natürliche Religion' bezeichnen." Radikalaufklärung meint mit Entschiedenheit zum einen eine unnachsichtige Religionskritik, von einem Deismus, der jede Wirkung göttlicher Providenz ablehnt, bis zu Versionen eines militanten Atheismus und eines monistischen, von einer einzigen Substanz ausgehenden Materialismus und Empirismus, als auch und vor allem ein Programm der mehr oder weniger revolutionären Realisierung von Gleichheit und Freiheit in republikanischen beziehungsweise demokratischen Ordnungen, also einer „gesellschaftlichen Umwälzung". In Satanows Versuch der Harmonisierung zwischen Vernunft und Glaube sind deutlich die Spuren der Philosophie der moderaten Aufklärer auszumachen.

statt, sondern ist eine Tätigkeit aus dem *En Sof* heraus.³³⁶ Damit gibt es keine Veränderung in Gott selbst, sondern nur in seinem Willen.³³⁷ Der unbewegte Beweger der Welt bleibt im aristotelischen Sinne wie bei Maimonides unendlich, wenngleich seine Tätigkeit wie jede Tätigkeit endlich ist – nicht jedoch der Akt der Schöpfung selbst. *Şimşum* schafft als endliche Tätigkeit der Verendlichung einen notwendigen Raum für die göttliche Emanation außerhalb jeglicher Materialisierung. *Şimşum* ist dabei vielmehr die Bedingung der Schöpfung und die Grenzlinie zwischen *En Sof* und göttlichem Schöpfungsakt. Dieser Prozess beinhaltet sowohl eine Verhüllung als auch eine Offenbarung Gottes, da die Verborgenheit des Unendlichen in den Sefirot und dem *reshimu* (dem Rest des göttlichen Lichtes nach seinem Rückzug) bestehen bleibt.³³⁸ Aus dieser Konzeption und dem Einsetzen der Providenz mit dem *şimşum* sowie dessen Vollendung im *tiqqun* speist sich Luzzattos messianische Naherwartung, wie in Proposition 30 deutlich wird.³³⁹ In der Rückkehr Gottes zu sich selbst und der Offenbarung seiner Wahrheit am Ende des *tiqqun*, der mit Offenbarung zusammenfällt, verwandelt sich noch zu Lebzeiten Luzzattos seine messianische Hoffnung für die Gegenwart in ein ethisches und hermeneutisches Prinzip für die zeitgenössischen und auch die nachfolgenden Generationen. Da *tiqqun* und *giluy / shlemut* (Offenbarung / Vervollkommnung) in der kabbalistischen Exegese als einheitlicher Vorgang aktualisiert werden, in dem *şimşum* sowohl als Konzentration als auch als Dekonstruktion des Textes betrachtet wird, führt dieser zugleich zur Offenbarung der Wahrheit und zur Vervollkommnung der Nation in der Auflösung des Exils Israels.

---

336 Shaul Magid, „Origin and Overcoming", 182–187; Schulte, *Zimzum*, 240–242.
337 In ähnlicher Weise ist bei Herreras *Puerto del Cielo* das *En Sof* nicht selbst affiziert und bleibt vom *şimşum* unberührt. Zur Sefirotlehre bei Herrera und die Stellung von *En Sof* und *Keter* (Krone), der höchsten Sefira, innerhalb des Sefirotsystems bzw. die Übertragung philosophischer Terminologie auf dieselben siehe Gerold Necker, *Humanistische Kabbala im Barock. Leben und Werk des Abraham Cohen de Herrera*, Berlin / Boston 2011, 90–94. Zum göttlichen Willen in *Imre Bina* siehe unten Kap. 3. Siehe dort die Ausführungen zum Willen Gottes im seinem Selbstrückzug.
338 Das verborgene Element des Unendlichen im Endlichen wird als *reshimu* bezeichnet, während dessen Verbindung mit seiner unendlichen Quelle als *qaw yashar* (direkte Linie bzw. Licht) dargestellt wird. Siehe Magid, „Origin and Overcoming", 185. Dieses *reshimu* dient als Ursache der materiellen Welt.
339 Der Text dieser Proposition findet sich in der Koretz-Ausgabe von 1785 auf fol. 34ab. Siehe auch die Erläuterungen in Jeremy Brown, *New Heavens and a New Earth: The Jewish Reception of the Copernican Revolution*, Oxford / New York 2013, 66–78 zu Delmegido als mögliche Vorlage Luzzattos, wobei hervorzuheben ist, dass Satanow vollständig auf die messianischen Implikationen verzichtet.

Nationale und individuelle Providenz und Vervollkommnung fallen also zusammen.[340]

Laut Isaiah Tishby waren Luzzattos Werke in Polen und Litauen weit verbreitet.[341] Es kann davon ausgegangen werden, dass auch Satanow sie intensiv studiert hatte. [342] Aus diesem Grund können sie bei der Analyse von Satanows Schriften herangezogen werden, vor allem in Bezug auf *Imre Bina*, wo gleichfalls eine Kombination von „altem“ und „neuem“ Zeitalter unternommen wird. Es kann kein Zufall sein, dass Johann Anton Krüger, der zusammen mit Satanow 1782 zum ersten Mal lurianische Kabbala in Koretz zum Druck brachte, nur drei Jahre später dort auch Luzzattos *138 Pforten* veröffentlichte und deren Autor zu einer nachhaltigeren Rezeption verhalf.[343]

2.4 *Ha-Me'assef*, der Kreis der *Me'assfim* und die Orientalische Buchdruckerey

Die signifikante Stellung der Publikationstätigkeit und der schriftstellerischen Arbeit in Satanows Leben wird unter anderem an einem Eintrag in Euchels „Poesiealbum“ deutlich, den er 1784 bei seinem Besuch in Berlin einschrieb. Nach Bekundung seiner großen Freundschaft fügt Satanow folgendes Rätsel an:

> Dies sei dir zur Mahnung für jene Tage der *nidda*,[344] in denen ein Mann sich von seinem Freunde trennt und sich vor ihm verbirgt […]: Wer ist der Mann, der auch, wenn er keine Frau zur Hilfe hat, Samen aussät, sogar schwanger wird, Wehen bekommt und Nachkommen

---

340 Magid, „Origin and Overcoming“, 186; Rivka Schatz-Uffenheimer, „Ramḥal's Metaphysics in its Ethical Context (a study in „Qelaḥ Pitḥei Ḥokhma“)“, *Jerusalem Studies in Jewish Thought* 9 (1990): 361–396, hier 365–370 (Hebräisch).

341 Isaiah Tishby, „Darke hafaṣatam shel kitve qabbala la-Ramḥal be-Folin u-ve-Liṭa [Die Verbreitung von Ramḥals Schriften in Polen und Litauen]“, *Qiryat Sefer* 45 (1970): 127–154.

342 Isaiah Tishby, „'Iqevot R. Moshe Ḥayyim Luzzatto be-mishnat ha-ḥasidut [R. Moses Ḥayyim Luzzattos Spuren in der chassidischen Lehre]“, *Zion* 43,3–4 (1978): 201–234, hier 203 Fn 6. Beide haben ja einen Zweiten *Zohar* (*Zohar Tinyana*) verfasst.

343 Siehe unten Kapitel 2.4.

344 Im halachischen Gebrauch handelt es sich dabei die menstruierende Frau, die sich während dieser Tage strikt von ihrem Mann fernzuhalten hat. Zum gleichnamigen Talmudtraktat und dessen Übersetzung siehe Matthias Morgenstern, *Nidda. Die Menstruierende* (Übersetzung des Talmud Yerushalmi Bd. VI/1), Tübingen 2006; sowie der Band von Evyatar Marienberg, *Niddah. Lorsque les juifs conceptualisent la menstruation*, Paris 2003; zur *Nidda* in der jüdischen Mystik siehe Sharon Faye Koren, *Foresaken. The Menstruant in Medieval Jewish Mysticism*, Waltham, Mass. 2011.

gebiert? – Ein Mann, der Bücher schreibt, sät großartige Gedanken aus, sein schwangerer Stift gebiert Bücher und schafft ihm Nachkommen – seine Bücher.[345]

Die literarische Fruchtbarkeit des Schreibens, die in der kabbalistischen Literatur häufig in eindeutig erotisch-sexueller Metaphorik zum Ausdruck kommt,[346] ist natürlich reine Männersache. Frauen waren aus den meisten Gesellschaften von Intellektuellen – ausgenommen die Salons[347] – im 18. Jahrhundert in Europa ausgeschlossen.[348] Stattdessen galten Männerfreundschaften als ideale intellektuelle „Liebesbeziehung" und als Ausdruck von Menschenliebe und Toleranz, die vor allem in den literarischen und anderen Zirkeln kultiviert wurden. Auch die Gründung der ersten jüdischen Zeitschrift der Aufklärung *ha-Me'assef* (Der Sammler) initiierte die *Gesellschaft der Förderer der hebräischen Sprache* (*Ḥevrat Dorshe Leshon 'Ever*), die am 12. Dezember 1782 in Königsberg als eine Art Lesegemeinschaft mit dem Zweck der Errichtung der Zeitschrift ins Leben gerufen worden war und das geistige Geburtsdatum derselben markiert.[349]

In den achtziger Jahren des 18. Jahrhunderts hatten Neugründungen intellektueller Zirkel der jungen Avantgarde und der dazugehörigen Publikationsorgane Hochkonjunktur: In diesem Zeitraum wurden geschätzt 1200 neue Zeit-

---

345 Hermann Vogelstein, „Handschriftliches zu Isaak Abraham Euchels Biographie", in *Beiträge zur Geschichte der deutschen Juden. Festschrift zum 70. Geburtstage Martin Philippsons*, hg. v. Vorstande der Gesellschaft zur Förderung der Wissenschaft des Judentums, Leipzig 1916, 225–231, hier 229–230 (Hebräisch); Feiner, *Haskala – Jüdische Aufklärung*, 251 (deutsche Übersetzung), 312–313 und 404, wo Feiner sogar behauptet und mit Beispielen belegt, Satanow sei auf ungewöhnliche, geradezu erotische Weise von der Herstellung und Verbreitung von Büchern besessen gewesen und habe den festen Glauben gehabt, dass das gedruckte Buch die Macht habe, das Denken und Handeln seiner Leser zu beeinflussen. Siehe auch David Rudermans Darstellung von Hurwitz als „popular author and aggressive book dealer" in ders., *Best-Selling Hebrew Book*, 18–39.

346 Siehe z. B. die zahlreichen Studien von Elliot R. Wolfson zum Zusammenhang von kabbalistischer Exegese und Beschneidung bzw. den phallischen Metaphern zum Akt des Schreibens in der kabbalistischen Literatur; Elliot R. Wolfson, „Phallomorphic Exposure: Concealing Soteric Esotericism", in ders., *Language, Eros, Being. Kabbalistic Hermenetuics and Poetic Imagination*, New York 2005, 111–141; zu einer anderen Perspektive mit einer stärkeren Hervorhebung des weiblichen Elements Idel, *Kabbala und Eros*; ders., *The Privileged Divine Feminine in Kabbalah*, Berlin / Boston 2019.

347 Zu diesem Thema und zur Bedeutung jüdischer Frauen in der Haskala, besonders in den Salons, siehe Natalie Naimark-Goldberg, *Jewish Women in Enlightenment Berlin*, Oxford / Portland, Oregon 2013; Hannah Lotte Lund, *Der Berliner „jüdische Salon" um 1800. Emanzipation in der Debatte*, Berlin 2012.

348 Feiner, *Haskala – Jüdische Aufklärung*, 249–251.

349 Andreas Kennecke, *Isaac Euchel – Architekt der Haskala*, Göttingen 2007, 60–81.

schriften ins Leben gerufen.[350] Diese sozialen Keimzellen der Aufklärung, repräsentiert z. B. durch die erstmals 1783 in Berlin herausgegeben *Berlinische Monatsschrift*, deren Gründerväter Erich Biester und Friedrich Gedike der einflussreichen *Mittwochsgesellschaft* angehörten,[351] traten mit dem Ziel an, eine breite Öffentlichkeit an ihren kontrovers geführten Diskussionen teilhaben zu lassen, ohne dabei auf die preußische Obrigkeit Rücksicht nehmen zu müssen.[352] Während sich die christlichen Gesellschaften und Zeitschriften schon in der Spätphase der Aufklärung befanden, also am Übergang zum Skeptizismus, setzte bei den jüdischen Gemeinden der Prozess der Differenzierung des Bürgertums, vor allem in den großen Städten wie Berlin und Königsberg, gerade erst ein. Dabei waren diese Zusammenschlüsse junger, meist mittelloser jüdischer Intellektueller oftmals auf die Unterstützung jüdischer Mäzene angewiesen, etwa durch die Familien Friedländer und Itzig, bei denen sie als Hauslehrer angestellt waren.[353] In diesem Stadium der Haskala galt es, zum einen die allgemeine Aufklärung innerhalb der jüdischen Gemeinden zu verbreiten und zugleich gegenüber der christlichen Majoritätsgesellschaft den Beweis zu erbringen, dass das zeitgenössische Judentum durchaus in der Lage war, sich in die christliche Umgebung zu integrieren, ohne dabei eigene Traditionen aufgeben zu müssen. Mit der Gründung der Zeitschrift, die bereits 1750 durch Mendelssohns *Qohelet Musar* eine Art Vorläufer erlebt hatte, der jedoch nur zweimal erschienen war,[354] galt es als erklärtes Ziel, nicht nur, das veraltete jüdische Bildungswesen zu reformieren und neben religiöser auch säkulare Bildung einer breiteren Öffentlichkeit zugänglich zu machen. Zum anderen ging es um die Erneuerung des Hebräischen als internationale Sprache für jüdische Forschung und Literatur. Daher erschien die Zeitschrift *Me'assef* fast ausschließlich auf Hebräisch und enthielt nur wenige

---

350 Andreas Kennecke, „‚Hame'assef' – die erste hebräische Zeitschrift", *Menora* 12 (2001): 171–188; ders., „HaMe'assef. Die erste moderne Zeitschrift der Juden in Deutschland", *Das Achtzehnte Jahrhundert* 23,2 (1999): 176–199; Feiner, *Haskala – Jüdische Aufklärung*, 309–319. Der folgende Abschnitt orientiert sich vor allem an diesen drei Beiträgen und dem unten angeführten Buch von Uta Motschmann.

351 Zur *Berliner Mittwochsgesellschaft* siehe den Artikel von Walther Gose in Uta Motschmann (Hg.), *Handbuch der Berliner Vereine und Gesellschaften 1786–1815*, Berlin / München / Boston 2015, 171–184.

352 Siehe Asprem, „Reassessing the Sociology of the Occult"; sowie Jürgen Habermas, *Strukturwandel der Öffentlichkeit. Untersuchung zu einer Kategorie der bürgerlichen Gesellschaft*, Frankfurt a. M. 1990, hier §§ 12–19.

353 Lehmann, „The Me'asfim".

354 Kennecke, „Erste moderne Zeitschrift", 181.

Beiträge auf Deutsch.[355] Das Titelblatt der ersten Ausgabe vom 2. Oktober 1783 war noch zweisprachig und enthielt eine deutsche Zugabe, wohingegen das Titelblatt des zweiten Heftes der ersten Ausgabe nur noch auf Hebräisch beschriftet war. Die letzten Hefte enthielten wieder vorwiegend deutsche Beiträge.

Als erster Herausgeber und Initiator der Zeitschrift gilt der damals erst 27-jährige Isaak Euchel.[356] Als weitere Herausgeber werden gelegentlich Mendel Bresslau (23 Jahre) sowie Shimon und Sanwil Friedländer genannt, wobei die beiden letztgenannten für technische und finanzielle Angelegenheiten zuständig waren und die inhaltliche Ausrichtung allein in den Händen von Euchel und Bresslau lag.

Auf der Titelseite einer der ersten Ausgaben lautet der genaue Titel der Zeitschrift auf Hebräisch: „Der Sammler für das Jahr 5544 (1783/1784) enthält Gedichte und Epigramme, die von den Leuten der *Gesellschaft zur Förderung der hebräischen Sprache* in Königsberg gesammelt wurden."

Dabei war zuvor, am 15. April 1783,[357] ein Manifest mit dem Namen *Naḥal ha-Besor* (Der Bach „Besor" oder Gute Nachricht) als eine Art Bekanntmachungsschrift und Programmheft der Herausgeber erschienen.[358] Es stellte den Inhalt der geplanten Rubriken des *Me'assef*, die Herausgeber und Autoren, die Adressaten, den Grund für das Erscheinen, den Vertriebsweg und Preis vor und sprach die künftigen Leser als Maskilim an.[359] Die Broschüre betont die enge Verbindung zwischen Autoren, Herausgebern und Lesern, den Machern und den Konsumenten der Zeitschrift, die alle unter dem Begriff der *Me'assfim* firmieren. Dabei werden die Leser aufgefordert, Vorschläge und Kritiken in Form von Leserbriefen an die Herausgeber zu senden, um die Qualität der Zeitschrift zu verbessern und den Wünschen des Lesepublikums anzupassen. Vor ihrer Veröffentlichung sandte man die Schrift an Naphtali Herz Wessely mit der Bitte, er möge Vorschläge und

---

355 Lehnardt, *Führer der Verwirrten*, Bd. 1, xii–xiii; Andrea Schatz, *Sprache in der Zerstreuung. Die Säkularisierung des Hebräischen im 18. Jahrhundert*, Göttingen 2009 (zu Satanow 37, 39, 132, 159, 259, 268–269, 272–275).

356 Kennecke, „Hame'assef", 173; zu Euchels Biographie und seine Bedeutung für die jüdische Aufklärung siehe ders., *Architekt*.

357 Also noch vor dem ersten Erscheinen der *Berlinischen Monatsschrift* und unabhängig von ihr.

358 Eine deutsche Übersetzung findet sich bei Andreas Kennecke, *Isaak Euchel. Vom Nutzen der Aufklärung. Schriften zur Haskala*, Düsseldorf 2001, 7–27.

359 Moshe Pelli, „The Prospect *Naḥal Habesor*", in ders., *The Gate to Haskalah. An Annotated Index to* Hame'asef, *the First Hebrew Journal*, Jerusalem 2000, 40–58 (Hebräisch). Eine englische Zusammenfassung der Einleitung bei Pelli, *Gate to Haskalah* (9–64) findet sich in Kapitel 6 unter dem Titel „*HaMe'asef:* ‚A New Periodical Never Published Before'", in ders., *Haskalah and Beyond*, 163–180. Ein kürzeres Abstrakt auf Englisch ist in der hebräischen Ausgabe, i–xi abgedruckt.

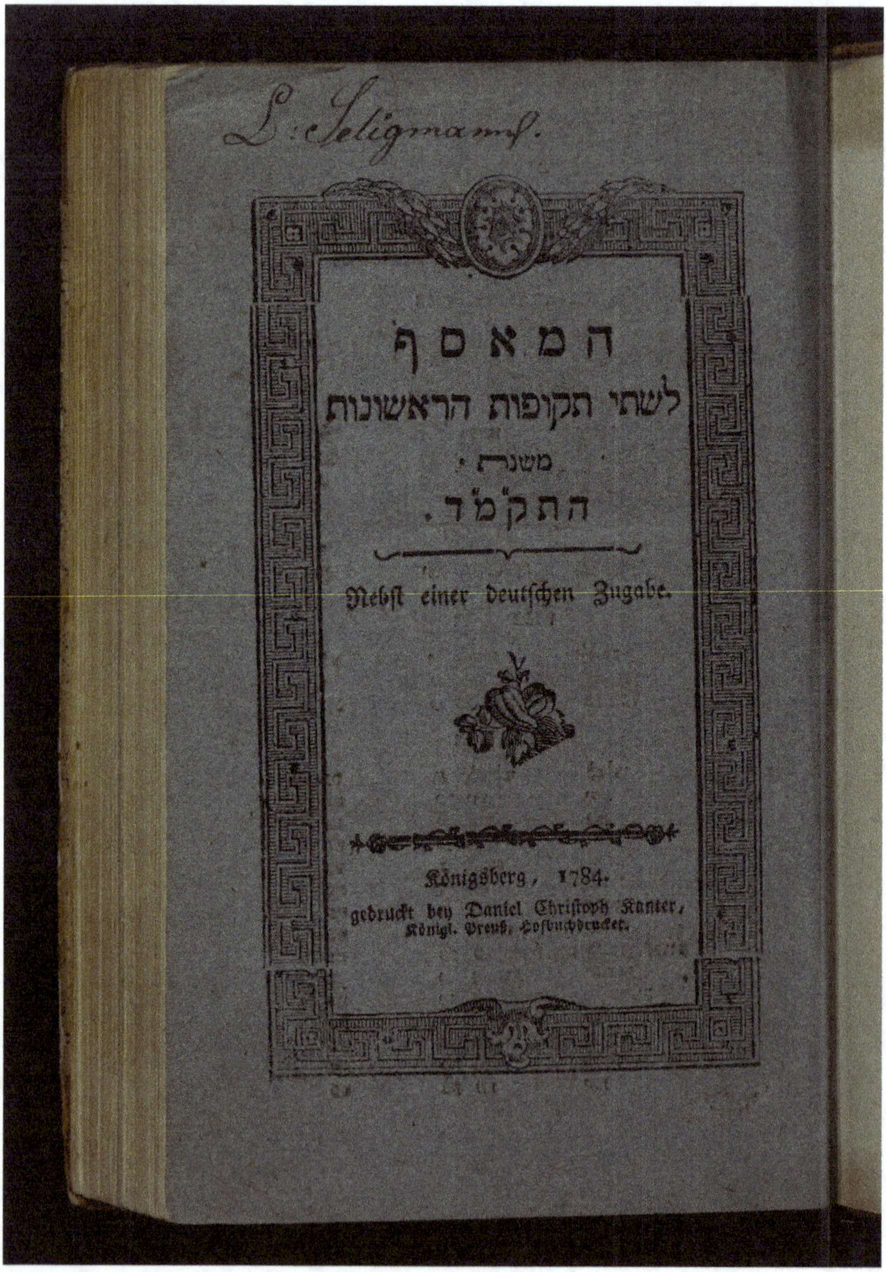
L: Seligmann

המאסף
לשתי תקופות הראשונות
משנת :
התקמ״ד.

Nebst einer deutschen Zugabe.

Königsberg, 1784.
gedruckt bey Daniel Christoph Kanter,
Königl. Preuß. Hofbuchdrucker.

Abb. 9: Universitätsbibliothek Frankfurt am Main/Compact Memory/https://sammlungen.ub.uni-frankfurt.de/cm/periodical/titleinfo/9593297 [*Ha-Me'assef*, Erste Zugabe, Königsberg Januar 1784, Titelblatt]

המאסף
לשנת
התקמו
כולל שירים ומכתבים
אשר נאספו ונקבצו יחד על ידי אנשי
חברת דורשי לשון עבר
בקעניגסבערג.

קעניגסבערג שנת תק"מ"ו
נדפס בבית המדפיסים דניאל קריסטאף קאנטער
בדפוסו ובאותיות החברה.

Abb. 10: Universitätsbibliothek Frankfurt am Main/Compact Memory/https://sammlungen.ub.uni-frankfurt.de/cm/periodical/titleinfo/9593735 [*Ha-Me'assef*, Königsberg Tishre 1785/6, Titelblatt]

Kritik nennen und zugleich die Erlaubnis erteilen, seine Gedichte abdrucken zu dürfen. Wahrscheinlich ging ein ähnliches Schreiben auch an Mendelssohn, der, auch wenn er bis zu seinem Tod mit den Herausgebern freundschaftlich verbunden blieb, die Zeitschrift nie öffentlich unterstützte und auch nur anonym kleine Beiträge beisteuerte.[360]

Der inhaltliche Teil der Zeitschrift wird in fünf Rubriken unterteilt:[361]

1. „Gedichte der heiligen Sprache von ausgewählten Dichtern" (*shire laha"q [lashon ha-qodesh] mi-meshorerim muvḥarim*): hier sollten bislang unveröffentlichte alte und neue Schriften bekannt gemacht werden. Das ist auch vor dem Hintergrund zu verstehen, dass damals hauptsächlich religiöse Schriften vorlagen und sich die Zeitschrift den Maskilim indirekt als Podium anbot, um ihre Werke außerhalb der rabbinischen Aufsicht publizieren zu können.
2. „Schriften" (*mikhtavim* [Aufsätze, Abhandlungen]) mit vier Unterrubriken a) allgemeine Sprachwissenschaft (*ha-lashon ha-klali*) mit besonderem Augenmerk auf der hebräischen Sprache, b) philologischer Kommentar (*miqra*) – auch als eine Art Übersetzungshilfe – zu problematischen Stellen des Tanakh mit Angabe von Quellen und Hilfsmitteln und nicht wie bei der rabbinischen Interpretation mit ausschließlicher Berufung auf den Talmud, c) ethische Schriften (*madda' u-musar*) und solche aus anderen Wissenschaften, d) Grundlagen zum Talmudstudium (*Talmud*), um nicht von fremden Autoritäten abhängig zu sein; physische sei hierbei die Grundlage für die moralische Bildung.
3. „Geschichte der Großen Israels" (*toledot gedole Yisra'el*): neben den Gelehrten der Religion sollen hier auch Persönlichkeiten vorgestellt werden, die sich um das jüdische Volk verdient gemacht haben. Persönliche und allgemeine Geschichte greifen ineinander über und die Geschichte des jüdischen Volkes wird nicht als Geschichte unter gottesmächtigem Wirken, sondern als Geschichte unter anderen Völkern vorgestellt.[362]

---

360 Kennecke, „Hame'assef", 176; ders., „Erste moderne Zeitschrift", 182; ders., *Architekt*, 231–247.

361 Pelli, *Gate to Haskalah*, 32–35 (Hebräisch); Kennecke, „Hame'assef", 176–178.

362 Dieser historiographische Neuansatz wird vor allem bei den Begründern der „Wissenschaft des Judentums" stark hervorgehoben sowie an der neugegründeten Hebräischen Universität in Jerusalem und sorgt bis heute für große Diskussionen innerhalb der Geschichtswissenschaften, vor allem in Israel. Siehe z. B. Michael Brenner, *Propheten des Vergangenen. Jüdische Geschichtsschreibung im 19. und 20. Jahrhundert*, München 2006; Jacob Katz, „Hisṭorya we-hisṭoryonim – ḥadashim ki-yeshanim [Historie und Historiker – neue wie alte]", *Alpayim* 12,3 (1996): 9–35; Nathan Rotenstreich, „The ‚Science of Judaism' and its Transformation", in Moshe Davis (Hg.), *Teaching Jewish Civilization. A Global Approach to Higher Education*, New York /

4. „Neuigkeiten" (*toledot ha-zeman*) präsentiert neue Errungenschaften der Wissenschaft und Völkerverständigung, auch aus der nichtjüdischen Welt. Diese Rubrik dient zudem als eine Art „Übersetzung" neuester wissenschaftlicher Kenntnisse für diejenigen, die nur der jüdischen Sprachen mächtig waren.[363]
5. „Buchankündigungen und Rezensionen" (*besorot sefarim ḥadashim*), wo ebenfalls das Spektrum jüdischer Bildung erweitert und auf die nichtjüdische Welt ausgeweitet werden sollte.

Bereits an den Vorankündigungen wird das Programm der Zeitschrift deutlich: Das Judentum sollte in diesen Kreisen nicht mehr vom Standpunkt der Orthodoxie aus betrachtet werden, sondern in den Bezug zu einem aufklärerischen, nichtjüdischen Europa gestellt werden.[364] Das „neue Judentum" sollte auf einer kritischen Auseinandersetzung mit den traditionellen Quellen gründen, wobei die weiteren Entwicklungen zeigen, dass die jüdischen Gemeinden zu diesem Zeitpunkt noch weit davon entfernt waren, sich der Welt von einem jüdischen Standpunkt aus so weit zu öffnen. Der Konflikt mit den rabbinischen Autoritäten war mit der Vorankündigung der Zeitschrift vorprogrammiert und weitete sich im Laufe ihres Erscheinens immer weiter aus.[365]

Die inhaltliche Konzeption des *Me'assef* weist thematisch und strukturell eine große Nähe zur *Berlinischen Monatsschrift* auf,[366] doch machen gerade die Unterschiede deutlich, dass die *Me'assfim* vor der schweren Aufgabe einer doppelten Aufklärung standen.[367] Sie wollten die Leser sowohl für eine Öffnung hin zur allgemeinen europäischen Aufklärung als auch für eine jüdische Aufklärung gewinnen und zur Auseinandersetzung mit den eigenen Quellen und Traditionen anregen. Ein wichtiger Aspekt dieser Aufforderung war die Publikation jüdischer

---

London 1995, 11–15; Rosman, *How Jewish*. Siehe zu dieser Thematik auch Shmuel Feiner, *Haskalah and History*.

363 Auch Satanow hatte große Teile seiner wissenschaftlichen Kenntnisse durch die Lektüre dieser Beiträge erworben, auch wenn er zudem häufig deutsche Quellen in *Imre Bina* heranzieht.

364 Kennecke, „Hame'assef", 178; ders., „Erste moderne Zeitschrift", 185.

365 Uta Lohmann, „Aus einer kulturellen Revolution geboren: die Republik der Maskilim als säkulare Alternative zur rabbinischen Elite", *Judaica. Beiträge zum Verstehen des Judentums* 64,3–4 (2008): 211–216. Zu dieser Fragestellung siehe auch Feiner, *Haskala – Jüdische Aufklärung*, 74–83, 179–208.

366 Siehe die Tabellen bei Kennecke, „Hame'assef", 179; ders., „Erste moderne Zeitschrift", 186–190.

367 Siehe Moshe Pelli, „Berlinische Monatsschrift we-ha-Me'assef. Hashpa'ot we-ziqqot [Berlinische Monatsschrift und der Me'assef: Einflüsse und Verbindungen]", in ders., *Gate to Haskalah*, 32–39 (Hebräisch).

Quellen, die sich zu einem der Hauptanliegen der Orientalischen Buchdruckerey in Berlin entwickelte.

Der zweite Teil der Programmschrift stellt die Verantwortlichen der Zeitschrift vor, also die Mitglieder der *Gesellschaft der Förderer der Hebräischen Sprache*, die im fünften und letzten Teil nochmals als verantwortliche Herausgeber genannt werden (Euchel, Bresslau und die beiden Friedländer). Gleich im zweiten Teil fordern die Herausgeber die Leser explizit zur Einsendung von Leserbriefen auf, von denen die besten mit speziellem Layout in der Zeitschrift abgedruckt werden sollten. Dieser Teil enthält auch einen Briefwechsel zwischen der Gesellschaft und Wessely. Der Abschnitt bringt nochmals das Konzept, aber auch die Bedenken Wesselys gegenüber den rabbinischen Autoritäten und die absehbaren Konflikte zur Sprache. Im dritten Teil findet sich eine Skizze der prospektiven Leserschaft und der vierte zeigt indirekt das Ziel der Zeitschrift auf: Juden aufzuklären, zu bilden und aus der Abhängigkeit von den rabbinischen Autoritäten zu lösen. Der Titel der Zeitschrift wird dahingehend interpretiert, dass man hier sowohl „Material" für die Aufklärung als auch „Wahrheit" sammeln und verbreiten wolle und anderen deutschen Zeitschriften in diesen Zielen folge.[368] *Der Sammler* sollte monatlich erscheinen. Als Anreiz für künftige Abonnenten, auf deren Kofinanzierung die Zeitschrift zum größten Teil angewiesen war, kündigten die Herausgeber für jeden zweiten Monat einen farbigen Teil im Heft an, in dem die Namen der Unterstützer aufgelistet werden sollten.[369] Der Preis sollte zwei Reichsthaler betragen und eine Auslieferung sei von Königsberg aus bis Berlin, Wilna und Breslau kostenlos. Der Kreis der *Me'assfim* zählte zu diesem Zeitpunkt etwa 200 Mitglieder, inklusive Mitarbeiter und Unterstützer der Zeitschrift.

Die im *Me'assef* angestrebte Wiederbelebung der hebräischen Sprache[370] und die doppelte Aufklärung, in der zugleich die Unabhängigkeit der jüdischen Tra-

---

368 Pelli, *Gate to Haskalah*, 39 (Hebräisch). Siehe Joachim Kirchner, *Die Grundlagen des deutschen Zeitschriftenwesens*, Bd. 1, Leipzig 1928, 112; zu den Vorlagen siehe auch Pelli, *Gate to Haskalah*, 20 – 24 (Hebräisch).

369 Von der Ausgabe 1783 erschienen im Oktober, November, Dezember Hefte, 1784 Januar bis Dezember, 1785 ebenfalls Januar bis Dezember, 1786 Januar bis September, 1787 September bis Dezember, 1788 Januar bis Dezember, 1789 Januar bis Dezember, 1790 Januar bis September, 1794 im August zwei Hefte, 1795 im September ein Heft, 1796 im September zwei Hefte, 1797 im September ein Heft, 1808 Oktober bis Dezember, 1809 Januar bis Dezember, 1810 Januar bis Dezember, 1811 Januar bis März. Siehe alle Ausgaben unter http://web.nli.org.il/sites/JPress/Hebrew/Pages/HAA.aspx (Zugriff: 10. Dezember 2015).

370 Zu diesem Themenkomplex siehe Nils Römer, „Sprachverhältnisse und Leseverhalten der Juden in Deutschland (1770 – 1830)", in Ingrid Lohmann / Wolfram Weiße (Hg.), *Dialog zwischen den Kulturen. Erziehungshistorische und religionspädagogische Gesichtspunkte interkultureller Bildung*, Münster / New York 1994, 49 – 58; und Schatz, *Sprache in der Zerstreuung*.

dition vom Christentum und die Verwurzelung der aufklärerischen Gedanken in den traditionellen Schriften gezeigt werden sollte, konnten jedoch von den jungen Herausgebern, die allein unter den wenigen gebildeten Juden Anerkennung genossen, nur über die ersten drei Ausgaben von Königsberg aus initiiert werden. Schon bald, 1785, musste die Zeitschrift aufgrund von finanziellen Schwierigkeiten ihr Erscheinen einstellen. Allerdings hatte sich bis dahin ein Netz von Unterstützern von Wilna und Königsberg über Breslau, Prag, Berlin und Frankfurt am Main bis nach Metz und Amsterdam ausbilden können, das in der Folge von großer Bedeutung für die Verbreitung der Haskala blieb.[371]

Aus der Zweigstelle des *Me'assef* in Berlin, die unter der Leitung von Joel Löwe (hebr. Joel Bril) (1762–1802) aus Breslau gestanden hatte, wurde nun die Hauptstelle der Redaktion, durch die nach einjähriger Pause nochmals drei vollständige Jahrgänge veröffentlicht werden konnten. Die Herausgeber-Gesellschaft wechselte nun zur *Gesellschaft der Gerechten für die Vielen*[372] (*Ḥavurat Maṣdiqe ha-Rabbim*), welche ursprünglich den Druck der hebräischen Bücher durch die *Gesellschaft der jüdischen Freischule* (*Ḥevrat Ḥinnukh Ne'arim*, Gesellschaft zur Knabenerziehung)[373] in der Orientalischen Buchdruckerey unterstützt hatte. Diese Gesellschaft war Ende 1785 auf Initiative Satanows mit der Unterstützung von David Friedländer und Daniel Itzig ins Leben gerufen worden.[374] Die Mitglieder hatten sich im Voraus verpflichtet, jeden Monat eine feste Anzahl von Druckbögen (nicht mehr als vier) abzunehmen, die Satanow in der Druckerei herstellen würde. Auch hielt man die Mitglieder an, weiterhin dem traditionellen Brauch der Wohltätigkeit (*ṣedaqa*) zu folgen, doch ihre Spenden nicht wie in der

371 Dirk Sadowski, Art. „Ha-Me'assef", in Dan Diner (Hg.), *Enzyklopädie jüdischer Geschichte und Kultur*, Bd. 2, Stuttgart / Weimar 2013, 532–534.

372 Bzw. „die viele zur Wahrhaftigkeit (Gerechtigkeit, Wohltätigkeit) (*ṣedaqa*) führen", die zweite Hälfte des Verses aus Dan 12,3: „Aber die Verständigen werden glänzen wie der Glanz des Himmels, und die, welche Viele zur Gerechtigkeit führten, wie die Sterne, immer und ewig."

373 Für einen Forschungsüberblick hierzu siehe Uta Lohmann, „Die jüdische Freischule in Berlin – eine bildungstheoretische und schulhistorische Analyse", in Ingrid Lohmann (Hg.), *Chevrat Chinuch Nearim. Die jüdische Freischule in Berlin 1778–1825 im Umfeld preußischer Bildungspolitik und jüdischer Kultusreform*, Bd. 1, Münster u. a. 2001, 13–16; sowie die beiden Beiträge von Michael A. Meyer, „The Freischule as a Mirror of Attitudes" (1–5) und Shmuel Feiner, „The Freischule on the Crossroads of the Secularization Crisis in Jewish Society" (6–12) im selben Band.

374 Rezler-Bersohn, „Epitome", 81–99; Feiner, *Haskala – Jüdische Aufklärung*, 311. Das Copyright der dort gedruckt Bücher lief meist über 10 Jahre. Siehe z. B. *Imre Bina*, Berlin 1783; Pelli, *Haskalah and Beyond*, 43. Zu einer kritischen Einschätzung von Friedländers Haltung gegenüber dem Chassidismus in Polen sowie die Quellen seiner Kenntnisse siehe Marcin Wodzinski, *Haskalah and Hasidism in the Kingdom of Poland. A History of Conflict*, Oxford / Portland, Oregon 2005, 72–77. Diese Haltung mag auch sein Verhältnis zu Satanow beeinflusst haben.

Vergangenheit der Synagoge oder Talmudschule, sondern einem weltlichen philanthropisch-kulturellen Projekt zu Gute kommen zu lassen. Zudem sollten die Mitglieder bei Festen wie Geburt oder Hochzeit Beträge an die Gesellschaft spenden. Zum Lohn, versprach Satanow, würden ihre Namen in jedem Buch, das mit den Mitteln der Gesellschaft gedruckt wurde, verewigt werden, „den Generationen zum ewigen Andenken *und die Frucht der Wahrhaftigkeit zum Stolze und zur Pracht* [Jes 4,2]."[375] Auch Moses Mendelssohn wurde noch kurz vor seinem Tod Mitglied der Gesellschaft. 1787 fusionierte man gegen den Willen Euchels mit der *Gesellschaft der Förderer der hebräischen Sprache* zur *Gesellschaft zur Beförderung des Guten und des Edlen* (*Ḥevrat Shoḥare ha-Ṭov we-ha-Tushiya*),[376] die in Berlin und Königsberg – den beiden Zentren der Haskala – ihre Hauptsitze hatte. Diese neue Dachorganisation der Maskilim hatte die Verbreitung der Ideen der Haskala als erklärtes Ziel. Neben der Herausgabe des *Me'assef* übernahm sie auch die Aufgaben der *Ḥavurat Maṣdiqe ha-Rabbim*, indem sie die Förderung, Produktion und den Vertrieb der Haskala-Literatur unter ihre Verantwortung stellte.[377] Die Blütezeit der Orientalischen Buchdruckerey fällt unter die Ägide dieser Vereinigung. Durch die neue Ausrichtung, die nun weniger an der Erneuerung der hebräischen Sprache interessiert war, wandten sich die Befürworter dieses ursprünglichen Zieles ab. Möglicherweise war dies auch der Grund für Euchels Ablehnung der geplanten Fusion gewesen.[378]

1787 – 1808 und Nachklänge

Die vierte Ausgabe des *Me'assef* erschien schließlich 1787/88 in Berlin, diesmal in der Orientalischen Buchdruckerey.[379] Die Jahrgänge 1787 bis 1790 hatten jeweils

---

375 Satanow, *Pinqas u-Khtav ha-Dat*, Berlin 1786; dt. Lohman (Hg.), *Chevrat Chinuch Nearim*, Bd. 1, 255 – 259, hier 257. In Jes 4,2 steht *Frucht des Landes*, aber die Substitution von *ha-areṣ* durch *ṣedaqa* (Gerechtigkeit, Wahrhaftigkeit, Wohltätigkeit) verweist hier klar auf den Namen der Gesellschaft (*maṣdiqim*).

376 Zu den zahlreichen jüdischen Gesellschaften und Vereinen im damaligen Berlin siehe Motschmann (Hg.), *Handbuch der Berliner Vereine und Gesellschaften 1786 – 1815*, 792 – 868; zu den oben im Text genannten Gesellschaften, deren Programm und Mitgliedern sowie aktueller Forschungsliteratur siehe Uta Lohmann in ebd., 811 – 837. Siehe auch Feiner, *Haskala – Jüdische Aufklärung*, 309 – 334.

377 Lohmann, „Chevrat Schocharej haTov wehaTuschija", in Motschmann (Hg.), *Handbuch Berliner Vereine*, 829.

378 Zu den Jahren 1785 und 1786 siehe Feiner, *Haskala – Jüdische Aufklärung*, 300 – 308; Kennecke, „Erste moderne Zeitschrift", 191.

379 Zu Euchels Vorwort siehe auch Morlok, „Isaac Satanow (1732 – 1804)"; Kennecke, *Isaak Euchel. Vom Nutzen der Aufklärung*, 69 – 85.

einen Umfang von ca. 200 Seiten pro Ausgabe, wurden jedoch 1789/90 der Verpflichtung der hebräischen Sprache gegenüber untreu und druckten als Beilage das erlassene Toleranzpatent[380] von Kaiser Joseph II. aus dem Jahr 1781 in deutscher Sprache. Joel Löwe und Aaron Wolfssohn waren inzwischen die verantwortlichen Herausgeber der Zeitschrift und zwischen 1790 und 1794 musste erneut aufgrund finanzieller Engpässe das Erscheinen zeitweise eingestellt werden. Zwischen 1794 und 1797 erschienen unregelmäßig neue Ausgaben und erst 1796/97 konnte wieder ein vollständiger Jahrgang mit 12 Heften vorlegt werden, der die Beiträge von 1790 bis 1794 zusammenfasste. Die siebente Ausgabe war die letzte, was unter anderem an einem Streit um die frühe Beerdigung, der sich an Wolfssohns satirischem Artikel „Ein Gespräch im Lande der Lebenden" entzündet hatte, gelegen haben mag. Der Artikel spricht sich gegen die frühe Beerdigung von Toten aus, wie schon Mendelssohn die Meinung vertrat, dass dies ein unseliger Brauch sei, über ihn im Talmud nichts berichtet werde und er wahrscheinlich erst im zeitgenössischen Judentum eingeführt worden sei.[381] Wolfssohn argumentierte in seinem Artikel nun nicht mehr auf Basis von Argumenten der jüdischen Tradition gegen diesen Ritus, sondern verspottete und verhöhnte die Rabbiner ohne Rechtfertigung aus den jüdischen Schriften.[382] Dabei wurden nicht nur die Vertreter der Orthodoxie zur Zielscheibe seiner Angriffe, sondern auch die Zeitschrift und der Kreis der *Me'assfim*.[383] Bezeichnenderweise hat auch Salomon Maimon, der selbst wenige, aber brillante Artikel im *Me'assef* veröffentlichte, in seiner *Lebensgeschichte* darauf hingewiesen, dass viele Autoren kein fundiertes Wissen

380 Siehe Louise Hecht, Art. „Toleranzpatente", in Dan Diner (Hg.), *Enzyklopädie jüdischer Geschichte und Kultur*, Bd. 6, Stuttgart / Weimar 2015, 137–141.

381 Aaron Wolfssohn [-Halle], „Siḥa be-ereṣ ha-ḥayyim [Gespräch im Land der Lebenden]", *Me'assef* 7,1 (1794/7): 54–67; 7,2 (1797): 120–153; 7,4 (1797): 279–298. Siehe den Briefwechsel zwischen Mendelssohn und Emden in Mendelssohn, *Gesammelte Schriften*, JubA, Bd. 16, hg. v. Alexander Altmann u. a., Stuttgart 1973, 154–159; Daniel Krochmalnik, „Scheintod und Emanzipation. Der Beerdigungsstreit in seinem historischen Kontext", *Trumah* 6 (1997), 107–149; Gerda Heinrich, „Akkulturation und Reform. Die Debatte um die frühe Beerdigung der Juden zwischen 1785 und 1800", *Zeitschrift für Religions- und Geistesgeschichte* 50 (1998): 137–155.

382 Siehe Feiner, *Haskala – Jüdische Aufklärung*, 415–422.

383 Symptomatisch für das Vorherrschen einer überbordenden Polemik im Kreis der *Me'assfim* in den letzten Jahren der Bewegung ist auch ein Brief Friedländers von 1799 an Wolfssohn mit Hinweis auf das zentrale Reformkonzept einer Verbesserung der Juden: „Ich halte die Nation, wie sie ist, bei allem Schein von Cultur, Geschmack und Gelehrsamkeit, *en gros* für unverbesserlich schlecht und alle Aufklärung durch ‚*Measphim*' für unnütz." 15 Jahre nach Eröffnung der Freischule verkündet ihr Gründer das Ende des Zeitalters der Haskala mit den Worten: „Alle unseren Hebräisch geschrieben Bücher liest keiner [...] Für wen wird nun geschrieben? Es schlug ja noch keiner vor, über die jüdische Druckerei zu schreiben: *hier werden Bücher gedruckt, die nie gelesen werden!*". Zitiert bei Leopold Stein, *Die Schrift des Lebens*, Bd. 2, Strassburg 1877, 444–445.

mehr vom Talmud besaßen und daher grundsätzlich auf Polemik ausweichen mussten:

> Sie haben den Talmud (in dem Grade und nach der Art, wie sie es verlangen) nicht studiert. Mendelssohn war einigermaßen von dieser Seite geachtet, weil er in der Tat ein guter Talmudist war.[384]

Es liegt auf der Hand, dass die Rabbiner entsprechend viele Gründe zur Geringschätzung und Verachtung des *Me'assef* und der *Me'assfim* hatten, da sich die polemischen Angriffe auf sie nicht unbedingt durch gute Kenntnis der Traditionsliteratur ausweisen konnten.[385]

Marcus Herz hatte zwar ebenfalls 1787 und 1788 die frühe Beerdigung verurteilt,[386] doch weitaus weniger polemisch. Wolfssohns Artikel führte nun zu scharfen Protesten von Seiten der Orthodoxie und der Rabbiner und zugleich zu einem Rückgang der Anzahl der Leser, die sich durch den Beitrag ebenfalls angegriffen fühlten.

1797 erfolgte bei Euchel ein Gesinnungswandel bezüglich der sprachlichen Prioritäten der im *Me'assef* gedruckten Beiträge. Die Zeitschrift, die er 14 Jahre zuvor mit der Gesellschaft der hebräischen Literaturfreunde gegründet hatte und die für viele Juden das Tor zur Aufklärung gewesen war, sollte aufgrund der neuen, veränderten Umstände und weil die hebräische Sprache nun nicht mehr dazu geeignet sei,[387] fortan auf Deutsch erscheinen, um eine Wiederbelebung und Stärkung der deutschen Sprache unter den Juden zu ermöglichen.[388]

Es ist davon auszugehen, dass Euchel sich nur zähneknirschend dieser Ausrichtung auf das Gemeinwohl und die deutsche Sprache beugte.[389] In seinem

384 Maimon, *Lebensgeschichte. Von ihm selbst geschrieben*, hg. v. Octavia Winkler, Berlin 1988, 195; siehe auch *Lebensgeschichte*, hg. v. Zwi Batscha, 210.
385 Kennecke, „Erste moderne Zeitschrift", 196.
386 Marcus Herz, „An die Herausgeber des hebräischen Sammlers über die frühe Beerdigung der Juden", *Me'assef* 4 (Oktober 1787): 1–35, auf Deutsch als erste Zugabe gedruckt (von Euchel dann später ins Hebräische übersetzt) und die Ausgabe von 1789 zum Streit über die frühe Beerdigung.
387 Kennecke, *Architekt*, 357–377.
388 Isaak Euchel, „Ist nach dem jüdischen Gesetz das Übernachten der Toten wirklich verboten? In einem Schreiben an den Herrn Professor Löwe in Breslau", *Me'assef* 7,4 (1797): 361–391 (Deutsch in hebräischen Lettern). Zu dieser Gesellschaft siehe auch Steinschneider, „Hebräische Drucke", 176 mit Verweis auf Lesser, Graetz, Geiger in Fn 1.
389 Kennecke, *Architekt*, 362–364. In einem Brief an Joel Löwe aus dem Jahr 1794 hatte er nur widerwillig zugegeben, dass die hebräische Sprache keine Zukunft mehr hat. Löwe hatte diese Position bereits 1787 vertreten. Euchel hatte sich in diesem Jahr darauf konzentriert, die Zeitschrift zu retten und mit den Mitgliedern der alten Gesellschaft (Gesellschaft der Gerechten für die Vielen) weiterhin die hebräische Spracherneuerung vorangetrieben.

Vorwort zum vierten Jahrgang des *Me'assef* von 1787 hatte er noch versucht, die Zeitschrift in Opposition zu drei Gegnern der Maskilim zu profilieren, die versuchten, jene vom Weg der Erkenntnis abzubringen: die Beunruhiger des Maskil, die Verkleinerer des Maskil und die Spötter des Maskil.[390] Die erste Gruppe sind die jüdischen Aufklärer vor der Beschäftigung mit den Wissenschaften. Die zweite besteht aus Halbgebildeten, die vor den Pforten der Wissenschaft ausharren, und die Spöttergruppe bildet die Traditionalisten, die selbst nie Kenntnisse besaßen und nun andere davon abhalten wollen. Euchel benutzt ganz selbstverständlich Termini aus der Wissenschaftssprache in Deutsch, Latein oder Griechisch, die ins Hebräische transkribiert werden. Der Titel dessen, der nach Vollkommenheit strebt, *ḥakham* (Weiser / Gelehrter) – ursprünglich ein Ehrentitel der sephardischen Juden zur Abgrenzung vom ashkenazischen Rav – wird dabei von Euchel säkularisiert gebraucht, um den Kenner der Wissenschaften vom theologisch Gebildeten abzusetzen. Erst am Ende des Vorworts von 1787 werden die Verdienste der Zeitschrift für die hebräische Sprache gelobt, nachdem man im *Naḥal ha-Besor* noch den Hauptteil diesem Anliegen gewidmet hatte. Die jeweiligen Neukonzeptionen der Zeitschrift liegen somit in einer absteigenden Linie von Spracherneuerung des Hebräischen bis hin zu dessen Unbrauchbarkeit für das Gemeinwohl.

Aufgrund mangelnder finanzieller Unterstützung wurde das Erscheinen im Oktober 1797 endgültig eingestellt und erst 1808 wiederbelebt. Der vollständige Titel des „Neuen Sammlers" (*ha-Me'assef he-Ḥadash*) lautete nun:

> Der sammelt eine Reihe von verständigen Worten, die hebräischen Gedichte und Sprüche. Briefe der Weisheit und des Wissens, Erläuterungen zur Heiligen Schrift, Geschichte unseres Volkes Israel und andere nützliche Dinge und Neuigkeiten enthalten, die alle Vierteljahr zu Heften zusammengefasst wurden der Gesellschaft der Liebenden der hebräischen Sprache[391].

Wie bereits am Titel des „Neuen Sammlers" aus dem Jahr 1808 erkennbar, lag die Aufmerksamkeit nun wieder auf der hebräischen Sprache und der Wissensvermittlung. Man war moderater geworden, um einen erneuten Streit mit den rabbinischen Autoritäten zu vermeiden. Stattdessen lautete das Programm nun, neuerer „Schein- oder Halbbildung" entgegenzuwirken. Dem Herausgeber, Shalom Hakohen (1772–1845),[392] war es ein Anliegen, derartigen subversiven Ten-

390 Ebd., 370–371; siehe Morlok, „Isaac Satanow (1732–1804)"; Feiner, *Jewish Enlightenment*, 92–94.

391 Gesellschaft hebräischer Literaturfreunde (*Ḥevrat ohave lashon 'ivrit*).

392 Auch Hakohen stammte gebürtig aus Polen und ging 1789 nach Berlin, um an der jüdischen Freischule zu unterrichten. Siehe Israel Zinberg, *A History of Jewish Literature. Hasidim and En-*

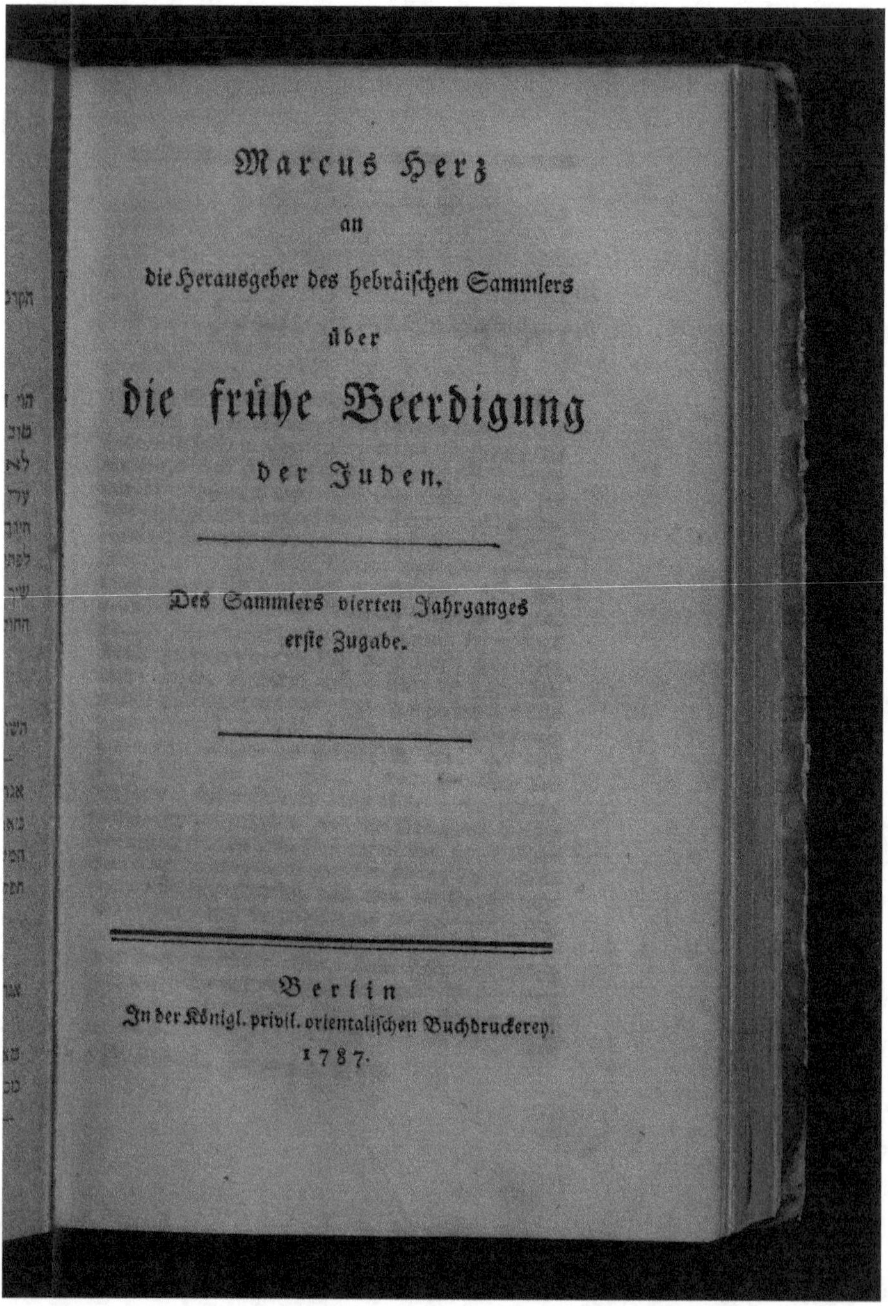
Marcus Herz

an

die Herausgeber des hebräischen Sammlers

über

die frühe Beerdigung

der Juden.

Des Sammlers vierten Jahrganges

erste Zugabe.

Berlin

In der Königl. privil. orientalischen Buchdruckerey.

1787.

Abb. 11: Universitätsbibliothek Frankfurt am Main/Compact Memory/https://sammlungen.ub.uni-frankfurt.de/cm/periodical/titleinfo/9594436 [Des Sammlers vierten Jahrganges erste Zugabe, Berlin 1787, Titelblatt]

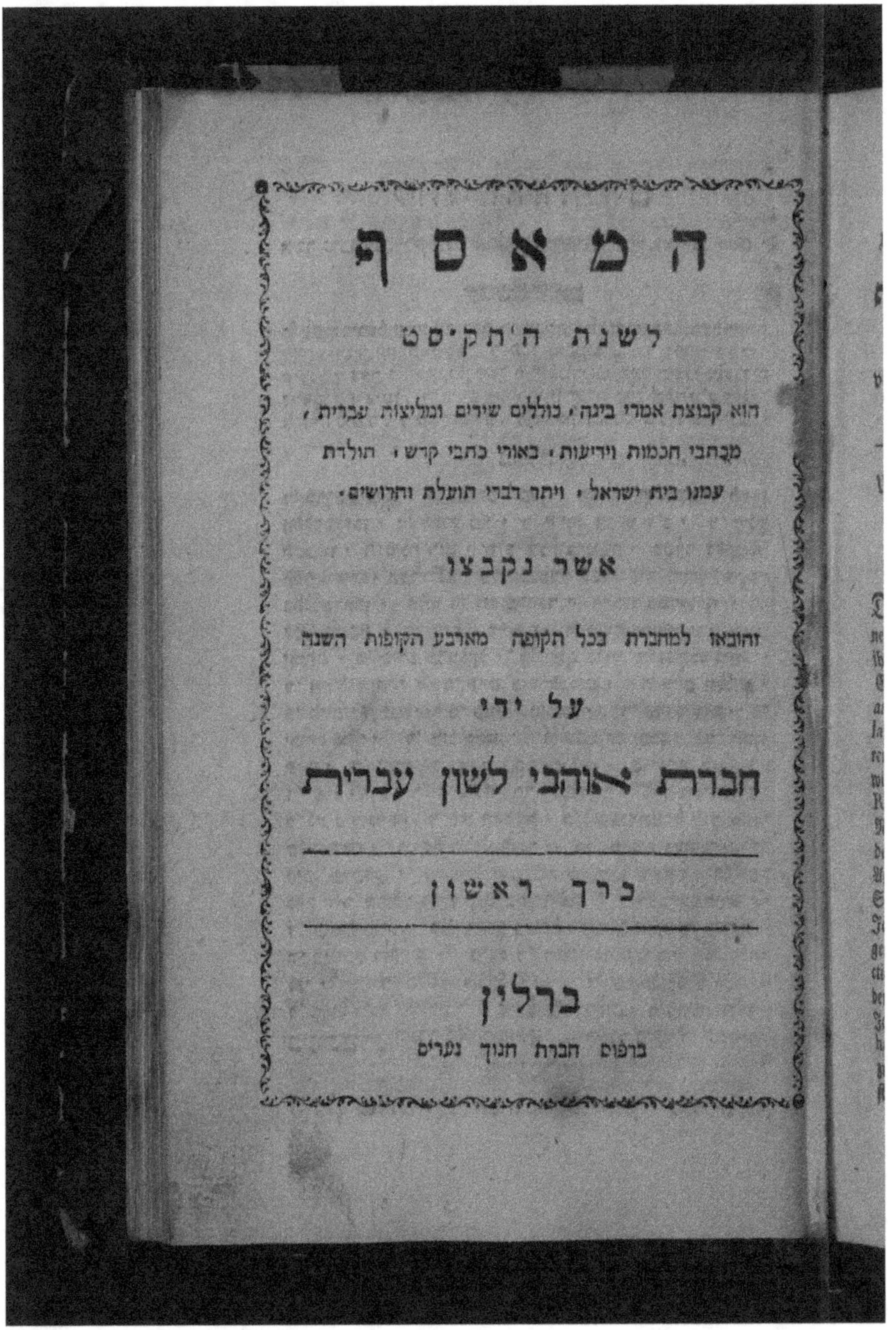

המאסף

לשנת ה'תק'סט

הוא קבוצת אמרי בינה · כוללים שירים ומליצות עברית ,
מכתבי חכמות וידיעות · באורי כתבי קדש · תולדת
עמנו בית ישראל · ויתר דברי תועלת וחדושים ·

אשר נקבצו

והובאו למחברת בכל תקופה מארבע התקופות השנה

על ידי

חברת אוהבי לשון עברית

כרך ראשון

ברלין

בדפוס חברת חנוך נערים

Abb. 12: Universitätsbibliothek Frankfurt am Main/Compact Memory/https://sammlungen.ub.uni-frankfurt.de/cm/periodical/titleinfo/9596494 [*Ha-Me'assef*, Heft 1, Berlin 1808/9, Titelblatt]

denzen entgegen zu wirken. Hakohen gründete nach dem Erliegen der Zeitschrift 1820 in Wien die hebräische Literaturzeitschrift *Bikkure ha-'Ittim* (Erstlingsfrüchte der Zeiten), die in ihrem editorischen Konzept und dem publizierten Material weit vom *Me'assef* entfernt war.[393] Da Euchel eine erneute Leitung des *Me'assef* abgelehnt hatte, wurde nun eine *Berliner Literaturgesellschaft* als Herausgeber genannt. Gedruckt wurde erneut in der Druckerei der *Gesellschaft der jüdischen Freischule* in Berlin. Die folgenden Jahrgänge wurden in Breslau, Altona und Dessau herausgegeben. 1811 erschien am 17. März das endgültig letzte Heft als „Deutsche Zugabe zu dem zweiten Heft des dritten Jahrgangs der hebräischen Zeitschrift המאסף (Der Sammler). Herausgegeben von der Gesellschaft Hebräischer Literaturfreunde."[394] 1829 brachte ein begeisterter Verehrer der Zeitschrift, Raphael J. Fürstenthal, nochmals eine Ausgabe unter dem Titel *Der Sammler für das Jahr 1828/29* heraus und 1865 veröffentlichte der Biograph Euchels, Meir Letteris, einen Neudruck des ersten Jahrgangs des *Me'assef*.

Mit dem *Me'assef* hatten sich die Maskilim ein Medium in hebräischer Sprache geschaffen, das es ihnen erlaubte, neue Interpretationsmöglichkeiten der klassischen Texte zu diskutieren und die Positionen der Traditionalisten von innen heraus anzugreifen.[395] Vernunft werde zu Reformen anleiten, doch sowohl der Widerstand der Traditionalisten gegen die aufkeimende Akkulturation als auch die Akkulturation selbst und die Übernahme der deutschen Sprache durch die gebildeten Juden nahmen zu, so dass schließlich der *Me'assef* keine Leserschaft mehr hatte und damit auch über keine finanziellen Mittel mehr verfügte. Dennoch hatte dieses innerjüdische Diskussionsforum zwischenzeitlich eine Katalysatorfunktion erfüllt und die Maskilim darin bestärkt, ihre Interessen offensiv auch in der nichtjüdischen Gesellschaft zu vertreten und nun ihre Beiträge in der *Berlinischen Monatsschrift* zu publizieren. Beide Zeitschriften hatten einen erheblichen Einfluss auf die Entwicklung des deutschen Judentums zum Ende des

---

lightenment (1780–1820), Bd. 9, New York 1976, 206–211. Zu Hakohens „Ein Wort über die Tendenz des Sammlers" und die Nachricht zur Neuorganisation der Zeitschrift im neuen *Me'assef* 1808/09 mit der ausdrücklichen Bitte um Beiträge in hebräischer, deutscher und anderen Sprachen siehe Uta Motschmann (Hg.), *Handbuch der Berliner Vereine und Gesellschaften 1786–1815. Supplement*, Berlin / Boston 2016, 902–905.

393 Siehe Moshe Pelli, *Bikkurei Ha-'Ittim. The ‚First Fruits' of Haskala*, Jerusalem 2005, hier 17–28 (Hebräisch). Allgemein zu den Zeitschriften der Haskala und deren Zentren in Holland, Galizien und Litauen zwischen 1820 und 1945; siehe ders., *The Journals of the Haskalah 1820 to 1845*, Jerusalem 2013 (Hebräisch).

394 Online unter http://jpress.org.il/Olive/APA/NLI_heb/?action=tab&tab=browse&pub=HAA#panel=document (Zugriff: 2. Januar 2016).

395 Man könnte dies im Sinne Asprems auch als mediale Innovation einer Art „Untergrundbewegung" mit reformatorischen Absichten bezeichnen. Siehe oben 1.3.

18. Jahrhunderts und Satanow hatte als Leiter der Druckerei und einer der Autoren sowohl des *Me'assef* als auch der Druckerei einen entscheidenden Anteil daran.[396]

Position und Einfluss Satanows

In der letzten Ausgabe kam es 1796/7 zu einem zugespitzten polemischen Austausch zwischen Satanow und Wolfssohn. Wolfssohn warf Satanow die Verfasserschaft des in den Kreisen der *Me'assfim* umstrittenen Werkes *'Eyn Mishpaṭ* (Quelle des Rechts) vor, in dem die *Me'assfim* scharf und auf sehr polemische Weise angegriffen wurden. Der Vorfall stand zugleich mit den von Maimon stark kritisierten talmudischen Kenntnissen der Autoren des *Me'assef* in Zusammenhang. Zudem hatte Wolfssohn bereits im dritten Heft von 1796 sehr kritisch über Satanows *Mishle Asaf* geurteilt und sich abfällig über dessen polnische Herkunft geäußert. Satanow revanchierte sich in *Minḥat Bikkurim*,[397] indem er behauptete, jener Kreis hätte ihn an der Veröffentlichung der Psalmen mit einer deutschen Übersetzung gehindert. Er warf der neuen Generation der *Me'assfim* fehlende Moral und eine scheinheilige Umwerbung der Reichen und Mächtigen vor.[398] Nach seinen eigenen Angaben in *Minḥat Bikkurim* hatte Satanow sich zunächst geweigert, dieses Werk zu drucken, weil es zu polemisch geschrieben war, dann aber sei er von Daniel Itzig dazu angewiesen worden und nun werde ihm auch noch die Autorenschaft zur Last gelegt.[399]

Nach ihrer Gründung im Jahr 1784 hatte Satanow die Leitung der Druckerei der Freischule übernommen,[400] die ihre Publikationen mit dem Vermerk *bi-defus Ḥevrat Ḥinnukh Ne'arim* (im Druck der Gesellschaft zur Knabenerziehung) versah. In der Konzession zur Gründung der Druckerei von Friedrich II. war eine Beschränkung der Druckerzeugnisse auf „orientalische Sprachen" zu finden,[401] um keine zusätzliche Konkurrenz zu bestehenden christlichen Druckereien zu

396 Eine Liste der Beiträge von Satanow und über ihn (vor allem Kritiken) im *Me'assef* findet sich bei Pelli, *Gate to Haskalah*, 141–142 (Hebräisch). Satanow veröffentlichte in den Ausgaben Ṭevet 1784, Ṭevet 1788 und Nissan 1784.

397 Satanow, *Minḥat Bikkurim*, 4.

398 Ebd., 5.

399 Ebd., 5. Siehe auch *Me'assef* 7 (1797): 251–271; Rezler-Bersohn, *Isaac Satanow*, 172; Feiner, *Haskala – Jüdische Aufklärung*, 413.

400 Uta Lohmann, „'Sustenance for the Learned Soul': The History of the Oriental Printing Press at the Publishing House of the Jewish Free School in Berlin", *Leo Baeck Institute Year Book* 51,1 (2006): 11–40. Zur Vorgeschichte des Projekts ebd., 18–22.

401 Lohmann (Hg.), *Chevrat Chinuch Nearim*, Bd. 1, 229. Siehe auch Steinschneider, „Hebräische Drucke in Deutschland", 168.

schaffen.[402] Ab 1796 wurde schließlich unter der Bezeichnung „Orientalische Buchdruckerey" publiziert.[403] Der hohe Stellenwert von Büchern in Satanows Agenda, die ihm Titel wie „zwanghafter Literat" (Shmuel Werses) eingebracht hat, kann nicht hoch genug eingeschätzt werden. Zudem beklagt er ausführlich das sinkende kulturelle Niveau, „das schrumpfende Publikum der Hebräisch Lesenden"[404] und sein asketisches Leben. Dies kommt vor allem in seinem Kommentar zum *Kuzari* deutlich zum Ausdruck.[405] Laut eigenen Aussagen ersetzt das Schreiben, Verlegen und Drucken von Büchern ihm alle anderen Freuden.[406]

Diese Leidenschaft, und auch seine persönliche ökonomische Zwangslage, kamen immerhin dem maskilischen Buchdruck zugute. Der Buchdruck nahm bei der Schaffung einer Öffentlichkeit im Europa der Neuzeit und der Entstehung der literarischen Republik im 18. Jahrhundert eine übergeordnete Funktion wahr: er war *das* Medium zur Verbreitung der Aufklärung.[407] Die Orientalische Buchdruckerey stellte also einen entscheidenden Faktor bei der angestrebten Veränderung der Gesellschaft, der Verbreitung von Wissen und einer besseren Bildung der Jugend durch Reformen dar. Religiöse Kultur sollte in ihren vielfältigen Schattierungen ebenso weiterverbreitet werden wie moderne Positionen und eine alternative jüdisch-maskilische Kultur.

Zu Beginn des Programms der Druckerei von 1786 findet sich ein Gedicht Satanows mit folgendem Wortlaut:

> Protokoll und
> *eine Abschrift der Schrift des Gesetzes*[408]
> *eingegraben in die Tafeln.*[409]

---

402 Steinschneider (ebd.) vermutet, dass der Gebrauch von „orientalisch" im Titel der Druckerei einfach eine „Umgehung des gescheuten Wortes ‚hebräisch'" sei, doch scheint die Bezugnahme auf den Wortlaut der Konzession wahrscheinlicher.

403 Ebd. Der Einfachheit halber wird in diesem Abschnitt nur diese Bezeichnung verwendet, auch wenn vor 1796 die Druckerei einen anderen Namen hatte.

404 Shmuel Werses, „Isaac Satanow and His Treatise ‚Mishley Asaph'", in ders., *Trends and Forms in Haskalah Literature*, Jerusalem 1990, 163 – 186 (Hebräisch) (zuvor *Tarbiz* 32,4 [1962/63]: 370 – 392); Feiner, *Haskala – Jüdische Aufklärung*, 312.

405 Satanow, *Kuzari*, Berlin 1795, 40. Zu weiteren Ausgaben siehe Pelli, *Haskalah and Beyond*, 58 – 59.

406 Feiner, *Haskala – Jüdische Aufklärung*, 313. Siehe oben 2.1.

407 Rudolf Schenda, *Volk ohne Buch. Studien zur Sozialgeschichte der populären Lesestoffe 1770 – 1910*, München 1977. Zur Bedeutung der Industrialisierung des Buchdrucks für esoterische Gesellschaften siehe Asprem, „Reassessing the Sociology of the Occult", 30 – 31.

408 Est 4,8 (Übersetzung Zunz).

409 Ex 32,16 und in der mystischen Tradition die ersten Worte aus dem *Buch der Schöpfung* (*Sefer Yeṣira*).

Das sind die Worte des Bundes,[410]
die gesprochen und gegeben wurden in der Versammlung einer Gruppe von Leuten,
welche viele zur Wahrhaftigkeit führen;[411]
deren Geist ihre Buchstaben willig antreibt, um
dem Silber seine Quelle[412] zu geben,
damit neue und alte Bücher
zugunsten Vieler
gedruckt werden können.
Hier, *Berlin* im Verlag der *ḫinukh ne'arim*
im Jahr *546* [1786].[413]

Im Kontext der Konzession zur Errichtung der Druckerei am 3. Februar 1784 war den Antragstellern erlaubt worden, Bücher auf Messen zu verkaufen und mit ihnen zu handeln sowie in hebräischer und in anderen orientalischen Sprachen zu drucken. Andere Lettern waren aber nur zur Übersetzung, Erklärung und für Anmerkungen erlaubt und nicht, um ganze Bücher in nicht orientalischen Sprachen herzustellen. Zudem wurde ein weiteres, sehr kostbares Recht erteilt: das Wohnrecht als „tolerierte" Juden für die in der Druckerei Angestellten und deren Familien, die von außerhalb Preußens anreisen sollten.[414] Nach weiteren Verhandlungen wurde die Druckerei von fast allen Steuerlasten und Abgaben befreit.

Publikationen der Druckerei

Im ersten Jahr (1784) erschienen drei Bücher: die dritte Auflage von Mendelssohns Einleitung in die Logik (*Bi'ur Millot ha-Higgayon*), das von Aaron Friedenthal für die Freischule als Lehrbuch empfohlen worden war, das dritte Sendschreiben aus Wesselys *Worte des Friedens und der Wahrheit* mit dem Titel *'Eyn Mishpaṭ* (Quelle des Rechts)[415] und Satanows *Sefer ha-Middot.*[416] Die beiden letzten Veröffentli-

410 Dtn 28,69.

411 Dan 12,3, wobei Lohmann anders als Zunz *ṣedaqa* (Gerechtigkeit) mit Wahrhaftigkeit übersetzt, in Anlehnung an den Namen der Trägergesellschaft. Siehe oben.

412 Hi 28,1.

413 Lohmann (Hg.), *Chinuch Nearim*, Bd. 1, 255.

414 Siehe oben 2.1. Die meisten Mitarbeiter, wie auch Satanow, hatten zuvor einen „unvergleiteten" Status besessen und die Anstellung bot ihnen nun die Möglichkeit eines temporären Bleiberechts in Berlin. Siehe Lohmann, „Sustenance for the Learned Soul", 21; zu dieser Thematik siehe Brigitte Scheiger, „Juden in Berlin", in Stefi Jersch-Wenzel / Barbara John (Hg.), *Von Zuwanderern zu Einheimischen. Hugenotten, Juden, Böhmen, Polen in Berlin*, Berlin 1990, 153–488, hier 280; Selma Stern, *Der preußische Staat und die Juden*, Bd. 1/1, Tübingen 1962, 158–168.

415 Auf dem Titelblatt findet sich zum ersten Mal die Angabe auf Hebräisch „Druckerei des Instituts Ḥinnukh Ne'arim". Im *Me'assef* 1 (1784), 158–160 wurde das Buch zuvor angekündigt.

chungen waren Erstauflagen, wobei Satanows Werk den erwähnten Wettbewerb um ein neues Lehrbuch an der Freischule gewonnen hatte. In dieser Schrift zeichnet Satanow einen persönlichen Weg zur Selbstbildung und Vervollkommnung anhand der maskilischen Ideale. In der Seele sollte unter intellektueller Anstrengung ein Gleichgewicht der wirkenden Kräfte und der moralischen Tugenden im „Lichte der Vernunft" hergestellt werden. Satanows Definition der Haskala und der damit zusammenhängenden wissenschaftlichen und kulturellen Bestrebungen lautet in Anlehnung an rationales mittelalterliches und sokratisches Denken: „Das Staunen ist der Beginn des Forschens[417] und die Einsicht in das Werk des Ewigen, Er sei gepriesen, und in seine Tora."[418] Das Staunen geht dabei sowohl auf die aristotelische Forschungssituation als auch auf die sokratische Mäeutik zurück. Diese Motivation zu wissenschaftlichem Arbeiten und das erotisch assoziierte Streben nach literarischer Produktivität taucht an vielen unterschiedlichen Stellen in seinen Werken auf,[419] und war gewiss mit dafür verantwortlich, dass in der Druckerei beinahe jeden Monat ein neues Buch erschien und in den Jahren 1784 – 1787 insgesamt 33 Titel publiziert wurden.[420]

So assoziiert Satanow an verschiedenen Stellen das Streben nach Weisheit und die Leidenschaft des Schreibens mit Begierde, die sich entweder physisch-sexuell oder intellektuell befriedigen lässt: „Der Ewige schuf im Menschen die Begierde nach beidem: dass es ihn drängt, sein Potential zu verwirklichen, entweder mit seinem physischen Samen oder mit dem Samen seiner Weisheit, der das metaphysische Wesen des Menschen ausmacht."[421] Man kann also Kinder

---

416 Siehe Morlok, „Isaac Satanow (1732 – 1804)"; Harris Bor, „Enlightenment Values, Jewish Ethics: The Haskalah's Transformation of the Traditional Musar Genre", in Feiner / Sorkin (Hg.), *New Perspectives on the Haskalah*, 48 – 63.

417 *„Re'shit meḥqar peli'a we-takhlitah emet we-ṣedeq* [Der Beginn des Forschens ist Staunen und sein Ziel ist Wahrheit und Gerechtigkeit]", so auch die Überschrift unter der Einleitung in Satanows *Sefer ha-Shorashim*. Es handelt sich hier um eine Variation der Forschungskondition und Axiom des Philosophierens in Aristoteles, *Metaphysik*, Buch A Kap. 2, 982 b 11 ff: „Denn das Staunen war den Menschen jetzt wie vormals der Anfang des Philosophierens, indem sie sich anfangs über das nächstliegende Unerklärliche verwunderten, dann allmählich fortschritten und auch über Größeres Fragen aufwarfen, z. B. über die Erscheinungen auf dem Mond und der Sonne und den Gestirnen und über die Entstehung des Alls. Wer sich aber über eine Sache fragt und verwundert, der glaubt sie nicht zu kennen. [...] Wenn sie daher philosophierten, um der Unwissenheit zu entgehen, so suchten sie das Erkennen offenbar des Wissens wegen, nicht um irgendeines Nutzens willen." Siehe auch ebd., 983 a 13 ff.

418 Siehe das Titelblatt von *Imre Bina*: לחקור בבינה.

419 Siehe das Zitat gleich zu Beginn von 2.4 und auch Satanow, *Sefer ha-Middot*; Morlok, „Isaac Satanow (1732 – 1804)".

420 Feiner, *Haskala – Jüdische Aufklärung*, 318.

421 Isaak Satanow, *Gam Elle Divre Asaf*, Berlin 1792, 27b.

zeugen oder Bücher schreiben, die der Weisheit nützlich sind, um die menschlichen Triebe auf ein erhabenes Ziel auszurichten. „So wie es schlechten Menschen im Eifer der Erregung passieren kann, daß sie ihre Begierde auf verschiedene Weise befriedigen, ohne das Ziel zu erreichen, so geschieht dies auch mit der Begierde nach Weisheit."[422] Auf ähnliche Weise schreibt er im Gedicht zu Daniel Itzigs 77. Geburtstag:[423]

> Ach, wie kann dich genug mein Herz verehren!
> Geh' ich der elternlosen Mädchen Reihen,
> Die heut' mit sanftgeweinten Zähren,
> Durch mich ihren schönsten Dank Dir weihen.
> Deinen Händen, die zum Wohlthun nie ermatten,
> Verdanken Ehre sie und Glück, ja selbst den Gatten.[424]

Satanow verbreitete gleich zu Beginn seiner Tätigkeit eine private Broschüre mit allen geplanten Veröffentlichungen und mit der Aufforderung zur finanziellen Unterstützung seiner eigenen Publikationen. Als Dank sollten die Namen der Pränumeranten wie in dieser Zeit üblich in den Büchern selbst verewigt werden.[425] Doch konnte Satanow nicht alle Pläne umsetzen, da neben ihm, wie in den Statuten der Gesellschaft festgelegt worden war, noch eine „Redaktion für Publikationen" – ein Unikum in der hebräischen Buchkultur – mitzureden hatte. Eingereichte Manuskripte mussten einem Gremium vorgelegt werden und konnten nur gedruckt werden, wenn sie mindestens drei Gutachten erhalten hatten.[426] Von 1787–1793 hatte Euchel die Leitung der Druckerei inne,[427] bevor sie 1794–1799 an Satanow überging. Dieser hatte jedoch die Druckerei zwischenzeitlich nie verlassen, sondern war dort weiter tätig und hatte im gleichen Gebäude von Itzig im „Jeckeholz" gewohnt.[428] 1799 verloren sowohl die Freischule als auch die Druckerei ihre Unterkunft im „Jeckeholz" als Folge des Ablebens von Itzig.

422 Ebd., 34a (Übersetzung Feiner, *Haskala – Jüdische Aufklärung*, 313).
423 Isaak Satanow, *Shir Yedidut*, Berlin 1799, 4 (unpaginiert).
424 Das gesamte Gedicht mit einer parallel abgeduckten Übersetzung findet sich in Jerusalem – The National Library of Israel, R4=53 A 410 (https://www.nli.org.il/en/books/NNL_ALEPH002024932/NLI) (Zugriff: 30. Juli 2020).
425 Dieses Finanzierungssystem findet sich auch bei den Werken von Kant und Hegel, deren Drucklegung ebenfalls von Pränumeranten vorab finanziert worden war. Die Namen galten als Garanten für die Qualität des Inhalts und dienten der Werbung. Siehe die Listen in Satanow, *Sefer ha-Giluy we-ha-Ḥatum*, Berlin 1783.
426 Lohmann (Hg.), *Chevrat Chinuch Nearim*, Bd. 1, 257.
427 Pelli, *Age of Haskalah*, 190–230
428 Lohmann, „Sustenance for the Learned Soul", 29.

Erneute Leitung 1794

Nach dem Ausscheiden Euchels und unter Satanows erneuter Leitung ab 1794 druckte Satanow auf die Umschläge der Erzeugnisse der Druckerei die Liste der dort käuflichen Bücher und forderte die Leser auf, diese per Post zu bestellen. Vor seiner Erblindung 1799 sandte Satanow zudem zahlreiche Bittschreiben um finanzielle Unterstützung an die reichen Familien der jüdischen Gemeinde wie z. B. die von Daniel Itzig, Bernhard Isaac-Fliess, David Friedländer, Veitel Ephraim[429] bzw. deren Nachkommen und setzte sich zu diesem Zweck auch mit der Finanzelite in Frankfurt an der Oder in Verbindung.[430]

Ähnlich wie in der Musar-Literatur und in der maimonidischen Vorlage begriff sich Satanow als „Arzt der kranken Seelen" und seine literarischen Erzeugnisse sollten die Heilmittel darstellen,[431] um das Gleichgewicht zwischen den in der Seele wirkenden Kräften und den moralischen Tugenden wiederherzustellen. Das Selbstverständnis als „Seelenarzt" entstand vermutlich in Anlehnung an Maimonides' *Shemona Peraqim* und Isaak Luria, der mit demselben Anspruch aufgetreten war. Zu diesem Zweck der „Seelenheilung" gründete Satanow im Jahr 1794, als er wieder die Leitung der Druckerei übernahm, die *Gesellschaft zur Erquickung / Heilung der Seele* (*Ḥevrat Marpe la-Nefesh*).[432] Sie zählte 22 Mitglieder, von denen jeder fünf bis zwölf Taler als Grundfonds zur Finanzierung von Schulbüchern und anderen wissenschaftlichen und philosophischen Werken einzahlte. Zu den Spendern gehörten einflussreiche Persönlichkeiten wie Isaak Euchel, David Friedländer, Daniel Itzig und weitere wohlhabende Geschäftsleute aus Dessau, Königsberg und Frankfurt an der Oder. Friedländer verfasste sogar

---

429 Zum Aufkommen einer neuen Finanzelite nach dem siebenjährigen Krieg (1756 – 1763) siehe Steven M. Lowenstein, *The Berlin Jewish Community: Enlightenment, Family, and Crisis, 1770 – 1830*, New York 1994, 25 – 32.

430 Die Kontakte nach Frankfurt an der Oder könnten noch aus seiner Zeit als Händler stammen, als er dort regelmäßig die Messen besucht hatte. Zur Stellung Frankfurts im europäischen Netzwerk jüdischer Händler siehe Jonathan Israel, „Handelsmessen und Handelsrouten – Die Memoiren der Glikl und das Wirtschaftsleben der deutschen Juden im späten 17. Jahrhundert", in Monika Richarz (Hg.), *Die Hamburger Kauffrau Glikl: Jüdische Existenz in der Frühen Neuzeit*, Hamburg 2001, 275; siehe auch Rotraud Ries, „Status und Lebensstil – Jüdische Familien der sozialen Oberschicht zur Zeit Glikls", ebd., 280 – 306; Eduard Philippi, *Die Messen der Stadt Frankfurt an der Oder*, Frankfurt an der Oder 1877, 54. Zu den führenden Familien gehörten z. B. die Familie Schlesinger und Symons; siehe Brigitte Meier, „Die jüdische Gemeinde in Frankfurt an der Oder auf dem Weg in die Moderne 1750 – 1850: Eine sozialhistorische Mikrostudie", *Jahrbuch für brandenburgische Landesgeschichte* 46 (1995): 111 – 128, 114 – 115; Aust, „Between Warsaw and Amsterdam", 55 – 62.

431 Morlok, „Isaac Satanow (1732 – 1804)"; siehe oben 1.2.

432 Satanow, *Mikhtav Marpe la-Nefesh*, Berlin 1794/5. Siehe auch Pelli, *Haskalah and Beyond*, 80.

einen Brief, in dem er zur Unterstützung des Vorhabens aufrief und die Wohlhabenden an ihre Verpflichtung gegenüber den Gelehrten erinnerte.[433]

In den 90er Jahren des 18. Jahrhunderts wurden in der Druckerei 73 Titel gedruckt: unter anderem Kalender,[434] gemeindliche Rundbriefe und polemische Broschüren. Die meisten Publikationen dieser Art stellen eine Ausweitung der angestrebten Erneuerung des maskilischen „Bücherregals" mit teilweise subversivem Charakter dar. Zudem erschienen viele Lehrbücher für Algebra, Geometrie, Chemie und hebräische Grammatik, die gute Hebräischkenntnisse erforderten. Ein weiteres Segment stellten nun auch zweisprachige, deutsch-hebräische Gedichte dar, die zu wichtigen Anlässen in der königlichen Familie oder staatlichen Ereignissen verfasst wurden, oder Gratulationsgedichte zu den Geburtstagen der Magnaten, von denen die Maskilim nach wie vor abhängig waren.[435] Anfang der 90er Jahre wurde das kollektive Werk der *Haftarot* von Baruch Lindau, Isaak Euchel, David Friedländer, Josel Pick Reichenau, Joel Löwe und Aaron Wolfssohn beendet, und 1792 ließ Samuel Romanelli aus Mantua seinen Reisebericht nach Afrika aus der Perspektive eines europäischen Aufklärers drucken. Scharf kritisierte er darin die Bräuche und Riten der marokkanischen Juden als rückständig, um dadurch umso mehr die Werte der Haskala und das Licht der Wissenschaften hervorzuheben.[436] Die Fortsetzung von Wesselys groß angelegtem biblischen Epos *Shire Tif'eret* (Lieder der Pracht) konnte aufgrund von mangelndem Interesse und fehlender finanzieller Unterstützung nicht fortgesetzt werden. Insgesamt ging die Produktion im letzten Jahrzehnt um 40 % zurück, und im ersten Viertel des 19. Jahrhunderts beschleunigte sich der weitere Abstieg dieser Einrichtung enorm, vor allem, nachdem sie ab 1806 nicht mehr von Maskilim geleitet wurde. In den Jahren des Bestehens waren insgesamt 226 Bücher gedruckt worden, davon nur noch 36 im ersten Jahrzehnt des 19. Jahrhunderts (Kalender eingeschlossen).[437] Bei der Gründung der *Ḥevrat Marpe la-Nefesh* hatte Satanow noch 145 Mäzenen motivieren können, doch nun klagte er zunehmend über mangelndes Interesse an den Druckerzeugnissen und schwindende finanzielle Unterstützung, da reiche Juden ihr Geld lieber für weltliche Vergnügungen als für Bücher ausgaben.[438]

---

433 Ebd.

434 Der Vertrieb von Kalendern stellte von Beginn an eine der wichtigsten Einnahmequellen der Druckerei dar.

435 Feiner, *Haskala – Jüdische Aufklärung*, 405.

436 Samuel Romanelli, *Massa' be-'Arav* [Reise durch Arabien], Berlin 1792.

437 Ḥayyim Dov Friedberg, *Toledot ha-Defus ha-'Ivri* [Geschichte des hebräischen Buchdrucks], Antwerpen 1935, 94–96.

438 Satanow, *Pinqas u-Khetav ha-Dat*, Berlin 1786. Siehe auch seine Anmerkungen zum Zustand der hebräischen Literatur 1793 am Ende seine *Bi'ur Millot ha-Higgayon*, Berlin [4]1795.

Auch die *Gesellschaft zur Förderung des Edlen und des Guten* hatte eine erhebliche Schwächung erfahren und die Tatsache, dass Satanow selbst mehr als ein Viertel aller gedruckten Bücher in Eigenarbeit verfasst oder herausgegeben hatte, bewahrte die Druckerei nicht vor ihrem Niedergang. Selbst *Divre Rivot*, das Hauptwerk seiner späten Jahre, konnte den Verfall nicht aufhalten.

Divre Rivot

In diesem Werk versuchte Satanow zum ersten Mal dezidiert, – wortreich und mit weisen Wortsprüchen der frühen Haskala gespickt –, beide Aspekte der Haskala zu verbinden: die Forderung nach Toleranz bzw. Glaubensfreiheit und den Ruf nach einer tiefgehenden Reform des jüdischen Bildungs- und Gemeindewesens. Nach Satanows Ausführungen sollten in allen diesen Bereichen Intellektuelle und Wissenschaftler eine besondere Stellung erhalten und die aufgeklärten Rabbiner die exekutive Gewalt ausführen. Im reformierten Staat solle es keine Unterschiede zwischen Juden und Christen geben, nur hinsichtlich des Religionsgesetzes.[439] Neben Satanows Neuauflage und Kommentierung zentraler Werke der jüdischen Tradition wie Maimonides' *More Nevukhim*, Halevis *Kuzari*,[440] Azariah de Rossis *Me'or 'Enayim*, *Sefer ha-Gedarim* von Menaḥem Bonafos aus Perpignan und *Maḥberot ha-Ḥesheq* von Immanuel von Rom wurden in den Jahren 1793 bis 1798 mehrere Neuauflagen[441] gedruckt wie z. B. sein *Iggeret ha-Qodesh* und *Maḥberot 'Immanu'el*. Satanow verbarg bei diesen von ihm herausgebrachten Werken nicht sein Streben, ihnen seinen persönlichen Stempel aufzudrücken und hob dabei seine Funktion als Vermittler, Herausgeber und Kommentator besonders hervor. Er habe sie „auf die Druckerpresse gelegt für alle, die die Wasser der Wissenschaft aus den Quellen der Weisheit trinken."[442] Zu diesem Zeitpunkt unternahm er einen Versuch, sich ins Zentrum der kulturellen Erneuerung zu rücken, als er z. B. 1794 eine bisher unbekannte Ausgabe der Psalmen mit Kommentar von Rabbi Shmuel ben Meir (Rashbam) veröffentlicht und auf der Titelseite erklärt, das Manuskript in der Königlichen Bibliothek in Berlin gefunden zu haben. Erst auf der letzten Seite gibt er jedoch in einer Anmerkung zu, den Kommentar selbst

---

439 Satanow, *Divre Rivot*, Berlin 1793, 47–48; Pelli, *Be-Ma'avaqe Temura*, 129–139; Feiner, *Haskala – Jüdische Aufklärung*, 407–408.

440 Zu diesen beiden siehe Friedberg, *Toledot ha-Defus*, 96; ders., *Bet 'Eqed Sefarim* [Eine Bibliothek von Büchern], Bd. 2, Tel Aviv 1952, 458–459, 573.

441 Zum Druck von Neuauflagen in der Haskala im 19. Jahrhundert siehe Moshe Pelli, *Haskalah and Beyond*, 67–69.

442 Satanows Anmerkung am Ende der vierten Auflage von *Bi'ur Millot ha-Higgayon*. Siehe Feiner, *Haskala – Jüdische Aufklärung*, 408.

verfasst zu haben. Dies habe er jedoch nur aufgrund des schlechten Zustandes der eigentlichen Vorlage getan:

> Der handgeschriebene Kommentar, aus dem ich kopiert habe, war mit Schimmel überzogen, und manchmal waren schon halbe oder ganze Seiten davon aufgefressen, so dass der Leser wissen sollte, dass es sich hierbei hauptsächlich um meinen eigenen Kommentar handelt.[443]

Letzte Druckerzeugnisse

Auch in seinen letzten Lebensjahren gab sich Satanow völlig der Herstellung von Büchern hin. Selbst als er erblindet und linksseitig gelähmt war, arbeitete er weiter in der Druckerei und an eigenen Schriften und konnte noch zwei seiner Bücher, eine deutsche Übersetzung des Buches Hiob und einen Kommentar dazu diktieren bzw. in Druck geben.[444]

Die *Gesellschaft zur Beförderung des Edlen und Guten* bestand noch bis 1797 fort, wenn auch mit sehr eingeschränkten Aktivitäten. Man traf sich nur gelegentlich zu besonderen Anlässen, wie z. B. zum Andenken an Mendelssohn im Jahr 1791 und gab vornehmlich Freundschaftsbekundungen bzw. -carmina in der Druckerei in Auftrag, die bei Anlässen wie Hochzeiten oder Beerdigungen gedruckt wurden. 1794 erschien der letzte *Me'assef*, wobei das erste Heft noch nach den Statuten der Gesellschaft in der Orientalischen Buchdruckerey gedruckt wurde, bevor es zwischen 1794 und 1797 zu einer langen Pause kam, in der nur ein einziges Heft publiziert wurde. Am Ende des vierten Heftes kündeten daher Wolfssohn und Löwe verzweifelt an, dass der *Me'assef* nur eine Zukunft habe, wenn sich 200 Abonnenten finden sollten, die eine symbolische Summe von zwei Talern zahlten, um die Druckkosten zu decken. Sonst müsse das Projekt der „wahren Aufklärung" eingestellt werden.[445] Die wechselseitigen Dependenzen zwischen der Zeitschrift, der Jüdischen Freischule und der Druckerei, den Mäzenen und Satanows eigenem Schicksal bzw. seiner Abhängigkeit von finanziellen Zuwendungen (für die Druckerei und für sich selbst) werden in dieser Hinsicht nochmals deutlich. Mit der nachlassenden finanziellen und ideologischen Unterstützung der Schule in Berlin musste zugleich auch die Druckerei ihre Tätigkeit

443 Satanow, *Sefer Tehillim 'im Perush ha-Rashbam*, Berlin 1794, letzte Seite.
444 Satanow, *Perush le-Iyyov*, Berlin 1799; ders., *Ḥeleq Rishon mi-Sefer Megillat Ḥasidim*, Berlin 1801.
445 Nachrichten der Herausgeber in *Me'assef* 7 (1797): 399 – 404. Auch in Joel Löwes Brief am Beginn des Hefts wird das Scheitern der Aufklärung beklagt: „Weisheit wird draußen jubeln, ihre Stimme erheben in den Strassen, doch niemand antwortet ihr und keiner hört sie. So war es schon zu Seiten Salomos, und bis heute ist keiner da, der sie ins Haus holt." (ebd., 278). Siehe Feiner, *Haskala – Jüdische Aufklärung*, 410.

einstellen.[446] In den letzten Jahren der Druckerei, im 19. Jahrhundert, bestand das Verlagsprogramm vorwiegend aus Gebets- und Liederbüchern und gelegentlich Gedichtbänden, von denen Jeremias Heinemann (1778 – 1855),[447] der neue Pächter der Druckerei, drei verfasst hatte: *Shire Tehillot* (1816), *Shire le-Shiv'at Yeme ha-Shabbat* (1816) und *Le-Yom Asefat Ḥevrat Newe Ṣedeq* (1820). Sein Einkommen war so gering, dass Heinemann die vereinbarte Pacht von 120 Talern im Jahr nicht mehr aufbringen konnte und die Schuldirektoren mit rechtlichen Schritten drohten.[448] 1821 wurde nur der Kalender gedruckt, und Lazarus Bendavid beklagte das völlige Fehlen von Einnahmen zur Deckung der Kosten.[449] 1822 ging schließlich das letzte Buch in Druck, eine Neuauflage des *Tavnit ha-Bayt ha-Shlishi* (Bauplan des dritten Tempels), einem traditionellen Kommentar zum Buch Ezechiel von Elijah ben Solomon Zalman, dem Gaon von Wilna, samt einem angehängten Modell des Tempels.[450]

2.5 Zur Drucklegung von *'Eṣ Ḥayyim* durch Isaak Satanow und Johann Anton Krüger

Im Unterschied zum Niedergang der Orientalischen Buchdruckerey im Jahr 1822 hatte es in den letzten Jahrzehnten des 18. Jahrhunderts eine große Nachfrage nach Büchern vor allem zu Themen der jüdischen Mystik gegeben. Diese Nachfrage wurde größtenteils mit Drucken aus Polen gedeckt. In den Kreisen der jüdischen Bevölkerung und eben auch bei den Maskilim bestand großes Interesse an diesen Literaturen. Zeitweise machte man sich im Rahmen der Kritik am volksnahen Aberglauben jedoch auch über die jüdische Mystik lustig – ohne sich dabei einem antijüdischen Impetus hinzugeben:

> Vor Alters war die Cabala nur eine Sache für die tiefsinnigsten Köpfe: heutzutage ist sie ein Spielwerk der Kinder geworden. Nur das kömmt mir hierbey noch bedenklich vor, je älter

446 Lohmann, „Sustenance for the Learned Soul", 34 – 40.

447 Zu Heinemann siehe Max Freudenthal, „Ein Geschlecht von Erziehern", *Zeitschrift für die Geschichte der Juden in Deutschland* 6 (1935): 141 – 168; Felix Lazarus, „Das Königlich Westphälische Konsistorium der Israeliten", *Monatsschrift für die Geschichte und Wissenschaft des Judentums* 58 (1914): 81 – 96, 178 – 208, 326 – 358, 454 – 482, 542 – 561, wo Heinemann bis 1814 angestellt gewesen war.

448 Lazarus ben David in Lohmann (Hg.), *Chevrat Chinuch Nearim*, 955 – 956. Heinemann konnte erst im Jahr 1825 die Summe von 49 Talern, einen geringen Teil der Schulden, zurückzahlen; ebd., 1009.

449 Ebd., 95,1 in seinem Bittschreiben an Madame Levy vom September 1821.

450 Lohmann, „Sustenance for the Learned Soul", 40.

diese Wissenschaft verborgener Dinge wird, desto unwissender und betrüglicher wird sie auch.[451]

Im Jahr 1780 erschien in Berlin eine Abhandlung über die Frage, ob Juden unter gewissen Bedingungen zu einer reichsschlussmäßigen Toleranz gelangen könnten.[452] Im August folgenden Jahres publizierte daraufhin der preußische Minister Christian Konrad Wilhelm von Dohm seine bekannte Schrift *Über die bürgerliche Verbesserung der Juden.*[453] Zu dieser Zeit wechselte der Toleranzdiskurs aus den literarischen Diskussionen in die aktuelle Politik der Habsburger: Am 13. Mai 1781 veröffentlichte Joseph II. das bereits erwähnte Handbillet über die Stellung der Juden, in dem er seine Absicht erklärte, „die Nützlichkeit der Juden für den Staat" zu erhöhen. Er verfügte, für den Amtsverkehr mit ihnen und in sämtlichen Dokumenten die deutsche Sprache zu verwenden, den Juden die Schulen und Universitäten und viele Berufe zugänglich zu machen, von denen sie bisher ausgeschlossen waren.[454] Des Weiteren verbot er – wohl im Hinblick auf die Zensur wie auch den heimischen Buchdruck – weitgehend die Einfuhr hebräischer Bücher aus dem Ausland.[455] Doch zugleich erteilte er die Erlaubnis zum Druck eigener

451 Siehe „Vom Aberglauben", *Die Unsichtbare. Eine sittliche Wochenschrift* 1 (1770–1771), Nr. 27: 218–225, hier 223.

452 Siehe Ludwig von Winckelmann, *Versuch über die Frage: ob die Juden zu einer Reichsschlussmäßigen Toleranz unter gewissen Bedingnissen gelangen können*, Regensburg 1780.

453 Siehe Christian Konrad Wilhelm von Dohm, *Über die bürgerliche Verbesserung der Juden*, Berlin / Stettin 1781. Zum Entstehungsdatum Joseph Karniel, *Die Toleranzpolitik Kaiser Josephs II.*, Gerlingen 1986, 378. Karniel führt an, dass Dohms Schrift im August 1781 erschien. In diesem Fall kann es kaum zutreffen, dass sie als erste in Deutschland auf die Situation der Juden aufmerksam machte. Diese Stellung beanspruchte jedoch Dohm für sich, ders. *Denkwürdigkeiten meiner Zeit, oder, Beiträge zur Geschichte vom letzten Viertel des achtzehnten und vom Anfang des neunzehnten Jahrhunderts: 1778 bis 1806*, Bd. 4, Lemgo / Hannover 1819, 484. Siehe auch Feiner, *Haskala – Jüdische Aufklärung*, 155–163.

454 Zur jüdischen Beteiligung am Emanzipationsprozess und bei der Implementierung der Gesetzgebung vor Ort siehe etwa Tobias Schenk, *Wegbereiter der Emanzipation? Studien zur Judenpolitik des „Aufgeklärten Absolutismus" in Preußen (1763–1812)*, Berlin 2010; Stephanie Schlesier, *Bürger zweiter Klasse? Juden auf dem Land in Preußen, Lothringen und Luxemburg*, Köln / Weimar / Wien 2014; Marion Schulte, *Über die bürgerlichen Verhältnisse der Juden in Preußen. Ziele und Motive der Reformzeit (1787–1812)*, Berlin 2014; Michał Szulc, *Emanzipation in Stadt und Staat. Die Judenpolitik in Danzig 1807–1847*, Göttingen 2016.

455 Siehe Michael Wögerbauer, „Popularizing Knowledge, Censoring Opinion? The Access to Print in Bohemian Lands (1770–1815)", *Jewish Culture and History* 13,2–3 (2012): 203–219; ders. „‚Ein unaufhörlicher literarischer Kampf (...) könnte die öffentliche Sicherheit stören und die gesellschaftliche Eintracht vermindern.' Zwei Fallstudien zur Zensurpraxis zwischen antijüdischem Diskurs und literarischer Öffentlichkeit um 1800", in Julia Danielczyk u. a. (Hg.), *Zurück in*

Bücher in „orientalischen Sprachen". Aufgrund von Josephs Handbillet und der daraus abgeleiteten Anordnung der Hofkanzlei sollte das gelbe Zeichen, das bis dahin am Ärmel getragen werden musste, verschwinden[456] sowie die Leibzoll-Pflicht aufgehoben werden. Joseph Karniel vertritt die These,[457] dass der Erlass der Toleranzpatente in der Habsburg Monarchie vornehmlich ein Ergebnis der Konkurrenzsituation Österreichs mit Preußen war. Joseph II. musste die rechtliche Situation der Juden in seinem Land verbessern, um die wirtschaftlich einflussreichen österreichisch-jüdischen Familien im Land zu halten. Darüber hinaus versuchte er, reiche Juden in Preußen – z.B. Daniel Itzig – zur Umsiedlung zu bewegen.[458] Somit wäre die Schrift Dohms, der ja immerhin in preußischen Diensten stand, kurz vor dem ersten Toleranzpatent ein Art doppelte Bemühung von Seiten Preußens darum, reiche Juden im Land zu halten.

Jüdische Mäzene spielten eine entscheidende Rolle dabei, die Ideen der Haskala zu verbreiten, da sie meist in den neu gegründeten Gesellschaften zur Publikation der aufblühenden intellektuellen Strömungen und der angestrebten Bildungsreform den finanziellen Rückhalt sicherten, wie im vorigen Abschnitt gezeigt wurde. Doch in Preußen wurde nun eine Judenpolitik in Aussicht gestellt, die Juden zum Bleiben bewegen sollte. Im Gegenzug verpflichtete sich die Regierung allerdings keineswegs zur Umsetzung der Gesetze, auch wenn Friedrich II. Dohm ausdrücklich für die Übersetzung seiner Schrift dankte.[459] Durch diese

---

die Zukunft. Digitale Medien, historische Buchforschung und andere komparativistische Abenteuer. FS Norbert Bachleitner, Wiesbaden 2016, 37–54.

456 Siehe [Friedrich E. Arnold], *Beobachtungen in und über Prag von einem reisenden Ausländer*, Prag 1787, 111. Es handelt sich um ein Schreiben des Hofkanzlers von Blümingen, der es am 16. Mai 1781 an die Landesgubernien sandte. Deshalb wird dieses für die Toleranz der Juden wichtige Dokument in der Geschichtsschreibung unterschiedlich zitiert. Das Dokument ist mit einem Kommentar abgedruckt bei Naphtali Herz Wessely, *Worte des Friedens und der Wahrheit. Dokumente einer Kontroverse über Erziehung in der europäischen Spätaufklärung*, hg. v. Ingrid Lohmann, Münster 2014, 670–674.

457 Karniel, *Toleranzpolitik Kaiser Josephs II.*

458 Abraham Jacob Brawer, *Galişya wi-Yehudeha* [Galizien und seine Juden], Jerusalem 1965, 141–194; Joseph Karniel, „Das Toleranzpatent Kaiser Josephs II. für die Juden Galiziens und Lodomeriens", *Jahrbuch des Instituts für deutsche Geschichte* 11 (1982): 55–89; Ludwig Singer, „Zur Geschichte des Toleranzpatentes vom 2.1.1782", *Bnai Brith-Mitteilungen für Österreich* 32 (1932): 1–20; ders., „Neue Beiträge zur Geschichte der Toleranzpatente Josefs II.", *Bnai Brith-Mitteilungen für Österreich* 33 (1933): 186–191, 233–237.

459 Britta Brehm, *Moses Mendelssohn und die Transformation der jüdischen Erziehung in Berlin. Eine bildungsgeschichtliche Analyse zur jüdischen Aufklärung im 18. Jahrhundert*, Münster u.a. 2002, 214; Karniel, *Toleranzpolitik Kaiser Josephs II.*, 378–381; sowie Michael K. Silber, „From Tolerated Aliens to Citizen-Soldiers: Jewish Military Service in the Era of Joseph II.", in Pieter M.

und eine Reihe weiterer Verfügungen erlangten die preußischen Juden eine im europäischen Maßstab sehr liberale Rechtsstellung, wenngleich mit Einschränkungen und ohne jede Garantie für die praktische Umsetzung. Das war ein großer Unsicherheitsfaktor, der auch Satanows Überlegungen, nicht in Berlin, sondern in Koretz kabbalistische Werke herauszugeben, beeinflusst haben mag. Er konnte nicht sicher sein, ob die Möglichkeit zum Export bestehen bliebe und die Verbreitung der Werke in ganz Europa gewährleistet sei. Nur sehr langsam und zunächst nur für die Eliten wurde die Verpflichtung aufgehoben, im Ghetto zu wohnen; bestehen blieb auch die Beschränkung der Anzahl der jüdischen Familien, ab 1726 reguliert durch das sogenannte Familiantengesetz. Doch war, wie oben ausgeführt, mit der Errichtung der „orientalischen" Druckerei in Berlin auch eine Zusage zur Ansiedlung jüdischer Familien aus dem Ausland, vor allem Osteuropa, gegeben worden. Daneben kamen zu den neuen Rechten auch Pflichten: Ab 1788, als der Krieg gegen das Osmanische Reich begann, mussten Juden wie andere Untertanen in der kaiserlichen Armee dienen. Von Beginn an stieß diese „Judentoleranz" auch auf Widerstand: Als Joseph II. im September 1781 Mähren und Böhmen besuchte, musste er die lokalen Ämter ermahnen, die neuen Verordnungen auch wirklich umzusetzen.[460] Alle diese Entwicklungen weisen darauf hin, dass eine gewisse Instabilität auch im Hinblick auf wirtschaftliche und publizistische Aktivitäten der jüdischen Gemeinden bestand. Vor allem die Unsicherheiten bezüglich der Finanzströme sowie des Bleibestatus in den Städten wirkten sich negativ auf die Position der Buchdruckerey und auch Satanows persönliche Situation aus. Zudem mag das Abhängigkeitsverhältnis zu reichen jüdischen Geldgebern unter anderem zu den Gründen gehören, aus denen Satanow in den Jahren nach 1781/82 eine intensive Publikationstätigkeit in Kooperation mit Johann Anton Krüger in Koretz, im damaligen Wolhynien, aufnahm, nachdem er seit 1780 mehrmals nach Podolien und Wolhynien gereist war.[461]

Judson / Marsha L. Rozenblit (Hg.), *Constructing Nationalities in East Central Europe*, New York 2005, 19–36.

460 Zum Toleranzpatent und dessen Wirkung in Galizien Lehnardt, *Führer der Verwirrten*, Bd. 1, xi; siehe auch Ludwig Singer, „Zur Geschichte der Toleranzpatente in den Sudentenländern", *Jahrbuch für die Geschichte der Juden in der Tschechoslowakischen Republik* 5 (1933): 231–311, hier 248–249.

461 Für eine Übersicht zum jüdischen Druck im polnischen Commonwealth und in ganz Europa siehe Magdalena Bendowska / Jan Doktór, „Old Jewish Printed Works in the Polish Commonwealth and Europe", in dies. (Hg.), *A World Hidden in Books. Hebrew Old Printed Works From the Collections of the Jewish Historical Institute Warsaw*, Warschau 2011, 7–45; Ze'ev Gries, *The Book in the Jewish World 1700–1900*, Oxford / Portland, Oregon 2010. Zum Buchdruck in Koretz siehe Isaac Rivkind, „'Al defuse Qoreṣ [Über die Drucke von Koretz]", *Qiryat Sefer* 4 (1927/28):

Abb. 13: Titelblatt *Sefer ʿEṣ Ḥayyim*, Koretz 1782, Jerusalem – The National Library of Israel 4621=R

58 – 65; Aryeh Tauber, „Defuse Qoreṣ [Koretzer Drucke]", *Qiryat Sefer* 1 (1924/25): 222 – 225, *Qiryat Sefer* 2 (1925/26): 302 – 306 und *Qiryat Sefer* 9 (1932/33): 15 – 52.

Neben Satanow spielten bei der ersten Drucklegung lurianischer Schriften im Jahr 1782 vor allem Johann Anton Krüger [Krieger] und Jóseph Klemenz Czartoryski eine entscheidende Rolle. Bisher wird in der Forschung häufig Scholems These wiederholt, Satanow habe bei dieser Unternehmung eine gewichtige Rolle gespielt,[462] die genaueren Umstände sind bisher aber nicht näher in Augenschein genommen oder gar nachgefragt worden, wie Scholem überhaupt zu dieser Feststellung gelangen konnte.[463]

Diese Frage lässt sich mit einem Blick auf die Innenseite des Titelblattes des Erstdrucks von *'Eṣ Ḥayyim* 1782 rasch beantworten:

Auf den ersten beiden Seiten des Drucks befinden sich folgende Autoritäten aus Brody und Ostroha: Rabbi Ḥayyim von Sanz (Sanzer), Rabbi Moshe Ostrer und Rabbi Mordechai, ehemals Rabbi von Zolkiew, Rabbi Joseph ben Judah Leib, Rabbi Asher ben David, Rabbi Samson ben Asher und vier Mitglieder der Ostroher *Kloyz*: Rabbi Israel ben Joseph, Rabbi Mordeḥai ben Simon ha-Levi Horowitz, Rabbi Yo'el ben Ze'ev Wolf und Rabbi Mordeḥai als „Schreiber und Richter".[464] Die Förderer dieses Unternehmens sind demnach die Rabbiner der beiden größten und bedeutendsten jüdischen Gemeinden in Ostpolen. So liest man in der *haskama* (Approbation, Zustimmung rabbinischer Autoritäten) des Moshe ben Hillel von Zamosc:

> [...] so erweckte Gott den Grammatiker und Rabbiner Isaak Satanow vom Hause Levi Satanow, der seinen Geist spendete, um es auf den schönen Altar des Druckes zu erheben, gepriesen sei es im Munde eines jeden Menschen [...].[465]
>
> בכן העיר ה' את הרבני המדקדק מהור"ר יצחק לבית לוי סטנאב אשר נדבה רוחו להעלות על מזבח הדפוס נאה שיהיה מהודר בפני כל איש בכן איישר חילו לאוריית'[...].

Die Expertise beim Druck und der Ruf Satanows als Grammatiker (*medaqdeq*), welche alle *haskamot* hervorheben, und die Spende seines Geistes „auf dem Altar

462 Gershom Scholem, „Die letzten Kabbalisten in Deutschland", in ders., *Judaica 3*, Frankfurt a. M. 1973, 220.
463 Siehe z. B. Schulte, *Zimzum*, 342–346.
464 Tishby weist darauf hin, dass die Rabbinen von Ostroha in ihren Approbationen Satanow als Maskil nicht bei seinem Namen nannten (Tishby, *Messianic Mysticism*, 444–445), doch ist davon auszugehen, dass die Ostrer ihre Approbationen erst sechs Monate nach denen aus Brody einreichten und sie daher Satanow nicht mehr explizit erwähnen mussten, da dies ja bereits geschehen war, siehe Stillman, *Living Leaves*, 91 Fn 84. Aus diesem Grund wird sein Name auch nicht in der Apologie der Korrektoren am Ende des Drucks aufgelistet (152b).
465 Der Hinweis findet sich auch im Druck von *Peri 'Eṣ Ḥayyim*, Koretz 1782, Jerusalem – The National Library of Israel, 4617=2=R (https://www.nli.org.il/en/books/NNL_ALEPH001895747/NLI) (Zugriff: 12. August 2020).

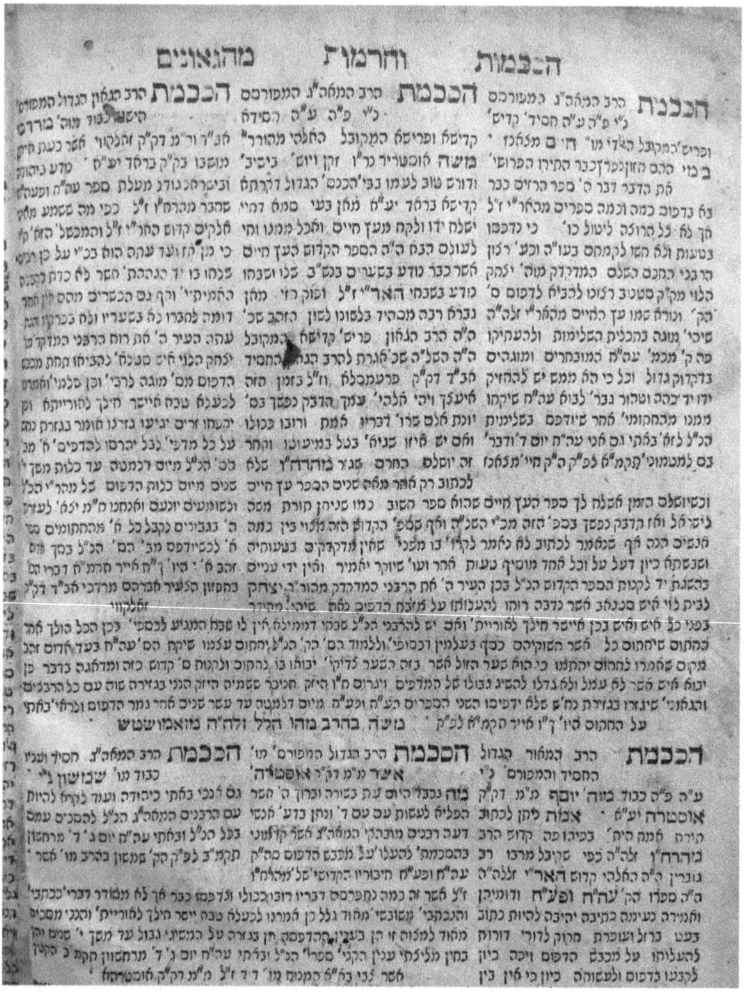

Abb. 14: *Haskamot* in Satanows Erstdruck von *'Eṣ Ḥayyim*, Koretz 1782, Jerusalem – The National Library of Israel 4621=R

des Druckes“ werden hier ausdrücklich erwähnt und weisen auf eine Notwendigkeit zur Expertise hinsichtlich des Handschriftenmaterials hin, da die Vorlagen offensichtlich sehr korrupt waren.[466] Man kann davon ausgehen, dass Satanow

466 Stillman, *Living Leaves*, 66. Stillman diskutiert in dieser Arbeit ausführlich die Handschriftenvorlagen und die Beteiligung der jeweiligen *Kloyz*. In Kap. 2. IV geht er detailliert auf die herausgeberische Tätigkeit Satanows bei dieser Unternehmung ein, siehe ebd., 87–98.

als Fachmann für hebräisch-philosophische sowie kabbalistische Schriften und als ausgewiesener Sprachexperte hinzugezogen worden war – und nicht nur als erfahrener Herausgeber und Drucker aus Berlin.[467]

In der Approbation von Rabbi Ḥayyim von Sanz (Sanzer) finden sich ein ähnlicher Wortlaut nebst einem Loblied auf die grammatikalischen Fähigkeiten Satanows. Auf der Innenseite des Erstdrucks von 1782, später auch in den *haskamot* zu *Imre Bina* und *Zohar Tinyana*, wird Satanow als „vollkommener Gelehrter und Grammatiker" bezeichnet.[468] Nachdem Sanzer sich über die zuvor publizierten fehlerhaften Drucke beschwert hatte, fährt er fort:

> In den damaligen Tagen kam die Vision auf, dass die Frommen (*perushim*) bereits die Sache, das Wort Gottes, das Buch der Geheimnisse, zuließen. Mehrere Bücher von AR"I Z"L [Isaak Luria, gesegneten Andenkens] waren bereits zum Druck gekommen, aber nicht alle, die sie mitnehmen wollten usw. [d. h. die Bücher waren nicht leicht erhältlich], denn sie wurden mit Fehlern gedruckt, und sie [die Drucker] kümmerten sich nicht um ihr Mehl [d. h. sie waren nachlässig] aufgrund unserer zahlreichen Sünden. In diesem Augenblick der Gunst war es der Wille des Rabbiners und vollkommenen Weisen, des Grammatikers (*ha-medaqdeq*), unseres Lehrers Isaak Halevi aus der heiligen Gemeinde Satanows, dieses heilige und wunderbare Buch mit dem Titel *'Eṣ ha-Ḥayyim* (Baum des Lebens) des AR"I, gesegnet sei sein Andenken, zum Druck zu bringen, damit es möglichst vollkommen emendiert wird, und es hier in unserer Gemeinde aus einigen ausgewählten *'Eṣ ha-Ḥayyim*, die mit größter Sorgfalt emendiert wurden, abzuschreiben.[469]
>
> ב[י]מי' ההם חזון נפרץ כבר התירו הפרושי' את הדבר דבר ה' ספר הרזים כבר בא בדפוס כמה וכמה ספרים מהאר"י ז"ל אך לא כל הרוצה ליטול כו' כי נדפסו בטעות ולא חשו לקמחם בעו"ה וכ' רצון הרבני החכם השלם המדקדק מוה' יצחק הלוי מק"ק סטנוב רצונו להביא לדפוס ס' הק' ונורא שמו עץ החיים מהאר"י זלה"ה שיהיה מוגה בתכלית השלימות ולהעתיקו פה ק' מכמ' עה"ח המובחרים ומוגהים בדקדוק גדול.

Es ist keineswegs verwunderlich, dass Satanow zur *Kloyz* (Lehrhaus) in Brody fuhr, um die Approbationen der Drucke (1782, 1784, 1785) für *'Eṣ Ḥayyim* (Le-

467 Zu den Sprachkenntnissen polnischer Juden im 18. Jahrhundert siehe Daniel Stone, „Knowledge of Foreign Languages among Eighteenth-Century Polish Jewish", *Polin. Studies in Polish Jewry* 10 (1997): 200 – 218. Bei der Wahl des Druckortes mag natürlich auch eine Rolle gespielt haben, dass man in Koretz viel leichter die Zensur umgehen konnte als z. B. in der Druckerei von Anton Schmidt in Wien.

468 Zu diesem führenden Mitglied der kabbalistischen *Kloyz* von Brody, das nicht mit dem gleichnamigen Rabbi Ḥayyim von Sanz (Halberstamm) zu verwechseln ist, und dieser privaten Lehrinstitution der *Kloyz* (lat. clausum, claustrum), siehe Mor Altschuler, *The Messianic Secret of Hasidism*, Leiden / Boston 2006, 48 – 50; Elchanan Reiner, „Wealth, Social Position and the Study of Torah: The Status of the *Kloyz* in Eastern European Jewish Society in the Early Modern Period", *Zion* 58,3 (1993): 287 – 328 (Hebräisch). Zu Brody siehe Nathan Michael Gelber, *Histories of the Jews of Brody: Great Cities of Israel*, Bd. 6, Jerusalem 1955 (Hebräisch), zur *Kloyz*; ebd., 62 – 81.

469 *'Eṣ Ḥayyim*, Koretz 1782, erste Seite nach Titelblatt.

bensbaum) und *Peri ʻEṣ Ḥayyim* (Frucht des Lebensbaumes) einzuholen und mit höchster Wahrscheinlichkeit auch die dortigen lurianischen Handschriften zu begutachten, die als Druckvorlage dienten.[470] Denn die Mitglieder dieser überaus geschätzten Lehranstalt setzten sich aus renommierten Talmud- und Kabbalagelehrten zusammen wie dem Verfasser der Approbation, Ḥayyim von Sanz (Sanzer),[471] Moshe von Ostroha (Ostrer) und Yeḥezqel Landau, dem späteren Oberrabbiner von Prag. Auch Abraham Gershon aus Kutov, der Schwager des Baʻal Shem Tov,[472] war Teil dieser Institution. Die Verbindungen zwischen dieser *Kloyz* und dem Kreis des Besht waren sehr eng, wie der frühere Schüler des Besht, Yaʻaqov Yosef von Polonoje (ca. 1741 – 1782), der Schwiegersohn von Rabbi Ḥayyim Sanzer, ausführt. Yaʻaqovs Hauptwerk *Toledot Yaʻaqov Yosef* erschien 1780 ebenfalls in der Druckerei in Koretz. Auch in den hagiographischen Lobpreisungen des Besht genießt die *Kloyz* sehr hohes Ansehen.

So wird Satanow zu einem einflussreichen Verbindungsglied zwischen osteuropäischen und zentraleuropäischen Intellektuellenkreisen wie der *Kloyz* von Brody und dem Kreis um Mendelssohn in Berlin. Ob seine Motivation zum Druck lurianischer Kabbala eher ideologischer oder ökonomischer Natur war, kann leider weiterhin nur spekulativ beantwortet werden. Scholem bemerkt dazu lediglich:

> Was ihn in Wahrheit dazu bewegte, nach Koretz zu gehen und dort das Buch des Baumes des Lebens zu drucken (mit der Approbation von Rabbinen, die dem Chassidismus zugeneigt waren), weiß ich bis heute nicht.[473]
>
> מה באמת ראה ללכת לקארעץ ולהדפיס שם את ס' עץ חיים [בהסכמת רבנים הנוטים לחסידות], אנני יודע עד היום.

[470] Stillman, *Living Leaves*, 66 – 67.
[471] Zu dessen Position als führender *Mitnagged* gegen die beginnende chassidische Bewegung siehe Gershom Scholem, „Two Letters from Palestine, 1760 – 1764", *Tarbiz* 25,4 (1956): 429 – 440, hier 436 Fn 16 (Hebräisch); zur Konfrontation zwischer der *Kloyz* und der chassidischen Gruppe in Brody siehe Rivka Schatz-Uffenheimer, *Hasidism as Mysticism. Quietistic Elements in Eighteenth-Century Hasidic Thought*, Jerusalem / Princeton 1993, 133 Fn 57. Zu Sanzers Approbation siehe auch Stillman, *Living Leaves*, 65 – 66.
[472] Den Empfänger jenes berühmten Briefes des Besht, auf den unten noch eingegangen wird.
[473] Siehe Scholems Brief an Ḥayyim Lieberman vom 14. Tamuz 1951, abgedruckt in David Assaf / Esther Liebes (Hg.), *The Latest Phase. Essays on Hasidism by Gershom Scholem*, Jerusalem 2008, 87 (Hebräisch). Während Lieberman die Ansicht vertrat, dass Satanow vornehmlich aus finanziellen Interessen gehandelt habe und mit den Profiten in Koretz seine Drucke in Berlin finanzierte, blieben für Scholem die Gründe unklar. Siehe Ḥayyim Lieberman, *Ohel Rah"el*, Bd. 3, New York 1980, 52, 101 – 102. Liebermans Brief an Scholem findet sich im Ḥayyim Lieberman Archiv, Handschriftenabteilung der National Library of Israel, Jerusalem, ARC. 4*1562, Abteilung 1: Korrespondenz (התכתבות). Siehe auch Friedberg, *Toledot ha-Defus*, 61.

Es fällt schwer zu glauben, dass diese Drucklegung durch rein profitorientiertes Denken motiviert war. Auch die weitere *haskama* von Rabbi Moshe Ostrer fährt in ähnlichem Stil zu Satanows Qualifikationen fort, nachdem er schreibt, dass die zuvor gedruckten fehlerhaften Ausgaben den Kauf nicht wert seien:

> Und es ergibt keinen Sinn, das oben genannte heilige Buch zu kaufen, außer das von dem Rabbiner und Grammatiker Isaak Satanow aus dem Hause Levi aus Satanow, der seinen Geist spendete, um es auf den schönen Altar des Druckes zu erheben, dass es gepriesen sei im Munde eines jeden Menschen, [...] er hat keinen finanziellen Überfluss daraus, denn alles läuft nach zuvor festgelegten Stempeln [Unterschriften] ab [...]
>
> ואין ידי ענינים בהשגת יד לקנות הספר הקדוש הנ"ל בכן העיר ה' את הרבני המדקדק מהור"ר יצחק לבית לוי איש סטנאב אשר נדבה רוחו להעלותו על מזבח הדפוס נאה שיהי' מהודר בפני כל איש ואיש בכן איישר חילך לאוריית' ואם יש להרבני הנ"ל שבחי דממילא אין לו שבח המגיע לכספי' בכן הכל הולך אחר החתום שיחתום כל אשר משוקיהם כסף בעלמין דכסופי' וללמוד הס' הק' הנ"ל יחתום עצמו שיקח הס' עה"ח בעד אדום זהב מקום שאמרו לחתום יחתמו [...]

So liest man in der dritten *haskama* von Rabbi Mordechai Zolkiew in ähnlichem Stil:

> [...] Und siehe, dass Gott gerade den Geist des Rabbiners und Grammatikers Herrn Isaak Halevi aus Satanow erweckte und dieser es unter die Druckerpresse brachte [...].
>
> והנה עתה העיר ה' את רוח הרבני המדקד' מו' יצחק הלוי איש סטנא' והביאו תחת מכבש הדפוס [...].

Auch wenn wirtschaftliche Interessen eine nicht geringe Rolle gespielt haben mögen, so werden doch Satanows herausragende Sprach- und Grammatikkenntnisse mehrmals benannt. Seine Vermittlerrolle beim Verkauf der Bücher auf dem westlichen europäischen Markt könnte einen weiteren Impuls gegeben haben. Scholem geht in seinen Äußerungen nicht auf diese (Pseudo-)Approbationen oder ihre mögliche Fälschung ein, was im Hinblick auf Satanow durchaus nachvollziehbar ist. Stellt er doch die Glaubwürdigkeit einer entscheidenden Beteiligung Satanows an der Drucklegung von *'Eṣ Ḥayyim* nie in Frage. Mor Altschuler hingegen meldet gewisse Zweifel an seinen Fachkenntnissen und seiner Rolle beim Druck des Werkes an. Da in Koretz seit Beginn der jüdischen Druckerei 1776, die sich zunächst im Besitz eines jüdischen Druckers befand,[474] Kontakt zum kabbalistischen Zirkel um Yeḥiel Michel aufgenommen worden war, bleibt offen, warum nicht dieser Kreis zur Beratung hinzugezogen wurde, sondern Satanow.[475]

---

474 Zu den Vorbesitzern Zwi Hirsch ben Aryeh Leib (Margolios) und dessen Schwiegersohn Shmuel ben Ishar ber Segal, siehe unten Kap. 2.5.1.

475 Altschuler, *Messianic Secret*. Zu Yeḥiel Michel siehe ebd., 51–66; und zum Druck kabbalistischer Texte in Koretz ebd., 131–140.

Die genannte Gruppe verfügte nach Altschuler über weitreichende Kenntnisse in kabbalistischen Traditionen und setzte sich aus Experten zusammen, die zur Drucklegung herangezogen werden konnten. Doch zu Lebzeiten Yeḥiels, auf dem in diesem Kreis messianische Hoffnungen ruhten, wurden lurianische Werke nicht veröffentlicht. Diese Schriften wurden aufgrund ihrer „großen Heiligkeit" nicht gedruckt und daher kursierten zwar massenhaft hergestellte Abschriften lurianischer Werke, aber keine Drucke. Erst im Jahr nach dem Tod Yeḥiels und nach den Enttäuschungen der mit ihm verbundenen messianischen Hoffnungen konnte in Koretz das erste lurianische Werk gedruckt werden – das *opus magnum* Lurias *'Eṣ Ḥayyim* in der Bearbeitung Meir Poppers.[476]

Ein weiterer Impuls für die Drucklegung könnte von dem „messianischen Manifest" des Besht, seinem „Heiligen Brief" an seinen Schwager Rabbi Abraham Gershon von Kutov, ausgegangen sein.[477] Diese Epistel wurde 1781 in Koretz im Anhang zu Ya'aqov Yosef von Polonojes *Ben Porat Yosef* gedruckt, doch kursierten bereits seit 1776 Abschriften dieser Schrift und befeuerten die messianischen Hoffnungen und „Naherwartungen" in diesen Jahren.

Der Traditionsbruch mit dem Druckverbot im Geist der Aufklärung wurde Satanow nicht etwa zur Last gelegt. Vielmehr verkaufte sich das Buch so gut, dass man bereits 1784 eine zweite Auflage drucken ließ und 1785 eine weitere.[478] Die bereits von Elyaqim Hamilzahgi bemängelte Unzuverlässigkeit des gedruckten Textes beeinflusste dabei keineswegs die Popularität der Ausgabe.[479]

Aufgrund von Satanows Erfahrung mit Drucken und ihrem Vertrieb sowie dank seiner philologischen und philosophischen Kenntnisse war er überaus

---

476 Zur komplexen Überlieferungsgeschichte lurianischer Schriften siehe Necker, *Lurianische Kabbala*, 30–76, hier 31.

477 Zu diesem Schriftstück siehe Moshe Rosman, *Founder of Hasidism*, 279–296; Immanuel Etkes, *The Besht: Magician, Mystic, and Leader*, Hanover / London 2005, 327–338; Moshe Idel, „Prayer, Ecstasy, and ‚Alien Thoughts' in the Religious Experience of the Besht", in Assaf / Rapoport-Albert (Hg.), *Let the Old Make Way for the New*, 57–121, hier 66–71 (Hebräisch); siehe auch Moshe Rosman, „Hebrew Sources on the Baal Shem Tov: Usability vs. Reliability", *Jewish History* 27,2–4 (2013): 153–169. Zu einer synoptischen Präsentation der verschiedenen Rezensionen siehe Yehoshua Mondshain, *Shivḥe ha-Ba'al Shem Ṭov: A Facsimile of a Unique Manuscript, Variant Versions and Appendices*, Jerusalem 1982, 233–237 (Hebräisch); Moshe Idel, *Vocal Rites and Broken Theologies. Cleaving to Vocables in R. Israel Ba'al Shem Tov's Mysticism*, New York 2020, 55–61.

478 Schulte, *Zimzum*, 344; Rezler-Bersohn, „Epitome", 87.

479 Jonatan Meir, „Haskala and Esotericism in Galicia. The Unpublished Writings of Elyakim Hamilzahgi", *Kabbalah. Journal for the Study of Jewish Mystical Texts* 33 (2015): 272–313, hier 304–305 (Hebräisch); Daniel Abrams, „Nineteenth-Century Precedents of Textual Scholarship of Kabbalistic Literature – Elyaqim Milzahagi's *Zoharei Raviah:* Ms. Jerusalem NLI 4º121", *Kabbalah. Journal for the Study of Jewish Mystical Texts* 31 (2014): 7–25.

qualifiziert für die Mitarbeit an dieser Drucklegung.[480] Doch sollte auch die Möglichkeit in Betracht gezogen werden, dass er im Besitz einer Handschrift von *'Eṣ Ḥayyim* war, welche als Druckvorlage gedient haben könnte. Zwar hatte auch Yeḥiel Michel uneingeschränkten Zugang zu kabbalistischen Handschriften in Mezeritch gehabt, aber eventuell besaßen diese keine ausreichende Qualität für die Drucklegung – oder man schreckte tatsächlich davor zurück, lurianische Werke zu drucken. Schließlich war dies ausdrücklich von den rabbinischen Autoritäten mit dem Bann (*ḥerem*) belegt worden.[481] Alternativ nimmt man an, dass diese Bücher als „zu heilig" galten, um sie zu drucken.[482]

Im Nachbarort Satanows in Podolien, Sawanitz, befand sich in der Mitte des 18. Jahrhunderts eine Kopistenschule, die sich auf die Abschrift lurianischer Handschriften spezialisiert hatte. Neben der Hauptschrift *'Eṣ Ḥayyim* wurden dort auch der *Siddur ha-Ari* (Gebetbuch des Ari), *Nof 'Eṣ Ḥayyim* (Wipfel des Lebensbaumes), *Limmude Aṣilut* (Emanationslehren; aus der Schule Israel Sarugs), *Sefer ha-Qana* (Buch Qanah) und *Kanfe Yona* (Flügel Yonas) aus dem Kreis der Schüler Lurias in Handschriften vervielfältigt.
Eine dieser lurianischen Handschriften,[483] eine Kopie des *'Eṣ Ḥayyim* aus dem Jahr 1780/81, enthält im Kolophon sogar den Namen des Schreibers, Israel ben Raphael Halevi aus Satanow.[484] Dieser stammte aus demselben Ort wie Isaak und trägt

480 Jedoch kam er beim Druck von *Peri 'Eṣ Ḥayyim* (Koretz 1782) seiner Sorgfaltspflicht bezüglich der Manuskripte nicht nach und es handelt sich bei diesem Druck nicht um Poppers zweite Sektion seiner Anthologie, sondern um eine Redaktion lurianischer Theurgie von Rabbi Nathan Shapira aus Jerusalem mit dem korrekten Titel *Me'orot Natan*. Die Einleitung enthält sogar Shapiras Namen und den korrekten Titel. In der zweiten Ausgabe in Koretz (1785) wurde dieser Fehler korrigiert und das falsche durch das korrekte Manuskript ersetzt, einer Handschrift von Rabbi Shabbetai Rashkover; siehe Stillman, *Living Leaves*, 92. Zu Rashkover siehe ebd., 70, 75, 145.

481 Zu diesem Bann und dem Vorwurf der „schwarzen Magie" in Frankfurt am Main im Zusammenhang mit den Streitigkeiten um das Werk Ramḥals siehe Moshe Idel, *Hasidism: Between Ecstasy and Magic*, Albany 1995, 37; Simon Ginzburg (Hg.), *R. Moses Ḥayyim Luzzatto and his Contemporaries – A Collection of Letters and Documents*, Tel Aviv 1937, 286 – 287 (Hebräisch).

482 Yossi Chajes, „'Too Holy to Print': Taboo Anxiety and the Publishing of Practical Hebrew Esoterica", *Jewish History* 26,1 – 2 (2012): 247 – 262; ders., „Too Holy to Print: The Forbidden Books of Jewish Magic", 14. Februar 2014. Online unter http://www.tabletmag.com/jewish-arts-and-culture/books/164141/forbidden-jewish-magic-books (Zugriff: 23. Januar 2016).

483 Hs Jerusalem K1, Benayahu, F 44404, 362a.

484 Es wird noch ein weiterer Schreiber, Yehoshua ben Aaron, genannt. Zu den Kopisten der Handschriften aus Brody (Abraham ben Jesaja, Hs aus dem Jahr 1722), siehe Stillman, *Living Leaves*, 66 – 67. Zu weiteren Handschriften dort siehe ebd., 68 – 72.

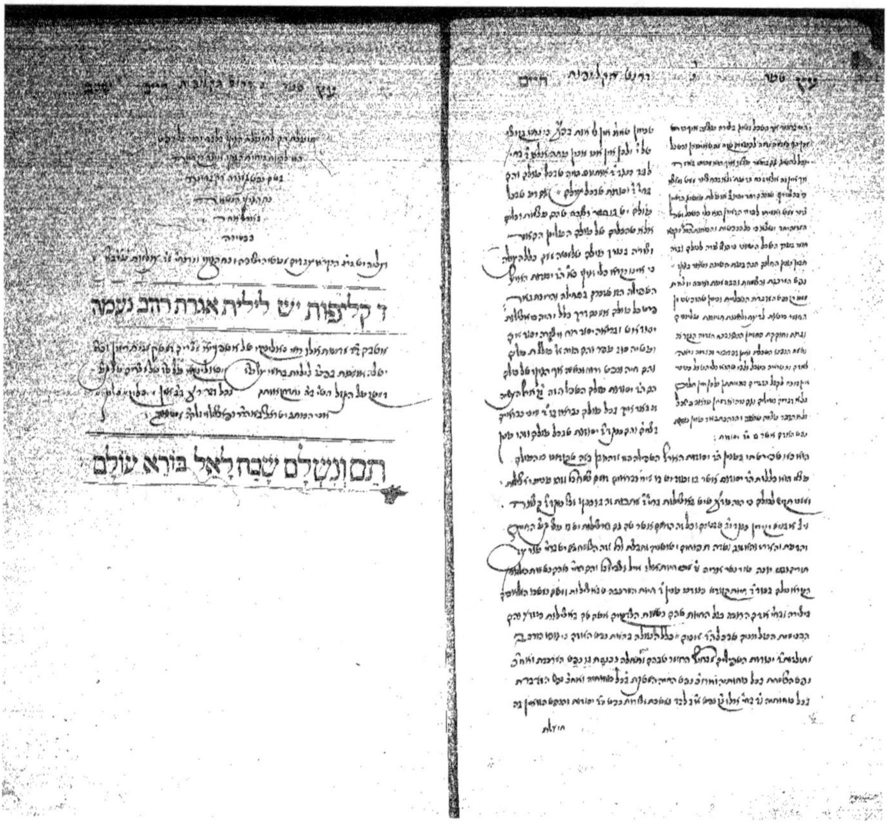

Abb. 15: *'Eṣ Ḥayyim* [Baum des Lebens], Hs Jerusalem K1, Courtesy of the Professor Meir Benayahu Collection Jerusalem Israel, F 44404, 362a

denselben Familiennamen; der Name war aber zugegebenermaßen recht verbreitet. Ob ein Verwandtschaftsverhältnis bestand, kann nur vermutet werden.[485]

Die zahlreichen Kommentare am Rand des Manuskripts lassen weitreichende Kenntnis kabbalistischer Quellen erkennen, so dass man sogar davon ausgehen könnte, dass Satanow einen dieser Kommentare diktierte oder er aus einem Zirkel von Kabbala-Schülern stammte. Auch anhand eines Handschriftenvergleichs zwischen Satanows handschriftlichen Notizen zu Mendelssohns *Bi'ur Millot ha-*

485 Anhand von Archivmaterial aus Jerusalem, Warschau und Krakau konnte dies nicht eindeutig belegt werden.

Higgayon und der erwähnten Handschrift aus Sawanitz lassen sich keine eindeutigen Schlussfolgerungen ziehen.[486]

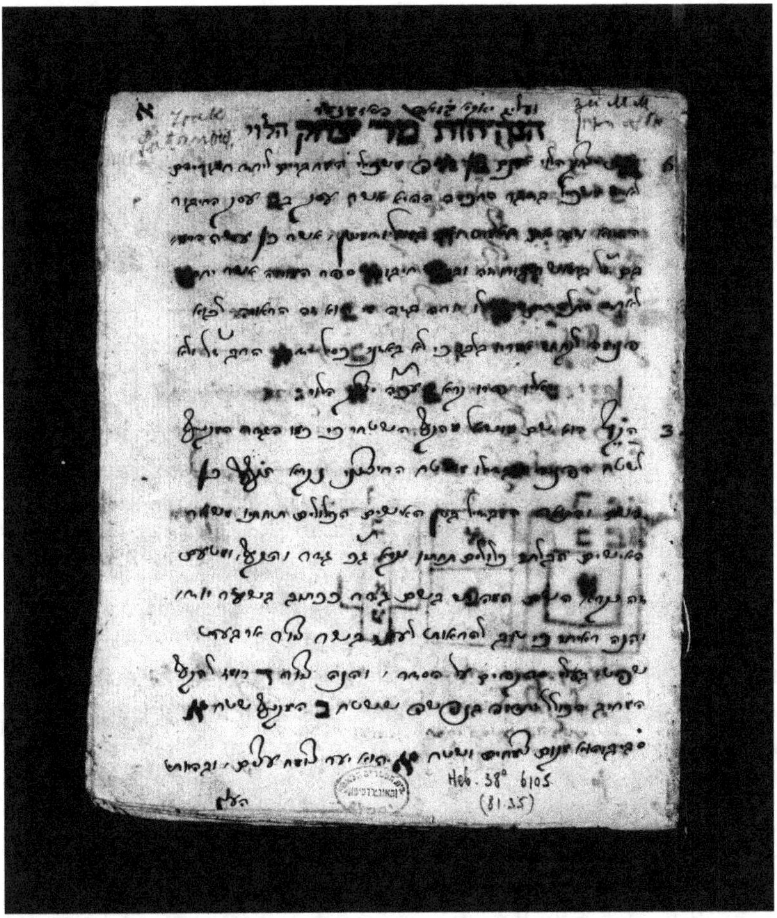

Abb. 16: *Hagahot* [Anmerkungen] Satanows zu Maimonides' *Millot ha-Higgayon*, Jerusalem – The National Library of Israel, Hs Heb. 8°6105, 1a

Es können keine genauen Angaben darüber gemacht werden, wann der genannten Handschrift des *Lebensbaumes* die Kommentare hinzugefügt wurden, ob unmittelbar während der Anfertigung derselben oder erst im Nachhinein. Die

486 *Hagahot me-Rabbi Yiṣḥaq ha-Lewi mi-Saṭnov 'al Millot ha-Higgayon le-Rambam*, Jerusalem – The National Library of Israel, Hs Heb. 8°6105 (siehe Abb. 16).

Version des gedruckten Textes entspricht der von Meir ben Yehuda Loeb ha-Kohen Poppers (gest. 1662), dem Schüler Jakob Zemachs, der sich lange Jahre mit verschiedenen Textversionen beschäftigt und diese verglichen hatte. Poppers war sich „des Labyrinths, das in den lurianischen Schriften herrschte", bewusst und reiste nach Damaskus zu einem achttägigen Aufenthalt bei Vitals Sohn Shmuel Vital. Es gelang ihm 1653 seine Bearbeitung aller bekannten lurianischen Schriften zu einem erfolgreichen Ende zu bringen und in drei Werken zusammenzufassen: *Nof 'Eṣ Ḥayyim* (Wipfel des Lebensbaumes), *Peri 'Eṣ Ḥayyim* (Frucht des Lebensbaumes) und *Derekh 'Eṣ Ḥayyim* (Weg des Lebensbaumes). Den letzten Teil druckte Satanow unter dem Titel *'Eṣ Ḥayyim*, welcher nicht mit der Sammlung persönlicher Notizen unter demselben Titel von Ḥayyim Vital zu verwechseln ist.[487]

Nachwirkungen der Druckausgabe der „Frucht des Lebensbaumes"

Wie Maimons *Lebensgeschichte* dokumentiert,[488] wurden kabbalistische Traditionen zunehmend in die Volksfrömmigkeit im 18. Jahrhundert integriert und besaßen eine große Popularität – vor allem im Zusammenhang der messianischen Traditionen und den aufkommenden Ritualisierungstendenzen der mystischen Strömungen. Im Gegensatz zu den mittelalterlichen, elitären Schülerkreisen der wenigen anerkannten Meister der mystischen Literaturen und deren Konzeptionen, fand im Laufe der Zeit eine starke Vereinfachung der komplexen kabbalistischen Ideen und eine Verschmelzung mit dem einfachen Volksglauben statt, wovon die beginnende chassidische Bewegung sicherlich profitierte. Im Zuge des Sabbatianismus und den damit verbundenen Unruhen und Streitigkeiten versuchten die rabbinischen Obrigkeiten, die Ausbreitung erneut einzudämmen, indem sie auf das Studium jener kabbalistischen Werke den Bann legten, die keine gültige *haskama* (Approbation) enthielten.[489]

Die enge Verbindung und Wechselwirkung zwischen Volksglauben, gedruckten kabbalistischen Schriften und jüdischem Ritus kann an Satanows Ausgaben von *Peri 'Eṣ Ḥayyim* (Frucht des Lebensbaumes) verifiziert werden, in denen sich ein bis heute geltendes jüdisch kulturelles Relikt zum Omerfest (*'omer*, wörtl. Garbe) finden lässt. Das Omerfest geht ursprünglich auf den Bar-Kochba-

487 Necker, *Lurianische Kabbala*, 50 – 52.

488 Vor allem in den Kapiteln 14 – 18, Maimon, *Lebensgeschichte*, hg. v. Zwi Batscha, 76 – 121. Siehe oben zu Maimons *Lebensgeschichte* 2.3.1.

489 Maciejko, *Mixed Multitude*, 34 – 40. Zur zunehmenden Ritualisierung der kabbalistischen Vorlagen im Chassidismus siehe Gadi Sagiv, „Ritualization as Religious Renewal in 18th-Century Hasidism", *Zutot* 16,1 (2019): 19 – 29.

Aufstand aus den Jahren 132–135 zurück und unterbricht die Trauerzeit der 49 Tage (das Omerzählen) zwischen Pesach und Shavu'ot am 33. Tag (daher ל"ג *lag*, dessen Zahlenwert 33 ergibt).[490] Rabbi Akiva hatte sich der Tradition nach ebenfalls am Aufstand beteiligt. Der Überlieferung zufolge endete an diesem Tag die Epidemie, die viele seiner Schüler dahingerafft hatte. Seit der Zeit der Kreuzzüge war Meron das Ziel von Pilgerfesten, die mit keinem festen Datum verbunden waren. Der Tannait der vierten Generation und legendäre Verfasser des *Zohar*, Shimon bar Yoḥai (Rashbi), hatte sich ebenfalls am Aufstand gegen die Römer beteiligt und stieg laut Überlieferung an diesem Tag direkt in den Himmel auf, weshalb das Fest ebenfalls zu Ehren seiner *hillula* begangen wurde.[491] Auch wenn sich die Pilgerfahrt nach Meron zu den Gräbern der Tannaiten Rabbi Hillel (ca. 110 v.u.Z. – 10 u.Z.) und Rabbi Shammai (ca. 50 v.u.Z. – 30 u.Z.), den beiden Gründern der zentralen Schulrichtungen in Palästina,[492] schon lange etabliert

---

490 Daniel Sperber, *Minhage Yisra'el* [Bräuche Israels], Bd. 1, Jerusalem 1990, 13–30. An Pesach wurde zu Beginn der Gerstenernte eine Gerstengarbe (*'omer*) im Tempel als Opfer dargebracht. Daher die Bezeichnung Omerfest. An Shavu'ot wird am 50. Tag nach Pesach dann das Ende der Weizenernte gefeiert.

491 *Hillula* lautet die Bezeichnung für die Pilgerfahrt nach Meron an *Lag ba-'Omer* zum Grab Rashbis. Der Begriff stammt laut Elchanan Reiner, *Pilgrimage and Pilgrims to Eretz-Yisrael 1099–1517*, PhD Dissertation Hebrew University Jerusalem 1988 (Hebräisch), wahrscheinlich aus dem Arabischen. Die erste Übersicht über die Pilgerreisen nach Meron verfasste Abraham Ya'ari, „Toledot ha-hillula bi-Meron [Geschichte der Pilgerfahrt nach Meron]", *Tarbiz* 31,1 (1962): 72–101. Meir Benayahu stellte daran kritische Anfragen in seinem Artikel „Hanhagot mequbbale Ṣefat bi-Meron [Bräuche der Kabbalisten aus Safed in Meron]", *Sefunot* 6 (1962): 9–40. Daniel Sperber hat inzwischen dargelegt, dass die Praxis des Haareschneidens am Grab eines Heiligen nicht nur in Meron eingeführt wurde, sondern einen weit verbreiteten Brauch in vielen Kulturen und geschichtlichen Perioden darstellt. Siehe Daniel Sperber, *Minhage Yisra'el* [Bräuche Israels], Bd. 8, Jerusalem 2007, 13–30.

492 Dem letzten der sogenannten „fünf Paare", welche die prophetische mit der rabbinischen Zeit verbindet; siehe *mAvot* 1:1–15. In diesem Zusammenhang sollte auch das „Wasserwunder" in Meron erwähnt werden. Zwischen den Gräbern von Hillel und Shammai sammelte sich Wasser in einem ausgehöhlten Stein, das „Wasser von Meggido" genannt wurde, ohne die Quelle desselben ergründen zu können. Diesem Wasser wurde heilende Wirkung zugesprochen und bereits Rabbi Petaḥya von Regensburg, der zwischen 1170 und 1187 eine Pilgerreise ins Heilige Land unternahm, berichtet von diesem heilenden Wasser zwischen dem Gräbern von Hillel und Shammai; siehe Rabbi Petaḥya von Regensburg, *Sivuv Rabbi Petaḥya* [Die Rundfahrt von Rabbi Petaḥya], Warschau 1855, 7b. Siehe auch Ze'ev Vilnay, *Maṣṣevot Qodesh be-Ereṣ Yisra'el* [Heilige Grabsteine im Land Israel], Jerusalem 1963, 293–294, Ya'ari, „Toledot", 72–73. Es besteht die Möglichkeit, dass bei der „Erweckung der weiblichen Wasser" im safedischen Ritual diese älteren Wasser-Traditionen einen erheblichen Einfluss ausübten.

hatte, war im 16. Jahrhundert mit der Einwanderung sefardischer Juden eine entscheidende Veränderung in den Bräuchen dieses Festes eingetreten.[493]
Mit zunehmender Konzentration auf das Grab Shimon bar Yoḥais (als vermeintlicher Verfasser des *Zohar*) und seines Sohnes rückte dieser nun unter sefardischem Einfluss ins Zentrum des Festes. Die Kabbalisten Safeds führten neue mystisch-theurgische Rituale ein, wie z. B. das Niederwerfen auf dem Grab des verstorbenen Gerechten, um die Seele mit der des Toten zu vereinigen bzw. dieser anzuhaften.[494] Mit diesem Ritual sollte nicht nur die eigene Seele auf ein höheres Niveau erhoben, sondern auch die innergöttliche Vereinigung zwischen der weiblichen Sefira *Malkhut* (Königtum) mit der männlichen *Yesod* (Fundament) initiiert werden. Gemäß dem *Zohar*[495] erwecken das mystische Gebet und das Ritual die weiblichen Wasser und bewirken eine heretosexuell konnotierte Vereinigung sowohl im unteren Bereich der göttlichen Welt (zwischen *Malkhut* und *Yesod*) als auch im oberen Teil derselben zwischen *Ḥokhma* (Wissen) und *Bina* (Einsicht).[496] Ab dem 16. Jahrhundert verband sich die rituelle Praxis am Grab Rashbis mit der Erkenntnis der Geheimnisse des *Zohar*,[497] später galt dieselbe Zuschreibung für das rituelle Lesen bestimmter Abschnitte des *Zohar*. Die Pilgerfahrt zum Grab wurde allmählich durch exegetische Praktiken, die auch in der Diaspora am Vorabend von *Lag ba-'Omer* durchgeführt werden konnten, ersetzt. In diesem Zusammenhang etablierte sich der Status des zoharischen Textes als heilig.[498]

Neben einer Veränderung des Zieles der Pilgerfahrten zum Grab Rashbis und seines Sohnes kam es im 16. Jahrhundert zugleich zu einer Verschiebung des Datums: statt am zweiten Pesach (14. Iyyar, also 4 Tage vor *Lag ba-'Omer*) fanden die Feierlichkeiten unter den Nachfolgern Lurias an *Lag ba-'Omer*, am 18. Iyyar,

---

493 Reiner, *Pilgrimage and Pilgrims*, 304; ders., „Joshua is Rashbi, Hatzor is Meron: On the Typology of a Galilean Foundation Myth", *Tarbiz* 80,2 (2012): 179–218 (Hebräisch). Siehe auch Boaz Huss, „Holy Place, Holy Time, Holy Book: The Influence of the *Zohar* on Pilgrimage Rituals to Meron and the *Lag Be-Omer* Festival", *Kabbalah. Journal for the Study of Jewish Mystical Texts* 7 (2002): 237–256, hier 250 (Hebräisch).

494 Siehe *Zohar* III,70b–71a. Zu den entsprechenden Belegen und Praktiken bezüglich der Seelenlehre siehe Huss, „Holy Place, Holy Time", 238–250; siehe dazu auch Jonathan Garb, „The Cult of the Saints in Lurianic Kabbalah", *Jewish Quarterly Review* 98,2 (2008): 203–229, hier 214–218.

495 *Zohar* I,60b, 153b, 225a–b und III,70b–71a.

496 Huss, „Holy Place, Holy Time", 241–242.

497 Siehe Joseph Karo, *Magid Mesharim*, Jerusalem 1960, 108.

498 Huss, „Holy Place, Holy Time", 253–257, siehe ders., „*Sefer ha-Zohar* as a Canonical, Sacred and Holy Text: Changing Perspectives of the Book of Splendor Between the Thirteenth and Eighteenth Centuries", *Journal of Jewish Thought and Philosophy* 7,2 (1998): 257–307, hier 295–300.

Abb. 17: Grab Hillels und Shammais in Meron heute (Fotographie E.M.)

statt. Mit der Hinwendung zu Rashbi als Verfasser des *Zohar* ab dem 16. Jahrhundert wurde das Fest auch mit einem festen Datum und mit Legenden zum Leben Rashbis verbunden, was bisher beim Gräberkult in Galiläa und den damit verbundenen Pilgerfahrten nicht der Fall gewesen war.[499] Die Feier der Pilgerfahrt nach Meron verwies anfänglich auf Freude über das Ende der Pest unter den Schülern Akivas bzw. die Einsetzung neuer Schüler (unter denen auch Rashbi war). Bei Ḥayyim Vital, dem sog. Hauptschüler Lurias, wurde in seinem *Tor der Intentionen* (*Sha'ar ha-Kawwanot*) diese Freude nun mit dem Übergang des spirituellen Zustandes von *qaṭnut* (Kleinheit) zu Größe (*gadlut*) assoziiert. Vital belegte nach der Paraphrasierung von Lurias Auslegung zu *Yevamot* 62b und der Einsetzung von legendären 12.000 neuen Schülerpaaren nach der Pest diese Theorie mit der Teilnahme Lurias und seiner Schüler an der Pilgerfahrt nach Meron und bezeugt die kabbalistische Bedeutung von *Lag ba-'Omer* mit folgenden Worten:

> Und ich habe all dies geschrieben, um zu zeigen, dass es eine Wurzel zu diesem genannten Brauch gibt. Besonders, da Rashbi, Friede sei mit ihm, zu den fünf großen Schülern[paaren] des Rabbi Akiva gehörte, und daher ist es die Zeit seiner Freude am Tag *Lag ba-'Omer* (*welakhen zeman simḥato be-yom lag ba-'omer*).[500]

Die Assoziation des Festes mit spiritueller Erhöhung fand keinen Eingang in den Volksglauben. Vielmehr etablierte sich in den folgenden Traditionen, wie sie vor allem in Meir Poppers *Peri 'Eṣ Ḥayyim* aufgenommen wurden, eine Festlegung von *Lag ba-'Omer* als Todestag Rashbis und folglich die Feier seiner Yahrzeit an diesem Datum. Der Tod des Verfassers erscheint dabei nicht als trauriges Ereignis, sondern als freudiges, da sich an diesem Tag seine Seele mit der *Shekhina* vereinigt.[501] Auch wenn Poppers diese Sammlung lurianischen Materials bereits im 17. Jahrhundert (ca. 1640) zusammenstellte, wurde *Peri 'Eṣ Ḥayyim* erst 1782 zum ersten Mal in Koretz bei Krüger und Satanow gedruckt. Auch ein einfacher Druckfehler (entweder im Druck oder in den Handschriften Poppers) könnte jedoch der Grund für diese Verknüpfung des Festes mit dem Tod Rashbis verantwortlich sein. Während man in der ersten Auflage von 1782 auf fol. 101a noch liest, dass Rashbi sich an *Lag ba-'Omer* „freute":

---

499 Siehe Reiner, *Pilgrimage*, 261.

500 Ḥayyim Vital, *Sha'ar ha-Kawwanot* [Tor der Intentionen], Jerusalem 1989, 191. Yehuda Liebes merkt jedoch an, dass Luria das Datum der Ereignisse der *Idra Rabba* im *Zohar* mit der Ordination der Schüler Akivas identifiziert habe, nicht mit dem Tod Rashbis (er starb am Ende der *Idra Zuṭṭa* [Kleine Versammlung], *Zohar* III,296b), und die Freude bei diesem Fest darauf zurückzuführen sei. Siehe Yehuda Liebes, „The Messiah of the *Zohar*", in Shmuel Rom (Hg.), *The Messianic Idea in Jewish Thought: A Study Conference in Honour of the Eightieth Birthday of Gershom Scholem*, Jerusalem 1982, 87–236, hier 110–111 Fn 99, 160–161, 192 (Hebräisch).

501 Siehe Elliot R. Wolfson, *Through a Speculum that Shines. Vision and Imagination in Medieval Jewish Mysticism*, Princeton 1994, 335–336.

> Bezüglich der Sache der Pilger, die zu den Gräbern Rashbis und den Schülern Rabbi Aqivas in Meron an *Lag ba-'Omer* gehen: Ich sah, wie mein Lehrer, gesegnet sei sein Andenken für die kommende Welt, acht Jahre lang dorthin mit seiner Frau und den Söhnen seines Hauses für jeweils drei Tage ging. Auch bezeugt Avraham Halevi, dass er dies zu tun pflegte [...], da Rashbi, Friede sei mit ihm, dort begraben ist. [...] Denn auch Rashbi, einer der Schüler Aqivas, **freute sich** an *Lag ba-'Omer* [...].
>
> בענין אלו ההולכים על קברי רשב"י ובני ר"א במירון בי ו' ל"ג בעומר. אני ראיתי מורי זלה"ה זה שמונה שנים שהלך שם עם אשתו ובני ביתו ג' ימים. גם העיד ה' אברהם הלוי כי הוא היה נוהג לומר תמיד נחם בברכת תשכון וכשסיים התפילה א"ל מורי זלה"ה משם רשב"י ע"ה הקבור שם אמור לאיש הזה למה הוא אומר נחם ביום שמחתי. כי גם רשב"י הי' מתלמידי ר"ע והוא **שמח** בל"ג בעומר לכן הוא יהיה בנחמה בקרוב. וכן היה כי לא יצא חדש עד שמת בנו הגדול וקבל כוס נחמה עליו. הנה נראה מזה שיש שורש להליכה זו.

Doch findet man in der zweiten Auflage der *Frucht des Lebensbaumes* von 1785 (108a) die Phrase שמת רשב"י (dass Rashbi starb), die auf einer Vertauschung des Wortes *s-m-ḥ* (er freute sich) des Buchstabens *ḥet* mit *taw* beruht, so dass *s-m-t* (*she-met*, dass gestorben sei) zu lesen ist:

> [...] und nach dem Gebet sprach mein Lehrer, seligen Angedenkens, im Namen Rashbis, der dort begraben ist, und er sagte mir, dass diesem Mann gesagt worden sei, warum er das „Erbarme-Dich" Gebet an einem Freudentag spreche. Aus dem Grund, dass er in der kommenden Zeit Milde erweisen möge [...] aus all diesem scheint es, dass die Wurzel dieses Heraustretens und die Begründung darin liegt, dass Rashbi an *Lag-ba-'Omer* **gestorben sei**, denn er ist unter den oben genannten Schülern des Rabbi Aqiva [...].
>
> אחר התפלה אמר מורי ז"ל ה"ה בשם רשב"י הקבור שם שאמר לי אמור לאיש הזה למה הוא אומר נחם ביום שמחתי לכן הוא יהיה בנחמה בזמן קרוב וכן לא יצא חודש עד שמת בנו הדגול וקיבל כוס נחמה עליו נראה מכל זה שיש שורש ליציאה זו והטע' **שמת** רשב"י ביום ל"ג בעומר כי הוא מתלמידי ר"ע הנ"ל שמתו בספי' העומר הנ"ל [...].

In weiteren Editionen, z. B. der von 1819, liest man wieder das korrekte שמח רשב"י. Es bleibt ungewiss, ob diese Tradition zum Todestag Rashbis sich tatsächlich unabhängig vom Druck etabliert hatte,[502] oder ob sie in unmittelbarem Zusammenhang mit dem Druckfehler in der zweiten Ausgabe steht und daher bis auf den heutigen Tag beibehalten wird.[503] Die Annahme ist plausibel, dass die Pilgerfahrt nach Meron an *Lag ba-'Omer* anlässlich von Rashbis Todestag festgelegt wurde

502 Für eine Assoziation mit dem Tod Rashbis bereits im 18. Jahrhundert (vor der Drucklegung der Schrift) spricht allerdings eine Passage in *Sefer Ḥemdat Yamim* im Druck Izmir 1731, das sich auf die Überlieferungen Poppers stützt, Teil 3, 54a: „Es steht geschrieben in den Büchern der Vorfahren, dass der Tag *Lag ba-'Omer* der Tag ist, an dem Rashbi, Friede sei mit ihm, aus der Welt schied." Doch schließt auch Huss, „Holy Place, Holy Time", 253 Fn 86 einen starken Einfluss des Druckfehlers der zweiten Auflage auf weitere Entwicklungen im Volksglauben nicht aus.
503 Siehe Huss, „Holy Place, Holy Time", 252–253.

Abb. 18: Kuppel über dem Grab Rashbis in Meron (Fotographie E.M.)

und sich die damit zusammenhängenden rituellen Praktiken im 18. Jahrhundert oder sogar erst zu Beginn des 19. Jahrhunderts im Volksglauben durchsetzen konnten.[504] Ausschlaggebend ist dabei die Drucklegung lurianischer Schriften im 18. Jahrhundert, vor allem die Drucke aus Koretz aus der Kooperation von Satanow und Johann Anton Krüger.

2.5.1 Johann Anton Krüger / Krieger (ca. 1705 – 1779)

Johann Anton Krüger nahm eine führende Stellung in der Geschichte des jüdischen Buchdrucks in Polen ein.[505] Der polnische Geschäftsmann aus der Bekleidungsbranche besaß neben der Druckerei in Koretz für hebräische Schriften noch eine weitere in Nowy Dwor, Neuhof, nahe Warschau,[506] die allerdings aufgrund von finanziellen Schwierigkeiten von ihrem vorherigen jüdischen Besitzer nicht weiter betrieben werden konnte.[507]

Krüger hatte sich durch seine Tätigkeiten in der Bekleidungsindustrie sowohl ein erhebliches Vermögen als auch ein weitreichendes Netzwerk an Handelsbeziehungen aufgebaut. Er erkannte, dass mit dem Druck hebräischer Bücher ein lukratives Geschäft zu erwarten war. Die wenigen jüdischen Druckereien in Polen, die meist klein waren und den vorhandenen Bedarf bei weitem nicht decken konnten, befanden sich in einem katastrophalen Zustand und konnten mit den großen ausländischen Druckereien in Sulzbach, Basel und Amsterdam nicht konkurrieren. Zudem litten sie unter der vom Staat auf jüdische Bücher auferlegten „Stempelsteuer", die für jedes Buch einen Silbergroschen verlangte. In den Jahren 1776 und 1780 wurde zum Zweck dieser Steuererhebung eine Zählung jüdischer Bücher durchgeführt. Der Import hebräischer Bücher sollte aus diesem Grund gestoppt werden. Krüger hatte von diesen Plänen Kenntnis und wollte sich seine Anteile auf dem hebräischen Buchmarkt sichern, um weitere Gewinne

---

504 Morris M. Faierstein, „Kabbalistic Background of Some Lag Ba-omer Customs", *Conservative Judaism* 63,3 (2012): 73 – 77, hier 74 – 75.

505 Emanuel Ringelblum, „Johann Anton Krieger, der Neuhofer Drucker von hebräischen Sefarim. Seine Tätigkeit in den Jahren 1781 – 1795", *Yivo-Bletter* 7 (1934): 88 – 109 (Jiddisch); verkürzte englische Fassung mit dem Titel „Johann Anton Krieger, Printer of Jewish Books in Nowy Dwór", *Polin. Studies in Polish Jewry* 12 (1999): 198 – 211.

506 Abraham Yaʻari, „Liqquṭim bibliografiyyim 1: Le-toledot ha-defus ha-ʻivri be-Nowy Dwor [Bibliographische Nachlese: Zur Geschichte des hebräischen Buchdrucks in Nowy Dwor]", *Qiryat Sefer* 10 (1933/34): 371 – 372.

507 Zu Krügers Rolle bei der Drucklegung lurianischer Schriften siehe auch Stillman, *Living Leaves*, 56 – 63. Stillman geht vor allem auf Krügers Engagement beim Druck von Talmudausgaben ein.

daraus zu erwirtschaften.[508] Er versuchte zu erreichen, dass nicht der ursprünglich vorgesehene Besitzer der Druckerei in Nowy Dwor, Yiṣḥaq Lazer (oder Leysor mit seinem Schwiegersohn Jonas Jakubovitz) aus Krotoschin – dessen Druckerei 1775 in Krotoschin abgebrannt war (er zum Ausgleich jedoch eine Druckerei in Warschau erhalten sollte) und der gute Kontakte zur Krone pflegte – die Lizenz zum Druck hebräischer Bücher in Nowy Dwor erhielt, sondern er selbst. Die Druckerei war 1780 auf der Grundlage der Drucklizenz des aus Paris stammenden Druckers und Verlegers Pierre DuFour (1729 – 1797), der auf Wunsch Adam Kazimierz Czartoryskis nach Warschau gekommen war und dort das königliche Privileg zur Errichtung einer Druckerei und Buchhandlung erhalten hatte, eröffnet worden. 1775 hatte DuFour das Privileg zum Druck von Büchern in westlicher und hebräischer Sprache erhalten, und ihm war eine künftige Monopolstellung zugesichert worden, indem anderen Druckereien verboten werden sollte, hebräische Bücher zu drucken oder dieselben in Zukunft zu importieren.[509] Aufgrund eines Konflikts mit dem Neffen des Königs Stanislaw August Poniatowski, Prinz Stanislaw Poniatowski (1755 – 1833), der ebenfalls eine jüdische Druckerei eröffnen wollte, kam es jedoch zum Bruch zwischen der Regierung und DuFour. Da DuFour zudem – angeblich – nicht über die finanziellen Mittel verfügte, um genügend Kapital in die Druckerei zu investieren, übernahm schließlich Krüger die Druckerei mitsamt ihren Privilegien und stattete sie mit den nötigen Geräten und Material aus. Möglicherweise hatte DuFour dank seiner Kontakte zum polnischen Königshaus und mittels seiner Position als Direktor der Druckerei der Königlichen Kadettenschule in Warschau die Privilegien im Auftrag Krügers beschafft. Auch die Rolle Lazers bleibt unscharf. Doch ist davon auszugehen, dass dieser nicht genügend Kapital zur Übernahme der Druckerei generieren konnte. Er konnte aber Krüger zu unterschiedlichen Investitionen überreden, wie später auch den Kauf der Druckerei in Koretz und den profitablen Druck von Talmudausgaben.[510] Der Standort Nowy Dwor, außerhalb Warschaus, musste gewählt werden, da Juden in Warschau nicht toleriert wurden und somit keine Arbeiter für die Druckerei

---

508 Zum hebräischen Buchdruck in Polen siehe Isaac Rivkind, „Le-toledot ha-defus ha-ʻivri be-Folin [Zur Geschichte des hebräischen Buchdrucks in Polen]", *Qiryat Sefer* 11 (1934/35): 95 – 116, 384 – 395; sowie Abraham Yaʻari, *Be-Ohale Sefer* [In Zelten des Buches], Jerusalem 1939; ders., *Ha-Defus ha-ʻIvri be-Arṣot ha-Mizraḥ* [Hebräischer Buchdruck in den Ländern des Ostens], Jerusalem 1936/37; Friedberg, *Toledot ha-Defus*; Marvin J. Heller, *The Seventeenth Century Hebrew Book. An Abridged Thesaurus*, Leiden 2011; Yeshayahu Vinograd, *Oṣar ha-Sefer ha-ʻIvri* [Thesaurus des Hebräischen Buches], 2 Bde., Jerusalem 1993; zu Koretz siehe ebd., Bd. 2, 599 – 602; zu Anton Krüger, ebd., Bd. 1, 459; und Kristof Pilarczyk, „Hebrew Printing Houses in Poland against the Background of their History in the World", *Studia Judaica* 7 (2004): 201 – 221, hier 213.

509 Ringelblum, „Johann Anton Krieger", 199.

510 Ebd., 201.

in Warschau selbst gefunden werden konnten. Acht Monate nach Erwerb der Lizenz präsentierte Krüger der Finanzkommission ein Memorandum, in dem er die Kommission an das zuvor gegebene Versprechen erinnerte. Darin war vereinbart worden, dass, sobald die Druckerei den Bedarf der jüdischen Bevölkerung im Land decke, keine hebräischen Bücher mehr aus dem Ausland importiert werden dürften und dass ein Verstoß mit einer Strafe in Höhe von 2.000 roten Dukaten belegt werde.[511] Krüger versprach des Weiteren einen noch höheren Gewinn aus den Einnahmen der verkauften Bücher als bisher, sollte dieser Forderung nachgekommen werden. Eindeutig zielte Krüger hier auf eine Monopolstellung innerhalb des jüdischen Buchdrucks und -handels, doch sie wurde ihm nicht gewährt. Krüger wählte daraufhin einen anderen Weg und übernahm von Zwi Hirsch ben Aryeh Leib (Margolios) und dessen Schwiegersohn Shmuel ben Ishar bar Segal die jüdische Druckerei in Koretz.[512]

In ihrer Blütezeit, in die auch der Druck von *'Eṣ Ḥayyim* fällt, hatte die Druckerei von Krüger in Koretz sieben Arbeiter angestellt und produzierte eine große Anzahl an hebräischen Büchern. Er hatte sie von seinen Vorgängern übernommen,[513] um durch diese Übernahme seine Monopolstellung für hebräische Drucke in Polen zu festigen.[514]

---

511 Archiwum Skarbowe w Warszawie, *Memorial to the Finance Commission of the Crown*, Memorial Nr. 24, 8. Juni 1781.

512 Tauber, „Defuse Qoreṣ", *Qiryat Sefer* 2 (1925/26): 304.

513 Zu den Druckaktivitäten der Druckerei vor Krüger siehe Stillmann, *Living Leaves*, 21–55.

514 Stillman, *Living Leaves*, 60–61. Krügers Einsatz für die Talmuddrucke führte zu einem Lobpreis in Form einer rabbinischen meliṣa in der Approbation Rabbi Isaac Eizik Katz zum Talmudtraktat Berakhot (10. Av 1783):

הסוחר הגדול עתיר נכסין המפורסם ונודע שמו בכל הספרי' שנדפסו בעיר נאווי דוואהר ופה ק"ק קארעץ. **יאהן אנטאן קריגר** [...] להיות שהסוחר הלז יש תחת ידו מטעם המלך. כל מעשה בדפוס בכל פלך ופלך. אחת היא בעיר נאווי דוואהר סמוך ונראה לעיר מלוכה. וגם פה ק"ק קארעץ דידי' קא דפיס מלאכה הצריכה. ובריחוק מקום ע"י בעלים ישנו בסמיכה ובזאת נאות לו להיות טובים השנים מן האחד למהר ולהחיש מעשהו הא מהתם נפקא מהכא נפקא מינייהו זמנין מסתיים שמעתתא ויחץ את הדפסת ששה הסדרים. ותיפוק לי' חילוק מלאכות מדברים אלה הדברים. התם עיקר ברכת הבית ברובה. ופה ק"ק המועט מחזיק המרובה [...].

„Der besitzreiche Kaufmann, dessen Name in allen in der Stadt Nowy Dwor und hier in der heiligen Gemeinde Koretz gedruckten Büchern bekannt und berühmt ist, Johann Anton Krüger [...] Wobei dieser Kaufmann durch den König die gesamte Drucktätigkeit in allen Regionen in seinen Händen hält. Eine [Presse] befindet sich in der Stadt Nowy Dwor, die an die Königsstadt angrenzt, und auch hier in der heiligen Gemeinde Koretz leistet seine Presse die notwendige Arbeit. Wie im Falle von Eigentümern, die sich an einem entfernten Ort befinden, gibt es eine Abhängigkeit [*semikha*]. Dies ist für ihn angemessen, da zwei besser sind als einer, um seine Tätigkeit zu beschleunigen und zu voranzutreiben: dies wird von dort aus und von hier [auch] vorwärts gehen. Manchmal kommt der Vorgang zum Erliegen und teilt den Druck der sechs Ordnungen [des Talmud] auf. Er wird die Arbeitsteilung von all diesen Dingen hervorbringen. Dort [in Nowy Dwor] liegt der Hauptsegen des Hauses insgesamt, und hier in unserer heiligen Gemeinschaft ist das

Abb. 19: Stempel von Johann Anton Krüger aus *Sefer Ṣioni*, Koretz 1785, Jewish Historical Institute Warsaw, H.2179.XVIII (https://cbj.jhi.pl/documents/659606/2/)

In demselben Jahr des Druckes von *ʻEṣ Ḥayyim* 1782 legte Krüger der Finanzkommission in Warschau ein erneutes Gesuch vor. Diesmal ging es um die Publikation einer Talmudausgabe,[515] für die er auch die Zustimmung und Unterstützung der Rabbinen und der Gemeindeältesten benötigte. Er ersuchte die Kommission, diesen eine Verpflichtung für die Unterstützung des geplanten Unternehmens aufzuerlegen. In der Vergangenheit hatte es bereits vier Talmud-

Wenige, das viel enthält [...].“ (Übersetzung und Hervorhebung E.M.). Der Talmud wird also hauptsächlich in Nowy Dvor gedruckt, während das Wenige von höchster Qualität (wahrscheinlich Kabbala) in Koretz in den Druck gelangt. Im Gegensatz zur talmudischen Bedeutung von *semikha* als segnende Auflegung der Hände auf das Tempelopfer (bZev 37a), deutet der Begriff hier eine Abhängigkeit an. Krüger war also von den ortsansässigen Arbeitern abhängig, da er meist in Nowy Dwor weilte.

515 Archiwum Skarbowe w Warszawie, *Memorial to the Finance Commission of the Crown*, Memorial Nr. 25, 18. September 1782, 237.

Drucke in Polen gegeben,[516] wobei jeweils die Zustimmung der rabbinischen Autoritäten einzuholen und der Druck vor ausländischer Konkurrenz zu schützen war. Aufgrund des desolaten Zustandes jüdischer Druckereien hatte es seit 1628 keinen Versuch mehr gegeben, den Talmud erneut zu drucken, so dass die Rabbinen und Mitglieder des Vier-Länderrates Ausgaben aus dem Ausland zugelassen hatten. Daraufhin war es zu einer Dominanz fremder hebräischer Druckerzeugnisse in Polen gekommen. Dies zeigt sich am Konflikt zwischen den großen Druckereien in Sulzbach und Basel,[517] für die Polen stets ein attraktiver Absatzmarkt gewesen war.[518]

Krügers Pläne zu einer neuen polnischen Talmudausgabe sollten Polen aus der Abhängigkeit von ausländischen Verlegern befreien. Die Kommission riet den rabbinischen Autoritäten daraufhin, das Vorhaben zu unterstützen. Letzten Endes scheiterte Krügers Vorhaben, da er mit den etablierten und auf großen Produktionszahlen ausgerichteten Druckereien im Ausland nicht konkurrieren konnte. Zudem gelang es ihm nicht, genügend Subskribenten zu überzeugen, ein solches Wagnis einzugehen. Daher konnte er kein weiteres Kapital gewinnen und ohnehin nicht selbst die notwendige finanzielle Basis aufbringen.[519] Im gleichen Jahr beantragte Krüger aufgrund mangelnder Einnahmen die Befreiung von der „Stempelsteuer“.[520] Als Ausgleich sollten jüdische Ehepaare verpflichtet werden, seine Kalender zu erwerben, um den Einnahmenverlust für den Staat auszugleichen. Dies würde seinen Angaben nach viel höhere Einnahmen ermöglichen. Er beantragte für sich selbst das Monopol zur Lizenzvergabe an die Händler mit jüdischen Büchern, nachdem er selbst die alleinige Lizenz für den Druck und Handel mit jüdischen Büchern von der Kommission erhalten hatte. Jeder Händler sollte

---

516 1559 in Lublin, zweimal in Krakau 1602 und 1612 – 1620 und dann erneut in Lublin 1617 – 1628. Siehe Marvin J. Heller, *Studies in the Making of the Early Hebrew Book*, Leiden / Boston 2008, 55, 99 – 120.

517 Magnus Weinberg, „Die hebräischen Druckereien in Sulzbach. Ihre Geschichte, ihre Drucke, ihr Personal“, *Jahrbuch der Jüdischen Literarischen Gesellschaft* 1 (1903): 19 – 203.

518 Hermann Pick, „Jüdische Druckstätten“, *Neue jüdische Monatshefte* 2 – 4 (1919/20): 36 – 39; Stephen G. Burnett, „German Jewish Printing in the Reformation Era (1530 – 1633)“, in Dean Philipp Bell / ders. (Hg.), *Jews, Judaism, and the Reformation in Sixteenth Century Germany*, Leiden / Boston 2006, 503 – 527; ders., „Reassessing the Basel-Wittenberg Conflict: Dimensions of the Reformation-Era Discussions of Hebrew Scholarship“, in Allison Coudert / Jeffrey Shoulson (Hg.), *Hebraica Veritas? Christian Hebraists and the Study of Judaism in Early Modern Europe*, Philadelphia 2004, 181 – 201; Marvin J. Heller, *Printing the Talmud. A History of the Earliest Printed Editions of the Talmud*, Brooklyn 1992, 285 – 320.

519 Immerhin gelang es ihm, zwei der geplanten Bände zu veröffentlichen; Ringelblum, „Johann Anton Krieger“, 204.

520 Archiwum Skarbowe w Warszawie, *Memorial to the Finance Commission of the Crown*, Memorial Nr. 25, 236.

zur Abnahme einer bestimmten Anzahl seiner Bücher verpflichtet werden, um so eine gewisse Regulierung des Marktes zu erreichen. Krügers Gesuch stieß zwar bei der Kommission auf Ablehnung, aber das hielt ihn nicht davon ab, erneut entsprechende Anträge einzureichen. Auch diese waren stets auf eine Stärkung seiner Position, wenn nicht gar auf eine Monopolstellung ausgerichtet und zielten auf eine Schwächung des Marktes. Doch die Kommission sah sich nicht in der Lage, dem nachzukommen. Sie riet Krüger daher, seine Produkte günstiger als die importierten zu verkaufen, um so seinen Marktanteil zu erhöhen.

1791 kam es zu einer Anklage Krügers, der beschuldigt wurde, tausende Bücher ohne Stempel und die damit verbundene Steuerlast verkauft zu haben. Aber dennoch bleibt unbestritten, dass die Produktion von und der Handel mit hebräischen Büchern zu dieser Zeit größtenteils in seinen Händen lag. In den Jahren 1783–1795 hatte er in Nowy Dwor 38.089 Bücher veröffentlicht (mit Stempel) und insgesamt wurden innerhalb des 15-jährigen Bestehens der dortigen Druckerei mehr als 58.000 Bücher plus 4.341 Kalender (ohne Stempel)[521] produziert.[522] Unter Einbeziehung der nicht gestempelten Exemplare (für die keine Steuer bezahlt wurde) ergibt dies eine geschätzte Gesamtproduktion von mehr als 100.000 insgesamt oder 6.600 Büchern pro Jahr. Diese hohen Zahlen hängen sicherlich auch mit der Tatsache zusammen, dass 1785 die Finanzkommission den Import ausländischer Bücher herabgesetzt hatte und so den heimischen Verkauf in die Höhe steigen ließ. Der Hauptumschlagsplatz von Krügers Produktion lag in einem Vorort von Warschau, Praga, der nicht vom Staat, sondern von lokalen Magnaten und Landgrafen kontrolliert wurde und wo Juden mehr Toleranz genossen als in der Hauptstadt. 1794 eröffnete noch eine Filiale von Krügers Druckerei in Wengrow, doch dort wurden insgesamt nur vier Titel veröffentlicht. Die florierende Druckerei in Nowy Dwor trug mit dazu bei, die Zahl der dort ansässigen jüdischen Familien zu erhöhen. Doch waren in der Druckerei sowohl Juden als auch Christen beschäftigt. In den Jahren zwischen 1780 und 1797 hatte Krüger mehr als 120 Bücher zu jüdischer Religion und Philosophie veröffentlicht und verfügte somit über genügend Kapital, auch in Koretz die Produktion auszuweiten.

2.5.2 Jóseph Klemenz Czartoryski (1740–1810)

Die Tatsache, dass nun lurianische Schriften in Koretz mit der Erlaubnis des dortigen Magnaten gedruckt werden konnten, steht in engem Zusammenhang mit

521 Für den Druck derselben ohne Stempel wurde er vor Gericht angeklagt.
522 Siehe die Tabelle bei Ringelblum, „Johann Anton Krieger“, 207.

der Person und den Interessen jenes Stadtfürsten Jóseph Klemenz Czartoryski aus der Czartoryski-Dynastie, innerhalb derer er der Korzec-Linie (Litauen) und nicht der mächtigeren Puławy-Linie (Königreich Polen) entsprang, zu der Adam Jerzy und Adam Kazimierz Czartoryski gehörten. Innerhalb des Herrschaftsbereichs der Korzec-Liene lag nicht nur Koretz, sondern auch Satanow.[523]

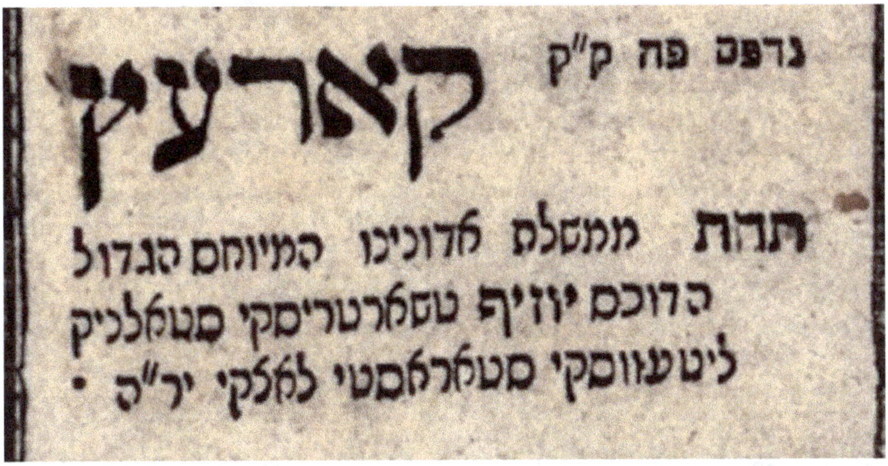

Abb. 20: Hinweis auf Czartoryski auf dem Titelblatt der Druckerei in Koretz, *Sefer ha-Qana*, Koretz 1784, Jewish Historical Institute Warsaw, H.3081.XVIII (https://cbj.jhi.pl/documents/685334/1/)

In einigen Fällen kam es zwischen dem polnischen Adel bzw. den Magnaten und einzelnen osteuropäischen Maskilim zu einem Mäzenen-Verhältnis. Beispielweise im Fall Mendel Lefin Satanowers, einem Vertreter des jüdischen Reformgedankens in Polen, vor allem im Bildungsbereich.[524] Jóseph Klemenz Czartoryski, dessen Name und Unterstützung explizit auf der Titelseite von *ʿEṣ Ḥayyim* genannt werden, war im damaligen Polen ein angesehener Porzellanfabrikant, der

---

523 Zu Familiengeschichte siehe Nancy Sinkoff, *Out of the Shtetl. Making Jews Modern in the Polish Borderlands*, Providence 2004, 56 – 67, 81 – 83, 106 – 108; zu Adam Kazimierz Czartoryski, dem Sohn des Fürsten August Aleksander, und Satanow ebd., 62 – 67; und zu Adam Jerzy Czartoryski, ebd., 106 – 113.

524 Israel Bartal, „The Heavenly City of Germany and Absolutism à la Mode d'Autriche: The Rise of the Haskala in Galicia", in Jacob Katz (Hg.), *Toward Modernity. The European Jewish Model*, New Brunswick 1987, 14 – 42; Wodzinski, *Haskalah and Hasidism*, 23 – 27; Sinkoff, *Out of the Shtetl*, 50 – 112.

seine Arbeiter aus Meißen angeworben hatte.[525] Er war Ritter des Ordens des Weißen Adlers – ein Titel, der ihm 1767 verliehen worden war. In den 1780er Jahren ließ er die alte Burg in Koretz im Barockstil wiederaufbauen. Zuvor hatte er einige Jahre in Deutschland studiert und viele europäische Metropolen bereits. Nach seiner Rückkehr versuchte er, deutsche Produktionsbedingungen in Koretz zu etablieren, die erheblich zur Blüte seiner wirtschaftlichen Aktivitäten bis ins erste Jahrzehnt des 19. Jahrhunderts beitrugen – selbst als die Wirtschaft im polnischen Commonwealth einer erheblichen finanziellen Krise ausgesetzt war – und er kleidete sich im deutschen Stil der damaligen Zeit.[526] Neben Fabriken für Tabak, Eisen, Gürtel, Möbel, Hüte und Kleidung ließ er 1783 eine Porzellanmanufaktur bauen, die zu seinem wichtigsten Produktionszweig werden sollte. Zur Errichtung unterzeichnete ein spezielles Abkommen mit einem deutschen Fabrikanten Franz Moser. All diese blühenden Wirtschaftszweige führten zu urbanem Wachstum und Wohlstand in Koretz, die gewiss einen entscheidenden Ausschlag für Krügers Standortwahl seiner neuen Druckerei gehabt hatten.

Der Druck von Texten der lurianischen Kabbala stellte – wie bereits erwähnt – ein absolutes Novum dar und bedurfte nicht nur aufgrund des dezidierten Banns durch die polnischen Rabbinen politischer Unterstützung. [527] Daher kamen gerade die persönlichen Interessen und Überzeugungen der Czartoryski-Linie Krüger bzw. Satanow und ihrem Druckvorhaben in Koretz sehr entgegen. Jóseph Klemenz Verwandte Adam Kazimierz Czartoryski (1734–1823) und sein Sohn Adam Jerzy Czartoryski (1770–1861) waren beide Mitglieder der Freimaurerloge

---

525 Helmut Holz, „Deutscher Anteil am Handel und Gewerbe“, *Wolhynische Hefte* 3 (1984): 127–152, hier 130; Nikolaus Arndt, „Berühmte Porzellanfabrik und evangelische Gemeinde in Korec“, *Wolhynische Hefte* 2 (1982): 66–75, hier 67. Zu der Rolle jüdischer Familien im Handelsgeflecht der Czartoryski-Familie und den Pachtverhältnissen zwischen jüdischen Pächtern und Händlern auf den Latifundien der Czartoryski Familie siehe Rosmann, *The Lord's Jews*, 12–13, 23–35, 213–214; Antony Polonsky, *The Jews in Poland and Russia. Vol. 1. 1350 to 1881*, Oxford / Portland, Oregon 2010, 110–112, 173–178, 192. Zu Jóseph Klemenz Czartoryskis städteplanerischen Experimenten nach europäischem Vorbild in Koretz siehe Petro Rychov, „The Marketplace in Korets Town: From Classicist Creation to Spatial Dissolution“, *TEKA. Komisji Architektury, Urbanistyki i Studiów Krajobrazowych Oddział Polskiej Akademii Nauk w Lublinie* 1 (2017): 15–22.

526 Julian Nieć, „Czartoryski Józef Klemens (1740–1810)“, in *Polski Słownik Biograficzny*, Bd. IV,1, Kraków 1937, 279–281, hier 279. Zur Porzellanproduktion in Koretz siehe auch ders., „Z dziejów Koreckije manufaktury ceramicznej“, *Biuletyn historii sztuki / Państwowy Instytut Sztuki; Stowarzyszenie Historyków Sztuki* 13,4 (1951): 168–175.

527 Ze'ev Gries, „Printing and Publishing Before 1800“, http://www.yivoencyclopedia.org/article.aspx/Printing_and_Publishing/Printing_and_Publishing_before_1800 (Zugriff: 12. Januar 2016). Siehe auch Moses Marx, „Zur Geschichte des hebräischen Buchdruckes in Russland und Polen“, in Alexander Marx / Herrmann Meyer (Hg.), *Festschrift für Aron Freimann zum 60. Geburtstage*, Berlin 1935, 91–96.

„Die neun Schwestern" mit Sitz in Paris, wo auch Jóseph Klemenz eine gewisse Zeit verbracht hatte.[528] Die Vermutung liegt nahe, dass auch er Mitglied dieser Loge war – immerhin ließ er auf die Rückseite seiner Porzellanprodukte das Freimaurerzeichen (Auge in Dreieck) aufmalen. Seine Mitgliedschaft kann allerdings nicht eindeutig belegt werden. Michal Oron verweist in ihren Studien zum Ba'al Shem von London, Rabbi Samuel Jacob Falk (1708–1782), auf einen Tagebucheintrag in diesem Zusammenhang, doch wird dort nur Adam Kazimierz Czartoryski erwähnt.[529]

Abb. 21: Emblem auf Czartoryskis Porzellanerzeugnissen

Eine enge Verbindung zwischen kabbalistischem Interesse und Freimaurertum blühte zu Beginn der Moderne häufiger in intellektuellen Zirkeln und Salons, wie am Beispiel der Brüder Hirschfeld auch für Berlin belegt werden kann. Daher ist

528 Nicholas Hans, „UNESCO of the Eighteenth Century: La Loge des Neuf Soeurs and its Venerable Master, Benjamin Franklin", *Proceedings of the American Philosophical Society* 97,5 (1953): 513–524, hier 518. Keine ausdrückliche Erwähnung findet Jóseph Klemenz Czartoryski auch in Ludwik Hass' monumentaler Geschichte der Freimaurer in Osteuropa im 18. und 19. Jh: *Masoneria polska XX wieku. Losy, loże, ludzie*, Oficyna Wydawnicza Polczek Polskiego Czerwonego Krzyża, Warschau 1993; Christopher McIntosh, *The Rose Cross and the Age of Reason: Eighteenth-Century Rosicrucianism in Central Europe and Its Relationship to the Enlightenment*, Albany 2011, 147–177.
529 Michal Oron, „Mysticism and Magic in Eighteenth-Century London: Samuel Falk, the ‚London Ba'al Shem'", in Reuven Zur / Tova Rosen (Hg.), *Sefer Yisra'el Lewin*, Bd. 2, Tel Aviv 1995, 19 Fn 53 (Hebräisch). Zu Samuel Falk siehe auch dies., *Samuel Falk. The Ba'al Shem of London*, Jerusalem 2002 (Hebräisch); und Cecil Roth, „The Cabalist and the King", in ders. (Hg.), *Essays and Portraits in Anglo-Jewish History*, Philadelphia 1962, 139–164.

es naheliegend, dass auch Jósef Klemenz in solchen Kreisen verkehrte und ein Zeugnis davon auf seinen Produkten abbilden ließ.[530]

Résumé

Beim Erstdruck der lurianischen Schriften kamen somit drei Persönlichkeiten mit ganz unterschiedlichen Motivationsgründen – seien es wirtschaftliche oder religiöse Interessen – zusammen,[531] letztendlich profitierte jedoch jede vom Druck dieser Bücher. Krüger konnte beträchtliche Gewinne aus dem Verkauf der Bücher erzielen und das Ansehen der Druckerei in intellektuellen Kreisen stieg. Czartoryski konnte nicht nur wirtschaftliche Einnahmen vorweisen, sondern auch die Verbreitung von „esoterischem" Gedankengut im Sinne seiner Loge fördern. Satanow war nicht nur ökonomischen Zielen bzw. seiner Leidenschaft als Verleger und Herausgeber nachgekommen, sondern hatte auch seinem starken persönlichen Interesse an kabbalistischen Schriften und deren Verbreitung genüge getan. Denn nun waren diese Schriften einem größeren Publikum zugänglich und würden unter den kabbalistisch interessierten Maskilim sicherlich auch in Berlin großen Anklang finden. Es ist davon auszugehen, dass Satanow ein ähnlich enges Netzwerk von Agenten und Verkäufern in Osteuropa aufgebaut hatte wie Pinḥas Hurwitz, um Druck, Vertrieb und der Vermarktung seiner Werke bzw. Drucke zu realisieren, und dass er dieses Netzwerk nicht nur zur Verbreitung seiner eigenen Schriften, sondern auch der lurianischen nutzte.[532] Satanows angestrebte Synthese zwischen Glaube, Naturwissenschaft, Philosophie und Kabbala im Aufbruch in ein neues Zeitalter der Reform und Renaissance traditioneller Werte konnte nun anhand der gedruckten Exemplare von *'Eṣ Ḥayyim* entscheidend

---

530 Scholem, „Verschollener jüdischer Mystiker", 247–279, Koch / Veltri / Necker, „Die versuchte Wiederaufnahme des jüdischen Freimaurers Ephraim J. Hirschfeld", 129–155; siehe auch den oben genannten Beitrag von Katz, „The First Controversy", 171–205.

531 Zum rentablen wirtschaftlichen Aspekt des Drucks kabbalistischer Schriften, siehe nicht nur Ringelblum, „Johann Anton Krieger", sondern auch Yochanan Petrovsky-Shtern, *The Golden Age Shtetl. A New History of Jewish Life in East Europe*, Princeton 2015, 305–340 (dort auch zur fehlenden staatlichen Kontrolle).

532 Siehe Ruderman, *Best-Selling Book*, 31–39. Zur schwierigen Situation in Bezug auf die Vermarktung der Bücher siehe Hurwitz' Klagen in *Me'assef* (1809): 73 Fn 1, vor allem, nachdem sein Werk ohne Erlaubnis und ohne den zweiten Teil von Joseph Rossmann in Brünn erneut aufgelegt worden war. Am Ende des Buches, das nur den ersten Teil enthielt, war explizit vermerkt worden, dass dies das gesamte Werk sei. Doch handelte es sich wie gesagt nur um den ersten Teil. Daraufhin entwarf Hurwitz einen ausführlichen Vertrag zum weiteren Druck, der ein einzigartiges Zeugnis für damalige Vereinbarungen von Drucken und deren Vermarktung darstellt; siehe *Sefer ha-Berit ha-Shalem*, Jerusalem 1989/90, 21–23; Übersetzung bei Ruderman, ebd., 130–134.

vorangetrieben werden und eine größere Leserschaft in den westlichen Gebieten Europas gewinnen, ohne „zum Spielwerk der Kinder“[533] zu werden, sondern als philosophisches Element innerhalb der geistesgeschichtlichen Entwicklung Europas wahrgenommen zu werden.

533 Siehe „Vom Aberglauben“, *Die Unsichtbare. Eine sittliche Wochenschrift* 1 (1770–1771), Nr. 27: 218–225, hier 223.

3 Kabbala, Philosophie und Naturwissenschaft in *Imre Bina* (Worte der Einsicht)

3.1 Jüdische Wissenschaftsgeschichte

Die sogenannte „scientific revolution",[1] d.h. der Aufstieg der mechanischen Wissenschaften und die damit einhergehende „säkulare Theologie" im 17. Jahrhundert, die Verschmelzung der beiden Strömungen sowie die Gegenreaktionen auf diesen Prozess, wie man sie z.B. in Kants epistemologischer Enttheologisierung[2] und Entteleologisierung findet, hat in Schriften, die eine Synthese von Theologie und Naturwissenschaft vornehmen, wie im Fall Satanows und Maimons, einen interessanten nichtsäkularen Gegenpol. Dies trifft insbesondere auf die jüdische Geisteswelt zu – wie im Folgenden skizziert werden soll.[3] Satanows Anerkennung von Prisma-Experimenten setzt ein empirisches Wissenschaftsverständnis im Sinne jener „scientific revolution" voraus. Ich werde im Folgenden zeigen, dass es in der jüdischen Aufklärung auch nichtsäkulare moderne Wissenschaftsverständnisse gab, die Vernunft und Religion im Sinne der moderaten Aufklärung zu vereinen suchten. Die Vereinbarkeit philosophischer, kabbalistischer und naturwissenschaftlicher Erkenntnisse bildet in Satanows Werken eine

1 Es handelt sich hierbei um ein theoretisches Konstrukt, dessen Bedeutung sich mehrmals veränderte, vor allem seit Wissenschaftsgeschichte zu einer eigenen Disziplin wurde. Siehe Floris Cohen, *The Scientific Revolution: A Historiographical Inquiry*, Chicago 1994; David C. Lindberg, „Conceptions of the Scientific Revolution from Bacon to Butterfield: A Preliminary Sketch", in ders. / Robert S. Westman (Hg.), *Reappraisals of the Scientific Revolution*, Cambridge 1990, 1–26.

2 Amos Funkenstein, *Theology and the Scientific Imagination. From the Middle Ages to the Seventeenth Century*, Princeton 1986, 346–363.

3 Laut bis heute umstrittener Aussagen Scholems in seinem Essay „Erlösung durch Sünde" (*Judaica 5*, Frankfurt a.M. 2003, 7–117) war es der vom Sabbatianismus ausgehende Angriff auf den rabbinischen Gehalt des Judentums, der erst den Weg für Aufklärung und Säkularisierung gebahnt habe. Scholems Kontrahenten werfen ihm vor, hier den historischen Beweis schuldig geblieben zu sein. Es habe sich hier nur seine eigene Sympathie für subversive Denkweisen verraten, zu der auch seine Vorliebe für Gnosis als Erklärungsmodell kabbalistischer Geheimnisse, Magie als primitive Begleiterscheinung und Mythos als Reaktivierung eines vorinstitutionellen Judentums zu zählen sei. Diese Fragestellungen sollten bei der Untersuchung von Satanows Thesen in *Imre Bina* und *Zohar Tinyana* stets mitbedacht werden. Zu Scholem siehe Gerold Necker, „Scholem, Gerhard", in Thomas Bedorf / Andreas Gelhard (Hg.), *Die deutsche Philosophie im 20. Jahrhundert*, Darmstadt 2013, 259–262, hier 261. Huss bezeichnet Scholems Forschungsansatz als „anarchische und nationale Theologie"; Boaz Huss, „The Theologies of Kabbalah Research", *Modern Judaism* 34,1 (2013): 3–26, hier 12; ders., „The Mystifications of Kabbalah and the Modern Construction of Jewish Mysticism", *Pe'amim* 110 (2007), 9–30 (Hebräisch).

https://doi.org/10.1515/9783110716320-004

grundlegende Basis für weitere Überlegungen zu politischen und pädagogischen Themen und deren Erneuerung im Zeitalter der Haskala. Im vorliegenden Kapitel soll diese Synthese zwischen mystischen, traditionellen und naturwissenschaftlichen Phänomenen an einigen Beispielen näher erläutert und eine traditions- und zeitgeschichtliche Verortung vorgenommen werden. Dabei ist zu beachten, dass die kabbalistischen Texte zum einen eklektisch gewählt und zum anderen philosophisch gelesen werden, wie dies ebenfalls in Osteuropa während dieser Epoche von Intellektuellen praktiziert wurde. Die beiden anderen zeitgenössischen Elemente Osteuropas, Messianismus und Ritualisierung, wie sie vor allem im aufkommenden Chassidismus zu finden sind, werden bei Satanow marginalisiert, wenn nicht gar ausgeblendet. Die damals vielerorts, vor allen von halachischen Autoritäten angestrebte Begrenzung der Beschäftigung mit jüdischer Mystik findet bei ihm anhand der Vernunft und der Naturwissenschaft statt und er bietet somit eine attraktive Alternative sowohl zu chassidischen als auch zu rabbinischen Bestrebungen seiner Zeit.

Wenn Scholems Einschätzung der jüdischen Mystik als „romantische Stufe" der Religion – im Gegensatz zu ihrem „klassischen Zustand", der die klassischen Systeme der großen Religionen und ihre Kristallisation in sozialen Formen hervorbrachte – zutrifft, dann bietet sich die Mystik als Element der Wiederbelebung und Bewahrung des Judentums vor dem Niedergang und der Erstarrung durch das halachischen Judentum geradezu an.[4] Seine eigene Motivation zu den Studien über die Kabbala schilderte Scholem in seinem berühmten Interview mit Muki Zur wie folgt:

> Mich interessierte die Frage, ob das Halacha-Judentum genügend Kraft zum Weiterbestehen hatte. Ob die Halacha ohne ein mystisches Grundmoment wirklich möglich war? Ob sie eine eigenständige Lebenskraft hatte, die ihren Verfall im Laufe der Jahrtausende verhinderte? Ich schätzte die Halacha, ohne mich mit ihren Verpflichtungen zu identifizieren. Diese Frage war insofern mit meinen kabbalistischen Träumen verbunden, als ich dachte, daß es die Kabbala war, die vielleicht das Fortbestehen dieser wirksamen Kraft des halachischen Judentums erklären konnte. Das war sicherlich eines meiner klaren Motive.[5]

---

4 Gershom Scholem, „Mysticism and Society", *Diogenes* 15 (1967): 1–14, hier 8; zu Scholems Verständnis von Romantik und deren Einfluss auf seine Interpretation der Kabbala siehe die beiden Beiträge in dem Sammelband Gerold Necker / Elke Morlok / Matthias Morgenstern (Hg.), *Gershom Scholem in Deutschland. Zwischen Seelenverwandtschaft und Sprachlosigkeit*, Tübingen 2014, von Gerold Necker, „‚Wie Licht und Nacht' – zur Bedeutung von Friedrich Hölderlin bei Gershom Scholem", ebd., 97–112; und Amir Engel, „Gershom Scholems ‚Kabbala und Mythos' jenseits deutsch-jüdischer Romantik", ebd., 203–217.

5 Interview mit Muki Zur im Winter 1973/74, abgedruckt in Gershom Scholem, *Devarim be-Go*, Tel Aviv 1976, 26–27. Deutsch in ders., *„Es gibt ein Geheimnis in der Welt". Tradition und Säkularisation*, hg. v. Itta Shedletzky, Frankfurt a. M. 2002, 71–72.

Es scheint, dass hybride Persönlichkeiten wie Satanow und Maimon eine ähnliche Motivation bezüglich der kabbalistischen Literaturen an den Tag legten. Die hohe Wertschätzung der halachischen Traditionen und ihrer Schriften, insbsondere des Talmud, stand für diese jungen osteuropäischen Intellektuellen außer Frage. Sie bildete die Grundlage für alle folgenden Überlegungen. Im Zeitalter des Umbruchs und der Reform, im Zeitalter der Haskala, waren sie davon überzeugt, dass das mystische Element die Lebenskraft des Judentums erneuern und den Eintritt in die Moderne, in die „romantische Stufe" der Religion und der Gesellschaft leisten könne. Dabei hatte diese junge intellektuelle Elite zum Ziel, in ihren Schriften traditionelle Glaubenslehren, die im Begriff der „Gottesfurcht" (*yir'at ha-shem, emuna*) subsumiert werden, mit philosophischen Erkenntnissen und neuesten wissenschaftlichen Einsichten zu harmonisieren. Es sollte unter dem Begriff der Weisheit (*ḥokhma*) die philosophisch-rationale Kompatibilität dieser aktuellen Forschungen mit der kabbalistischen Tradition (*qabbala*) demonstriert werden. Ein ähnliches Vorhaben führt auch Satanow in seiner Einleitung zum *Zohar Tinyana* aus.[6] Auf dem langen und komplexen Weg des Judentums in die Moderne stellte sich die Auseinandersetzung mit dem neuen Zeitalter teilweise als „Kulturkampf" zwischen rabbinischen Autoritäten und einer neuen intellektuellen Elite dar, in dem die Fronten nicht immer eindeutig waren. So muss Euchel feststellen, dass „nicht jeder, der einen Bart trägt, gottesfürchtig ist, und nicht jeder, der sich über Bücher beugt, die Tora liebt."[7]

In späteren Jahren der jüdischen Aufklärung wurde der Gedanke der Harmonie zwischen Tora und Weisheit, der aus der Frühphase der Haskala stammte,

---

6 Moshe Pelli, *Yiṣḥaq Saṭnov. Ha-Min ha-Ma'amin be-Sifrut ha-Haskalah ha-'Ivrit be-Germanya* [Isaak Satanow. Der gläubige Häretiker innerhalb der hebräischen Haskala-Literatur in Deutschland], Be'er Sheva 1973, 9.

7 Isaak Euchel, „Davar el ha-Medabberim", *Me'assef* 3 (1786): 205 – 210, hier 209; Übersetzung bei Kennecke, *Isaak Euchel. Vom Nutzen der Aufklärung. Schriften zur Haskala,* Düsseldorf 2001, 59 – 67. Das Zitat stammt aus dem Anhang Shmuel Ibn Tibbons zu seiner Übersetzung von Maimonides' *More*: „HaMedabrim [die Schätzer, wörtlich die Redenden, die Sagenden], Bezeichnung für die Gruppe, die vorgeben, Erkenntnis ohne Weisheit zu erwerben, sie schlußfolgern nicht auf Grund der Vernunft und ebenso nicht auf Grund der Realität, sondern auf Grund ihrer Einbildungskraft, und die einen Menschen durch die Mehrzahl der Dinge erschrecken, die derart sind, daß sie sich damit zufrieden geben, daß sie keinen ersten Grund benötigen, und man nennt ihre Wissenschaft die Wissenschaft der Gegenstände, d. h., daß diese Wissenschaft nicht auf dem Verstand beruht." (Übersetzung bei Kennecke, ebd., 59). Zur Definition der *medabberim* siehe Satanow in seiner Edition des *More Nevukhim*, Teil 3, Berlin 1796, 77b; und in *Me'assef* 5 (1789): 174 – 176, wo er davon ausgeht, dass das Buch Esther ursprünglich in Persisch verfasst und dann ins Hebräische übersetzt wurde. Auch wenn diese Annahme schon vor den Maskilim eine gängige war, so zeigt sie doch die Tendenz, eine moderate Form der Bibelkritik zu akzeptieren. Siehe auch Satanows Beitrag in *Me'assef* 6 (1790): 50 – 52.

nochmals von dem italienischen Maskil Shmuel David Luzzatto (1800 – 1865) in einer Ausgabe der Zeitschrift *Bikkure ha-'Ittim* 8 (1827/28) aufgenommen.[8] Da wissenschaftliche Einsichten in jüdischen Literaturen üblicherweise unter dem Begriff der Weisheit zusammengefasst werden, soll an dieser Stelle der Wandel zwischen einem mittelalterlichen Wissenschaftsbegriff im Judentum und dem der Neuzeit kurz angesprochen werden.[9] Die wissenschaftliche Diskussion konnte dabei auf eine lange Geschichte innerhalb der jüdischen Tradition zurückblicken.

Die ersten Ansätze einer intensiven Beschäftigung jüdischer Gelehrter mit den Wissenschaften zeichneten sich erstmals im 9. Jahrhundert ab, nachdem die Abbasiden-Dynastie (750 – 1258) die klassischen Werke der Antike ins Arabische übersetzen ließ.[10] Der folgenden intellektuellen Dynamik der graeco-arabischen Wissenschaften konnten sich Juden im islamischen Herrschaftsbereich wie im christlichen Europa nicht verweigern. „Wissenschaft" entwickelte sich zu einem zentralen Element des jüdischen Denkens bis zur Mitte des 15. Jahrhunderts. Besonders in der Folge und unter der nachhaltigen Wirkung von Maimonides' *More Nevukhim*, das einen „verwirrten" fiktiven Leser oder Schüler präsentiert, der einerseits in den jüdischen Traditionen verwurzelt ist, andererseits aber wissenschaftliche Kenntnisse besitzt und nun den Versuch unternimmt, beides mit seinen Vorstellungen von Gott und religiöser Praxis in Einklang zu bringen, beschäftigten sich Juden mit wissenschaftlichen Themen. Maimonides betrachtete die Auseinandersetzung mit Wissenschaft und Philosophie als unerlässlich für das Verstehen der klassischen Texte des Judentums sowie der Offenbarung. Aus diesem Grund wurden wissenschaftliche Studien von ihm und seinen Schülern in den Rang einer religiösen Pflicht erhoben. Auch das mystische Potential dieser maimonidischen Schrift dürfte einen entscheidenden Impuls für

---

8 *Bikkure ha-'Ittim* 8 (1827/28): 5 – 8. Siehe Pelli, *Haskalah and Beyond. The Reception of the Hebrew Enlightenment and the Emergence of Haskalah Judaism*, Lanham 2010, 194.

9 Siehe hierzu Gad Freudenthal (Hg.), *Science in Medieval Jewish Cultures*, Cambridge 2012, 1 – 12; ders., „Hebrew Medieval Science in Zamosc, ca. 1730: The Early Years of Rabbi Israel ben Moses Halevi of Zamosc", in Resianne Fontaine u. a. (Hg.), *Sepharad in Ashkenaz. Medieval Knowledge and Eighteenth-Century Enlightened Jewish Discourse*, Amsterdam 2007, 25 – 67; Funkenstein, *Theology and the Scientific Imagination*; David Ruderman, *Jewish Thought and Scientific Discovery in Early Modern Europe*, Detroit 1995; Resianne Fontaine u. a. (Hg.), *Studies in the History of Culture and Science. A Tribute to Gad Freudenthal*, Leiden 2011.

10 Dimitri Gutas, *Greek Wisdom Literature in Arabic Translation. A Study of Graeco-Arabic Gnomologia*, New Haven 1975; Gerhard Endress, „Die wissenschaftliche Literatur", in Helmut Gätje (Hg.), *Grundriss der Arabischen Philologie, II. Literaturwissenschaft*, Wiesbaden 1987, 400 – 530; ders., „Die wissenschaftliche Literatur", in Wolfdietrich Fischer (Hg.), *Grundriss der Arabischen Philologie. III. Supplement*, Wiesbaden 1992, 3 – 152; Cristina d'Ancona (Hg.), *The Libraries of the Neoplatonists*, Leiden / Boston 2007.

Satanow und seine angestrebte Synthese zwischen Kabbala, Tradition und Wissenschaft bzw. Philosophie gegeben haben.[11]

Nach den arabischen Übersetzungen griechischer Philosophie (Plato, Aristoteles, Nikomachus von Gerasa, Alexander von Aphrodisias, Plotin, Proklos)[12] in der ca. 825 gegründeten wissenschaftlichen Akademie in Bagdad übten Wissenschaft und rationalistisches Denken eine große Faszination im Judentum aus und es etablierten sich vier Zentren jüdischer Gelehrsamkeit unter islamischer Herrschaft: Bagdad, wo der Übersetzer der Bibel ins Arabische, Sa'adia Gaon (882–942), lehrte,[13] im nördlichen Ägypten Alexandria und Kairo, wo Maimonides seinen Einfluss ausübte, sowie Kairouan in Nordafrika, wo Isaak Israeli (ca. 855–832)[14] als Arzt und Philosoph tätig war, und Andalusien, wo eine Vielzahl an Gelehrten wie der Mediziner Ḥasdai Ibn Shaprut (ca. 915–975)[15] und der Grammatiker Dunash ben Labrat (920–990)[16] wirkten. Die sogenannte *ḥokhma ḥiṣonit* (äußere / fremde Weisheit) wurde gemäß der Formulierung Maimonides' in der Einleitung seiner *Shemona Peraqim* (Acht Kapitel, Kommentar zu dem Mischnatraktat *Sprüche der Väter*) als Autorität anerkannt: „Höre die Weisheit, wer immer sie auch spricht". In der Nachfolge Maimonides vertraten seine Anhänger die Position, dass die Lehren der kanonischen Texte des Judentums durchaus mit wissenschaftlichen Aussagen vereinbar seien. In der judeo-arabischen Bibelexegese wurden philosophische und wissenschaftliche Ideen und Konzeptionen

---

11 Zum *More Nevukhim* und der Entwicklung kabbalistischer Traditionen auf dessen Grundlage siehe Moshe Idel, „Maimonides' *Guide of the Perplexed* and Kabbalah", *Jewish History* 18,2–3 (2004): 197–226; Elliot R. Wolfson, „Beneath the Wings of the Great Eagle: Maimonides and Thirteenth-Century Kabbalah", in Görge Hasselhoff / Ottfried Fraisse (Hg.), *Moses Maimonides (1138–1204) – His Religious, Scientific, and Philosophical* Wirkungsgeschichte *in Different Cultural Contexts*, Würzburg 2004, 209–237.

12 Cristina D'Ancona, *La casa della sapienza. La trasmissione della metafisica greca e la formazione della filosofia araba*, Mailand 1996; dies., „Greek Sources in Arabic and Islamic Philosophy", in Edward N. Zalta (Hg.), *Stanford Encyclopedia of Philosophy* 2016 (http://plato.stanford.edu/entries/arabic-islamic-greek/) (Zugriff: 20. Januar 2016).

13 Louis Finkelstein (Hg.), *Rav Saadia Gaon; Studies in his Honor*, New York 1944. Alexander Altmann, „Saadya's Theory of Revelation: Its Origin and Background", in ders., *Studies in Religious Philosophy and Mysticism*, Ithaca 1969, 140–160.

14 Alexander Altmann / Samuel M. Stern, *Isaac Israeli: A Neoplatonic Philosopher of the Early Tenth Century*, Oxford 1958.

15 Eliyahu Ashtor, *The Jews of Moslem Spain*, Bd. 1, Philadelphia 1993, 155–227. Zum goldenen Zeitalter der hebräischen Literatur im 11. Jahrhundert siehe, ebd., Bd. 3, 3–58.

16 Wilhelm Bacher, „Die Hebräische Sprachwissenschaft (vom 10. bis zum 16. Jahrhundert)", in Jakob Winter / August Wünsche (Hg.), *Die Jüdische Litteratur seit Abschluß des Kanons. Bd. 2: Die rabbinische Litteratur*, Trier 1894, 149–155; ders., *Die Anfänge der Hebräischen Grammatik*, Leipzig 1895, 95–114.

aufgenommen und Dichter wie z.B. Shlomo Ibn Gabirol (1021–1070) griffen in ihren Liedern und Gedichten auf wissenschaftlich fundierte Weltbilder zurück (z.B. *Keter Malkhut* [Königskrone]). Auch Maimonides diskutierte in seiner Enzyklopädie jüdischen Rechts mit dem Titel *Mishne Tora* das ptolemäische Weltbild.[17]

Am stärksten wurde die hebräische Grammatik von der arabischen Wissenschaftsdisziplin beeinflusst, da jüdische Sprachgelehrte wie Yehuda Hajjudsch (ca. 945–100) und Yona Ibn Janah (ca. 990–ca. 1050) auf die Theorie der Triliteralität und das Konzept der Wurzeldeduktion zurückgriffen.[18] Da zahlreiche jüdische Übersetzer, Grammatiker, Astronomen und Philosophen zugleich als Ärzte tätig waren, fand auch in diesem Bereich eine erhebliche Einflussnahme der ins Arabische übersetzten klassischen Schriften zur Medizin und Pflanzenheilkunde auf die Entwicklung der jüdischen Geistes- und Wissenschaftsgeschichte statt. Aufgrund von Sprachbarrieren waren Juden unter christlicher Herrschaft wissenschaftliche Ideen nur in Form hebräischer Texte zugänglich. Somit kamen sie zunächst durch hebräische Übersetzungen aus dem Arabischen mit rationalistischen wissenschaftlichen Anschauungen und Konzeptionen in Kontakt. Die Randregionen zum islamischen Herrschaftsgebiet bildeten die Zentren des arabisch-hebräischen Wissenstransfers wie z.B. Nordspanien und der Südwesten Frankreichs. Aufgrund einer verschlechterten Situation von Nichtmuslimen in den muslimischen Gebieten emigrierten zahlreiche jüdische Gelehrte im 12. und 13. Jahrhundert in die angrenzenden christlichen Gebiete wie der angesehene Übersetzer Yehuda Ibn Tibbon (1120–1190) und sein Sohn Shmuel (ca.1165–1232), der zahlreiche judeo-arabische Schriften wie Baḥya Ibn Paqudas *Ḥovot ha-Levavot* (Herzenspflichten), Yehuda Halevis *Kuzari* oder *Sefer Emunot we-De'ot* (Buch der Glaubenssätze und Meinungen) sowie Maimonides' *More ha-Nevukhim* ins Hebräische übertrug.[19] Im 12. Jahrhundert wurden zunehmend auch von Arabisch sprechenden Autoren wie Abraham Bar Ḥiyya (1070–ca. 1136) und Abraham Ibn Ezra (ca. 1092–1167) Arbeiten auf Hebräisch verfasst und in dieser

---

17 Zu *Mishne Tora* siehe Moshe Halbertal, *Maimonides. Life and Thought*, Princeton / Oxford 2014, 92–276. Zum ptolemäischen Weltbild in der jüdischen Philosophie siehe Jeremy Brown, *New Heavens and a New Earth: The Jewish Reception of the Copernican Revolution*, Oxford / New York 2013.

18 Siehe dazu z.B. den Einfluss David Kimchis auf Satanows *Sefer ha-Gedarim*, oben Kapitel 1.1.

19 Carlos Fraenkel, *From Maimonides to Samuel Ibn Tibbon: The Transformation of the Dalâlat al-Hâ'irîn to the Moreh ha-Nevukhim*, Jerusalem 2007 (Hebräisch); James Robinson, „The Ibn-Tibbon Family: A Dynasty of Translators in Medieval Provence", in Jay Harris (Hg.), *Be'erot Yitzhak: Studies in Memory of Isadore Twersky*, Cambridge 2005, 193–224; Mauro Zonta, *La filosofia antica nel Medioevo ebraico: La traduzioni ebraiche medievali dei testi filosofici antichi*, Brescia 1996.

Epoche wurde das Korpus der arabischen Übersetzungen griechischer Philosophie ins Hebräische übersetzt (z. B. Werke von Aristoteles, Al-Kindi, Al-Farabi oder Ibn Sina).[20] Diese Vorgänge dienten als wichtiger Impuls für jüdische Intellektuelle, verstärkt religionsphilosophische Werke mit Bezug auf zeitgenössische wissenschaftliche Theorien anzufertigen.

So waren auch die Astronomie und die Physik eine Wissenschaftsdisziplin zahlreicher jüdischer Gelehrter und dies führte oftmals zu jüdisch-christlichen Kooperationen in diesem Bereich. Als berühmtester jüdischer Astronom ist Levi ben Gershon (Gersonides, 1288 – 1344)[21] anzusehen, der seine Kritik am ptolemäischen Weltbild auf mathematische und philosophische Grundlagen stellte und einem jüdischen Publikum zugänglich machte. Neben Astronomie stiegen zudem Physik, Logik und Medizin zu zentralen Wissenschaftsdisziplinen im Judentum auf. So basierten die jüdischen Arbeiten zur Physik vornehmlich auf den Kommentaren von Ibn Rushd zu Aristoteles' Werk, die wiederum zur Grundlage weiterer, selbständiger Schriften wurden. Im Bereich der Medizin kam es ebenfalls zu verstärkter jüdisch-christlicher Zusammenarbeit und Übersetzungen aus dem Lateinischen ins Hebräische wurden angefertigt. Trotz dieser Entwicklungen blieb der Rationalismus im Judentum bis zum Mittelalter ein von den Traditionalisten abgelehnter Wert. Besonders die unter arabischem Einfluss stehende Philosophie wurde von diesen Kreisen stark bekämpft. Hier blieb Levi ben Gershon die Ausnahme, der nicht wie die meisten der zeitgenössischen Rationalisten Wissenschaft ausschließlich in theologischem Kontext betrieb. Zusätzlich wurden wissenschaftliche Aktivitäten innerhalb des Judentums durch zahlreiche Vertreibungen, wie z. B. aus Frankreich 1306 und 1394 erschwert. In der Hochphase der jüdischen Beschäftigung mit Wissenschaft verblieben die Zentren auf der iberischen und der italienischen Halbinsel und in Südfrankreich, während in Ashkenaz zwar wissenschaftliches Interesse an der Natur vorhanden war, man sich aber auf solche Phänomene beschränkte, die mit mystischen Vorstellungen kompatibel waren. Die graeco-arabischen Wissenschaften stießen dort auf wenig oder keine Gegenliebe.[22]

---

20 Resianne Fontaine / Gad Freudenthal (Hg.), *Latin into Hebrew. Texts and Studies. Vol. 1: Studies*, Leiden / Boston 2013.

21 Ruth Glasner, *Gersonides. A Portrait of a Fourteenth-Century Philosopher-Scientist*, Oxford 2015; Seymour Feldmann, *Gersonides. Judaism within the Limits of Reason*, Oxford 2010; Gad Freudenthal (Hg.), *Studies on Gersonides. A Fourteenth-Century Jewish Philosopher-Scientist*, Leiden 1992.

22 Gad Freudenthal / Dan Diner (Hg.), *Science and Philosophy in Ashkenazi Culture. Rejection, Toleration, and Accommodation. Simon-Dubnow-Institute Yearbook* 8 (2009): 13 – 315 (Schwerpunkt). Siehe auch Elchanan Reiner, „The Attitude of Ashkenazi Society to the New Science in the

Die Vertreibung der Juden aus Spanien (1492) und Portugal (1496/97) führte zu einer Ausbreitung der jüdischen Wissenschaftstraditionen über den gesamten Mittelmeerraum, besonders im Osmanischen Reich mit Zentren in Konstantinopel, Saloniki und Smyrna. Dort kam es zu einem fruchtbaren Zusammentreffen zwischen sephardischen Gelehrten und der romaniotischen Wissenschaftstradition der griechisch sprechenden Juden, die seit der Antike im hellenistischen Kulturraum ansässig waren.[23] Die aus Spanien geflohenen Brüder David und Shmuel Nahmanias konstruierten 1493 in Konstantinopel die erste Druckerpresse und legten den Grundstein für die bis ins 20. Jahrhundert hineinreichende Buchdrucktradition auf Hebräisch und Ladino.[24] Zudem eröffnete die Renaissance in Italien im 15. Jahrhundert eine neue Ära der jüdischen Beschäftigung mit der Wissenschaft. Juden hatten dort seit dem frühen 16. Jahrhundert Zugang zu den Universitäten gehabt.[25] Durch den Buchdruck verbreiteten sich hebräische Werke rationalistischer jüdischer Gelehrter rasch in ganz Europa, und es kam zu jüdisch-christlichen Debatten über Mathematik, Philosophie und andere Wissenschaften. Besonders zu nennen sind in dieser Epoche Joseph Shlomo Delmegido (1591–1655),[26] ein Student Galileos, und Tobias Hacohen (1652–1729),[27]

Sixteenth Century“, *Science in Context* 10,4 (1997): 589–603; sowie im selben Band Joseph Davis, „Ashkenazi Rationalism and Midrashic Natural History: Responses to the New Science in the Works of Rabbi Yom Tom Lipmann Heller (1578–1654)“, ebd., 605–626. Satanow scheint an dieses ashkenazische Erbe anzuknüpfen und es auf weitere Wissensgebiete auszuweiten.

23 David Jacoby, „Die Romanioten des östlichen Mittelmeerraums. Griechischsprachige Juden in ihrem Verhältnis zu Griechen und Lateinern (13.–15. Jahrhundert)“, in ders. / Vera von Falkenhausen (Hg.), *Studien zum mittelalterlichen Judentum im byzantinischen Kulturraum: Süditalien und Sizilien, Konstantinopel und Kreta. Vorträge an der Universität Trier, 4. Juni und 6. November 2012*, Trier 2013, 49–80.

24 Ittai Tamari, „Jüdische Drucke aus Konstantinopel. Ein Druckort und seine Bedeutung“, in Ulrich Marzolph (Hg.), *Das gedruckte Buch im Vorderen Orient*, Dortmund 2002, 118–127; Abraham Ya'ari, *Ha-Defus ha-'Ivri be-Qushṭa* [Hebräischer Buchdruck in Konstantinopel], Jerusalem 1967.

25 David Ruderman, *The World of a Renaissance Jew. The Life and Thought of Abraham ben Mordecai Farissol*, Cincinnati 1981; ders., *Kabbalah, Magic and Science. The Cultural Universe of a Sixteenth-Century Jewish Physician*, Cambridge 1988; Hava Tirosh-Samuelson, „Theology of Nature in Sixteenth-Century Italian Jewish Philosophy“, *Science in Context* 10,4 (1997): 529–570.

26 Isaac Barzilay, *Yoseph Shlomo Delmegido (Yashar of Candia). His Life, Works and Times*, Leiden 1974; Joseph D'Ancona, „Delmegido, Menasseh ben Israel en Spinoza“, *Bijdragen en Mededeelingen van het Genootschap voor de Joodsche Wetenschap in Nederland* 6 (1940): 105–152. Zu Delmegidos Vermittlerrolle bezüglich wissenschaftlicher Errungenschaften in Polen und Berlin (siehe auch Wesselys Verweis in *Divre Shalom we-Emet*, 45) siehe Brown, *New Heavens and New Earth*, 75–78.

27 *Gedenkbuch für Moses Mendelssohn*, hg. v. Verband der Vereine für Jüdische Geschichte und Literatur in Deutschland, Berlin 1929, 32.

der vom Kurfürst Friedrich Wilhelm von Brandenburg als erster Juden die Erlaubnis erhielt, eine Universität zu besuchen. Die Bücher dieser Gelehrten brachten auch osteuropäische Juden in Berührung mit den Wissenschaften. In Osteuropa dominierte weiterhin die traditionelle Gelehrsamkeit, und nur wenige rabbinische Autoritäten wie Moses Isserles (ca. 1525–1572)[28] aus Krakau und Judah Loew ben Bezalel (Maharal, 1512–1609)[29] aus Prag, der unter anderem durch die Golem-Legende bekannt wurde, nahmen gegenüber der Philosophie eine aufgeschlossene Haltung ein. Doch erleichterte dieser Umstand zugleich einzelnen Gelehrten wie z. B. David Gans aus Lippstadt (1541–1613),[30] dem Schüler des MaHaRaL und Assistenten von Tycho Brahe, die Beschäftigung mit wissenschaftlichen Themen, da sie sich leichter der öffentlichen Aufmerksamkeit entziehen konnten.

Mit dem Übergang in das Zeitalter der Moderne entwickelte sich unabhängig voneinander im westlichen, mittleren und östlichen Europa ein Interesse an rationalistischen Wissenschaften.[31] Im deutschen Sprachraum verfassten Juden wissenschaftliche Abhandlungen in hebräischer Sprache wie z. B. der Arzt und Mathematiker Asher Anshel Worms (ca. 1695–1759)[32] oder der Mathematiker und Astronom Rafael Levi (1685–1779) aus Hannover, der in enger Verbindung zu

---

28 Asher Siev, *The Period, Life and Work of Rabbi Moses Isserles*, PhD Thesis Yeshiva University, New York 1943 (erschien 1957 als *Ha-Ram"a: Rabbi Moshe Isserles* bei Mossad ha-Rav Kook in Jerusalem) (Hebräisch); Elchanan Reiner, „The Ashkenazi Elite at the Beginning of the Modern Era: Manuscript versus Printed Book", *Polin* 10 (1997): 93–98; David E. Fishman, „Rabbi Moshe Isserles and the Study of Science Among Polish Rabbis", *Science in Context* 10,4 (1997): 571–588.

29 Byron L. Sherwin, *Mystical Theology and Social Dissent: The Life and Works of Judah Loew of Prague*, London / Toronto 1982; Ben-Zwi Bokser, *The Maharal. The Mystical Philosophy of Rabbi Judah Loew of Prague*, Northvale / London 1994; Alan Brill, „Maharal as an Early Modern Thinker", *Kabbalah. Journal for the Study of Jewish Mystical Texts* 17 (2008): 49–73.

30 André Neher, *Jewish Thought and the Scientific Revolution: David Gans (1541–1613) and his Times*, Oxford / New York 1986; Moritz Steinschneider, „Copernicus, nach dem Urtheile des David Gans, eines jüdischen Astronomen, der mit Tycho de Brahe in Verbindung stand", *Zeitschrift für Mathematik und Physik* 16 (1871): 252–253; Mordechai Breuer, „Qawim li-demuto shel R. David Gans [Typologische Studien zu David Gans]", *Bar-Ilan* 11(1973): 97–118; Noah Efron, „Irenism and Natural Philosophy in Rudolfine Prague: The Case of David Gans", *Science in Context* 10,4 (1997): 627–649. Zur „Scientific Revolution" und Religion bzw. Esoterik in der Frühen Neuzeit siehe Allison P. Coudert, *Religion, Magic, and Science in Early Modern Europe and America*, Santa Barbara 2011, besonders Kap. 7 und 9, 133–171.

31 Siehe hierzu auch die Hinweise von Brown, *New Heavens and New Earth*, 128–137, zur Rezeption von Baruch Lindaus *Re'shit Limmudim* (1788) und Hurwitz' *Sefer ha-Berit* (1797) im *Me'assef* und in Maimon's *Giv'at ha-More* in Bezug auf die Aufnahme des neuen Weltbildes.

32 Shmuel Feiner, „Seductive Science and the Emergence of the Secular Jewish Intellectual", *Science in Context* 15,1 (2002): 121–135.

Leibniz stand.[33] In der Generation Satanows sind die wissenschaftlichen Interessen von David Fränkel (1707–1762), dem Landesrabbiner von Dessau, und Aaron Gumpertz zu nennen. Israel Zamosc war als Privatlehrer von Gumpertz und Mendelssohn beschäftigt, der diese in die Naturwissenschaften einführte. Ebenfalls aus Osteuropa stammen Shlomo ben Moshe (ca. 1717–1781) oder Baruch Schick (1744–1808)[34] aus Shklov, die sich zunächst den hebräischen Texten des Mittelalters auf der Basis des graeco-arabischen Wissenskorpus zuwandten und sich dann darauf aufbauend verschiedene europäische Sprachen aneigneten, um aktuelles Wissen zu erschließen. Dieses verbreiteten sie dann wiederum in ihren eigenen Schriften auf Hebräisch. Die intellektuellen Aktivitäten Mendelssohns führten zur zunehmenden Integration rationalistischer Wissenschaften in jüdische Wissensbestände, in deren Folge zahlreiche popularisierende Wissenschaftsbücher auf Hebräisch und Jiddisch erschienen. In diese Ära fällt das enzyklopädische Werk des Pinḥas Hurwitz, *Sefer ha-Berit* (Buch des Bundes, 1797) – eine Synthese aus traditioneller Gelehrsamkeit und modernen naturwissenschaftlichen Erkenntnissen.[35] Oft wurde jedoch der Wissenschaft nur ein Platz neben der jüdischen Tradition zugestanden, meist derselben untergeordnet und somit ein hierarchisches Verhältnis zu Gunsten der letzteren etabliert.[36]

Das Verhältnis zwischen den neu aufkommenden mechanischen Wissenschaften und den traditionellen, nichtmechanischen Wissenschaften wie Philosophie und Theologie ist im Rahmen der vorliegenden Arbeit besonders zu fokussieren. Denn das Ineinanderfließen beider Wissenschaftszweige bei Maimon und Satanow macht die besondere Faszination ihrer Schriften aus. Im Zuge dessen kommt es beim Eintritt in die Moderne häufig zu Beschreibungen der säku-

---

33 Jeremy Brown, „The Eighteenth Century: Jews and Copernicus in the Newtonian Era", in ders., *New Heavens and New Earth*, 144–167. Siehe dort auch die Paragraphen zu David Gans und Joseph Delmegido.

34 David S. Margalith, „R. Barukh Schick and His Book *Tiferet Adam*", *Qorot* 6 (1972/5): 5–27, 166–181 (Hebräisch); David E. Fishman, „A Polish Rabbi Meets the Berlin Haskalah: The Case of R. Barukh Schick", *AJS Review* 12,1 (1987): 95–121; ders., *Science, Enlightenment and Rabbinic Culture in Belorussian Jewry, 1772–1804*, PhD Thesis Harvard University 1985, sowie ders., *Russia's First Modern Jews: The Jews of Shklov*, New York / London 1996, 22–45.

35 David Ruderman, *The Best-Selling Hebrew Book of the Modern Era: The* Book of the Covenant *of Pinḥas Hurwitz and Its Remarkable Legacy*, Seattle / London 2015. Zum Einfluss des kopernikanischen Weltbildes auf *Sefer ha-Berit* siehe Brown, *New Heavens and New Earth*, 133–143. Zu Toleranz und Nächstenliebe in diesem Werk siehe Resianne Fontaine, „Love of One's Neighbour in Pinḥas Hurwitz's *Sefer ha-Berit*", in Martin F. J. Baasten / Reinier Munk (Hg.), *Studies in Hebrew Language and Jewish Culture*, Dordrecht 2007, 271–295.

36 Shulamit Volkov, „Jewish Scientists in Imperial Germany (Parts I and II)", *Aleph* 1 (2001): 215–281; Noah Efron (Hg.), *Judaism and the Sciences. Part 2: Early Modern Period*, Special Issue of *Science in Context* 10,4 (1997).

laren Wissenschaften mit erotischer Metaphorik wie z. B. im Fall von Asher Anshel Worms.[37] Diese Metaphorik, die in einem engen Zusammenhang mit den Entwicklungen der Vorstellungen zu der weiblichen Seite Gottes, der *Shekhina*, steht, stammt teilweise aus kabbalistischen Traditionen, die oftmals die Intention intellektuell-spiritueller Sehnsüchte mit platonischem Impetus als „schöne" oder „fremde" Frauen darstellten. Sowohl die Frauen selbst als auch die imaginierte *Shekhina* konnten als Zielvorstellung mystischer Kontemplation dienen.[38] In zahlreichen Schriften der theosophisch-theurgischen Kabbala besteht das Ziel der kabbalistischen Exegese in der Apotheose des mystischen Lesers und seiner Vereinigung mit der weiblichen Seite Gottes.

Der Zugang zum göttlichen Bereich funktioniert in diesem Prozess auf Grundlage zweier isomorpher Systeme, also besitzen beide einen strukturgleichen Aufbau: das menschliche und das göttliche. Innerhalb des Systems der Sefirot existiert eine Zuordnung von männlichen und weiblichen Elementen, zwischen denen eine erotische Spannung vorherrscht, um dynamische Vorgänge innerhalb des göttlichen Bereichs zu initiieren.

Vor allem die unterste Sefira, *Malkhut* oder *Shekhina*, steht im Zentrum, da sie nicht nur die weibliche Figur des innergöttlichen Systems darstellt, sondern auch den Übergang zwischen der göttlichen und der irdischen Welt markiert. In der mystischen Kontemplation konzentriert der Kabbalist sein Denken auf diesen Bereich und das Ziel seines Bestrebens ist die Vereinigung mit diesem Aspekt der Sefirot. Sehr häufig wird dieser unitive Prozess in erotischen Metaphern illustriert.[39] Im Chassidismus entwickelte sich das „Erheben der Gedanken" zu Gott anhand der Kontemplation einer schönen Frau zu einem eigenständigen Ritual: Man musste eine Art „religiösen Test" bestehen und sein Denken aus Anlass der physischen Schönheit einer Frau zu deren metaphysischer Quelle erheben – und dabei die physischen Begierden hinter sich lassen. Dies führte zu scharfer Kritik aus den Reihen der Mitnaggedim, die behaupteten: „Sie (die Chassidim) laufen als

---

37 Feiner, „Seductive Science".

38 Moshe Idel, *Kabbala und Eros*, Frankfurt a. M. / Leipzig 2009, 251–290; ders., „Female Beauty: A Chapter in the History of Jewish Mysticism", in Immanuel Etkes u. a. (Hg.), *Within Hasidic Circles*, Jerusalem 1999, 317–334 (Hebräisch); ders., *The Privileged Divine Feminine in Kabbalah*, Berlin / Boston 2019.

39 Siehe z. B. die Erzählung vom Taugenichts und der Prinzessin aus dem Badhaus bei Eliya da Vidas (1518–1592), die ursprünglich von einem Wanderkabbalisten aus dem 13. Jahrhundert, Isaak von Akko, stammt, und in da Vidas' Werk *Re'shit Ḥokhma* (Beginn der Weisheit) überliefert wurde. Eliya da Vidas' *Re'shit Ḥokhma, Sha'ar ha-Ahava*, Bd. 1, hg. v. Ḥayyim Waldmann, Jerusalem 1984, 426 (Hebräisch). Siehe Elke Morlok / Frederek Musall, „Mystik und Askese: Unterschiedliche Tendenzen in der jüdischen Mystik und deren Korrespondenzen im Sufismus und in der arabischen Philosophie", *Das Mittelalter* 15 (2010): 95–110, hier 103–107.

Taugenichtse umher und sprechen dummes Zeig, indem sie behaupten, dass jeder, der auf dem Markt eine Frau betrachtet, sein Denken zu Gott, gesegnet sei Er, erhebt und somit Gott anbetet."[40] Die negative Konnotation von „schönen Frauen" als Verführerinnen, die das Denken vom eigentlichen Ziel ablenken, taucht auch in verschiedenen Schriften der Maskilim, wie z. B. Jehuda Leib Margolioth (1751–1811) auf.[41]

3.2 *Imre Bina* (Worte der Einsicht) und *Zohar Tinyana* (Zweiter *Zohar*)

In Satanows Hauptschriften aus den Jahren 1783 und 1784, *Zohar Tinyana* und *Imre Bina* werden nun diese wissenschaftlichen Ambitionen mit traditionellen Glaubenskonzepten und kabbalistischen Materialen verbunden. Beide Schriften wurden im Verlag der Jüdischen Freyschule veröffentlicht und weisen die für Satanow typischen *haskamot* (Approbationen) auf.[42] Eine Sehnsucht nach schönen Frauen in Analogie zu Sehnsucht nach Wissenschaft(en) bekundet Satanow in diesen beiden Werken an verschiedenen Stellen. Nach israelischen Literaturwissenschaftlern wie Moshe Pelli und Shmuel Werses bilden die rabbinischen Approbationen und Einleitungen der beiden Werke eine Lehrstunde in maskilischer Literaturwissenschaft und Poetologie, in der die wichtigsten Themen zu fiktiver Autorenschaft und Approbation, hermeneutischer Methodik und Wahrheitssuche vertreten sind.[43]

Auf recht humorvolle Weise wird in der fingierten Approbation des *Zohar Tinyana* festgestellt: „Alle Plagiatoren stehlen von anderen und schreiben das, was sie kopieren, sich selbst zu, während dieser [Satanow] von sich selbst stiehlt und es anderen zuschreibt."[44] Zinberg bezeichnet diese Vorgehensweise der gefälschten Approbationen und Autorenzuschreibungen im Sinne eines „subversi-

---

40 So die Aussage des David von Makow in *Chassidim und Mitnaggedim*, Bd. 2, hg. v. Mordechai Wilensky, Jerusalem 1970, 235 (Hebräisch). Siehe auch Idel, *Kabbala und Eros*, 282–283.

41 Feiner, „Seductive Science", 121–135

42 Siehe die Abschnitte zu den Approbationen in Satanows Werken in verschiedenen Kapiteln dieser Arbeit.

43 Pelli, *Yiṣḥaq Saṭnov*, 9–15 (mit entsprechenden Fußnoten); Shmuel Werses, „Isaac Satanow and His Treatise ‚Mishley Asaph'", in ders., *Trends and Forms in Haskalah Literature*, Jerusalem 1990, 163–186 (Hebräisch) (zuvor *Tarbiz* 32,4 [1962/63]: 370–392).

44 Isaak Satanow, *Qunṭres mi-Sefer ha-Zohar Ḥibbura Tinyana*, Berlin 1783, 2 (=*Zohar Tinyana*). Siehe Pelli, *Age of Haskalah*, 155. Klausner glaubt jedoch an die Authentizität der *haskama*, ders., *Hisṭorya*, Bd. 1, 168.

ven Kommentars" als „schamlos",[45] doch inzwischen wird dies als gängige literarische Methode bzw. Stilmittel der Haskala mit poetisch-hermeneutischer Berechtigung in der Forschung anerkannt.[46]

Dies erinnert an Phrasen in *Minḥat Bikkurim* und an verwandte Worte aus der ersten Approbation zu *Mishle Asaf:*

> [...] man weiß nicht, wer es verfasste, denn Rabbi Isaak sagt, dass er es selbst fand [...] und es scheint, dass es wahrlich ein Gleichnis ist, und eventuell hat Rabbi Isaak es selbst verfasst, wie dies bei seiner Schrift *Imre Bina* der Fall war [...] daher hat Asaf es nicht unterzeichnet [= verfasst].[47]

Die zweite Approbation in *Imre Bina* bezieht sich in gleicher Weise auf *Mishle Asaf*: „[...] das Werk deiner Hände, das Buch Asaf."[48] In Satanows Kommentar zu *Mishle Asaf* wird anhand dieser Methode eine illusorische Kluft zwischen dem Autor des antiken, heiligen Textes und dem des modernen Kommentars geschaffen. Das lässt die Einführung säkularer Gedanken und moderner Ideen zu, behält aber zugleich die traditionelle literarische Form von Text und Kommentar bei.[49]

In den Approbationen zu *Zohar Tinyana* finden sich zahlreiche Bemerkungen zur Legitimation der Pseudepigraphie und zu der Notwendigkeit, den Worten Glaubwürdigkeit und Gehör zu verleihen, indem man sie anerkannten Autoritäten innerhalb der jüdischen Tradition in den Mund legt. Die dynamische Wirkung der Worte selbst würde, laut Satanows Auskunft, im Werk solch ein Vorgehen rechtfertigen, denn anhand ihrer inhärenten Wahrheit verschafften sie sich im Laufe

45 Zinberg, *Toledot Sifrut Yisra'el*, Bd. 5, 119. Zum Genre des „subversiven Kommentars" bzw. Dialogs in der jüdischen Philosophie siehe Aaron Hughes, *The Art of Dialogue in Jewish Philosophy*, Bloomington / Indianapolis 2008, 26 – 49, am Beispiel von Halevis *Kuzari*.

46 Man könnte dies ggf. mit Claude Lévi-Strauss' Vorstellung der „Bricolage" in *La Pensee Sauvage* (1962) vergleichen, doch führt solch eine Untersuchung an dieser Stelle zu weit und muss in einer gesonderten Studie unternommen werden.

47 Satanow, *Mishle Asaf*, Bd. 1, Berlin 1789, 2.

48 Satanow, *Imre Bina*, Berlin 1784, 4.

49 Diese Methode wird auch in Shaul Berlins *Besamim Rosh* (Berlin 1793) innerhalb der Responsenform angewandt. Siehe Steinschneider, „Hebräische Drucke", 170 und 176. Zu diesem Werk innerhalb der maskilischen Bewegung siehe Talya Fishman, „Forging Jewish Memory: *Besamim Rosh* and the Invention of Pre-Emancipation Jewish Culture", in Elisheva Carlebach / John M. Efron / David N. Myers (Hg.), *Jewish History and Jewish Memory. Essays in Honor of Yosef Hayim Yerushalmi*, Hanover / London 1998, 70 – 88 und die Diskussionen dazu in Kap. 4 unten.

der Zeit selbst Anerkennung und Glaubwürdigkeit. Man könnte auch mit Habermas sagen, er setzt auf „den zwanglosen Zwang des besseren Arguments."[50]

In einer der Approbationen wird sogar darauf hingewiesen, der Verfasser habe an der Echtheit des Manuskriptfundes gezweifelt, und Satanow habe ihm daraufhin das Schriftstück gezeigt. Denn man wisse ja, dass Satanow für seine „unechten" Zuschreibungen bekannt sei. Er würde ja des Öfteren – im Gegensatz zu anderen, die Worte anderer für die eigenen ausgeben – seine eigenen Worten anderen in den Mund legen, also von sich selbst stehlen.[51]

Einerseits geht Klausner davon aus, dass die Worte der Approbation tatsächlich aus der Feder Rabbi Joseph Teomims (1727–1792) stammen, da es schwierig gewesen wäre, sie unbemerkt einem in der Region lebenden Rabbiner zuzuschreiben.[52] Andererseits ist es für Pelli nur schwer vorstellbar, dass Teomim einen derart humorvollen Stil in einer Approbation verwandt haben soll.[53] Teomim, wie oben erwähnt aus der Familie Shaul Berlins und Sohn des Lemberger Rabbiners Meir Teomim, hatte zuvor an der Yeshiva von Daniel Itzig studiert, war dann erneut Rabbiner in Lemberg und hatte 1782 die Stelle als Rabbiner und *Av Bet Din*, der zweithöchsten Position im Sanhedrin, in Frankfurt an der Oder übernommen.[54]

Auch ein Vergleich mit Satanows Ausgabe des Buches Hiob und seinem literarischen Stil in *Minḥat Bikkurim*[55] sowie der letzte Satz in der *haskama* unterstreichen die Aussage, dass man nicht mit dem Autor des Werkes und seinem Stil übereinstimmen muss, sondern mit den Worten des Werkes selbst. Solche Aussagen weisen einen typischen „satanowschen" Ton auf, auch wenn man zugeben muss, dass der Name Rabbi Manasse Ben Porat Josef in mehreren Büchern Satanows als Verfasser der *haskamot* erscheint und man eventuell auch von echten Approbationen ausgehen muss. In *Zohar Tinyana* findet sich in der zweiten Ap-

---

50 Jürgen Habermas, *Strukturwandel der Öffentlichkeit. Untersuchungen zu einer Kategorie der bürgerlichen Gesellschaft*, Frankfurt a. M. ²1990, 152–153.

51 Siehe Zitat oben.

52 Klausner, *Hisṭorya*, Bd. 1, 168; siehe auch Shmuel Yoseph Fuenn, *Kenesset Israel*, Warschau 1886, 644. Anders Zinberg, *Toledot Sifrut Yisra'el*, Bd. 5, 119.

53 Pelli, *Yiṣḥaq Saṭnov*, 47 Fn 31; ders., „Yiṣḥaq Sanṭov we-she'elat ha-ziyyuf ba-sifrut [Isaak Satanow und die Frage literarischer Fälschung]", *Qiryat Sefer* 54 (1979): 817–824. Eine endgültige Entscheidung dieser Frage erfordert noch weitere Forschungsarbeiten auf diesem Gebiet.

54 Siehe Fishman, „Forging Jewish Memory",87 Fn 65 und 72; Nahum Rakover, *Zehut ha-Yoṣerim ba-Meqorot ha-Yehudiyyim* [Identität der Verfasser in jüdischen Quellen], Jerusalem 1991, 29–30; sowie Leopold Löwenstein, „Die Familie Teomim", *Monatsschrift für Geschichte und Wissenschaft des Judentums* 57 (1918): 341–361, hier 354.

55 Satanow, *Minḥat Bikkurim*, 5b.

probation von Sanzer ein Hinweis auf den Verfasser der ersten. So liest man in der Approbation von Sanzer:

> An diesem Tag kam zu mir der Rabbiner und Maskil, unser Rabbiner und Lehrer Isaak der Levi der heiligen Gemeinde Satanows, um mir die Genehmigung für den Druck der Bücher *'Eṣ ha-Ḥayyim* [und] *Peri 'Eṣ Ḥayyim* des Rabbiners Isaak [Luria] zum seligen Gedenken zu erteilen, und ich habe sie gebilligt. Damals zeigte er mir eine bestimmte Komposition [*qunṭres eḥad*; alternativ „eine Seite"], die in der Sprache des *Zohar* spricht, einschließlich Auslegungen und Erläuterungen heiliger Visionen nach dem Weg der Weisheit und der Kabbala. Er sagte dort, er habe sie in der großen Königsstadt in der Bibliothek des Königs gefunden, in sefardischer Schrift auf Pergament geschrieben, und man wisse nicht, wer diese Worte hervorgebracht hatte [wörtl. aus wessen Bauch diese Worte herauskamen]. Vielleicht hatte sie einer der Schreiber der späteren Generationen verfasst, doch waren sie in poetischer Sprache erschienen, wie alle Dichter, die ihre Werke den großen Männern der Vergangenheit zuschreiben.[56]

> בעצם היום הזה בא אלי הרבני המשכיל מוה' יצחק הלוי מק"ק סטנאב לעלות בהסכמה על הדפסת ס' עץ החיים הפע"ח להר"יזל והסכמתי עליהם, בעת ההיא הראני קונטריס אחד המדבר כלשון הזהר כולל דרושי' וביאורים על מראי קודש בדרך חכמה והקבלה ואמר שכן מצאם בקרית מלך רב בבית הספרי' של המלך כתוב בכתב ספרדי על קלף ולא נודע מבטן מי יצאו הדברי' ואולי כתבם אחד המחברי' מדורות האחרונים אך יצוא יצא בשפת שיר כדרך כל בעלי השיר המייחסים דבריהם לגדולי' אשר מעולם.

Es ist unwahrscheinlich, dass Sanzer selbst diese Approbation verfasste, doch versteht es Satanow meisterlich, Wahres und Halbwahres zu vermischen. Er war tatsächlich bei Sanzer in Brody vorsprachig geworden, jedoch um die Genehmigung seines Druckes von *'Eṣ ha-Ḥayyim* und *Peri 'Eṣ Ḥayyim* einzuholen.

Auch in *Bi'ur Millot Ha-Higgayon* (Berlin 1795, 4b–5a) verwendet Satanow diese literarische Methode, um anzuzeigen, dass Maimonides das Werk „im Geiste" verfasst habe und der maskilische Schreiber es nur im Sinne Rambams in Parabeln, Metaphern und Rätseln niederschreibe (siehe Prov 1,6: Spruch und Deutung, die Reden der Weisen und ihre Rätsel). Dies habe ebenso Maimonides zu Beginn des *More* getan. Auch das allegorische Rätsel (*ḥidda*) zum Verfasser des Buches Hiob lässt sich auf diese Weise auflösen: Es lebte vor der Religion des Propheten Ezechiel, ein gerechter Mensch mit Namen Hiob und lange Zeit nach seinem Tod verfasste ein Vollkommener das Buch Hiob mit Parabeln, *meliṣa* (biblischer Mosaikstil, Sprachgewandtheit) und Allegorien, als ob er an den damaligen Geschehnissen tatsächlich teilgenommen habe, und diese Dinge wurden nun Hiob zugeschrieben.[57] Auf ähnliche Weise verfährt Satanow in seiner Edition des *Kuzari* (Berlin 1795) und *Megillat Ḥasidim* (Berlin 1802, 1). Begründungen für

---

56 Siehe Avinoam Stillman, *Living Leaves: Printing Kabbalah at Korets, 1778–1786*, MA Thesis Ben-Gurion University of the Negev 2019, 94.
57 Satanow, *Sefer Iyyov*, Berlin 1799, Einleitung, 1.

diese Verwendung von *meliṣa* liefert er in seinem Beitrag in *Me'assef* (Ṭevet / 15. April 1788).[58]

Wie in anderen Werken bezieht sich Satanow (bzw. der Verfasser der *haskama*) hier auf die antike Methode, Schriften autoritativen Größen zuzuschreiben. Letzten Endes sei der Autor unwichtig und nur die Überzeugungskraft des Buches selbst von Bedeutung. Ob dies auch im Fall des *Zohar* und seiner Approbationen zutrifft, wird im Folgenden untersucht.

3.2.1 *Zohar Tinyana*

Im *Zohar Tinyana* unternimmt Satanow nun den Versuch, philosophisches Gedankengut und kabbalistische Traditionen zu harmonisieren, ohne auf lurianische Traditionen zurückzugreifen. Allein schon der Versuch, einen zweiten *Zohar* verfassen zu wollen, lässt vermuten, dass Satanow nicht unbedingt unter Minderwertigkeitskomplexen litt. Er imitiert das für den *Zohar* typische Aramäisch und ordnet die Abschnitte nach der Reihenfolge der Genesiserzählung bzw. des ersten Schöpfungsberichts, auch wenn er inhaltlich in seinen Ausführungen weit davon abweicht. Dabei verweist der Beginn des Werkes („Es begann Rabbi Isaak") sogleich auf Satanow selbst als Verfasser.[59] Thematisch beginnt das Buch mit dem scheinbaren biblischen Widerspruch zwischen Weisheit und Gottesfurcht, gemäß dem bekannten Vers: „Anfang der Weisheit ist Furcht vor dem Ewigen" (*re'shit ḥokhma yir'at YHWH*, Ps 111,10).[60] Satanow macht seinen exegetischen Standpunkt gleich zu Anfang deutlich. Weisheit und Gottesfurcht stünden Seite an Seite, denn ihre (der Weisheit) Gottesfürchtigen erkennen sie, weil sie selbst der Same der Wahrheit sind. Diese Argumentation kehrt in vielen von Satanows Schriften wieder, sie bildet für ihn den Grundstein, um maskilische Standpunkte bezüglich der Haskala und des Judentums überhaupt zu beurteilen. Zu Beginn der Haskala waren Harmonisierungsversuche zwischen Weisheit und traditioneller Gottesfurch noch eine typische Strategie gewesen, doch im Verlauf der weiteren Entwicklung hatte sich die maskilische Literatur eher der Weisheit bzw. Wissenschaft als der Gottesfurcht zugewandt.

---

58 Isaak Satanow, „Mi-darke ha-lashon we-ha-meliṣa [Sprachliche und rhetorische Methodik]", *Me'assef* 4 (Ṭevet / 15. April 1788): 72–95.

59 Satanow, *Zohar Tinyana*, 2a.

60 Auf der Titelseite von *Sefer ha-Middot* (Berlin 1783/84) führt Satanow den unter den Maskilim gängigen Vers aus *Mishle* 1,7: *yir'at YHWH re'shit da'at*, Furcht des Ewigen ist die erste Kenntnis, an. Häufig wurde auch Hi 28,28 mit leichter Änderung als *yir'at Adonai [hi] ḥokhma* (Furcht des Herrn, das ist Weisheit) verwendet. Siehe unten die Ausführungen zu den Zwillingsschwestern.

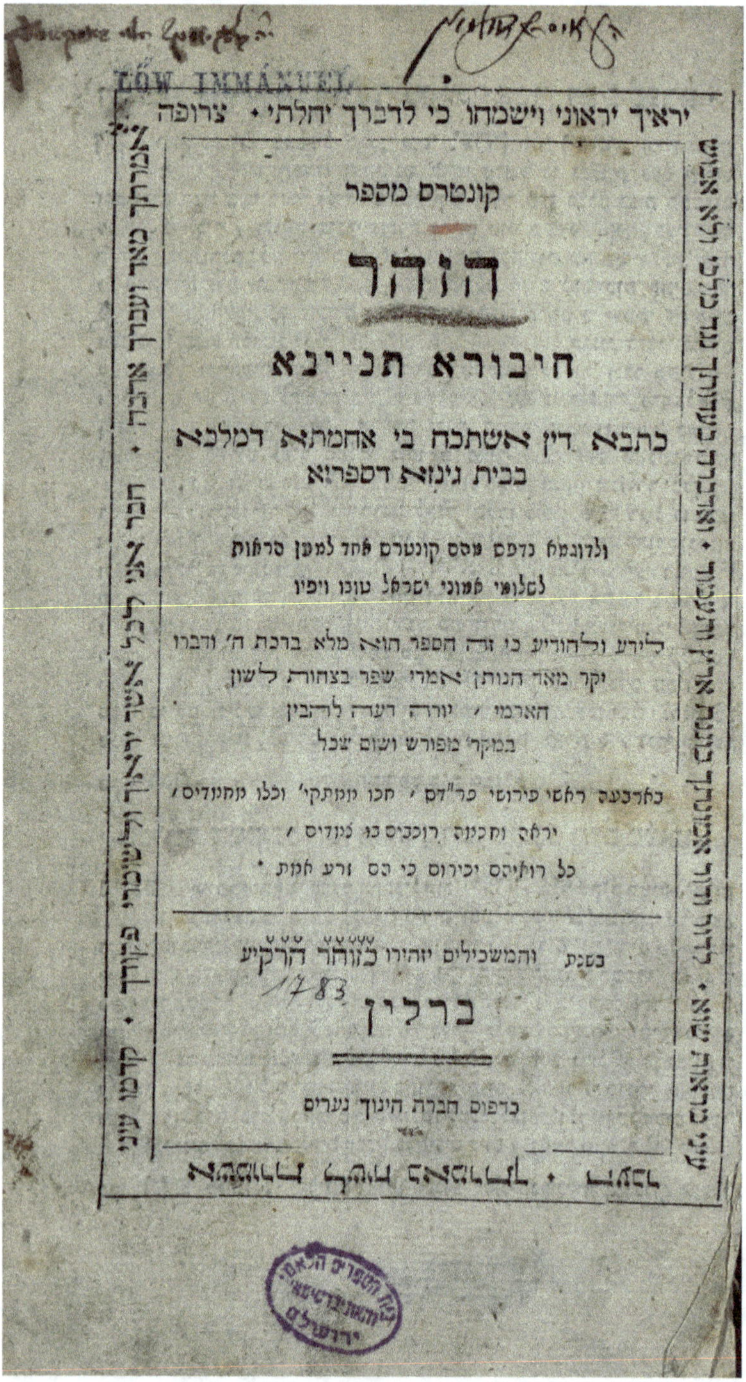
LÖW IMMÁNUEL

יראיך יראוני וישמחו כי לדברך יחלתי · צרופה

קונטרס מספר

הזהר

חיבורא תניינא

כתבא דין אשתכח בי אחמתא דמלכא
בבית גינזא דספריא

ולדוגמא נדפס מסס קונטרס אחד למען סראות
לסלומי אמוני ישראל טובו ויפיו

לידע ולהודיע כי זה הספר הוא מלא ברכת ה׳ ודברו
יקר מאד הנותן אמרי שפר בצחות לשון
הארמי · יורה דעה להבין
במקר׳ מפורש ושום שכל

כארבעה ראשי פירושי פר״דס · חכו וממתקי׳ וכלו מחמדים ·
יראה וחכמה רוכבים בו צמודים ·
כל רואיהם יכירום כי הם זרע אמת ·

בשנת והמשכילים יזהירו כזוהר הרקיע

1783

ברלין

בדפוס חברת חינוך נערים

Abb. 22: Isaak Satanow, *Zohar Tinyana*, Berlin 1783/4, Titelseite, Jerusalem – The National Library of Israel 1302=R

Moshe de Leons Verfasserschaft und Rekonstruktion

Am Ende von *Zohar Tinyana* thematisiert Satanow die innerzoharische Polemik[61] zur Auslassung problematischer Stellen, die sich auf Moshe de Leon, den mutmaßlichen Hauptverfasser des Werkes im 13. Jahrhundert,[62] selbst beziehen und nicht auf den legendären Verfasser Rabbi Shimon bar Yoḥai. Laut Satanow „fand" de Leon die *Qunṭrese ha-Zohar*, die er dann als seine eigenen Schriften ausgab. Im weiteren Verlauf reklamiert Satanow psychologische Parallelen zwischen sich selbst und de Leon bei der Niederschrift und „Vervollständigung" der Funde: Beide veröffentlichten angeblich antike Handschriften (de Leon die von Shimon bar Yoḥai und Satanow eben jene von de Leon), und beide hatten darin eine gewisse Berechtigung, da in den Werken wahre Erkenntnisse und keine Lügen verbreitet würden.[63] Satanow behauptet weiter, im Gegensatz zu de Leons Vorgehensweise nur eklektisch Beispiele aus der gefundenen Schrift anzuführen, die er in einer Burg gefunden habe, und nicht alle Ausführungen de Leons, die der wiederum auch nur entdeckt habe, wiederzugeben. Denn er löse nun den Schuldschein der Versäumnisse de Leons ein und beweise den Wahrheitsgehalt der angeführten Stellen. Dies bedeutet, dass er nur diejenigen überliefert, die sich im Lauf der Jahrhunderte als wahr erwiesen hätten. Die eklektische Verwendung kabbalistischer Vorlagen ist ein typisches Phänomen im 18. Jahrhundert.

Mit dieser Taktik verfolgt Satanow ein doppeltes Ziel: Er zeigt zum einen die Lächerlichkeit der Annahme, beim *Zohar* von einem antiken Werk eines tannaitischen Autors aus dem 2. Jahrhundert, Shimon bar Yoḥai, auszugehen, ohne jedoch zugleich die Sensibilität seiner Autorität in Bezug auf inhaltliche Behauptungen zu untergraben. Er führt ein Zitat aus dem *Zohar* an „da der erste und vorherige etwas im Namen dessen sprach, der einige hundert Jahre nach ihm aufstand"[64] und ergänzt es mit den Worten: „und es kann sein, dass sie anhand von *meliṣa* und *ḥidda* gesagt wurden, in dem Sinne, dass sie Besitz erhalten am großen Baum" (siehe bPes 112a).[65] Durch den Zusatz des „Hängens an einem großen Baum" (sich berufen auf eine höhere Autorität) begründet Satanow eine zweifache Bezugnahme: jüngere Autoren können sich auf die Autorität älterer stützen, doch zugleich ist dieser Prozess umkehrbar und mit Hilfe der *meliṣa* kann ein älterer Autor auch spätere Erkenntnisse „vorwegnehmen", da beide am „selben Baum" hängen.

---

61 Siehe Isaiah Tishby, *Mishnat ha-Zohar* [Die Lehre des Zohar], Bd. 1, Jerusalem 1969, 44–45.

62 Yehuda Liebes, „How the Zohar was Written", *Jerusalem Studies in Jewish Thought* 1 (1989): 1–71 (Hebräisch).

63 Satanow, *Zohar Tinyana*, 24b–25a.

64 עד כי הראשון והקדום יאמר דבר בשם המאוחר ממנו קם מאות שנים (Satanow, *Zohar Tinyana*, 25a).

65 Satanow, *Zohar Tinyana*, 25b.

Dies ist für Satanow zugleich eine Legitimation für die pseudepigraphischen Approbationen, da er sich an dieser Stelle auf zeitgenössische Schriften beruft, deren Wissen sich auf ältere Autoritäten stützt – in gleichem Maße wie Moshe de Leon sich auf die Autorität Shimon bar Yoḥais bezieht. Mit Hinweisen auf die kabbalistische Seelenwanderungslehre[66] gibt sich Satanow selbst als Kopist des *Zohar* zu erkennen, und zwar in einer Weise wie dies auch Moshe de Leon getan habe. Satanow inszeniert sich somit selbst als Reinkarnation eben jenes Kopisten des *Zohar.* Dabei benutzt Satanow zugleich den ironischen Unterton eines Isaak Sagi Nahor (auch Isaak der Blinde genannt) (ca. 1160 – 1235),[67] Sohn des Rabbi Abraham ben David aus Posquières (ca. 1125 – 1198),[68] um die Abhängigkeit beider vom „großen Baum" zu untermauern. Die Namen späterer Autoritäten, die dem *Zohar* beigelegt wurden, zeigen die Seelenwanderung früherer Tannaiten an, die nun in den späteren Gelehrten inkarniert sind (*Zohar Tinyana*).

> Der Geist Gottes sprach zu den Verfassern des *Zohar*, und sein Wort lag auf ihrer Zunge, bis sie alles offenbarten, was zuvor im Talmud bereits angelegt war und später erschaffen werden sollte.[69]

Daher fänden sich auch künftige Erkenntnisse, wie z. B. der neuzeitlichen Wissenschaften, bereits im *Kuzari* und im *More* oder auch in den Psalmeninterpretation Raschis und seines Nachfolgers Rabbenu Tam, deren wahre Bedeutung erst von späteren Kommentatoren und Philosophen kundgetan worden sei. Somit seien auch im *Zohar* bereits alle späteren Interpretationen enthalten, nicht zuletzt eben auch die nun von Satanow vorgelegten.[70]

Der Unterton von Satanows Äußerung verweist deutlich auf die Rhetorik der damals gängigen Satiren, die von einem allgemeinen Verstehen aller Leser ausgehen.[71] Die Vermutung, dass Satanows *Zohar*-Imitation der Beginn satirischer

---

66 Brian Ogren, *Renaissance and Rebirth. Reincarnation in Early Modern Italian Kabbalah*, Leiden / Boston 2009; zur Thematik im 17. Jahrhundert siehe Gerold Necker / Rosemarie Zeller, „Die Präexistenz der Seelen. Eine interreligiöse Debatte im 17. Jahrhundert", *Morgen-Glantz* 24 (2014): 9 – 14; Gerold Necker, „‚Die ganze Seele des Hauses Jakob' – Universalismus und Exklusivität kabbalistischer Seelenwanderungslehren in der Frühen Neuzeit", ebd., 15 – 28.

67 Zu diesem Kabbalisten, der als einer der ersten das System der göttlichen Sefirot weiter ausführte, siehe Gershom Scholem, *Ursprung und Anfänge der Kabbala*, Berlin / New York ²2001, 31, 219 – 276, 346 – 352, 355 – 357.

68 Siehe Isadore Twersky, *Rabad of Posquières: A Twelfth-Century Talmudist*, Cambridge, Mass. 1962.

69 Satanow, *Zohar Tinyana*, 25b.

70 Ebd.

71 Yehuda Friedlander, *Hebrew Satire in Germany 1790 – 1797*, 2 Bde., Ramat Gan 1979 (Hebräisch); Shmuel Werses, *Haskala we-Shabbeta'ut. Toledotaw shel Ma'avaq* [Haskala und Sabbatia-

pseudo-zoharischer Schriften unter den Maskilim darstellt, hat in der jüngsten Forschung Boaz Huss bekräftigt.[72] Auch der weitere Verlauf der Passage deutet einen ähnlich ironischen Standpunkt an. Jeder „Weise" werde die Worte des *Zohar* verstehen, da diese an sich wahr sind und in jedem Leser Gottesfurcht und Liebe im Herzen erwecken, also auch keinen Raum für Verwirrung lassen. Denn einfach alles an ihnen erweist sich als wahr. Im Gegensatz zum *Zohar* müssten andere Autoren eine List bzw. rhetorische Finesse anwenden, um eine vergleichbare Wirkung beim Publikum zu erzielen. Doch die *meliṣa* (biblischer Mosaikstil, Sprachgewandtheit) erwirke dies im *Zohar* ohne List. Der *Zohar* selbst sei authentisch, denn seine Worte seien authentisch. Satanow räumt sich damit zugleich die Legitimation seiner Pseudepigraphie ein, denn schließlich sind die Worte wahr und deren Wirkung unabhängig von seinem eigenen Handeln. Diese Rechtfertigung mag zudem im Zusammenhang mit Entwicklungen innerhalb des Genres der Autobiographie im 18. Jahrhundert stehen, innerhalb dessen sich eine zunehmende Emanzipation von historischer „Wahrheit" im Sinne einer „wahren Beschreibung" der Ereignisse in Kreisen der Bourgeoisie und deren Selbstverständnis konstatieren lässt.[73] Es scheint, dass Satanow hier versucht, seine eigene, autobiographische „Bildungsgeschichte", wie sie damals einem weit verbreiteten Genre unter den Maskilim entsprach, in seine Approbationen und Werke zu integrieren.[74] In diesem Kontext wird erneut die latente Problematik seiner literarischen Ausdrucksformen deutlich, da oftmals durch subtile und zweideutige Anspielungen auf die Reichweite seines Schaffens und seiner Methoden

---

nismus. Die Geschichte einer Kontroverse], Jerusalem 1988; ders., *Megamot we-Ṣurot be-Sifrut ha-Haskala* [Trends und Formen der Haskala Literatur], Jerusalem 1990, 91–109; ders. / Jonatan Meir (Hg.), *Words of the Righteous: An Anti-Hasidic Satire by Joseph Perl and Isaac Baer Levinsohn*, Los Angeles / Jerusalem 2004 (Hebräisch); dies. (Hg.), *Re'shit Ḥokhmah: An Unknown Anti-Hasidic Manuscript*, Jerusalem 2011 (Hebräisch); Jonatan Meir, *Imagined Hasidism: The Anti-Chassidic Writings of Joseph Perl*, Jerusalem 2013 (Hebräisch); ders., *Joseph Perl: Sefer Megale Temirim*, 2 Bde., Jerusalem 2013 (Hebräisch).

72 Boaz Huss, *The Zohar. Reception and Impact*, Oxford / Portland, Oregon 2016, 270.

73 Siehe Hecht, „Power of Thought", 25; Günter Niggl, *Geschichte der deutschen Autobiographie im 18. Jahrhundert. Theoretische Grundlegung und literarische Entfaltung*, Stuttgart 1977, 113–114; Karl J. Weintraub, *The Value of the Individual: Self and Circumstances in Autobiography*, Chicago / London ²1982, Einleitung.

74 Zur Autobiographie als „Bildungsgeschichte" unter den Maskilim siehe Hecht, „Power of Thought", 27; sowie das *Magazin zur Erfahrungsseelenkunde* des Herausgebers der *Lebensgeschichte* Maimons: Karl Philipp Moritz, Bd. 9 (1792), Nos. 1. Avinoam Stillman zeigt, dass Satanow die Approbationen seiner grammatischen Schriften bereits vor seiner Abreise nach Berlin bei den rabbinischen Autoritäten Osteuropas eingeholt hatte. Dies trifft für *Iggeret Eder ha-Yaqar* (1772), *Sefer ha-Ḥizzayon* (1775), *Iggeret Bet Tefilla* (1773) und *Sifte Renanot* (1773) zu; Stillman, *Living Leaves*, 87–89.

aufmerksam gemacht wird. Satanow erreicht diese vieldeutigen Referenzen, indem er gängige literarische Stilmittel seiner Zeit verwendet, aber kaum erkennbare Änderungen vornimmt, die einen erheblichen Unterschied ausmachen und seine Berufung auf höhere Autoritäten und die für sich beanspruchte Legitimität seines Tuns anzeigen – wie auch in seiner Hiob-Ausgabe oder den Schriften Maimonides'.[75] Das hohe Ansehen, das der *Zohar* in Satanows Augen genießt, rührt von der erwähnten Tatsache her, dass in diesem Werk zahlreiche Hinweise auf die göttliche Weisheit verborgen sind, die „kein Ohr je gehört hat". Das Buch bilde eine „Quelle lebendigen Wassers", aus der die Kabbalisten ihr Wissen schöpfen, das auf dem „wahren Intellekt" (*ha-sekhel ha-amiti*) beruht.[76]

Satanow nimmt in *Zohar Tinyana* zudem die Kontroverse mit Jakob Emden (dort unter dem Namen Gaon Yabeṣ) zur Authentizität des *Zohar* auf.[77] Auch wenn Satanow in seinen *She'elot u-Teshuvot Miṭpaḥat Sefarim*, die noch 1783 als Appendix zu seiner *Zohar*-Ausgabe erschienen, Emdens These widerspricht (24b–25a), akzeptiert er doch dessen Behauptung, dass der *Zohar* pseudepigraphische Segmente enthalte (S. 1). Später stimmt er in seinem *Kuzari*-Kommentar Emden ausdrücklich bezüglich der Genese des *Zohar* zu und behauptet, dass er zusätzliches Material habe, das diese These beweise.[78] Dies ähnelt der Position Aryehs von Modena, der ebenfalls die literarische Qualität des *Zohars* schätzte, auch wenn er dessen antikes Entstehungsdatum ablehnte. Am Ende des Werkes formuliert Satanow eine Antwort bezüglich der Autorenschaft des *Zohar* an Emden, der davon ausging, große Teile der Schrift seien mittelalterlichen Ursprungs (und nicht wie im Werk selbst behauptet, aus dem 2.–3. Jahrhundert), während andere Passagen durchaus aus antiker Zeit stammen könnten. Satanow beginnt zunächst damit, die Autorenschaft Shimon bar Yoḥais zu verteidigen und Emden Punkt für Punkt zu widerlegen.[79] Doch dann schließt er seine Ausführungen mit der Feststellung: letzten Endes müsse jeder verständige Mensch begreifen, dass die Worte des *Zohar* wahr und authentisch seien, da sie Ehrfurcht und Liebe in den Ohren der Zuhörer anregten. Es gebe keinen Raum für Fragen und Zweifel, da jeder Prediger unterschiedliche „Kniffe" anwende, um seine Worte in die Herzen der Zuhörer eintreten zu lassen – entsprechend dem Charakter seiner *meliṣa*.

---

75 Pelli, *Yiṣḥaq Saṭnov*, 11.

76 Siehe Satanow, *Imre Bina*, 12ab.

77 Satanow, *Zohar Tinyana*, 1ab und 25ab. Siehe Huss, *Zohar. Reception and Impact*, 268–270; Stillman, *Living Leaves*, 91.

78 Satanow, *Sefer ha-Kuzari*, 1a, 25b, 26a, 88.

79 Das hat auch Julius Fürst in seiner *Bibiotheca Judaica*, Bd. 3, Leipzig 1883, 253 zu *Zohar Tinyana* angemerkt: „Als Probe eines zweiten Sohar über den Pentateuch. Angehängt ist ein Gutachten über die Polemik gegen die Echtheit des Sohar von Jak. Emden: ib. 1793, 8."

Satanow führt seine Beweggründe für die Komposition einer derart gestalteten Schrift vor Augen: es geht darum, die Aufmerksamkeit seines Zielpublikums zu erlangen. Das stimmt mit den Ausführungen in den oben diskutierten Approbationen überein, die an mehreren Stellen darauf hinweisen, dass Satanow seine Leser zum Nachdenken über das Werk anregen will, z. B. in der ersten *haskama* auf der Innenseite der ersten Seite:

> Und da die Worte dieses Pamphlets Liebe und Gottesfurcht hervorrufen und den Leser dazu bewegen, Gott zu lieben und ihn zu fürchten, Gott bewahre, gibt es in ihnen nichts, das der Tora des Herrn widerspricht.

Auch in Ḥayyim Sanzers[80] Approbation zeigt sich ähnliches:

> [...] und man wisse nicht, wer diese Worte hervorgebracht hatte [wörtl. aus wessen Bauch diese Worte herauskamen]. Vielleicht hatte sie einer der Schreiber der späteren Generationen verfasst, doch waren sie in poetischer Sprache erschienen, wie alle Dichter, die ihre Werke den großen Männern der Vergangenheit zuschreiben [...] jedoch bewirken sie Ehrfurcht und Weisheit wie die Tora und die Gebote. Daher sage ich, dass diese Worte vertrauenswürdig sind aus sich selbst heraus, ohne die Notwendigkeit danach zu fragen, wer sie verfasst hat.

Es wird die Absicht Satanows deutlich, den Zoharstil in meisterlicher Weise zu imitieren, um wissenschaftliche Ideen seinem Publikum nahe zu bringen, auch wenn dieses wohl ursprünglich an solchen wenig oder gar nicht interessiert gewesen zu sein scheint. Dies deutet auf eine eher traditionell orientierte Zuhörerschaft, wahrscheinlich aus Osteuropa, hin. Ein traditioneller Stil, der in den mittelalterlichen Schriften mit einem zentralen Mythos der jüdischen Geistesgeschichte verknüpft war,[81] findet hier Verwendung, um den Lesern ein völlig anderes Korpus von Informationen zugänglich zu machen.

In einem anderen Werk – *Minḥat Bikkurim* – verurteilt Satanow Wolfssohn: Er habe den *Zohar* beleidigt, weil „seine intellektuellen Fähigkeiten nicht zum Verstehen desselben genügten".[82] Andererseits geht er jedoch davon aus, dass jeder gelehrte Mensch die Worte des *Zohar* von selbst begreifen könne, da diese „recht und wahr seien aus sich selbst heraus".[83] Sie erweckten Frömmigkeit und Liebe

---

80 Sanzer, einer der führenden Köpfe der *Kloyz* von Brody, hatte angeblich auch die *haskamot* zu *'Eṣ Ḥayyim* verfasst. Siehe oben Kap. 2.5 und den hebräischen Text im vorherigen Abschnitt.
81 Yehuda Liebes, *Studies in Jewish Myth and Jewish Messianism*, übs. v. Batya Stein, Albany 1993; ders., „Myth vs. Symbol in the Zohar and Lurianic Kabbalah", in Lawrence Fine (Hg.), *Essential Papers on Kabbalah*, Albany 1995, 212–242.
82 Satanow, *Minḥat Bikkurim*, 11ab.
83 Satanow, *Zohar Tinyana*, 26ab.

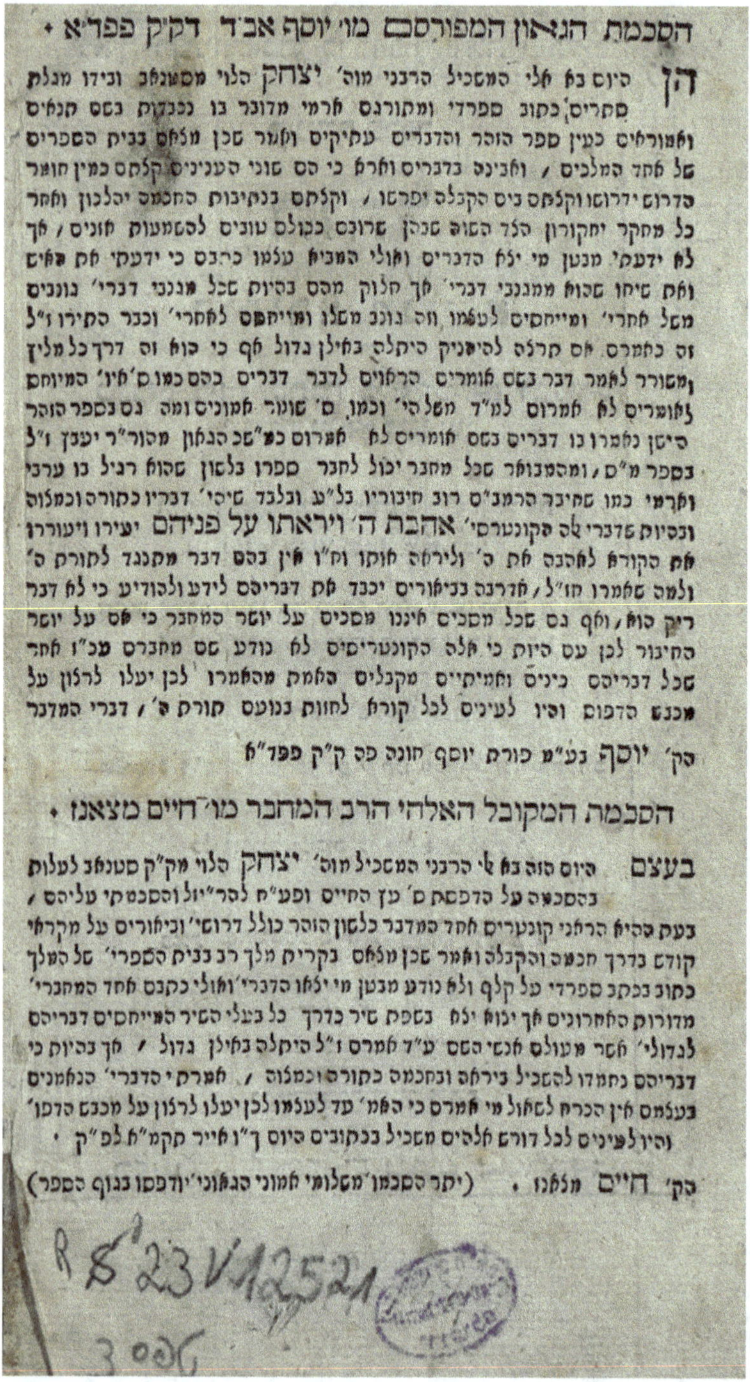

הסכמת הגאון המפורסם מו' יוסף אב"ד דק"ק פפד"א •

הן היום בא אלי המשכיל הרבני מוה' יצחק הלוי מסטנאב ובידו מגלת ספרים, כתוב ספרדי ומתורגם ארמי מדובר בו נכבדות בשם תנאים ואמוראים כענין ספר הזהר והדברים עתיקים ואמר שכן מצאם בבית הספרים של אחד המלכים, ואבינה בדברים וארא כי הם שוני הענינים קצתם כמין חומר הדרוש ידרושו וקצתם בים הקבלה יפרשו, וקצתם בנתיבות החכמה יהלכון ואחר כל מחקר יחקורון הלך השוה שבהן שרובם ככולם טובים להשמעות אזנים, אך לא ידעתי מבטן מי יצא הדברים ואולי המביא עצמו כהנם כי ידעתי את האיש ואת שיחו שהוא ממגבבי דברי' אך חלוק מהם בהיות שכל מגבבי דברי' גונבים משל אחרי' ומייחסים לעצמו וזה גונב משלו ומייחסם לאחרי' וכבר התירו ז"ל זה כאמרם אם תלה להיאניק תיתלה באילן גדול אף כי הוא זה דרך כל מליץ ומשורר לאמר דבר בשם אומרים הראוים לדבר דברים כהם כמו ס' איו' המיוחס ואומרים לא אמרום למ"ד משלהי' וכמו ס' שומר אמונים ומה גם בספר הזהר היטן נאמרו בו דברים בשם אומרים לא אמרום כמ"ש הגאון מהור"ר יעבץ ז"ל בספר מ"ס, ומהמבואר שכל מחבר יכול לחבר ספרו בלשון שהוא רגיל בו ערבי וארמי כמו שחיבר הרמב"ם רוב חיבוריו בל"ע ובלבד שיהי' דבריו כתורה וכמצוה ובהיות מדברי אלה הקונטרסי' אהבת ה' ויראתו על פניהם יעירו ויעוררו את הקורא לאהבה את ה' וליראה אותו וח"ו אין בהם דבר מתנגד לתורת ה' ולמה שאמרו חז"ל, אדרבה בביאורים יכבד את דבריהם לידע ולהודיע כי לא דבר ריק הוא, ואף גם שכל מסכים אינו מסכים על יושר המחבר כי אם על יושר החיבור לכן עם היות כי אלה הקונטריסים לא נודע שם מחברם עכ"ז אחר שכל דבריהם נכוחים ואמיתיים מקבלים האמת מהאמרו לכן יעלו לרצון על מכבש הדפוס והיו לעינים לכל קורא לחזות בנועם תורת ה', דברי המדבר

הק' יוסף נע"מ פורת יוסף חונה פה ק"ק פפד"א

הסכמת המקובל האלהי הרב המחבר מו' חיים מצאנז •

בעצם היום הזה בא לי הרבני המשכיל מוה' יצחק הלוי מק"ק סטנאב לעלות בהסכמה על הדפסת ס' עץ החיים ופע"ח להאר"י ז"ל והסכמתי עליהם, בעת ההיא הראני קונטרים אחד המדבר בלשון הזהר כולל דרושי' וביאורים על מקראי קודש בדרך חכמה והקבלה ואמר שכן מצאם בקרית מלך רב בבית הספרי' של המלך כתוב בכתב ספרדי על קלף ולא נודע מבטן מי יצאו הדברי' ואולי כקנס אחד המחברי' מדורות האחרונים אך יבוא יצא בשפת שיר כדרך כל בעלי השיר המייחסים דבריהם לגדולי' אשר מעולם אנשי השם ע"ד אמרם ז"ל היתלה באילן גדול, אך בהיות כי דבריהם נחמדו להשכיל ביראה ובחכמה כתורה וכמצוה, אמרתי הדברי' הנאמנים בעצמם אין הכרח לשאול מי אמרם כי האמ' עד לעצמו לכן יעלו לרצון על מכבש הדפו' והיו לעינים לכל דורש אלהים משכיל בכתובים היום ד"ו אייר תקמ"ח לפ"ק •

הק' חיים מצאנז • (יתר הסכמות משלומי אמוני הגאוני' נדפסו בגוף הספר)

Abb. 23: *Haskamot* im *Zohar Tinyana*, Berlin 1783/4, von Josef Ben Porat Josef und Ḥayyim Sanzer, Jerusalem – The National Library of Israel 1302=R

im Herzen derer, die ihn studierten, und es bleibe kein Raum für „Verirrung und Verwirrung“.[84]

Stil und Thematik

Satanow übernimmt im *Zohar Tinyana* den Stil seines aramäischen Vorbilds so gut wie exakt. Wie der *Zohar* präsentiert er seine Gedanken im Stil von Erzählungen über palästinische Gelehrte des 2. Jahrhunderts, die durch die Landschaft Galiläas wandern und unterschiedliche biblische Passagen diskutieren. Wie erwähnt berichtet Satanow auch über den angeblichen Fund der Handschrift in einer Burg, um die nötige Authentizität und Autorität für sein Werk in Anspruch zu nehmen. In den Diskussionen der rabbinischen Wanderer werden nicht nur biblische Berichte erörtert, sondern auch moderne wissenschaftliche Errungenschaften, wie die folgenden zwei Beispiele (Bestäubung bei Pflanzen und Astronomie) veranschaulichen. Der besondere Stil des Textes und seine poetologischen Raffinessen sind für ihre Zeit außergewöhnlich.

In Bezug auf die Astronomie finden wir eine reich ausgeschmückte Erzählung, die im Verlauf des Gesprächs im Zusammenhang von Hiob 28[85] die Frage nach dem Ursprung der Weisheit stellt. Rabbi Ḥizqiya und Rabbi Abba[86] treffen auf einen Astronomen, der „die Wege und Bahnen der Sterne untersucht.“ Die Rabbinen sind erfreut über diese Begegnung und versichern dem Astronomen, dass sie nicht zu denjenigen gehören, die Wissenschaft ablehnen.[87] Nachdem der Wissenschaftler die beiden Rabbinen über einige astronomische Grundprinzipien unterrichtet hat, reagieren diese in typisch zoharischer Gestik und erheben ihre Hände im Gebet, wie Satanow schreibt:

> Als Rabbi Ḥizqiya und Rabbi Abba diese Worte vernahmen, wurden sie mit Freude erfüllt. Und sie erhoben ihre Hände im Gebet und riefen aus: „Wie viel sind deine Werke, Ewiger! Sie alle hast du mit Weisheit gemacht.“ (Ps 104,24)[88]

---

84 Ebd. Ein deutlicher Hinweis auf Maimonides’ *More.*

85 Satanow, *Zohar Tinyana*, 11a.

86 Beide sind Amoräer der ersten Generation und laut *Zohar* Teilnehmer an der *Idra Rabba* (große Versammlung) zur Offenbarung der grundlegenden Geheimnisse durch Rashbi. Günter Stemberger, *Einleitung in Talmud und Midrasch*, München ^{8}1992, 90–92; *Zohar* III,176b–179a. Siehe Daniel Matt, *Zohar. Pritzker Edition*, Bd. 8, Stanford 2014, 321. Rabbi Abba ist auch bei Rashbis Tod in der *Idra Zuṭṭa* (kleine Versammlung, *Zohar* III,287b–296b) anwesend und spricht die letzten Worte vor dem Ableben des charismatischen Meisters.

87 Satanow, *Zohar Tinyana*, 7b–8a. Herzlichen Dank an Amiel Vick für den Hinweis auf diese beiden Stellen.

88 Satanow, *Zohar Tinyana*, 11a.

In Folge dessen bewegt sich die Diskussion zwischen den Rabbinen und dem Astronomen auf andere zentrale wissenschaftliche Themen wie den Heliozentrismus und die Planetenumlaufbahnen zu. Natürliche Phänomene und ihre wissenschaftliche Begründung dienen nicht der Negation des göttlichen Schöpfungswerkes und seiner Herrlichkeit, sondern bestätigen diese vielmehr: Sie seien apriorisch in der Schöpfung angelegt und nun erst von den Naturwissenschaften entdeckt worden.

Besonders eindrücklich verdeutlicht Satanow die Vereinbarkeit zwischen jüdischer Tradition und Wissenschaft am Beispiel der Blütenbestäubung. Zwei Rabbinen befinden sich in einer lebhaften Diskussion zur Frage der pflanzlichen Bestäubung und stellen dabei fest:

> Denn Gott gab am Shabbat allen Arten die Fähigkeit zur Fortpflanzung nach ihrer Art und ihrem Abbild, wie geschrieben steht (Gen 2,3) „das Gott geschaffen, um es zu fertigen" [...] denn alle Geschöpfe in der Welt, sowohl Pflanzen als auch die Tiere der Erde umfassen Männliche und Weibliche jeweils nach ihrer Art. Und die Weiblichen können nur Nachfahren hervorbringen, nachdem sie den Samen des Männlichen, je nach seiner Art, empfangen haben. Und dieser Same ist wie Staub, und es gibt viele Pflanzen, bei denen der männliche und der weibliche Teil zusammen sind und der Same direkt übertragen werden kann. Doch gibt es auch andere, bei denen das Männliche und das Weibliche getrennt sind und sich nicht in gegenseitiger Nähe befinden, so dass der Wind bläst und den Samen vom Männlichen nimmt und ihn beim entsprechend Weiblichen ablegt. Und dieser Wind erfüllt den Auftrag Gottes und führt seinen Willen aus, wie geschrieben steht (Ps 104,4) „Er macht zu seinen Boten Winde". Und wenn sie weit voneinander entfernt sind, dann kommen die Bienen, um Honig von den Blumen zu sammeln und sie fliegen zuerst zu den männlichen Samen und die Pollen haften an ihren Füßen. Und danach fliegen sie weiter und ruhen auf den entsprechenden weiblichen Blüten aus, wo die Samen von ihren Füßen fallen und neue Pflanzen hervorbringen.[89]

Satanow betrachtet in diesem Kontext die Natur nicht als ein isoliertes Phänomen, sondern fährt wie folgt fort:

> Und bezüglich dessen haben die Weisen festgelegt, dass kein Nachwuchs, weder oben noch unten, hervorgebracht wird ohne die Vereinigung von Männlich und Weiblich je nach ihrer Art. Und diese Vereinigung existiert auf drei Weisen. In der physischen Welt liegt sie in der Vereinigung der Körperteile, eine sexuelle Vereinigung. In der Welt der Imagination / Astronomie (*ḥizzayon*)[90] liegt sie in der Vereinigung und Kombination von Buchstaben wie

89 Satanow, *Zohar Tinyana*, 11b.

90 Laut Jacob Klatzkin, *Thesaurus Philosophicus Linguae Hebraicae et Veteris et Recentioris*, Bd. 1, New York 1968, 280 kommen hier sowohl Astronomie als auch Imagination als Übersetzung in Frage. Der Kontext, das Gespräch mit dem Astronomen, weist in diese Richtung, doch die folgende Aussage zur Buchstabenkombination, die laut kabbalistischen Traditionen, vor allem bei Abra-

z. B. YAHDVNH"H. Und in der Welt des Intellekts liegt sie in der Vereinigung von Aussagen und Wörtern aus dem Zwischenbereich [תחומא דאמציעותא, d. h. dem Bereich zwischen *Physis* und Intellekt, also der Vorstellungskraft].[91]

Abb. 24: Carl Linnaeus zur zweigeschlechtlichen Bestäubung von Pflanzen in ders., *Praeludia Sponsaliorum Plantarum*, Uppsala 1729

Die drei parallelen Welten der kabbalistischen Literatur bilden den Rahmen dieser Erzählung, die verschiedene Strömungen innerhalb der mittelalterlichen

ham Abulafia, im Bereich der Vorstellungskraft stattfindet, bevor sie in den Bereich des Intellekts übertritt, machen auch die zweite Übersetzung wahrscheinlich, wie dies in Satanows Darstellungen in seinem *Sefer ha-Ḥizzayon*, Berlin 1775 vorgestellt wird. Zur Bedeutung der Imagination als zentralem Aspekt der mystischen und mythischen Konzeptionen siehe Maurizio Mottolese, *Analogy in Midrash and Kabbalah. Interpretive Projections on the Sanctuary and Ritual*, Los Angeles 2007, 55 – 56, 98 – 99. Zur Vorstellungskraft im neuplatonischen Korpus, der einen entscheidenden Impuls für die mystischen Konzeptionen lieferte siehe Aaron Hughes, *The Texture of the Divine. Imagination in Medieval Islamic and Jewish Thought*, Bloomington 2004; siehe Elke Morlok, *Rabbi Joseph Gikatilla's Hermeneutics*, Tübingen 2011, 191 – 192.

91 Satanow, *Zohar Tinyana*, 11b.

jüdischen Mystik miteinander verbindet. Sexuelle Vereinigungen zwischen Männlichem und Weiblichen auf der physischen Ebene – entsprechend der *seder hishtalshelut* (Emanationsordnung), die auch in *Imre Bina* postuliert wird – haben ihren Ursprung in der Kombination von Buchstaben als Schöpfungsakt im intellektuellen Bereich.

Diese intellektuellen Kombinationen werden über das Vermögen der Imagination vermittelt.[92] Solche Muster sind typisch für die linguistisch-kabbalistische Schule eines Abraham Abulafia (1240–1292), in deren Tradition die Destruktion der hebräischen Sprache in kleinste Atome (Buchstaben und Vokalzeichen) das Material für die Rekonstruktion einer neuen Schöpfung bereitstellt. Diese Vorstellung ist im Sinne Abulafias stark messianisch geprägt und darüber hinaus imitiert der Mystiker anhand von sprachlichen Manipulationen sogar den göttlichen Schöpfer beim Akt der Schöpfung.[93] In vielen Texten der anderen Hauptströmung der mittelalterlichen kabbalistischen Literatur, der theosophisch-theurgischen Kabbala – in der die zehn Sefirot die Seins- oder Handlungsweisen des Göttlichen repräsentieren – steht die innergöttliche Vereinigung zwischen der untersten Sefira *Malkhut* und deren männlichen Gegenpart, also *Yesod* (Fundament) oder *Tif'eret* (Pracht) im Zentrum der Spekulationen. Diese Vereinigung soll wiederum eine Vereinigung des „oberen Paares" des sefirotischen Systems, *Ḥokhma* (Weisheit, männlich) und *Bina* (Einsicht, weiblich), herbeiführen.[94] Bei Satanow findet jedoch keine Trennung zwischen kabbalistischen Schulen und Wissenschaft(en) statt, da sie für ihn alle Teile eines Ganzen sind und wertvolle Informationen zu diesem Ganzen vermitteln. Auch wenn Satanow vorgibt, keine konkurrierende oder hierarchisch angelegte Vorstellung zwischen kabbalistischen Strömungen und natürlicher Welt und deren Erforschung zu Grunde zu legen, wie dies in der modernen Wissenschaft der frühen Neuzeit der Fall ist, so legen doch seine Ausführungen über die sefirotischen Informationen als den physikalischen Außenbeobachtungen überlegen eine solche nahe. Die natürli-

---

92 Siehe hierzu auch den Abschnitt „Hieroglyphizität und Gehirnsäfte" unten.

93 Siehe Moshe Idel, *Language, Torah and Hermeneutics in Abraham Abulafia*, Albany 1991; vor allem im letzten Kapitel werden hier erotische Metaphern im Zusammenhang von Vereinigungskonzeptionen diskutiert; Morlok, *Gikatilla's Hermeneutics*, 36–108.

94 Siehe Yonathan Garb, „Gender and Power in Kabbalah. A Theoretical Investigation", *Kabbalah. Journal for the Study of Jewish Mystical Texts* 13 (2005): 79–107; Morlok, *Gikatilla's Hermeneutics*, 123–134; Moshe Idel, „On Jerusalem as a Feminine and Sexual Hypostasis: From Late Antiquity Sources to Medieval Kabbalah", in Mihail Neamtu / Bodgan Tátaru-Cazaban (Hg.), *Memory, Humanity, and Meaning. Selected Essays on Honor of Andre Plesu's Sixtieth Anniversary*, Cluj 2009, 65–110; siehe auch Moshe Idel / Elke Morlok, Art. „Jerusalem", in *Encyclopedia of the Bible and its Reception*, Bd. 13, hg. v. Christine Helmer / Steven L. McKenzie / Thomas Chr. Römer / Jens Schröter / Barry Dov Walfish / Eric Ziolkowski, Berlin / Boston 2016, Sp. 1042–1056.

chen Phänomene reflektieren die kabbalistischen Konzepte oder Archetypen und bilden die wahre Grundlage derselben, wie in zahlreichen Passagen in *Imre Bina* ausgeführt wird. Jedoch wird dieses Verhältnis im neuplatonischen Sinne auch oftmals umgekehrt.

3.2.2 *Imre Bina*

Wie in der *Zohar*-Ausgabe findet sich auch auf dem Titelblatt von *Imre Bina* ein Versuch, die Verfasserschaft der Schrift zu legitimieren. Erneut geht es Satanow darum, die Authentizität der Schrift zu bestärken, indem er vorgibt, in einer Bibliothek ein antikes Manuskript mit Approbationen der Geonim und frühen rabbinischen Autoritäten gefunden zu haben. Sodann erklärt er, wie das Buch in den Druck kam: Ein zeitgenössischer Rabbiner, Rabbi Zwi Hirsch Lewin und sein Sohn, Rabbi Shaul Berlin,[95] hätten ihn gebeten, diese Schrift „mit den *haskamot* der Geonim She'afṭil, gesegneten Andenkens, und Naftali, gesegneten Andenkens", zu veröffentlichen.[96] Die Approbationen von Zwi Hirsch Lewin und seinem Sohn wurden den beiden älteren Approbationen später beigefügt. Das Buch sollte zum Druck kommen, damit alle zur Erkenntnis Gottes gelangen

> [...] durch wissenschaftliche Untersuchung (*meḥqar*) und Tradition (*qabbala*),[97] die beide eins sind, auch wenn sie unterschiedliche Namen tragen. Und die materielle Welt wird sie nicht aufhalten bis sie das Antlitz des Herrn sehen. Und die Maskilim werden alles verstehen (*we-ha-maskilim yavinu ha-*[*kol*]= 544. והמשכילים יבינו ה^כל^).[98]

95 Zu Shaul Berlin und Satire siehe Moshe Pelli, „Aspects of Hebrew Enlightenment Satire. Saul Berlin: Involvement and Detachment", *Leo Baeck Institute Year Book* 22,1 (1977): 93–107; ders., „Saul Berlin's Ktav Yosher. The Begining of Satire in Modern Hebrew Literature of the Haskalah in Germany", *Leo Baeck Institute Year Book* 20,1 (1975): 109–127.

96 Meir Roest, *Catalog der Hebraica und Judaica aus der L. Rosenthal'schen Bibliothek*, Bd. 1, Amsterdam 1875, 478 hält die beiden Approbationen von Zwi Hirsch und seinen Sohn Shaul für glaubwürdig, wohingegen die von Sheftel Horowitz und Naftali ha-Kohen Katz wie auch die der polnischen Rabbinen fingiert seien.

97 Hier deutet sich bereits das Zwillingspaar von Wissenschaft und Kabbala an.

98 Man addiert 1240 zum Zahlenwert der hebräischen Buchstaben (544) und erhält 1784 nach gregorianischem Kalender. Seit 1240 befindet man sich nach der jüdischen Zählung im sechsten Jahrtausend. Nach der „kleinen Zählung" werden seit dem Mittelalter die Tausender nicht mitgezählt und man erhält die christliche Jahreszahl, indem man 1240 zur jüdischen addiert. Üblicherweise werden die Jahreszahlen entweder mit einem entsprechenden Vers oder einfach anhand der Konsonanten angegeben.

Dabei sind die Buchstaben von She'afṭil, Naftali, und beinahe der ganze letzte Satz groß gedruckt, da ihr Zahlenwert das Jahr des Druckes 1784 ergibt.[99] Mit der Nennung der beiden berühmten polnischen Kabbalisten Rabbi Shabbetai Sheftel Horowitz (1592–1660[!]) und Rabbi Naftali Katz (1648–1719[!]) setzt Satanow seiner pseudepigraphischen Tätigkeit die Krone auf, da beide ja bereits vor langer Zeit verstorben waren und es unmöglich war, dass sie selbst diese Zustimmung hätten geben können und die Anweisung an Zwi Hirsch Lewin daher nicht glaubwürdig erscheint.[100] Auf ähnliche Weise wird im *Zohar Tinyana* die Jahreszahl der Drucklegung 1783 mit *we-ha-maskilim yazhiru ke-zohar ha-raqi*[a]' (und die Maskilim / Verständigen werden glänzen [*yazhiru*] wie der Glanz [*zohar*] des Himmels) angegeben, dessen Zahlenwert eigentlich 543 ergibt, d. h. (1240+543=) 1783 als Jahreszahl vermuten lässt.[101] Satanow verwendet hier das bekannte Zitat aus Dan 12,3, das in der zoharischen Tradition wie z. B. den *Tiqqune ha-Zohar* verwendet wird, um die „Strahlkraft" der Gelehrten des *Zohar* anzuzeigen. Bei Satanow soll mit diesem Terminus die Errungenschaften des Kreises um Mendelssohn bzw. die Maskilim im weiteren Sinne gerühmt werden. Die jüdischen Gelehrten Berlins werden mit der *Ḥevruta* um Shimon bar Yoḥai im *Zohar* identifiziert, da sie nicht nur über die traditionelle Weisheit verfügen, sondern auch

---

99 Zum Verhältnis und Bezugnahme der beiden Approbationen von Vater und Sohn siehe Pelli, *Yiṣḥaq Saṭnov*, 11.

100 Stillman, *Living Leaves*, 96.

101 Der ursprüngliche Vers aus Dan 12,3 (und die Verständigen (*we-ha-maskilim*) werden glänzen wie des Himmels Glanz, *ke-zohar raqia'*) ist im *Zohar* (I,15a) an zentraler Stelle, in der mythisch-poetischen Ausführung des *Zohar* zum Beginn der Schöpfung aus der dunklen Flamme oder der Flamme von undurchdringlicher Dunkelheit (*boṣina de-qardinuta*) zu finden, und führt die Selbstbezeichnung sowohl der Kabbalisten als auch der Philosophen an, welche den Glanz, die verborgene Kraft des Schöpfers, erkennen können. Damit wird zugleich Auskunft über den Titel des Buches gegeben. Siehe Gershom Scholem, *Die Geheimnisse der* Schöpfung, Frankfurt a. M., 1971, 53–54; Matt, *Zohar. Pritzker Edition*, Bd. 1, 109–110. Siehe auch *Zohar* II,23b (Matt, *Zohar. Pritzker Edition*, Bd. 4, 80), wo dieser Glanz *Tif'eret*, der sechsten Sefira, entspricht und nur Moses die wahre prophetische Schau ermöglicht. Satanow möchte mit dieser Angabe, die zugleich als Jahresangabe dient und den direkten Bezug zur mittelalterlichen Vorlage herstellt, glauben machen, dass das Werk 1783 verfasst bzw. gedruckt wurde, doch kam es tatsächlich erst 1784 in Druck. Siehe Talya Fishman, „Forging Jewish Memories", 86 Fn 64, die sich auf Pellis Angabe stützt, dass die Druckerei erst 1784 ihre Drucklizenz erhielt, nach dem Tod von Rabbi Ḥayyim von Sanz (Sanzer), dem Verfasser der zweiten Approbation zum *Zohar Tinyana*, der auch die Approbation zum Druck von *'Eṣ Ḥayyim* verfasst haben soll (siehe oben), ebd., 87 Fn 70. Siehe auch Mendel Piekarz, *Between Ideology and Reality. Humility, Ayin, Self-Negation and Devekut in the Hasidic Thought*, Jerusalem 1994, 277 (Hebräisch).

Einblicke in die modernen Wissenschaften wie Astronomie und Botanik[102] besitzen, wie Satanow im Lauf des Buchs zu zeigen versucht.

Wer sich mit wissenschaftlicher Forschung und Tradition beschäftigt, verlässt die materielle Welt und gelangt zum Glauben an die kommende, so Satanow. Die verborgene Absicht hinter dieser Aussage wird im genannten Satz angedeutet: Die Maskilim verstehen alles (*ha-maskilim yavinu ha-kol*), das Motto der Schrift und die angegebene Jahreszahl in *Imre Bina*. Dies deutet an, dass Rabbi Zwi Lewin, der nicht zu den Wortführern der Haskala gehörte, natürlich nur wenig von Satanows Intentionen verstünde, aber dennoch den Zusammenhang und Autorität der Autorisationskette anerkenne und daher der Veröffentlichung zustimme.[103] Sein Sohn, Shaul Berlin, eine anerkannte Größe der jungen maskilischen Bewegung,[104] empfiehlt in seiner *haskama* sogar, alle späteren Additionen aufzunehmen: „[...] das Buch *Imre Bina* zu drucken mit allen Hinzufügungen und Änderungen".[105]

Wie erwähnt, stammt auch die zweite *haskama* in *Zohar Tinyana* vom selben Verfasser wie die in Satanows Druck von *'Eṣ Ḥayyim* in Koretz 1782: Rabbi Ḥayyim Sanzer. Es wird ein ähnlicher Wortlaut zur Expertise Satanows verwendet und daher lässt sich schon rein formal ein Zusammenhang zwischen lurianischer Kabbala, deren Authentizität bzw. Autorität und den beiden von Satanow verfassten kabbalistischen Werken ausmachen. Im Unterschied zu *Zohar Tinayana* widmet Satanow in *Imre Bina* längere Diskussionen den lurianischen Lehren und besteht darauf, dass die Begriffe der physischen Welt nicht wörtlich, sondern metaphorisch zu verstehen sind.[106]

Nachdem der Titel *Imre Bina* bei allen Lesern unmittelbar die Assoziation mit Prov 1,2 (*la-da'at ḥokhma u-musar le-havin imre bina* [um zu erkennen Klugheit und Zucht [*musar*], zu verstehen Sprüche der Weisheit *[imre bina]*) hervorruft, wird die Hauptthese des Werkes, Satanows eigene Version der Weisheitsliteratur, an anderer Stelle auf der Titelseite deutlich vor Augen geführt (in der ersten und zweiten Zeile unterhalb der Überschrift). Die zahlreichen Zitate aus den Psalmen und Sprüche führen dem Leser im Verlauf der Lektüre die Thematik der Weisheit

---

102 Siehe oben die Beispiele zu Astronomie und Pollenflug.

103 Auf S. 3 der Approbationen.

104 Siehe Moshe Pelli, *Age of Haskalah*, 171–190.

105 Ebd. Zur Einleitung und dem Verhältnis der Schrift zu anderen *Qunṭresim* siehe Boaz Huss, „Ke-mar'e *Zohar*. Ḥibburim, shirim we-parodeyot be-lashon ha-*Zohar* [Dem *Zohar* ähnlich. Essays, Gedichte und Parodien in zoharischer Sprache], in Ronit Meroz / Jonathan Garb / Maren Niehoff (Hg.), *We-Zo't Li-Yehuda: Koveṣ Ma'amarim le-Ḥaverenu Prof. Yehuda Liebes* [Und dies ist für Jehuda. Aufsatzsammlung zu Ehren unseres Freundes Prof. Jehuda Liebes], Jerusalem 2012, 359–380, hier 376.

106 Satanow, *Imre Bina*, 12a–b.

stets vor Augen. Anhand des *meliṣa*-Stiles,[107] dessen Bezeichnung in der ersten Zeile unter dem Buchtitel angeführt wird, werden die Zitationen in neue Diskussionen von Wissenschaft und Philosophie eingebettet und führen die Leserschaft zum Ziel der Schrift hin:

> [...] um die Erkenntnis zu erlernen, dass die Kabbala und die wissenschaftliche Untersuchung vereinigt sind, Zwillingsschwestern mit Stricken der Liebe verbunden.[108]

Auch in *Holekh Tamim* (Berlin 1795, 6b) schreibt Satanow auf ähnliche Weise: „Es gibt keinen Glauben und kein Wissen in der mosaischen Religion, die der Vernunft widersprechen." Im 19. Jahrhundert verändert sich diese Metapher der Zwillingsschwestern und Eliezer Lieberman setzt in seiner Schrift *Or Nogah* [Strahlendes Licht] (Dessau 1818, 6) Glaube (*emuna*) mit wissenschaftlicher Untersuchung (*ḥaqira*) in eins.

Zwillingsschwestern

Ähnlich wie Maimon fand Satanow Gefallen daran, seine Aussagen als diejenigen antiker, geheimer Dokumente zu chiffrieren und kabbalistische oder wissenschaftliche Erkenntnisse als verborgenes, esoterisches Wissen zu präsentieren. Beide folgten Maimonides bezüglich der Prämisse, dass die göttlichen Wahrheiten nicht nur in der Tora verborgen sind, sondern auch als Geheimnisse der Natur, in Fabeln und Allegorien zu finden seien.[109] Kabbalistische Texte werden somit im Kontext als philosophisch-naturwissenschaftliche Fundierung gelesen. Aus diesem Grund entwickelt Satanow in seiner Schrift seine eigenen Fabeln und Alle-

107 Dazu mehr in der Besprechung der Einleitung.

108 Das Bild der Zwillingsschwestern (erste und zweite Zeile unter der Titelzeile) findet sich ebenfalls in Satanow, *Mishle Asaf*, Bd. 2, Berlin 1792, 70a; siehe *Mishle Asaf*, Bd. 1, Berlin 1789, 12a; und Wesselys *Sefer ha-Middot*, Berlin o. J., 31b, 37a. Zu Tora-Religion und Weisheit-Vernunft als Zwillingsschwestern siehe Moshe Pelli, „Imitations of Religious Reform in the German Hebrew Haskalah Literature", *Jewish Social Studies* 32,1 (1970): 4; und ders., „The Impact of Deism on the Hebrew Literature of the Enlightenment in Germany", *Eighteenth Century Studies* 6,1 (1972): 35–59, hier 54.

109 Siehe z. B. Maimon, *Ḥesheq Shelomo*, Hs Abraham Geiger. Hochschule für die Wissenschaft des Judentums Berlin 1778 / Jerusalem – The National Library of Israel, Hs Heb. 8°6426, 142; ders., *Lebensgeschichte*, hg. v. Zwi Batscha, 82–83; Moshe Idel, „Kabbalah, Hieroglyphicity and Hieroglyphs", *Kabbalah. Journal for the Study of Jewish Mystical Texts* 11 (2004): 11–47, hier 36; Gideon Freudenthal, „Salomon Maimon: The Maimonides of Enlightenment?", in Hasselhoff / Fraisse (Hg.), *Moses Maimonides (1128–1204)*, 347–362; Elke Morlok, „Blurred Lines. Methodology and Kabbalistic Ideas Within the Berlin *Haskalah*", *Kabbalah. Journal for the Study of Jewish Mystical Texts* 40 (2018): 33–59, hier 44–58.

ספר אמרי בינה

והמשכילים יבינו הכל

Metaphisica cabbalistica, sive Philosophia orientalis antiqua, ad notiones nostri ævi accommodata.

Abb. 25: Isaak Satanow, *Imre Bina*, Berlin 1784, Titelseite, Jerusalem – The National Library of Israel, R 8°23 V 12522

gorien, die vom Leser auf die Stufe der Erkenntnis dieses esoterischen Wissens bzw. der geforderten Rationalität erhoben werden müssen. Dies ist integraler Bestandteil seines hermeneutischen Systems und seiner Reformbestrebungen hinsichtlich jüdischer Bildung und Erziehung unter Berücksichtigung kabbalistischer Paradigmen. Das erklärte Ziel ist die Neuschaffung der jüdischen Religion und Kultur sowohl in Einklang mit traditionellen und mystischen Konzeptionen als auch mit modernen naturwissenschaftlichen und philosophischen Errungenschaften.

Die Metapher der Zwillingsschwestern kehrt an verschiedenen Stellen in *Imre Bina* als auch in anderen Schriften wieder[110] und dient als „Leuchte für die Füße des Verfassers" bei der weiteren Entwicklung des Topos. Entweder werden die beiden Schwestern mit *ḥaqira* (Untersuchung, Philosophie) und Kabbala angegeben, wie auf der Titelseite von *Imre Bina*, oder als *yir'a* (Gottesfurcht) und *ḥokhma* (Weisheit).[111] Der Hauptteil von *Imre Bina* beschreibt die Synthese von Kabbala und wissenschaftlicher bzw. philosophischer Untersuchung und dient somit im Ganzen als Manifestation dieser Zwillingsthese. Dabei werden keine qualitativ-hierarchischen Unterschiede zwischen Maimonides oder Luria und der Bedeutung der Sinne, der sinnlichen Wahrnehmung oder der Physik gemacht, sondern beide Schwestern sind gleichwertig. Das Bild der Zwillingsschwestern soll die Vereinbarkeit – d. h. nicht den gegenseitigen Ausschluss – von Kabbala und Wissenschaft verdeutlichen bzw. eine naheliegende Konkurrenzsituation umgehen. Satanow lehnt in seinen Schriften mystisches Wissen niemals ab, sondern integriert es anhand seiner umfangreichen Kenntnis desselben in seine Gedankengebäude. Doch ruft er dazu auf, dessen rationale Begründungen und die allegorischen Interpretationen zu analysieren, um den wahren Wert dieser Weisheit zu erkennen.[112]

Die Dialogsituation der Schrift erinnert zum einen an die klassischen sokratischen Dialoge, zum anderen jedoch auch an die maimonidische Wahrheitsfindung und deren vielfache Wege in *More ha-Nevukhim*. Da es laut Maimonides nur einen Gott gibt, gibt es auch nur eine Wahrheit, auch wenn die Wege dorthin unterschiedlich sein mögen. Daher folgt Satanow Maimonides' berühmtem Aufruf „Höre die Wahrheit, wer sie auch spricht" und stellt die angestrebte Vervollkommnung sowohl des Intellekts als auch der Moral ganz in diesen Dienst.[113] Er sieht sich hierin in der Position des großen Adlers, ein Beiname der von späteren Gelehrten Maimonides nach Ez 17,3 zugefügt wurde,[114] um seine Leser aus den vielfältigen Verirrungen des 18. Jahrhunderts zu führen. An zahlreichen Beispie-

110 Z. B. Satanow, *Imre Bina*, 6a und 14a; *Mishle Asaf*, Berlin 1789, Bd. I, 12a; Bd. II, 69a.

111 שהקבלה והחקירה יחד חוברות אחיות תאומות כעבותות האהבה קשורות.

112 Huss, *The Zohar. Reception and Impact*, 270.

113 Siehe Elke Morlok, „Isaac Satanow (1732–1804) on Moral and Intellectual Perfection", *European Journal of Jewish Studies* 14,2 (2020): 300–333. Siehe die Diskussionen zu Maimonides' Aufforderung zu Beginn dieses Kapitels.

114 Siehe Joel L. Kraemer, *Maimonides: The Life and World of One of the Civilization's Greatest Minds*, New York 2008, 11–13.

len führt er die Vereinbarkeit von Glaube und Wissenschaft, Gottesfurcht und Weisheit, Kabbala und Philosophie vor Augen.[115] Noam, einer der beiden Protagonisten des Dialogs, stellt gleich zu Beginn die Frage, warum die kabbalistische Wahrheit in Form von Rätseln oder Poetik auftauchen müsse. Warum müsse allegorische Umschreibung angewandt werden und können die Geheimnisse nicht einfach offenbart werden? Warum müssen Geheimnisse chiffriert, kodifiziert werden? Diese Form der Esoterik führe doch oft zu unnötigen Missverständnissen, besonders bei denjenigen, die die richtigen „Codes" nicht kennen. Laut Rivka Horwitz dient die Verwendung der Metapher der Zwillingsschwestern für Kabbala und Philosophie dem Zweck, die unterschiedlichen literarischen Ausdruckweisen der beiden herauszustellen, auch wenn beide dasselbe Ziel verfolgen: Kabbala spreche in Rätseln und Allegorien, während sich die Philosophie eindeutig und klar ausdrücke.[116] Oder wie es Maimon in seiner Autobiographie umschreibt:

> Ursprünglich war die Kabbala vermutlich nichts anderes als Psychologie, Physik, Moral, Politik und dergleichen, durch Symbole und Hieroglyphen in Fabeln und Allegorien vorgestellt, deren geheimen Sinn man nur denen entdeckte, die dazu tüchtig waren. Nach und nach ging, vielleicht durch manche Revolutionen, dieser geheime Sinn verloren, die Zeichen wurden statt der bezeichneten Sache selbst genommen. Da man aber leicht merkte, daß diese Zeichen doch etwas bedeuten müßten, so überließ man es der Einbildungskraft, diesen geheimen Sinn, der längst verlorengegangen war, aufs neue zu erdichten.[117]

Bei Maimon tritt an die Stelle der Initiation in das geheime Wissen die Imagination. Doch bei Satanow müssen die Allegorien auf ihre rationale Ebene erhoben werden, um ihren wahren Sinn zu erkennen. Dabei muss man jedoch, entgegen Horwitz' alleiniger Konzentration auf die Frage Noams, auch die Antwort des Dialogpartners, Yedaya, näher analysieren. Denn die Parabel (*mashal*), die Yedaya als Antwort gibt, stützt sich auf Maimonides' berühmte Metapher der goldenen Äpfel im filigranen Netz aus Silber (Prov 25,11) in der Einleitung zum *More ha-Nevukhim* (1:11).[118] Laut Satanows Parabel hatte ein Mann aus Zur Söhne, die sich ihm gegenüber ungebührlich verhielten und er ihnen im Angesicht seines bevorstehenden Todes seinen Besitz nicht vermachen wollte. Warum sollte sie all sein Gold erhalten und es für üble Taten, nichtige Vergnügungen und Prostituierte ausgeben (vgl. Prov 7,6–11)? So schmolz er all sein Gold ein, fertigte goldene

115 Siehe die unten angeführten Beispiele zur Optik, der *camera obscura*, dem Prisma, der Gravitation oder den Gehirnsäften.

116 Rivka Horwitz, „Kabbalah in the Writings of Mendelssohn and the Berlin Circle of Maskilim", *Leo Baeck Institute Year Book* 45,1 (2000): 3–24, hier 11.

117 Maimon, *Lebensgeschichte*, hg. v. Zwi Batscha, 76–77.

118 Maimonides, *Guide for the Perplexed*, Bd. 3, übs. v. Shlomo Pines, Chicago 1963, 43–45.

Kugeln daraus, die er mit einem Silbernetz überzog, das den goldenen Kern fast vollständig bedeckte (Prov 25,11). Nur Menschen mit besonderen optischen Fähigkeiten konnten das Gold im Inneren erkennen. Er befahl seinen Söhnen, die Kugeln zu behalten und sie nur in Zeiten der Not zu verkaufen. Die Söhne hielten sich an seine Anweisung, doch erkannten sie den goldenen Kern zu ihren Lebzeiten nicht. Deren Söhne wiederum, die Enkel des reichen Mannes, erkannten das Glänzen des inneren Goldes, schmolzen einige Kugeln, um Gefäße für den Tempeldienst daraus herzustellen. Doch den Rest bewahrten sie für die künftigen Generationen auf. Die folgende Generation respektierte ebenfalls den Wunsch des Patriarchen. Somit blieb die Weisheit über die Generationen hinweg sicher verborgen, übersprang manchmal eine Generation, die das Gold nicht erkannte, aber sich dennoch an die Anweisungen hielt.

Yedaya demonstriert in seinen Ausführungen zur Parabel, wie kabbalistisches Wissen (die goldenen Äpfel) bewahrt wurden, während das philosophische Wissen (der silberne Überzug) den inneren Kern bedeckt. Einige entdecken das innere Licht des Göttlichen durch das silberne Netz hindurch, die Wissenschaften, während andere nur den äußeren Überzug wahrnehmen. Einige gelangen zu wahrer Erkenntnis und erfreuen sich an ihrer Weisheit. Durch die Dechiffrierung und „Hieroglyphizierung" der göttlichen Geheimnisse in Parabeln und Rätseln – die ebenfalls als Schutz dienen – wurden die kabbalistischen Geheimnisse bis zur Generation der Maskilim bewahrt, die nun den inneren goldenen Kern freilegen.[119] Die Maskilim werden daher scheinen wie der Glanz des Himmels (Dan 12,3), da sie die Glorie Gottes und seine Macht[120] anhand ihres Intellekts erkennen. Das Rätsel (*ḥidda*) oder die Parabel (*mashal*) mit ihrer Schutzfunktion ist dabei Teil des Geheimnisses selbst, – und nicht nur ein erzieherisches Instrument wie sonst in der maskilischen Literatur.[121] Es ist Teil des Erkenntnisprozesses und Teil der notwendigen Erhebung der Erzählung auf die Stufe der Rationalität. Nur die „Tüchtigen" (vgl. Maimon), die Initiierten, können den Sinn der Erzählung entziffern und zu wahrer „Erleuchtung" gelangen. Sie können die „Hieroglyphen"

---

119 Dies steht zudem im Zusammenhang mit einer visuellen Kontemplation, dem Entdecken des inneren Lichtkerns. Siehe dazu auch Gikatilla, *Sha'are Ora*, Bd. 1, hg. v. Josef Ben-Shlomo, Jerusalem 1981, 148; *Zohar* II,235b; 232a; Elliot R. Wolfson, *Through a Speculum that Shines. Vision and Imagination in Medieval Jewish Mysticism*, Princeton 1994, 384.

120 Siehe unten den Abschnitt zur Hieroglyphizität; Morlok „Blurred Lines", 51–52.

121 In diesem Sinne benutzt Satanow die Parabel in *Divre Rivot*, Berlin 1793, 38; siehe Moshe Pelli, „The Revival of the Literary Genre of Religious Disputation in Hebrew Haskalah: Isaac Satanow's ‚Divre Rivot'", *Hebrew Studies* 28 (1987): 133–145 (Hebräisch).

oder auch die Naturwissenschaften dekodieren, um das archetypische Bild auf die Ebene der Seele zu erheben.[122]

Die Erzählung macht deutlich, dass die Allegorie selbst ein zentraler Bestandteil des kabbalistischen Geheimnisses ist. Sie ist sowohl das literarische Instrument, doch zugleich auch Bewahrerin des Geheimnisses, die den Fortbestand der Traditionskette gewährleistet. Wissenschaft als Zwillingsschwester dient als Silberüberzug, als Medium, um das literarische Wissen auf die Ebene der rationalen Erkenntnis zu erheben, mit deren Hilfe die göttliche Wahrheit offenbar wird. Doch ist sie nur die Hülle, nicht die innere Bedeutung oder das Geheimnis selbst. Die Wissenschaft oder die literarische Methodik bewahren nur das Geheimnis, doch sind sie nicht mit ihm identisch. Die kabbalistischen Geheimnisse, also die eine Hälfte des Zwillingspaares, erinnern zudem an die Erzählung aus *Zohar* II,99b, das Mädchen im Turm ohne Augen, die zu ihrem Geliebten wie von hinter einem Vorhang spricht.[123] Die Parabel verweist zugleich auf die vierstufige Interpretation des biblischen Textes nach der PaRDeS-Methode.[124] Yedayas Antwort ist somit eng verknüpft mit den Konzepten von Tradition und Überlieferung, der *shalshelet ha-qabbala* (Kette der [kabbalistischen] Überlieferung) und ihren spezifischen Modi der Weitergabe und Initiation.[125] Die zur Überlieferungskette

---

122 Siehe unten den Abschnitt zu „Hieroglyphizität und Gerhirnsäfte".

123 Um nur die wichtigsten Interpretationen dieser Parabel zu nennen: Elliot R. Wolfson, „Beautiful Maiden without Eyes: Peshat and Derash in Zoharic Hermeneutics", in Michael Fishbane (Hg.), *The Midrashic Imagination. Jewish Exegesis, Thought, and History*, Albany 1993, 155–203; Daniel Abrams, „Knowing the Maiden without Eyes: Reading Sexual Reconstruction of the Jewish Mystic in a Zoharic Parable", *Da'at* 50–52 (2003): lix–lxxxiii; Oded Israeli, *The Interpretation of Secrets and the Secret of Interpretation: Midrashic and Hermeneutic Strategies in Sabba de Misphatim of the Zohar*, Los Angeles 2005 (Hebräisch); Gerold Necker, *Sohar. Schriften aus dem Buch des Glanzes*, Berlin 2012, 136–148; und die Anmerkungen in Daniel Matt (Hg.), *The Zohar: Pritzker Edition*, Bd. 5, Stanford 2009, 33–37.

124 Morlok, *Gikatilla's Hermeneutics*, 50, 108, 209–246. Zur vierstufigen Exegese, die im Akronym *PaRDeS* (Paradies) für *Peshaṭ* (Literarsinn), *Remez* (Allegorie), *Derash* (Homilie) und *Sod* (Geheimnis) zusammengefasst wird, siehe Albert van der Heide, „Pardes: Methodological Reflections on the Theory of the Four Senses", *Journal of Jewish Studies* 34,2 (1983): 147–159; Moshe Idel, „PaRDeS: Some Reflections on Kabbalistic Hermeneutics", in John J. Collins / Michael Fishbane, *Death, Ecstasy, and Other Worldly Journeys*, Albany 1995, 249–268; Elliot R. Wolfson, „By Way of Truth: Aspects of Naḥmanides' Kabbalistic Hermeneutic", *AJS Review* 14,2 (1989): 103–178. Zu einem möglichen persischen Einfluss dieser hermeneutischen Hierarchie, welche auf einer talmudischen Erzählung basiert, in der vier *Tannaim* einen himmlischen Garten betraten, doch nur einer – Rabbi Akiva – unversehrt zurückkehrte (bHag 14b; yHag 2:1), siehe Maria E. Subtelny, „The Tale of the Four Sages who entered the Pardes: A Talmudic Enigma from a Persian Perspective", *Jewish Studies Quarterly* 11,1–2 (2004): 3–58.

125 Zu diesem Begriff siehe Hartley Lachter, *Kabbalistic Revolution: Reimagining Judaism in Medieval Spain*, New Brunswick 2014, 89–95; Moshe Idel, „Transmission in Thirteenth Century

gehörenden göttlichen Geheimnisse und die wahre Bedeutung des *mashal* (Gleichnis), der goldene Kern der silberumwobenen Äpfel,[126] wird nur der erkennen, der mit den kabbalistischen Symbolen vertraut ist. Satanow zufolge waren diese Erkenntnisse bis zur Generation der Maskilim „verhüllt", doch nun sollten sie scheinen wie der „Glanz des Himmels" (Dan 12,3),[127] erleuchtet durch den „Glanz des Intellekts". Sodann erstrahlen sowohl die offenbaren Geheimnisse als auch die, die sie offenlegen.[128]

Die Zwillingsschwester Kabbala birgt in sich die Geheimnisse der oberen Welt, wie Satanow in *Imre Bina* an anderer Stelle (5a) schreibt:

> Nur wer sich selbst intellektuell auf die Stufe erheben kann, um die Geheimnisse der oberen Welt mit dem Verstand zu begreifen, der kann auch hinabsteigen, um ihre parallelen Phänomene in der irdischen Sphäre zu verstehen. Solche Menschen sind die göttlichen Kabbalisten, die ihr göttliches Wissen über die Geheimnisse der Weisheit von den Ältesten und Weisen Israel erhalten hatte, eine Generation nach der anderen, ausgehend von Moses oder sogar Adam, wie in *Sefer Yeṣira* gesagt wird.

Die Kabbalisten sind befähigt zur Wurzel aller Emanation hinaufzusteigen und das Wissen der oberen Geheimnisse, aller Schöpfung zu empfangen, bevor sie in die physische Welt hinabsteigen. Ihre Schriften und Allegorien sind Teil der Traditionskette, die mit dem *Sefer Yeṣira* (Buch der Schöpfung) beginnt. Sie begreifen das Geheimnis der Schöpfung und ihrer verborgenen Axiome, da alle Schöpfung als eine Verbindung von *maskil* (dem Verstehenden) und *muskal* (dem Verstandenen) in Materie (*ḥomer*) und Form (*ṣura*) aus den separaten Intellekten hervorgeht.[129]

Kabbalah", in Yaaqov Elman / Israel Gershoni (Hg.), *Transmitting Jewish Tradition: Orality, Textuality and Cultural Diffusion*, New Haven 2000, 166–224.

126 Satanow, *Imre Bina*, 14a. Zur berühmten Interpretation dieser Stelle aus Prov 25,11 in Maimonides' *More ha-Nevukhim* 3, 43–45 siehe Frank Talmage, „Apples of Gold: The Inner Meaning of Sacred Texts in Medieval Judaism", in Arthur Green (Hg.), *Jewish Spirituality: From the Bible to the Middle Ages*, New York 1987, 313–355; Moshe de Leon, *Sefer Maskiot Kesef*, hg. v. Jochanan Wijnhoven, MA Thesis, JTS of America 1961, und sein verlorenes Werk *Tapuḥe Zahav* (Goldene Äpfel); siehe auch unten den Abschnitt zu den „Gehirnsäften und der Hieroglyphizität".

127 *Zohar ha-Raqia'*, zugleich auch Anspielung auf das Buch *Zohar*.

128 Zur Metaphorik des Verhüllens und des Lichts siehe Kap. 3; Elliot R. Wolfson, *Rending the Veil: Concealment and Secrecy in the History of Religions*, New York 1999.

129 Der Begriff stammt ursprünglich aus der aristotelischen Philosophie (*De Anima* 3.5; *Metaphysik* Λ) und bezeichnet den Beweger der himmlischen Sphären. Doch verbreitete sich der Terminus (besonders bei Maimonides) in der Interpretation Averroes' als Bezeichnung derjenigen, die durch Gott bewegt werden und die Wärme der Sterne generieren – das Verlangen der separaten Intellekte nach Gott, der finalen Ursache der neuplatonischen Emanationstheorie. So

In der neuplatonischen Emanationskette sind physikalische Erscheinungen nur ein Abbild der ursprünglichen Archetypen vor der Schöpfung, zu denen allein die Kabbalisten in ihrer Erkenntnis vordringen können. Alle Schöpfung ist nach der „Ordnung der Verkettung" (*seder hishtalshelut*)[130] festgelegt, jedes Glied ist mit dem nächsten verbunden, wie die Engel auf der Jakobsleiter. Die Materie der oberen wird zur Formursache der nächstunteren Stufe. Die Kabbalisten sind in der Lage, das Geheimnis der Schöpfung noch vor allem Anfang zu begreifen und die innere Ursache der physikalischen Phänomene auf „rational-kabbalistische" Weise zu erkennen, da sie Einsicht haben in die Verbindung von *maskil* und *muskal* im Bereich der separaten Intellekte, also die göttlichen Geheimnisse der Schöpfung. Doch sowohl die naturwissenschaftliche Analyse physikalischer Phänomene als auch ihre Formursache innerhalb der separaten Intellekte führen zur Erkenntnis der *einen* Wahrheit. Daher kann Satanow Naturwissenschaft und Kabbala als Zwillingsschwestern bezeichnen und beide in seine Überlegungen als gleichwertig integrieren (auch wenn es oft scheint, dass Kabbala die überlegene ist).[131] In *Holekh Tamim* (Berlin 1795, 6b) stehen sich erneut Gottesfurcht und Weisheit gegenüber, die jedoch zu keinem Zeitpunkt einander widersprechen können: Es gibt keinen Glauben oder kein Wissen in der mosaischen Religion, die der Vernunft widersprechen. Doch solle man im Zweifelsfall lieber dem Glauben

werden z.B. in der *Theologie des Aristoteles* bestimmte aristotelische Vorstellungen der kosmischen separaten Intellekte in den göttlichen Überfluss mit einbezogen (vgl. Al-Farabi und Avicenna). Siehe Herbert Davidson, *Alfarabi, Avicenna, and Averroes on Intellect*, Oxford 1992; ders., *Proofs for Eternity, Creation, and the Existence of God in Medieval Islamic and Jewish Philosophy*, Oxford 1987; Richard Taylor, „Averroes' Philosophical Conception of Separate Intellect and God", in Ahmad Hasnawi (Hg.), *La Lumière de l'intellect: La pensée scientifique et philosophique d'Averrès dans son temps*, Leuven 2011, 391–404; siehe auch meine Ausführungen zu Sanatows *Sefer ha-Middot* in Morlok, „Isaac Satanow (1732–1804)", sowie oben die Erläuterungen zu Maimonides und den separaten Intellekten und unten die Diskussionen zu den Weisheitswundern.

130 Zu diesen Verkettungen in der Literatur der Kabbala siehe Moshe Idel, *Enchanted Chains. Techniques and Rituals in Jewish Mysticism*, Los Angeles 2005, 31–75.

131 So auch in *Mishle Asaf*, wo Satanow erneut eine tiefgreifende Kenntnis naturwissenschaftlicher Forschung seiner Zeit unter Beweis stellt, Bd. II, 69a: Tora und Weisheit sind Zwillingsschwestern, die beide im heiligen Bereich verankert sind und den unerschütterlichen Glauben an Gott verkörpern. Zu diesem Werk siehe Moshe Pelli, „Isaac Satanow's ‚Mishlei Asaf' as Reflecting the Ideology of the German Hebrew Haskala", *Zeitschrift für Religions- und Geistesgeschichte* 25 (1973): 225–242; Shmuel Werses, „'Al Yiṣḥaq Saṭnov we-ḥibburo *Mishle Asaf* [Über Isaak Satanow und seine Schrift *Mishle Asaf*]", *Tarbiz* 32,4 (1962/3): 370–392; Ḥayyim Naḥman Shapira, *Toledot ha-Sifrut ha-'Ivrit ha-Ḥadasha* [Geschichte der modernen hebräischen Literatur], Bd. 1, Tel Aviv [2]1967, 317–333; Isaac Eisenstein- Barzilay, „The Ideology of the Berlin Haskalah", *Proceedings of the American Academy for Jewish Research* 25 (1956): 1–37, hier 4–5.

bzw. der Gottesfurcht folgen, da die Weisheit oftmals von denen, die sie hassen, Risiken und Fallen ausgesetzt wird.[132]

Pelli kommt zu dem Schluss, dass in *Mishle Asaf* die beiden Zwillingsschwestern nicht mehr gleichwertig sind,[133] da die Weisheit nun einen viel höheren Stellenwert einnimmt als die Gottesfurcht und somit einen Paradigmenwechsel in der Philosophie des Autors anzeigt. Nach einer anderen Stelle in *Mishle Asaf* wird die Weisheit den Glauben einem Test unterziehen,[134] ob er wahr oder falsch sei. So ist die Weisheit bedeutender als die Gottesfurcht, auch wenn letztere vor der ersteren existiert, so übertrifft doch die Weisheit die Gottesfurcht an Bedeutung. Nach dieser Schrift ist die Weisheit im Wesen der Gottesfurcht verankert und manifestiert ihr Ziel.[135] Die Gottesfurcht mag zwar den Tag erheben, doch die Weisheit das ewige Leben. Gottesliebe und Hass auf Weisheit sind daher unvereinbar. Nur die Unaufgeklärten halten sich allein an die Gottesfurcht, aber beide, Weisheit und Gottesfurcht, sollten niemals getrennt sein. Wer die Weisheit (auch in säkularer Form) hasst, hasst Gott, denn beide bezeugen dieselbe Wahrheit. Nur durch säkulare Wissenschaft kann man zur Erkenntnis der Wahrheit Gottes gelangen.[136]

Auch in seinem Kommentar zu Halevis *Kuzari* bedient sich Satanow indirekt der Zwillingsschwestern und der Aufgabe des Lesers, den Glauben nach rationalen Gesichtspunkten zu untersuchen, um seine Tiefe zu verstehen:

> Und wie das Silber vom Verkäufer geschmolzen wird, um es zu untersuchen und auf seine Qualität zu testen, damit keiner der Käufer Zweifel am Kauf hat, so soll auch der [jüdische] Glaube einer Untersuchung seiner Wahrheit anhand rationaler Untersuchung (*ḥaqira*) unterzogen werden; und es ist uns geboten, solch eine Untersuchung und Erforschung vorzunehmen.[137]

Ähnlich der Parabel (*mashal*) in *Imre Bina* muss der Glaube anhand der Vernunft untersucht bzw. geschmolzen und nach Vernunftgründen analysiert werden. Auf der Titelseite von *Imre Bina* liest man in diesem Sinne: „Um mit Einsicht zu untersuchen in der Tiefe des Glaubens“ (לחקור בבינה בעומק האמונה). Die jüdische

132 Pelli, „Isaac Satanow: Metamorphosis of Judaic Values – *Mishle Asaf* as Reflecting the Haskalah Ideology“, in ders., *The Age of Haskalah. Studies in Hebrew Literature of the Enlightenment in Germany*, Leiden 1979, 158–160, Fn 19–27 (mit den folgenden Belegstellen).

133 Satanow, *Mishle Asaf*, Bd. 2, 12a, Kap. 12, comm. 6.

134 Ebd., Bd. 2, 61a, Kap. 56, comm. 1.

135 Ebd., Bd. 1, 1b, Kap. 1, comm. 10.

136 Ebd., Bd. 2, 9b, Kap. 5, comm. 18.

137 Satanow, *Sefer ha-Kuzari*, Berlin 1795, Einleitung, S. 1 nach der Titelseite.

Religion besteht diesen Vernunfttest und trägt sogar in sich selbst die Parameter für solch eine Analyse.[138]

Aufgrund der spezifischen Erkenntnisse der Kabbalisten sind sie in der Lage, einen Dialog zwischen der oberen und der unteren Welt zu manifestieren, die geheimen Korrespondenzen zwischen beiden zu entdecken und ihr Wissen darüber in ihrem jeweiligen historischen und intellektuellen Kontext zu übermitteln. Denn sie verstehen die „Ordnung der Verkettung" und begreifen die innere Bedeutung physikalischer Phänomene, die die Wissenschaft erst im neuen Zeitalter entdeckt. Diese war jedoch den Kabbalisten lange vor der jetzigen naturwissenschaftlichen Beweisführung bekannt. Sie verstanden die „metaphysische" Ursache aller physikalischen Phänomene noch vor aller Schöpfung, da sie Anteil an beiden Welten, der oberen und der unteren, haben und an unterschiedlichen Kommunikationsformen bezüglich ihrer Geheimnisse beteiligt sind. Sie sind in der Lage, diese Geheimnisse der Weisheit ihren Zeitgenossen adäquat mitzuteilen und die metaphysischen Ursachen physischer Phänomene zu erläutern. Im Moment des Verstehens dieser Geheimnisse werden die Zwillingsschwestern von Wissenschaft und Kabbala (oder Weisheit und Gottesfurcht) eins, ein vereinigter Akt der Kommunikation, der Wissensvermittlung, bevor sie im Abstieg der emanativen Verkettung wieder getrennt werden und als physikalische Begründungen in der unteren Welt dienen. Laut Satanow sind jedoch die „Tore der Wissenschaft / Philosophie" (*ḥaqira*)[139] noch nicht verschlossen und der menschliche Intellekt wird niemals der Bedeutung der Tora widersprechen.[140]

Man stellt sich zwangsläufig die Frage, welche der beiden Schwestern denn die attraktivere sei. Die Präsentation der Wissenschaften als verführerische, schöne Frauen war in der maskilischen Literatur ein stets wiederkehrender Topos, wie z. B. in den Schriften von Asher Anshel von Worms (1695–1769) oder Jehuda Leib Margolioth.[141] Doch nach Satanows pädagogischen Grundsätzen mag jeder Leser sich zu einen anderen Schwester hingezogen fühlen, so lange beide zum

---

138 Siehe ähnliche Aussagen in Moses Mendelssohn, *Jerusalem oder über religiöse Macht und Judentum*, Berlin 1783, siehe Michah Gottlieb, *Faith and Freedom. Moses Mendelssohn's Theological-Political Thought*, New York 2011, 10–11. Zu Mendelssohns und Friedländers Ideal der menschlichen Perfektibilität anhand von Habitualisierung in sozialer Interaktion siehe Uta Lohmann, *Haskala und allgemeine Menschenbildung: David Friedländer und Wilhelm von Humboldt im Gespräch: Zur Wechselwirkung zwischen jüdischer Aufklärung und neuhumanistischer Bildungstheorie*, Münster 2020, 58–67, 105, 133, 221, 552; Morlok, „Isaac Satanow (1732–1804)".

139 Siehe vergleichbare Aussagen bei Josef Albo (1380–1444); *ḥaqira* bedeutet im aristotelisch-maimonidischen Sinne stets auch Philosophie.

140 Siehe Satanow, *Imre Bina*, Berlin 1783, 21a.

141 Siehe Feiner, „Seductive Science"; Morlok, „Blurred Lines", 57–58; und die Diskussionen zu Beginn des Abschnitts 3.2.

selben Ziel führen – die eine göttliche Wahrheit. Daher widersprechen sich die beiden Schwestern auch nicht. Säkulares Wissen und Gottesfurcht ergänzen sich vielmehr. Dies zeigt sich auch darin, wie Satanows Schriften in Kooperation zur ethischen Perfektibilität (*Sefer ha-Middot*) und zur intellektuellen Vervollkommnung (*Imre Bina*) des Lesers führen sollen.[142] Doch da Kabbala die Geheimnisse beider in sich birgt, vermittelt sie zwischen beiden Instanzen und erhebt den Leser zur höchsten Stufe der Vernunfterkenntnis. Ähnlich der mittelalterlichen Kabbalisten sieht Satanow zwischen der aristotelischen Philosophie als niedrigere epistemische Stufe und den Kenntnissen der Kabbalisten des sefirotischen Systems keinen Widerspruch, sondern lediglich unterschiedliche Zugänge und Erscheinungsformen. Die Sefirot dienen dabei als archetypische Paradigmen des Universums und der Strukturprinzipien aller Stufen des Seins. In ihrer Funktion als erste Prinzipien steuern sie alle Vorgänge in der materiellen Welt und bilden das Ursprungsprinzip aller Dinge. Kabbala ist demnach die höchste Form aller möglichen menschlichen (wissenschaftlichen) Erkenntnis.[143] Im Gegensatz zu vielen mittelalterlichen Mystikern befürwortet Satanow das Studium natürlicher Phänomene, da sie die ewigen Wahrheiten und den göttlichen Schöpfungsplan in sich spiegeln. Aus diesem Grund können wissenschaftliche Untersuchung und kabbalistisches Wissen niemals Rivalinnen sein, da beide die *eine* Wahrheit bezeugen – wenn auch auf unterschiedlichen Stufen. So könnte auch von einer (Kon)Textualisierung der natürlichen Welt gesprochen werden, da sie einen wichtigen Schritt im menschlichen Erkenntnisaufstieg manifestiert und die natürlichen Phänomene anhand kabbalistischer Schlüssel dechiffriert und umgekehrt. In diesem Sinne schreibt Satanow in *Zemirot Asaf:* „Sinnliche Weisheit sollte als Beispiel für die Weisheit der intellektuellen Welt dienen, die der Ursprung unserer Welt, der sinnlich erfahrbaren, ist."[144] Kabbala dient in dieser Schrift Satanows als Matrix für intellektuelle Erkenntnis schlechthin, die zum Ursprung unserer sinnlich wahrnehmbaren und der intellektuellen Welt führt. Somit wird indirekt durch diese Verbindung ein weiteres Zwillingspaar sichtbar: Kabbala und Haskala, die beide auf die Erkenntnis der göttlichen Wahrheit und der Vervollkommnung des Menschen im intellektuellen und moralischen Sinne abzielen und die erstere zur wichtigsten Vermittlerin der zweiten, also die Kabbala der Haskala dient, wobei beide untrennbar miteinander verbunden sind.[145]

---

142 Siehe Morlok, „Isaac Satanow (1732–1804)".

143 Dieses Verhältnis stellt sich in *Mishle Asaf* genau umgekehrt dar. Siehe unten; sowie Pelli, „Isaac Satanow: Metamorphosis of Judaic Values", 159–160.

144 *Zemirot Asaf*, Berlin 1793, Kap. 5, Komm. 6; siehe unten den Abschnitt „Satanow und *ṣimṣum*" in 3.3.

145 Morlok, „Isaac Satanow (1732–1804)".

In *Mishle Asaf* kann man sich des Eindrucks nicht erwehren, dass Satanow eine Unterordnung des Judentums unter das säkulare Vernunftwissen fordert, da das erstere letzten Endes vom zweiten abhängig ist. Nur mit Hilfe von weltlichem Wissen kann der Forschenden zur Erkenntnis Gottes gelangen, die Religion sollte also der Vernunft untergeordnet werden – ein zentrales Dogma des Deismus, dem sich Satanow in *Mishle Asaf* weitaus stärker anschließt als in *Imre Bina*. Der Mensch legt demnach individuell fest, was als religiöse Wahrheit anzusehen ist – nicht die religiösen Autoritäten oder die Tradition.[146]

Dass sich Wortglaube und Wille zur Adaption säkularen Wissens und Neuerung auch in der Geschichte der christlichen Exegese zu Beginn der Frühen Neuzeit nicht unbedingt gegenseitig ausschließen müssen, sondern Wissenschaft und Theologie über die Epochengrenzen hinweg häufig ineinandergriffen, hat zuletzt Bernd Roling eindrücklich belegt.[147] Dabei stand das Instrumentarium der Wissenschaft, das von den bibeltreuen Exegeten zur Falsifikation des Wortsinns herangezogen wurde, dem Anspruch der Schriftauslegung ebenfalls nicht entgegen, sondern sollte ihm vielmehr positiv zuarbeiten. Auf diese Weise konnte die Kategorie des Fortschritts in Form von naturwissenschaftlichen Erkenntnissen aus Astronomie oder Physik, Zoologie, Medizin oder Geographie in das Gesamtsystem der Textanalyse aufgenommen werden. Somit verlangte eine Wortgläubigkeit, die nicht in der Allegorie abgeschwächt oder durch Moralisierung verwässert wurde, nach Wissenschaft, nach technischer oder physikalischer Legitimation, um dem Übernatürlichen einen Platz zuzuweisen. Daher mag es kein Zufall sein, dass die bekannten spätmittelalterlichen Quaestionenkommentare wie z. B. des Tostado oder die ersten lutheranischen Exegetenschulen – die dem Prinzip der *sola scriptura* verpflichtet waren – in Detailfragen kaum voneinander abweichen. Sie alle fürchteten die Entwertung der historischen Realie. Generationen von mittelalterlichen und neuzeitlichen Theologen konnten auf diese Weise die Wissenschaft mit gleichem Recht dem Finalnexus der Theologie unterordnen und die Naturkunde zur *ancilla theologiae* werden lassen.[148]

Die Frage nach der Allianz von Naturwissenschaft und Theologie, also die Frage nach einer diachronen Perspektive, stellt sich in dieser Weise auch Satanow. Das Phänomen der Schriftauslegung verbindet in dieser Hinsicht Mittelalter und Neuzeit miteinander. Seit dem 17. Jahrhundert entstanden daraus ganze Textgattungen, wie z. B. Fachschriften zur biblischen Medizin, Astronomie oder Physik, die sich gegenüber den progressiven Kräften ihrer Zeit als äußerst flexible er-

146 Pelli, „Isaac Satanow: Metamorphosis of Judaic Values", 159 – 160.

147 Bernd Roling, Physica Sacra. *Wunder, Naturwissenschaft und historischer Schriftsinn zwischen Mittelalter und Früher Neuzeit*, Leiden / Boston 2013.

148 Ebd., Einleitung.

wiesen.[149] Die Aneignung und Popularisierung naturwissenschaftlicher Erkenntnisse und das Medium der sich stets erneuernden Realienkunde der Offenbarung spielen sowohl bei den von Roling besprochenen Exegeten als auch bei Satanow eine übergeordnete Rolle und kommen daher auf den letzten Seiten von Satanows Schrift zur Sprache.[150]

Auf den letzten Seiten des Buches ändern sich Ton und Thematik der Schrift. Satanow beschreibt an dieser Stelle nochmals ausführlich den Fund des Originalmanuskripts und den erbärmlichen Zustand desselben:

> Und Gewürm hatte die Hälfte der Blätter gefressen am Ende des Einbandes und seiner Teile. Und ich konnte nicht alles zusammenbinden mit den Einbänden. Daher war ich überzeugt, auch diese [zerstörten Seiten] dem Einband des Buches ergänzen zu müssen. [151]

Um „der Wahrheit willen" war Satanow laut seinen eigenen Angaben also gezwungen, „nach seinem bescheidenen Vermögen" die unlesbaren Seiten der Handschrift zu rekonstruieren, um die „Perlen der Weisheit" und „die Lichter des Wissens" leuchten zu lassen, die unter den „Lumpen, die das Buch bereits bedeckten", verborgen waren. Er offenbare hier wahrlich verborgene *megillot* (Schriftrollen). Bereits Werses verweist darauf, dass nicht nur der bedauernswerte Zustand der gefundenen Vorlage dem Leser vor Augen geführt wird, sondern auch der ideologische Aspekt der Rekonstruktion und Edition.[152] Am Ende der Schrift lässt Satanow somit seinen Leser an der Entdeckung des Manuskripts und seiner Entzifferung bzw. inhaltlichen Rekonstruktion teilhaben. Diese muss der Leser in Analogie zu Satanow auf intellektueller Ebene leisten, um den wahren Sinn der Schrift zu erkennen. Satanow verspricht dem kundigen Leser dann ein „offenbarendes Leseerlebnis".[153] Mit verständigem Herzen werde er bisher verborgene

---

149 Ebd., 6.

150 Roling veranschaulicht in seiner Monographie die epochensprengende Allianz von *sensus historicus* und Naturwissenschaft anhand von fünf Beispielen des *Tanahk:* die Eselin des Bileam, die Mauer von Jericho, das Sonnenwunder des Joshua zu Gabaon, die Verwandlung des Nebukadnezar und der Fisch des Jona. Die Integration technischer Neuerungen und die Persistenz der Methode werden dabei als ein von den Objekten ausgehender dialektischer Prozess begriffen, der zu immer neuen Ausgestaltungen fähig ist.

151 Satanow, *Imre Bina*, 29a.

152 Shmuel Werses, „'Al Yiṣḥaq Saṭnov", 377.

153 Satanow, *Imre Bina*, 29b. Von einer ähnlichen hermeneutischen Situation des Lesers und dem Akt des Lesens als „zweitem *ṣimṣum*" geht auch Shaul Magid in seiner Interpretation der lurianischen Symbolik als Trope aus. Siehe Shaul Magid, „Origin and Overcoming the Beginning. Zimzum as a Trope of Reading in Post-Lurianic Kabbala", in Aryeh Cohen / ders. (Hg.), *Beginning/ Again. Towards a Hermeneutics of Jewish Texts*, New York 2002, 163–214. M. E. könnte solch eine Interpretation auch hier Satanow als Impuls gedient haben. Das Moment der „Enthüllung / Of-

Geheimnisse entdecken, die kein Ohr gehört hat. Er werde das Verborgene im Offenbaren wahrnehmen und verstehen, warum Satanow die Schrift auf diese Weise ediert habe. Schließlich werde jener ideale Leser begreifen, warum Satanow Fragmente eklektisch verbunden und das Material in der vorfindlichen Weise angeordnet habe. Dieser bemerkenswerte Hinweis auf den Eigenanteil Satanows und die damit verbundene Hermeneutik eines „initiierten Lesens" lässt sich mit den Texten mittelalterlicher kabbalistischer Autoren vergleichen, vor allem Abraham Abulafias Interpretation des *More* und die Überlieferung seiner spezifischen Interpretationsweise.[154] Ähnliche Hinweise zur Initiation des Lesers finden sich auch in Gikatillas *Sha'are Ora* (Tore des Lichts), im *Zohar*, bei Naḥmanides und vor allem im lurianischen Schriftkorpus.[155] Bei der notwendigen eklektischen Vorgehensweise müssten, so Satanow, Teile des ursprünglichen Textes „amputiert" werden, eine Auswahl getroffen und Kürzungen vorgenommen werden – all das auch, um eine mögliche Fortsetzung des Werkes in Aussicht zu stellen und somit eine gewisse Spannung beim Leser aufrecht zu erhalten.[156] Obwohl er auf den letzten fünf Seiten des Buches die Rekonstruktion des Textes und die Integration des Lesers in diesen Prozess thematisiert, spricht Satanow auch zentrale Themen seiner anderen Werke an: Skeptizismus, Deismus und erneut die Vereinbarkeit von Kabbala und wissenschaftlicher Erkenntnis.

Kabbala und Wissenschaft

Satanow geht davon aus, Wissenschaft beschreibe die „untere Welt", während „Kabbala" die „obere Welt" veranschauliche, letztere jedoch die Erkenntnis der Ursachen beider in sich vereine. Auch wenn Satanow auf programmatischer Ebene eine Hierarchie der beiden vermeiden möchte, so schwingt diese doch stets in seinen Aussagen zu Kabbala als verbindendes Element aller Wissenschaften

---

fenbarung" des wahren Sinnes des Textes, der von Anbeginn durch Verhüllung offenbart wird, übernimmt dabei eine entscheidende Rolle. Zur Offenbarung durch Verhüllung bei Luria siehe Gershom Scholem *Die jüdische Mystik in ihren Hauptströmungen*, Frankfurt a. M. ³1988, 287.

154 Dies wird vor allem in seinem Werk *Ḥayye ha-Nefesh*, Hs München, Bayerische Staatsbibliothek 408, 46b–47a ausgeführt. Siehe Moshe Idel, „Abulafia's Secrets of the Guide: A Linguistic Turn", in Alfred Ivry / Elliot R. Wolfson / Allan Arkush (Hg.), *Perspectives on Jewish Thought and Mysticism*, Amsterdam 1998, 289 – 329; ders., „Transmission of Kabbalah in the 13th Century", 138 – 164.

155 Siehe Moshe Idel, *Absorbing Perfections. Kabbalah and Interpretation*, New Haven / London 2002, 202 – 220, 390 – 409. Derartige Hinweise werden in Satanows Ausgabe des *More ha-Nevukhim*, Ephraim Luzzattos *Qol Shaḥal* und anderen Schriften wieder aufgenommen. Zu einer detaillierteren Analyse des Gedichtes in *Qol Shaḥal* siehe Pelli, *Yiṣḥaq Saṭnov*, 54 Fn 84.

156 Satanow, *Imre Bina*, 35b.

mit. Da die beiden Welten einander widerspiegeln und von der unteren Welt Rückschlüsse auf die obere gezogen werden können, ist der Nachvollzug wissenschaftlicher Prinzipien zugleich eine unverzichtbare Einführung in das Studium der Kabbala. Wie unten im Detail zu zeigen sein wird, findet sich in Satanows Darstellung der Newtonschen Optik eine Korrespondenz zur sefirotischen Farbenlehre sowie die Begründung für das traditionelle Tragen von weißer Kleidung am Shabbat. Auch hier geht Satanow von einem dreistufigen Modell (wie oben am Beispiel aus *Zohar Tinyana*) aus: 1) alles in der Welt wurde mit großer Weisheit geschaffen und besitzt obere „Abbilder", 2) die Weisheit der oberen Welt ist stärker und schärfer als deren Abbildung in der unteren Welt, 3) die Weisheit der oberen Welten war den Kabbalisten bereits bekannt, lange bevor sie durch die Wissenschaften entdeckt wurden. Ihnen war die Verbindung zwischen *maskil* und *muskal* in den separaten Intellekten vor deren Materialisierung in der Schöpfung bekannt.

Dieser Sachverhalt wird auf der Titelseite der Schrift anhand des „ad notiones nostri aevi accommodata" verdeutlicht. Satanow strebt in seinem Werk eine Aktualisierung dieses arkanen Wissens an, um anhand der Wissenschaft die jüdische Gesellschaft in ein neues Zeitalter zu führen. Im Unterschied zum *Zohar Tinyana* wendet sich Satanow in *Imre Bina* auch lurianischer Kabbala zu und insistiert darauf, dass auch wenn die kabbalistische Schule aus Safed Begrifflichkeiten verwendet, die sich üblicherweise auf physische Erscheinungen beziehen, diese nicht als solche zu verstehen sind.[157] Satanow diskutiert ausführlich einige dieser Begriffe, wie z. B. *'ibbur* (Empfängnis), *yeniqa* (Stillen) und *moḥin* (Gehirne, Intellekte), welche jeweils drei verschiedene Bedeutungsebenen besitzen: in der physischen Welt, auf visueller und auf intellektueller Ebene.[158] Wie im Fall der oben dargestellten Bestäubung im *Zohar Tinyana* sind diese drei Ebenen miteinander verbunden und besitzen ihre jeweils eigene ontologische Berechtigung. Eine so geartete Zugangsweise zum Verhältnis zwischen Kabbala und modernen Wissenschaften kann mit Francis Yates' historiographischer Methodik verglichen werden, die große Anstrengungen unternahm, die Verbindung zwischen den Pionieren der frühneuzeitlichen Wissenschaften und okkulten Strömungen aufzuzeigen – auch wenn in unserem Fall das Verhältnis eher synthetisch-eklektisch zu verstehen ist.[159]

Während meist davon ausgegangen wird, dass eine vergleichbare Verbindung zwischen Wissenschaft und Okkultismus zur Zeit Satanows bereits nicht mehr

---

157 Siehe Satanow, *Imre Bina*, 12a–b.

158 Ebd., 26a–b.

159 Siehe z. B. Francis Yates, *The Occult Philosophy in the Elizabethan Age*, New York / London 2001; dies., *Giordano Bruno and the Hermetic Tradition*, New York / London ^{2}2002.

vorauszusetzen war,[160] blieb in den Diskursen doch die theoretische Symbiose zwischen Wissenschaft und Kabbala bestehen. Sie lässt sich auch bei anderen Autoren finden, von denen Satanow seine wissenschaftlichen Kenntnisse übernommen hatte.[161] Vor diesem Hintergrund der Wiederbelebung dieser Synthese lässt sich eventuell auch seine Motivation für die Drucklegung lurianischer Schriften eruieren, da diese Teil seines größeren Zieles, der Verbreitung neuer wissenschaftlicher Ideen auf kabbalistischer Matrix, darstellte. Die Drucke aus Koretz sollten die Quellenkenntnis der antizipierten Leserschaft bezüglich kabbalistischer Themen stärken. Dieses Wissen sollte dann in weiteren Schriften anhand wissenschaftlicher Erläuterungen ergänzt werden. Während der Druck der lurianischen Schriften in Koretz stattfand, so bildet doch das Spannungsfeld zwischen der *Kloyz* von Brody und Mendelssohns Berlin den ideologischen Rahmen dieser Unternehmung.

Eine Verknüpfung zwischen Naturwissenschaft und philosophischer Erkenntnis propagierte Philo von Alexandrien bereits in der Antike. Zur Zeit der Haskala erfuhr diese Idee eine blühende Renaissance: So übersetzte z. B. Mordechai Aaron Günzburg (1795 – 1846)[162] 1836 Philos *Legatio ad Gaium*, wobei ihn vor allem der „Widerstand eines jüdischen Intellektuellen" gegen Könige, um sein Volk zu schützen, faszinierte. Bereits im 16. Jahrhundert war es zu einer Neubelebung philonischer Schriften gekommen, die sich jetzt noch weiter vertiefte.[163] Besonders in den Schriften Azariah de Rossis – in denen Philo mit seinem he-

---

160 Mit Ausnahme natürlich von Franz Anton Mesmer und den Folgeerscheinungen des Magnetismus, auf die an dieser Stelle leider nicht weiter eingegangen werden kann. Siehe Karl Baier, „Mesmer versus Gaßner. Eine Kontroverse der 1770er Jahre und ihre Interpretationen", in Maren Sziede / Helmut Zander (Hg.), *Von der Dämonologie zum Unbewußten. Die Transformation der Anthropologie um 1800*, Berlin / München / Boston 2015, 47 – 83; Jonatan Meir, „Haskalah, Kabbalah and Mesmerism: The Case of Isaac Baer Levinsohn", in Daniel Cyranka u. a. (Hg.), *Finden und Erfinden. Die Romantik und ihre Religionen 1790 – 1820*, Würzburg 2020, 205 – 227 (hebräische Vorlage in ders. / Dimitry Shumsky [Hg.], *'Am we-'Olam. Israel Bartal Jubilee Volume*, Jerusalem 2019, 137 – 157).

161 James E. McGuire / Piyo M. Rattansi, „Newton and the ‚Pipes of Pan'", *Notes and Records of the Royal Society of London* 21,2 (1966): 108 – 143; Steffen Ducheyne, *The Main Business of Natural Philosophy. Isaac Newton's Natural-Philosophical Methodology*, Dordrecht 2012; vor allem Kap. 6; Matt Goldish, *Judaism in the Theology of Sir Isaac Newton*, Dordrecht 1998; Wouter Hanegraaff, *Esotericism and the Academy: Rejected Knowledge in Western Culture*, Cambridge 2012. Zum Farbenstreit zwischen Newton und Goethe siehe Olaf L. Müller, *Mehr Licht. Goethe mit Newton im Streit um die Farben*, Frankfurt a. M. 2015.

162 Siehe oben Kap. 2.

163 Joana Weinberg, „The Quest for Philo in Sixteenth-Century Jewish Historiography", in Ada Rapoport-Albert / Steven J. Zipperstein (Hg.), *Jewish History. Essays in Honour of Chimen Abramsky*, London 1988, 163 – 187.

bräischen Namen Yedidiya genannt wird –, nimmt der „erste jüdische Philosoph" eine zentrale Position ein. Da Satanow de Rossis *Me'or 'Enayim* (1799) herausgegeben und sich wahrscheinlich schon lange Zeit davor mit diesem Werk beschäftigt hatte, besaß er eine umfangreiche Kenntnis auch von Philos Werken.[164]

Glaube und Skepsis

Imre Bina ist ein Erkenntnisdialog in platonischer Tradition – eine Form, die in der jüdischen Aufklärung eine blühende Renaissance erlebte. Yedaya, der verständige Gesprächspartner, „der alles weiß und versteht mit einsichtiger Weisheit", führt einen mäeutischen Dialog[165] mit Noam, einem Mann des Glaubens, der „jedoch vom Zweifel befallen wurde" – wie oben bereits dargestellt.[166] In der dramatischen Einleitung Satanows werden die verzweifelten Wanderungen Noams durch sämtliche Wissensbereiche hindurch beschrieben, um seine existentielle Suche nach Wahrheit und Erkenntnis zu verdeutlichen. In diesem Vorwort bedient sich Satanow zahlreicher Assoziationen aus der jüdischen Traditionsliteratur – von der rabbinischen bis zur lurianischen. Noam soll nun anhand seines Gesprächs mit Yedaya, dem Wissenden (wie bereits die hebräische Wurzel seines Namens *y-d-'* vermuten lässt), zur Erkenntnis der Wahrheit geführt werden. Dabei sind keine Wissensbereiche tabu, sondern Yedaya versucht vielmehr zu zeigen, wie alles Wissen – säkular oder religiös – den *einen* Gott bezeugt und zur Erkenntnis seiner

---

164 Siehe Charles Anderson, *Philo of Alexandria's Views of the Physical World*, Tübingen 2011, besonders 168 – 194; Yehuda Liebes, „The Work of the Chariot and the Work of Creation as Mystical Teachings in Philo of Alexandria", in Deborah A. Green / Laura S. Lieber (Hg.), *Scriptural Exegesis. The Shapes of Culture and the Religious Imagination. Essays in Honour of Michael Fishbane*, Oxford 2009, 105 – 120; Adam Afterman, „From Philo to Plotinus: The Emergence of Mystical Union", in ders., *„And They Shall Be One Flesh": On the Language of Mystical Union in Judaism*, Leiden 2016, 25 – 48; und Ze'ev Strauss, *Rabbi Jedidja ha-Alexandri und die Maskilim* (in Vorbereitung bei De Gruyter).

165 Zur Geschichte der literarischen Form des Dialogs in der jüdischen Philosophie siehe Aaron Hughes, *The Art of Dialogue in Jewish Philosophy*, Bloomington / Indianapolis 2008, 5 – 8.

166 Satanow, *Imre Bina*, 4ab. Siehe auch 1b, wo Satanow in Anlehnung an Maimonides' *More* vom „Sturm der Verwirrungen (*ha-mevukhot*)" spricht, der über die Maskilim gekommen sei. Dass Satanow sein eigenes Werk als neue „Orientierungshilfe" für die Verirrten ansieht, wird auch im *Zohar Tinyana* deutlich, wo es explizit heißt: „Jeder Mensch versteht dies, da die Worte des *Zohar* aus sich selbst richtig und wahr sind und Frömmigkeit und Liebe im Herzen derer, die ihn studieren erwecken, und es gibt keinen Raum für Verirrung und Verwirrung." (Satanow, *Zohar Tinyana*, 26); siehe dazu weiter oben im Kapitel und Uta Lohmann, „Sokrates und Mendelssohn – Zur Bedeutung der Zwillingsmetapher im Bildungskonzept von David Friedländer und Jeremias Heinemann", in Ulrike Schneider u. a. (Hg.), *Zwischen Ideal und Ambivalenz. Geschwisterbeziehungen in ihren soziokulturellen Kontexten*, Frankfurt a. M. 2015, 281 – 301.

Wahrheit führt. Noams Zweifel und Kritik wird nicht mit Abwehr begegnet, sondern er soll durch „äußere“ und „innere“ Weisheiten und deren innere Verbundenheit zur wahren Erkenntnis geführt werden – anhand von Vernunft und logischer Deduktion. Die beiden Zwillingsschwestern Philosophie / Wissenschaft und Kabbala oder Gottesfurcht und Weisheit treten auf diesem Weg in unterschiedlichen Formen auf und führen den Gesprächspartner Yedayas zur höchsten Vernunft. Anhand der platonischen Dialogform klingt zugleich die gängige maskilische Metapher „Mendelssohn – Sokrates“ als Zwillinge oder auch „Mendelssohn – Maimonides“ als ein solches Paar an.[167]

Im Dialog selbst wird daher keinesfalls vom Studium der griechischen Philosophie abgeraten [was angesichts der literarischen Form auch undenkbar wäre], wohl aber von deren heidnischer Methodik, die auf Götzendienst beruhe.[168] Bereits die Gelehrten des Talmud hätten die „äußeren / fremden Wissenschaften“ (*ḥokhmot ḥiṣoniyyot*)[169] studiert, doch mit der Kanonisierung des Talmud sei diese Beschäftigung zu einem Ende gekommen, um die Halacha, das jüdische Religionsgesetz, endgültig festlegen zu können[170] und die Konzentration auf das Talmudstudium selbst nahm ihren Anfang. Man sei zunächst davon ausgegangen, dass diese Distanzierung von den Wissenschaften aus Gründen der religiösen Unterweisung stattgefunden habe und im Lauf der Zeit sei es zur Errichtung einer Scheidewand zwischen beiden gekommen, bis man der Ansicht war, dass „sich Wissenschaft und Religion widersprächen“.[171] Diese historische These sei um ihrer selbst willen aufrechterhalten worden, doch der Maskil könne nun Licht in dieses Dunkel bringen und auf rationale Weise die Ereignisse deuten, da er mit der fortwährenden Trennung zwischen Religion und Wissenschaft nicht einverstanden sein kann.

Der Status des Talmud

Dabei wird der Talmud keineswegs als negatives oder vergessenes Symbol göttlichen Wissens angesehen, sondern nur dessen Lehrmethoden seien nicht dem maskilischen Zeitalter angemessen. Auch wenn die gängige Position in der hebräisch sprachigen Forschung oftmals von einem Widerspruch der maskilischen Literatur zum Talmud ausgeht, wie etwa die Arbeiten von Simon Bernfeld und

167 Siehe dazu oben die Ausführungen in 1.2.
168 Satanow, *Imre Bina*, 9b.
169 Siehe oben beim Hinweis auf diesen Terminus bei Maimonides, sieh auch Lohmann, „Sokrates und Mendelssohn“.
170 Satanow, *Imre Bina*, 10a.
171 Ebd.

Isaac Eisenstein-Barzilay,[172] entspricht dies nicht unbedingt einer allgemeingültigen Wahrheit. Denn nach Untersuchung der Quellen gibt es sowohl in der polemischen Literatur wie z. B. Wesselys *Divre Shalom we-Emet* als auch in der Belletristik (Broides, *ha-Dat we-ha-Ḥayyim*) überaus positive Bezugnahmen zu den „Talmudisten" (*talmudiyyim*) wie in *Imre Bina*[173] oder Wesselys „Talmudmeistern" (*ba'ale talmud*).[174] Unter dieser Fragestellung ist jedes Werk einzeln zu analysieren, erst dann können individuell zutreffende Aussagen gemacht werden. Die Zielscheibe der maskilischen Kritik ist – wie bereits erwähnt – eine Lehrmethode, die vom *peshaṭ* (Literarsinn) abweicht und die ursprüngliche Bedeutung des Quellentextes verfälscht.[175] Dabei geht Satanows Anliegen weit über das rein historische Interesse am Talmud hinaus. Denn er verfolgt innerhalb der Haskala das unmittelbare Ziel, die unfehlbare und allumfassende Autorität der Talmudisten (nicht des Talmud selbst) für alle Generationen zu untergraben, denn ihre Interpretationen seien kontextuell gebunden und sie befassen sich nicht mit weltlichen Dingen. Daher seien ihre Aussagen für die heutige Zeit nicht ausreichend, und es müsse ihre Erläuterungen im Licht gegenwärtiger wissenschaftlicher Erkenntnisse aktualisiert werden.[176] Die wahre Bedeutung ihrer Erklärungen sei dabei stets mittels eines Analogieschlusses zu eruieren. Nur so könnten die wahren Absichten des Talmud zum Vorschein kommen. Dabei werde sich zeigen, dass Glaube und Weisheit zusammengehörten, denn sonst sei die letztere „wie eine eroberte Stadt ohne Mauer"[177] – dies in Analogie zum angeblichen Fund der Handschrift in einer „Burg".

Aber auch in dieser Hinsicht bildet Satanow keine Ausnahme im Konsens seiner gemäßigten maskilischen Zeitgenossen.

Im folgenden Abschnitt soll untersucht werden, wie diese Symbiose im Detail funktionierte. Um die vereinigende Grundlage beider zu demonstrieren führt Satanow im weiteren Verlauf der Schrift Beispiele aus den „äußeren Wissenschaften" wie der Optik,[178] der Schlafforschung und dem Blutkreislauf an.[179] Er will

---

172 Simon Bernfeld, *Dor Tahapukhot* [Generation der Umwälzungen], Bd. 1, Warschau 1914, 114; Isaac Eisenstein-Barzilay, „The Treatment of the Jewish Religion in the Literature of the Berlin Haskalah", *Proceedings of the American Academy for Jewish Research* 24 (1955): 39 – 68, hier 42, 46 – 47.

173 Satanow, *Imre Bina*, 9b.

174 Wessely, *Divre Shalom we-Emet*, Teil 1, Berlin 1782, 19a.

175 Zur Bedeutung des *peshaṭ* in der maskilischen Literatur siehe Pelli, *Age of Haskalah*, 78, 80, 126, 147; ders., *Haskalah and Beyond*, 22.

176 Satanow, *Imre Bina*, 12a.

177 Ebd.

178 Ebd., 16b.

179 Ebd., 29b.

damit seine These unterfüttern, dass Kenntnisse unterschiedlicher Wissenschaften notwendig sind, um die wahre Intention der biblischen und talmudischen Aussagen zu offenbaren. Dass talmudische Diskussionen durchaus mit Skeptizismus und Deismus vereinbar sind, haben auch andere Autoren der Haskala (wie Maimon) ausdrücklich vertreten.

Shaul Berlin (1740–1794) gilt als einer der bedeutendsten deistischen Autoren mit skeptizistischen Ansätzen der frühen Haskala – wie auch der große französische Philosoph Pierre Bayle (1647–1706), der in seinen Schriften versuchte, religiöse Toleranz zu etablieren, Glaube und Vernunft strikt zu trennen und den Glauben aus der Diskussion gesellschaftlicher Probleme herauszuhalten.[180] Satanow möchte mit *Imre Bina* ebenfalls die skeptizistische Sichtweise schärfen und den Glauben an eine singuläre Wahrheit, die sich angeblich im Besitz einer einzigen Religion befinde, erschüttern. Der traditionelle Glaube muss in diesem Prozess angezweifelt und hinterfragt werden, um den menschlichen Intellekt zu aktivieren und dem Stadium der Naivität und Einfalt, der unkritischen Übernahme der überlieferten Tradition, zu entrinnen. Zugleich geht er mit Maimonides' „einer Wahrheit" konform.

Laut Satanow gibt es drei Arten der Wahrheitsfindung:[181] anhand des Intellekts, der Tradition oder der Erfahrung. Doch jede einzelne von ihnen birgt ihre Hindernisse auf dem Weg zum Ziel der Erkenntnis. So ist der Intellekt des Menschen begrenzt und kann nicht zu den Tiefen der Wahrheit vordringen. Bei seiner Kritik an der Tradition führt Satanow deistische Argumente an, die auf die Widersprüche zwischen den Religionen und den jeweiligen Wahrheitsansprüchen hindeuten. Im Hinblick auf die Skepsis bestehe die Gefahr, sich auf die Erfahrung zu verlassen und dieselbe als Glaubensgrundlage zu wählen. Dabei hielte man natürliche Veränderungen für Wunder und ließe diese als „Beweise der Wahrheit" gelten.[182] Auch in diese Erfahrung kann sich Satanow zufolge Lüge einschleichen:

---

180 Jonathan Israel / Martin Muslow, *Radikalaufklärung*, Berlin 2014, 10–11. Für Spinoza, Bayle und Diderot ist die Vernunft das einzige Kriterium, das kollektiv als Wahrheit akzeptiert werden kann, mit der Konsequenz, dass Gesellschaft, Moral und Politik auf einer rein rationalen Bewertung des Gemeinwohls basieren müssen – ohne die Mitwirkung von Offenbarung oder natürlicher Theologie. Siehe Pelli, „Isaac Satanow: Metamorphosis of Judaic Values", 156–160 und oben die Ausführungen zu *Mishle Asaf.*

181 Satanow, *Imre Bina*, 31a.

182 Doch unterschieden sich die hebräischen Maskilim in der Frage nach Wundern deutlich von den zeitgenössischen Deisten. Biblische Wunder wurden von ersteren nie in Frage gestellt, denn die Tora bildet nach wie vor die Grundlage des Judentums, sei es als Heilige Schrift oder als Grundlage der jüdischen Zivilisation, Religion, Kultur, Geschichte und des Gesetzes. Siehe Moshe Pelli, „The Impact of Deism on the Hebrew Literature of the Enlightenment in Germany", *Eighteenth Century Studies* 6,1 (1972): 35–59, hier 54.

Veränderungen in natürlichen Vorgängen könnten den Menschen täuschen und er hielte diese Täuschungen für göttliche Taten.[183] Doch die Wissenschaften decken diese Irrtümer auf. In dieser Hinsicht offenbart sich der jüdische Maskil als wahrer Skeptiker.

Eine ähnliche Haltung gegenüber Zweifeln *(mevukhot / safeq)* vertritt Satanow überdies in seinem Werk *Mishle Asaf,* in dem er Zweifel, Skepsis und Hinterfragen als erstrebenswerte Eigenschaften preist, die als sprudelnde Quelle zum Ursprung der Weisheit führen.[184] Doch was am Anfang als wahre Erschütterung der Vormachtstellung des Intellekts parallel zur Erschütterung der Tradition wirkt, erweise sich am Ende als Möglichkeit, die Wahrheit der Religion zu beweisen. Schließlich führt Satanow erneut den Intellekt als Beweis für die anderen beiden Kriterien ein; Tradition und Erfahrung seien hingegen beide vom menschlichen Verstand abhängig.[185] Diese Feststellung nimmt Satanow dann im Hinblick auf ein zeitgenössisches deistisches Thema auf: die Wechselwirkung der Religionen untereinander. [186] Er schreibt dazu:

> Wir wissen, dass sowohl entsprechende als auch sich widersprechende Traditionen von den verschiedenen Völkern aufgenommen werden. Jedes von ihnen brüstet sich, die Wahrheit zu besitzen, während es dennoch zugleich eine falsche Tradition gibt. Doch es gibt niemanden, der dies entscheidet.[187]

Die maskilische Lösung des Problems führt Satanow im weiteren Verlauf der Argumentation unter Verweis auf Lessings „Nathan der Weise“ an, wenngleich mit entscheidenden Abweichungen zu Lessings Perspektive. Satanow geht dabei nicht weiter auf die Interpretation der Ring-Parabel ein, deren Deutung bis heute in der Forschung umstritten ist.[188] Sie dient nur als Referenz auf aktuelle Diskussionen – wahrscheinlich im Umfeld Satanows –, um im Anschluss erneut zum eigentlichen Thema der Schrift zurückzukehren. Auch wenn es nur *eine* religiöse Wahrheit gebe, so habe sie doch zu Recht viele unterschiedliche partikulare

---

183 Satanow, *Imre Bina*, 31a.

184 Satanow, *Mishle Asaf*, 25b. Siehe Moshe Pelli, „Isaac Satanow's ‚Mishlei Assaf‘ as Reflecting the Ideology of the German Hebrew Haskalah“, *Zeitschrift für Religions- und Geisteswissenschaft* 25 (1973): 225 – 242, hier 242.

185 Satanow, *Imre Bina*, 31b.

186 Siehe Pelli, „Impact of Deism“.

187 Satanow, *Imre Bina*, 31b. Siehe auch Satanow, *Megillat Ḥasidism*, Berlin 1802, 20a–b und ders., *Mishle Asaf*, Bd. 2, 55a–b, 77a, wo Satanow beschreibt, wie Religion Hass in der Welt verbreitet. Daher muss religiöse Toleranz auch unter den Juden gepredigt werden.

188 Siehe z. B. die Hinweise bei Monika Fick, *Lessing Handbuch. Leben – Werk – Wirkung*, Stuttgart ^{4}2016, 470 – 471.

Ausdrucksformen und über diese Bruchstückhaftigkeit sinne die Religion nach. Die Völker, die YHWH leugnen, aber wenigstens an einen höchsten Gott glauben, haben in Satanows Augen nicht nur die Berechtigung, an ihre spezifisch eigene Form der Wahrheit zu glauben, sondern sie brauchen auch nur diese Wahrheit. Die jüdische religiöse Wahrheit sei nicht für sie bestimmt, wie dies bereits in Halevis *Kuzari*[189] thematisiert wird und bei Mendelssohn in maskilischem Gewand erneut auftaucht.[190] Ein Spezifikum des jüdischen Glaubens ist die Zentralität der Gebote und ihre Einhaltung nach der Halacha. Die sogenannten „Begründungen der Gebote" (*ṭa'ame ha-miṣwot*) erhalten dabei eine besondere Bedeutung.

In *Imre Bina* wendet sich Satanow daher dem Problem der traditionellen Erklärung der Gebote (*ṭa'ame ha-miṣwot*) zu,[191] die im Zeitalter der Säkularisation des Öfteren im Fokus von Diskussionen standen. Wie viele Zeitgenossen übt er an dieser Stelle scharfe Kritik an den Geboten, da sie als Last untragbar seien und der neuzeitlichen Situation der Juden angepasst werden müssen.[192] In Anlehnung an Shaul Berlins ironische Schrift *Ktav Yosher*[193] prangert er in *Sefer ha-Middot* an:

> Juden sind ab der Geburt mit tausenden und zehntausenden von Geboten und Bräuchen (*miṣwot u-minhagim*) beladen, jeder einzelne Schritt besitzt ein Gebot und ein Verbot und man kann nicht einmal mit dem Auge blinzeln [...], ohne irgendein Gesetz zu haben, ob man es korrekt tut oder nicht.[194]

Satanow stellt die unzeitgemäße Bürde der zu detaillierten Gesetze und vorgegebenen Verhaltensweisen heraus. Da die halachischen Vorschriften dem Wandel der Zeit unterliegen und nicht auf ewig festgelegt sind, können sie sich im Laufe der Zeit ändern und sollten den jeweiligen historischen Umständen angepasst werden.[195] Dass eine derartige Anpassung auch der kabbalistischen Metaphysik und der orientalischen Philosophie an die Zeitumstände des modernen Zeitalter von Nöten ist, verdeutlich er auf dem Titelblatt von *Imre Bina*, wo man in den letzten Zeilen als Beschreibung des Werks Folgendes liest: *Metaphysica cabba-*

189 Hg. v. Isaak Satanow, Berlin 1795, 6a.
190 Moses Mendelssohn, *Ketavim Qeṭanim be-'Inyene Yehudim we-Yahadut* [Kleine Schriften zu Juden und Judentum], Tel Aviv 1947, 182.
191 Satanow, *Imre Bina*, 12a.
192 Siehe Satanow, *Sefer ha-Middot*, 34b–35a.
193 Satanow, *Imre Bina*, 4a.
194 Ebd., 34b–35a.
195 Siehe auch Satanow, *Megillat Ḥasidim*, 20a–b.

listica, sive Philosophia orientalis antiqua, ad notiones nostri aevi accommodata.[196] Es sollen also nicht nur die Gebote selbst, sondern auch ihre philosophischen Begründungen eine Anpassung an den Zeitgeist erfahren. Aus diesem Grund führt Satanow in seiner Schrift aktuelle Diskussionen aus der Philosophie und den Naturwissenschaften an, da sie für ihn eine so geartete Adaption verkörpern.

Shibbuṣ-Methode und *Meliṣa*

Wie eine Suche nach Weisheit und den „Begründungen der Gebote" im Sinne der Anpassung an den Zeitgeist aussehen soll, lässt sich in der Einleitung von *Imre Bina* an dem für die Haskala-Literatur typischen *meliṣa*-Stil illustrieren.[197] In einem Zitat zu Beginn der Schrift, in dem die ursprüngliche Suche Noams nach kabbalistischen Traditionen (vor dem Sturm der Verwirrung – eine deutliche Anspielung auf Maimonides' *More*) und der daraus resultierenden Erkenntnis der Weisheit bildreich umschrieben wird, erklärt Satanow:

> Und Noam war ein Mann des Glaubens (*ish emunot*), der erforscht (*la-ḥaqor*), was versteckt und verborgen ist. So nannte man ihn Noam, da seine Seele sich danach verzehrte, die Anmut (*no'am*) des Ewigen zu schauen (*la-ḥazot*)[198] und die Thronhallen der Kabbala

---

196 Zur Identifikation von kabbalistischer Metaphysik mit antiker orientalischer Philosophie – einem zentralen Topos der philosophischen und theologischen Diskurse in Deutschland im 18. Jahrhundert – siehe Haim Mahlev, „Kabbalah as Philosophia Perennis? The Image of Judaism in the German Early Enlightenment: Three Studies", *Jewish Quarterly Review* 104,2 (2014): 234–257; Paul Franks, „Peirce's ‚Schelling-Fashioned Idealism' and ‚the Monstrous Mysticism of the East'", *British Journal for the History of Philosophy* 23 (2015): 732–755; ders., „‚Nothing Comes from Nothing': Judaism, the Orient, and Kabbalah in Hegel's Reception of Spinoza", in Michael Della Rocca (Hg.), *The Oxford Handbook of Spinoza*, New York 2018, 512–539; Reimund Leicht, „Neu-*Orient*-ierung an Maimonides? Orientalische Deutungsparadigmen in der jüdischen Aufklärung und der frühen Wissenschaft des Judentums", in Burkhard Schnepel / Gunnar Brands / Hanne Schönig (Hg.), *Orient – Orientalistik – Orientalismus. Geschichte und Aktualität einer Debatte*, Bielefeld 2011, 93–121.

197 Zum alttestamentlichen Sprachbewusstsein, an dem sich Satanow häufig orientiert, und dessen Stilmitteln siehe Johannes Thon, „Sprachbewusstsein in nichtklassischen Kontexten. Eine Einleitung aus alttestamentlicher Perspektive", in ders. / Giuseppe Veltri / Ernst-Joachim Waschke (Hg.), *Sprachbewusstsein im Alten Orient, Alten Testament und rabbinischen Judentum*, Halle 2012, 1–27.

198 Die Verwendung des Verbes *la-ḥazot* impliziert kein einfaches visuelles Schauen, sondern eine mystische, meditative Vision des Göttlichen und gilt als *terminus technicus* innerhalb der kabbalistischen Literatur bereits seit der Hekhalot-Literatur. Siehe Elliot R. Wolfson, „*Yerida la-Merkavah:* Typology of Ecstasy and Enthronement in Ancient Jewish Mysticism", in Robert A. Herrera (Hg.), *Mystics of the Book – Themes, Topics, and Typologies*, New York 1993, 13–45, hier 29; siehe auch Satanow, *Sefer ha-Ḥizzayon*, Berlin 1775, 4aff.

> (*hekhale ha-qabbala*)[199] aufzusuchen, alles Kostbare und Auserlesene (*kol yaqar we-segula*). Er machte sich daran, ins Innerste des „Gartens" (*pardes*)[200] zu gelangen, um sich am Ewigen zu ergötzen (*le-hit'aneg*) in Gottes Garten Eden, in aller Anmut (*bekhol ne'ima*), um mit Klugheit zu forschen (*la-ḥaqor ba-bina*) und mit Weisheit zu erkennen (*le-havin ba-ḥokhma*) bei allem rationalen Wissen und Sinnen (*be-khol madda' u-meṣama*).[201]

In poetischen Worten wird die Ausgangssituation von Noam, Yedayas Gesprächspartner, dargestellt, bevor der Sturm des Zweifels sich in seinem Herzen erhebt. An dieser Stelle ist auch die Verwendung des Plurals bei „Glaube" (*emunot*) bemerkenswert. Der Abschnitt enthält zahlreiche Hinweise und Metaphern auf zentrale Topoi der kabbalistischen Traditionen wie die Thronhallen der Kabbala, wobei auch die doppelte Bedeutung von *qabbala* – Tradition und mystisches Wissen – intendiert ist. Auch das Innerste des Gartens (*el pardes pnimah*)[202] etabliert die angezeigte Parallele von maskilischen Anliegen mit Satanows angestrebter Synthese von Glaube (*emuna*) und Forschung (*la-ḥaqor*), das Gelangen ins Paradies der Erkenntnis,[203] das Erkennen von Weisheit (*le-havin ba-ḥokhma*) aufgrund der Beschäftigung mit wissenschaftlichen Denkansätzen (*la-ḥaqor ba-bina*), bei allem rationalen Wissen und Sinnen (*be-khol madda' u-meṣama*).

Der Dialog setzt ein hohes Maß an „Mündigkeit" des Fragenden im Stil der Haskala voraus, ähnlich dem Dialog in Leone Ebreos (1465–1521) *Dialoghi d'Amore*. Auch die Schriften Ebreos, dessen jüdischer Name Judah Abravanel lautet, erlebten während der Haskala eine weitreichende Renaissance und vermittelten humanistische Ideale der jüdischen Philosophie und Tradition dieser Epoche an ein maskilisches Publikum. Satanow erwähnt Ebreo mit seinem hebräischen Namen Abravanel in *Imre Bina* mehrmals.[204] Auf ähnliche Weise wie Philo von Alexandrien und Azariah de Rossi bedient sich Ebreo auch nichtjüdi-

---

199 Die Thronhallen versinnbildlichen nach bHag 14b die mystische Erkenntnis, die nach dem exegetischen Prozess und vorausgegangener Initiation in die kabbalistische Exegese anhand des vierfachen Schriftsinns erreicht werden kann. Siehe Morlok, *Gikatilla's Hermeneutics*, 85 (dort ebenfalls in Verbindung mit *segula* in Gikatilla's *Sha'ar ha-Niqqud*), 286–292.

200 Idel, „PaRDeS"; Wolfson, „By Way of Truth"; van der Heide, „Pardes"; Yehuda Liebes, *Ḥet'o shel Elisha'* [Die Sünde Elishas], Jerusalem 1990.

201 Übersetzung nach Rainer Wenzel, „Isaak Satanow: *Worte der Einsicht*, 1783", in Lohmann / Lohmann (Hg.), *Lerne Vernunft!*, 57; hier mit Ergänzung der hebräischen Termini.

202 Zur Metapher des Inneren in den kabbalistischen Literaturen, auch „innerste Räume" genannt, und den damit verbundenen „Schlössern" bzw. Hindernissen siehe Morlok, *Gikatilla's Hermeneutics*, 283–304.

203 Eine deutliche Anspielung auf Mainomides' berühmte Parabel vom königlichen Garten in *More* III,51.

204 Z. B. Satanow, *Imre Bina*, 5b.

scher Paradigmen und Argumente, um seine Gedanken zum Lebensprinzip des Universums, der Liebe, darzulegen. Laut Ebreo durchdringt die Liebe sowohl den materiellen als auch den nicht materiellen Teil des Kosmos und bildet die Grundlage seines Zusammenhaltes und seiner geordneten Form.

Ähnlich wie Satanow verbindet Ebreo aristotelische Logik mit platonischer Emanationslehre, wobei Gott zwar die „Quelle des Schönen“ verkörpert, diese jedoch zum Wesen der Welt gehört. Er ist die Quelle der Schönheit, jedoch nicht mit ihr identisch.[205] Liebe bedeutet hier kosmologisches Streben nach Vereinigung mit der Vollkommenheit, eine Vereinigung des menschlichen mit dem göttlichen Intellekt. Dabei wird Gott – Alexander von Aphrodisias (um 200) folgend – als aktiver Intellekt bezeichnet. Erkenntnis ist in diesem Prozess die Voraussetzung für Liebe, die als reine Anziehungskraft nicht ausreichend ist. Als höchste Erkenntnisform gilt die Vereinigung der Geschöpfe mit dem Schöpfer, die von beiden Seiten angestrebt wird und einen Liebeskreis zwischen der oberen und der unteren Welt schafft: alles stammt von Gott und kehrt zu ihm zurück. Beweise für diese Konzeptionen stammen dabei aus der griechischen Philosophie und deren arabischen Kommentatoren.

Die Kombination aus dem „Schauen der Anmut“ des Göttlichen mit dem Glanz der Anmut / Schönheit der Lebensquelle ist ebenfalls in Menaḥem von Chernobyls (1730 – 1787) *Me'or 'Enayim*[206] zu finden. In diesem Werk ist mystische Kontemplation mit dem Anhaften an den Buchstaben der Tora gleichbedeutend mit dem Anhaften am Göttlichen selbst und der Erkenntnis der dynamischen Lebensquelle, dem Unendlichen:

> Wenn man an den Buchstaben der Tora anhaftet, um den Glanz der Anmut[207] der Lebensquelle (*la-ḥazot be-no'am ziw ha-ḥiyyut*) des Unendlichen, gesegnet sei Er, zu schauen, der sich in den Buchstaben der Tora ausbreitet, so haftet man Gott, gesegnet sei Er, an.[208]

---

205 Siehe Giuseppe Veltri, „*Philo* and *Sophia:* Leone Ebreo's Concept of Jewish Philosophy“, in David B. Ruderman / ders. (Hg.), *Cultural Intermediaries. Jewish Intellectuals in Early Modern Italy*, Philadelphia 2004, 55 – 66. Zur besonderen Dialogstruktur und dem apologetischen Versuch Ebreos zu beweisen, dass griechische Mythen in der Hebräischen Bibel verankert sind und nicht umgekehrt, siehe Aaron Hughes, „Juda Abravanel: The Dialogue of Desire“, in ders., *Art of Dialogue*, 107 – 137.

206 Menaḥem von Chernobyl, *Me'or 'Enayim* [Leuchten der Augen], Brooklyn 1984, 37a.

207 Hebräisch *no'am* – natürlich eine Anspielung auf den fragenden Protagonisten des Dialogs.

208 Zur ontischen Identifikation zwischen Tora und Gott in den Lehren des Dov Baer von Mezeritch oftmals in Anlehnung an Zoharpassagen siehe auch Dov Baer von Mezeritch, *Devaraw le-Ya'aqov*, hg. v. Rivka Schatz-Uffenheimer, Jerusalem 1976, 26, 40 83, 149 – 150, 160 – 161, 201 – 202, 227 – 228, 272. Siehe Moshe Idel, „The Concept of the Torah in Hekhalot Literature and its Metamorphoses in Kabbalah“, *Jerusalem Studies in Jewish Thought* 1 (1981): 58 – 84 (Hebräisch); ders., *Vocal Rites and Broken Theologies. Cleaving to Vocables in R. Israel Ba'al Shem Tov's Mysticism*,

Die Phrase *la-ḥazot be-no'am* stammt aus Ps 27,4 („[...] zu schauen die Anmut des Ewigen, ihn aufzusuchen in seinem Tempel“) und dient sowohl Satanow als auch Dov Baer von Mezeritch als Ausgangspunkt der darauffolgenden Betrachtungen.

Während jedoch Dov Baer und andere chassidische Autoren die Kontemplation Gottes anhand seiner schriftlichen Tora und das Anhaften der menschlichen Seele am Unendlichen als Ziel des Schauens vor Augen haben, nimmt Satanow zwar die kabbalistische Metaphorik auf, verbindet diese jedoch mit Forschung (*la-ḥaqor*), Einsicht (*bina*), Weisheit (*ḥokhma*) und Wissenschaft (*madda'*) – wieder auf ähnliche Weise wie Philo von Alexandrien und Azariah de Rossi.[209] Als Matrix der letzten Zeile der Einleitung Satanows dient Prov 1,2 (*la-da'at ḥokhma [...] le-havin imre bina*, Klugheit zu erkennen und Sprüche der Weisheit zu verstehen),[210] hier allerdings in Kombination mit dem Verb *laḥqor* und in Umkehrung der beiden Verben mit den dazugehörigen Objekten. In diesem ausgefeilten *meliṣa*-Stil, der in der Theorie der *Me'assfim* eigentlich nur Mosaikstücke aus jeweils derselben Tradition, nicht aber aus unterschiedlichen Traditionsstufen und -literaturen vereinen sollte, etabliert Satanow bereits auf sprachlicher Ebene die angestrebte Synthese zwischen traditionellem Denken und innovativen Ideen der Moderne. Satanow möchte laut eigener Aussagen keine unterschiedlichen Stile in seinen *meliṣa*-Formen verwenden, um die Reinheit der Sprache und Grammatik zu bewahren, weicht aber oftmals selbst von dieser Prämisse ab. Nur die Ästhetik der Sprache solle als Leitmotiv dienen, doch um

New York 2020, 71–88; Gershom Scholem, „Der Name Gottes und die Sprachtheorie der Kabbala“, in ders., *Judaica 3*, Frankfurt a.M. 1970, 7–70.

209 Anderson, *Philo of Alexandria's Views*, 171–185; Giuseppe Veltri, „Azaria de Rossis Kritik an Philo von Alexandrien“, in ders. (Hg.), *Gegenwart der Tradition. Studien zur Jüdischen Literatur und Kunstgeschichte*, Leiden 2002, 300–304; ders., „Jüdische Einstellung zu den Wissenschaften im 16. und 17. Jahrhundert: das Prinzip der praktisch-empirischen Anwendbarkeit“, in Gerd Biegel / Michael Graetz (Hg.), *Judentum zwischen Tradition und Moderne*, Heidelberg 2002, 149–159.

210 Aufgrund von Philos Schöpfungskonzeption und der ontologischen Verbindung von *Logos* und Weisheit mit Gott kann bei ihm von einem ähnlichen Verständnis ausgegangen werden; siehe Peter Schäfer, *Weibliche Gottesbilder in Judentum und Christentum*, Frankfurt a.M. 2007, 61–84. Zur Philo-Rezeption in der jüdischen Aufklärung siehe Strauss, *Jedidja ha-Alexandri*. Strauss sieht in Philo eine mögliche Quelle für Mendelssohns Interesse an Kabbala und seine affirmative Verwendung der kabbalistischen Hauptwerke wie *Bahir*, *Zohar* und *Tiqqune Zohar* (Kap. 2.11). Besonderes Augenmerk verdient die Darstellung Philos als Überlieferer orientalischer (= esoterischer) Weisheiten bei Johann Jakob Brucker (1696–1770) und Johann Christoph Gottsched (1700–1766). Mein herzlicher Dank geht an Ze'ev für die Zusendung des Manuskripts vor der Drucklegung, dessen Thesen in der hier vorliegenden Arbeit leider nicht mehr in ihrer Gänze berücksichtigt werden konnten. Siehe zu diesem Themenkomplex auch Edward Breuer / David Sorkin, *Moses Mendelssohn's Hebrew Writings*, New Haven / London 2018, 123 Fn 2, 128, 132, 137–138, 231, 266 Fn 128–137, 306.

seine Synthese unterschiedlicher Traditionen zu verifizieren, muss er auf unterschiedliche Sprachstufen verweisen.[211] Das Verstehen, das dem Maskil zuteil wird, speist sich nicht allein aus der Tradition (*qabbala* in doppeltem Sinne), sondern auch aus neuzeitlicher Weisheit und Forschung. In seiner Neuinterpretation der biblischen *shibbuṣ*-Methode wird eine dynamische Kreation ähnlich der Abraham Mapus erreicht.[212] Mosaik oder Intarsie, d. h. das Einfügen von biblischen Versen und Phrasen in fragmentarischer Form in das stilistische Gewebe einer literarischen Arbeit, bedeutet, dass der Hörer durch den neuen Kontext der bekannten Phrase überrascht wird und die Fertigkeit des Autors im Umgang mit diesen Fragmenten und ihre Rekontextualisierung in eine neue Zeit und einen neuen Ort zu schätzen lernt.[213] Dieser stellt nicht nur anhand der Entdeckung der Quellen und des Aufdeckens der Methode, wie die verschiedenen Fragmente miteinander verbunden wurden,[214] eine enge Bindung zwischen Autor und Leser her, sondern verknüpft zudem divergierende Erkenntnismodelle und Wissenstraditionen auf meisterliche Weise miteinander. So versucht Satanow, die von ihm angestrebte „Süße" des *meliṣa*-Stils anhand seiner linguistischen Kunstfertigkeit, poetischen Ästhetik und den figurativen Elementen seiner Ausdruckweise zu erreichen.[215]

In dieser Art verwendet Satanow am Ende seiner Einleitung zu *Imre Bina* erneut die *shibbuṣ*-Methode bzw. die *meliṣa* (Mosaikstil) mit Bezügen zu unterschiedlichen Quellen der Tradition. Das Ziel ist ungebrochen, damit auf den In-

---

211 Siehe „Melekhet ha-Shir [Kunst der Poesie]", in Satanow, *Sefer ha-Ḥizzayon*, Berlin 1775, 4aff. Siehe *Naḥal ha-Besor* (1783/84), 2, wo *meliṣa* als Synonym für Rhetorik verwendet wird. Als Ausdruck eines erhabenen Stils wird es auf S. 12 angewandt. Zur weiteren Entwicklung des Begriffs siehe Pelli, *Haskalah and Beyond*, 144–150, zu Satanow 145.

212 Dan Miron, *Ben Ḥazon le-Emet* [Between Vision and Truth], Jerusalem 1979, 32–33.

213 Siehe Ezra Fleischer, *Shirat ha-Qodesh ha-'Ivrit bi-Yeme ha-Benayim* [Sacred Hebrew Poetry in the Middle Ages], Jerusalem 1975, 103–104; Dan Pagis, *Ḥiddush u-Masoret be-Shirat ha-Ḥol ha-'Ivrit: Sefarad we-Iṭalya* [Innovation and Tradition in Secular Hebrew Poetry: Spain and Italy], Jerusalem 1976, 70; Moshe Pelli, „On the Role of ‚Melitzah' in the Literature of the Hebrew Enlightenment", in Lewis Glinert (Hg.), *Hebrew in Ashkenaz. A Language in Exile*, New York 1993, 99–110, hier 100–101.

214 Pelli, „On the Role of Melitzah", 107. Zur *meliṣa* im Mittelalter siehe Jaqueline Genot-Bismuth, „Contribution à une recherche sur l'élaboration d'un métalangage de la poétique dans la pratique hébraique médiévale: l'exploration du terme ‚meliza'", *Sefarad* 41,2 (1981): 231–271; Moshe Pelli, „On the Role of Melitzah"; und Wesselys Ausführungen in der Einleitung seiner Schrift *Wein des Libanon*, abgedruckt in Lohmann / Lohmann (Hg.), *„Lerne Vernunft!"*, 44–55, besonders 51–52. Siehe die weiteren Ausführungen unten zu den Approbationen in den Schriften Satanows.

215 Satanow, „Melekhet ha-Shir", 4a. Bei der Definition des Begriffs *meliṣa* (ein Anrühren der Seele; rhetorischer Begriff in der Haskala für einen biblischen Mosaikstil) gibt es zudem auffällige Ähnlichkeiten zwischen Satanow und Mendelssohn; siehe Mendelssohn, *Netivot ha-Shalom* [Pfade des Friedens], Berlin 1783; ders., *Sefer ba-Midbar* [Buch Numeri], Offenbach 1808, 95a.

halt und die angestrebte Synthetisierung der unterschiedlichen Literaturen in dem vorliegenden Werk hinzuweisen:

> Erkenne durch Weisheit und werde weise durch Einsicht (*heven ba-ḥokhma we-ḥakham ba-bina*) [...] Demütig flehe ich vor dir (nach Jer 37,20): Ewiger, stütze mich mit der Rechten deiner Gerechtigkeit (nach Jes 41,10), damit ich nicht irre in der Spekulation über deine Erkenntnis (*be-ʻiyyun haskalatekha*).[216] Führe mich mit deiner Treue (Ps 25,5), damit ich nicht fehlgehe auf deinen Wegen (nach Prov 3,6). Ebne vor mir den Weg deiner Einsicht (nach Ps 5,9), damit meine Schritte nicht abweichen von deinen Pfaden. Ein reines Herz schaffe in mir, Gott, (Ps 51,12) und ich werde dein Zeugnis erkennen (Ps 119, 125). Wende meine Augen davon ab, Nichtiges zu sehen (Ps 119, 37) beim Erschauen deines Anblicks.[217] Der „Regen" (*geshem*)[218] soll mich nicht aufhalten (siehe I Reg 18,44), die Anmut deiner Geistigkeit (spirituelle Kraft, *la-ḥazot be-noʻam ruḥaniyyotekha*)[219] zu schauen und deine Thronhalle aufzusuchen (*le-vaqer be-hekhalkha*) (Ps 27,4),[220] deine gewaltigen Wundertaten. Führe mich auf ebenem Pfade (Ps 27,11) bei der Erkenntnis der Vollkommenheit deiner Werke (*be-hasagat shlemut*

---

216 Diese Redewendung taucht in Variationen in Maimons *Givʻat ha-More* auf, und auch in Satanows Ausgabe des *More ha-Nevukhim*, Bd. 2, Berlin 1795, 47b.

217 Siehe Gen 15,1; Ez 13,7.

218 Der biblische Begriff „Regen" bedeutet in der mittelalterlichen Philosophie auch „Materie, Körper, Substanz" und nimmt eine zentrale Position in Maimonides *More ha-Nevukhim* und bei Gersonides als „Material der Schöpfung", als präexistente Materie zwischen Sein und Nichtsein, ein. Siehe Gersonides, *Milḥamot ha-Shem. Wars of the Lord*, übs. v. Seymour Feldmann, Philadelphia 1999, 330 – 344. Gersonides interpretiert Genesis 1 als Darstellung von zwei Arten präexistenter Materie: *geshem* und *ḥomer.* Aus ersterem wurde das Universum geschaffen, die Urwasser über denen der Geist Gottes schwebte. *Ḥomer* entspricht in aristotelischem Sinne dem Substrat einer Form, welches in sich das Potential enthält, Formen zu erhalten, jedoch keine unabhängige ontologische Entität darzustellen. Dieses Potential muss in der Schöpfung aktualisiert werden. Gersonides vergleicht *ḥomer* mit der Dunkelheit ohne Licht, Materie ohne Form. Laut Glasner und Freudenthal bietet diese Konnotation verschiedene Vorteile für die Schöpfungstheorie gegenüber ihren Vorgängern. Siehe Ruth Glasner, *Gersonides: A Portrait of a Fourteenth-Century Philosopher-Scientist*, Oxford 2015; Gad Freudenthal, „Épistemologie, astronomie et astrologie chez Gersonide", *Révue des Études Juives* 146,3 – 4 (1987): 357 – 365. Siehe auch Morlok, *Gikatilla's Hermeneutics*, 63. Im Zusammenhang mit Magie und Segen. ebd., 76. Zum pythagoräischen Hintergrund des Verhältnisses von Materie und Zeit bzw. Bewegung siehe ebd., 97 – 98.

219 Zum Terminus der *ruḥaniyyot* in der mittelalterlichen jüdischen Philosophie siehe Shlomo Pines, „On the Term *Ruhaniyyot* and Its Sources and the Doctrine of Yehudah ha-Levi", *Tarbiz* 57,4 (1988): 511 – 530 (Hebräisch).

220 Der Psalm lautet: *la-ḥazot be-noʻam YHWH u-le-vaqer be-hekhalo.* Durch Substitution des Gottesnamens durch *ruḥaniyyot* (Geister, spirituelle Kräfte) und die Änderung des Possessivsuffixes schafft Satanow einen völlig neuen Zusammenhang und verbindet damit den biblischen Vers sowohl mit mittelalterlicher Philosophie (*ruḥaniyyot*) und Mystik (Wurzel *la-ḥazot*) als auch mit seinen Eingangsworten zu Beginn des Werkes.

> *'alilotekha)*.[221] Verleihe mir Einsicht in deine Weisheit,[222] die du deiner Schöpfung zugrunde gelegt hast, damit ich aus und ein weiß (*lema'an eda' ṣe't u-vo*) (I Reg 3,7)[223] vor diesem Volk, welches du gebildet, deinen Ruhm zu erzählen.[224] Labe mich an der Freuden Fülle bei der Erkenntnis deiner Anmut (*ne'imatekha*), ich schwelge erwachend an deiner Gestalt (Ps 16,11; 17,15).[225]

Durch die Substitution weniger zentraler Begriffe des biblischen Textes bzw. durch eine neue Kontextualisierung und implizierte assoziative Hinweise auf mittelalterliche und mystische Traditionen unter gleichzeitiger Verwendung überlieferter *termini* – die zu Beginn der Moderne auch wissenschaftliche Auseinandersetzungen definierten – erzeugt Satanow bereits in den Eingangsworten des Werkes eine harmonische Synthese bis in die narrative Struktur hinein. Die Texte lassen auf den ersten Blick keinen Widerspruch zur traditionellen Lehre erkennen und nur „Eingeweihte", also diejenigen, die auf anderen Wissensgebieten bewandert sind, können die angedeuteten Assoziationen herstellen, um die tiefere Dimension des Textes zu erfassen. Diese Vorgehensweise erinnert stark an kabbalistische Hermeneutik (und auch an maimonidische im *More ha-Nevukhim*), bei der nur der initiierte Leser die höhere, oft als *sod* (Geheimnis) bezeichnete Ebene oder Bedeutung des Textes erfassen und dessen Dimension angemessen bewerten kann.[226] Satanow verwendet hier zwar nicht den zentralen kabbalistischen Begriff des „Geheimnisses" (*sod*), doch mittels der diachronen Interpretationsmöglichkeit und der Assoziationen mit den Begriffen *hekhal*, *ruḥaniyyot*, *geshem*, *hasaga* und *la-ḥazot* findet eine philosophisch-mystische Neuverortung der biblischen Zitate statt, die dem Text innerhalb des anvisierten

---

221 Eventuell ist hier eine Anspielung auf Ps 103,7 enthalten. Siehe zudem den Begriff *be-hasagat shlemut ha-guf* bei Maimonides, *Iggerotaw we-Toledot Ḥayyaw*, hg. v. Mordechai Bar-Yoseph, Tel Aviv 1970, 131.

222 Siehe Dan 1,17; II Chr 1,10 – 12.

223 Satanow nimmt hier Salomos Bitte um Weisheit aus I Reg 3 auf.

224 Die Verbindung der Begriffe *tehilatekha* und *le-sapper* assoziiert der kundige Leser mit Jes 43,21 und Ps 79,13; 102,22; 79,4.

225 Übersetzung mit leichten Änderungen nach „Isaak Satanow: *Worte der Einsicht*, 1783", in Lohmann / Lohmann (Hg.), *Lerne Vernunft!*, 60 (die hebräischen Begriffe wurden aus der Originalschrift eingefügt).

226 Siehe Moshe Idel, „Radical Hermeneutics: From Ancient to Medieval, and Modern Hermeneutics", in *Convegno Internazionale sul tema: Ermeneutica e Critica, Roma, 7 – 8 Ottobre 1996*, Rom 1998, 165 – 210; Elke Morlok, „Integrative Hermeneutics via Language and Ritual in Medieval Jewish Mysticism", in Bruno De Nicola / Yonatan Mendel / Husain Qutbuddin (Hg.), *Reflections on Knowledge and Language in Middle Eastern Societies*, Cambridge 2010, 90 – 110; dies., *Gikatilla's Hermeneutics*, 49 – 51, 76, 180, 219, 224, 284 – 303.

mystisch-wissenschaftlichen Horizontes die nötige Autorität verleiht. Diese Perspektive eröffnet sich nur dem eingeweihten Leser.[227]

3.3 Newton, Optik und die zehn Sefirot: Naturwissenschaft und Kabbala in Einklang

Im Folgenden wird es darum gehen, wie die angedeutete Verknüpfung zwischen unterschiedlichen Literaturen der jüdischen Tradition und der modernen Wissenschaften von der literarischen zur inhaltlichen Ebene übergeht. Insbesondere Satanows Überlegungen zur Optik, genauer: zur *camera obscura* und seine Assoziationen mit der sefirotischen Welt bzw. deren Farben sollen in diesem Zusammenhang untersucht werden.

Tal Kogman geht aufgrund einer ähnlichen Darstellung des Versuchsaufbaus zur *camera obscura* und der zugehörigen Termini davon aus, dass Satanow sich in seinen wissenschaftlichen Quellen zur Optik und Newtons Thesen vor allem an Eulers *Briefe an eine deutsche Prinzessin* orientierte.[228] Doch man sollte an dieser Stelle noch zusätzliche Quellen und Überlieferungskanäle für Satanows wissenschaftliche Kenntnisse in Erwägung ziehen.[229] Auch wenn Satanow Eulers Untersuchungen für sein Werk *Mishle Asaf* aus dem Jahr 1780 konsultiert haben mag, besteht die Möglichkeit, dass er seine Bemühungen um die Erweiterung seiner Kenntnisse über optische Phänomene in den Jahren zwischen *Mishle Asaf* 1780 und *Imre Bina* 1784 intensiviert hatte und nun in der späteren Schrift zusätzliche wissenschaftliche Quellen einbezog.

---

227 Elliot R. Wolfson, *Language, Eros, Being: Kabbalistic Hermeneutics and Poetic Imagination*, New York 2005, 1–45, 190–260.

228 Tal Kogman, „Intercultural Contacts in Maskilic Texts about Sciences“, in Shmuel Feiner / Israel Bartal (Hg.), *The Varieties of Haskalah*, Jerusalem 2005, 29–42 (Hebräisch); dies., *The ‚Maskilim‘ in the Sciences: Jewish Scientific Education in the German-Speaking Sphere in Modern Times*, Jerusalem 2013, 95–115 (Hebräisch). Zu Eulers Auseinandersetzung mit Newton bezüglich dessen Emanationstheorie des Lichts siehe Leonhard Euler, *Briefe an eine deutsche Prinzessin*, Teil 1, Leipzig ^{2}1773, 54–64 (ursprünglich auf Französisch erschienen in St. Petersburg 1768 [Teil 1 und 2], Teil 3 im Jahr 1772). Teil 1 und 2 wurden bereits 1769 ins Deutsche übersetzt, Teil 3 im Jahr 1773; Morlok, „Isaak Satanow (1732–1804)“, 316.

229 Die Überlegungen zur Quellenfrage entzünden sich vor allem am Fehlen bestimmter Begriffe Satanows bei Euler, wie z. B. Brennglas/-brille, die Satanow auf Deutsch in hebräischen Lettern verwendet und die nicht in Eulers Ausführungen zu finden sind.

Aufbau der Schrift

Satanows Harmonisierungskonzepte zwischen Wissenschaft und Kabbala bzw. Philosophie erscheinen an signifikanten Stellen seiner Schrift. Dies lässt sich bereits am Aufbau zeigen:

- Pforte 1: *re'shit ḥokhma yir'at ha-shem, be-takhlit ha-bri'a, ba-raṣon ha-pashuṭ, shelilat ha-shinui, seder ha-aṣilut* (Beginn der Weisheit ist Gottesfurcht, zum Ziel der Schöpfung, im einfachen [reinen] Willen, Negation der Veränderung, Emanationsordnung)
- Pforte 2: *Ḥokhma – Bina – Da'at* (Weisheit – Einsicht – Wissen)[230]
- Pforte 3: *ḥokhma yewwanit, ha-yedi'a we-takhlitah* (griechische Weisheit, das Wissen und sein Zweck)
- Pforte 4: *ṭova emuna 'im ḥokhma* (Gut ist [der] Glaube mit [der] Weisheit)
- Pforte 5: *mahut ha-hasaga ha-sikhlit, be-meliṣa, ḥidda la-Tora we-la-te'uda, ha-or be-shiv'at ha-gewanim* (das Wesen des intellektuellen Verstehens, mit *meliṣa* [poetischer Rhetorik], Rätsel der Tora und des Zeugnisses, das Licht in den sieben Farben des Spektrums)
- Pforte 6: *be-kinnuy En Sof, be-gader ha-sefirot* (mit dem Beinamen des *En Sof*, zur Bestimmung der Sefirot)
- Pforte 7: *be-gader ha-ṣimṣum, le-emet me-ha-koḥot, 'inyan ha-ṣimṣum* (zur Bestimmung des *ṣimṣum*, zur Wahrheit von den Kräften, zum Thema *ṣimṣum*)
- Pforte 8: *be-gader ha-levushim* (zur Bestimmung der Gewänder)
- Pforte 9: *be-gader ha-sha'ashua', derush neshama yetera* (zur Bestimmung des Ergötzens / Vergnügens, Bedeutung der zusätzlichen Seele)
- Pforte 10: *sha'ar shallekhet,*[231] *pe'ullot ha-nefesh, be-sibbat ha-shena we-ha-ḥalomot, be-gader ha-emuna, nissim, be-gevul 'olam ha-ba* (das Tor *shallekhet*, Tätigkeiten der Seele, zum Grund von Schlaf und Träumen, zur Bestimmung des Glaubens, Wunder, zur Grenze der kommenden Welt)

Satanows ausführliche Beschreibungen zur Optik und zum Prisma, der *camera obscura*, den zehn Sefirot und den Farben des Regenbogens finden sich ab der Mitte von Pforte 5 bis deren Ende[232] und bilden somit den Übergang von der Pforte des Glaubens zu den kabbalistischen Topoi des *En Sof* und den Sefirot. In Pforte 7 trägt er erneut wissenschaftliche Betrachtungen zur Gravitationslehre vor, dies-

---

230 Die obere Triade des Sefirotsystems, wobei nicht *Keter*, die transzendente Form des *En Sof* (Unendlichen) genannt wird, sondern die im sefirotischen System immanente Sefira *Da'at* (Wissen) als untere Spiegelung von *Keter*. Siehe Moshe Idel, „Sefirot above the Sefirot", *Tarbiz* 51,2 (1982): 239–280 (Hebräisch).

231 I Chr 26,16.

232 Satanow, *Imre Bina*, 16a–b.

mal im Kontext seiner Darstellung der Schöpfung und dem damit verbundenen Rückzug Gottes (*ṣimṣum*). Nachdem zuvor in Pforte 1 in § 6[233] unter den Überschriften *or maqqif* (umgebendes Licht), *or muqqaf* (umgebenes Licht) und *re'iyya* (Sehen) epistemologische Voraussetzungen für die Erkenntnisfähigkeit des Menschen erörtert wurden, ohne auf spezifisch optische Phänomene einzugehen, werden nun in dem genannten Abschnitt verschiedenste Themen aus der jüdischen Tradition mit wissenschaftlichen Phänomenen kombiniert.[234] Damit nimmt er in der fünften Pforte implizit wieder die epistemologischen Fragestellungen anhand der Lichtmetaphorik auf und schmilzt sie kabbalistischen Diskussionen ein.

Pforte 6 (16a–b)

In Pforte 5 werden zunächst die aristotelischen Eigenschaften des Lichts (*miqre* und *ekhut ha-me'ir ha-mitpasheṭ be-mu'ar* [zufälliges und die Qualität des sich ausbreitenden Lichts im Erleuchteten]) besprochen. Satanow verweist in dieser Beziehung auf Aristoteles *De anima:* Die Seele existiert nicht als eigenständiges Wesen, unabhängig vom Körper, sondern bildet dessen Form. Daher ist sie – im Gegensatz zu Platons Meinung – vom Körper nicht trennbar. Sie verhält sich daher zu ihm wie das Augenlicht zum Auge.[235] Sodann wendet sich Satanow der These der „geistigen" Emanation des Lichts vom Auge des Sehenden zum Objekt des Sehens zu und nimmt Bezug auf Joseph Delmegidos *Novelot Ḥokhma* (Weisheitssplitter), um die Qualität des Lichts zu erörtern.[236] Es sind nicht nur lurianische Quellen, sondern auch deren italienische Interpretationen zu beachten.

---

233 Ebd., 5b–6a.

234 Zu diesen beiden Lichtern in der italienischen Version des *ṣimṣum* in Delmegidos *Novelot Ḥokhma* (Weisheitssplitter) siehe Moshe Idel, „Conceptualizations of *Tzimtzum* in Baroque Italian Kabbalah", in Michael Zank / Ingrid Anderson (Hg.), *The Value of the Particular: Lessons from Judaism and the Modern Jewish Experience*, Leiden / Boston 2015, 28–54, hier 34–39. Auch hier spielt das aristotelische Verständnis eine tragende Rolle, siehe nächste Fn.

235 *De anima* II 1, 413a4; Aristoteles, *Über die Seele. Griechisch – Deutsch*, hg. v. Horst Seidl, Hamburg 1995, 64–65. In der arabischen Philosophie wurde dies in Ibn Sinas Rezeption der aristotelischen Seelenlehre wieder aufgenommen, um die Beziehung von Seele und Körper analog zum Verhältnis von Auge und Sehvermögen zu erläutern. Siehe Nizar Samir Gara, *Die Rezeption der Philosophie des Aristoteles im Islam als Beispiel die Rezeption der Seelenlehre des Aristoteles bei Ibn Sinas Buch ('Ilm al-nafs: Die Wissenschaft der Seele)*, Dissertation Heidelberg 2003, 18, 37, 71, 225, 232, 247.

236 Da sich Satanow an dieser Stelle explizit auf Delmegido bezieht, sollte auch im Zusammenhang der Darstellung des *ṣimṣum* dessen Standpunkt erörtert werden. Siehe unten.

Wie bereits von Scholem anmerkt, übten die italienischen Kommentatoren der lurianischen Kabbala wie z. B. Joseph Ergas (1685 – 1730), Immanuel Hai Ricchi (1688 – 1743) und Moshe Ḥayyim Luzzatto (1707 – 1746) einen großen Einfluss auf die weiteren Entwicklungen und die Rezeption derselben in Polen und Litauen aus. Das lässt sich besonders gut an Pinḥas Eliyah Hurwitz' (1765 – 1821) *Sefer ha-Berit* (Buch des Bundes, 1797) und Satanows *Imre Bina* zeigen.[237]

Im Unterschied zu Delmegido, der seine Erläuterungen auf das Licht des *En Sof*[238] im Zusammenhang mit dem *ṣimṣum* und bezüglich des Rückzugs mitsamt anschließender „Verhüllung des göttlichen Lichts" anführt,[239] fährt Satanow fort, indem er die Qualität des Lichts als Komposition verschiedener Elemente und Farben diskutiert. Anhand eines als Dreieck geschliffenen Glases, Prisma, und auch anhand geschliffener Edelsteine könnten die sieben Farben des Spektrums mit Hilfe der *leṭushe ha-zawiyyot* (geschliffenen Seiten), genannt *faṣ'eṭin* (Facetten), sichtbar gemacht werden. Als Hintergrund diente hier das Wissen, dass beim Farbenspiel eines geschliffenen Edelsteins es sich um eine prismatische Zerlegung des einfallenden weißen Lichts in seine verschiedenen Farben handelt, die umso intensiver wirkt, desto stärker die Dispersion ist. Bei besonders stark streuenden Edelsteinen wie Diamanten bilden je zwei nicht miteinander parallele Facetten des geschliffenen Steins ein Prisma, das einen Lichtstrahl farbig zu zerlegen in der Lage ist. Man geht bei einem Schliff so vor, die Facetten in der

237 Gershom Scholem, *Kabbalah*, Jerusalem 1974, 84. Siehe auch Moshe Idel, „Italy in Safed, Safed in Italy: Toward an Interactive History of Sixteenth-Century Kabbalah", in David Ruderman / Giuseppe Veltri (Hg.), *Cultural Intermediaries. Jewish Intellectuals in Early Modern Italy*, Philadelphia 2004, 239 – 269. Auch Hurwitz bezieht sich in seinem *Sefer ha-Berit* auf die italienischen Interpretationen. Joseph Fischer vermerkt im Vorwort der posthum erschienen Auflage (zs. mit *Miṣwot Ṭovim*), dass Hurwitz verlangte, dass sein Kommentartext in *Ṭa'am Eṣo* (Begründung eines Rates) parallel zu Ricchis Einführung in die lurianische Kabbala, *Mishnat Ḥakhamim* (Lehre der Weisen), gedruckt werde. Siehe Ruderman, *Best-Selling Book*, 38 – 39.

238 Auch wenn mit Karl Christian Bähr, *Symbolik des Mosaischen Cultus*, Bd. 1, Heidelberg 1837, 317 in den Religionen das Licht den Farben zugrunde liegt und der Begriff des Lichts auf das Wesen der Gottheit übertragen wird, so dass Farbe und Licht die Gottheit in ihrer Manifestation bezeichnen, so liegt hier ein entscheidender Unterschied zum Judentum bzw. der Tora vor. Denn in vielen jüdischen Konzeptionen ist Gott nicht das Licht, sondern es ist seine erste Schöpfung. Erst in der Kabbala wird diese Unterscheidung von einer Farbsymbolik in Bezug auf die wirkende Gottheit selbst (in den zehn Sefirot) thematisiert. Genau dieser Aspekt wird bei Satanow angedeutet.

239 Siehe Joseph Shlomo Delmegido, *Novelot Ḥokhma*, Basel [Hanau] 1631, 151b, 156a–157a. Siehe Alexander Altmann, „Lurianic Kabbalah in a Platonic Key: Abraham Cohen Herrera's Puerta del Cielo", in ders., *Von der mittelalterlichen zur modernen Aufklärung*, Tübingen 1987, 192 Fn 112; siehe auch Elliot R. Wolfson, *Rending the Veil: Concealment and Secrecy in the History of Religions*, New York 1999.

Weise anzubringen, dass sie an der Vorder- und Hinterseite nicht parallel laufen und somit die Zerlegung der Lichtstrahlen in die einzelnen farbigen Teilstrahlen möglichst begünstigt wird. Die hinteren Facetten müssen dabei so schräg liegen, dass sie das beim Eintritt in den Stein an der Vorderseite fragmentierte Licht durch Totalreflexion wieder nach vorn führen und dort austreten lassen. Dieses Farbenspiel wird oftmals als „Feuer“ des Edelsteins bezeichnet.

> In einem geschliffenen Edelstein bildet jede Facette der Vorderseite mit einer ihr nicht parallelen Facette zur Hinterseite ein Prisma und jedes Paar solcher Facetten erzeugt beim geeigneten Anvisieren einer Lichtflamme durch den Stein hindurch ein Bild von dieser.[240]

Satanow zeigt offenbar Vertrautheit mit der damaligen Edelsteinkunde und lässt diese in seine Betrachtungen zum Prisma und dessen Funktion bei der Visualisierung des Farbspektrums einfließen. Bei der Brechung des Lichtes erscheinen sieben Farbspektren, aus denen sich das Licht zusammensetzt. Innerhalb des Versuchsaufbaus der *camera obscura*[241] wird das Licht durch ein Prisma an der hinteren weißen Wand in den sieben Spektralfarben reflektiert, bevor ein zweites Prisma oder eine Brennlinse (dt. Begriff „Brennbrille“ in hebräischen Buchstaben) das Licht wieder zu einem einzigen weißen Strahl bündelt. In der Luft bündelt sich das Licht und erscheint in unseren Augen als weiß.[242]

Die sieben Farben erscheinen wieder gebündelt als weiß, wenn das Licht auf unsere Wahrnehmung trifft. Anhand eines konvexen Prismas, das Satanow Brennbrille nennt,[243] oder eines mit Wasser gefüllten Glasgefäßes, können dabei die sieben Farben des Regenbogens von Rot (*adom*) bis Violett (*tekhelet*) für das menschliche Auge gezeigt werden. Dabei ist laut Satanow das Licht nicht akzidentiell mit dem Überträger desselben verbunden. Dennoch bezeichnet er Licht als *ʿeṣem gashmi* als Materie, nimmt damit die angesprochene Thematik aus der

240 Max Hermann Bauer, *Edelsteinkunde*, Bd. 1, Leipzig 1909, 52, 56.

241 Es ist an dieser Stelle nicht nur auf Eulers dritten Teil der *Briefe an eine deutsche Prinzessin* als Parallele zu verweisen, sondern auch auf seine Ausführungen zu den Brenngläsern im ersten Teil (Leipzig ^{2}1773), 140 – 143 und der Lichtbrechung, ebd., 100 – 109.

242 Zur Bedeutung des Weiß siehe Gershom Scholem, „Farben und ihre Symbolik in der jüdischen Mystik“, in ders., *Judaica 3*, Frankfurt a. M. 1973, 98 – 151, hier 96: „Das Bildlose schließt aber die Welt der Bilder nicht aus, es ist nur ihr Zentrum und ihre Zuflucht; das Farblose negiert die Farben nicht, die es umfaßt.“

243 Siehe Michael Friedrich Leistikow, *Auszug der Versuche Herrn Christian Wolffens*, Halle 1738, Der Andere Theil, 118; Euler, *Briefe an eine deutsche Prinzessin*, Teil 3, Leipzig 1780, 178 – 182 (Über die Brenngläser), 182 – 192 (Über *camera obscura* und Anmerkungen über die Vorstellung, die in der *camera obscura* geschieht); Johann Gottlob Krüger, *Naturlehre nebst Kupfern und vollständigem Register*, Halle 1740, 570 – 573.

Einleitung wieder auf und stellt zugleich einen Bezug zur aktuellen Wissenschaftsdiskussion her. Anhand eines doppelten Versuchsaufbaus mit zwei Prismen bzw. einem Prisma und einem Wasserglas mit der Funktion einer Brennbrille soll das Farbspektrum wieder zu einem Strahl gebündelt werden, so dass es am Endpunkt des Versuchs erneut als weiß erscheint. Anhand dieses Experiments könnten die Farben des Regenbogens an der weißen Wand sichtbar gemacht werden, die eine Reflexion (*demut*) der Farbspektren (*gawanim*) des erleuchtenden Objekts im erleuchteten Objekt darstellen. Mit deutlich kabbalistischen Termini schreibt er zum Zeichen des Bundes:

> Denn die Erscheinung des Regenbogens ist ein Abglanz der Farbspektren, die aus dessen Licht erleuchtet [...] und sie ist die Grundlage des Männlichen, welches [wiederum] die Grundlage des Weiblichen erleuchtet, und in ihr werden [demgemäß] die Farbspektren von dessen Licht eingezeichnet. Daher wurde der Regenbogen zum Zeichen des Bundes, wie ein Zeichen des Bundes mit dem Mann [= die Beschneidung] [...] Die Weisen der Kabbala bezeichneten die obersten Ursachen und Verursachten mit dem Namen Lichter.
>
> שמראה הקשת הוא דמות גווני המאיר במאור ממנו [...] הוא יסוד דדכורא הוא המאיר ביסוד דנוקבא ונרשמים בה גווני אורו ולכן נעשה הקשת אות ברית כמו אות ברית דדכורא [...] חכמי הקבלה שכינו העילות והעלולים העליונים בשם אורות [...].[244]

Lichtgeschwindigkeit

Satanow führt zudem eine erotische Metaphorik zum Verhältnis zwischen Licht und beleuchtetem Objekt ein, die er unter Bezug auf den Regenbogen wieder aufnimmt. Nachdem er den Aufbau der *camera obscura* beschrieben hat,[245] geht er auf die Wirkung des Lichts auf die von ihm getroffene Materie ein. Die Bewegung des Lichts sei als eine zeitliche zu verstehen, die anhand eines Versuchsaufbaus, bzw. dem Erspähen eines Lagerfeuers von weitem, mit zwei Probanden in unterschiedlicher Entfernung und durch die Bewegung des Lichts in Sekunden, d. h. die zeitlich verschobene Wahrnehmung, demonstriert wird. Interessanterweise bezieht sich auch Kant auf Eulers Vergleichbarkeit von Schall und Licht, „ihre beiderseitige Erregung, ihr Fortrücken, ihre Ausbreitung, den Durchgang und Zurückprallung ihrer Strahlen."[246] Wenn in der Nacht ein Feuer angezündet

244 Satanow, *Imre Bina*, 16b.

245 Zu den unterschiedlichen Varianten des Begriffs bei Satanow siehe Kogman, *Maskilim in the Sciences*, 110 (Hebräisch).

246 Siehe Immanuel Kants Werke, *Briefe von und an Kant 1790 – 1803*, hg. v. Ernst Cassirer, Berlin 1922/23, 58. Kant stand bekanntlich mit Euler in brieflichem Kontakt und beruft sich explizit in seiner Dissertation von 1770 auf ihn. Siehe Heinrich Emil Timerding, „Kant und Euler", *Kant-Studien* 23 (1919): 18 – 64. Zur Geschwindigkeit des Lichts siehe auch Salomon Maimon,

werde, sehe man aus weiterer Entfernung die Funken erst in zeitlichem Abstand zu dem, der das Feuer anzündet. Dabei präge das Licht bei der sinnlichen Wahrnehmung – wie in alle „weiche Materie" – kleine Löcher in die Oberfläche ein. Auch bei der *camera obscura* sei das der Fall.[247] Satanow spricht zwar von einer Erweiterung der Pupille beim Lichteinfall, geht aber noch nicht (wie Goethe in seiner Farbenlehre) von einer aktiven Retina aus. Die erwähnten „Löcher", die eine Reaktion auf der Oberfläche des beleuchteten Objekts hervorrufen, dürfen durchaus mit Goethes „farbigen Schatten" und den dazu erforderlichen Vorarbeiten von Robert Waring Darwin und Benjamin Thompson (Count Rumford) verglichen werden. Goethe geht dabei von der Wirkung des Lichts und der Finsternis sowie der schwarzen und weißen Bilder als Reaktion auf die An- und Entspannung der Retina aus. Nach Erläuterungen zum Einfluss grauer und farbiger Flächen auf das Sehorgan beschäftigt sich Goethe zudem mit den „farbigen Schatten" und „subjektiven Höfen". Phänomene, bei denen ein Lichtpunkt auf der Retina nicht nur einen Bildpunkt, sondern einen kompletten Kreis erzeuge, so dass sich der wahrgenommene Gegenstand über die Grenzen des Objekts erstrecke. Goethe stellte mannigfaltige Versuche zu (sukzessiven) Nachbild- und (zeitgleichen) Simultankontrasten an.[248]

Mögliche Vorlagen

Eine alternative Quelle zu Darwin und Thompson könnte eine Passage aus dem dritten Teil von Eulers *Briefen* sein, wo man zum Empfang der „Erschütterungen" auf der weißen Oberfläche erfährt:

Ḥesheq Shelomo, 146–148; sowie dieselben Angaben zur Geschwindigkeit des Lichts bei Euler, *Briefe an eine deutsche Prinzessin*, Teil 1, 65.

247 Satanow, *Imre Bina*, 16a.

248 Siehe Jonathan Crary, *Techniken des Betrachters. Sehen und Moderne im 19. Jahrhundert*, Dresden / Basel 1996; Robert Waring Darwin, „New Experiments on the Ocular Spectra of Light and Colours, communicated by Erasmus Darwin", *Philosophical Transactions of the Royal Society of London* 76 (1786): 313–349; Monika Renneberg, „Farbige Schatten – oder wie die subjektiven Farben in die Welt der Physiker kamen und was sie dort anrichteten", in Gabriele Dürbeck u. a. (Hg.), *Wahrnehmung der Natur, Natur der Wahrnehmung: Studien zur Geschichte der visuellen Kultur um 1800*, Dresden 2001, 237–251; Benjamin Count Rumford (Thompson), „Nachricht von einigen Versuchen über gefärbte Schatten", in ders., *Kleinere Schriften politischen, ökonomischen und philosophischen Inhalts*, Bd. 4: Physikalische Abhandlungen, Abtheilung 2, Weimar 1805, 477–496; und *Goethes Farbenlehre*, online http://www.klassik-stiftung.de/fileadmin/user_upload/Sammlungen/Goethes_Sammlungen/Goethes_Farbenlehre.pdf (Zugriff: 20. Februar 2016); Müller, *Mehr Licht*, 121–216.

> [...], daß alle Theile einer weissen Oberfläche von Natur aufgelegt sind, alle Arten von Erschütterungen, sie mögen mehr oder weniger schnell seyn, zu empfangen; da hingegen die Theile einer farbichten Oberfläche nur denjenigen Grad der Geschwindigkeit in der Bewegung anzunehmen geschickt sind, der ihrer Farbe angemessen ist. Weil also unsere Tafel weiß ist, so wird der Punkt p durch eine Vibration in Bewegung gesetzt seyn, die sich zu der grünen Farbe schickt: oder vielmehr er wird 12000 Mahl in einer Sekunde bewegt werden. 3) So oft folglich der Punkt p oder der Theil der weissen Oberfläche, welcher sich in p befindet, von einer gleichen Bewegung erschüttert wird, so wird er die nemlichen Bewegungen den Theilchen des Aethers, die ihn umgeben, mittheilen; und da diese Bewegung sich überall verbreitet, so wird sie Stralen von eben der Natur, das ist, grüne Stralen hervorbringen.[249]

Diese Erkenntnisse seien laut Satanow bereits in der Tora, im Talmud, im *Zohar* und bei den Kabbalisten enthalten, wie Yedaya Noam im weiteren Verlauf des Dialogs darlegt. Dabei hätten alle sinnlich wahrnehmbaren Phänomene obere, himmlische Paradigmen, die von höherer Qualität seien und erhabener und kraftvoller als die irdischen. Die weitere Argumentation, auf die unten noch zurückzukommen ist, hat zum Ziel, Noam den Beweis zu liefern, dass Kabbalisten schon lange vor den Wissenschaftlern tiefgreifende Kenntnis der himmlischen Paradigmen besaßen und die Wissenschaften jetzt erst diese entdecken können. Doch seien diese heutigen Wissenschaften – im Gegensatz zu den Kabbalisten – nicht in der Lage, zwischen den unterschiedlichen Qualitäten (physisch und nicht physisch) des Lichts zu unterscheiden und würden daher nie in den Genuss des „süßen" Lichts der Erkenntnis kommen.[250] Nur in der kabbalistischen Lehre der zehn Sefirot, welche wie die Spiegelung der Sonne im Regenbogen die göttliche Welt reflektieren, sei diese Fülle erkennbar.

Doch ist die Erforschung des irdischen Lichtes und seiner Gesetzmäßigkeiten dennoch von großer Relevanz, da viele nur anhand des physischen, materiellen Lichtes das geistige, spirituelle zu erkennen vermögen. Grundlegend hierfür ist Satanows Verständnis der „intellektuellen Deduktion", über die er schreibt:

> Jeder, der Phänomene in Begriffen von Ursachen und Wirkungen erläutert, ist weise. Verstehen bedeutet die intellektuelle Deduktion einer Sache von einer anderen, ohne ein detailliertes und vollständiges Wissen davon zu besitzen. Weisheit (*ḥokhma*) ist die Kombination von vollkommenem Verstehen mit vorherigem Wissen.[251]

Dies ist Satanows Leitsatz zur intellektuellen Deduktion. Verstehen und daraus resultierendes Wissen / Weisheit sind das Ergebnis der Kombinationsfähigkeiten

---

249 Euler, *Briefe an eine deutsche Prinzessin*, Teil 3, 191.

250 כי באור הגשמי תראה אור האלהי החכמה והדעת ותבונה ולקחת את ערובתו למנה כי מתוק האור לעיני הבחינה.

251 Satanow, *Imre Bina*, 7a.

des Maskil. Aus diesem Grund können verschiedenste Wissensbereiche miteinander kombiniert werden: keines davon besitzt für sich den Anspruch auf Vollständigkeit und nur in der Kombination kann der Mensch zur Erkenntnis gelangen. Dabei bilden die kabbalistischen Theoreme die Methodik, um von einem zum nächsten zu gelangen, da in ihnen bereits alles künftige Wissen a priori angelegt ist.

Es liegt nahe zu vermuten, dass Satanow sich in seiner Theorie zur erneuten Bündelung des Lichts auf Newtons Versuchsaufbau (Abb. 26) mit zwei Prismen bezieht, der in modernen Versuchen wie unten dargestellt wird (Abb. 27):

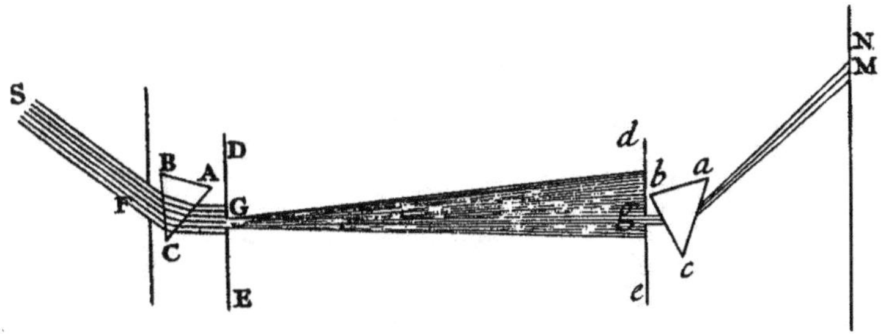

Abb. 26: Newtons experimentum crucis, nach einer Idee von Timm Lampert bearbeitet von Matthias Herder (mit freundlicher Genehmigung des Autors aus Olaf L. Müller, *Mehr Licht*, § I.4.7)

Da Satanow in dem hebräischen Text deutsche Begriffe wie Brennglas bzw. Brennbrille, die in der heutigen Forschung der Sammellinse entsprechen, benutzt, ist von einer deutschsprachigen Vorlage auszugehen.[252] Wie bei Maimon können hier Leistikow oder Krüger als mögliche Vorlagen angenommen werden, vor allem letzterer verwendet häufig – wenn auch in einem anderen Zusammenhang – das Wasserglas als Brennglas/-brille im Versuchsaufbau.

Die Komponenten des Versuchsaufbaus beschreibt Johann Gottlob Krüger (1715 – 1759), Medizinprofessor in Halle, in seiner *Naturlehre* (Halle 1740), §§ 473, 478 – 482, auf dieselbe Weise wie Satanow:

> [...] und es müssen demnach die sieben farbigen Strahlen schon vorher in dem Sonnenstrahle vereinigt gewesen und durch das Prisma blos von einander abgesondert geworden seyn. Ich sage, die farbigen Strahlen werden durch das Prisma von einander abgesondert, welches etwas mehr ist, als eine blosse Zerstreuung der Strahlen. [...] Wenn man alle sieben Farben zusammen durch ein Brennglas wieder mit einander vereinigt werden: so bekommt

252 Auch Tal Kogman geht davon aus, dass Satanow in jedem Fall eine deutsche Vorlage benutzte; dies., *Maskilim in the Sciences*, 110 (Hebräisch).

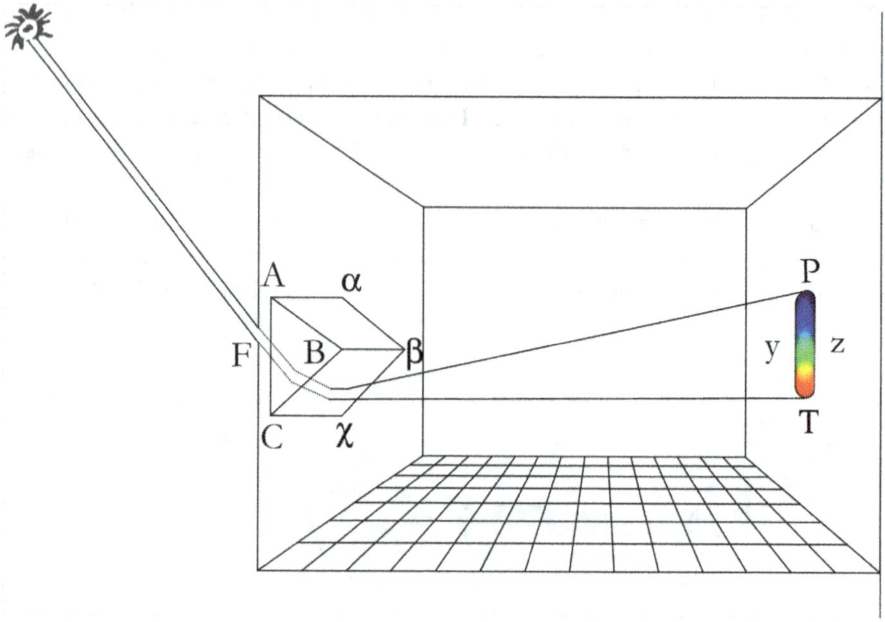

Abb. 27: Newtons Grundexperiment (1666), nach einer newtonischen Skizze von Matthias Herder und Ingo Nussbaumer bearbeitet (mit freundlicher Genehmigung des Autors aus Olaf L. Müller, *Mehr Licht*, Farbtafel 1)

> man das weisse Sonnenlicht wieder. [...] Wodurch also aufs neue bestätigt wird, dass ein weisser Sonnenstrahl aus den sieben farbigten zusammengesetzt sey. Es fließt ferner hieraus, dass ein Körper weiß aussehe, wenn er alle Strahlen ohne Unterschied reflectirt.[253]

Leistikow verwendet wie Satanow einen geschliffenen Diamanten bei dem Versuch zur Licht-Brechung:

> Da ein geschliffener Diamant sowohl den Tage als Nacht mit eben solchen Farben, als in dem Regenbogen erscheinen, spielet: so erhellet, daß auch anderes Licht von eben der Art sei, wie das Sonnenlicht. Hält man das gläserne Prisma gegen ein brennendes Licht, oder den Tage

253 Johann Gottlob Krüger, *Naturlehre nebst Kupfern und vollständigem Register*, Halle 1740, 554, 566, 570 – 573. Zur *camera obscura* ebd., 556, 787, wo das Auge als *camera obscura* dargestellt wird. Doch muss man hier Kogman darin zustimmen, dass der Aufbau den Anleitungen Eulers, *Briefe an eine deutsche Prinzessin*, Teil 3, 183 – 184, entspricht. Ein weiteres Beispiel dafür, dass Satanow Krüger eindeutig als Vorlage benutzt, findet sich weiter unten im Abschnitt zu „Hieroglyphizität und Gehirnsäfte“.

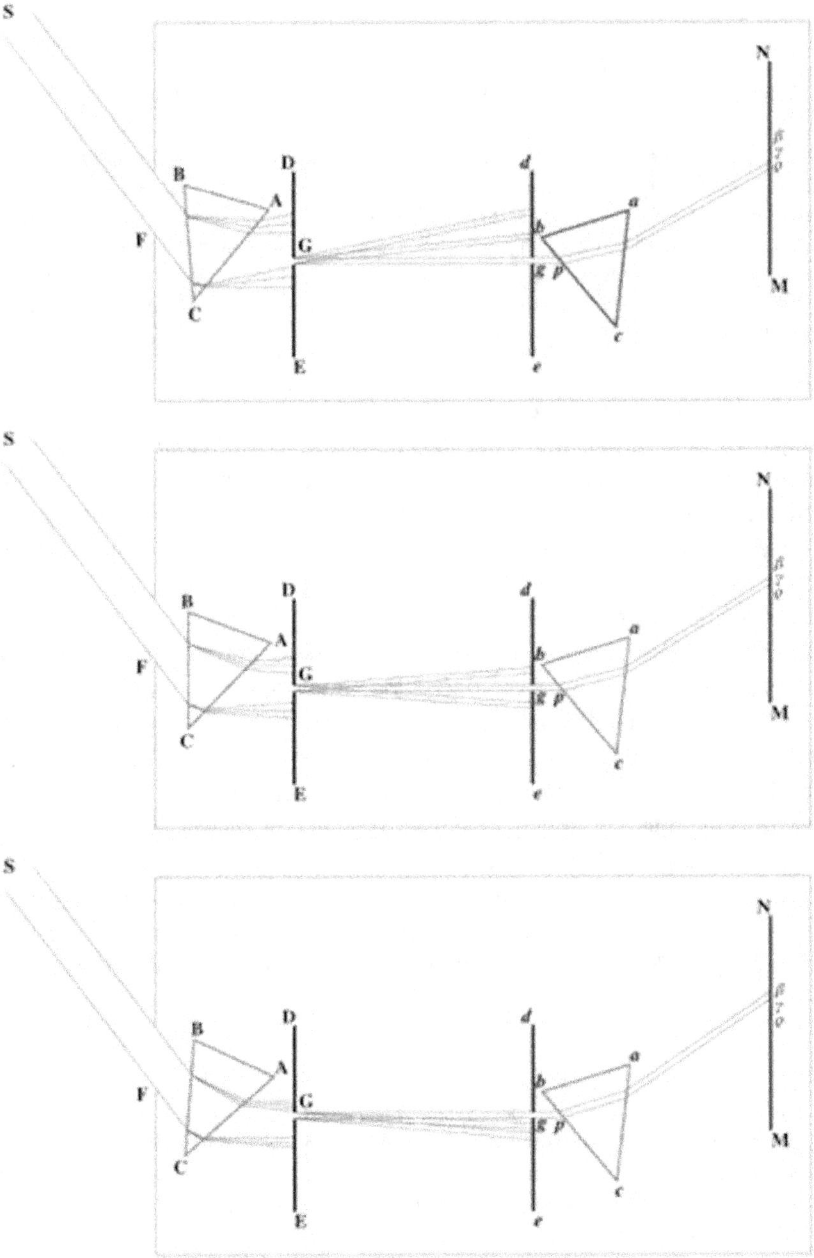

Abb. 28: Newtons experimentum crucis, bearbeitet von Matthias Herder (mit freundlicher Genehmigung des Autors aus Olaf L. Müller, *Mehr Licht*, § I.4.3)

> gegen ein Fenster, erscheinen die gewöhnlichen Farben gleichfalls immer eine höher als die andere. [254]

Bezüglich der Facetten des Diamanten verweist Leistikow auf Bernoulli:

> Es läßt sich auch ein Licht hervorbringen, wenn man andere Körper aneinander reibet. Es muß aber wenigstens eine darunter durchsichtig seyn, damit man das Licht desto besser sehen könne. Nechst dem müssen ihre Flächen eben und poliret seyn, auf daß sie einander desto genauer berühren. Endlich müssen sie beyde harte seyn, auch der eine sehr dünne, daß sie bald warm werden: denn die Wärme befördert das Licht. Herr Bernoulli hat angemercket, daß hiezu nichts geschickters, als der Diamant, vor andern ein Tafelstein, wenn man ihn an Glas hin und her beweget; nach dem Diamante aber das Gold. [255]

Im weiteren Verlauf des Textes verflechtet Satanow die mechanistischen Vorstellungen zu den Farben und dem Regenbogen bzw. der *camera obscura* mit kabbalistischen, also nicht-mechanistischen Vorstellungen zu den zehn Sefirot und ihren Funktionen innerhalb des göttlichen dynamischen Organismus, in der Form eines Baumes (*ilan*), den Seins- oder Handlungsweisen der Gottheit (Sefirot).[256]

Satanows Ausführungen beruhen auf den angeführten physischen Beobachtungen zur Optik und Farbenlehre. Zum Hintergrund dieser Betrachtungen Satanows ist zu berücksichtigen, dass zwar Nachbilder und andere vom Auge selbst erzeugte Phänomene bereits seit der Antike bekannt, aber bis dahin als Täuschungen und Gesichtsbetrug abgetan worden waren. Die Beschäftigung mit ihren physiologischen Ursachen begann erst im 18. Jahrhundert, als die Physiologie ins Zentrum des medizinischen Diskurses trat. Bis zu dieser Zeit wurden alle Farbwahrnehmungen, die nicht mit den Erklärungsansätzen der geometrischen Optik vereinbar waren, als Ausnahmeerscheinungen behandelt und der Einbildungskraft zugeschrieben, da die menschliche Wahrnehmung als unberechenbarer Faktor galt. Benjamin Count Rumford 1794 (Benjamin Thompson, 1753–

---

254 Leistikow, *Auszug der Versuche*, Der Andere Theil, 143. Wie oben gezeigt, hatte sich ja auch Israel Zamosc mit Hilfe von Leistikows *Auszug* die Wolffsche Physik angeeignet. Daher liegt es nahe, dass auch Satanow dieses Schulbuch zum Studium der neuen Wissenschaften benutzte.

255 Ebd., 157–158. Krüger erwähnt den Diamanten nur kurz bezüglich der Härte und seiner weißen Farbe, Krüger, *Naturlehre*, 501.

256 Elke Morlok, „Innovation via Combination? The Harmonious Synthesis of Mechanical and Non-Mechanical Concepts in Isaac Satanow's *Imre Binah* (1783)", in Cristina Ciucu (Hg.), *The Role of Jewish Mysticism in Early Modern Philosophy and Science: Kabbalah, „Atheism" and Non-Mechanical Philosophies of Nature in the 17th–18th Centuries* (Editionsprozess).

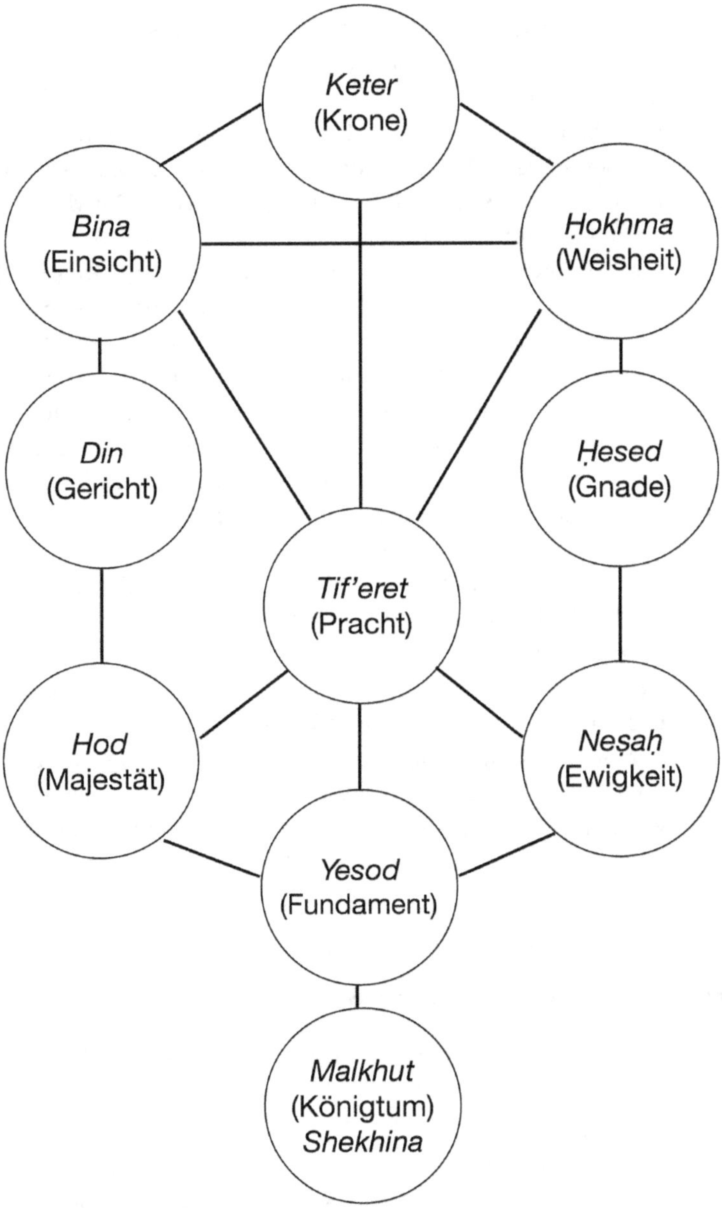

Abb. 29: Sefirotbaum (*Ilan*), E.M.

1814)[257] fasste bei seinen Versuchen mit gefärbten Schatten die Reaktionen des Auges als optische Täuschung auf. Doch hatte George Louis Leclerc Buffon rund 50 Jahre vorher das Auge in einem mechanistischen Konzept als reagierend auf eine Zwangslage beschrieben, ohne eine Theorie der subjektiven Farben zu entwerfen.[258] Erst Robert Waring Darwin (1766–1848), der Vater des berühmten Charles Darwin, betrachtete das Auge unter physiologischen Aspekten als aktiv agierend, was von Satanow explizit angesprochen wird. Darwin stellte die Nachbild- und Simultankontraste als Gesetzmäßigkeiten fest, die später in Goethes Farbenlehre zu finden sind: Ein roter Gegenstand erzeugt ein grünes Nachbild, Gelb ein violettes, Blau ein oranges und umgekehrt. Auf diesen Sachverhalt geht Satanow nicht ein, da für ihn die Verbindung des Lichts zu den göttlichen Sefirot im Zentrum steht. Goethe erhob 1810, nach Satanows Ableben, die Gesetzmäßigkeiten der vom Sehsinn erzeugten Farben zur Norm. Wie er im historischen Teil der Farbenlehre schreibt, macht das Auge allein durch sein gesetzliches Agieren das von ihm Gesehene zur Realität – auch wenn diese Realität unkörperlich ist.[259] Doch all diese wissenschaftlichen Errungenschaften fallen in die Zeit nach der Abfassung von Satanows Schrift.

Der menschliche Körper wird laut Goethe selbst zum Produzenten optischer Erscheinungen, der Blick, Subjekt und Objekt verbindet, und die Selbstreflexion der Wahrnehmungsprozesse kreuzen sich im menschlichen Betrachter. Satanow geht im vorliegenden Text noch von einer passiven Reaktion des menschlichen Auges aus, doch von einer aktiven des beleuchteten Gegenstandes wie im oben genannten Beispiel zum Licht gezeigt wurde. Jedoch hebt Goethe dann später die Trennung von Realität und repräsentativer Ebene der Farbe auf, eine Trennung, für die das „veraltete" erkenntnistheoretische Modell der *camera obscura* steht, das von Satanow als Ausgangspunkt verwendet wird. Satanow überträgt nun im

---

257 George I. Brown, *Graf Rumford. Das abenteuerliche Leben des Benjamin Thompson*, München 2002.

258 Resianne Fontaine hat überzeugend dargestellt, dass Leclerc eine der möglichen Quellen für Hurwitz' naturwissenschaftliche Kenntnisse in *Sefer ha-Berit* sein könnte. Dies ist auch bei Satanow nicht auszuschließen. Siehe Resianne Fontaine, „Natural Science in *Sefer ha-Berit*: Pinchas Hurwitz on Animals and Meteorological Phenomena", in dies. u. a. (Hg.), *Sepharad in Ashkenaz*, 157–181.

259 Siehe und *Goethes Farbenlehre*, online http://www.klassik-stiftung.de/fileadmin/user_upload/Sammlungen/Goethes_Sammlungen/Goethes_Farbenlehre.pdf (Zugriff: 20. Februar 2016); sowie http://farbenstreit.de/ (Zugriff 12. August 2020); zu Goethes tragbarer *camera obscura* siehe Matthias Müller, „Camera obscura", in Peter Heering /Michael Markert / Heiko Weber (Hg.), *Experimentelle Wissenschaftsgeschichte didaktisch nutzbar machen. Ideen, Überlegungen und Fallstudien*, Flensburg 2012, 67–92.

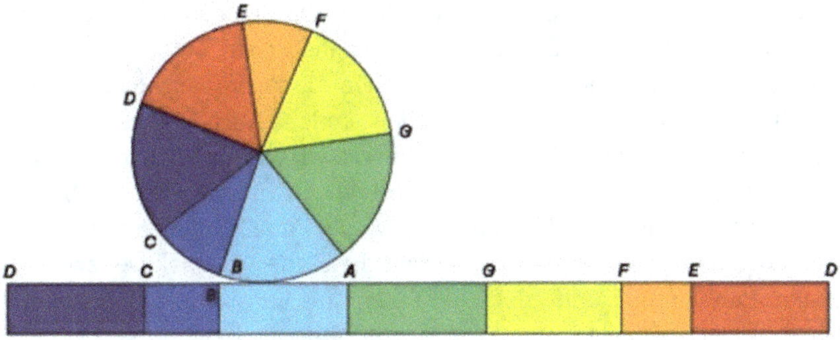

Abb. 30: Newtons Farbkreis, aus seinem Spektrum hergeleitet. (Graphik von Matthias Herder, mit freundlicher Genehmigung des Autors aus Müller, Olaf: „Goethe i zasady. Swiata barw", *autoportret* [2008/9]: 25–26)

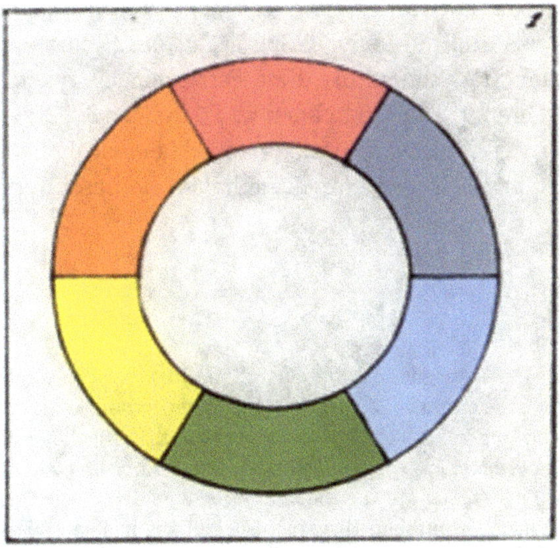

Abb. 31: Goethes Farbenkreis, bearbeitet von Matthias Herder (mit freundlicher Genehmigung von Olaf L. Müller; Quelle: http://farbenstreit.de/bilder-filme/farbtafeln/farbenkreise/)

weiteren Verlauf die Spektralfarben auf die biblischen Aussagen und das sefirotische System der kabbalistischen Literaturen.

Die Farben der Sefirot

Satanow erläutert die kausale Interdependenz zwischen dem Farbspektrum und den theosophischen Spekulationen der kabbalistischen Autoren zu den zehn Sefirot unter Berücksichtigung der biblischen Passagen zum Regenbogen und dem göttlichen Bund als dessen „Zeichen" (*ot*).[260] Nach Satanow waren den Kabbalisten die göttlichen Ursachen der heute wissenschaftlich erwiesenen Zusammenhänge bereits bekannt, auch in deren Schriften ließen sie sich nachweisen. Was ehemals einer kleinen, eingeweihten intellektuellen Elite vorbehalten blieb,[261] sei heutzutage aus wissenschaftlicher Perspektive zwar einem breiteren Publikum bekannt, doch die Erkenntnis der wahren Zusammenhänge sei nach wie vor auf eine kleine Gruppe von Initiierten beschränkt.

In Satanows Ausführungen wird als Ziel und Grenze des Farbspektrums *tekhelet*,[262] eine der Farben der Schaufäden am *ṭallit* (Gebetsschal) angegeben, wobei beide Worte (Grenze, *takhlit* und Violett / Tiefblau und *tekhelet*) aus den gleichen Konsonanten bestehen und sowohl *tekhelet* als auch das gleich klingende *ṭallit* die Konnotation des „Bekleidens" und des „Schutzes" (vor dem „bösen Auge) hervorrufen, wie von Gadi Sagiv gezeigt wurde.[263] Die Farbnuancen von *tekhelet* sind im sefirotischen System meist auf die unterste Sefira *Malkhut* (Königtum) bezogen, doch es existieren auch Traditionen, die diese Farbe mit der zweiten Sefira *Ḥokhma* (Weisheit) assoziieren.[264] Die Schaufäden und deren beide Farben Weiß und *tekhelet* nehmen in der jüdischen Tradition eine herausgehobene Stellung ein, und auch in der kabbalistischen Literatur erhalten sie besonderes

---

260 Satanow, *Imre Bina*, 16b.

261 Moshe Idel, „Kabbalah and Elites in Thirteenth-Century Spain", *Mediterranean Historical Review* 9 (1994): 5–19. Zu den soziologischen Implikationen solch einer Elitenbildung innerhalb der kabbalistischen Traditionen damals und heute siehe siehe Philipp Wexler, *Mystical Interaction. Sociology, Jewish Mysticism and Education*, Los Angeles 2007; Jody Myers, *Kabbalah and the Spiritual Request. The Kabbalah Centre in America*, Westport, Conn. 2007.

262 Scholem übersetzt mit Schwarzblau, Purpurblau, Hyazinthblau und Himmelblau. Siehe Scholem, „Farben und ihre Symbolik", 105. Zum „Blau des Himmels" siehe auch Euler, *Briefe an eine deutsche Prinzessin*, Teil 1, 109.

263 Gadi Sagiv, „Dazzling Blue: Color Symbolism, Kabbalistic Myth, and the Evil Eye in Judaism", *Numen* 64,2–3 (2017): 183–208. Siehe ebd. auch die dortigen Angaben zum *Zohar* und zu Cordovero. Zum Wortspiel *tekhelet* und *ṭallit* siehe Num 15,38. Die Funktion der Quaste besteht darin, beim Anblick die Gesamtheit der göttlichen Gebote in Erinnerung zu bringen und zu ihrem Vollzug aufzurufen. Laut bMen 43b bringt das Sehen zum Eingedenken und das Eingedenken zum Tun. Auch die frühkabbalistische Deutung des *tekhelet* im *Bahir* § 65 gründet sich auf diese Stelle; Scholem, „Farben und ihre Symbolik", 105.

264 Siehe Sagiv, „Dazzling Blue", 188.

Augenmerk.[265] Auch wenn es in der kabbalistischen Literatur konzentrische kreisförmige Darstellungen des Sefirotsystems gab,[266] so überwiegt doch das Baumschema (*ilan*).[267] Die Farben des newtonschen Farbkreises werden von Satanow auf diese Baumstruktur übertragen, wobei *Malkhut* (Königtum), die unterste, zehnte Sefira, mit *tekhelet* und der kreisförmigen Öffnung der *camera obscura* identifiziert wird. Satanow folgt der Zuordnung der Farben und den magischen Implikationen des *Bahir*, des *Zohar* und auch Gikatillas.[268] Dabei sind die Vorstellungen von dieser untersten, weiblichen Sefira als Spiegel oder „speculum" bereits in mittelalterlichen Schriften von höchster Bedeutung, da diese Eigenschaft Gottes meist als *aspeqlarya ha-me'ira*, als leuchtender Spiegel, bezeichnet wird, und (wie beim biblischen Mose) dem Kabbalisten die höchste Stufe der prophetischen Schau der himmlischen Welt ermöglicht.[269]

265 Sagiv, „Dazzling Blue", dort finden sich ausführliche Angaben zu biblischen, rabbinischen und mystischen Kontroversen über diese Farbe bzw. deren Herstellung aus der *ḥillazon* (spezifische Schneckenart) sowie zur aktuellen Debatte in Israel zu diesem Thema, welche seit 1980 entbrannte. Siehe auch ders., „Deep Blue: Notes on the Jewish Snail Fight", *Contemporary Jewry* 35,3 (2015): 285 – 313. Zu *tekhelet* innerhalb der kabbalistischen Literatur siehe Scholem, „Farben und ihre Symbolik", 105 – 112, 138, 145, 147 – 148; Moshe Idel, „Kabbalistic Prayer and Colours", in David Blumenthal (Hg.), *Approaches to Judaism in Medieval Times*, Bd. 3, Atlanta 1988, 17 – 27; ders., „Visualization of Colors I: David ben Yehuda he-Ḥasid's Kabbalistic Diagram", *Ars Judaica* 11 (2015): 31 – 54; ders. „Visualization of Colors II: Implications of David ben Yehuda he-Ḥasid's Diagram for the History of Kabbalah", *Ars Judaica* 12 (2016): 39 – 51.

266 *Keter* (Krone), die oberste Sefira wird auch in der Tradition des *Sefer Yeṣira* als „heiliger Kreis ohne Anfang und Ende" bezeichnet oder als *'aṭara* (Diadem), um die vollkommene Einheit Gottes symbolisch anzudeuten. Siehe Gershom Scholem, *Kabbalah*, Jerusalem 1978, 96 – 116; Idel, „Sefirot above Sefirot". Das Weibliche wird hier eindeutig uroborisch konnotiert; Idel, *Privileged Divine Feminine*, 63 – 64 und 111 – 112.

267 Am bekanntesten ist wohl die Darstellung des Sefirotbaumes in Paulus Riccius' Übersetzung von Gikatillas *Pforten des Lichts* als *Portae Lucis* aus dem Jahr 1516 in Augsburg (Abb. 32 unten). Abgebildet bei Scholem, *Kabbalah*, Seite nach Titelblatt. An der Universität Haifa ist ein Projekt zur Erforschung dieser *Ilanot* in der kabbalistischen Literatur unter der Leitung von Yossi Chajes angesiedelt: http://ilanot.haifa.ac.il/Ilanot_Site/project.html (Zugriff: 12. Februar 2016).

268 Sagiv, „Dazzling Blue", 188 – 189.

269 Siehe z. B. Joseph Gikatilla, *Sefer ha-Niqqud* [Buch der Vokalisation], 38a; ders., *Sod ha-Ṣiṣit* (Geheimnis der Schaufäden; Morlok, *Gikatilla's Hermeneutics*, 85, 197); oder David Ben Yehuda he-Ḥasids Schrift, welche von Daniel Matt, *The Book of Mirrors: Sefer Mar'ot ve-Zove'ot*, Chico, CA 1982 veröffentlicht wurde. Ausführliche Diskussionen finden sich bei Wolfson, *Speculum*; Elke Morlok, „Erotische Anziehung und doppelte Konstruktion der Schechina in der kabbalistischen Literatur", in Bernd Janowski / Enno Popkes (Hg.), *Das Geheimnis der Gegenwart Gottes*, Tübingen 2014, 139 – 156; sowie Scholem, „Farben und ihre Symbolik", 137 – 138; und die beiden oben erwähnten Beiträge von Moshe Idel zur Visualisierung der Farben im Sefirotdiagramm von David ben Yehuda he-Ḥasid. Siehe die fast identische Formulierung von Satanow am Ende der Dis-

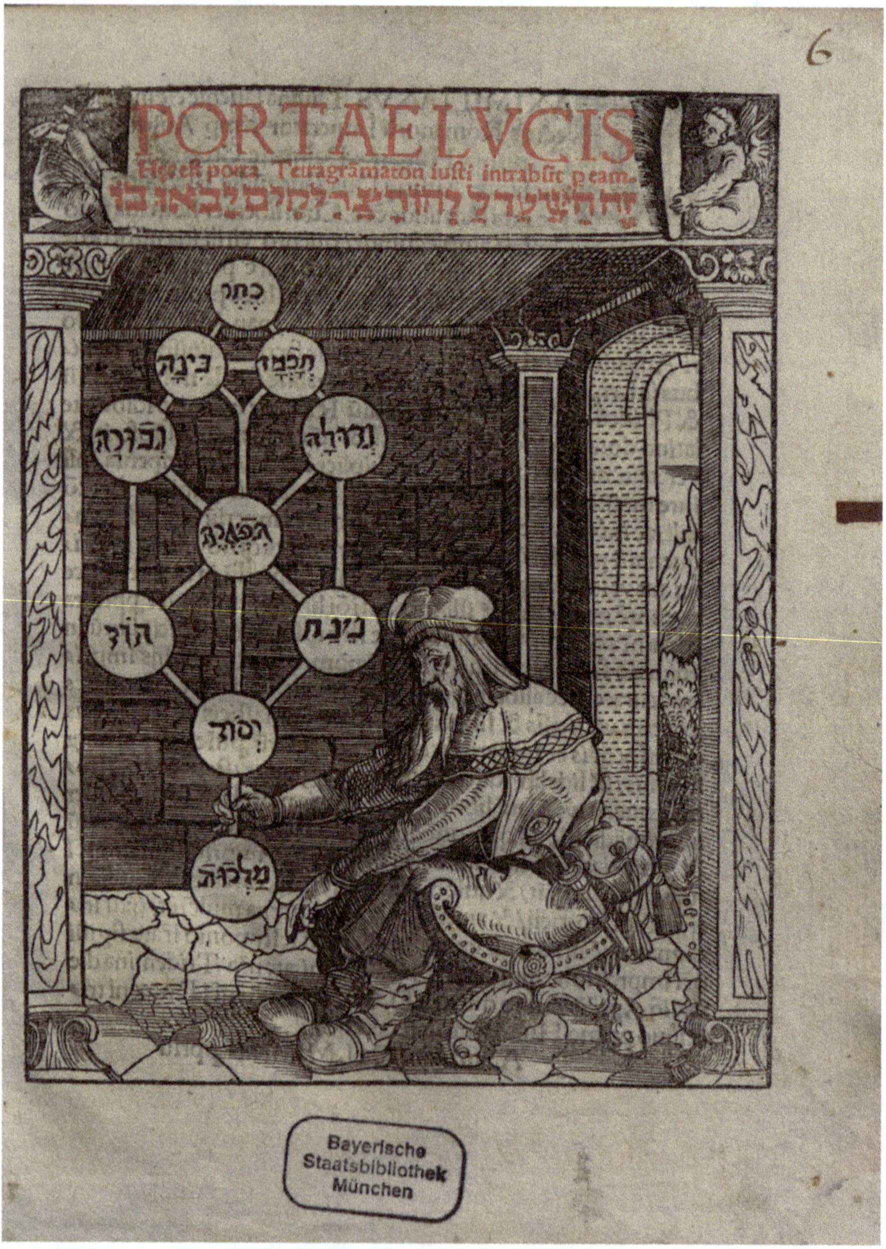

Abb. 32: Joseph Gikatilla, *Portae Lucis*, übersetzt von Paulus Ricius, Augsburg 1516, Titelblatt, Bayerische Staatsbibliothek (http://mdz-nbn-resolving.de/urn:nbn:de:bvb:12-bsb10982464–5)

Die Sonnenstrahlen, die auf das menschliche Auge treffen und dort das Licht reflektieren, sind nach Satanow die Ursache für das Sehen. Auf dieselbe Weise reflektiert auch die *Shekhina* das göttliche und das irdische Licht in beide Richtungen – in das Sefirotsystem hinein nach oben und in den irdischen Bereich hinab. Die sieben Farben des Regenbogens entspringen der Sonne und haben ihr Ziel und ihre Grenze (*takhlit*) in *tekhelet* (vgl. Ez 1,28: *ke-mar'e ha-qeshet asher yihe be-'anan*).[270] Wie an einem Regentag die Farben des Regenbogens wie ein Strahlenglanz leuchten (*ken mar'e ha-nogah saviv*)[271] und das Licht der Sonne reflektieren, so leuchtet hier die Ehre Gottes um das Zeichen des Bundes. Man kann demnach von den Farben des Bogens Rückschlüsse auf Gottes Ehre (*kavod*) ziehen. Somit ist es auch möglich, hieraus die tatsächliche Ursache für den Regenbogen und seine Funktion als Bundeszeichen zu eruieren. Nach Bezugnahme zu bBer 52b und Raschis Kommentar zu der Stelle – der davon ausgeht, dass in einer Flamme drei Farben erscheinen: rot, weiß und grün[272] – kommt Satanow auf die kabbalistischen Ausführungen zu *tekhelet* zu sprechen: Wer mit den Augen ein Prisma betrachtet, beobachte wie derjenige, der in den Regenbogen schaut, dass *tekhelet* den Abschluss des Spektrums bilde und die Grenze aller Farben darstelle, so wie ja auch die *Shekhina*, die unterste Sefira, die Grenze zwischen irdischem und himmlischen Bereich definiere.[273] Der Beginn aller Farben sei Rot, die Farbe der Sefira *Din* (Gericht), die in der sefirotischen Struktur auch als *Gevura* (Stärke) bezeichnet wird und als Gegengewicht zur göttlichen Gnade (*Ḥesed* / *Raḥamim*) / Weiß fungiert.

Den ältesten Schichten der kabbalistischen Quellen zufolge sind die ursprünglichen Farben von Gnade und Gericht Weiß und Rot, die sich im weiteren Verlauf zu fünf Farben ausdifferenzieren, laut dem *Zohar* (I,15a) beim Schöp-

---

kussionen zu *levushim*, wo die „Verhüllung" im Zusammenhang von *tekhelet* / *Malkhut* thematisiert wird.

270 Mit dem Zitat aus Ezechiel wird zudem die Verbindung zur mystischen Schau hergestellt. Zum Regenbogen als Gleichnis einer überirdischen Manifestation des Göttlichen an dieser Stelle siehe Scholem, „Farben und ihre Symbolik", 105.

271 *Nogah* (Licht, Glanz, Strahlen), ein Synonym für die göttliche *kavod* (Ehre) hat vor allem in der zoharischen Literatur eine signifikante Funktion im Offenbarungsprozess.

272 Rashi erklärt in Anlehnung an *Pesiqta de Rav Kahana* (hg. v. Bernard Mandelbaum, New York 1987, Bd. I, 7), dass *tekhelet* grün sei, verwendet hier aber *yeraqreqet* für grün. Siehe Scholem, „Farben und ihre Symbolik", 106. Zum Streit zwischen den Schulen Shammais und Hilles zu dieser Frage aus bBer 52b, ob der Segen, die Havdala, mit Licht (sg.) oder Lichter (pl.) gesprochen werden sollte, weil es nur eine Farbnuance in der Flamme gibt (Shammai) oder mehrere (Hillel), siehe Miles Krassen, *Isaiah Horowitz. The Generations of Adam*, New York / Mahwah 1996, 260.

273 Zu den Farben der *Shekhina*, besonders *tekhelet*, siehe Scholem, „Farben und ihre Symbolik", 138–140.

fungsakt aus dem Innersten der dunklen Flamme oder dem Funken von undurchdringlicher Dunkelheit (*boṣina de-qardinuta*)[274] entspringen und sich auf alles andere ergießen, verborgen in den Geheimnissen von *En Sof*. Der Akt der Schöpfung und die dazu notwendige erste, protokreative Veränderung im innergöttlichen Bereich ereignet sich als Ausdifferenzierung der Farben aus der dunklen Flamme im Verborgenen (*boṣina de-qardinuta*), deren Ergebnis erst durch *Malkhut* (zehnte Sefira), parallel zu *Keter* (erste Sefira), als Spiegel in der Urmaterie reflektiert wird.[275] Das Ziel des theosophischen-theurgischen Handelns in der kontemplativen Meditation oder des Gebets liegt in der mittelalterlichen kabbalistischen Literatur meist in der Herstellung eines Gleichgewichts zwischen den beiden göttlichen Eigenschaften Gericht und Gnade.[276] Bei Satanow stellen die sieben Farben zwischen *Din* und *Malkhut*, also *adom* und *tekhelet*, in der kabbalistischen Symbolik die sieben Tage der Schöpfung dar. Sie fand basierend auf *Sefer Yeṣira* anhand von Sprache statt – gleichsam als Selbstgespräch Gottes. Interessanterweise beschreibt der *Zohar* (I,41b–45a) außerdem sieben „Lichtpaläste", die sich unter der letzten Sefira ausdehnen. Dort finden sich Nuancierungen der Farbspiele, die sich in den Beschreibungen des himmlischen und irdischen Paradieses fortsetzen. Weiß symbolisiert in dieser Perspektive den siebten

---

274 So die geläufige Übersetzung. Doch verweist Wolfson auch auf die Möglichkeit einer „harten Flamme" (siehe folgende Fn), was ggf. mit dem Saphir als Symbol von *Malkhut* nach bHul 89a und *tekhelet* in Zusammenhang gebracht werden könnte, siehe auch Gerold Necker, „Hans Blumenberg's Metaphorology and the Historical Perspective of Jewish Mysticism", *Jewish Studies Quarterly* 22,2 (2015): 184–203, hier 194–203; ders., „Lebenswelten kabbalistischer Terminologie: *Tiqqun* in der Frühen Neuzeit", *Trumah* 24 (2018): 119–138.

275 Siehe Scholem, *Geheimnisse der Schöpfung*, 49–53. Elliot R. Wolfson interpretiert den Begriff *boṣina de-qardinuta* als „verhärtete Flamme" (nach bPes 7a) mit phallischer Konnotation zu Beginn des verborgenen Schöpfungsprozesses, siehe Elliot R. Wolfson, „Women – The Feminine as Other in Theosophic Kabbalah. Some Philosophic Observations on the Divine Androgyne", in Laurence Silberstein / Robert L. Cohn (Hg.), *The Other in Jewish Thought and History: Construction of Jewish Identity and Culture*, New York 1994, 166–204, hier 178–182; ders., *Circle in the Square. Studies in the Use of Gender in Kabbalistic Symbolism*, Albany 1995, 60–62 und nach Index „hardened spark".

276 Diese Farbsymbolik von Weiß-Rot (siehe Jes 55,1) wurde bereits im frühkabbalistischen *Sefer Bahir* (§§ 93, 35; hg. v. Daniel Abrams, §§ 136–137) mit Milch und Wein symbolisiert und von Moshe Cordovero weiter ausgeführt. Siehe Elke Morlok, „Zwischen Ekstase und Gottesfurcht – Wein in der Kabbala und im Chassidismus", in Andreas Lehnardt (Hg.), *Wein und Judentum*, Berlin 2014, 123–142; dies., „‚Der Duft, der die Welt erhält' – Bemerkungen zum Symbol der Rose im *Buch des Glanzes (Sefer ha-Zohar)*", *Frankfurter Judaistische Beiträge* 42 (2019/20): 47–71.

Tag, Shabbat, als eine irdische Vorwegnahme des Paradieses und der Erlösung, und in jedem Tag findet sich etwas vom Shabbat, Weiß, wieder. [277]

Farbgewänder

Wenn die Sefirot in der Schöpfung Farben annehmen, dann als Gewänder, die das *En Sof* bekleiden,[278] schreibt Satanow in seinen Ausführungen zu Weiß und Shabbat. *Malkhut* als Shabbat steht dabei den anderen sechs Farben gegenüber und ist selbst keine Farbe, sondern spiegelt ausschließlich die anderen wider oder enthält diese in sich. Daher sollen am Shabbat weiße Kleider getragen werden und die *ṣiṣit* (sieben weiße und ein blauer Schaufaden) am *ṭallit* sollen aus weißen und blauen (*tekhelet*) Fäden bestehen. Die Farben von *Malkhut / Shabbat* als Weiß (in Korrespondenz zum Weiß der oberen weiblichen Sefira im göttlichen System *Bina* [Einsicht] und *tekhelet* [Ziel/Grenze][279] als *takhlit* aller Farben)[280] verweisen auf die sechs Sefirot bzw. die sechs Farben oberhalb von *Malkhut / Shekhina* im Sefirotsystem bis *Bina*. Sie sind in Entsprechung zur Bündelung der Farbspektren zu betrachten, die am Ende erneut als Weiß erscheinen, und erscheinen daher in der untersten Sefira erneut als Weiß. Die zehnte Sefira übernimmt als Spiegel die Funktion der Öffnung oder des Prismas in der *camera obsurca*,[281] durch die das Licht eindringt, das an der gegenüberliegenden Seite reflektiert wird. Die Konnotation der untersten Sefira mit einem Prisma könnte mit der Vorstellung der *Shekhina* als scheinendem Spiegel, anhand dessen Mose die höchste Stufe der göttlichen Erkenntnis bzw. der Prophetie erreichen konnte, zusammenhängen.[282] Das Weiß dieser Sefira steht in Korrespondenz zum Weiß der Farben des Lichts nach seiner Bündelung.

---

277 Diese messianische Tradition zum Shabbat geht auf Moshe Cordovero zurück und wurde von Moshe Idel ausführlich untersucht; Moshe Idel, „Sabbath: On Concepts of Time in Jewish Mysticism", in Gerald J. Blidstein (Hg.), *Sabbath. Idea, History, Reality*, Be'er Sheva 2004, 57–93; (deutsche Version „Sabbat: Zeitkonzepte in der jüdischen Mystik", in Tilo Schabert / Matthias Riedl [Hg.], *Das Ordnen der Zeit*, Würzburg 2003, 47–73).

278 Scholem, „Farben und ihre Symbolik", 125–126; *Zohar* I,15a.

279 Als Grenze zur Schwärze des *En Sof* bei Cordovero, *Pardes Rimmonim*, Krakau 1592, 71a–73d. Siehe Scholem, „Farben und ihre Symbolik", 126–127. Zur Bekleidungs- und magischen Schutzfunktion von *tekhelet* siehe Sagiv, „Dazzling Blue".

280 Beide Farben bilden eine „Erinnerung" (*zikkaron*) zur Einhaltung der *miṣwot* (Gebote). Sie können sich nach talmudischer Tradition gegenseitig nicht aufheben. Ggf. stellt das Weiß auch eine Verbindung zur Vorstellung von *Malkhut* und *Bina* als Braut dar.

281 Zu den Farben vor der Schöpfung aus der verborgenen dunklen Flamme im *Zohar* siehe Matt, *Zohar. Pritzker Edition*, Bd. 1, 107–114.

282 LevR 1,14, ed. Margulies, 30–32.

Auch eine Anspielung auf ihre Identität mit der Tora selbst, so laut Recanatis Kommentar zu den *Ṭa'ame ha-Miṣwot* bzw. die Tora als transparentes Prisma, anhand dessen Gott in seiner Unendlichkeit wahrgenommen werden kann, ist an dieser Stelle möglich.[283]

In seiner säkularisierten Form führt diese kabbalistische Formel der im Text innewohnenden Gottheit zu Derridas sprachphilosophischer Theorie zum Text als Prisma, mit dessen Hilfe sich eine unendliche Bedeutungsvielfalt erschließen lässt,[284] oder Adornos Versuche einer „profanen" Imitation der kabbalistischen „auslegenden Versenkung".[285] Auch wenn sich bei letzteren das Wesen der Unendlichkeit anders darstellt, bleibt der Absolutheitsanspruch eines alles-umschließenden Textes in beiden Traditionen, der mittelalterlichen und der postmodernen, bestehen.

Den Bezug zwischen den Schaufäden und dem Schauen des Antlitzes der *Shekhina* stellt Satanow her, indem er *tekhelet* mit dem Meer, das Meer mit den Gräsern, die Gräser mit dem Firmament und das Firmament mit dem Thron der Ehre (*kavod*) und den Thron mit dem Saphir aus Ez 1,26 assoziiert.[286] Diese Assoziationskette ist bereits in yBer 1,2 belegt; die „Ehre" wird von Satanow später wieder aufgenommen. Als Matrix könnte zudem die symbolträchtige Beschreibung der aufsteigenden Flamme aus zwei Lichtern (weiß und blau) im Geheimnis (*sod*) von *tekhelet* aus *Zohar* I,50b–51a (zu Dtn 4,24 und 4,4; Gott als verzehrendes Feuer und zugleich lebensspende Quelle) gedient haben. Das weiß bleibende Licht zeigt stets die unveränderliche göttliche Komponente an, während die zweite Farbe variiert und die Materie widerspiegelt, welche Anteil an beiden Seiten, göttlich und irdisch, hat. Über dem weißen Licht lagert noch ein verborgenes Licht, das es umschließt. In diesem farblosen Licht, das auf die oberste Sefira verweist, liegen das höchste Geheimnis und die höchste Weisheit.[287]

---

283 Satanow, *Imre Bina*, 2ab. Siehe die Ausführungen unten; Moshe Idel, „Jacques Derrida und die Kabbala", in Joseph Cohen / Raphael Zagury-Orly (Hg.), *„Judentümmer". Fragen für Jacques Derrida*, Hamburg 2006, 161–193, hier 171–172.

284 Idel, „Derrida und Kabbala", 172.

285 Siehe Ansgar Martins, *Adorno und die Kabbala*, Potsdam 2016, 127–133; sowie Leonie Wellmann, „Profane Texte wie heilige anschauen. Zum Verhältnis theologischer Denkmuster zu Theodor W. Adornos Theorie des konstellativen Schreibens", in Dirk Braunstein / Grażyna Jurewicz / Ansgar Martins (Hg.) *„Der Schein des Lichts, der ins Gefängnis selber fällt". Religion, Metaphysik, Kritische Theorie,* Berlin 2018, 103–121.

286 Es handelt sich dabei um eine der ältesten Traditionen zur Bildlosigkeit Gottes, siehe Ex 24,10 und 17, wo nur die *kavod* (Ehre), aber nicht Gott selbst wahrgenommen werden kann. Siehe zu dieser Assoziationskette nach yBer 1,2, Sagiv, „Dazzling Blue", 186–187.

287 Siehe Scholem, „Farben und ihre Symbolik", 147–150. Die gefährdete Schwellenposition der untersten Sefira wird besonders in den beiden Farben Weiß und Blau deutlich. Denn das weiße,

Satanow unterscheidet in seinen Erläuterungen unterschiedliche Arten des Lichtstrahls (gerade, rückkehrend, strahlend etc.), die sich m.W. in dieser Form nicht in kabbalistischen Texten finden lassen. Er erklärt ausführlich das Phänomen der *camera obscura*, die die Farben und Bewegungen außerhalb des dunklen Zimmers an der weißen Wand gegenüber reflektiert, aber auch das ursprüngliche Bild auf den Kopf stellt. Wie die Öffnung bzw. die geschliffene Linse verhalte sich auch die Sefira *Malkhut*, wie dies bereits im *Zohar*[288] ausgeführt werde, da sie sich ausweiten könne.[289]

Bundeszeichen

Satanow führt nun das Experiment mit der *camera obscura* fort, indem ein Prisma bzw. ein mit Wasser gefülltes Glasgefäß vor die kreisförmige Öffnung gestellt wird, so dass es erscheint „wie der Bogen anzuschauen, der in der Wolke ist an einem Regentage" (Ez 1,28). Es werde nun deutlich, dass die Erscheinung des Regenbogens das Abbild (*demut*) der aus *En Sof* hervorgehenden aufleuchtenden Farben in dem von ihnen erleuchteten Gegenstand sei. Dies sei ein Paradigma (*dugma*) dafür, wie die männliche Sefira *Yesod* (Fundament)[290] durch *Yesod* das Weibliche erleuchte, in dem sich die Farben des Lichts (von *Yesod* und alle darüber liegenden Sefirot bis *Din*) spiegeln. Daher sei der Bogen (*qeshet*) das Zeichen des Bundes, wie das Zeichen des Bundes (*ot ha-berit*) das der Männlichkeit sei. Dies impliziert zusätzlich ein Wortspiel zwischen *berit mila* (Beschneidung), *berit*

---

göttliche Licht ist stets durch das Blau oder Schwarz der Sünde bedroht. Sünde bedeutet das todbringende, zerstörerische Element, das durch das Fehlverhalten Israels bzw. dessen metaphysischer Repräsentanz als *Knesset Israel* im Sefirotsystem aktiviert wird. Sünde bzw. Fehlverhalten zerstört die innergöttliche Harmonie. Hier ist eine Assoziation mit Rot und Blut als Farbe der Rache aus hellenistischem Mythos naheliegend, wie dies von Yehuda Liebes analysiert wurde. Siehe Yehuda Liebes, „Porphorita shel Helena mi-Ṭroya we-qiddush ha-shem [Helen's Porphyry and Kiddush ha-Shem]", *Da'at* 57–59 (2006): 83–119. Jedoch kann die Farbe *tekhelet* auch als schützendes, magisches Element im göttlichen System definiert werden, siehe Sagiv, „Dazzling Blue", 192–198.

288 Satanow deutet hier auf *Zohar* III,74b und *Zohar Ḥadash* 71b hin, ohne eine genaue Angabe zur Stelle zu machen.

289 Zur Augmentation der *Malkhut* und der damit einhergehenden Gender-Transformation, so dass sie sich in die obere Mutter *Bina* (Einsicht) und dann auch in den Vater *Ḥokhma* (Weisheit) verwandelt, siehe Wolfson, *Language, Eros, Being*, 357 Fn 174 und 175.

290 Diese Sefira hat eine eindeutig phallische Funktion innerhalb des Sefirotsystems, besonders in ihrem Verhältnis zur weiblichen Sefira *Malkhut*. Zu den komplexen Gender-Konstruktionen und -Transformationen bzw. deren zahlreiche dynamische Variationen siehe Elliot R. Wolfson, „Circumcision, Vision of God, and Textual Interpretation: From Midrashic Trope to Mystical Symbol", in ders., *Circle in the Square*, 29–48.

(Bund) und *mila* (Wort), da die Beschneidung immer zugleich auch Bedingung für eine kabbalistisch ausgeführte Exegese ist. Dies wird bereits im *Sefer Yeṣira* thematisiert. Die Assoziation beruht auf der Gematria von *pe* (Mund, 85) und *mila* (plene Schreibung mit *yud*, Wort, 85).[291] Das hebräische Wort für Bund (*berit*) ist feminin und wurde in der mittelalterlichen Kabbala als Zusammenfassung aller männlichen (*ot*, Zeichen) und weiblichen Kräfte (*berit*, Bund) im Zeichen des Bundes (*ot ha-berit*), der Vereinigung des Männlichen und des Weiblichen, interpretiert. Sie treten in der zehnten Sefira in Erscheinung. Das Bundeszeichen ist das Zeichen der Beschneidung und der Phallus zugleich der Inbegriff aller aktiven Schöpfungskraft, die jedoch im Sinne des Bundes gebändigt bzw. begrenzt werden muss.[292] Aus diesem Grund ist es nach rabbinischer Lehre verboten, in das Geheimnis des Regenbogens zu schauen.[293] Im *Zohar*,[294] und *Tiqqune Zohar*[295] wird Joseph als „Bewahrer des Bundes" bezüglich dieser Symbolik weiter ausgeführt, da er der sexuellen Versuchung widerstand und das Bundeszeichen an seinem Körper rein hielt. Auch in den Zoharstellen wird die Verbindung zwischen Bund, Regenbogen und Farbsymbolik (zusätzlich in Bezug auf Ez 1,28) und die Erscheinung des Bogens weiter ausgeführt. Die Vereinigung der jeweiligen Farben symbolisiert dabei die Einung in der unteren Welt gemäß dem Vorbild der oberen und signalisiert die künftige Erlösung.[296] Denn wer der Versuchung nicht widersteht, der „bedränge" (*doḥeq*) die Beine der *Shekhina*.[297] In der chassidischen Literatur symbolisiert dies das Exil der *Shekhina*, da die Wanderprediger nun die „Füße der *Shekhina*" bilden, deren stetiges Wandern dem der *Shekhina* im Exil

---

291 Siehe *Tiqqune Zohar* 18,32b; Joseph Gikatilla, *Ginnat Egoz*, Hanau 1614, 25b–c; dazu Morlok, *Gikatilla's Hermeneutics*, 125–132, dort auch zum Zusammenhang zwischen Beschneidung und *Keter* (Krone, corona) als Initiation für kabbalistische Exegese. Siehe Wolfson, „Circumcison, Vision of God"; ders., „Circumcision and the Divine Name: A Study in the Transmission of an Esoteric Doctrine", *Jewish Quarterly Review* 78,1–2 (1987): 77–112.

292 Scholem, „Farben und Ihre Symbolik", 141.

293 *Qeshet* mit doppelter Bedeutung als Regenbogen und Phallus, bHag 16a. Eine interessante Erläuterung zu diesem Verbot bietet Shabbatai Horowitz, *Shene Luḥot ha-Berit*, Frankfurt an der Oder 1681, 73a.

294 *Zohar* I,71b.

295 *Tiqqune Zohar* 69, 110a.

296 *Zohar* I,18a–b; III,215a und 230b; *Tiqqune Zohar* 6,24b und 20d. Die drei Farben des Regenbogens werden den drei Farben im Auge zugeordnet sowie den drei Urtönen des Shofar, die als Urmaterie der Sprache hervorgebracht werden. Scholem, „Farben und ihre Symbolik", 142–143.

297 Tzahi Weiss, *Cutting the Shoots. The Worship of the Shekhinah in the World of Early Kabbalistic Literature*, Jerusalem 2015 (Hebräisch).

entspreche.[298] Laut der Interpretation im *Zohar* signalisiert dies unter Bezugnahme auf Prov 5,5 die fragile Position der *Shekhina* zwischen göttlichem und dämonischen Bereich. Aufgrund des Vergehens, des Schauens in den „Bogen“, erhält die andere, böse Seite (*sitra aḥra*) Einlass in das göttliche System: Die dämonischen Kräfte erhalten die Möglichkeit, in das Sefirotsystem einzudringen und das dortige Equilibrium zu zerstören.[299] Die letzten beiden Verweise nimmt Satanow auf, ohne explizit auf die erotische Metaphorik einzugehen. Anhand des Hinweises auf die Schöpfungstage ist dem kabbalistisch gebildeten Leser jedoch diese Bedeutung des Begriffes *ot ha-berit* und die Schöpfungskraft von *Yesod* unmittelbar präsent.

Ein weiterer Interpretationshintergrund bei Satanow könnte die Identifizierung der letzten Sefira *Shekhina*[300] mit dem weißen Feuer als Urform der schriftlichen Tora sein,[301] die als innerste Formen der Tora in „Gottes Rechte“ eingegraben waren. Sie bildet in der Sefira *Ḥesed* (Gnade) die noch unentfaltete „Tora der Gnade“. Die Form der schriftlichen Tora entspricht der Farbe des weißen Feuers, während die Form der mündlichen Tora in Farbgestalten von schwarzem Feuer erscheint. Im *Zohar* werden diese Überlegungen zur Offenbarung als Farbenspiel und Ausdifferenzierung der Nuancen als Gewänder der verborgenen Tora weiterentwickelt und schließlich zur Tora als den ganzen Kosmos durchwaltender Offenbarung des Schöpfers entfaltet.[302]

---

298 bQid 31a mit Bezug zu Jes 66,1 (siehe auch bHag 16a). Siehe Elliot R. Wolfson, „Walking as a Sacred Duty: Theological Transformation of Social Reality in Early Hasidism“, in ders., *Along the Path. Studies in Kabbalistic Myth, Symbolism, and Hermeneutics*, Albany 1995, 89–110, hier 91.

299 *Zohar* I,190a; I,35b und 221b; II,48b; III,107b. Siehe Elliot R. Wolfson, „Images of God's Feet: Some Observations on the Divine Body in Judaism“, in Howard Eilberg-Schwartz, *People of the Body: Jews and Judaism from an Embodied Perspective*, Albany 1992, 143–181. Laut Wolfson können die Füße auch als euphemistische Bezeichnung für den Phallus dienen (164). Doch unabhängig von der Frage des Gender-Konstrukts mündet das menschliche Fehlverhalten in eine Zerstörung der innergöttlichen Ordnung und Harmonie.

300 Zur *Shekhina* innerhalb der jüdischen Mystik, besonders als weiblicher Kristallisationspunkt innerhalb des Sefirotsystems, siehe Gershom Scholem, *Von der mystischen Gestalt der Gottheit*, Frankfurt a. M. 1995, 135–191; sowie Elliot R. Wolfson, „Coronation of the Sabbath Bride. Kabbalistic Myth and the Ritual of Androgynisation“, *Journal of Jewish Thought and Philosophy* 6,2 (1997): 301–343; Idel, *Privileged Divine Feminine*; ders., *Kabbala und Eros*.

301 ySheq VI, Schluss Halacha 1.

302 Scholem, „Farben und ihre Symbolik“, 135–137. Siehe auch Moshe Idel, „Visualization of Colors I“ und „Visualization of Colors II“.

Weisheitswunder und Sprachhandlung

Satanow schließt aus diesen Anschauungen zur *camera obscura*, dem Regenbogen und dem kabbalistischen Sefirotsystem auf drei Erkenntnisstufen der kabbalistischen Literatur: a) alle irdischen „Weisheitswunder" (*peli'ot ha-ḥokhma*)[303] besitzen himmlische Paradigmen, die in der Tradition des *Sefer Yeṣira* als sprachliche Archetypen existieren, b) alle höheren Weisheitswunder vollziehen sich im irdischen Bereich mit weniger Macht, c) die oberen himmlischen Paradigmen der Weisheitswunder waren den Kabbalisten lange vor den Naturforschern bekannt. Sie erkannten vor ihnen die himmlischen Ursachen und deren göttliche Geheimnisse, die unter dem Begriff „Licht" subsumiert werden. Dieser Terminus der „Weisheitswunder" stammt aus dem ersten Satz des *Sefer Yeṣira* und beschreibt Gottes Schöpfungshandeln als Sprachhandlung: „In 32 wunderbaren Pfaden der Weisheit gravierte ein YH [...]" und wird dort als „wunderbar" übersetzt. In den mittelalterlichen Traditionen spricht man dann von den „32 vernunftmäßigen Pfaden", indem *ḥokhma* nun als Vernunft und nicht mehr als verborgenes, geheimnisvolles Handeln Gottes vor der Schöpfung interpretiert wird. In § 24 von *Sefer Yeṣira* gehen dann aus den drei Müttern / Buchstaben *alef*, *mem*, *shin* als großes, wunderbares, verborgenes und mit sechs Siegeln versehenes Geheimnis die Elemente Feuer, Wasser und Wind, also die physische Welt hervor, nachdem die sprachlichen Archetypen im oberen Bereich geschaffen wurden. Der Begriff der „Weisheitswunder" verweist in diesem Zusammenhang bei Satanow nicht nur auf die Traditionen des *Sefer Yeṣira*, sondern zugleich auf seinen häufig wiederkehrenden Gemeinplatz, dass in *peli'a* (Erstaunen, Verwunderung) der Beginn der Wissenschaft (*re'shit meḥqar*) liege, wie dies bereits bei Aristoteles in seiner *Metaphysik* dargelegt wurde und die Grundlage des sokratischen Dialog bildet.[304] Daher solle Noam, unser fragender Protagonist des Dialogs, nun lernen,

---

303 Klaus Herrmann, *Sefer Jezira. Buch der Schöpfung*, Frankfurt a. M. 2008, 11, 37–38, 222; Yehuda Liebes, *Ars Poetica in Sefer Yetsira*, Tel Aviv 2000, 12–15 (Hebräisch). Tzahi Weiss hat in einem Vortrag in Haifa (2. Juni 2016) dargelegt, dass ursprünglich von *alef*, *mem*, *taw*, den Buchstaben von *emet* (Wahrheit) die Rede war und dies auf Traditionen aus der antiken Umwelt des *Sefer Yeṣira* zurückzuführen sei; siehe auch Tzahi Weiss, *Letters by which Heaven and Earth were Created. The Origins and the Meanings of the Perceptions of Alphabetic Letters as Independent Units in Jewish Sources of Late Antiquity*, Jerusalem 2014 (Hebräisch); ders., *Sefer Yeṣirah and Its Contexts. Other Jewish Voices*, Philadelphia 2018.

304 Zur Übereinstimmung zwischen Aristoteles und lurianischer Lehre siehe auch Satanow, *Divre Rivot*, 12b, Abschnitt 2, Komm. 6: „So schrieb Rabbi Isaak Luria am Anfang seines *Baum des Lebens*, dass der Zweck der Schöpfung darin lag, Gottes Vollkommenheit zu zeigen und so schrieb der Philosoph (*ḥoqer*) Aristoteles im zehnten Buch seines Buches der Attribute [i. e. seiner Ethik]." כ"כ הר"י ז"ל [הרב יצחק לוריא] בריש ע"ח [עץ חיים] שתכלית הבריאה היתה כדי להראות שלימותו, וכ"כ החוקר בעשירי מס"ה.

zwischen den verschiedenen Arten des Lichts zu unterscheiden, zwischen Licht und Finsternis sowie zwischen den Spiegeln (*aspeqlarya*), die leuchten und denen, die nicht leuchten. Denn wer die physischen Erscheinungen des Lichts nicht unterscheiden kann, kann auch die metaphysischen, das spirituelle Licht, nicht korrekt unterscheiden und kategorisieren. Im materiellen Licht sehe man das göttliche Licht in „Weisheit, Wissen und Einsicht“ (*ba-ḥokhma, u-va-da‘at u-vatevuna*), „und süß ist das Licht und angenehm für die Augen“ (Koh 11,7).

Inhaltliche und soziologische *Meliṣa*

Wie gezeigt wurde, verwebt damit Satanow in einer Art Makroform der *meliṣa*, die zuvor in der Einleitung auf der Mikroebene eingeführt wurde, im Dialog biblische, kabbalistische Motive mit jenen naturwissenschaftlichen Positionen zu Licht und dem Farbenspektrum. Er schafft somit eine einzigartige Synthese zwischen jüdischer Tradition und modernen wissenschaftlichen Erkenntnissen. Sie soll sowohl dem naturwissenschaftlich gebildeten als auch dem kabbalistischen Leser Zugang zur höchsten Wahrheit ermöglichen, je nach seinem religiösen, intellektuellen und kulturellen Ausgangspunkt. Die kabbalistischen Motive und Strukturen dienen dabei als Bindemittel und zugleich als didaktische Anleitung zur wissenschaftlichen Einführung für kabbalistisch informierte Leser. Für die wissenschaftlich gebildeten Leser bilden die kabbalistischen Symbole ein Novum, in welches anhand der naturwissenschaftlichen Erläuterungen eingeführt wird. Die kabbalistischen Termini und Symbole verbinden zwischen den verschiedenen Mosaiksteinen und verweisen stets auf eine Vereinbarkeit der Elemente, anhand derer auch zeitliche Grenzen überwunden werden können. Satanow geht davon aus, dass eine Präfiguration wissenschaftlicher Errungenschaften der Moderne in den antiken und mittelalterlichen Schriften des Judentums bereits zu finden ist, die er nun seinem Publikum zu vermitteln sucht. Dabei findet jedoch keine soziologische Hierarchisierung zwischen Kabbala und Wissenschaft statt, sondern beide Gruppen gelangen zu Erkenntnissen gemäß ihrer historischen Umstände und Möglichkeiten.[305] Was in den kabbalistischen Schriften bereits anhand der Kenntnis der innersefirotischen Strukturen einer kleinen Elite bekannt war, kann nun anhand der modernen Wissenschaft einem größeren Publikum übermittelt werden. Dennoch bleibt das Wissen um die himmlischen Paradigmen, wie sie als

---

In seiner Ausgabe der *Nikomachischen Ethik* (145a) nimmt Satanow Bezug auf die lurianischen Schalen des Bösen, die ihre Lebenskraft von Gott erhalten. Zu Aristoteles siehe auch Satanow, *Minḥat Bikkurim*, 13b, 24a und 26a; Stillman, *Living Leaves*, 97–98.

305 Dies könnte auch im Zusammenhang mit den Zielvorgaben der *Ḥevrat Marpe la-Nefesh* stehen.

Amalgam aus verschiedenen kabbalistischen Schulen und Strömungen eingeflochten werden, weiterhin nur einem kleinen Kreis Initiierter vorbehalten, denen die Definition des Lichts „aus der Nähe“ (*gader ha-or asher noda‘ mi-qarov*) bekannt ist. Was Satanow in der Einleitung auf der poetologisch-sprachlichen Ebene anhand des *shibbuṣ*-Stils auf der Mikroebene durchführt, erfährt hier seine Umsetzung auf der philosophisch-naturwissenschaftlichen Makroebene, indem die divergierenden Traditionen sich mit Hilfe der kabbalistischen Symbolik zu einer kunstvollen „Intarsie“ zusammenfügen. Sie ist als zweigleisige Hermeneutik konstruiert: von den Naturwissenschaften zur Kabbala und von der Kabbala zur Naturwissenschaft.[306]

Eine interessante Wiederaufnahme von Satanows Synthese von *tekhelet*, Prisma, dem Farbenspektrum, Newton und den Sefirot findet sich am Ende des 19. Jahrhunderts bei Rabbi Gershon Ḥanokh Leiner aus Radzyn-Polaski (1839–1891), der erklärte, er habe *tekhelet* wiederentdeckt und könne es gemäß der Tradition herstellen. Er verfasste in den Jahren 1887–1891 drei Schriften, die von Shaul Magid als chassidische Antwort auf die beginnende Modernisierung betrachtet werden, die sich nicht an die „ungebildeten Masse“ wendete, sondern an gut ausgebildete junge Männer, die auf der Suche nach einer Alternative zu nichtchassidischer Orthodoxie und der Haskala waren.[307] Auch Rabbi Gershon unternimmt den Versuch einer Harmonisierung unterschiedlicher Traditionen wie z. B. dem *Zohar* und Maimonides *More*. In seinen Ausführungen zu *tekhelet* finden sich eindrückliche Überlegungen zu Newtons Optik, die er ähnlich wie Satanow mit sefirotischen Motiven zu einer harmonischen Synthese verschmilzt und mit messianischen Hoffnungen und der erneuten Errichtung des Tempels verbindet.[308] Doch unterscheidet die Aufnahme des messianischen Elements Leiner deutlich von Satanow. Inwieweit hier Satanow als Vorbild diente, ist schwer zu sagen, doch erkennt man deutlich, wie stark sich die Kenntnis naturwissenschaftlicher Forschung in den osteuropäischen Gebieten ausgebreitet hatte – auch in chassidische Kreise hinein.

---

306 Siehe auch Satanows Gedicht „Ein Gedicht für den ersten Tag“ zur Optik in *Me'assef* 2 (1785): 129–131, wo ebenfalls Licht, Erkenntnis und Schöpfung miteinander verwoben werden. Vgl. Pelli, „Imitations of Religious Reform“, 4.

307 Shaul Magid, „‚A Thread of Blue‘: Rabbi Gershon Henoch Leiner of Radzyń and his Search for Continuity in Response to Modernity“, *Polin* 11 (1998): 31–52. Gershon Ḥanokh Leiner, *Ma'amar Sefune Ṭemune Ḥol* [Essay zu den verborgenen Schätzen des Sandes], Warschau 1887; ders., *Ma'amar Ptil Tekhelet* [Essay zur Schnur des Purpur], Warschau 1888; ders., *'Eyn ha-Tekhelet* [Quelle des Purpur], Warschau 1891.

308 Leiner, *Ma'amar*, 27–38; Magid, „Thread of Blue“,46–52; zu Leiner siehe auch Sagiv, „Deep Blue“.

Hieroglyphizität und Gehirnsäfte

Einen weiteren Hinweis für den Einfluss von Krügers *Naturlehre* auf die naturwissenschaftlichen Ausführungen Satanows findet sich an einer anderen Stelle in *Imre Bina*. Die Passage liefert einen zusätzlichen Beleg zur Definition der oben skizzierten Thematik der „Hieroglyphizität" bei Satanow und Maimon und hat in hohem Maße die wissenschaftliche Terminologie Scholems beeinflusst. So schreibt Scholem an verschiedenen Stellen von den „geheimen Signaturen", die Gott in alle Dinge gelegt habe und welche im selben Maße Verhüllungen seiner Offenbarung wie Offenbarung seiner Verhüllung seien.[309] Scholem scheint hier mit Bezug auf diese „Hieroglyphizität" weniger an Mitteilung eines Geheimnisses interessiert als an der Erscheinung eines Wesens, das ansonsten nicht fassbar ist. Dieser Sachverhalt ist in ähnlicher Weise in Reuchlins *De Verbo Mirifico* zu finden. Solch eine Enthüllung in der Verhüllung erinnert zudem an Plotins und Ficinos Vorstellung von Hieroglyphen sowie Walter Benjamins Darstellung der Entwicklung der Emblematik in seinem „Ursprung des deutschen Trauerspiels".[310] Feststellen lässt sich eine enge Verbundenheit zwischen Scholems Gegenüberstellung von kabbalistischen Zugängen in Form von „Hieroglyphen" sowie der Engführung derselben als Kristallisation mystischer Symbolik, besonders im Tetragrammaton (YHWH)[311] und Satanows Vorstellung der *rishumim* (Einprägungen / Eingrabungen)[312] auf der Oberfläche des menschlichen Gehirns als *signatura rerum* (in Sinne Jakob Böhmes).[313]

In der folgenden komplexen Passage demonstriert Satanow erneut seine Fähigkeit, wissenschaftliche Konzepte, esoterisches Wissen und neuplatonische

---

309 Gershom Scholem, „Offenbarung und Tradition als religiöse Kategorien im Judentum", in ders., *Über einige Grundbegriffe des Judentums*, Frankfurt a. M. 1970, 90 – 120, hier 106; siehe auch Wolfson, *Rending the Veil*.

310 Walter Benjamin, *Gesammelte Werke*, Bd. 1.1, hg. v. Rolf Tiedemann und Hermann Schweppenhäuser, Frankfurt a. M. 1974, 345 – 352, wo er in Bezug auf Ficino und dessen Sicht der Hieroglyphik schreibt: „Die Hieroglyphen also ein Abbild der göttlichen Ideen!" (ebd., 346).

311 Siehe Idel, *Alte Welten. Neue Bilder*, 180; zur „Hieroglyphizierungstendenz" bei Salomon Maimon siehe ders., „Kabbalah, Hieroglyphicity and Hieroglyphs", 38. Zu den Auswirkungen der hieroglyphischen Konzeption Satanows auf Scholem und dessen Auseinandersetzung diesbezüglich mit Franz Molitor, ebd., 39 – 47.

312 Satanow, *Imre Bina*, 29a–b.

313 Idel, *Alte Welten. Neue Bilder*, 181. Zu Jakob Böhmes Signaturen und seiner spezifischen Interpretation von „Kabbala" siehe Gerold Necker, „‚Out of Himself, to Himself': The Kabbalah of Jacob Böhme" in Bo Andersson u. a. (Hg.), *Jacob Böhme and His World*, Leiden 2018, 197 – 220; Elliot R. Wolfson, „The Holy Cabala of Changes. Jacob Böhme and Jewish Esotericism", *Aries* 18 (2018): 21 – 53. Scholem scheint eine gewisse Vorliebe für Böhme gehabt zu haben, wie seine häufige Erwähnung desselben in Scholem, *Jüdische Mystik*, 208, 225, 259 f, 399, 436 vermuten lässt.

Ideen wie die der Hierglyphen als „Einprägungen" (*typos*)[314] oder Gedanken und der Vorstellung von Archetypen meisterhaft zu kombinieren, um die intellektuelle Erkenntnis des Lesers auf eine höhere Stufe zu erheben. Im vorausgehenden Abschnitt hatte Satanow über die Dreiteilung der Seele in *nefesh*, *ruaḥ* und *neshama* mit den beiden zusätzlichen, lurianischen Ebenen von *ḥayya* und *yeḥida* referiert.[315] Er beginnt die Argumentation auf fol. 29a mit einem Verweis auf Dtn 12,23 und der Gleichwertigkeit von Blut und Seele. Die Lebenskraft des Blutes verursache dessen Bewegung (Zirkulation),[316] die alle Organe mit der notwendigen „Lebenskraft" versorge. Er wiederholt das Wortspiel aus Ex 31,17 *shavat wayyinnafesh* (aufgehört und gefeiert hat) wie in dem Abschnitt in 28b, doch ersetzt diesmal das *shavat* durch *nefesh: nefesh wa-yyinnafesh* (Seele und gefeiert hat). Die Seele verfüge über ein zentrales Organ, das alle anderen Organ kontrolliert, und dies sei das Gehirn (*moaḥ*). Alle menschlichen Organe seien „Arbeitsinstrumente", die anhand der Gehirnaktivität unterschiedliche Emanationen hervorrufen. Diese Aktivität ist ausschlaggebend bei der Erkenntnis von Ideen und dem Entstehen von Gedanken, die beide als Folge von feinen Flüssigkeiten auf der Membran des Gehirns auftreten.[317]

In einer Engführung von Hieroglyphen und *rishumim* deutet Satanow in *Imre Bina rishumim* (Signaturen) im Kontext der Seelenlehre als „einfaches, spirituelles Wesen" (עצם פשוט רוחני) wie folgt:

> Und sie hat ein Hauptorgan, durch das die anderen Organe gelenkt werden. Das Gehirn ist das Organ, das dem Verständnis von Ideen und der Verarbeitung von Gedanken dient, die aus den Bewegungen der reinen Feuchtigkeitsschichten,[318] die sich auf der Hirnhaut befinden, entstehen. Diese Bewegungen hinterlassen Einprägungen (*rishumim*) auf der Hirnhaut wie eine Schrift und ein Bild in Buchstaben, in Urzeiten Hieroglyphen genannt. Und „die Schrift war eine Schrift Gottes eingegraben" (Ex 32,16) auf der Haut, ein passendes Bild,[319] das in Übereinstimmung mit dem Denken und den vom Geist ersonnenen Ideen

314 Er benutzt hier den hebräischen Terminus *r-sh-m* (Einprägung, Signatur), der mit Krügers „Spuren" gleichzusetzen ist, wie ich unten zeigen werde.

315 Satanow, *Imre Bina*, 28a–b.

316 Satanow verwendet hier die deutschen Begriffe „zirkulieren" und „Zirkulation" zweimal in dem genannten Paragraphen (in hebräischen Lettern).

317 Zur Interpretation der Passage und den möglichen Quellen siehe Morlok, „Innovation via Combination?".

318 הליחות הזכות: Dieser Terminus entspricht Krügers „Nervensaft", wie in seiner *Naturlehre*, Teil 2, § 311, 558–559 zur Verbindung zwischen dem Gehirn und den Nerven anhand von diesen feinen Flüssigkeiten ausgeführt wird.

319 Dieser Terminus korrespondiert mit Krügers „Vorstellungsbildern".

> aufsteigt. Und mittels dieses Bildes, das sich in die feine Hirnhaut einprägt, [kommt] das Denken der Seele [zustande] [...].[320]

Wissenschaftliche Theorien zur Blutzirkulation und der menschlichen Imagination als Eindrücke auf der feuchten Oberfläche des menschlichen Gehirns als „Eindruck / Signatur“ der Gedanken werden mit dem biblischen Kontext (Ex 32,15 – 16) verwoben. Satanow assoziiert antike Hieroglyphen mit menschlichen Denkvorgängen, d. h. mit dem Bild, das auf der Oberfläche des Gehirns entsteht. Wie ein Bild – im Sinne eines archetypischen Zeichens im menschlichen Denken – auf die höchste Stufe seiner himmlischen Archetypen erhoben werden muss,[321] so muss auch das kabbalistische Wissen auf eine rationale, sprich wissenschaftliche Ebene erhoben werden.

Satanows Darstellung eines „kryptographischen“ Verfahrens, das zunächst im menschlichen Gehirn stattfindet, lässt sich in einem zweiten Schritt auf die Interpretation seiner eigenen Schriften und deren Kodifizierung übertragen. Schrift und Bild müssen im Prozess des Denkens auf eine höhere Stufe erhoben werden, um ihren göttlichen *archetypoi* zu entsprechen. Im Kontext kabbalistischer Hermeneutik bedeutet dies, die höchste Erkenntnisstufe, das „Geheimnis“ im Sinn des kabbalistischen *sod* zu erreichen, das nur einem initiierten Publikum zugänglich ist.[322] Eine so gestaltete hierarchische intellektuell-epistemologische Matrix seiner Leserschaft scheint auch der Hermeneutik Satanows zu Grunde zu liegen. Nach der vorausgegangenen Erzählung zur Überlieferungskette göttlicher Geheimnisse wird nur derjenige die wahre Bedeutung des *mashal* (Gleichnis), den goldenen Kern der silberumwobenen Äpfel,[323] erkennen, der mit den kabbalistischen Symbolen vertraut ist. Satanow zufolge waren diese Erkenntnisse bis zur Generation der Maskilim „verhüllt“, doch nun sollten sie scheinen wie der „Glanz

320 Satanow, *Imre Bina*, 29a–b.
ויש לה אבר ראשי אשר על ידו תנהל שאר האיברים והוא המוח אשר הוא האבר הכלי להשגות הרעיוני' והרהורי המחשבו' ההוות התנועות הליחות הזכות אשר על פני קרומי המוח אשר אלה התנועות יעשו רשמים על קרומי המוח כעין מכתב וציור האותיות הנקראות הרגלי''פין מימי קדם והמכתב מכתב אלהים היא חרות על הקרום ציור נאות כפי המחשבה והרעיון העולה על הרוח וע''י זה הציור החרות על הקרום רגיש המוח מחשבת הנפש כפי מה שהוא הציור כי המחשבות השונות יולידו תנועות שונות בליחות המוח אשר הוא כעין דיו לכתוב מכתבים שוני' על קרומי המוח וזה הציור והמכתב האמור הוא המבטא והשיחה שמשתמש סיבה הנפש המוח לשמוע איש שפת רעהו אם שתבין הנפש חפץ המוח או הפך זה.

321 Zu dieser Vorstellung in der kabbalistischen Hermeneutik, besonders bei Joseph Gikatilla, der seinen Ausgang bei Platon’s *Kratylos* nimmt, siehe Morlok, *Gikatilla’s Hermeneutics*, 148 – 149.

322 Siehe die Diskussionen oben zu PaRDeS.

323 Satanow, *Imre Bina*, 14a.

des Himmels“ (Dan 12,3),[324] erleuchtet durch den „Glanz des Intellekts“. Besonders Satanows Bezugnahme auf die mittelalterlichen Referenzsysteme in der Philosophie (Maimonides) und die kabbalistische Literatur, ihre Bedeutung für einen methodischen Ansatzes der „integrativen Hermeneutik“, mit einer adaptiven und integrativen Funktion des Lesers bei der Interpretation der Texte,[325] spielen in dieser Hinsicht eine zentrale Rolle.[326]

Im weiteren Verlauf diskutiert Satanow Erinnerung und Vergessen. Jemand, der es gewohnt ist, sich solche Bilder in seinem Gehirn einzuprägen, kann diese Bilder leicht erneut zeichnen, nachdem sie ausgelöscht wurden. Diese Fähigkeit nennt man Erinnerung, so Satanow. In diesem Kontext zitiert er die berühmte Aussage von Isaak Abravanel (1437–1508): „Wiederhole, wiederhole und du wirst kein balādhur benötigen.“[327] Im nächsten Schritt vergleicht Satanow das Ge-

---

324 *Zohar ha-Raqia‘*, zugleich auch Anspielung auf das Buch *Zohar.* Siehe auch die obigen Ausführungen zum *mashal.*

325 Mottolese, *Analogy in Midrash and Kabbalah,* 326–335, 348–351; siehe auch Morlok, „Integrative Hermeneutics“; sowie dies., *Gikatilla's Hermeneutics*, 254, 312, 327, 331–334.

326 Zur Radikalität kabbalistischer Hermeneutik in dieser Hinsicht siehe Moshe Idel, „Radical Forms of Jewish Hermeneutics“, in ders., *Absorbing Perfections*, 250–271; zur Theorie des göttlichen Wortes als „embodiment“ im biblischen Text und dessen Bedeutung für die kabbalistische Hermeneutik siehe Elliot R. Wolfson, „Flesh become Word: Textual Embodiment and Poetic Incarnation“, in ders., *Language, Eros, Being*, 190–260; zur Debatte diesbezüglich auch im Hinblick auf „Inkarnationsterminologie“ im Chassidismus und in der Forschungsliteratur siehe Shaul Magid, *Hasidism Incarnate: Hasidism, Christianity, and the Construction of Modern Judaism*, Stanford 2015; sowie Elke Morlok / Frederek Musall, Art. „Incarnation“, in *Encyclopedia of the Bible and its Reception*, Bd. 12, hg. v. Dale C. Allison / Christine Helmer / Choon-Leong Seow / Hermann Spieckermann / Barry Dov Walfish / Eric Ziolkowski, Berlin / Boston 2016, Sp. 1059–1063.

327 Isaak Abravanel, *Naḥalat Avot*, Venedig 1567, 5, 12f, 81. Zu dieser berühmten Aussage und ihren Wurzeln in der arabischen Medizin des 9. Jahrhunderts, siehe Gerrit Bos, „*Balādhur* (Marking-Nut): A Popular Medieval Drug for Strengthening Memory“, *Bulletin of the School of Oriental and African Studies* 59,2 (1996): 229–236. Eine interessante Parallele zur Verwendung dieser medizinischen Pflanzen finden wir *Zohar Ḥadash*, hg. v. Reuven Margalioth, Neudruck Jerusalem 1975, 8b, wo Rabbi Ḥizqiya in arabischen Landen weilte und Einsiedler sah, die sich dem Studium der Tora widmeten und nur am Shabbat nach Hause kehrten. Diese Eremiten ernährten sich von wilden Beeren, doch aßen manchmal auch *balur* (= *baladhur*). Dies taten sie besonders an jenen Tagen, wenn bei ihrem Studium ein Problem aufkam. Solch ein Tag wurde dann in Anlehnung an Gen. 1,4–25 ‘*ki ṭov*’ genannt, mit explizitem Hinweis auf den Schöpfungsbericht. Es scheint, dass der Verzehr von *baladhur* es diesen Eremiten möglich machte, Gott als Schöpfer zu imitieren, da sie göttliche Gedanken in ihren Köpfen erschaffen konnten. Laut einer Tradition von Ḥayyim Vital (1542–1620) gaben die Gelehrten der Provence dieses Mittel jeden Morgen ihren Söhnen, um „ihre Herzen zu öffnen“. Siehe Gerrit Bos, „Hayyim Vital's *Kabbalah Ma‘asit we-Alkhimiyah* (Practical Kabbalah and Alchemy), a Seventeenth Century ‚Book of Secrets‘“, *Journal of Jewish Thought and Philosophy* 4,1 (1994): 55–112, hier 78. Man sollte diese Aussage zudem mit der weit verbreiteten

dächtnis[328] und die Eingravierungen auf der Gehirnoberfläche mit einem Brief, den man in eine Schachtel legt und dann weitere Briefe darauf stapelt. Es ist sehr schwierig, den ursprünglichen Brief wieder zu finden und man erhält den Eindruck, es sei einfacher, neue Gedanken zu entwerfen als sich an vergessene zu erinnern, von denen man keinen Abdruck findet. Mit Hinweis auf *Yoma* 29a tituliert er diese mentalen Bilder (*ṣiyyurim ra'ayoniyyim*) als Gedanken. Er vergleicht sie mit den Bauzeichnungen eines Architekten, denen ein Handwerker folgen muss und die zunächst auf Papier skizziert werden, bevor der Handwerker sie nach den Vorlagen in die Realität umsetzt. Diese intellektuellen Zeichnungen werden als materielle Spuren (*rishumim*) auf dem Gehirn bezeichnet und Abbild (*demut*; nach Gen 1,26–27) genannt. Mit Hilfe dieser (Ab)bilder regiert die Seele die menschlichen Organe so, dass jedes exakt das erhält, was es benötigt. Die Kommunikation zwischen dem Gehirn und den Organen bezüglich ihrer jeweiligen Bedürfnisse wird über die Bewegung des Blutes gewährleistet. Spezielle Bewegungen werden durch die spezifischen Bedürfnisse hervorgerufen und dementsprechend erhöht sich die Blutzirkulation.

Die oben angeführte Passage weist erhebliche Ähnlichkeiten sowohl mit Krügers *Naturlehre* aus dem Jahr 1740[329] als auch mit seinen *Lehrsätze[n] der Diät oder Lebensordnung eines der größten Aerzte* auf, die erst 1794 in Nürnberg zum Druck kamen.[330]

Nennung des „Gedächtnis-Balsams" in Satanow Umkreis vergleichen. Z. B. in der medizinischen Wochenzeitschrift *Der Arzt* 6 (1761) 147, 257–270, hier 262–265; siehe auch *Zedlersches Universal-Lexikon*, Bd. 10 (Leipzig 1735), Sp. 559.

328 Nach II Sam 18,18 zitiert er die Doppelbedeutung der Wurzel *z-kh-r* sowohl als „Gedächtnis" als auch als „männlich" mit Hinweis auf die Leviratsehe und die Kinder des Bruders als „lebendige Erinnerung / Standsäule des verstorbenen Bruders". Zu „Gedächtnis und männlich" in der kabbalistischen Literatur siehe Elliot R. Wolfson, „The Cut That Binds. Time, Memory, and the Ascetic Impulse", in Shaul Magid (Hg.), *God's Voice from the Void. Old and New Studies in Bratslav Hasidism*, Albany 2002, 103–154, hier 105–106.

329 Krüger, *Naturlehre*, Teil 2, 223, 542, 788 f (zur Geschwindigkeit des Nervensaftes); Teil 3, 31, 34, 37–39, 100. Zu Mendelssohns Verweis auf Krüger hinsichtlich psycho-physikalischer Prozesse und der Vorstellungskraft in seiner Schrift *Von dem Vergnügen* (in *Moses Mendelssohn: Gesammelte Schriften. Jubiläumsausgabe Band 1: Schriften zur Philosophie und Ästhetik I*, hg. v. Eva J. Engel / Michael Brocke / Daniel Krochmalnik, Stuttgart 1971, 130); siehe Gabriele Dürbeck, *Einbildungskraft und Aufklärung. Perspektiven der Philosophie, Anthropologie und Ästhetik um 1750*, Tübingen 1998, 204.

330 Johann Gottlob Krüger, *Lehrsätze der Diät oder Lebensordnung eines der größten Aerzte: Nebst einem Anhang, diese Lehrsätze bei Gesunden und Kranken gut anzuwenden, eine Krankengeschichte richtig abzufassen, Kranke gehörig auszufragen. Endlich eine Anweisung zur Verfertigung verschiedener bewährter Heilsonderlich Hausmittel*, Nürnberg 1794, siehe besonders 103, 356, 494. Auf S. 494 diskutiert er die Lebenskraft des Nervensaftes und der Seele ausführlich.

Krüger behandelt in seiner *Naturlehre* die Einbildungskraft in der Sektion zur Physiologie (Teil 2) und Pathologie (Teil 3). Aufgrund seines Fokus auf Erfahrung und Sinnlichkeit bewegt sich Krüger in der Nähe des englischen Empirismus dieser Periode. Er basiert seine Theorie auf einem psycho-physikalischen Austausch, den er Analogie oder Proportion nennt.[331] Wahrnehmung, Vorstellungskraft, Gedächtnis und Urteilskraft sind allesamt „Seelenwürckungen"[332], die mit den Bewegungen der Nerven korrespondieren und deren Intensität wiederum vom Gehirn abhängig ist.[333] Eine Empfindung impliziert ein proportionales Verhältnis zwischen der Spannung der Nerven und der auf sie wirkenden Kraft.[334] Im dritten Teil des Buches bespricht Krüger die allgemeinen Vorstellungen zu den Effekten des Nervensaftes, dessen Quantität und Geschwindigkeit in den Fasern des Gehirns, die Intensität der Idee / Vision der inneren und äußeren Sinne bestimmt.[335]

> Wenn wir etwas empfinden, so geht allemal in dem Nervensafte des Gehirns eine Veränderung vor. Sind wir vermögend, diese Veränderungen hervorzubringen: so erfolget auch zugleich die damit verknüpfte Vorstellung. Die Erfahrung lehret, daß wir dergleichen Vermögen besitzen; und wir nennen solches die Einbildungskraft [...]. Diesem zu folge, wird eine starcke Einbildungskraft jederzeit eine grosse Gewalt des Nervensafts zu Grunde haben. Diese aber wird so wohl seiner vermehrten Masse, als seiner Geschwindigkeit, zuzuschreiben seyn.[336]

Krüger geht davon aus, dass die Vorstellungskraft Empfindungen anhand physiologischer Bewegungen willkürlich hervorrufen kann, und dass diese Nervenbewegungen zuvor mit spezifischen Ideen verknüpft wurden. Doch die Vorstellungskraft befindet sich in Abhängigkeit von der Qualität und den Bewegungen der Gehirnflüssigkeiten, dem Nervensaft. Diese Flüssigkeit hat die Kraft, den Körper zu beeinflussen, wohingegen die Seele als ein effektives Prinzip erscheint, das nur anhand schneller Bewegungen der Flüssigkeiten auf der Gehirnmembran und im Blut, das ins Gehirn steigt, wirksam wird. Aus diesem Grund ist die Vorstellungskraft eine psychologisch bestimmende oder physikalisch bestimmbare Kraft. Dies thematisiert Krüger im zweiten und dritten Teil seiner *Naturlehre*. Aus physiologischer Perspektive bezeichnet die Imagination eine derartige Veränderung im Gehirn, die ebenso „von der Würckung eines Körpers in den Gliedmassen

331 Dürbeck, *Einbildungskraft und Aufklärung*, 123.
332 Ebd., Teil 3, § 8, 10.
333 Ebd., Teil 3, § 63, 63; §§ 86 – 87, 82 – 83.
334 Ebd., Teil 2, § 315, 586.
335 Ebd., Teil 3, § 62, 62.
336 Ebd., Teil 3, § 79, 76.

der Sinne" (Teil 2, § 428, 727) hervorgerufen werden kann. Dies entspricht aus psychologischer Sicht einer Definition der Vorstellungskraft als „dem Vermögen, sich abwesende Sachen vorzustellen" – und erinnert an Satanows Beschreibung des Gedächtnisses als „Zeichnungen in der Schachtel". Die durch Vorstellungskraft hervorgerufene Empfindung ist der physischen Wahrnehmung aufgrund der Intensität der Bewegungen im Gehirn gleichwertig. Sie unterscheidet sich nicht von sinnlichen Wahrnehmungen, da Wahrnehmung und Vorstellungskraft in gleichem Maße empfunden werden. In Hinblick auf Satanows Beschreibung der feuchten Gehirnoberfläche, auf der sich der Abdruck einprägt, diskutiert Krüger eine „subtile Materie" in den Nerven, die das Gehirn und die Nerven gemeinsam besitzen, um Gedanken anhand der Flüssigkeiten zu übermitteln – den Nervensaft (Teil 2, § 311, 558 f.).[337] Diese Materie bezeichnet Krüger zeitweise auch als Lebensgeister.[338]

Albrecht von Haller (1708–1777) entwickelte Krügers Thesen zu den Nervensäften und den Gehirnflüssigkeiten im fünften Band seiner *Anfangsgründe der Phisiologie des menschlichen Körpers* (1759–1776)[339] weiter – im Rahmen seiner Theorie von Wahrnehmung und Vorstellungskraft. Er geht davon aus, dass der sensorische Stimulus Spuren auf den Nerven hinterlässt. Diese bilden die materielle Basis für Gedächtnisleistungen und die Vorstellungskraft.[340] Haller unterscheidet zwischen Empfindungen in der Seele, die uns bewusst werden, und körperlichen, derer wir uns nicht bewusst sind.[341] In seinen Erläuterungen dazu, wie die Seele sich zu diesen Spuren auf dem Gehirn verhält und sie als „Vorstellungsbilder" kategorisiert,[342] die das menschlichen Gedächtnis bilden, be-

337 Zu einer detaillierten Darstellung von Krügers Theorie im Vergleich zu Hoffmann und Wolff siehe Dürbeck, *Einbildungskraft und Aufklärung*, 123–128.

338 Ralf Simon, *Das Gedächtnis der Interpretation. Gedächtnistheorie als Fundament für Hermeneutik, Ästhetik und Interpretation bei Johann Gottfried Herder*, Hamburg 1998, 168. Bei Krüger schließen sich das Saitenmodell der Empfindung und die Annahme von Lebensgeistern nicht gegenseitig aus; siehe Gabriele Dürbeck, „‚Reizende' und reizbare Einbildungskraft: Anthropologische Ansätze bei Johann Gottlob Krüger und Albrecht von Haller", in Jörn Steigerwald / Daniela Watzke (Hg.), *Reiz, Imagination, Aufmerksamkeit. Erregung und Steuerung von Einbildungskraft im klassischen Zeitalter (1680–1830)*, Würzburg 2003, 225–246, hier 233.

339 Der fünfte Band erschien 1772 mit dem Titel „Die äusserlichen und innerlichen Sinne". Zu Haller siehe Dürbeck, *Einbildungskraft und Aufklärung*, 147–152; und dies., „‚Reizende' und reizbare Einbildungskraft". Der Text Hallers ist online unter http://www.deutschestextarchiv.de/book/show/haller_anfangsgruende05_1772 (Zugriff: 2. Oktober 2019) abrufbar.

340 So lautet Hallers Terminologie für die physikalischen Wirkung der Wahrnehmung.

341 Albrecht Haller, *Anfangsgründe der Phisiologie des menschlichen Körpers*, Bd. 5, Berlin 1772, 1052 und § 10, ‚Die Seele', 1075–1076.

342 Diese sind mit Satanows „mentalen Bildern" (*ṣiyyurim ra'ayoniyyim*) aus der oben zitierten Passage identisch.

schreibt er zudem, wie die Seele gelernt hat, bestimmte Wahrnehmungen mit bestimmten Spuren zu identifizieren, da keine natürliche Verbindung zwischen dem Inhalt der Vorstellungsbilder und dem materiellen sensorischen Stimulus existiert:[343]

> Hier fangen wir an, die Seele vom Körper zu unterscheiden; denn was im Gehirn geschieht, ist die Bewegung einer markierten Faser; und was in der Seele vorgeht, ist eine, von dieser Bewegung höchst verschiedenen Idee. Die Idee schwebt der Seele vor Augen, sie stellt sich dieselbige vor, und sie ist sich bewußt, daß sie sich dieselbe vorstellt; übrigens ist ihr alle Bewegung, so im Gehirn, oder Nerven vorgefallen, völlig unbekannt.

Zum „Eindruck / Einprägen" der Zeichen auf der Membran des Gehirns, lesen wir ins Hallers *Phisiologie:*

> [...] So mus folglich in dem körperlichen Gerhirne der Sizz der Spuren angetroffen werden, welche die Empfindungen hinter sich gelassen haben, besonders aber müssen darinnen die Merkmaale der Zeichen anzutreffen sein, welche unsre Seele mit den Empfindungen zu verbinden gelernt hat. Und dieses ist der erste Grund von der wechselweisen Wirkung des Körpers in die Seele bei Empfindungen, und der Herrschaft der Seele über den Körper, indem sie die Merkmaale, welche niemals ohne die Seele entstehen würden, in das Gehirn eindrückt.[344]

Ähnlich wie in der oben diskutierten Passage Satanows herrscht die Seele über den Körper und prägt die „Merkmale" als Bilder in die Oberfläche des Gehirns ein. Dieses Leitmotiv kehrt an vielen Stellen der Diskussionen zu den physikalischen Prozessen im Gehirn, zur Vorstellungskraft und dem Gedächtnis wieder. Haller definiert die Vorstellungskraft wie Satanow in enger Verbindung zum Gedächtnis:

> Die Natur dieser Spuren ist so beschaffen, daß sich die Seele, so oft sie will, auf dieselben wieder besinnen kann, so lange sie noch vollständig, oder unverstümmelt und lebhaft sind [...] Diese Spuren mögen nun von sich selbst, oder auf Verlangen der Seele in unserem Gedächtnisse wieder erwachen, so nennt man es *Gedächtnis*, wenn man sich auf diese Zeichen wieder besinnet, und *Einbildung*, wenn die Empfindungen selbst wieder rege werden. Es sind dieses abgesonderte Fähigkeiten: denn manche Menschen besizzen eine Stärke in der Wiedererinnerung der Zeichen, und sie können sich bis zum Bewundern auf Namen besinnen: bei anderen ist dagegen die Einbildungskraft sehr lebhaft, und sie können sich alte

343 Haller, *Phisiologie*, Bd. 5, 1052. Trotz dieser parallelen Bewegungen propagiert Haller einen intensiven Austausch zwischen Körper und Seele; siehe Dürbeck, *Einbildungskraft und Aufklärung*, 149.

344 Haller, *Phisiologie*, Bd. 5, 1061. Vgl. das Eindrücken (*r-sh-m*) der Bilder auf der Membran des Gehirns in Satanows Darstellung oben.

> Empfindungen fast so sinnlich vorstellen, als sie waren [...] Es ist aber die Vorstellung der Zeichen schwächer und weniger wirksam, als die Vorstellung der Bilder.[345]

Die faszinierendste Parallele zu Satanow ist das Beispiel der antiken Hieroglyphen im Vergleich zur Vorstellungskraft und dem Gedächtnis, wie wir in § 14 in Hallers *Phisiologie* zum Thema „Das Abstrahieren, die allgemeinen Begriffe, und die Zeichen“, entdecken:

> Die Zeichen entstehen blos aus der Adsociation der Ideen, und drücken sich durch Widerholungen ins Gedächtnis ein. Zuerst entstand die Rede, welche wir beinahe mit den Thieren gemeinsam haben, und die allen in Gesellschaft lebenden Menschen ebenfalls eigen ist: indem Menschen, welche ausserhalb der Gesellschaft erzogen werden, nicht reden können. [...] Es ist dem Menschen der Gebrauch der Sprache so angebohren, daß unter wenig, beisammen erzogenen Kindern, eine besondere Sprache entstanden ist.
>
> Hierbei sind die ungesitteten Hordenvölker, die von keinen Städten wusten, und nur von der Jagd und dem Fischfange lebten, bestehen geblieben. Hingegen gingen die, welche Aecker bauten, und Städte bewohnten, mehrentheils weiter; sie geriethen nämlich auf die zweete Zeichen, die den Ton der ersten Zeichen durch sichtbare und bestimmte Figuren ausdrücken. Die ältesten unter diesen Zeichen, drücken die Aehnlichkeiten derjenigen Dinge aus, die sie nicht zu bezeichnen verstanden. Sie lernten das Bildnis der Sonne mit einem Zirkel nachmachen. Auf solche Weise entstand das zweete Zeichen, welches sowol das Urbild, nämlich die Sonne wieder ins Gedächtnis brachte, als auch mit dem ersten Zeichen, dem angenommenen Namen der Sonne, nach und nach durch Gewohnheit eins wurde. Hierbei bleibt die Sorgfalt noch nicht stehen; denn weil die Mahlerei Schwierigkeiten machte, so erfanden die Völkerschaften, sonderlich die, welche sich eines gesellschaftlichen Lebens bedienten, in den alleraltesten Zeiten die *Bilderschriften* (hieroglypha) nämlich willkürlich erdachte Züge, welche einen ganzen Begrif ausdrücken. [...] so entstand die gewis wunderbare Erfindung der Phönicier, welche bewegliche, wenige und leichte Characters erfanden, aus deren Zusammensezzung unendliche *Namen* gemacht werden konnten, die zwar den Sachen ganz und gar nicht ähnlich sind, die aber dennoch der Gebrauch und die wiederholte Verbindung mit den Sachen vereinigte. Solchergestalt drücken sie mit den Buchstaben (Schim und M) die Sonne selbst, und den Ton des Wortes Schemesch aus. Dieses in der That grosse Kunststück, wurde nach Europa gebracht, und blieb bei dessen Einwohnern.
>
> Durch die Hülfsmittel erweitern sich die Kräfte der Seele auf eine wunderbare Weise. [...] Die Seele hat sich dergestalt an die Zeichen gewöhnt, daß sie blos durch Zeichen denkt, und blos die Spuren der Töne, die Abbildungen aller Dinge der Seele vormahlen, seltene Exempel ausgenommen, wenn irgend ein Affekt der Seele, das Bild selbst ins Gedächtnis bringt.[346]

Im Gegensatz zu Haller transferiert Satanow die Hieroglyphen direkt in seine Theorie der Vorstellungskraft und des Gedächtnisses. In Anbetracht dessen, was

---

345 Haller, *Phisiologie*, Bd. 5, 1062–1063.
346 Haller, *Phisiologie*, Bd. 5, 1089–1091.

oben ausgeführt wurde, wird deutlich, dass Hieroglyphe in einem neuplatonischen Ansatz von Sprache einem Gedanken entspricht und umgekehrt. Wenn wir in Betracht ziehen, wie Satanow seine Vorlagen benutzte und seine kabbalistischen Vorstellungen berücksichtigen, scheint der Terminus Hieroglyphe eine eindeutig esoterische Konnotation zu beinhalten. Er repräsentiert das archetypische Zeichen des Gedankens, der zu seiner höchsten Vernunftebene erhoben werden muss, die zugleich die höchste Stufe des Verstehens bildet und allein den Kabbalisten zugänglich ist. Daher sind die hieroglyphen Zeichen nicht nur eine Stufe innerhalb der Entwicklung von Sprache – mit all ihren sensorisch-psychischen Implikationen und Erläuterungen – , sondern das Urbild, *archetypos,* die göttliche Ursprache im kabbalistischen Sinne, noch vor jeglicher Materialisierung in der Schöpfung der physischen Welt, auf deren Stufe nur das Wissen der Kabbalisten gelangen kann.

3.4 Weltschöpfung und *Ṣimṣum (Imre Bina* 20a–23a)

Der weitläufig bekannte und höchst unterschiedlich interpretierte Ausgangspunkt der lurianischen Kosmologie liegt im ersten Schöpfungsakt bzw. in einem präschöpferischen Prozess, einem „Rückzug Gottes in sich selbst", der als *ṣimṣum* bezeichnet wird.[347] Necker weist darauf hin, dass in den lurianischen Texten jedoch zunächst etwas über die Gottheit selbst und das göttliche Licht ausgesagt wird.[348] In der Bearbeitung der Vorstellung Lurias in *'Eṣ Ḥayyim* von Shmuel Vital, dem Sohn Ḥayyim Vitals, heißt es zu Beginn der „Acht Tore":

> Bevor irgendeine Emanation hervorkam, gab es nur das einfache göttliche Licht, es erfüllte die ganze Wirklichkeit, kein Platz war frei, nirgendwo ein leerer Raum, sondern alles erfüllt von diesem einfachen Licht des *En Sof.* Es gab weder Anfang noch Ende, alles war vielmehr ein einziges, undifferenziertes Licht. Dieses Licht heißt *En Sof.*[349]

In Anlehnung an den Johannesprolog könnte auch formuliert werden: „Am Anfang war das Licht des *En Sof*, das Licht war von ungeschiedener Einfachheit und

---

347 Zur Problematik der lurianischen Kabbala als Mythos und *ṣimṣum* als Symbol siehe Moshe Idel, „On the Concept of *Ṣimṣum* in Kabbalah and its Research", *Jerusalem Studies in Jewish Thought* 10 (1992): 93 – 104 (Hebräisch).

348 Gerold Necker, *Einführung in die lurianische Kabbala*, Frankfurt a. M. / Leipzig 2008, 80 – 81.

349 Übersetzung nach Necker, ebd. Siehe auch Idel, „Concept of *Ṣimṣum*", 59 – 112 (Hebräisch). Zum *ṣimṣum* als Symbol des Exils aufgrund der Interpretation des Rückzugs als Gericht und den verbleibenden Wurzeln des Gerichts im erschaffenen leeren Raum, siehe Scholem, *Jüdische Mystik*, 285 – 290.

En Sof war das Licht.“[350] Licht ist somit nicht wie im ersten Schöpfungsbericht das Ergebnis des göttlichen Wirkens, sondern *En Sof* selbst ist das göttliche Licht. Gott und Licht sind eins, oder wie es schon in der spätantiken jüdischen Mystik parallel dazu heißt: „Er ist sein Name und sein Name ist er.“[351] In einigen Texten, insbesondere von Josef Ibn Tabul (um 1545) und seiner Schule,[352] wird darauf hingewiesen, dass das Licht als Essenz des *En Sof* eine Mischung aus Gut und Böse, Licht und Dunkelheit war, weil hier bereits die Eigenschaften (die Sefirot) der erbarmenden Liebe (*Raḥamim*) und des strengen Gerichts (*Din*) vorhanden waren. In der kabbalistischen Symbolik wird das strenge Gericht oft mit potentiell dämonischen, weiblichen Kräften assoziiert. Auch im *Zohar* (1,15a) wird die Schöpfung mit der „dunklen Flamme“ (*boṣina de-qardinuta*), als der Wurzel des Bösen in Verbindung gebracht, da das verborgene göttliche Schöpfungsprinzip, welches am Beginn der Schöpfung die göttlichen Manifestationen bewirkt, als dunkel und somit mit dem Prinzip des Weiblichen assoziiert wird. Die lurianische Interpretation des *ṣimṣum*-Vorgangs kann als Antwort auf scholastische bzw. arabisch-philosophische Interpretation der *creatio ex nihilio*[353] und darin als weitere Präzisierung des im *Zohar* (1,15a–b) dargestellten Übergangs von Nichtsein zu Sein angesehen werden.

Dieser Übergang geschieht als dynamische Bewegung in Gott selbst, die jedoch erst nach dem Übertreten des schöpferischen Impulses aus *En Sof* über die erste Sefira *Keter* und die Ausweitung von der zweiten Sefira *Ḥokhma* als Punkt in die dritte Sefira *Bina* für den Menschen in paradoxer Weise erkennbar wird. Dieser Übergang wird im *Zohar* mit sexueller Metaphorik zum Ausdruck gebracht, wenn es heißt, in *Ḥokhma* als Weltsame bzw. Vater sei bereits die ganze künftige Schöpfung präfiguriert.[354] Das geschieht im Palast der *Bina*, welche sich als räumliche Ausdehnung vom Punkt (*Ḥokhma*, Same) über die Linie (Übergang bzw. Empfängnis) zum Raum (*Bina*, Gebärmutter) den Schöpfungsvorgang re-

---

350 Siehe auch Philo von Alexandrien und dessen Interpretation von Ps 27,1 in *De Virtutibus* 22,154 und *De Somniis* I 13,73 f; Necker, *Lurianische Kabbala*, 189; zur mittelalterlichen Lichtspekulation siehe Klaus Hedwig, *Sphaera Lucis. Studien zur Intelligibilität des Seienden im Kontext der mittelalterlichen Lichtspekulation*, Aschendorff 1980; siehe auch Moshe Idel, „From the ‚Hidden Light‘ to the ‚Light within the Torah‘: A Chapter in the Phenomenology of Jewish Mysticism“, in Aharon Zion (Hg.), *Migwan De'ot we-Hashqafot 'al ha-Or* [Vielfältige Meinungen und Ansichten zum Licht], Jerusalem 2003, 23–62, hier 46–60; Morlok, *Gikatilla's Hermeneutics*, 20–22.

351 Siehe Peter Schäfer, *Der verborgene und der offenbare Gott*, Tübingen 1991, 76–77.

352 Siehe seinen Kommentar zu Cant 8,11, Hs Columbia 893, M6862, 52a–54b; Gershom Scholem, „Die authentischen Schriften Isaak Lurias“, *Qiryat Sefer* 19 (1942/43): 184–199 (Hebräisch).

353 Scholem, „Schöpfung aus Nichts und Selbstverschränkung Gottes“, in ders., *Über einige Grundbegriffe des Judentums*, Frankfurt a. M. 1970, 53–89; ders., *Jüdische Mystik*, 238–243.

354 Vergleichbar mit den Konzeptionen zu *logos spermatikos* in der Antike.

präsentiert.[355] Zugleich werden jedoch die Vorgänge vor dieser Freiwerdung der göttlichen Schöpfungsenergie in Gott selbst als „Hinabsteigen Gottes in sein eigenes Nichts", als Urschöpfung mit innerer Dynamik vorgestellt.[356] *Bina* gebiert als obere Mutter in diesem Prozess die unter ihr liegenden sieben Sefirot, die zugleich die sieben Tage der Schöpfung verkörpern. In der kabbalistischen Interpretation der *creatio ex nihilo* wird nun Gott selbst zu diesem „Nichts" (*En Sof*) der Schöpfung und die Sefirot, die mit dem Übergang aus der göttlichen Aura (*Keter*; *Zohar* I,15a) zur Weisheit (*Ḥokhma*) ihren Anfang nehmen, enthalten den Status von Urbildern allen Seins. Eine kabbalistische Weiterführung des auch bei Johannes Scotus Eriugena (9. Jahrhundert) vorhandenen Motivs des „Hinabsteigens Gottes in sich selbst" findet in der lurianischen Kabbala beim „Rückzug Gottes" (*ṣimṣum*) statt, in dem Gott sich von sich selbst, und sei es auch nur gewissermaßen von einem Punkt seines Wesens, zurückzieht. Dieser Punkt im göttlichen Raum, der zugleich eine Konzentration des göttlichen Seins impliziert und auf den sich dieser Akt bezieht, kann als wahrer mystischer Urraum aller Schöpfung und aller Weltprozesse gelten. Er stellt eine Weiterführung des Gedankens der *creatio ex nihilo* innerhalb der jüdischen Mystik dar.[357]

Satanow und *ṣimṣum*

Wie bereits angedeutet, geht die gesamte Schöpfung laut Satanow aus einer Kombination von *maskil* und *muskal* als Materie (*ḥomer*) und Form (*ṣura*) in den separaten Intellekten hervor.[358] Das Verständnis dieser Zusammenhänge kann in der sinnlich wahrnehmbaren Welt seinen Ausgang nehmen. Man untersucht die irdischen Phänomene, um deren Weisheit bzw. Paradigma in der intellektuellen Welt zu begreifen.[359] Dies wird am Ende der fünften Pforte von *Imre Bina* ausgeführt. Die von Satanow vorgestellte kabbalistisch-philosophische Emanationsordnung (*seder hishtalshelut*) beinhaltet sowohl epistemologische und kulturell-religiöse als auch soziologische Implikationen. In seiner Schöpfungsordnung

---

355 Siehe Kants Ausführungen zum Verhältnis von Punkt, Linie, Fläche; erläutert bei Gideon Freudenthal, „Maimon's Philosophical Program. Understanding versus Intuition", in Fred Rush / Jürgen Stolzenberg (Hg.), *Internationales Jahrbuch des Deutschen Idealismus* 8, Berlin / Boston 2012, 83–105.

356 Scholem, „Schöpfung aus Nichts", 73. Siehe auch die Kommentare und zahlreichen Literaturhinweise von Matt, *Zohar. Pritzker Edition*, Bd. 1, 107–111; und die deutsche Übersetzung in Scholem, *Geheimnisse der Schöpfung*, 49–51.

357 Scholem, „Schöpfung aus Nichts", 85–89.

358 Satanow, *Imre Bina*, 5b. Zur hohen Wertschätzung kabbalistischer Traditionen siehe in diesem Werk auch 4ab, 12ab, 14ab, 17ab und 20ab.

359 *Zemirot Asaf*, § 5, 5b–6a, comm. 6.

wird nach der Vorlage Moshe Cordoveros[360] die Materie der oberen Stufen zur Form der darunterliegenden Emanationsstufen.[361]

Nur die Kabbalisten besitzen die Fähigkeit, diese „Verkettung „ (*shalshelet*) zu verstehen und die tiefere Bedeutung physischer Phänomene zu enthüllen, da sie die Synthese von *maskil* und *muskal* in den separaten Intellekten begreifen – wie bereits mehrfach erwähnt.[362] Auch in dem folgenden Beispiel zur Lehre des *ṣimṣum* (Rückzug, Selbstverschränkung, Kontraktion) Gottes vor der Schöpfung, um diese überhaupt in den Bereich des Möglichen zu überführen, macht sich Satanow kabbalistische Symbolik und zeitgenössische Errungenschaften der Naturwissenschaften zunutze, um seinen Lesern beide nahezubringen und die Vereinbarkeit von Rationalität und Kabbala zu demonstrieren. Die kabbalistischen Texte und Einsichten spiegeln dabei die höchste Stufe der Philosophie und des Erkenntnisvermögens wider.

Grundlage seiner Theorie ist die These, dass der Mensch als Mikrokosmos den göttlichen Makrokosmos reflektiert. Wer die Geheimnisse der Weisheit in der Welt erforschen will, hat vier Wege zur Auswahl, die ihn zur „Gnade Gottes" führen und ihn seine „Paläste" (*hekhalot*) mit all ihren Geheimnissen zu besuchen gestatten.[363] Wer sich selbst auf die Stufe erheben kann, um die Geheimnisse der oberen Welt mit dem Verstand zu begreifen, der kann auch hinabsteigen, um ihre parallelen Phänomene in der irdischen Sphäre zu verstehen. Es wird erneut die hermeneutische Intention einer zweifachen Mobilität des Lesers in beide Bereiche (obere und untere Welt) deutlich. Die Personen, die dazu in der Lage sind, verkörpern paradigmatisch die „göttlichen Kabbalisten", die die Geheimnisse der Weisheit von den Ältesten und Weisen Israels erhalten haben.[364] Dieses geheime

360 Zur Wiederaufnahme dieser Idee der Emanationskette bzw. die doppelte Konstruktion der Sefirot in dieser Reihe als zugleich „empfangend" und „emanierend" siehe Elliot R. Wolfson, *Alef, Mem, Tau. Kabbalistisc Musings on Time, Truth, and Death*, Berkeley / Los Angeles / London 2006, 77–81.

361 Siehe Salomon Maimon, *Gesammelte Werke*, Bd. I, hg. v. Valerio Verra, Hildesheim 1965, 96. Siehe hierzu auch die Erläuterungen zu *malbush* bei Satanow, *Imre Bina*, 23b.

362 Satanow, *Imre Bina*, 5b.

363 Satanow geht davon aus, dass Kabbala als allegorische Literatur einen rationalen Kern enthält, *Imre Bina*, 6a und 14a. Siehe auch Huss, *Zohar. Reception and Impact*, 267–268. Maimon vertritt eine vergleichbare Auffassung des Studiums der Wissenschaften, der Psychologie und der Philosophie als Bedingung für das Studium der kabbalistischen Schriften. Siehe Idel, *Hasidism*, 38–41.

364 So nach *Avot* 1,1. Zur Weiterentwicklung dieser Überlieferungsidee und zunehmende Kodifizierung der Texte durch mündliche Initiation siehe Morlok, *Gikatilla's Hermeneutics*, 15–19; Moshe Idel, *Enchanted Chains. Techniques and Rituals in Jewish Mysticism*, Los Angeles 2005.

Wissen wurde seit Mose oder sogar seit Adam von Generation zu Generation weitergegeben, wie bereits in *Sefer Yeṣira* berichtet werde.[365]

In seinen Diskussionen zur Selbstverschränkung Gottes beziehet sich Satanow mehrmals auf Rabbi Azriel aus Gerona (1180–ca. 1240). Dieser setzt die oberste Sefira (*Keter*) mit dem göttlichen Urwillen (*raṣon*) sowie dem Nichts – aus dem der „ewige Ruck", der erste Impuls zur (im Judentum so problematischen) Veränderung in Gott selbst, die die Schöpfung initiiert, kommt – in eins.[366] Das „Aufleuchten des Urpunktes" in *Ḥokhma* verbindet das Schöpfungsereignis mit einer stark ausgeprägten Lichtmetaphorik, die in zahlreichen Schriften wieder auftaucht. Dieser energetische Impuls zur Schöpfung, zur „Willensänderung Gottes unter Wahrung Seiner absoluten Einheit", die im *Zohar* und in der übrigen kabbalistischen Literatur häufig symbolisch als erotische Anziehung präsentiert wird, lässt aus dem Unendlichen ein Nichts werden.[367] Die Frage nach dem Verhältnis zwischen Nichts und Sein beantwortet Rabbi Azriel in seinem *Weg des Glaubens und Weg der Häresie* (in ähnlicher Weise wie das *Liber de Causis):*

> Fragt dich einer, „Was Gott ist", so erwidere: „Der nirgends mangelhaft ist." Fragt er dich: „Gibt es etwas außer ihm?", so erwidere: „Es gibt nichts außer ihm." Fragt er dich: „Wie hat er Sein aus Nichts hervorgebracht, wo doch zwischen Sein und Nichts ein großer Unterschied besteht?", so erwidere: „Wer Sein aus Nichts hervorbringt, dem mangelt dadurch nichts, denn das Sein ist im Nichts auf die Art des Nichts, und das Nichts ist das Sein auf die Art [das heißt in der Modalität] des Seins." [368]

Azriel führt weiter aus, dass aber der Ort, an den das Sein gebunden ist, wo es aus dem Nichts heraus beginnt, Dasein zu besitzen, „Glaube" (*emuna*) heißt. Denn der Glaube bezieht sich nicht auf ein sichtbares und fassbares Sein, wie auch nicht auf das unsichtbare und das unfassbare Nichts, sondern eben auf den Ort, wo Nichts und Sein zusammenhängen.[369] Satanow übernimmt dieses Konzept von „Glauben" und harmonisiert es in seiner Schrift *Imre Bina* mit naturwissen-

---

365 Satanow, *Imre Bina*, 5a–b. Siehe hierzu auch den Kommentar von Barukh Togarmi zum *Sefer Yeṣira*, der einen weitreichenden Einfluss auf die späteren Entwicklungen der Überlieferungstechniken in der kabbalistischen Literatur ausübte: Hs Paris BN 770, 1a–6b; abgedruckt bei Gershom Scholem, *The Kabbalah of Sefer Temunah and R. Abraham Abulafia*, hg. v. Joseph Ben-Shlomo, Jerusalem 1987 (Hebräisch). Zu dem ashkenazischen Hintergrund Togarmis siehe Moshe Idel, „Ashkenazi Esotericism and Kabbalah in Barcelona", *Hispania Judaica Bulletin* 5 (2007): 69–113.

366 Scholem, „Schöpfung aus Nichts", 76–77.

367 Dabei gab es aber auch kabbalistische Strömungen in Spanien zwischen 1200–1500, welche das Unendliche, den Willen Gottes und das Nichts als identisch betrachteten.

368 Übersetzung nach Scholem, „Schöpfung aus Nichts", 77–78.

369 Scholem, „Schöpfung aus Nichts", 78.

schaftlichen Kenntnissen, da beide sich mit diesem Übergang von Nichts zu Sein auseinandersetzen und die Geheimnisse der Schöpfung bzw. des Schöpfers auf jeweils unterschiedliche Weise zu eruieren suchen.

Ein solcher Perspektivenwechsel ist bereits in den mittelalterlichen Texten zur Schöpfung angelegt, da der Übergang von *En Sof* zu *Keter* bzw. von *Keter* bis *Ḥokhma* einen Wechsel von einer „Außensicht" der Schöpfung zu einer „Innensicht" der Vorgänge in Gott selbst beinhaltet. Die Existenz der Dinge, wie sie im Nichts Gottes existieren, stellt eine andere Art oder Modalität dar als die Existenzweise des Seins. Beide Existenzformen sind jedoch Modalitäten des Unendlichen selbst, sie bilden die ungeschiedene Einheit von Etwas und Nichts. Der wahre Glaube wird an dieser Stelle so definiert, dass er sich aus dem Verbundensein des Seins mit dem Nichts formiert. Dabei bleibt letzteres stets der Spekulation verborgen, weil es in Gott selbst begründet liegt, in dem allein sich Sein und Nichts verschränken. Aus diesem Grund ist eine derartige Erkenntnis laut Satanow den Kabbalisten vorbehalten. Als erster mittelalterlicher Mystiker hat Azriel von Gerona diesen Ort der Schöpfung in Gott selbst, wo alle Wesen in gestaltloser Ungeschiedenheit – vor der Differenzierung innerhalb des schöpferischen Emanationsprozesses – bestehen, als „den unendlichen, grenzenlosen und unerforschlichen Abgrund, der bis ins reine Nichts reicht" bezeichnet.[370]

Abgrund ist hier im Unterschied zu Eriugena kein finsterer Ort der *causa primordialis* (*Kommentar* zu Gen 1,2), sondern wird zum Symbol für einen tief verborgenen Stand der Dinge in Gott und zu einem Moment an und in Gott selbst.[371] Die literarischen Spuren dieser Idee sind nicht nur in einem Gebet der Marannen aus dem Jahr 1488 zu finden, sondern auch bei Pico della Mirandola (1463–1499), seinem Nachfolger Johannes Cheradamus und bei Jakob Böhme („die große Tiefe überall"). Böhme geht in *De signatura rerurm* (1622) davon aus, dass der Mensch in der Signatur das Wesen aller Dinge kennenzulernen vermag, an Stimme und Sprache den verborgenen Geist und die Natur einer jeden Sache nach seiner Essenz und Gestalt zu entdecken in der Lage ist. In der Natur-Sprache, in der jedes Ding aus seiner ursprünglichen Eigenschaft heraustritt, offenbart es sich selbst.[372]

---

370 Azriel von Gerona, *Kommentar zu den talmudischen Aggadot*, hg. v. Isaiah Tishby, Jerusalem 1945, 103 (Hebräisch).

371 Scholem, „Schöpfung aus Nichts", 81.

372 Siehe Jakob Böhme, *Sämtliche Schriften, Faksimile-Neudruck der Ausgabe von 1730 in elf Bänden*, Bd. 6, neu hg. v. Will-Erich Peuckert, Stuttgart 1955–1961, 7; Andreas Kilcher, „Die Namen der Kabbala", *Zeitschrift für Ideengeschichte* 1 (2013): 5–28, hier 6; Scholem, „Schöpfung aus Nichts", 82.

Die anfängliche göttliche Selbstverschränkung wirkt im ersten Schritt nicht nach außen, sondern richtet sich auf sich selbst. Zugleich wird das „Nichts" hervorgerufen, aus dem die Schöpfung entsteht. Letzten Endes ist die Rede von einer innergöttlichen Bewegung als „Vorstufe" von Schöpfung nicht mit dem Satz von der Unbewegtheit Gottes vereinbar, dennoch wird mit dieser Idee die Rede von der absoluten Freiheit Gottes, bzw. dem göttlichen Willen, und der unendlichen Vollkommenheit seines Wesens verwirklicht. Nicht eine *processio dei ad extra*, sondern ein dynamisches Hineingehen Gottes in sich selbst, das zugleich die Möglichkeit, das Apriori einer Welt darstellt, die durch die Emanation des göttlichen Lichts (nachdem es sich an einem Punkt zusammengezogen hat) ihren Anfang nimmt, bilden die Grundlage der lurianischen Kreationslehre.

Die rhythmische Bewegung eines göttlichen Offenbarens und Verhüllens, wie sie aus der zoharischen Bibliothek bekannt ist, stellt sich als kontinuierliches Ausstrahlen und zugleich Sich-Zusammennehmen und Sich-Zurückziehen des Göttlichen dar, was Scholem als „tiefe innere Dialektik" bezeichnet.[373] In der Bewegung des *ṣimṣum* wird überall das Nichts reflektiert, das daraus entsteht und in das Sein hineinreicht. Es gibt demnach weder reines Sein noch reines Nichtsein. Gott befindet sich in einer doppelten selbstbezüglichen Bewegung, die laut Luria schließlich zur Rettung der Schöpfung und ihrer Erlösung sowie derjenigen von Gott selbst führt. Eine solche fortschreitende Entfaltung Gottes verdeutlicht der *Zohar* als Entfaltung des göttlichen Namens *Elohim*, als erste Schöpfung der namenlosen göttlichen Schöpferkraft. Die Einsicht in diesen Zusammenhang, aus dem die Sefirot hervorgehen, wird als höchste Stufe der Erkenntnis in Gott als mystisches „Wer", als Subjekt des Weltprozesses interpretiert. Die mythischmystisches Rede von der *creatio ex nihilo* versieht die aristotelischen Prinzipien von Materie, Form und Sein mit einer völlig neuen Bedeutung, da die Privation[374] dieses Nicht-Seins eben als das Nichts erfasst wird, das in jedem Ding vorhanden ist.

Die Wandlung der Formen in Materie während des *ṣimṣum* wird als jener lebendige Prozess gedeutet, durch den das Nichts innerhalb dieser Transformation aufbricht. Eine so geartete Reinterpretation der aristotelischen *steresis*-Lehre tritt erneut am deutlichsten bei Azriel von Gerona zutage, die laut Scholem in direkter Linie zu den chassidischen Ausgestaltungen derselben führte. Jener „Bruch" in Gott, der in der jüdischen Tradition als sehr problematisch angesehen

---

373 Scholem, „Schöpfung aus Nichts", 87.

374 Scholem, *Jüdische Mystik*, 240–241. Die unterschiedliche Wahrnehmung der Stufen und Erscheinungsformen des Göttlichen werden dabei nicht als Unterschiedenheit in der objektiven Natur des göttlichen Lebens, sondern als Verschiedenheit im aufnehmenden Subjekt gedeutet. Scholem, ebd., 244.

wird, und das damit verbundene „Ausfließen“ als segensreiche Schöpfung,[375] gelten als Notwendigkeit, da kein Sein vollkommen sein kann und jede Existenz in ihrer Natur gebrochen und unvollkommen ist. Sie unterliegt einer ständigen Berührung mit dem Nichts der immerwährenden Schöpfung.[376] Die Kabbalisten führen aber jedes Ding zu seinem Nichts zurück[377] und bringen es damit an die wahre Wurzel des Seins, die im göttlichen Nichts gründet.[378]

In den späteren Schriften der lurianischen Kabbala – für Ibn Tabul und die anderen Schüler Vitals wie in Shmuel Vitals Ausgabe der „Acht Pforten“ geschildert – ereignet sich Schöpfung als Zusammenziehen (*ṣimṣem*) des Lichts, mit Referenz auf die biblische Aussage, dass Er Seine *Shekhina* zwischen den beiden Stangen der Bundeslade zusammenzieht.[379] Während in der zoharischen Variante Schöpfung mit dem Aufleuchten des Lichts des Urpunktes beginnt, konzentriert sich bei diesen Autoren das Licht in Gott. *En Sof* zieht sich in sein existenzielles Zentrum, in die Mitte seines Lichts zurück, und dieses Licht entfernt sich dann nach allen Seiten, bis nur noch die Aura (*awir*) des leeren Raums in seinem Zentrum verbleibt. Man erhält also das Bild eines Kreises mit einem Mittelpunkt (Licht).[380] Am Anfang des Seins steht eine Konzentration des *En Sof* innerhalb des *En Sof*. Schöpfung findet innerhalb des Göttlichen statt und tritt zu keinem Zeit-

---

375 Scholem, *Jüdische Mystik*, 239 – 240. Siehe hierzu auch die Monadenlehre Leibniz, dargestellt z. B. bei Allison Coudert, *Leibniz and the Kabbalah*, Dordrecht 1995.

376 *Zohar* I,15a: „Jener Punkt in *Ḥokhma*, der die Aura (*Keter*) berührt und doch nicht berührt.“

377 So Rabbi Azriel in § 9.

378 Zur Ähnlichkeit zwischen Heideggers *Seinsdenken* bzw. dessen Meontologie und kabbalistischen Schöpfungsvorstellungen aus Nichts siehe Cristina Ciucu, „Les penseurs du néant“, *Yod. Revue des Études Hébraïque et Juives* 15 (2010): 215 – 233.

379 Laut dem Midrash zog Gott seine Herrlichkeit, bzw. seine Gegenwart, auf der Deckplatte der goldenen Bundeslade zusammen. Daher stammt die Vorstellung, dass die Deckplatte eine Spanne, „eine Handbreit“ dick war. Aus dieser Position zwischen den beiden Cheruben sprach Gott zu Mose; siehe bSan 7a. Bei Azriel wird diese Idee auf den kabbalistischen Schöpfungsakt projiziert: Gott zieht sich in *Ḥokhma* (Weisheit, zweite Sefira), die Grenze dessen, was das menschliche Denken begreifen kann, auf das Maß des Vorhangs der Lade zwischen den beiden Cheruben auf eine Handbreit zusammen. Die Krone (*Keter*, erste Sefira) verströmt aus der Quelle von allem das helle Licht, das Weisheit heißt, in 32 Pfaden. Siehe den Kommentar Azriels zu *Sefer Yeṣira* I,1 in Naḥmanides, *Kitve Ramban*, Bd. 2, hg. v. Ḥayyim Dov Chavel, Jerusalem 1994, 453.

380 Josef Ibn Tabul, *Derush Ḥefṣi-Va*, in Mas’ud ha-Kohen al-Ḥadad (Hg.), *Simḥat Cohen*, Jerusalem 1921, 1c (*Ḥefṣi-Va* ist Name der Mutter des Königs Manasse und zugleich Name Jerusalems in messianischer Zeit; II Reg 21,1 und Jes 62,5; Necker, *Lurianische Kabbala*, 60). Die Vorstellung von Schöpfung als geometrisches Verhältnis von Kreis und Mittelpunkt findet sich auch bei Moshe de Leon, dem Hauptverfasser des *Zohar*, siehe Scholem, *Jüdische Mystik*, 238.

punkt aus ihm heraus. In dem freien Raum, aus dem Gott sein Licht zurückgezogen hatte, brachte er alle Seine Welten hervor.[381]

Bei Satanow wird der Einbruch des göttlichen Lichts in das erschaffene Vakuum, den freien Raum, als *qaw yashar* (gerade Linie) anhand des Falls einer Eisenkugel und den damit zusammenhängenden Gravitationsgesetzen (*vis inertia*) und –kräften veranschaulicht.[382]

> [...] und wie ein Magnetstein, der durch seine Kraft immer weiter fällt wie eine Eisenkugel von 20 Shekeln durch eine weite Distanz. Und wenn man ihm aus entfernter Distanz ein Eisengewicht nähert, so fällt sie notwendigerweise die ganze Distanz aufgrund ihrer Natur.

In der lurianischen Schöpfungskonzeption, die als Vorlage diente, verläuft die Ausdehnung des Lichts nach dem *ṣimṣum* wie folgt:

> Dann dehnte *En Sof* sein Licht unter dem Aspekt einer geraden Linie (*qaw yashar*) aus, sein Anfang begann sich vom *En Sof* selbst auszubreiten, das sich zusammengezogen und in die beschriebene Kreisform begeben hatte. Von dort entwickelte sich [die gerade Linie] von oben nach unten und stieg mitten in den Raum hinab.[383]

Die „Lichtmeere" der unendlichen Gottheit strömen durch diese Verbindung, folgerichtig auch als *ṣinnor* (Kanal, Röhre) bezeichnet, um die Schöpfung zu „emanieren, erschaffen, formen, herzustellen."[384] Die vier genannten Verben nehmen an dieser Stelle bereits die Bezeichnungen der vier Welten der luriani-

---

381 Siehe Josef ibn Tabul, *Perush Idra Rabba*, hg. v. Israel Weinstock, *Temirin* 2 (1988): 123–167, hier 137. Zur Diskussion einer späteren Erklärung des *ṣimṣum* aus *Sha'ar ha-Klallim*, das Meir Poppers seiner Edition von *'Eṣ Ḥayyim* voranstellte, als *creatio ex nihilo*, siehe Necker, *Lurianische Kabbala*, 90–94.

382 Satanow, *Imre Bina*, 20a–b. Siehe hierzu auch die Erläuterungen zu den Gravitationsgesetzen in Auseinandersetzung mit Newton bei Euler, *Briefe an eine deutsche Prinzessin*, Teil 1, 179–183. Zur „geraden Linie" und ihre Bedeutung in Kants „Vorstellungsvermögen" im Gegensatz zu Maimons Konzeption der Verstandeseinsicht siehe Freudenthal, „Maimon's Philosophical Program", 85–87.

383 Übersetzung aus *Sha'ar ha-Haqdamot*, Jerusalem 1988, 13 nach Necker, *Lurianische Kabbala*, 98. Siehe dort auch zum Zusammenhang zwischen dem zoharischen Begriff *ḥuṭ* (Linie, Faden) und der lurianischen Verwendung bei Ibn Tabul. Vital benutzt wie später Satanow den Begriff *qaw yashar.* Laut Vital emaniert aus dem Licht des Unendlichen in *reshimu* eine gerade Linie (*qaw yashar*). Vom Licht seines Kreises, von oben nach unten hängt diese Linie herab und steigt hinab in jenen Raum. Christoph Schulte, *Zimzum. Gott und Weltursprung*, Berlin 2014, 61; Gerold Necker, „Circle, Point and Line: A Lurianic Myth in the *Puerta del Cielo*", in Rachel Elior / Peter Schäfer (Hg.), *Creation and Re-Creation in Jewish Thought. Festschrift for Professor Joseph Dan in Honor of his 70th Birthday*, Jerusalem 2005, 193–207.

384 *Sha'ar ha-Haqdamot*, 13; Necker, *Lurianische Kabbala*, 99.

schen Kabbala vorweg, die im Schöpfungsraum entstehen werden (*aṣilut, bri'a, yeṣira* und *'asiyya*).[385] Das Licht des *En Sof* bricht in gerader Linie in den Kosmos ein und stellt so die Verbindung zum göttlichen Urlicht her. Innerhalb dieser *qaw yashar* emaniert das göttliche Licht von oben nach unten als Schöpfungskraft. Sein Leuchten endet in der Mitte des Kreises bzw. der Kugel, es kann nicht bis zum gegenüberliegenden Kreispunkt des erschaffenen Raumes dringen, wo es wieder auf *En Sof* treffen würde. Eine gerade Linie, die in *En Sof* beginnt, ruft also die Schöpfung ins Leben – diese Linie wird von Satanow anhand der Gravitationsgesetze begründet. Das Ende liegt am weitest entfernten Punkt von *En Sof.* Die durch *ṣimṣum* erschaffene Leere dehnt sich dabei in alle Richtungen mit einer linearen Verbindung von oben nach unten aus, während *En Sof* sie kreisförmig umhüllt. Auch wenn in diesem präkosmologischen Stadium noch nicht in räumlichen, materiellen und zeitlichen Dimensionen gedacht werden kann, die erst in der untersten Welt künftig entstehen, ist dieser Raum visuell am ehesten als Kugel (*'iggul*) vorstellbar.[386]

Zunächst ist für die weitere Darstellung des *ṣimṣum* bei Satanow ausschlaggebend, dass er zwischen drei Arten des Handelns in der Welt unterscheidet: 1) natürliche Handlungen: alles, was in der Natur geschieht aufgrund der in der Natur inhärenten Kräfte, ohne Einfluss von Willen und Wissen, 2) willentliche Handlungen, die aufgrund der Entscheidung des Willens erfolgen und auch inhärente Kräfte freisetzen können, und 3) Handlungen, die eine Mischung aus den beiden ersten beinhalten.

Ṣimṣum stellt für Satanow eine partielle Konzentration von Materie dar, die zuvor über einen weiten Raum verstreut war und sich nun auf einen engen Raum bzw. Punkt zusammenzieht: *ha-ṣimṣum hu kibbuṣ ḥalqi ha-geshem asher hayu nitpashṭim be-maqom merḥav el maqom ṣar*[387] („*ṣimṣum* ist eine teilweise Konzentration der Materie, die in einen weiten Raum verstreut war, auf einen engen Raum"). Laut Satanow bedeutet *ṣimṣum* zugleich die Restriktion des göttlichen Willens (basierend auf dem identischen Konsonantenbestand von *ṣinnor* und *raṣon*)[388] und der göttlichen Macht. Es verwandelt Emanation von einem Vorgang

385 Zu den vier Welten, die ursprünglich aus der Vorstellungswelt des *Zohar* stammen, siehe Scholem, *Jüdische Mystik*, 298–299; Necker, *Lurianische Kabbala*, 53 und 113; Shaul Magid, *From Metaphysics to Midrash. Myth, History and the Interpretation of Scripture in Lurianic Kabbala*, Bloomington / Indianapolis, 29–30.

386 Necker, *Lurianische Kabbala*, 99. Zur Darstellung der Sefirot als *'iggulim* (Kreise) siehe Idel, „Visualization of Colors I", 51.

387 Satanow, *Imre Bina*, 20a.

388 Siehe oben die Ausführungen zur *creatio ex nihilo* und der Freiheit des göttlichen Willens, bzw. die Bedeutung von *raṣon* im Schöpfunsgakt.

ohne Grenze / Ziel (*ba'al beli tahklit*) in einen zielgerichteten Prozess (*tahkliti*) innerhalb der drei Welten von *muskal* (Intellekt), *medumme* (Vision / Imagination) und *murgash* (Sensibilia)[389] *(meṣamṣem be-reṣono et koḥo ha-ba'al bilti tahklit:* Er [Gott] begrenzt mit / in Seinem Willen Seine Macht, die ohne Grenze war). Der göttliche Wille wird hier höher gestellt als die göttliche Macht. Er ist es, der bei der Schöpfung wirksam ist. Die Emanation mittels der absteigenden Linie des Lichts (*qaw yashar*) aus *En Sof* erläutert Satanow anschließend mit Hilfe von Newtons Gravitationstheorie und deren *vis inertia*. Dabei stellt *ṣimṣum* die Grenze (*gader*) und das Ziel (*takhlit*) des sich ausbreitenden göttlichen Lichts bzw. der göttlichen Kraft dar.

Ṣimṣum bedeutet somit laut Satanow einen Willensakt,[390] der die schöpferischen göttlichen Kräfte ordnet und den Übergang von *murgash* zu *gashmi* ermöglicht, indem ein „leerer" Raum für die künftige Materie erschaffen wird. Sie fließt aufgrund der natürlichen Gravitationsgesetze in absteigenden Linien von *En Sof* herab. Das erste Geschöpf (*'alul rishon*) zeichnet sich dabei durch absolute Einfachheit / Reinheit (*pashṭut*) aus und besitzt naturgemäß keine „Kombination" (*beli harkava*), so wie auch Gott selbst und seine Macht sich durch diese Einfachheit auszeichnen. Aus dem ersten einfachen [reinen], grenzenlosen Intellekt (*me-ha-sekhel ha-pashuṭ ha-ba'al bilti takhlit*) geht anhand der Einschränkung des göttlichen Willens und der göttlichen Macht die erste „zusammengesetzte", begrenzte Materie hervor (*ha-geshem ha-murkav ha-ba'al takhlit*).

Gottes Wille beherrscht dabei die Naturgewalten, doch er ist zugleich an die Naturgesetze gebunden. Satanow schätzt die Macht des Willens insgesamt höher ein als die der Natur.[391] Gott stellt dabei die Wirkursache der Schöpfung dar und

389 Vgl. oben das dreistufige Model im *Zohar Tinyana*. Eine gewisse Parallele stellt hier auch Isaak Ibn Latifs dreistufiges Erkenntnismodell der Wirklichkeit Gottes in seinem Werk *Ginze ha-Melekh* (Gärten des Königs), Kap. 41, hg. v. Adolf Jellinek, *Kokheve Yisra'el* 34 (1867): 16, dar und dessen Übernahme durch Abraham Abulafia. Laut Ibn Latif gibt es drei hierarchisch angeordnete Stufen des Erkennens: a) theroetisches, b) prophetisches und c) jenes Verständnis, das bis zum Erscheinen der Gerechten verborgen ist. Das erste Begreifen ist theoretisch-philosophischer Natur, das die Existenz von Dingen außerhalb der ersten Ursache wahrnimmt. Die zweite Art (prophetisch) erfasst, dass die erste Ursache aufgrund eines einfachen Willens geschieht, der als spirirtuelle Rede bezeichnet wird. Die Erkenntnis dessen wird anhand des göttlichen Influxus erreicht. Die dritte Art ist das Wissen mittels des Namens, der ganz und gar verborgen ist. Dies ist das höchste Ziel allen Verstehens und in der Zukunft denen vorbehalten, die seinen Namen meditieren. Bei Abulafia kulminieren diese Stufen von Weisheit (informativ) und Prophetie in der „Erneuerung der Seelen", welche bei Satanow ebenfalls in diesen Zusammenhang gestellt werden (*Imre Bina*, 26a–27a), siehe Idel, *Abraham Abulafia und die mystische Erfahrung*, 28 – 29.

390 Satanow, *Imre Bina*, 20a–b.

391 Ebd., 21a.

sein Verhältnis zur Schöpfung ist mit dem der Sonne zu ihrem Licht bzw. ihren Strahlen vergleichbar, die nach allen Seiten hin ausgehen, ohne dass dadurch das Licht und die Kraft (*koaḥ:* Macht / Kraft) der Sonne verringert würde. So geht dann wiederum laut der kabbalistischen Schöpfungstheorie keine wesentliche Veränderung der Gottheit im Schöpfungsprozess vonstatten. Das Verhältnis zwischen Licht und Sonne wird dabei auch in maimonidischer Terminologie mit *muskal* – *maskil* bezeichnet.

Der erste Akt der Schöpfung besteht in der lurianischen Kabbala im Herausnehmen des Lichts aus der absteigenden Linie in der Mitte der (noch nicht räumlich vorstellbaren) Kugel zum Rand hin, um Raum für die Schöpfung zu schaffen und die Welten in die Ordnung der Emanationskette zu bringen. Satanow vereint in seinem Abschnitt zur Schöpfung durch *ṣimṣum* die Kreationsvorstellung der absteigenden Linie und dem Mittelpunkt des Kreises der kastilianischen Kabbala (Azriel) mit der lurianischen Variante (*qaw yashar*) und den Gravitationsgesetzen.[392]

Die göttliche Schöpfung als Willensakt Gottes im *ṣimṣum* ist auch bei Satanow nach maimonidischer Vorlage an die Naturgesetzte gebunden und quasi als natürlicher Akt, gemäß der oben genannten Dreiteilung der Handlungen, zu betrachten.[393] Gott ist in diesem Schöpfungsakt Ursache (*'illa* oder *'illa rishona, causa prima* oder *causa causarum*)[394] und Grund (*sibba*) der Schöpfung. Als Ursache der Welt ist er ihr vorangestellt, während die Schöpfung selbst mit *mesuvav* und *'alul* die Namen Folge und Wirkung trägt. Gott beinhaltet als *'illat ha-'illot, causa causarum* alle (nach-)folgenden Ursachen (*efficiens, formalis, finalis* und *proxima*) in sich.

Diese philosophischen Termini stammen ursprünglich von Maimonides und dessen arabischen Vorlagen und werden auch bei Azriel von Gerona verwendet. In Azriels *Kommentar zu den zehn Sefirot* erhalten diese Termini (*le-'illat kol ha-'illot we-sibba ha-sibbot*)[395] unter dem Einfluss von Shlomo Ibn Gabirol und Johannes Scotus Eriugena eine stärker neuplatonische Färbung, wobei Gottes Attribute

---

392 Ebd., 20a–21b.

393 Zur Schöpfungslehre des Maimonides zwischen aristotelischen, neuplatonischen und biblischen Konzeptionen und der *creatio ex nihilo* siehe Kenneth Seeskin, *Maimonides on the Origin of the World*, New York 2005; ein Vergleich dieser These in Bezug auf Spinoza findet sich in ders., „Maimonides, Spinoza, and the Problem of Creation", in Heidi M. Ravven / Lenn E. Goodman (Hg.), *Jewish Themes in Spinoza's Philosophy*, Albany 2002, 115–130.

394 Siehe dazu weiter unten die Ausführungen zu *levushim* in *Imre Bina*.

395 Cristina Ciucu, „The Neoplatonic Tradition and the Scheme of Emanation", *Les Cahiers d'Echinox* 12 (2007); siehe auch deren Monographien zu *Azriel de Gérone: mystique et philosophe* (im Druck); und dies., *Le mal qui fonde Dieu. La redécouverte des origines et le dépassement des théodicées* (im Druck).

durchaus positiv festgestellt werden können. Die Emanationskette der Sefirot verkörpert bei Azriel den schöpferischen Moment der göttlichen Einheit.[396] Maimonides erklärt im *More* (II,12), alles in der Zeit Erschaffene besitze notwendigerweise eine effektive Ursache, die es aus dem Nichtsein hervorbringt (*barur she-le-kol meḥudash yesh lo be-hekhraḥ sibba po'elet, she-hi ḥiddsha oto le-aḥar she-lo nimṣa*).[397] Pico della Mirandola und Marsilio Ficino (1433–1499) bezeichnen dann die erste Schöpfung unter christlichem Einfluss als „Sohn", dessen Name mit dem des Schöpfers identisch sei. Diese Benennung, die zugleich eine Wesenseinheit mit dem Schöpfer impliziert, taucht im 16. und 17. Jahrhundert bei Abraham Herrera (1570–1635) und Judah Moscato (1530–1593) erneut auf und geht in deren Interpretation des lurianischens Schöpfungsmythos ein.[398] Es ist davon auszugehen, dass Satanow die Werke Herreras und Moscatos zumindest in Grundzügen oder populären Versionen bekannt waren, da zahlreiche Gedanken und Konzeptionen dieser Autoren bei ihm erscheinen.

Die Tore der wissenschaftlichen Untersuchung (*ḥaqira*) seien laut Satanow offen, um anhand des „geraden" Intellekts (*sekhel yashar*), der in Korrespondenz zur göttlichen absteigenden „geraden" Linie (*qaw yashar*) steht, die naturgemäßen Geheimnisse der Schöpfung zu ergründen. Doch den Übergang[399] von der göttlichen Ursache zur Emanationskette können nur die Kabbalisten begreifen,[400] da sie den Zusammenhang zwischen *maskil* und *muskal* vor der Schöpfung begreifen können. Die experimentelle Forschung (*meḥqarim*) kann höchstens verständlich machen, warum die Schöpfung notwendigerweise aus Gott hervorgegangen ist

---

396 Gershom Scholem, Art. „Azriel of Gerona", *Encyclopaedia Judaica*, Bd. 2, hg. v. Michael Berenbaum / Fred Skolnik, Detroit ²2007, 771–772.

397 Siehe Israel Efros, *Philosophical Terms in the More Nebukim*, New York 1966, 89. Zum Übergang aus den philosophischen Literaturen in die kabbalistischen Schriften und den philosophischen Hintergrund in der Isma'elia-Schule sowie dem Beginn der Emanationskette (*ha-ne'eṣal ha-ri'shon*) siehe Sara Heller-Wilensky, „The ‚First Created Being' in Early Kabbalah and Its Philosophical Sources", in dies. / Moshe Idel (Hg.), *Studies in Jewish Thought*, Jerusalem 1989, 261–275 (Hebräisch).

398 Moshe Idel, Ben: *Sonship and Jewish Mysticism*, New York 2007, 516–517. Siehe auch Idels Bemerkungen zu den Schöpfungstheorien bei Knorr von Rosenroth, Van Helmont und Anne Conway, die kabbalistische Konzeptionen aufnahmen, ebd., 521–522.

399 Siehe hierzu die Aussagen zum verborgenen Aspekt der Emanationskette in *En Sof* von Azriel von Gerona, *Perush 'Eser Sefirot*, abgedruckt in Meir Ibn Gabbai, *Sefer Derekh Emuna*, Warschau 1850, 3: „[...] und weil Er verborgen ist, hat er kein Ende und kein Ziel, und man kann Ihn nicht erforschen und es gibt nichts außerhalb von Ihm." ומה שהוא נעלם אין קץ ותכלית ואין לו חקר ואין חוץ ממנו.

400 D.h. jenen beschriebenen Übergang vom Nichts zum Sein und die damit verbundene Symbolik der Sefirot. Siehe die graphische Darstellung (Kreis mit Mittelpunkt) im Neudruck von Vitals *'Eṣ Ḥayyim*, Warschau 1890, 22. Abgedruckt bei Schulte, *Zimzum*, 65.

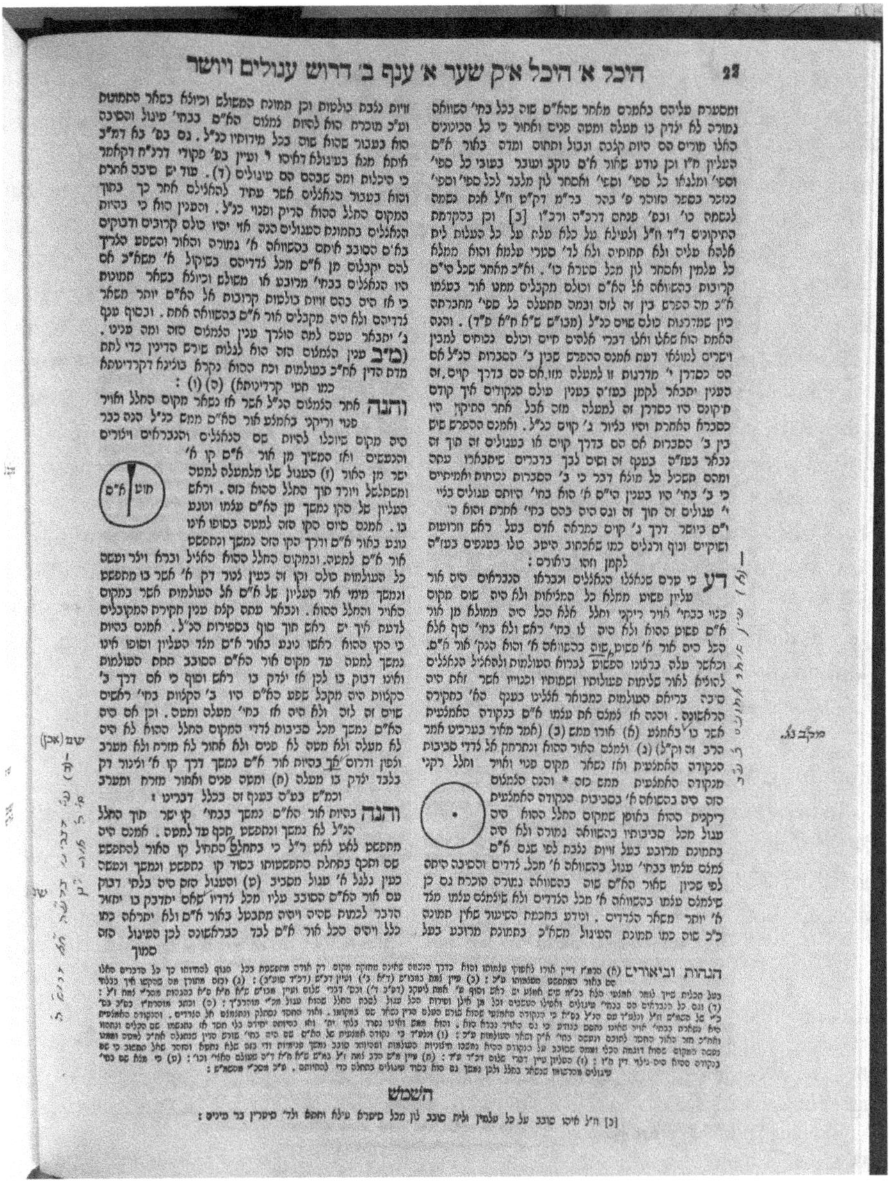

Abb. 33: *Sefer ʿEṣ Ḥayyim*, Warschau 1890, 22a, Jerusalem – The National Library of Israel, 1961=R

(wie Feuer alles um sich verbrennt oder das Licht von der Sonne ausstrahlt), aber sie kann keinesfalls den Glauben an die Tora oder Gottes unendliche und unerschöpfliche Macht begründen oder ersetzen. Gottes unendliche Macht erst verbürge die Schöpfung notwendig, während der menschliche Intellekt da sei, um die göttliche Wahrheit zu begreifen. Anhand der „astronomischen Schwerkraft" steige die göttliche Emanationslinie in die Mitte des kugelförmigen Raumes hinab, wobei *ṣimṣum* als „Ufer" die Beschränkung der göttlichen, überbordenden Schöpfungskraft darstelle.[401] Nach Prov 30,4[402] stellt Satanow die Fragen zur doppelten Natur der Dinge (*'illa we-'alul*) – interessanterweise im Zusammenhang mit dem Namen des Sohnes, was an Moscato und Herrera erinnert – (*ḥomer*, Materie, und *ṣura*, Form) und der Namensgebung der Dinge durch Adam als Definition derselben innerhalb der Emanationskette dar. In dieser Kette bildet das nächsthöhere Glied stets die Form des daraus Emanierenden und das Göttliche unterscheidet sich durch seine Einfachheit / Reinheit (*pashṭut*) vom Erschaffenen. Dabei wird von Satanow hervorgehoben, dass nach biblischem Sinne *ṣeruf* (Verbindung, Kombination) nicht mit *ḥibbur* (Zusammensetzung) identisch sei.[403] Bevor Satanow zu weiteren theologisch-politischen Reflexionen übergeht, die dem Volk Israel gewidmet sind, betont er noch einmal, dass laut Definition der „Empfang der Wahrheit" im Glauben an *ṣimṣum* liege. Dies sei die Wurzel des Wissens[404] und das Dafürhalten dieses Schöpfungskonzept bilde den Eckstein des Glaubens. Wer nicht an *ṣimṣum* glaube, der sei weder zur Religion noch zum Glauben im Allgemeinen befähigt.[405]

Schöpfung, Erwählung und Vorsehung

In einem weiteren Schritt verknüpft Satanow die Konzeption des *ṣimṣum* mit dem Erwählungsgedanken Israels bzw. dem Übergang einer „allgemeinen Providenz" (*hashgaḥa klalit*)[406] zu einer individuellen Vorsehung (*hashgaḥa praṭit*) des Volkes Israel.[407] Gott zog im Akt des *ṣimṣum* seine allgemeine Vorsehung auf ein indi-

401 Satanow, *Imre Bina*, 21b.

402 „Wer stieg den Himmel hinan? Wer sammelte den Wind in seine Fäuste? Wer band das Wasser in ein Gewand? Wer hat aufgestellt all die Ende der Erde? Wie ist sein Name, und wie der Name seines Sohnes, so du es weißt?"

403 Satanow, *Imre Bina*, 22a.

404 Das *Wissen* wird hier im Gegensatz zur Vorlage bei Azriel ergänzt. Siehe unten.

405 Satanow, *Imre Bina*, 22a–b. Hebr. Text 22a unten.

406 Siehe oben die Ausführungen zu Luzzatto und Providenz in der Radikalaufklärung sowie im Deismus.

407 Satanow, *Imre Bina*, 22b. Diese Vorstellung besitzt eine interessante Parallele in der chassidischen Literatur bzw. dem chassidischen Ritual, vor allem in den Schriften des Dov Baer von Metzrich, Jakob Joseph von Polonoje und Menaḥem von Chernobyl. Siehe David Zori, *Not in den*

viduelles Volk zusammen (*ṣimṣem ha-hashgaḥa ha-praṭit*), konzentrierte seine *Shekhina* auf dem Berg Sinai (*ṣimṣem shekinto ʻal har Sinai*) und schloss daher dort den Bund mit Israel. Seine *Shekhina* ruhte auf der Bundeslade und zog Gottes Gegenwart auf dieser zusammen (siehe oben). Auf Basis dieser Konzentration Gottes betet jeder Fromme (*ḥasid*) zur angemessenen Zeit, dass Gottes Konzentration über ihn komme und die Dinge nach seinem Willen geschehen sollen. Den Glauben des Volkes an die individuelle Vorsehung bezeichneten die Kabbalisten, so Satanow, als *ṣimṣum*.[408] Daraus leitet er eine umfassendere Theorie der Vorsehung bzw. der Konzentration ab: Denn wenn man seine Vorsehung auf einen individuellen Ort konzentriert, so sei auch die Demut an einem Ort konzentriert, und dies sei der Ort aller göttlichen Gebote – die Konzentration der göttlichen Weisung. Wenn der Gläubige bete, konzentriere er ebenfalls sein Denken auf einen Punkt, auch wenn er dies innerhalb der Gemeinde tue. *Hashgaḥa praṭit* und *ṣimṣum* bezeichnen daher denselben Sachverhalt, so wie auch Israel im *Shemaʻ Yisra'el* eine Einheit (*aḥdut*) darstelle.[409] Den Kabbalisten zufolge sei daher *ṣimṣum* zugleich die Wurzel des Widerstandes (*shoresh ha-meri*) und die Wurzel des Glaubens (*shoresh ha-emuna*).[410] *Shoresh ha-meri* bezieht sich auf den Gedanken, dass jedes Haus Israel glaube, dass Er, gesegnet sei Er, individuell Gnade ausübe in jedem einzelnen Kampf (daher die Erbitterung derer, die nicht zu diesen Auserwählten gehören) (22b), der über ihn ausgefochten wird, auch wenn er nicht in diesem Namen geschehe.[411] Dies bedeute, dass wenn sie (Israel) vom *ṣimṣum* her an individuelle Vorsehung glauben, dann steigt er mit ihnen auf, an den Ort,[412] wo man individuelle Vorsehung findet und zugleich *ṣimṣum*, wie ge-

---

Hands of Heaven. The Limits of Human Action in the Teachings of Early Hasidic Masters, Jerusalem 2016 (Hebräisch).

408 Satanow, *Imre Bina*, 22b (Mitte). Dass „Vorsehung" ein aktuelles Thema in der Auseinandersetzung mit Newton war, lässt sich auch an Jacob Harts (1756–1814) Kritik in *Milḥamot Adonai* (Kriege des Herrn) gegen Newton bezüglich des Angriffs auf göttliche Vorsehung und Offenbarung ablesen. Siehe Ruderman, *Best-Selling Book*, 27–28.

409 Siehe Azriel von Gerona, *Perush ʻEser Sefirot*, 3: מה שאינו מוגבל קרוי אין סוף והוא ההשואה גמורה באחדות השלמה שאין בה שנוי. ואם הוא מבלי גבול אין חוץ ממנו.

410 So auch bei Rabbi Azriel, *Perush ʻEser Sefirot*, 3: ולפי שהוא נעלם הוא שורש האמונה והוא שורש המרי.

411 Siehe hierzu auch die oben ausgeführte *ṣimṣum*-Vorstellung von Luzzatto.

412 Zu *maqom* als notwendige Bedingung für Substanz (שאין עצם בלי מקום ואין מקום אלא מאמצעות העצם) am Beginn der Emanation der zehn Sefirot innerhalb der „Grenze" (*gevul*) als Synonym für Schöpfung siehe, Rabbi Azriel, *Perush ʻEser Sefirot*, 4. Rabbi Azriel verwendet nicht den Begriff *ṣimṣum*, sondern spricht von *le-hagbil*, *hagbala*, *gevul*, (begrenzen, Begrenzung, Grenze) und *hagdara*, *le-hagdir* (Definition / Begrenzung / Bestimmung, definieren / begrenzen / bestimmen).

schieben stehe: es sind zwei Namen für eine Sache (Synonym: שני שמות לעצם אחד).[413]

Satanow scheint hier Maimonides' Vorstellung von göttlicher Providenz für diejenigen, die an seinem Überfluss teilhaben,[414] mit bundestheologischen Konzeptionen harmonisiert zu haben.[415] Eine derartige Kombination von Vorsehung und Bundestheologie ist m. E. nicht häufig innerhalb der jüdischen Tradition zu finden und wäre in jedem Fall eine weitere, eingehendere Untersuchungen wert.

Auch Moses Mendelssohn bezieht sich in deistischer Manier auf die Erwählung der Erzväter und die göttliche Providenz als Zwischenstadium zwischen Erwählung und endgültiger Erlösung. Doch findet sich laut Lawrence Kaplan dazu keine Parallele bei Maimonides.[416]

Satanow fügt noch eine besondere Variante der Darstellung Rabbi Azriels von *ṣimṣum* als Wurzel des Glaubens und des Widerstandes hinzu:

> Verstehe, dass diejenigen, die die Wahrheit empfangen, sagen, dass der Glaube an *ṣimṣum* die Wurzel des Wissens (*ha-da'at*) und der Grundstein (*pina*) des Glaubens sei. Und wer nicht an *ṣimṣum* glaubt, der ist nicht bereit für Religion und Glaube.[417]

Ṣimṣum ist hier nicht mehr nur die Wurzel des Glaubens, sondern auch des Wissens. In der Nachfolge Maimonides' handelt es sich nicht um religiöses Wissen, sondern *da'at ḥiṣonit*, Wissenschaft, die ihren Ursprung ebenfalls in *ṣimṣum* nimmt und somit in Gott selbst begründet liegt. Daher ist sie in der Lage, die Geheimnisse der Schöpfung zu erforschen, ohne zwangsläufig an die Existenz Gottes glauben zu müssen. Satanow variiert die Aussage Rabbi Azriels in frühneuzeitlichem Kontext, indem eine Erkenntnis der Wahrheit des *ṣimṣum* ebenfalls als „Wahrheit" definiert wird, auch ohne religiösen Glauben. *Ṣimṣum* wird zudem im traditionellen Sinne als Grundstein des Glaubens und der Religion bezeichnet.

---

413 Siehe Satanows eigene Definition für Synonym in seiner Schrift *Sefer ha-Shorashim*, Berlin 1803, 62.

414 David R. Blumenthal, *Understanding Jewish Mysticism: The Philosophical-Mystical Tradition and the Hasidic Tradition*, New York 1982, 18.

415 Zur Bundestheologie in der Hebräischen Bibel siehe z. B. Moshe Weinfeld, Art. „Brit", in *Theologisches Wörterbuch Altes Testament*, Bd. 1, hg. v. G. Johannes Botterweck / Helmer Ringgren, Stuttgart 1973, 781–808.

416 Lawrence Kaplan, „Maimonides and Mendelssohn on the Origins of Idolatry, the Election of Israel, and the Oral Law", in Alfred L. Ivry / Elliot R. Wolfson / Allan Arkush (Hg.), *Perspectives on Jewish Thought and Mysticism*, Amsterdam 1998, 423–455, hier 425, 439, 452 Fn 36.

417 Satanow, *Imre Bina*, 22a–b.

Ṣimṣum, ein in erster Linie durch die lurianische Kabbala geprägter Begriff, der im weiteren Verlauf stark mythische Tendenzen entwickelte,[418] wird somit zur Grundlage sowohl einer religiösen als auch einer wissenschaftlichen Orientierung der Haskala. Diese versucht sowohl traditionelle als auch moderne Denkansätze im Judentum mit Hilfe kabbalistischer Terminologie zu vereinen.

Wille und Zeit

Zum Abschluss des Kapitels stellt Satanow verschiedene Überlegungen zu Zeit bzw. allmählichem und plötzlichem Wandel an. Wille (*raṣon*) sei laut Recanati, der hier als Vorlage gelten kann, ein plötzlicher Wandel der Absichten. In Recanatis Schriften selbst spielt der göttliche Wille keine übergeordnete Rolle, das wäre eher bei Azriel und in anderen geronesischen Ausführungen zur kabbalistischen Schöpfungstheorie der Fall. Beide Konzeptionen des *ṣimṣum* hängen jedoch eng zusammen, da Recanati Azriels Aussage „es existiert nichts außerhalb von Gott" (אין חוץ ממנו) an exponierter Stelle in seine Überlegungen eingebunden hat.[419]

Recanati überträgt die Vorstellung, dass nichts außerhalb von Gott existiert, auf die Tora, die mit Gott selbst identisch ist, wie er in seinen *Begründungen der Gebote* schreibt:

> Alle Wissenschaften werden in ihrer Gesamtheit in der Tora erwähnt, denn es gibt nichts, das außerhalb von ihr ist [...] Gott ist also nicht irgendetwas jenseits der Tora, die Tora ist nicht außerhalb von Ihm und Er ist nicht außerhalb von ihr, und daher durften die Weisen der Kabbala sagen, daß der Heilige, gelobt sei Er, selbst die Tora ist.[420]

---

418 Elliot R. Wolfson, „Retroactive not yet. Linear Circularity and Kabbalistic Temporality", in Brian Ogren (Hg.), *Time and Eternity in Jewish Mysticism. That Which is Before and That Which is After*, Leiden 2015, 15–50; Magid, „Origin and Overcoming"; Moshe Idel, „The Mud and the Water: Towards a History of a Simile in Kabbalah", *Zutot* 14,1 (2017): 64–72; Idel, „Conceptualizations"; Schulte, *Zimzum*.

419 Azriel, *Perush 'Eser Sefirot*, 3–9; Hs Mailand, Bernheimer 53, B1, 113a–117b; engl. Übersetzung von Ronald Kiener in Joseph Dan / ders., *The Early Kabbalah*, New York / Mahwah 1986, 87–96, hier 90; Idel, *Absorbing Perfections*, 123; ders., *Kabbalah in Italy 1280–1510. A Survey*, New Haven / London 2011, 138.

420 Menaḥem Recanati, *Ṭa'ame ha-Miṣwot*, hg. v. Simḥa Bunem Lieberman, London 1962, 2b. Siehe auch Hs Paris BN 825, 1b–2a; Scholem, *Zur Kabbala und ihrer Symbolik*, 64 und 167; ders., „Neue Fragmente in den Schriften von R. Azriel aus Gerona", in *Sefer Zikkaron le-Asher Gulaq we-li-Shemu'el Qlayn* [Studies in Memory of Asher Gulak and Samuel Klein], hg. v. Insitute for Jewish Studies, Hebrew University Jerusalem, Jerusalem 1942, 201–222, hier 207 (Hebräisch); sowie Idel, „Derrida und Kabbala", 165–169.

Recanatis Aussage „es gibt nichts außerhalb“ hat ihren Ursprung in Rabbi Azriels Schriften und übte einen gravierenden Einfluss auf Recanatis theologische Konzeptionen aus – auch wenn sich die Aussage ursprünglich bei Azriel stärker auf Gottes Willen bezog. Dies könnte nach Scholem auf eine Passage bei Johannes Scotus Eriugena zurückzuführen sein.[421] Recanati erweitert die Vorstellung aus Gerona zu einer pantheistischen Sichtweise, die höchstwahrscheinlich in der Übersetzung Scholems einen nachhaltigen Eindruck bei Jacques Derrida und dessen sprachtheoretische Konzeptionen zu „il n'y rien hors du texte“ in *De Grammatologie* von 1967 hinterließ.[422]

3.4.1 *Hester Panim* (Verbergen des Antlitzes) und *Ṣimṣum*

Satanow referiert im zuvor diskutierten Abschnitt zentrale Aussagen Azriels zur notwendigen Selbstverschränkung Gottes am Beginn des Emanationsprozesses, d. h. der Emanation der zehn Sefirot zu Beginn der Schöpfung – ohne dass Azriel jedoch den Begriff *ṣimṣum* verwendet – unter Einbeziehung italienischer Interpretationen der prälurianischen *ṣimṣum*-Lehre, wie sie bei Recanati zu finden sind.[423] Er berücksichtigt zudem die Aussage Recanatis, dass alle Wissenschaften in der Tora präfiguriert sind und gültige Rückschlüsse auf Gott zulassen, da dieser mit der Tora identisch sei.[424]

Böses ist nicht das Gegenteil von Gutem, sondern der Mangel desselben – so Satanow. Ein derartiger Mangel sei innerhalb der Schöpfung im Menschen und nicht in Gott angelegt. Rabbi Azriel wendet diese Konzeption schon im 13. Jahrhundert und ebenfalls betreffend den Beginn des Schöpfungsprozesses an. Die Sefirot stellen sowohl eine vollkommene als auch eine mangelhafte Kraft dar: Sie sind als empfangende Entitäten vollkommen, doch in der Weitergabe der göttlichen Fülle an die unter ihnen gelegenen Entitäten erweisen sie sich als mangelhaft. In dieser Hinsicht können sie sowohl vollkommene als auch mangelhafte Aktionen ausführen. Vollkommenheit und Mangel stellen hierbei das Kriterium zur Unterscheidung der Dinge dar.[425] Der Mensch könne das Böse nur durch *hester*

---

421 Scholem, *Ursprung und Anfänge der Kabbala*, 332–333 und 395 Fn 177. Siehe auch die lateinische Übersetzung von Azriels Text bei Pico della Mirandola in Chaim Wirzubski, *Pico della Mirandola's Ecounter with Jewish Mysticism*, Cambridge, Mass. 1989, 103.

422 Idel, „Derrida und Kabbala“, 169.

423 Siehe Idel, „Conceptualizations“ und unten „Italienische Synthese“, 310–317.

424 Zu Menaḥem Recanati siehe Moshe Idel, *R. Menaḥem Recanati. The Kabbalist*, Bd. 1, Tel Aviv 1998 (Hebräisch); ders., *Kabbalah in Italy*, 106–138.

425 Rabbi Azriel, *Perush ʻEser Sefirot*, 4.

panim,[426] das Verbergens des göttlichen Antlitzes, erfahren. Satanow nimmt die mittelalterlichen Konzeptionen des Verbergens Gottes in *Imre Bina* erneut auf und harmonisiert verschiedene Vorstellungen miteinander. Gott sei das vollkommen Gute und Sein Wille[427] gereiche nur zum Guten (*ha-ṭov ha-muḥlaṭ en reṣono raq le-haṭiv*).

Hester panim versinnbildlicht in der jüdischen Tradition mit der Metapher des „Verbergens des Gesichtes" die Frage nach der Verborgenheit Gottes und sein radikales Sich-Abwenden. Das Verbergen gilt als Strafe Gottes für das Brechen des Bundes durch Israel. Die Abwesenheit Gottes und damit die Frage nach dem *unde malum* wird mit einer temporären Verborgenheit des Schöpfers beantwortet,[428] die auf einer Interpretation des Esterbuches und des damit verbundenen Purimfestes basiert. Wie das Hohelied erwähnt auch das Esterbuch den Gottesnamen nicht explizit. Der Name der Hauptprotagonistin, Ester, wird nach bHul 139b von *hester* und Dtn 31,18 (*haster astir panay*, ich aber werde mein Angesicht verbergen) abgeleitet. Der Frauenname gilt dabei als weiterer Hinweis auf die Verborgenheit Gottes.

Die Verborgenheit Gottes betrifft laut den Psalmen nicht nur das gesamte Volk, sondern auch den individuellen Sünder, wenn etwa David Gott darum bittet, sein Antlitz nicht zu verbergen, sondern weiterhin Gnade walten zu lassen (Ps 27,8–9). Die rabbinische Tradition legt diesen Begriff als Strafe Gottes für das sündigende Volk Israel, als Grund des Exils, aus.[429] In der jüdischen Mystik hingegen wird der Transformationsprozess des Mystikers parallel zu Gott selbst

---

426 *Zohar* zu bBer 36b und 4a. David Wolpe, „*Hester Panim* in Modern Jewish Thought", *Modern Judaism* 17,1 (1997): 25–56. Nach der Schoah wird der Begriff häufig mit Nietzsches „Gott ist tot" in Verbindung gebracht und den damit zusammenhängenden theologischen Neuansätzen, ebd., 27–31. Vor allem im Werk Joseph B. Soloveitchiks nimmt die Diskussion hierzu eine vorrangige Position ein.

427 Zur Stellung des göttlichen Willens innerhalb der unterschiedlichen *ṣimṣum*-Konzeptionen siehe oben.

428 Zur Frage nach dem Ursprung des Bösen in der kabbalistischen Literatur und Scholems „gnostischer Antwort" siehe Scholem, *Jüdische Mystik*, 257; ders., „Gut und Böse in der Kabbala", *Eranos-Jahrbuch* 30 (1961), 29–67; und Moshe Idel, „The Evil Thought of the Deity", *Tarbiz* 49,3–4 (1980): 356–364 (Hebräisch); zur Thematik in der Schule Sarugs siehe Ronit Meroz, „Contrasting Opinions among the Founders of R. Israel Sarug's School", in Paul Fenton / Roland Goetschel (Hg.), *Expérience et écriture mystiques dans les religions du livre*, Leiden 2000, 191–202, hier 200–202.

429 Siehe Sylvie-Anne Goldberg, Art. „Exil", in Dan Diner (Hg.), *Enzyklopädie Jüdischer Geschichte und Kultur*, Bd. 2, Stuttgart / Weimar 2012, 298–300.

und dessen Apotheose durch eine Veränderung des Gesichts nach dem Vorbild Moses angezeigt.[430]

Hester Panim in der mittelalterlichen Kabbala

In den kabbalistischen Traditionen des Mittelalters und den Diskussionen zum Status des göttlichen Textes, der Tora, wird das Verbergen des Antlitzes bzw. die Wurzel *s-t-r* in komplexeren semantischen Feldern zusätzlich auf die Zerstörung eines Gebäudes, d. h. eines Wortes (*binyan*), als auch auf die Zurückweisung eines bestimmten Arguments durch ein Gegenargument verwendet.[431] Basierend auf Maimonides' Argumentation in *More ha-Nevukhim* und dem inneren Zusammenhang von „verbergen" und „widersprechen" interpretiert Abraham Abulafia in seinem Kommentar zu den biblischen Geheimnissen, *Sefer Ḥayye ha-Nefesh* (Buch des Seelenlebens), die Dekonstruktion der bestehenden Textstruktur als Offenbarung des geheimen Schriftsinns. Das Geheime ist demnach im offensichtlichen Sinn in einer Art von sprachlicher Einheit verborgen, die dekonstruiert werden muss, um das Verborgene dem Offensichtlichen zu entreißen.[432]

In der Tradition wird allgemein das Böse als notwendige Konsequenz des Verbergens Gottes bzw. seines Antlitzes in der Welt angesehen. Auch wird bei einigen modernen Denkern diese Vorstellung mit der Kontraktion Gottes vor der Schöpfung, also der Idee des *ṣimṣum* als Voraussetzung für die zukünftige Schöpfung, in direkte Relation gebracht, wie z. B. bei Eliezer Berkovits (1908–1992),[433] Joseph Soloveitchik (1903–1993),[434] Adin Steinsaltz[435] und Martin Buber

430 Samuel Balentine, *The Hidden God. The Hiding of the Face of God in the Old Testament*, Oxford 1984; Moshe Idel, „The Changing Faces of God and Human Dignity in Judaism", in Alberto Melloni / Riccardo Saccenti (Hg.), *In the Image of God. Foundations and Objections within the Discourse on Human Dignity*, Berlin u. a. 2010, 45–65.

431 Robert Gordis, „Studies in the Relationship of Biblical and Rabbinic Hebrew", in ders., *The Word and the Book. Studies in Biblical Language and Literature*, New York 1976, 158–184.

432 *Sefer Ḥayye ha-Nefesh*, Hs München, Bayerische Staatsbibliothek 408, 9b und 71b–72a. Siehe dazu die Ausführungen von Idel, „Derrida und die Kabbala", 184–186.

433 Wobei Eliezer Berkovits (*God, Man and History*, New York 1959, 145–146; *Faith after the Holocaust*, New York 1973, 94–107) zwischen dem Verbergen des Antlitzes und Gottes selbst (Jes 45,15) unterscheidet. Siehe Steven Katz, „Eliezer Berkovits's Post-Holocaust Jewish Theodicy", in ders., *Post-Holocaust Dialogues: Critical Studies in Modern Jewish Thought*, New York 1983, 268–286.

434 Joseph Soloveitchik, *Halakhic Man*, übs. v. Lawrence Kaplan, Philadelphia 1983, 108.

435 Adin Steinsaltz, *The Thirteen-Petalled Rose*, übs. v. Yehuda Hanegbi, New York 1980, 37.

(1878–1965).[436] Rabbi Shneur Zalman von Liadi (1745–1812), der Begründer der Chabad-Bewegung und Zeitgenosse Satanows, bezieht in seinem Werk *Sefer ha-Tanya* die beiden Vorstellungen von *ṣimṣum* (im Plural) und *hester panim* aufeinander:

> Diese *ṣimṣumim* geschehen alle in der Art des „Verbergen des Angesichts" (*hester panim*), um das Licht und die Lebenskraft zu verbergen und zu verdunkeln, die aus Seiner gesegneten Rede (*dibbur*) hervorgehen, so dass diese sich nicht mit einer größeren Ausstrahlung manifestieren können, als die unteren Welten fähig sind zu empfangen.[437]

Schöpfung beschreibt beim *Alter Rebbe* – so der Ehrentitel des Gründers der Chabad-Bewegung – die inneren Selbstveränderungen Gottes (*ṣimṣumim* im Plural), die aber in der Emanation von Licht und Lebenskraft nicht das Wesen und die Einheit Gottes verändern. Um der Schöpfung willen werden nur die erschaffenen Dinge und die Welten anhand der in Gott stattfindenden Kontraktionen (*ṣimṣumim*) konzentriert, die zu einem stufenweisen, graduellen Abfluss des Lichts und der Lebenskraft führen, so dass die unteren Stufen die Emanation von den oberen her empfangen können. Es werden die oberen Stufen in den *ṣimṣumim* der Empfängnisfähigkeit der unteren angepasst. Das Erschaffene kann somit eine Existenz empfangen, ohne durch ein Übermaß an Energie und Kraft aus den darüber liegenden Einheiten zu zerbrechen.

Die Verdunklung des Lichts wird als „Bekleiden des Lichts" bezeichnet,[438] was Satanow in *Imre Bina* ebenfalls thematisiert.[439] Die *ṣimṣumim* haben somit die Aufgabe, die unendliche göttliche Kraft an die geschaffenen, zerbrechlichen

---

436 Martin Buber, „God and the World's Evil", in *Contemporary Jewish Thought. A Reader*, hg. v. Simon Noveck, Washington 1963, 256–257, hier 256; siehe auch Bubers Begriff der „Gottesfinsternis": Martin Buber, „Gottesfinsternis. Betrachtungen zur Beziehung zwischen Religion und Philosophie", in ders., *Werke*, Bd. 1: Schriften zur Philosophie, München / Heidelberg 1962, 503–603; Emil Fackenheim, „On the Eclipse of God", in ders., *Quest for the Past and the Future*, Boston 1968, 229–243; Sanford L. Drob, *Symbols of the Kabbalah. Philosophical and Psychological Perspectives*, Lanham, MD 2000, 135; siehe auch Scholems „äußerster Zimzum", in Schulte, *Zimzum*, 383–398.

437 Shneur Zalman von Liadi, *Liqquṭe Amarim Tanya*, London 1998, 89–90. Auf ähnliche Weise bei Moshe Ḥayyim Luzzatto, *Derekh ha-Shem*, übs. v. Aryeh Kaplan, Jerusalem / New York 1977, 123 zu finden. Siehe auch die Aufnahme des Gedankens bei Paul Celan in seinem Gedicht „Wirk nicht voraus" via Scholem. Elisabeth Hense, *Zwischen Spiritualitäten. Intertextuelle Berührungen*, Münster 2005, 37–46.

438 § 36 in *Sefer ha-Tanya*.

439 Siehe weiter unten in diesem Kapitel.

Gefäße anzupassen und das Strahlen des göttlichen Lichts abzudunkeln, um einen Überfluss an göttlichem Licht und Lebenskraft zu verhindern.[440]

Auch Shneur Zalman integriert in seine Schöpfungskonzeption somit die Vorstellung des *hester panim*. Die Gottheit selbst bleibt von diesen Kontraktionen jedoch völlig unberührt. In einer neuplatonischen Interpretation der „Schöpfung aus Nichts" (*yesh me-ayin*)[441] bildet das durch die Selbstverschränkungen Gottes eingegrenzte Licht[442] seine Verbindung zur Schöpfung, zur Welt – wobei Schöpfung selbst als sukzessiver innergöttlicher Selbsteinschränkungsprozess des göttlichen Lichts betrachtet wird. Im Gegensatz zu Luria findet diese Einschränkung beim Alter Rebbe nicht real oder literal statt, sondern ermöglicht nur das menschliche Reden über ein permanentes innergöttliches Geschehen, das sich jenseits menschlicher Vernunft abspielt.[443]

In ähnlicher Weise wird in Joseph Delmegidos *Novelot Ḥokhma*,[444] das von Satanow explizit in diesem Zusammenhang genannt wird, die Hervorbringung der „Welt der Punkte" in *reshimu* (wörtl. Rest / Überrest), nach Israel Sarug als Ursprung der Materie verstanden. Diese befinden sich nach dem *ṣimṣum* im „leeren" Raum und werden von Delmegido als eine Reihe von *ṣimṣumim* definiert:

> Nach dem *ṣimṣum* entstand der Ort, welcher zugleich die Größe (*shi'ur*) von Länge, Breite und Tiefe ist, d. h. der Abstand beträgt zehn Endpunkte oder er ist wie der, den die Philosophen als die letzte Fläche definieren, die ein Behältnis ist und doch keines, Materie, denn Gott umgab die genannte Größe. Und daher wird der Gesegnete *quf maqqif* (das umgebende *quf*) genannt. Denn *quf* (186) ergibt den Zahlenwert (*gematria*) *maqom* (Ort, 186) und so ist auch der Wert des vierbuchstabigen Namens [...]. Denn wie du aus der Kabbala von Luria, gesegneten Andenkens, weißt, bildeten sich aufgrund des *ṣimṣum* Punkte aus dem Rest des Lichts, das in der Größe verblieb – da ein Vakuum (*requt*) nicht existiert. Und diese sind alle wie Atome (*'aṣamim pirdiyyim*), die laut der antiken Philosophen Empedokles, Demokrit, Anaxagoras und anderen vermutlich als materiell erschaffene Prinzipien Gottes galten. [...] und aus der Verbindung zwischen ihnen entstanden Dinge wie ein Haus aus Holz, Steinen und Lehm. Und sie vermuteten, dass es zusätzlich zu diesen Prinzipien für die Materie der

---

440 Siehe Schulte, *Zimzum*, 265–274.

441 Zu den Grundlagen der *creatio ex nihilo* innerhalb der jüdischen Mystik, besonders zu *Sefer Yeṣira* und Philo von Alexandrien siehe Scholem, „Schöpfung aus Nichts", 62–65; Strauss, *Rabbi Jedidja ha-Alexandri*, Kap. 2.11 zu Philo als mögliche Quelle von Mendelssohns Verständnis der Kabbala und zahlreichen Hinweisen auf Johann Jacob Brucker als vermittelnde Instanz bezüglich der kabbalistischen Schöpfungstheorien.

442 Siehe Azriel, *Perush 'Eser Sefirot*.

443 Siehe § 7 von *Liqquṭe Amarim Tanya*, *Sha'ar ha-Yiḥud we-ha-Emuna* (Sprüche des Buches Tanya, Tor der Vereinigung und des Glaubens), London 1988, 308–322. Siehe auch Schulte, *Zimzum*, 268–274. In § 21 von *Sefer ha-Tanya* wiederholt Shneur Zalman ebenfalls das Zitat von Rabbi Azriel: אין דבר חוץ ממנו.

444 Joseph Delmegido, *Novelot Ḥokhma* [Weisheitssplitter], Basel [Hanau] 1631, 201b.

Kreaturen ein aktives Prinzip (*hatḥala po'elet*) gebe, welches sie zusammenbringt und sie trennt.[445]

Auf ähnliche Weise ist laut Satanow die Entdeckung dieses energetischen Schöpfungsprinzips, der Schöpferkraft Gottes, sowohl als Einblick in kabbalistische Lehren als auch auf Grundlage naturwissenschaftlicher Forschung, die die Zusammensetzung dieser „Atome" untersucht, möglich. Schöpfung geschieht jedoch letzten Endes im tieferen Sinn des kabbalistischen Verständnisses als Buchstabenkombination und -trennung vor der Schöpfung in Gott. Sie stellt das *Gewand Gottes* (*malbush*), den Archetyp der materiellen Schöpfung, als Präfiguration der zu erschaffenden Welt dar. Darum gelangen die Kabbalisten zu einem höheren Erkenntnisstand als die Naturwissenschaften: Sie können die theogonen linguistischen Kombinationen (*ṣerufim*) und *ṣimṣumim* erfassen. Die Verbindung zwischen dem materiellem und dem spirituellem Prinzip der Existenz als Punkt[446] – die existenzielle Bedeutung von Punkt bzw. dessen Ausdehnung zur Linie im pythagoräischen Sinne und zugleich als Endpunkt, als Punktation der hebräischen Buchstaben, als atomare Bausteine der Schöpfung –, wurde von den Philosophen (und Naturwissenschaftlern) zwar schon in früheren Epochen skizziert.[447] Doch die letzte Deutung obliegt in dieser Hinsicht den mittelalterlichen Mystikern und laut Satanow auch den neuzeitlichen.[448]

Die Kombination von Punkten zu Buchstaben und die Kombination der Buchstaben untereinander bilden die Textur des *malbush*.[449] Aus der Vorstellung der vielen Kontraktionen, die die Punkte in *reshimu* hervorbringen, bildet Delmegido in *Novelot Ḥokhma*[450] anhand dieser Punkte eine „Atomlehre" heraus,

445 Übersetzung E.M. Siehe zu dieser Passage aus *Novelot Ḥokhma* im Zusammenhang der italienischen *ṣimṣum*-Vorstellungen, Idel, „Conceptualizations", 43–44. Auch Hurwitz bezieht sich in seinen Ausführungen in *Sefer ha-Berit* zur lurianischen Kabbala auf deren italienische Version; siehe Ruderman, *Best-Selling Book*, 38.

446 Delmegido, *Novelot Ḥokhma*, 11a.

447 Necker, „Circle, Point and Line", 193–207.

448 Morlok, *Gikatilla's Hermeneutics*, 77–108.

449 Ein Einfluss der linguistischen Strömung eines Abraham Abulafia und seiner Schule ist hier wahrscheinlich anzunehmen. Siehe auch Abulafias Schüler, Natan ben Sa'adya Ḥar'ar, *Sha'are Ṣedeq*, hg. v. Josef Porush, Jerusalem 1989, 10; sowie die Beispiele in Morlok, *Gikatilla's Hermeneutics*, 38–105; Moshe Idel, „*Sefer Yezirah* and its Commentaries in the Writings of Abraham Abulafia, and the Remnants of R. Isaac Bedershi's Commentary and their Impact", *Tarbiz* 79, 3–4 (2011): 383–466 (Hebräisch).

450 *Novelot Ḥokhma*, 11a, 50a, 151b, 157a, 201b; Idel, „Concept of *Ṣimṣum*", 61, 78, 86–88 (Hebräisch); Brown, *New Heavens and New Earth*, 66–78.

laut derer die Punkte wie Atome (*ʻaṣamim pirdiyyim*) hervorgebracht wurden.[451] Zugleich werden die Funken (*niṣoṣot*) als emanierte Punkte, die in alle Körper (als Seele bzw. Energie) gelangen, als Atome bezeichnet. Delmedigo vereint an dieser Stelle atomistische Positionen nach dem Vorbild der antiken Philosophen, auf die er ausdrücklich Bezug nimmt, mit originellen lurianischen Definitionen der Lichtfunken.[452] Eine vergleichbare Kombination aus traditionellen Ideen zur Weltschöpfung bzw. den innergöttlichen Ereignissen vor der Schöpfung und philosophischen Ansichten könnte Satanow als Vorlage gedient haben, um seine zeitgemäße Synthese zwischen lurianischer Kabbala und Naturwissenschaft zu präsentieren. Im oben angeführten Zitat aus Delmedigos *Novelot Ḥokhma* wird *hester panim* als kosmologisch-ontologischer Vorgang geschildert, der die notwendige Begrenzung Gottes beim Schöpfungsprozess beschreibt. Das Verbergen des Antlitzes wird auf ähnliche Weise bei Satanow als positive kosmologische, graduelle Selbstbeschränkung Gottes zum Schutz des Geschaffenen interpretiert, damit die göttliche Schöpferkraft und das göttliche Licht schaffend und nicht zerstörerisch wirken können. Shneur Zalman von Liadi verknüpft in dieser Perspektive die biblische Tradition des *hester panim* mit einer anderen aus Ex 33,20, laut derer kein Mensch das Angesicht Gottes schauen und leben kann. Er stellt sie in Zusammenhang mit der *ṣimṣum*-Konzeption, d. h. in einen positiven kosmologisch-ontologischen Kontext. Die Kreatur erhält durch die notwendigen innergöttlichen *ṣimṣumim*, die „in der Art" von *hester panim* vonstatten gehen, göttliches Licht und Lebenskraft. Die metaphorische Abschwächung (in der Art von, unter dem Aspekt von, בחי') nimmt die gewagte Ausdrucksweise des Lubawitcher Rebben etwas zurück. Doch bleibt die Konzeption einer sukzessiven Selbstbeschränkung Gottes als *conditio sine qua non* für die Schöpfung und die Kreatur und die damit verbundene *creatio continua* bzw. die Schöpfungs- und Formenvielfalt bestehen.[453] Die *ṣimṣumim* – zugleich auch als „Einschränkungen des göttlichen Willens (*raṣon ʻelyon*)"[454] – bewirken in diesem Emanationsprozess

---

451 Siehe oben.

452 Zu den komplexen Modellen der lurianischen Funken- und Lichtmetaphorik siehe die Arbeit von Assaf Tamari, *Human Sparks. Readings in the Lurianic Theory of Transmigration and its Concept of the Human Subject*, MA Thesis Tel Aviv University 2009 (Hebräisch).

453 Siehe Schulte, *Zimzum*, 272–274.

454 Eine Hervorhebung des freien Schöpferwillens findet sich auch bei Samson Raphael Hirsch in seiner Kommentierung zur Schöpfung aus Nichts, Tora-Kommentar zu Gen 1,1: „Alles, Stoff und Form alles Seienden ist aus dem freien allmächtigen Schöpferwillen hervorgegangen. Frei steht und waltet noch heute der Schöpfer über Stoff und Form aller Wesen, über die Kräfte, die im Stoffe wirken, über die Gesetze, nach welchen sie wirken, und über die Formen, die sie gestalten; denn sein freier, allmächtiger Wille hat ja den Stoff geschaffen, ihm diese Kräfte einverleibt, diesen die Gesetze gesetzt, nach welchen sie die Formen gestalten." *Der Pentateuch*, übs. und erl. v. Samson

aufgrund der unterschiedlichen Graduierung, Dämpfung, Begrenzung, Verknappung, Bekleidung und Verbergung des göttlichen Lichts die Formenvielfalt der himmlischen und irdischen Welten und bilden somit die Grundlage für physikalische und biologische Strukturen der aus göttlicher Lebenskraft und Licht erschaffenen Welt. Ein ähnlicher Gedanke scheint auch der Hintergrund von Satanows Erweiterung des Ausspruchs von Rabbi Azriel von Gerona hinsichtlich des *ṣimṣum* als Wurzel *des Wissens* und des Glaubens gewesen zu sein.

Providenz

Satanow stellt in der besprochenen Passage zugleich fest, dass Gott vollkommen gut ist und sein Wille auch nur zum Guten gereicht. Der Mensch kann böse Taten nur aufgrund des *hester panim* durchführen, doch bleibt dadurch das Wesen Gottes unberührt.

Wissenschaftliche Untersuchungen der physikalischen Welt ermöglichen in diesem Prozess wesentliche Erkenntnisse der metaphysischen Grundlagen derselben. In einem ähnlich positiven Sinne wie die *ṣimṣumim* Shneur Zalmans als vermeintliches *hester panim* die göttliche Schöpferkraft und das göttliche Licht an die Kreatur anpassen, wird bei Satanow auch die Vorsehung Gottes (*hashgaḥa*) im positiven Sinne von einer für die ganze Schöpfung geltenden Providenz auf die auf Israel konzentrierte Vorsehung eingeschränkt.

Auch wenn die Konzeption der Providenz als Folge des *ṣimṣum* in den kabbalistischen Schriften des Mittelalters nicht sehr verbreitet ist,[455] muss auch hier

---

Raphael Hirsch, Frankfurt a. M. 1867, Erster Theil: Die Genesis, 3. Siehe auch die oben angeführten Erläuterungen zum göttlichen Willen bei der *creatio ex nihilo.*

455 Eberhard Jüngel bringt in seiner Schrift *Wertlose Wahrheit. Zur Identität und Relevanz des christlichen Glaubens*, Tübingen ²2003, 161, genau diese beiden Aspekte zusammen, wenn er schreibt: „In gewisser Nähe zur kabbalistischen Idee des *Ẓimẓum* werden wir nun gerade diese Selbstbegrenzung Gottes, in der er sich zugunsten seiner Geschöpfe selber zurücknimmt, als den ursprünglichen Akt *göttlicher Rücksicht* verstehen dürfen, aus der alle göttliche Voraussicht und Fürsorge, aus der die Vorsehung Gottes, die providentia divina entspringt. ‚Gottes Fürsorge geschieht vorsichtig' – oder sie wäre nicht die Providenz des Gottes, der *Liebe* ist und also auch nur in einer der Liebe gemäßen Weise die Welt zu erhalten vermag." Mit Bezug auf Wolf Krötke, „Gottes Fürsorge für die Welt. Überlegungen zur Vorsehungslehre", *Theologische Literaturzeitung* 108,4 (1984): 241–252, hier 247. Im Folgenden bespricht Jüngel die Vorstellungen von Hans Jonas zum Bösen in der Welt. Als Hintergrund für Jüngels Aussage ist wohl Scholems Interpretation des *ṣimṣum* – bzw. der Theodizee, ggf. via Jonas – in Erwägung zu ziehen sein. Siehe Scholem, „Gut und Böse in der Kabbala", 29–67; Isaiah Tishby, *Torat ha-Ra' we-ha-Qelippa be-Qabbalat ha-Ari* [Die Lehre vom Bösen und der Schale in der lurianischen Kabbala], Jerusalem 1964. Siehe auch Gabrielle Oberhänsli-Widmer, „Schafft Gott das Böse? Schöpfung und Sündenfall biblisch, talmudisch und kabbalistisch gelesen", *Judaica. Beiträge zum Verstehen des Judentums* 59,2 (2003):

wieder von Rabbi Azriel von Gerona als Quelle ausgegangen werden. Denn in dessen neuplatonisch inspirierter Emanationstheorie sind die Sefirot als göttliches Handeln im irdischen Bereich im Hinblick auf Schöpfung, Providenz und Offenbarung zu verstehen.[456] Recanati wiederum verwendet den Begriff Gottes als *causa causarum* (*'illa ha-'illot*) in ähnlicher Weise wie Rabbi Azriel und wie in Satanows Darlegung des Schöpfungsbeginns als dem Übergang von der göttlichen Einheit zur Vielfalt der Sefirot im Emanationsprozess.

Satanow konstruiert eine komplexe Synthese von *ṣimṣum*-Vorstellungen aus Gerona (13. Jahrhundert) mit lurianischen Konzeptionen (Safed 16. Jahrhundert) und denen der italienischen Strömung – wie sie von Menaḥem Recanati (14. Jahrhundert) und auch Joseph Delmegido (1591–1655), den er explizit zu Beginn des Abschnitts anführt, konzipiert werden. Daher lohnt ein gesonderter Blick auf die italienische Lesart der kabbalistischen Vorstellungen der *creatio ex nihilo* anhand der Selbstverschränkung Gottes im 17. Jahrhundert, von denen als Vorlage ausgegangen werden sollte. Zahlreiche Forschungen thematisieren diesen theogonen und zugleich kosmogonen Prozess und verweisen auf die frühen Vorstufen desselben im Mittelalter und die ausgereifte Ideenwelt dieser Konzeptionen in der lurianischen Kabbala.[457] Bereits Scholem kennt ebenfalls diese Implikationen. Schöpfung werde ebendort als Geschichte der göttlichen Selbstoffenbarung und -entfaltung in den Sefirot präsentiert, auch wenn dieser Begriff aus der Welt der Mythologie stamme.[458] Bis zum 16. Jahrhundert wurde dieses Phänomen kaum erwähnt, was mit der unabhängigen Entwicklung der italienischen kabbalistischen Schule nach der Vertreibung aus Spanien 1492 zusammenhängen mag.[459] Aber Italien entwickelte sich zu einem der Orte, an dem sich die interessantesten und aufs höchste kontroversen Debatten zu diesem Thema

---

129–143; sowie Idel, „Evil Thought of the Deity", 356–364 (Hebräisch); ders., *Primeval Evil in Kabbalah. Totality, Perfection, Perfectibility*, New York 2020.

456 Idel, *Kabbalah in Italy*, 118; Alexander Altmann, „Isaac Israeli's ‚Chapter on the Elements' (Ms. Mantua)", *Journal of Jewish Studies* 7,1–2 (1956): 31–57.

457 Siehe zudem auch Lawrence Fine, *Physician of the Soul, Healer of the Cosmos: Isaac Luria and his Kabbalistic Fellowship*, Stanford 2003, 128–131; Daphne Freedman, *Man and Theogony in the Lurianic Kabbalah*, Pistakaway 2006, 27–42; Joseph Avivi, *Kabbalah Luriana*, Bd. 3, Jerusalem 2008, 1184–1188 (Hebräisch); Schulte, *Zimzum*, 20–33, 46–48; zum neuplatonischen Einfluss auf diese Lehre siehe David Nowak, „Self-Contraction of the Godhead in Kabbalistic Theology", in Lenn E. Goodman (Hg.), *Neoplatonism and Jewish Thought*, Albany 1993, 299–318.

458 Scholem, *Jüdische Mystik*, 242.

459 Idel, „Conceptualizations", 29.

ereigneten.[460] Die Frage nach einem metaphorischen oder literarischen Verständnis der „Konstellation von Ideen“[461] des *ṣimṣum* steht bei diesen kabbalistischen Zirkeln in Italien im Mittelpunkt. Sie waren tief in den philosophischen Systemen der Renaissance verankert und hatten die vorlurianischen Konzeptionen der Selbstverschränkung Gottes in ihre intellektuellen Errungenschaften absorbiert.

Dabei lassen sich vier unterschiedliche Haltungen gegenüber dem *ṣimṣum* festellen:[462]

1) die vollkommene Leugnung (z. B. Abraham Yagel [1553–1623]); 2) die Einführung einer Unterscheidung zwischen dem freien Willen des Schöpfers im transzendenten göttlichen Bereich und dem Willen selbst als Subjekt des Aktes der Selbstverschränkung (z. B. Azariah de Fano [1548–1620]); 3) die Interpretation in neuplatonischer Manier (Rabbi Abraham Cohen Herrera) und 4) eine atomistische Interpretation, wie sie bei Joseph Delmegido zu finden ist.[463] Diese Adaptionen meiden jedoch die entscheidende Fragestellung, ob die Selbstverschränkung Gottes vor Beginn der Schöpfung auf konkrete Weise im Unendlichen – d. h. in Gott selbst vor Auftreten der göttlichen Manifestation – stattfand, oder „nur“ metaphorisch zu verstehen ist. Alle diese Vorstellungen zeigen ein gewisses Unbehagen an einem allzu wörtlichen Verständnis dieser Konzeption, wie schon bei Moshe Cordovero.

In der italienischen Interpretation von Sarugs Darstellung der lurianischen Kabbala wurde der *ṣimṣum*-Prozess als Kontraktion des unendlichen Lichts verstanden, das auf diesem Wege für die irdische Kreatur begreifbar wird. Doch auch wenn diese Kontraktion das innere Licht innerhalb der göttlichen Struktur selbst tangiert (*ha-or ha-penimi*), so bleibt doch das umgebende Licht (*ha-or ha-maqqif*) dadurch unberührt. Satanow setzt dieses umgebende Licht mit der Vorsehung gleich, das sich dann später in seinem Kapitel zu *ṣimṣum* auf Israel von einer

460 Moshe Idel, „Differing Conceptions of Kabbalah in the Early 17th Century“, in Isadore Twerksy / Bernard Septimus (Hg.), *Jewish Thought in the Seventeenth Century*, Cambridge 1987, 137–200, hier 185–187.

461 Zu verschiedenen Phänomenen innerhalb der jüdischen Mystik als „Konstellation von Ideen“ wie z. B. der „messianischen Idee“; siehe Moshe Idel, „Multiple Forms of Redemption in Kabbalah and Hasidism“, *Jewish Quarterly Review* 101,1 (2011): 27–70; ders., „Mystical Redemption and Messianism in R. Israel Ba‘al Shem Tov’s Teachings“, *Kabbalah. Journal for the Study of Jewish Mystical Texts* 24 (2011): 7–121; ders. *Messianic Mystics*, 24–30, 43, 46, 47, 248–249, 265–267, 273, 281, 292–293, 305, 321, 324.

462 Idel, „Conceptualizations“, 32.

463 Siehe die Ausführungen dazu im weiteren Verlauf dieses Kapitels.

allgemeinen zu einer einzelnen Vorsehung konzentriert.[464] In der italienischen Variante betont Azariah de Fano in seiner Interpretation zu den Anthropomorphismen in Moshe Yonahs, einem weiteren Schüler Lurias, *Kanfe Yona* (Flügel Jonas) stets, dass die „metaphorische" Sprache die vorherrschende sei und die Anthropomorphismen in Bezug auf den göttlichen Bereich keineswegs einen „materialen" Bezug haben. Anthropomorphe Sprache werde verwendet, um die „verborgene Spiritualität" der Buchstabenkombination der „Urtora" zu bezeichnen.[465]

In der Wiederaufnahme der *ṣimṣum*-Konzeptionen führen nun Herrera und Delmegido vornehmlich neuplatonische Aspekte beim Übergang von der Transzendenz zur Immanenz, vom Unendlichen zum Endlichen, ein. Das göttliche Licht gilt in Folge der Darstellungen in *Zohar* I,15a[466] als für das menschliche Auge unerträglich, als blind machend. Die aristotelische Erzählung zum Auge der Fledermaus erfährt hier eine Neuinterpretation in kabbalistischer Manier, um das „Dämmerlicht" als konzentriertes, zurückgezogenes Licht, das für das menschliche Auge wahrnehmbar ist, zu definieren.[467] Diese Vorstellung von „gedämmtem Licht" im Kontext des *ṣimṣum* zeigt an, dass Gottes Wesen für den Menschen zwar unerkennbar bleibt, aber seine Taten manifest und erkennbar werden. Eine derart ausgeprägte Idee von *ṣimṣum* als „gedimmtem Licht" findet sich auch in der zeitgenössischen Literatur zum *Zohar* selbst, z. B. in Rabbi Shimon Ibn Lavi's *Ketem Paz* (feinstes Gold, nach Cant 5,11).[468] Satanow könnte dieses Wissen aus mittelalterlichen Quellen bezogen haben. Doch sollte die Parallelität seiner Interpretation zur italienischen Entwicklung des Gedankens hervorgehoben werden.

---

464 Siehe Satanow zu *or maqqif* (umgebendes Licht) als *hashgaḥa* (Vorsehung) oben in diesem Kapitel; Idel, „Conceptualizations", 33.

465 Auch dies steht in engem Zusammenhang mit Cordoveros Diskussionen, bes. in Moshe Cordovero, *Pardes Rimmonim*, Munkacs 1906, Tor 32, Kap. 3; vgl. Idel, *Hasidism. Between Ecstasy and Magic*, 160, 343–344; ders., „Conceptualizations", 35.

466 Siehe Matt, *Zohar. Pritzker Edition*, Bd. 1, 107.

467 Aristoteles, *Metaphysik*, 993b; Herrera, *Sha'ar ha-Shamayim*, IV, 15; übs. v. Rabbi Isaak Aboav de Fonseca, Warschau 1864, 36d; die Übersetzung einer anderen Textpassage zur Fledermaus und der Verdunkelung des Lichts als Sichtbarmachung von Herrera (*Puerto del Cielo*, Buch 6, Kap. 15 nach Hs Den Haag, 83b) findet sich bei Necker, *Lurianische Kabbala*, 93; Idel, „Concept of *Ṣimṣum*", 106–107; ders., „Conceptualizations", 37. Zu einem möglichen Einfluss lurianischer Kosmologie bzw. *ṣimṣum* auf Goethe siehe Karin Schutjer, „Goethe's Kabbalistic Cosmology", *Colloquia Germanica* 39,1 (2006): 21–30.

468 Boaz Huss, „*Genizat ha-Or* in Simeon Lavi's *Ketem Paz* and the Lurianic Doctrine of *Ṣimṣum*", in Rachel Elior / Yehuda Liebes (Hg.), *Lurianic Kabbalah*, Jerusalem 1992, 341–362 (Hebräisch).

Azariah de Fano und Delmegido

Azariah de Fano unterscheidet nach aristotelischem Vorbild zwischen dem „Meister / Träger des Willens" (*ba'al ha-raṣon*) und dem Willen (*raṣon*) selbst.[469] Delmedigo nimmt in *Novelot Ḥokhma* diese Unterscheidung auf und überträgt sie auf *En Sof* als „Meister / Träger des Willens", als der Aspekt Gottes, der unbeschreibbar ist. Doch ist dieser Begriff selbst keine Beschreibung des Wesens des Meisters, sondern eine Negation der Möglichkeit ihn zu erkennen oder zu begreifen.[470] Unter Einbeziehung von Aristoteles' *De Interpretatione* argumentiert Delmegido nun im weiteren Verlauf, dass gewisse sprachliche Konstruktionen wie „kein Mensch" oder „kein Tier" bezüglich des Göttlichen nicht etwas Positives bezeichnen, sondern Negationen darstellen und sich als solche auf etwas nicht Existentes beziehen.[471] Der erste Schöpfungsakt findet als Aktualisierung der *Intelligibilia* innerhalb des göttlichen Denkens statt, wobei Delmegido wiederum klassische aristotelische *Termini* (aus dem Buch *Lambda* der Metaphysik) in ihrer hebräischen Übersetzung wie *maskil*, *maskelet* und *muskal* verwendet. Satanows erwähnte Aussage, dass der Schöpferwille nur zum Guten gereiche (*le-haṭiv*) scheint dem Negationsprinzip Delmegidos entgegengesetzt, indem hervorgehoben wird, dass diese Vorkommnisse nicht nur positive Wirkung besitzen, sondern auch positiv konnotiert werden können. Delmegido verwendet in seiner Darstellung des *ṣimṣum* in den *Novelot Ḥokhma* noch drei weitere aristotelische Konzeptionen, um diese Art des Schöpfungsvorgangs vorzustellen.[472] Zum einen schafft der Rückzug der göttlichen Essenz den Raum für die Urmaterie, die *hyle*, während der Rückzug des göttlichen Lichts den Ort für die Form hervorbringt.[473] Dabei verwendet Delmegido die Begriffe *he'eder* (*steresis*),[474] *hyle* und *ṣura* (Form), also klassische Begriffe aus der aristotelischen Physik. Er geht davon aus, dass die Urmaterie, die absolute Potentialität, nicht ohne Form, die absolute

---

469 Moshe Jonah, *Kanfei Yona*, Jerusalem 1998, 3–4; Menaḥem Azariah de Fano, *Yonat Elem* [Stumme Taube], Lemberg 1859, 16, 2a, zitiert nach Delmegido, *Novelot Ḥokhma* [Weisheitssplitter], 41a; siehe auch Azariah de Fano, *Pelaḥ ha-Rimmon* [Granatapfelscheibe], Munkacz 1906, Tor 4, 3–4.

470 Idel, „Conceptualizations", 38.

471 Delmegido, *Novelot Ḥokhma* [Weisheitssplitter], 150a (das an dieser Stelle ausführliche Passagen aus de Fanos *Yonat Elem*, Lemberg 1859, kopiert). Auf dem Titelblatt des Drucks von *Novelot Ḥokhma*, das als zweiter Teil von Delmegidos *Ta'alumot Ḥokhma* [Tiefen der Weisheit, nach Hi 11,6] gedruckt wurde, steht fälschlicherweise Basel, doch ist Hanau der Druckort, siehe Necker, *Lurianische Kabbala*, 189 Fn 3.

472 Idel, „Conceptualizations", 39–45.

473 Delmegido, *Novelot Ḥokhma*, 49a–50b, 51b

474 Ursprünglich in Al-Ḥarizis Übersetzung von Maimonides *More* 1,17 in aristotelischem Kontext.

Aktualität, existieren kann (keine Form ohne Materie). In diesem Kontext wird *ṣimṣum* als Rückzug und nicht als Konzentration begriffen und stellt zugleich zwei Vorgänge des Rückzugs in Gott dar:[475] der göttlichen Wesenheit (wie im klassischen lurianischen Modell) und des göttlichen Lichts (wie bei Cordovero). Diese außergewöhnliche Kombination zweier Theorien, die in der kabbalistischen Tradition häufig als Alternativen präsentiert werden, wird bei Delmegido vereint. Eine derartige Kombination scheint auch bei Satanow angedeutet.

Azriel hatte bereits im 13. Jahrhundert die drei obersten Sefirot, die im Schöpfungsprozess vor der eigentlichen Schöpfung im *En Sof* wirksam sind, mit den genannten aristotelischen Termini identifiziert.[476] Delmegido verwendet diese Definition an anderer Stelle in *Novelot Ḥokhma* nicht als Beginn des Schöpfungsprozesses,[477] sondern in Anlehnung an de Fanos *Yonat Elem* im Sinne einer Interpretation der Aura (*awir*) aus *Zohar* I,15a als Kombination von Licht (*or*) mit dem Buchstaben *yud.*[478] Licht symbolisiere das Geheimnis der Seele, während *yud* auf die zehn (der Zahlenwert von *yud*) Sefirot und die Welt der Punkte, die *hyle*, hinweise. Somit findet laut Delmegido der erste schöpferische Prozess in einem „entleerten" Raum statt, der Seele und Urmaterie enthält und in dem die Seele den Gegenpart zur aristotelischen Form darstelle. In einem anderen Kontext definiert Delmegido[479] (nach dem Vorbild Sarugs[480]) die Verbindung des Lichts mit der „Größe" (*shi'ur*) der Kontraktion als eine Kombination, die *malbush* (Gewand) hervorbringt. An anderer Stelle[481] wird die Bedeutung von *awir qadmon* (Ur-Äther), die viele Kabbalisten als Raum der göttlichen Konzentration begreifen, in neuplatonischer Sichtweise als *nefesh ha-kol* (Seele aller, Weltseele) identifiziert.

Satanow stellt ebenfalls eine derartige Doppelverbindung – aristotelisch und neuplatonisch – zwischen dem Schöpfungsgeschehen und der Seelenlehre her. Eine Verknüpfung zwischen philosophischer Terminologie mit lurianischer Kab-

---

475 Delmegido, *Novelot Ḥokhma*, 155b.

476 Gershom Scholem, *Ursprung und Anfänge der Kabbala*, Berlin / New York ^{2}2001, 369–373, hier 372. Siehe auch Scholems Hinweis, dass manche Autoren die aristotelische *steresis* als „Nichts" (*efes*) deuten, wie z. B. Abraham bar Ḥiyya in *Megillat ha-Megalle* [Schriftrolle des Offenbarenden].

477 Delmegido, *Novelot Ḥokhma*, 48a–b.

478 De Fano, *Yonat Elem*, Lemberg 1859, 49a. Das hebräische Wort für Luft / Aura, *awir (aleph, waw, yud, resh)*, besteht aus den Konsonanten von *Or* (*alef, waw, resh*: Licht) und einem zusätzlichen *yud*. Idel, „On the Concept", 102–104.

479 Delmegido, *Novelot Ḥokhma*, 151b–152a.

480 Israel Sarug (und seine Schüler), *Limmude Aṣilut* [Emanationslehren], Munkacs 1897, 22b. Siehe unten zu *malbush* / *levush*.

481 Demegido, *Novelot Ḥokhma*, 48a, 166b.

bala bietet die okzidentale Interpretation der lurianischen Lehre, im Gegensatz zur orientalischen, die eine Entkopplung von der Philosophie bzw. deren Terminologie anstrebte.[482]

Ṣimṣum beinhaltet nach den oben angeführten Erläuterungen eine Änderung der Intensität des göttlichen Lichts. Dies wurde von manchen Interpreten der lurianischen Kabbala in Italien mit philosophischen Themen im Sinne der okzidentalen, europäischen Auslegung lurianischer Vorlagen aufgeladen.[483] Dabei weisen Herrera und Delmegido ebenfalls eine wesentliche Verknüpfung von philosophischer und lurianischer Vorstellungswelt auf. Dies mag von ihren längeren Aufenthalten in Italien herrühren, auch wenn diese Autoren ihre Schriften nicht in Italien selbst verfassten. Anhand der beiden letztgenannten Autoren verbreitete sich die kabbalistisch-philosophische Lesart des *ṣimṣum* auch außerhalb Italiens in Europa. Dabei stellen die beiden Konzeptionen der lurianisch-realistischen und der italienisch-allegorischen / metaphorischen Deutung die beiden Hauptimpulse der weiteren Interpretation des lurianischen Schöpfungsmythos in Europa dar.[484] Es ist davon auszugehen, dass die realistische Interpretation das Aufkommen des Sabbatianismus förderte, da diese nun als historisch realisierbar angesehen wurde, und Herreras Sicht der Dinge im Chassidismus, vor allem bei Baruch von Kosov (1725/30 – 1795) starken Anklang fand.[485] Da Delmegidos Erläuterungen schon sehr früh in Druckform vorlagen (ab 1631) mögen sie eine größere Wirkung ausgeübt haben als andere Konzeptionen. Doch kann bei den deutschen Maskilim, vor allem bei Satanow, angenommen werden, dass schriftliche Vorlagen eine weitreichendere Perspektive eröffneten

---

482 Gershom Scholem, „New Contributions to the Biography of Rabbi Joseph Ashkenazi of Safed“, *Tarbiz* 28,1–2 (1959): 59 – 89, 201 – 235 (Hebräisch).

483 Idel, „Conceptualizations“, 40. Zum Verhältnis von *ṣimṣum*, Atomismus bei Delmegido und Satanows Idee von *malbush* siehe unten 3.5; Brown, *New Heavens and New Earth*, 66 – 81.

484 Idel, „Conceptualizations“, 46 – 47. Zur allegorischen Deutung bei Joseph Ergas und Moshe Ḥayyim Luzzatto siehe Roland Goetschel, „La notion de *Ṣimṣum* dans le ‚*Šōmēr ʼEmūnīm*‘ de Joseph Ergaz“, in Gerard Nahon / Charles Touati (Hg.), *Hommage à Georges Vajda: Études d'Histoire et de Pensée Juives*, Louvain 1980, 385 – 396; Joelle Hansel, „La lettre ou l'allegorie. La controverse sur l'interpretation sur ‚Simsum‘ dans la cabale italienne du XVIIIe siecle“, in Alain le Boululles (Hg.), *La Controverse Religieuse et ses Formes*, Paris 1995, 99 – 125. Der mögliche Einfluss Luzzattos hinsichtlich der *ṣimṣum*-Lehre auf Satanow muss in einer gesonderten Studie behandelt werden.

485 Siehe Esther Liebes, „The Innovation of Hasidism according to R. Barukh of Kossov“, *Da'at* 45 (2000): 75 – 91, hier 76 (Hebräisch). Zur weiteren Entwicklung im Chassidismus siehe Idel, *Hasidism*, 89 – 95; Joel Orent, „The Transcendent Person“, *Judaism* 9 (1960): 235 – 252; Amos Funkenstein, „*Imitatio Dei* and the Concept of *Ẓimẓum* in the Doctrine of Ḥabad“, in Shmuel Yeivin (Hg.), *Raphael Mahler Jubilee Volume*, Merḥavya 1974, 83 – 88 (Hebräisch); Shaul Magid, „Origin and Overcoming“.

als mündliche Traditionen. Vor allem Salomon Maimons diesbezügliche Ausführungen stellen einen wichtigen Schritt in dieser kontexuell variierenden Entwicklung und Adaption der lurianischen Quellen im Denken der europäischen Neuzeit dar. In ihrer Verbreitung nach der Version Israel Sarugs bildete diese Interpretation einen Gegenpol zur „orientalischen" Entwicklungsgeschichte mit deutlich schwächerer messianischer Perspektive.[486] Auch bei Satanow ist diesbezüglich keine messianische Komponente zu finden, was außerhalb des Chassidismus häufig der Fall war in Osteuropa.

Recanati, dessen theosophische Systeme tief in ashkenazischen Strukturen verwurzelt sind und daher eine gewisse Affinität zur osteuropäischen Version kabbalistischer Literaturen aufweisen,[487] entwarf im 14. Jahrhundert in seiner Schrift zur Bedeutung der Gebote (*ṭa'ame ha-miṣwot*) ein Schöpfungs- und Emanationsmodell, das der geronesischen Kabbala des Rabbi Azriel verpflichtet bleibt und die Sefirot als Gefäße (*kelim*) göttlicher Macht betrachtet. Die Sefirot existieren in diesem Modell in Form von Organen, die Aspekte göttlicher Schöpferkraft aufnehmen und sich von Gott selbst unterscheiden lassen. Sie werden selbst zu Akteuren der göttlichen Schöpfung, doch sind sie zugleich auch ihr erstes Erzeugnis und lassen sich in theurgischen Ritualen instrumentalisieren.[488] In einer stufenweisen Emanation offenbaren sich die Sefirot als *kelim* (Instrumente) des Schöpfungsprozesses und werden zum einen als schöpfungsbestimmende Faktoren erkennbar, doch zum anderen bleiben sie in ihrer Essenz mit Gott vereint.[489] David Messer de Leon (ca. 1420–ca. 1498) erläutert die Zehnerzahl der Sefirot in direkter Anlehnung an die thomistische Analogielehre. Die göttlichen „Hypostasen" bezeichnen unterschiedliche Grade der Vollkommenheit, die aus der Schöpfung entstehen und auf die göttliche Essenz bezogen sind.[490] Während

---

486 Siehe dazu die divergierenden Ansichten von Idel und Scholem in Gershom Scholem, *Sabbatai Zwi. Der mystische Messias*, Frankfurt a. M. 1992, 86–95, und Idel, „One from a Town, Two from a Clan – The Diffusion of Lurianic Kabbala and Sabbateanism: A Re-examination", *Jewish History* 7,2 (1993): 79–104.

487 Idel, *Kabbalah in Italy*, 127.

488 Zu Beispielen aus den Texten Recanatis siehe Idel, *Recanati*, Bd. 1, 184–214. Siehe auch Charles Mopsik, *Les grands textes de la cabale. Les rites qui font Dieu*, Lagrasse 1993, 278–287; Idel, *New Perspectives*, 141–144.

489 Moshe Idel, „Ben tefisat ha-'aṣmut li-tefisat ha-kelim be-qabbala bi-tequfat ha-renesans [Zwischen der Vorstellung der Unabhängigkeit und der Vorstellung der Instrumente in der Kabbala der Renaissance]", *Italia* 3 (1982): 89–111, hier 95–102; Bernd Roling, *Aristotelische Naturphilosophie und christliche Kabbala im Werk des Paulus Ritius*, Tübingen 2007, 342–344.

490 Moshe de Leon, *Or Zarua'* [Das ausgesäte Licht], hg. v. Alexander Altmann, „Moshe de Leon's *Or Zarua'*. Introduction, Critical Text and Notes", *Qovetz al Yad* 9 (1980): 219–263, hier 257–263 (Hebräisch).

die Einheit der Sefirot in *Keter* bzw. *En Sof* verborgen bleibt, enthüllt die geschaffene Welt ihre Vielheit. Doch aufgrund der mittelalterlich-kabbalistischen Konzeption, der Einheit des Lebensbaumes mit dem Baum der Erkenntnis[491] und der Verewigung der Seelen in Gestalt der *Shekhina*, kann der Mensch (bzw. der Kabbalist), so Satanow, anhand des *sehkel* (Intellekt) als formierender Größe zu prophetischer Erkenntnis bzw. zu den separaten Intellekten und zur letzten Intelligenz als dem *dator formarum* gelangen. Er erreicht die *ishim*, den Grund der sublunaren Pluralität,[492] zur intelligiblen Verankerung des Menschen und seiner Vollendung im Intellekt.[493] Recanati scheint längere Ausführungen zur Vereinigung mit den Sefirot sowohl von Gikatilla als auch von Moshe de Leon[494] übernommen zu haben.[495] Satanow projektiert, wie schon erwähnt, eine Ausweitung der Vorstellung von *da'at* (Wissen), was in kabbalistischer Terminologie der schriftlichen Tora bzw. der sechsten Sefira *Tif'eret* (Pracht) entspricht. *Da'at* wird bei Satanow auf den naturwissenschaftlichen Bereich ausgedehnt, indem auch in diesem Terrain die Geheimnisse der Selbstkontraktion Gottes nachvollziehbar sind. Aber das könne in diesem Wissensbereich nicht bis zur letzten Intelligenz, dem *dator formarum*, erforscht bzw. erfahren werden.

Salomon Maimon behandelt in seiner einflussreichen Schrift *Ḥesehq Shelomo* das aktuelle Thema der Weltschöpfung nach der lurianischen Lesart des *ṣimṣum* ebenfalls.[496] In seiner *Lebensgeschichte* verweist er auf das Druckverbot lurianischer Werke, insbesondere *'Eṣ Ḥayyim*, und auf die Gefahr, dass man *ṣimṣum* auf unorthodoxe Weise, also philosophisch, interpretieren könne, was wiederum enorme Gefahren in sich berge.[497]

---

491 Gikatilla, *Sha'are Ora* [Tores des Lichts], Bd. 1, 246–247, 249–250, 253–255.

492 Joseph Gikatilla, *Ginnat Egoz*, Jerusalem 1989, 124–125, 138, 316–317.

493 Roling, *Aristotelische Naturphilosophie*, 155 Fn 221.

494 De Leon, *Or Zarua'* [Das ausgesäte Licht], 257–263 (Hebräisch).

495 Recanati, *Perush 'al ha-Tora 'al Derekh ha-Emet* [Torakommentar nach dem Weg der Wahrheit], Venedig 1523, zu Gen 1,26 und Ex 2,13. Zur Identifikation der Sefirot mit den ersten Worten der Schöpfung bei Recanati siehe ebd., zu Gen 1,1.

496 Hs Abraham Geiger. Hochschule für die Wissenschaft des Judentums Berlin 1778 / Jerusalem – The National Library of Israel, Hs Heb. 8°6426, 146–148.

497 Idel, „Concept of *Ṣimṣum*", 106–110 (Hebräisch); ders., „On Salomon Maimon and Kabbalah", *Kabbalah. Journal for the Study of Jewish Mystical Texts* 28 (2012): 67–105, hier 93–94; gegen eine als real verstandene Vorstellung vom *ṣimṣum* siehe Maimon, *Lebensgeschichte*, Berlin 1792 (ND Hildesheim 2000), 139–140.

3.4.2 *Ṣimṣum* bei Salomon Maimon

Auch wenn Maimon in seiner *Lebensgeschichte* Kabbala als erweiterten Spinozismus bezeichnet, insbesondere in Bezug auf *ṣimṣum*,[498] spricht er sich unmittelbar davor in der Schrift zugleich ausdrücklich für eine philosophische, nicht spinozistische Interpretation der *creatio ex nihilo* als „verschiedene Grade der Einschränkung des göttlichen Wesens" aus. [499]

> Sondern ich suchte mir dieses alles auf folgende Art zu erklären: Gott ist nicht der Zeit nach, sondern seinem notwendigen Wesen nach, als Bedingung der Welt, eher als dieselbe. Alle Dinge außer Gott mußten, sowohl ihrem Wesen als ihrer Existenz nach, von ihm als ihrer Ursache abhängen. Die Erschaffung der Welt konnte also nicht als eine Hervorbringung *aus nichts*, auch nicht als eine Bildung eines, von ihm Unabhängigen, sondern nur als eine Hervorbringung *aus sich selbst* gedacht werden. Und da die Wesen von verschiedenen Graden der Vollkommenheit sind, so müssen wir zur Erklärung ihrer Entstehungsart verschiedene Grade der Einschränkung des göttlichen Wesens annehmen. Da nun diese Einschränkung grade vom unendlichen Wesen bis zur Materie gedacht werden muss, so stellen wir uns den Anfang dieser Einschränkung figürlich[500] als einen Mittelpunkt (den niedrigsten Punkt) des Unendlichen vor.
>
> In der Tat ist die Kabbala nichts anders als erweiterter Spinozismus, worin nicht nur die Entstehung der Welt aus der Einschränkung des göttlichen Wesens überhaupt erklärt, sondern auch die Entstehung einer jeden Art von Wesen und ihr Verhältnis zu allen übrigen aus einer besondern Eigenschaft Gottes hergeleitet wird.[501]

---

498 Maimon, *Lebensgeschichte*, hg. v. Zwi Batscha, 83 – 84. Maimon fährt fort: „Gott als das letzte Subjekt und die letzte Ursache aller Wesen heißt Ensoph (das Unendliche, wovon, an sich betrachtet, nichts präzidiert werden kann). In Beziehung auf die unendlichen Wesen werden ihm positive Eigenschaften beigelegt, diese werden von den Kabbalisten auf zehn reduziert, welche die zehn Sephiroth genannt werden. In dem Buche Pardes von Rabbi Moses Kordawera wird die Frage untersucht, ob die Sephiroth für die Gottheit selbst zu halten sind oder nicht. Man sieht aber leicht, daß diese Untersuchung in Ansehung der Gottheit nicht mehr Schwierigkeit machen muß als in Ansehung irgendeines anderen Wesens".

499 Siehe auch Schulte, *Zimzum*, 346 – 351. Zu Euchels Kenntnis des *ṣimṣum* als Vermischung der Lehren der Kabbalisten und der Philosophen bzw. der Lehre von der Wirklichkeit der Gottheit und vom *ṣimṣum* siehe ebd., 320 – 351.

500 Vergleichbar der oben erwähnten metaphorischen Relativierung beim *Alter Rebbe*, Shneur Zalman.

501 Maimon, *Lebensgeschichte*, hg. v. Zwi Batscha, 83 – 84. Siehe dazu Scholem und dessen Gebrauch des Begriffs der Einschränkung, *Jüdische Mystik*, 285 – 291, besonders 286: „Der erste aller Akte des unendlichen Wesens, des En-Sof, war also, und das ist entscheidend, nicht ein Schritt nach außen, sondern ein Schritt nach innen, ein Wandern in sich selbst hinein, eine, wenn ich den kühnen Ausdruck gebrauchen darf, Selbstverschränkung Gottes ‚aus sich selbst in sich selbst'." Weiterhin schreibt Scholem dort, 287: „Der erste aller Akte ist also kein Akt der Offenbarung, sondern ein Akt der Verhüllung und Einschränkung." Zur *creatio ex nihilo* liest man

Zuvor hatte Maimon bereits in Kapitel 14 Kabbala allgemein anhand des *ṣimṣum* definiert:

> Im engern Sinn aber heißt Kabbala bloß die Überlieferung geheimer Wissenschaften. Diese wird in *theoretische* und *praktische* Kabbala eingeteilt. Jene begreift in sich die Lehre von Gott, seinen Eigenschaften, die durch seine mannigfaltigen Namen ausgedrückt werden, die Entstehung der Welt durch eine stufenweise Einschränkung seiner unendlichen Vollkommenheit und das Verhältnis aller Dinge zu seinem höchsten Wesen. Diese ist die Lehre, durch die mannifaltigen Namen Gottes, die besondere Wirkungsarten und Beziehungen auf die Gegenstände der Natur vorstellen, nach Belieben auf sie zu wirken. Diese heiligen Namen werden nicht bloß als willkürliche, sondern als natürliche Zeichen betrachtet, so daß alles, was mit diesen Zeichen vorgenommen wird, auf die Gegenstände selbst, die sie vorstellen, Einfluß haben muss.[502]

In seiner *Lebensgeschichte* versteht Maimon *ṣimṣum* als Teil einer umfassenderen Spiritualität, sogar seines Skeptizismus. Seine bekannteste Innovation in *Ḥesheq Shelomo* wird von der Forschung meist in der *causa materialis* für den göttlichen Schöpfungsprozess gesehen, indem Gott selbst als Ort der Realität, als der Ort, in dem alle Realität und Materialität stattfindet, ausgewiesen wird.[503] Auf fol. 146–148 der Berliner Handschrift bezeichnet er das Unendliche als „einfach / rein" (*pashuṭ*)[504] und als das, was in aller Existenz vorhanden ist, aus ihm emaniert und sich allem Seienden vereinigt. Dies sei es, was die Kabbalisten Sefirot nennen (auch wenn das nicht allen Menschen begreiflich sei).[505] Dieser Gedanke impliziere, dass die Sefirot nicht aus sich selbst existieren, bzw. zu keinem Zeitpunkt aus dem göttlichen Sein heraustreten – שאינם יוצאים מעצמו כלל והם משוללים המקרי היוצאים מצד עצמם –, und alle Welten entsprechend der göttlichen Omnipräsenz als gleichwertig erschaffen werden sollten. Wie die Strahlen der Sonne aus der Sonne oder die Funken aus dem Feuer hervortreten, ohne die Energie das Feuers und das Leuchten der Sonne zu verringern, so emanieren die Sefirot aus *En Sof*, ohne

---

weiter: „Dieses Paradoxon des Zimzum ist, wie Jakob Emden sagte, der einzige ernsthafte Versuch, der je gemacht wurde, den Gedanken einer Schöpfung aus Nichts wirklich zu denken."

502 Maimon, *Lebensgeschichte*, hg. v. Zwi Batscha, 76.

503 Siehe die Diskussion im vorherigen Kapitel sowie zusammenfassend Yossef Schwartz, „*Causa Materialis*. Solomon Maimon, Moses ben Maimon and the Possibility of Philosophical Transmission", in Gideon Freudenthal (Hg.), *Salomon Maimon: Rational Dogmatist, Empirical Sceptic. Critical Assessments*, Dordrecht / Boston 2003, 125–143.

504 Maimon, *Ḥesheq Shelomo*, Jerusalem – The National Library of Israel, Hs Heb. 8°6426, 147 oben. Siehe auch Satanows Definition des göttlichen Willens als *pashuṭ* (rein / einfach).

505 ומצוי בכל הנמצאים אבל אננו מושג כלל, אלה על הבחינה המתאצלת ממנו ומתאחדת בנמצאים והוא מה שהמקובלים קוראים ספירות ונתבאר זה שאינם יוצאים מעצמו כלל והם משוללים המקרי היוצאים מצד עצמם [...] התאחדים בנמצאים לצורך.

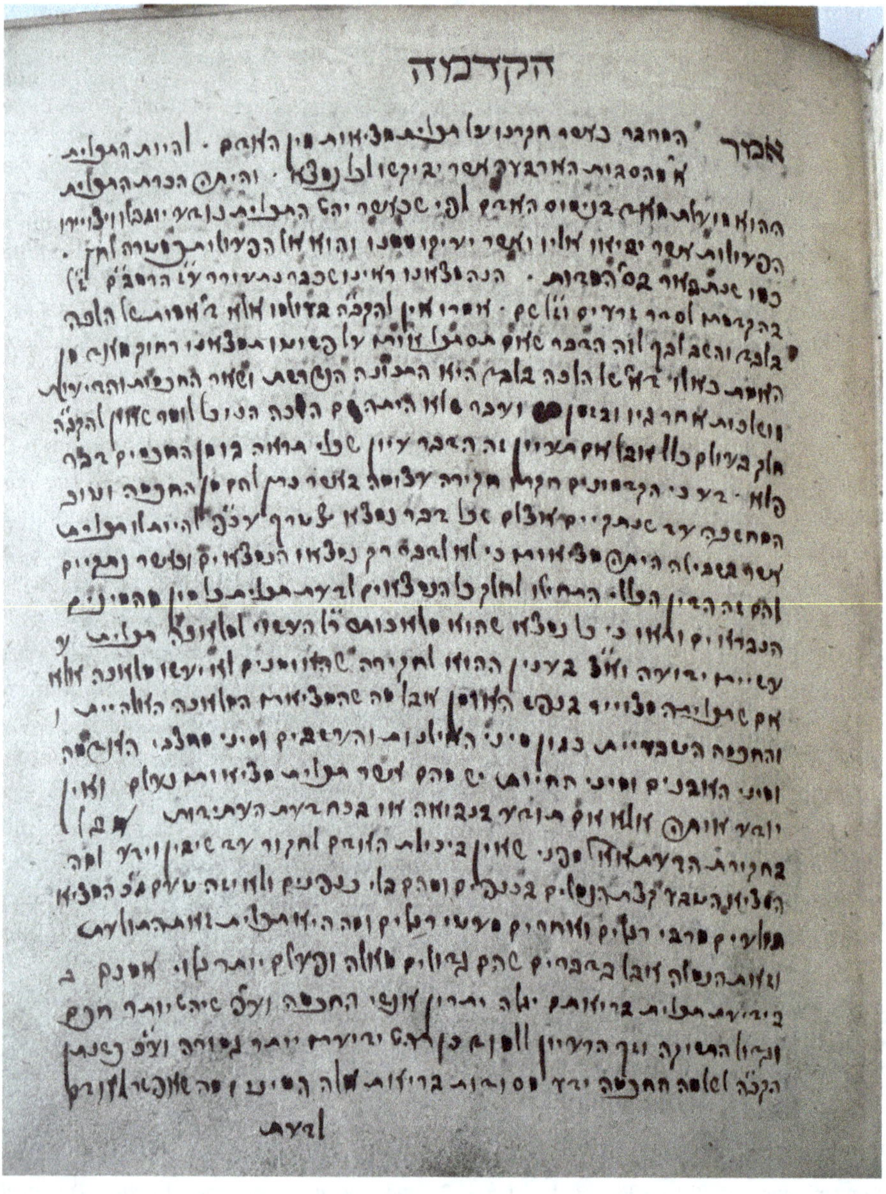

הקדמה

Abb. 34: Einleitung von Maimons *Ḥesheq Shelomo*, Hs Abraham Geiger. Hochschule für die Wissenschaft des Judentums Berlin 1778 / Jerusalem – The National Library of Israel Hs Heb. 8° 6426, 1a

dasselbe zu vermindern oder zu verändern. Dabei wird die Bewegungsenergie, die die Sefirot emanieren lässt, als *miqri*, *lo ʻaṣmi* (akzidentiell, nicht essentiell)[506] und als *ruḥani* (spirituell) oder „innere Tätigkeiten" (*peʻullot penimiyyot*) bezeichnet und mit der Beziehung zwischen Seele und Körper verglichen. Wie die Seele den Körper von selbst und in sich selbst, seiner Essenz, bewegt – הנפש מניעה הגוף בעצם – so entstehe auch die Bewegung der Sefirot aus *En Sof*. Die Sefirot werden in dieser Darstellung zudem mit den göttlichen Attributen wie *raḥum* (gnädig) und *ḥanun* (erbarmend) als Appellationen des Göttlichen verglichen.

Die Verkettung der Sefirot untereinander als emanierende und empfangende (*aṣilutam we-qabbalatam*) wird in diesem Zusammenhang als eine Verbindung definiert, die sich in der Privation der Arten als *harkava* (Kombination) fortsetzt. Das Prinzip der *harkava*, das stark an Abulafias bzw. Gikatillas Buchstabenkombination als Imitation des Schöpfungsprozesses erinnert,[507] wird in einem nächsten Schritt auch auf Jerusalem, die *neshama* (höchste Seelenstufe nach *nefesh* und *ruaḥ*) des Menschen und Engel übertragen, die zwischen himmlischem und irdischem Bereich auf- und absteigen. Dies haben bereits die Philosophen bezüglich der Seele und des Intellekts (*sekhel*), als Auf- und Abstieg derselben, behauptet. Diese Bewegungen seien akzidentiell zu betrachten. Maimon stimmt hier weitestgehend mit Rabbi Azriel überein, nach dessen Lehren das *En Sof* alles umgibt, während in ihm mittels innerer Differenzierungsprozesse Privation entsteht. Anhand derer wird in Gott selbst sowohl eine Gleichheit als auch eine Unterschiedlichkeit erzeugt. Der transzendente Gott ist so zugleich auch der immanente und im Prozess der göttlichen Kontraktion bleibt alles Geschehen in Gott. Die Bewegung der Sefirot geschieht nur akzidentiell, nicht essentiell. Laut Azriel ist auch auf den niederen Stufen des *ṣimṣum* Gott der Ort von allem.

Naturwissenschaftliche Illustrationen

Es fällt ein gewisses Unbehagen des Autors Maimon bezüglich der Beschreibung der *ṣimṣum* auf und er versichert mehrfach,[508] dass niemand diesbezüglich etwas beweisen könne. Laut Maimon wird die Unterscheidung Gottes in allem sichtbar, wie z. B. in den Phänomenen von Licht und Feuer, die ausstrahlen, sich vermehren können, ohne sich selbst an Substanz zu verringern oder zu verändern. Er benutzt hier, genau wie Satanow, allgemein bekannte Illustrationen aus den Naturwissenschaften (der antiken Gelehrten, *ha-ḥakhamim bi-zeman*), um die

---

506 Zu Spinozas Idee der akzidentiellen Subjekte siehe Yitzhak Melamed, *The Young Spinoza. A Metaphysician in the Making*, New York 2015, 185–186.

507 Siehe Morlok, *Gikatilla's Hermeneutics*, 179.

508 Maimon, *Ḥesheq Shelomo*, 147.

Verbreitung des Lichts in „Lichtgeschwindigkeit“ (900.000.000 Bewegungen in einer Sekunde, die die Strahlen der Sonne zwischen Sonne und Erde zurücklegen)[509] und die Materialisierung einer Vision zu erläutern. Gott ist nicht völlig abstrakt, sondern kann anhand der materialen Wissenschaften begriffen werden. Gott ist alles und alles ist in ihm (*hu ha-kol we-ha-kol bo*) –, wie im Verständnis der Stoa. Maimon erwähnt in diesem Abschnitt Spinoza nicht, da er ihn an dieser Stelle nicht als Diskussionsgrundlage benötigt. Seine Terminologie fußt auf Azriels Abhandlung der zehn Sefirot in *Sha'ar ha-Sho'el*,[510] einer der weitverbreitetsten Schriften zu dieser Thematik – ähnlich wie auch Gikatillas *Sha'are Ora* diesbezüglich sich großer Popularität erfreute. Für Maimon verkörpert die kabbalistische Lehre die höchste Art der Erkenntnis der Wahrheit, wenn sie nach maimonidischer Interpretation korrekt, d. h. in Übereinstimmung mit der Philosophie begriffen wird. Auch die Anwendung moderner Naturwissenschaft kann zum Verständnis kabbalistischer Wahrheiten beitragen, wie dies innerhalb einer gewissen Strömung der kabbalistischen Traditionen durchaus verfolgt worden war, z. B. bei Abraham Cohen de Herrera, Joseph Delmegido sowie zuvor bei Jakob Ben Sheshet und Azriel. Bereits vor der Renaissance wurden kabbalistische Vorstellungen in philosophischen Dimensionen und unter Anwendung philosophischer Terminologie verstanden und Kabbala als *prisca theologia* begriffen. So entstand eine stabile Grundlage für eine spätere Vereinigung mit dem Spinozismus und dem Verständnis des *En Sof* als Lösung für die kantianische Fragestellung. Maimon präsentiert seine Definitionen des Materialgrundes zu einem Zeitpunkt, an dem er wohl noch nicht mit der Lehre Kants und Spinozas vertraut war.

Rabbinische Lehren bilden als „echte“ Art der Philosophie bei Maimon die Grundlage der Erörterungen und aus ihnen rühren die Fragestellungen her. Die verwandte Terminologie ist somit antiken Schriften entliehen. In diesem Kontext von Tradition und Mystik spielt die spezifische Art der Weitergabe kabbalistischen Wissens eine besondere Rolle. Sie ist Teil einer komplexen Technik, die zudem mit kabbalistischen Seelenwanderungstheorien verbunden scheint. Maimon sah sich selbst zu einem frühen Zeitpunkt seines Lebens als Kabbalisten, als praktischen und spekulativen.[511]

---

509 Ebd., 146 unten. Vgl. die exakt gleiche Angabe bei Euler, *Briefe an eine deutsche Prinzessin*, Teil 1, 65.

510 Z. B. Hs Fir. Laut. Plut. 44.14, 25a–30b (online unter http://teca.bmlonline.it/TecaViewer/index.jsp?RisIdr=TECA0000516136&keyworks=plut.44.14) (Zugriff: 30. März 2016); Hs Paris BN 974, 62b–69b; auch in Meir Ibn Gabbais (1480 – 1540), *Derekh Emuna* (1539) sind zahlreiche Spuren dieser Konzeptionen zu finden.

511 Siehe die oben angeführten Zitate aus der *Lebensgeschichte*.

Laut Maimon stellt – im Gegensatz zu Spinoza – der Materialgrund das spirituelle Konzept der Natur dar. Nach den Lehren Spinozas muss Natur nicht notwendigerweise materiell sein (eine Ausweitung der Idee Johannes Scotus Eriugenas), auch wenn Johann Georg Wachter (1673–1757) Spinoza in diesem Sinne als Materialisten interpretiert.[512] Doch Maimons Interpretation des „Deus sive natura",[513] die einen prägenden Einfluss auf die weiteren Interpretationen im Chassidismus ausübte, unterscheidet zwischen Gott und Natur, der *natura naturans* und der *natura naturata*. Maimon beschreibt dabei Naturphänomene, die wie Gott Omnipräsenz besitzen (z. B. Lichtgeschwindigkeit), doch beginnt er hier die Diskussion zur Darstellung bzw. Definition Gottes auf naturwissenschaftliche Weise. Diese war in den mittelalterlichen Quellen der Kabbala keineswegs so zu finden.

Die Frage nach der Präsenz Gottes in allen Dingen wird nun im Anschluss in *Ḥesheq Shelomo* an die Ausführungen Azriels zu den Sefirot auf den naturwissenschaftlichen Bereich ausgeweitet und übertragen. Dabei fällt auf, dass Maimon sich nach talmudischer Manier nicht mit vordergründigen Antworten zufriedengibt, sondern ähnlich wie im Talmud stets weiterführende Fragen stellt und tiefer in die Materie bzw. die Argumentation eindringt. Auch wenn Maimon hier keine detaillierte Kenntnis der aktuellen Entwicklungen in kabbalistischen Literaturen explizit anführt, sondern sich eher an den *loci classici* der mittelalterlichen Texte orientiert, zeigt er ein sensibles Verständnis für die Berührungspunkte zwischen rabbinischen und philosophischen Fragestellungen innerhalb dieser Gattungen. Zugleich betont er ihre Vereinbarkeit mit zeitgenössischen philosophischen und naturwissenschaftlichen Innovationen. Das kann anhand seiner Ergänzungen in *Ḥesheq Shelomo*, nachdem er mit den Leibnizschen und Wolffschen Theorien bekannt geworden war – auch von Werken, die zum damaligen Zeitpunkt noch nicht im Druck vorlagen – nachgezeichnet werden. Maimons Hinzufügungen verdeutlichen sein intimes Verständnis der Adaptionsfähigkeit kabbalistischer Modelle und Strukturen an neue philosophische und naturwissenschaftliche Errungenschaften – was auch Satanows *Imre Bina* auszeichnet.

512 Zur Spinoza-Interpretation Wachters siehe Jan-Hendrik Wulf, *Spinoza in der jüdischen Aufklärung*, Berlin 2012, 99–108.

513 Aus der hebräischen Gematrie von *Elohim* (86) und *ha-ṭeva'* (die Natur, 86). Siehe Moshe Idel, „*Deus Sive Natura* – The Metamorphosis of a Dictum from Maimonides to Spinoza", in Robert S. Cohen / Hillel Levine (Hg.), *Maimonides and the* Sciences, Dordrecht / Boston / Leiden 2000, 87–110; Morlok, *Gikatilla's Hermeneutics*, 50.

Anhaften *(hitdavequt)*

An dieser Stelle sind Maimons Ausführungen zu *hitdavequt* (wörtl. sich anhaften) und *Malkhut* (Königtum), der untersten Sefira, besonders erwähnenswert. Die Verbindung zwischen *En Sof* und den Sefirot, die akzidentiell (*miqri*), spirituell (*ruḥani*) und in den Seelenkräften (*be-neshamiyyim*) lokalisiert ist, besteht ohne die Notwendigkeit einer materiellen Kombination (*ha-khanat ha-gashmiyyim*) als *hitdavequt be-ruḥaniyyim* (Sich-Anhängen, Anhaften an den spirituellen, nicht den materiellen Eigenschaften). Die Konzeption von *devequt* (Anhaften) nimmt in verschiedenen Strömungen der kabbalistischen Literatur eine übergeordnete Rolle ein, vor allem im Sinne eines Anhaftens der Seele am Göttlichen als Ergebnis einer kontemplativen Meditation der göttlichen Geheimnisse.[514] Maimon verwendet dabei nicht den üblichen Begriff *devequt*, sondern die Gerundiv-Form des Hitpa'el (reflexiv), was als aktive Beteiligung der Sefirot am Prozess des Anhaftens an *En Sof* gedeutet werden kann. Zudem bringt es die Dynamik desselben zum Ausdruck. Diese Deutung legt auch der Kontext durchaus nahe. *Malkhut*, die unterste Sefira, wird wie in den klassischen Texten der mittelalterlichen Kabbala (z. B. in Gikatilla's *Sha'are Ora*) als Sammelbecken der göttlichen Emanation von oben und vereinigendes Element des gesamten Sefirotsystems bezeichnet, die alle Sefirot in sich einschließt und den Emanationsfluss aus den über ihr liegenden Sefirot empfängt. Es finden sich weitreichende Parallelen zu Satanows Darstellungen der untersten Sefira in *Imre Bina*. *Malkhut* kann im göttlichen Emanationssystem zudem als „Gewand" der über ihr liegenden Sefirot oder als Tora in anthropomorpher Form definiert werden, die bei der kabbalistischen Exegese „entkleidet" wird, worauf Satanow ebenfalls eingeht.[515]

3.5 *Levushim* (Bekleidungen), *Malbush* (Gewand) und Gottes Vergnügen (*Sha'ashua'*)

Ein weiteres auffälliges semantisches Feld im Zusammenhang der kabbalistischen und lurianischen Schöpfungskonzeption bei Satanow sind die Gewänder / Be-

514 Morlok, *Gikatilla's Hermeneutics*, 73, 105, 106, 185, 190, 233; Adam Afterman, *Devequt. Mystical Intimacy in Medieval Jewish Thought*, Los Angeles 2011 (Hebräisch). Siehe auch Joseph Weiss, *Studies in East European Jewish Mysticism and Hasidism*, Oxford / Portland, Oregon 1997; Ada Rapoport-Albert, „God and the Zaddik as Two Focal Points of Hasidic Worship", *History of Religions* 18,4 (1979): 296 – 325.

515 Moshe Idel, „Torah: Between Presence and Representation of the Divine in Jewish Mysticism", in Hava Tirosh-Samuelson / Aaron W. Hughes (Hg), *Moshe Idel: Representing God*, Leiden / Boston 2014, 31 – 70, hier 41 – 45.

kleidungen (*levushim*), das *malbush* (Gewand) oder das *or levush* (Lichtgewand oder Licht des Gewandes).[516] Hier handelt es sich um symbolische Repräsentationen von Verhüllung und Offenbarung im Schöpfungsvorgang sowie im exegetischen Prozess als Reise zum Paradies des Lichts,[517] in der das Gewand des Lichts zum Vergnügen (*sha'ashua'*)[518] des Exegeten wird.[519] Gottes Wort als Schöpfungsenergie und zugleich Urtora emaniert aus *En Sof* als Präfiguration der schriftlichen Tora, als dynamischer Prozess zwischen Enthüllung und Verhüllung des göttlichen Wortes bzw. der göttlichen Geheimnisse, oftmals auch als unterste Sefira, als *Shekhina* oder *Malkhut* bezeichnet.[520] Dabei werden in den klassischen Texten der kabbalistischen Literatur die oberen Emanationsstufen zu den Gewändern der jeweils unter ihnen liegenden. Der exegetische Vorgang entfernt diese Gewänder sukzessive, um zum inneren Kern vorzudringen: der wahren Bedeutung der Tora. Die Rekonstruktion des biblischen Urtextes im Rahmen spezifisch mystischer Exegese wurde in der Forschung häufig mit Derridas Dekonstruktionismus in Zusammenhang gebracht,[521] doch interessiert an dieser Stelle speziell die Funktion des *levush* (Gewand)[522] innerhalb des zuvor diskutierten *ṣimṣum*-Prozesses.

516 Siehe hierzu die nach wie vor relevante Studie von Gershom Scholem, „Der Sinn der Tora in der jüdischen Mystik", in ders., *Zur Kabbala und ihrer Symbolik*, Frankfurt a. M. 1992, 49–116; Morlok, *Gikatilla's Hermeneutics*, 106–107, 111, 113–120, 182, 207, 298; sowie Idel, „Torah: Between Presence and Representation".

517 Zum Paradies in lurianischer Exegese siehe Shaul Magid, „From Theosophy to Midrash: Lurianic Exegesis and the Garden of Eden", *AJS Review* 22,1 (1997): 37–75.

518 Prov 8,30–31.

519 *Zohar* I,72a, 92b, 115b; II,200a und *Zohar Ḥadash* 28a. Siehe Moshe Idel, „On Paradise in Jewish Mysticism", in Chemi Ben-Noon (Hg.), *The Cradle of Creativity*, Hod ha-Sharon 2004, 609–644, hier 638. Eine ausführliche Studie zum Thema wurde von Avishai Bar-Asher, *Journeys of the Soul: Concepts and Imagineries of Paradise in Medieval Kabbalah*, Jerusalem 2019 (Hebräisch) vorgelegt.

520 So auch bei Gikatilla gleich zu Beginn seiner Erläuterungen der göttlichen Namen der untersten Sefira *Malkhut* als Verhüllung und Offenbarung derselben. Gikatilla, *Sha'are Ora*, Bd. 1, 53–54. Siehe auch Wolfson, *Rending the Veil*; ders., „Circumcision, Secrecy and the Veiling of the Veil", in Elizabeth Wyner Mark (Hg.), *The Covenant of Circumcision. New Perspectives on an Ancient Rite*, Hanover 2003, 58–70; ders., „Gazing Beneath the Veil: Apocalyptic Envisioning the End", in John T. Pawlikowski / Ḥayyim Goren Perelmuter (Hg.), *Reinterpreting Revelation and Tradition. Jews and Christians in Conversation*, Franklin 2000, 77–103.

521 Elliot R. Wolfson, „Assaulting the Borders. Kabbalistic Traces in the Margins of Derrida", *Journal of the American Academy of Religion* 70,3 (2002): 475–514; Moshe Idel, „Jacques Derrida und die Kabbala".

522 Zum Gewand der Tora bei Naḥmanides und den folgenden Generationen von Mystikern; siehe Elliot R. Wolfson, „The Secret of the Garment in Naḥmanides", *Da'at* 24 (1990): xxv–xlix; Dorit Cohen-Alloro, *The Secret of the Garment in the Zohar*, Jerusalem 1987 (Hebräisch); sowie

Christoph Schulte hat in seiner Studie über den Begriff *ṣimṣum* und dessen Rezeptionsgeschichte auf die besondere Rolle des Lichtgewandes bei Israel Sarug in dessen Darstellung des Schöpfungsprozesses hingewiesen.[523] Sarug bestreitet im Gegensatz zu Vital, dass im *En Sof* ein als real zu verstehender *ṣimṣum* und eine substantielle Veränderung stattgefunden haben. Auch Necker thematisiert, dass bei Sarug *ṣimṣum* als erster Gedanke Gottes identifiziert wird und Gottes erster Schöpfungsakt der Wille zur Schöpfung sei.[524] Laut Sarug ist *ṣimṣum* nur ein kurzer Vorgang oder Impuls in *En Sof*, besser gesagt in der reinen Potentialität des *En Sof*. Er bereitet die Emanation der Sefirot vor, ist jedoch nicht von Dauer und steht am flüchtigen Übergang aus der reinen Potentialität zur theogonen, emanativen Entwicklung der Welten. Somit dient *ṣimṣum* lediglich der Vorbereitung der Weltschöpfung, verwirklicht aber nur das *En Sof* selbst und erzeugt weder Raum noch Grenze noch Zeit. Es markiert lediglich eine Stufe im Vorbereitungsprozess der Emanation. Das *En Sof* wird nur akzidentiell, nicht aber essentiell verändert, also nur in seiner Potentialität, nicht in seiner Realität. Diese innere, punktuelle Bewegung tritt erst mit der Emanation der Sefirot aus sich heraus und bringt eine neue Realität hervor. *Ṣimṣum* bedeutet in diesem Prozess zunächst einen Willensakt Gottes, der bereits das Ergebnis einer innergöttlichen Selbstentwicklung im *En Sof* manifestiert.

Vergnügen, Einmeißeln und Erschütterung

Diese Dynamik wird anhand des inneren Ergötzens im *En Sof* an sich selbst (*sha'ashua'*)[525] initiiert,[526] das zugleich eine leichtere Erschütterung, *ni'anua'* (vergleichbar mit dem Lachen beim Menschen), freisetzt.[527] Aufgrund dieser Erschütterung entsteht Bewegung im *En Sof* und es aktiviert sich die Kraft des *Din*, der Strenge und des Gerichts, die ursprünglich in ungeschiedener Einheit mit

Avishai Bar-Asher, „Kabbalistic Interpretations of the Secret of the Garment in the 16th Century", *Da'at* 76 (2014): 191–213 (Hebräisch). Siehe im letztgenannten Beitrag vor allem das Textbeispiel aus Cordoveros *Or Yaqar* (Bd. 11, Jerusalem 1981, 12), wo die Transformation des Mystikers als Anlegen des körperlichen Gewandes ebenfalls im Zusammenhang der Seelenlehre diskutiert wird, Bar-Asher, ebd., 202.

523 Schulte, *Zimzum*, 86–97.

524 Necker, *Lurianische Kabbala*, 67–68.

525 Moshe Cordovero, angezeigt bei Joseph Ben-Shlomo, *The Mystical Theology of Moshe Cordovero*, Jerusalem 1965, 60–61 (Hebräisch); zum *malbush* bei Cordovero siehe Sharron Shatil, „The Kabbalah of Israel Sarug: A Lurianic-Cordoverian Encounter", *Review of Rabbinic Judaism* 14,2 (2011): 158–187, hier 174–184.

526 Sarug, *Limmude Aṣilut*, 3a.

527 Ebd., 3a, 21d. Siehe den Abschnitt zum Vergnügen Gottes.

dessen Gegenpol, der Kraft des überfließenden Erbarmens, *Raḥamim*, vorhanden war. *Din* wird in *En Sof* als Kraft der Begrenzung, der Unterscheidung und des Maßes in Bewegung versetzt[528] und gebiert die Kraft der Größe des Einmeißelns (*koaḥ shi'ur ha-ḥaqiqa*), ähnlich dem *Sefer Yeṣira*. So lesen wir bei Sarug:

> Sobald in seinem Willen [der Gedanke] aufkam, die Welten Emanation, Schöpfung, Formung und Herstellung[529] zu erschaffen, machte er sozusagen eine Gravur (*ḥaqiqa*) in seine *Shekhina*, obwohl es – Gott behüte – kein wirkliche, sondern nur eine gedankliche Gravur genannt werden kann, d.h. als er seine Welten erschaffen wollte und sie ihm in den Sinn kamen, hatte er schon eine Grenze im Licht seiner *Shekhina* gezogen, und diese Grenze nennen wir Gravur (*ḥaqiqa*). [530]

Die Bezeichnung dieses Vorgangs als Einmeißeln legt bereits eine semantische Verknüpfung mit der Tora nahe, da diese nach den rabbinischen Traditionen vor der Erschaffung der Welt bei Gott war und deren Buchstaben (als *levush*) im *En Sof* geformt wurden.[531] Eine weitere Parallele ist in dem – in der Tradition der Magie und Mystik bestens bekannten – „Alphabet der Engel" zu finden, demzufolge Buchstaben aus kleinen Kreisen mit Verbindungslinien bestehen. So setzt sich beispielsweise der vierbuchstabige Gottesname aus 24 Kreisen (mit 72 Krönchen, *tagin*) zusammen, wobei jeweils neun Kreise für *he*, und drei für *yud* bzw. *waw* verwendet werden.[532] Diese Kreise werden als Punkte (*nequddot*) bezeichnet, die

---

528 Siehe Necker, *Lurianische Kabbala*, 81–107.

529 *Aṣilut* (Emanation), *bri'a* (Schöpfung), *yeṣira* (Formung), *'asiyya* (Herstellung), so die Namen der vier Welten nach absteigender Ordnung.

530 Hs London Or. 10106, Gaster Collection 1430, Sig. 7468, 56a. Siehe Ronit Meroz, „An Anonymous Commentary on the Idra Rabba by a Member of the Sarug School. Or: What is the Relationship between Sarug and his Colleagues, and Ergas, Spinoza and Others?", *Jerusalem Studies in Jewish Thought* 12 (1997): 307–387, hier 317 (Hebräisch). Zur Gravur im Midrash bzw. *Sefer Yeṣira* siehe Necker, *Lurianische Kabbala*, 103. Dort findet sich auch die hier zitierte deutsche Übersetzung. Zur Gravur im *Sefer Yeṣira* siehe Herrmann, *Sefer Jezira*, 222 und 236–237.

531 Siehe auch die obigen Ausführungen zu „Hieroglyphizität und Gehirnsäfte". Die Gedanken werden dort ebenfalls als Signaturen, Abdrücke (*rishumim*) auf der feuchten Membran des Gehirns beschrieben, ähnlich den Darstellungen des Schöpfungsbeginns in *Sefer Yeṣira*.

532 Eine Abbildung dazu findet sich auch in *'Eṣ Ḥayyim*, Warschau 1890, 76 (fol. 34) und in dem von der sarugischen Strömung beeinflussten *'Emeq ha-Melekh* (Tal des Königs) von Naphtali Herz Bacharach, dessen Übersetzung auch in die *Kabbala Denudata* des Christian Knorr von Rosenroth aufgenommen wurde. Siehe Necker, *Lurianische Kabbala*, 68; zu Bacharach siehe Philip Theisohn, „Zur Rezeption von Naphtali Herz Bacharachs ‚Sefer Emeq ha-Melech' in der ‚Kabbala Denudata'", *Morgen-Glantz* 16 (2006), 221–241; Sharron Shatil, „The Doctrine of Secrets of *Emeq ha-Melech*", *Jewish Studies Quarterly* 17,4 (2010): 358–395; Anna Sierka, *Between Tradition and Innovation – Images of the Divine Chariot (merkavah) in Early Modern Ashkenazi Kabbalah with Particular Focus on Naphtali Bacharach's* Emek ha-Melekh, PhD Thesis Ludwig-Maximilians

die Buchstaben beleben, d. h. ihnen eine innere Dynamik verleihen. Aus den 22 Buchstaben des Alphabets und ihren Kombinationen wurde die „Urtora“ gewebt, die als Sprachbewegung mit Ursprung im göttlichen *En Sof*, dem unendlichen Wesen Gottes, „Gewand Gottes“ genannt wird. Necker verweist auf die deutlich magischen Implikationen dieser Idee des *malbush* und die Interpretation von Gottes Schöpfungshandeln als dasjenige eines Magiers.[533] Dabei wird auch von Seiten der Kabbalisten der Versuch unternommen, Gott in diesem schöpferischen Handeln zu imitieren und selbst als „schöpferische Täter bzw. Imitatoren“ magische Handlungen zu vollziehen.[534]

Das Weben der Tora geht aus Gottes „Vergnügen“ (*sha'ashua'*)[535] hervor und beinhaltet die in der rabbinischen Literatur erwähnte Freude Gottes an seiner Tora (und die damit einhergehende Freude des Menschen an der Erfüllung der Gebote).[536] Das Paradox der Offenbarung durch Verhüllung der Tora anhand des Gewandes deutet bereits Moshe Cordovero an. Es hinterließ deutliche Spuren in der lurianischen Konzipierung des *ṣimṣum:*

> Wenn das starke Licht verborgen und in ein Gewand (*malbush*) gehüllt ist, wird es offenbar. Das Licht wird verborgen, in Wahrheit aber offenbar. So ähnlich, wie wenn man in die blendende Sonne schauen wollte. Die Sonne, die blendet, ist verborgen,[537] weil der Mensch wegen ihrer enormen Helligkeit nichts sehen kann. Aber wenn er sie verbirgt und durch Abschirmungen hindurch anschaut, gelingt es ihm, sie mit seinem Auge zu sehen, ohne dass sie ihm schadet. So verhält es sich auch mit der Emanation: Durch Verbergen und Verhüllen wird sie offenbar.[538]

Universität München 2018; Eliezer Baumgarten, „Notes on Naftali Bacharch's Treatment of Pre-Lurianic Sources“, *AJS Review* 37,2 (2013): 1–23 (Hebräisch).

533 Necker, *Lurianische Kabbala*, 104.

534 Scholem, „Name Gottes“, 53; Necker, *Lurianische Kabbala*, 68; Meroz, „Contrasting Opinions“, 198–200.

535 Siehe die Erläuterungen weiter unten zu Gottes Vergnügen.

536 Siehe zu dieser Thematik Friedrich Avemarie, *Tora und Leben. Untersuchungen zur Heilsbedeutung der Tora in der frühen rabbinischen Literatur*, Tübingen 1996, 262–290.

537 Siehe die Ausführungen von Matt zu *boṣina de-qardinuta* als blind machendes Licht in *Zohar* I,15a; Matt, *Zohar. Pritzker Edition*, Bd. 1, 108.

538 Cordovero, *Pardes Rimmonim*, Pforte 5, Abschnitt 4, 25d. Übersetzung nach Necker, *Lurianische Kabbala*, 88; Necker verweist in Fn 43 (191–192) auch auf das abgewandelte Gleichnis Ibn Tabuls in *Derush Hefṣi-Va*, 1c, wonach sich beim *ṣimṣum* das Licht aus allen Richtungen zurückzieht und nur ein Abdruck des Lichts zurückbleibt, wie die Helligkeit der Sonne, aber nicht die Sonne selbst.

Die Urtora, die in der Sarug-Schule die charakteristische Bezeichnung *malbush* als die aus Buchstaben gewobene Tora erhält,[539] bildet dabei die Schwelle zwischen der Einheit des *En Sof* und der sefirotischen Vielheit als Emanation aus *En Sof*. Die ganze Urtora ist aus dem Namen Gottes, dem Tetragrammaton als der „universalen Formel allen Seins"[540] gewebt und besitzt anhand der Buchstaben und deren Kombination eine eigene schöpferische Kraft. Mit der Kraft dieses präexistenten Schreibvorgangs wird im *En Sof* ein Urraum, *ṭehiru* (wörtl. Glanz) in Form einer Kugel vor Entstehung der Dimensionen markiert, in dem die eingravierten Zeichen die Punkte (*nequddot*) darstellen. Diese werden vom göttlichen Licht zu Buchstaben transformiert und mit Aktionspotential versehen.[541] In der Schule Sarugs, vor allem in der Schrift *Derush ha-Malbush* (Auslegung des Gewandes) stellen die Kräfte des strengen Gerichts das notwendige Korrektiv zur Entstehung der Welten dar, indem Gott in seinem Denken anhand seines Willens eine Gravur (*ḥaqiqa*) als Grenze in seiner *Shekhina* etabliert, um seine Welten zu erschaffen.[542] Es übernimmt nun das Gewand der Tora die Funktion des *ṭehiru*. Denn hier entsteht der Ort für die Schöpfung der Welt.[543] Die Urtora bildet sich zwar aus einer sprachlichen Bewegung, doch sie bleibt in ihrem Ursprung in Gott selbst, sie ist untrennbar von *En Sof* und ihm in tiefer Intimität verbunden.

Die Struktur der Tora ist aus den Buchstabenkombinationen des hebräischen Alphabets gewoben, wie im *Sefer Yeṣira* beschrieben, und die Länge des Gewandes ergibt sich aus den 231 Buchstabenpaaren, die sich aus den 22 Buchstaben des Alphabets ableiten lassen.[544] Die Breite lässt sich aus dem Zahlenwert der vier Schreibweisen des vierbuchstabigen Gottesnamens errechnen, bei denen die vier Buchstaben entsprechend ihrer Aussprache ausgeschrieben werden. Somit erhält man vier Zahlenwerte: 72 (mit *yud* geschrieben), 63 (mit *yud* und *he* geschrieben),

---

539 Zur Entwicklung dieses Gedankens in der mittelalterlichen Literatur der Kabbalisten, besonders in den frühen Schriften von Gikatilla und seine Modifikation dieses Gedankens in den späteren Werken, siehe Morlok, *Gikatilla's Hemeneutics*, 135–221; siehe auch Necker, *Lurianische Kabbala*, 104. Zum Begriff des Lichtgewandes siehe Ps 104,2.

540 Elke Morlok, „Text als Textur bei Joseph Gikatilla und in der *Kabbala Denudata*. Die Rekonstruktion der Struktur der Gottesnamen aus *Sha'are Orah* in der Lexikographie der *Kabbala Denudata*", *Morgen-Glantz* 16 (2006), 161–179, hier 163.

541 Necker, *Lurianische Kabbala*, 99 bzw. 103.

542 Ebd.

543 Moshe Idel, *Der Golem. Jüdische magische und mystische Traditionen des künstlichen Anthropoiden*, Frankfurt a. M. 2007, 228; Necker, *Lurianische Kabbala*, 104.

544 Sarug, *Limmude Aṣilut*, 3a; die Buchstaben können dabei vorwärts oder rückwärts angeordnet werden, was letztlich 231 Kombinationsmöglichkeiten ergibt. Eine ausführliche Studie zu diesen sprachschöpferischen Konzeptionen des *Sefer Yeṣira* und dessen antiken Quellen wurde zuletzt von Tzahi Weiss vorgelegt; Weiss, *Letters by which Heaven and Earth were Created*.

45 (mit *alef* ausgeschrieben) und 52 (mit *he* geschrieben).[545] Dieses aus Buchstaben bestehende Gewand wurde im Schöpfungsprozess der Länge nach auf solche Weise gefaltet, dass 45 und 52 jeweils unter den beiden anderen Wörtern lagen und jeder Buchstabe einen Partner bekam. Nur das letzte *yud* im Namen 63 blieb ohne Partner (weil der Name mit dem Wert 52 nur aus neun Buchstaben besteht). Aus diesem Restbuchstaben *yud* in Form eines Punktes entstand nun das ganze Universum und belebte die Welt wie die Seele den Körper.[546] Er übermittelt das Licht des *En Sof* an die unteren Welten. In der ersten und zweiten Welt findet sich noch die Gestalt der Buchstabenpaare. Sie werden in der dritten Welt (*Yeṣira*) zu Engelwesen und in der irdischen zur Tora vom Sinai.[547]

Im komplexen Zusammenhang des Schöpfungsaktes erhält das Gewand als Produkt des „Faltens" bzw. der Trennung von Gut und Böse noch eine weitere Bedeutung. Wie bei Ibn Tabul angedeutet, bezeichnet in einem bei Delmegidos *Ta'alumot Ḥokhma* anonym überlieferten Traktat diese Wurzel des Gerichts nach *Zohar* I,15a die *boṣina de-qardinuta* (Flamme von undurchdringlicher Dunkelheit):

> [Im *Malbush*] sind die Finsternis und das Licht vermischt (*me'oravim*), und um zwischen Licht und Finsternis zu unterscheiden (*le-havdil*),[548] muss es [das Gewand] gefaltet werden.[549]

Auch in den norditalienischen Traktaten der Sarugschule findet diese Interpretation zum Buchstaben *yud* als „dunkle Flamme" Eingang. Dabei ist zu beachten, dass bei Ibn Tabul zudem die Notwendigkeit angedeutet wird, dass Gut und Böse im Schöpfungsakt des *ṣimṣum* durch das Falten (*qibbul*) des Gewandes getrennt werden.

Ein derartiger innerer Zusammenhang zwischen *malbush* und Schöpfung wird auch bei Satanow in *Imre Bina* (26b–28b) ausgeführt.

Sarug übernimmt nicht die Radikalität eines *ṣimṣum* als ontologische Veränderung im *En Sof* selbst, sondern interpretiert die *creatio ex nihilo* als Kon-

---

545 Siehe Necker, *Lurianische Kabbala*, 105.

546 Siehe oben Maimon, *Ḥesehq Shelomo*, 147. Zu den menschlichen Körpern in den Gewändern der Seele Gershom Scholem, „Levush ha-neshamot we-ḥaluqa de-Rabbanan [Die Bekleidung der Seelen und das Gewand der Rabbinen]", *Tarbiz* 24,3 (1955): 290 – 306; siehe auch Tamari, *Human Sparks*.

547 Siehe Scholem, „Name Gottes", 54.

548 Siehe oben die Ausführungen zu Rabbi Azriel von Gerona, *Perush 'Eser Sefirot*.

549 *Ta'alumot Ḥokhma*, 78a: die Übersetzung folgt mit kleinen Abweichungen Necker, *Lurianische Kabbala*, 106.

kretisierung des *malbush* (*arigat ha-malbush*, das Weben des Gewandes),[550] als Rückzug des göttlichen Lichts durch die beginnende Begrenzung anhand von *Din* (Gericht) im *ṭehiru* (Glanz):

> Wenn er alle seine Dinge (*devaraw*) schaffen will (*le-hitbar'ot*), sind sie Sein (*yesh*) aus Nichts (*me-ayin*). Und dasselbe Sein offenbart sich nach und nach, bis es ihnen [den Archetypen der Dinge, *rosham*] ähnlich gemacht wird. So schuf Er, Er sei gesegnet, die Wurzel der Dinge (*shoresh ha-devarim*; die Archetypen), die dieses Maß (*shi'ur*) und die Erschaffung aller Welten ist, die anhand des *ṣimṣum* zum Teil des umgebenden *En Sof* (*ha-En Sof ha-maqqif*) werden. Und es offenbart sich das Licht nach und nach, bis aus ihm ein Gewand gemacht wird und aus dem Gewand emaniert (*nishtalshel*) die Welt der Punkte, die die Welt des *En Sof* genannt wird. Und daraus emaniert (*nishtalshel*) die Welt der Emanation (*aṣilut*) und daraus emaniert die Welt der Schöpfung (*bri'a*) und daraus [die Welt der] Formung (*yeṣira*) und des Tuns (*'asiyya*). [551]

Anhand des Gewandes zu Beginn des Emanationsprozesses wird die Erschaffung aller Dinge im *En Sof* zum Urpunkt (*nequdda*), zum Emanationspunkt einer ersten Schöpfung von Urformen, der Wurzel aller künftigen Schöpfung, aus dem schließlich als *En Sof* die zunehmende, stufenweise Manifestation der Schöpfung in den vier Welten hervorgeht. Anhand des *ṣimṣum* als Kontraktion des umgebenden göttlichen Lichts, das sich in der Schöpfung nach und nach offenbart, werden die Ausgangspunkte der Schöpfung als Punkte (*nequddot*) zum Teil des *En Sof* selbst, ohne dass sich dieses essentiell verändert. Die für die Schöpfung notwendigen dynamischen Prozesse finden demnach nur akzidentiell in *En Sof* statt und werden anhand der Lichtmetaphorik bzw. dessen Umverteilung initiiert.

Im weiteren Traditionsverlauf entwickelten sich, wie schon erwähnt, aus dieser Vorstellung des *malbush* bei Sarug unterschiedliche Strukturen und Modelle, anhand derer zwischen zwei Strömungen zu unterscheiden ist: a) alle Buchstaben bilden nach einigen sarugischen Quellen das Gewand, doch das Hervorteten der Buchstaben wird nicht genauer spezifiziert und b) Diskussionen, die die Existenz des *reshimu* im leeren Raum des *ṭehiru* erwähnen und unmittelbar danach die Schaffung des Buchstabens *yud*, dessen Bewegung alles hervorbringt, wobei die Verbindung zwischen *reshimu* und diesem Buchstaben nicht genau zu klären ist.[552]

Laut *Limmude Aṣilut* zog sich das *En Sof* in *reshimu* zusammen und alle Teile der Kontraktion bildeten einen Punkt (*nequdda*), dem die Seelen der künftigen

550 Zu dieser Idee in den klassischen Texten der Philosophie und Kabbala siehe Morlok, „Text als Textur", 161–179.

551 Sarug, *Limmude Aṣilut*, 22a; Übersetzung E.M.

552 Delmegido, *Novelot Ḥokhma*, 20a–b; Idel, „Conceptualizations", 41–46.

Punkte (bzw. Schöpfungen) inhärent waren, so dass jede Bewegung einen Punkt als Produkt hervorbrachte. Jeder Punkt gravierte sich in *En Sof*, in jedem Teil von *En Sof*, ein – in allen Teilen. So fanden viele Kontraktionen (*ṣimṣumim*) in *reshimu* statt, die jeweils einen Punkt hervorbrachten.[553] Jeder Punkt wird aus zehn[554] Punkten gebildet und dieser wiederum aus zehn anderen. Daher ist die Anzahl der Punkte 20.000.100.

> Dies bedeutet: Wisse, dass aus diesen Punkten die Buchstaben geformt wurden auf diese Weise: jeder Buchstabe besteht aus hundert Punkten, da jede Fläche aus der Ansammlung von vielen Punkten gebildet wird.[555]

Ṣimṣum beschreibt nicht Rückzug des göttlichen Lichts aus einem bestimmten Raum oder Ort, sondern die Konzentration desselben an einem bestimmten Punkt in einem Raum, aus dem das göttliche Licht sich bereits zurückgezogen hat (*reshimu*). Somit nimmt das gesamte *reshimu* als Gewand die Form eines Punktes an, woraus in einem zweistufigen Prozess die Buchstaben hervorgehen. Viele Kontraktionen bringen eine große Anzahl von Punkten in *reshimu* hervor und aus ihnen manifestieren sich die Buchstaben. Sie bilden anhand ihrer Kombinationsmöglichkeiten in einem zweiten Schritt die Textur des *malbush*, die Urtora. Dabei ist die Form des Punktes als Kugel identisch mit dem gesamten Raum von *reshimu* und die Buchstaben bestehen als Ergebnis vieler Kontraktionen aus zahlreichen Punkten.

Aufnahme in *Imre Bina*

In direktem Anschluss an seine Ausführungen zu *ṣimṣum* schließt Satanow in *Imre Bina* einen längeren Abschnitt mit der Überschrift *be-gader ha-levushim* (zur Bestimmung der Gewänder) an,[556] der eine Konkretisierung der im *ṣimṣum* angedeuteten dynamischen Bewegungen und Prozesse als „Weben des Gewandes" bzw. der Gewänder (*levushim*) enthält, auf die dann noch Ausführungen zu *sha'ashua'* folgen.[557]

Satanow setzt mit Erläuterungen zum Beginn der *seder hishtalshelut* (Ordnung der Emanationskette) im Schöpfungsvorgang und dem Verhältnis von *'illa*

---

553 Sarug, *Limmude Aṣilut*, 11b; siehe auch Delmegido, *Novelot Ḥokhma*, 152a, 153a.

554 Zugleich der Zahlenwert des Buchstabens *yud* und die Anzahl der Sefirot.

555 Sarug, *Limmude Aṣilut*, 11b. Siehe auch oben die Ausführungen zu *malbush* in dieser Schrift; Idel, „Conceptualizations", 42.

556 Satanow, *Imre Bina*, 23a–26b.

557 Ebd., 26b–28b.

(Ursache) und *'alul* (Wirkung) ein. Die Gewänder dienen dabei zur Offenbarung, zur Sichtbarmachung des Unsichtbaren für das menschliche Auge.[558] Satanow bezeichnet die Kraft, die energetische Schöpfungskraft jeder Ursache als göttliches *levush* und jede erwirkte *'alul* (Wirkung) wird als *malbush* bezeichnet. Dabei ist alles, von der ersten bis zur letzten Wirkung aus *ṣura* (Form) und *ḥomer* (Materie) zusammengesetzt, und ist von Anfang an auf allen Seinsstufen miteinander verbunden bis zur untersten Stufe. In diesem Vorgang kehrt jede Materie jeder Ursache als Wirkung zur Form zurück. Die emanierenden Wirkungen (*'alulim*) sind an jeweils zwei Stellen (wie in einer Kette, *shalshelet*, als etymologische Ableitung der *hishtalshelut*) miteinander verbunden und die jeweilige Form (*ṣura*) eines jeden Gliedes wird zur Materie (*ḥomer*) bzw. *'alul* (Wirkung) der folgenden. Die Emanationskette setzt sich dabei von oben nach unten fort. *En Sof* fungiert als Beginn dieser Reihe, die alle drei Welten von *'alul* (intellektuell), *dimyoni* (imaginär) und *murgash* (sensibilia) durchläuft. Diese entsprechen in aufsteigender Reihenfolge wiederum dem dreistufigen Erkenntnismodell Satanows. Das Wesen des Göttlichen bleibt dabei ohne Ursache, ist also unerschaffen. Doch lassen sich anhand des Erscheinens seiner Tätigkeiten (*pe'ullot*) in der Welt des Intellekts Rückschlüsse auf das Sein (*ḥawaya*) Gottes ziehen. Diese Tätigkeiten werden als *levushim* in der intelligiblen Welt erkennbar – ähnlich den zuvor erwähnten Ausführungen zu Ort (*maqom*) und Glaube (*emuna*). Hierbei ist das Sein Gottes der Ort, an dem auf seine verborgene Form hingewiesen wird.

Der Gottesname *Elohim* ist bereits das Ergebnis einer ersten göttlichen (Schöpfungs-) Handlung und gibt einen Hinweis (*romez*) auf die verborgene Form (*ṣura*) des Göttlichen. Zugleich verweist der Name *Elohim*, der erstgenannte Name Gottes in der Hebräischen Bibel, auf die Materie (*ḥomer*), die sich in Gott offenbart und als Name Bedeutung gewinnt. Dabei bilden jedoch Gottes Sein und *Elohim* stets eine untrennbare Einheit. Anhand der Taten des göttlichen Schöpfers wird die schöpferische Energie (*koaḥ*) des Tätigen anhand seiner Taten, den *levushim*, offenbar und das Bekleidete wird mittels der Bekleidung (Verhüllung) wahrnehmbar.

Das Verhältnis von Gottes Schöpfungshandeln, seinem Wesen / Namen und der Schöpfung wird mit einem Beispiel zur Schärfe des Messers erläutert, dessen Eigenschaft ebenfalls erst durch die Tat, das Schneiden, erkannt wird.[559] In Allegorie zum Schöpfer und der beiden Aspekte von *'illa* und *'alul* besitzt auch der

---

558 Satanow, *Imre Bina*, 23a.

559 Siehe die Axt bzw. das Spalten und deren Form in Artistoteles' *Über die Seele* zur Verbindung von Körper und Seele. Aristoteles, *Über die Seele. Griechisch – Deutsch*, hg. v. Horst Seidl, Hamburg 1995, 64 – 65.

Mensch zwei in ihm verwurzelte, nicht materielle Anlagen zum Handeln bzw. Empfangen: *rașon* (Wille) und Kraft / Energie (*koaḥ*). Gott und sein Name (*shemo*) sind eins, so wie auch der Meister des Willens und der Wille selbst eins sind. Diese Einheit von Wille (*rașon*) und Name (*shemo*) basiert auf deren gemeinsamen Zahlenwert 346, der bereits in den *Pirqe de Rabbi Eli'ezer* (Sprüche Rabbi Eliezers, 8./9. Jahrhundert), als auch von Josef Ibn Tabul[560] diskutiert wurde und schließlich bei Abraham Herrera erneut in Erscheinung tritt.[561] Satanow beschreibt die drei Kleider in Entsprechung zu den göttlichen Namen (*keter 'elyon*, *En Sof* und *rașon ha-shem*) anhand einer Parabel, laut derer ein König in seinen eigenen Gemächern nur wenig Kleider trägt und je weiter er nach außen, aus seinem Palast tritt, immer mehr Verhüllungen darüber legt.

Es handelt sich um eine bekannte Erzählung aus der fünften Pforte (*Tif'eret*) in Gikatillas *Pforten des Lichts*,[562] mit Hilfe derer das exegetische Vordringen der kabbalistischen Leser bis zur Wurzel der Tora, der Wurzel allen Seins, ihrem tiefsten Sinn, anhand des Ablegens von Kleidern verdeutlicht wird. In umgekehrter Reihenfolge legt bei Gikatilla der König immer mehr Kleidung ab, bis er schließlich allein mit der Königin im Schloss weilt und sich die *unio mystica* vollzieht:

> Nachdem wir diese Prinzipien erläutert haben, müssen wir zurückkehren und dich wissen lassen, wie der große und heilige Name YHWH mit seiner großen Macht die gesamte Welt regiert, und wie die anderen Namen an ihm hängen und wie die anderen Beinamen in der Tora wie gnädig (*raḥum*), vergebend (*ḥanun*) und ähnliche, wie diese den königlichen Gewändern gleichen, die der König trägt. Diese Gewänder sind nicht Teil des Wesens des Königs selbst, sondern sie sind wie Werkzeuge und wie eine Rüstung, die der König trägt, um sich zu bewaffnen. Manchmal trägt er Gewänder der Ehre und des Königtums, wenn der König sich in Sicherheit wiegt, sich ruhig und sicher fühlt, und alle Länder seines Königreichs in Frieden leben, da es keine Dämonen und bösen Mächte gibt. Dann erfreut sich der König an seinen Untertanen und trägt angenehme Kleidung, er schmückt sich mit Juwelen und verzierter Kleidung. Manchmal jedoch leidet der König unter den Schlachten mit seinen Feinden, Räubern und Plünderern, die gekommen sind, um sein Königreich zu zerstören. Dann trägt der König ein anderes Gewand – Waffen, Helme, Schwerter und Bogen. Und all seine Untertanen befinden sich in einem Spannungszustand, bis die Gefahr vorüber ist, und der König sich an seinen Feinden und Peinigern gerächt hat und mit ihnen nach seinem Willen verfahren ist. Und manchmal sitzt der König zuhause, ohne seine Legionen und Reiter, nur mit den Menschen seines Hauses, seinen Brüdern, seinen Söhnen, seiner Gattin und seinen anderen Verwandten. Dann nimmt der König einige seiner Gewänder ab, die er im Beisein seiner Minister und Diener getragen hat. Wenn der König bei den Mitgliedern

---

560 Ibn Tabul, *Derush Hefși-Va*, 1a

561 Sieher Gerold Necker, *Humanistische Kabbala im Barock. Leben und Werk des Abraham Cohen de Herrera*, Berlin / Boston 2011, 203–204 mit weiteren Ausführungen zu dieser Gematria.

562 Gikatilla, *Sha'are Ora*, Bd. 1, 195–197.

> seiner Familie bleibt, können ihn alle sehen und sein/e „Form / Wesen“ (*ṣura*) ist sichtbarer, als wenn er seine gesamten Gewänder trägt. Wenn er mit ihnen alleine ist, verbirgt er sich nicht vor ihnen, so wie er sich mit Kleidung bedeckt (*mitkasse*), wenn er in der Öffentlichkeit steht. Denn die Mitglieder seiner Familie werden als eines seiner Glieder betrachtet und er zögert nicht, einige seiner Kleider vor ihnen abzulegen. Und manchmal zieht sich der König vor seiner Familie zurück und ist mit der Königin allein. Dann schämt sich der König nicht, alle seine Kleider vor der Königin abzulegen, als wenn er mit dem Rest der Familie zusammen ist.[563]

Satanow beschreibt aber die umgekehrte Handlung, das Anlegen der Kleider im Schöpfungsprozess, in dem er das erste Gewand als *levush ha-dor* (das Gewand der Generation) bezeichnet – das er zudem als das Heilige (*qodesh*) benennt –, mit Hilfe dessen die Welt (*ʻolam*) erschaffen wird. Diesen Zusammenhang illustriert Satanow anhand des Verhältnisses von *raṣon* und *baʻal raṣon.*[564] Das Bekleiden beinhaltet das Verstehen der Interaktionen zwischen *dat* (Religion) und *din* (Gericht), und in der Verhüllung verbirgt sich die göttliche Energie (*koaḥ*) des Königs, wenn er noch im Palast steht und zur Begrenzung seines einfachen / reinen Willens (*raṣon pashuṭ*) dieses Kleidungsstück anlegt. Anhand dieser Begrenzung (*gevul*) kann er erkannt werden. Mit ihm vereinigt sich der einfache / reine Wille zur ersten Bewegung, zur ersten Tätigkeit von Seiten des Seins, um dieses Sein als erste *ʻilla / ṣura* (Ursache / Form) der Emanationskette von *ṣura / ḥomer* (Form / Materie) zu investieren. Wie im *Zohar* beschrieben wird dieses erste Sein erst nach dem Durchschreiten der zweiten Sefira *Ḥokhma* (Weisheit) in *Bina* (Einsicht) sichtbar. Die erste Konkretisierung des göttlichen Seins im göttlichen Willen tituliert Satanow als *kavod* (Ehre), eine in der Kabbala gängige Bezeichnung für die Tora.

Das Verhältnis von *malbush* und *levush* bzw. *nilbash* (Kleid, bekleidet) erläutert Satanow innerhalb des Sefirotsystems als das von *Din* (Gericht) und *Raḥamim* (Erbarmen), männlich und weiblich. Das *levush* lässt die Taten Gottes offenbar werden, und er selbst ist das Gewand seiner Taten, die seine Macht offenbaren.[565] Dabei bezeichnet Satanow den Beginn als Geheimnis seiner einfa-

---

563 *Shaʻare Ora*, Bd. 1, 195–196. Übersetzung E.M. Zu einer detaillierten Interpretation dieser Parabel mit stark erotischer Metaphorik siehe Morlok, *Gikatilla's Hermeneutics*, 112–132, hier 112–114.

564 Siehe die Ausführungen dazu oben. Da Satanow zahlreiche Zwischenbemerkungen in den Text einbaut, wäre eine wörtliche Übersetzung an dieser Stelle zu ausführlich.

565 Satanow verwendet hier (24a unten) dieselben Adjektive wie Gikatilla *raḥum* und *ḥanun* aus Ex 34,6 – wie auch Maimon (siehe oben). Die dort genannten göttlichen Eigenschaften des Erbarmens bilden die 13 *Middot* (Eigenschaften Maße) Gottes, die in engem Zusammenhang mit den

chen / reinen Einheit (*sod aḥduto ha-pashuṭa*) als *nilbash beli malbush* (bekleidet ohne Kleidung), um zu verdeutlichen, dass Gott keine Materie (*ḥomer*) besitzt und er in seinem Sein zuallererst die erste Ursache darstellt, vor der keine andere Ursache existent war. Als reine *ṣura* (Form) existiert er ohne Materie (*ḥomer*), ein Getanes ohne Täter (*nif'al beli po'el*), wobei jedoch seine Einheit ein Wesen besitzt, und zwar in Einheit mit dem Namen *Elohim*.

Satanow verwendet hier den Begriff des Klanggewandes (*levush ṣilṣul*),[566] um anzuzeigen, dass akustische Wahrnehmungen als Gewänder des Göttlichen dienen können– ähnlich wie Euler in diesem Kontext.[567] Er betont in Bezug auf den Schöpfungsvorgang, dass die Geschöpfe einen Überfluss an Gutem seiner Vollkommenheit (*meqabbelim tosefet ṭovat shlemutam mehapi"t she-hu meqomo shel 'olam*) erhalten.

So schreibt er über den Weisen / Gelehrten (*ḥakham*):

> [...] denn „von Sonnenaufgang bis zu ihrem Niedergang wird gelobt der Name des Ewigen!" (Ps 113,3) in diesen herrlichen Wundern (*peli'ot*) der Säume der Gewänder, die Gottes Wunderwerke verkünden, „die Wundergebilde des vollkommenen Weisen" (Hi 37,16), die er auf erhabene vollkommene Weise gründete. Und wer weise (*ḥakham*) ist, begreift dies (Jer

---

zehn Sefirot stehen bzw. aus denen letztere entstanden sind. Vgl. Scholem, *Ursprung und Anfänge*, 307–314.

566 Eventuell mag hier ein Zusammenhang zwischen Eulers Vergleich des Farbspektrums mit Tönen bestehen, wie er in seinen *Briefe an eine deutsche* Prinzessin, Teil 3, 191 schreibt: „So oft folglich der Punkt p oder der Theil der weissen Oberfläche, welcher sich in p befindet, von einer gleichen Bewegung erschüttert wird, so wird er die nemlichen Bewegungen den Theilchen des Aethers, die ihn umgeben, mittheilen; und da diese Bewegung sich überall verbreitet, so wird sie Stralen von eben der Natur, das ist, grüne Stralen hervorbringen: Eben so wie bey den Tönen der bloße Schall eines gewissen Tones, C zum Exempel, eine auf denselben Ton gestimmte Saite erschüttert, und sie ertönen macht, ohne daß sie berühret wird." Siehe auch seinen Vergleich zwischen den Farben des Spektrums und der Oktave; in ebd., Teil 1, 108–109.

567 Diese Vorstellung eines Sprachklangs als aktive Komponente der Schöpfung mag aus *Pirqe Avot* 5,1 herrühren und damit verbundene Interpretationstraditionen zu *Sefer Yeṣira*, mit Bezug zum Trishagion in Jes 6,3 aufnehmen. Zu den Quellentexten solch einer akustischen Bekleidung der Tora anhand der menschlichen Stimme und als Stiftung einer „Stimmengemeinschaft" siehe Moshe Idel, „The Voiced Text of the Torah", *Deutsche Vierteljahresschrift für Literaturwissenschaft und Geistesgeschichte*, Sonderheft 68 (1994): 145–166; ders., „Die laut gelesene Tora. Stimmengemeinschaft in der jüdischen Mystik", in Thomas Macho / Sigrid Weigel (Hg.), *Zwischen Rauschen und Offenbarung. Zur Kultur- und Mediengeschichte der Stimme*, Berlin 2002, 19–53; ders., *Vocal Rites and Broken Theologies*. Doch spricht hier Satanow nicht von der menschlichen Stimme, die an Gott anhaftet, sondern vom Gesang der Engel oder dem „göttlichem Rauschen", das mit der innergöttlichen Bewegung (*ni'anua'*) zusammenhängt, die er in der Mitte von fol. 24a mit Wassern bzw. dem göttlichen Samen, der als Weisheit im Menschen ausgesät wird, vergleicht. Somit erreicht letzten Endes der Gesang der Engel den menschlichen Körper als Klangkörper des Göttlichen. Siehe auch das folgende Zitat oben im Text.

> 9,11), und derjenige, dem Gott „das Ohr erweckt zu horchen wie Lehrlinge“ (nach Jes 50,4) den Gesang (*shira*), aus den Säumen der Gewänder offenbart, wird die Worte ihres lauten Schreiens verstehen.[568]

Der Verständige, dem Gott das Ohr öffnet (nach Jes 50,4) vernimmt den Gesang [der Engel] aus den Säumen der göttlichen Gewänder, der Wunderwerke der Schöpfung. Diese Schöpfungswerke werden in einem emanativen Abstieg immer weiter bekleidet und Satanow verwendet ein Königsgleichnis mit dem Allmächtigen als majestätischer Schöpfer.

Tritt der König nun aus dem Palast heraus, in seinen Staat (*medina*), legt er zu diesem Zweck weitere Kleider an. Die absteigende Emanationskette entsteht aus einer inneren Notwendigkeit heraus, da die göttliche Ursache (*‘illa*) als einzige einer Wirklichkeit (*meṣi’ut*) bedarf, so wie sein Wesen (*‘aṣmo*) auch der Konkretisierung anhand der Kleider harrt. Direkt im Anschluss geht Satanow zur Stimme (*qol lishma‘*) über, die bis ans Ohr eines jeden Forschenden (*bohen*) dringt und die verborgenen Geheimnisse der Vollkommenheit der göttlichen Form in Weisheit, in Einsicht und im Wissen (die drei oberen Sefirot) prüft (*we-bodeq ginze shelemiyut ha-ṣura be-ḥokhma u-ve-vina u-ve-da‘at*) und übermittelt. Gott lässt seine Taten in den Zeiten und auf der Erde sichtbar werden, denn er hat die Erde mit Weisheit gegründet, die Himmel befestigt mit Geist (*be-ḥokhma yasad areṣ, konen shamayim bi-tevuna*, Prov 3,19). Der Mensch ist zur Einsicht in die göttlichen Geheimnisse der Schöpfung befähigt, denn in sein Herz sind göttliche Weisheit und Wissen (*da‘at*) Gottes gelegt, um die Offenbarung der verborgenen, göttlichen Vollkommenheit anhand der Perfektion seiner Geschöpfe zu finden.

Die göttlichen Namen bilden außerdem die Ränder seines Gewandes, seine Beinamen gelten als Glieder (*evarim*), da er die Attribute seines Handelns (*to’are pe‘ullotaw*) den Menschen wissen lässt. Basierend auf Gikatillas Modell der göttlichen Namen und Beinamen als irdische Korrespondenzen zu den Sefirot, die anhand der kabbalistischen Exegese zur Erkenntnis der göttlichen Ontologie und deren Parallelität in den sprachlichen Erscheinungen in der Tora führen, beschreibt Satanow einen Aufstieg zu den Geheimnissen der Tora und den darin implizierten Schöpfungsprinzipien, anhand deren der Initiierte die Kleider der Tora ablegen kann (*yod‘e shemo asher bi-shemo*, die seinen Namen kennen, der in seinem Namen ist). Der genannte Erkenntnisschritt besteht (wie in der mittelalterlichen Vorlage) im Anhaften (*devequt*) an diesem Namen und der Imitation der guten Taten Gottes im menschlichen Tun (der Generation).[569]

---

568 Satanow, *Imre Bina*, 24a. Man beachte auch hier den einzigartigen Mosaikstil Satanows.
569 Hier der Bezug *levush ha-dor*.

Die Existenz des Kosmos hängt von der Fertigkeit (*kisharon*) der göttlichen Werke ab. Gott vollbringt diese nach seinem Willen und sie lassen anhand von Naturphänomenen als Gewänder der göttlichen Ausdehnung Rückschlüsse auf den Schöpfer selbst zu. Der Unterschied des Menschen zum Tier besteht darin, dass er theoretische Vernunft besitzt (*sekhel ʻiyyuni*) – zusätzlich zur praktischen Vernunft (*sekhel maʻasi*). Das Erzählen der göttlichen Werke bringt den Menschen näher an Gott und gereicht ihm zum Guten.[570]

Theoretische Vernunft

Auch die Untersuchung der praktischen Vernunft bei Tieren (mit Beispielen aus der Zoologie, den Bienen)[571] führe den Menschen anhand seiner theoretischen Vernunft zur Erkenntnis der göttlichen Schöpfungswerke als Gewänder des Göttlichen. Diese Tatsache fordere zu einem verantwortungsvollen Umgang mit der Schöpfung auf, so Satanow. Nach Maßgabe seines spezifischen Erkenntnisvermögens (*lefi koḥenu u-lefi yekholtenu*) muss der Mensch die physischen Phänomene beobachten und untersuchen, denn die Grenze (*takhlit*) der Schöpfung wurde gesetzt, um die Vollkommenheit des Schöpfers den Geschöpfen erkennbar zu machen.

> Und wir haben bereits ausgeführt, dass seine Vollkommenheit, gesegnet sei Er, von der Vollkommenheit seiner Werke umgeben (*meshuqqaf*) ist. Und dort wird gesagt, dass seine Vollkommenheit aus seinen Werken kommt. Jene sind denen, die seinen Namen, gesegnet sei Er, nennen (*qor'e shemo*) eine Quelle der Weisheit (*maʻayan ḥokhma*), die er in jenen gegründet hat.[572]

Wiederum in der Sprache des königlichen Gleichnisses zeigen die Gewänder (in der mittelalterlichen Kabbala die Namen bzw. Attribute) die Handlungsweisen des Schöpfers – je nach Anlass (Krieg, Frieden etc.) an. Doch zum Zeitpunkt der Schöpfung waren der König und sein Name eins, alle göttlichen Namen und Attribute waren innerhalb der Sefirot harmonisch vereint.[573] Da es keinen König ohne Volk gibt, war der König gezwungen, die Kleider seiner Schöpfung anzulegen, um sich seinem Volk, seinen Dienern, d. h. seiner Schöpfung zu offenbaren. Durch den göttlichen Sprechakt in der Schöpfung wurde in der Welt des Intellekts eine Grenze gesetzt, denn jeder Ort braucht eine Grenze, so wie auch die weib-

---

570 Satanow, *Imre Bina*, 25a.

571 Siehe oben seine Ausführungen zur Bestäubung durch die Bienen in *Zohar Tinyana*.

572 Satanow, *Imre Bina*, 25a.

573 Siehe Gikatilla, *Shaʻare Ora*, Bd. 1, 195–197.

lichen Wasser (*mayyim nuqvim*)[574] einer Begrenzung bedürfen um der Wahrheit Willen. Satanow fährt weiter fort:

> Dies bedeutet die Begierde (*teshuqa*)[575] nach Wissen, Gewusstem (*teshuqat ha-yadua'*) oder dem Objekt des Wissens (*ha-muskal*), als auch dem Erkennenden und Verstehenden anzuhaften (*le-hiyyot davuq ba-yodea' u-va-maskil*),[576] nach denen das Verlangen strebt und das die Menschen miteinander verbindet. Vielleicht noch mehr als der Wissenden wissen will, will das Wissen gewusst und die Weisheit begriffen werden.[577]

Es besteht somit ein kosmoerotisches Verlangen zwischen Geschöpfen und ihrem Ursprung bzw. dem Wissen um die Geheimnisse ihres Ursprungs.[578]

Satanow geht zunächst im Sinn der vorangestellten Erläuterungen zur Emanationskette von den äußeren Erscheinungsformen der Taten des Schöpfers (also der Schöpfung) als Gewänder seiner Offenbarung aus und thematisiert die darin inhärenten Erkenntnismöglichkeiten des Menschen. Dazu bedient er sich unterschiedlichster Quellen der Tradition (Bibel, Midrash, Talmud) und klassischer, mittelalterlicher Konzeptionen aus der kabbalistischen Literatur, vor allem des *Zohar* und Gikatillas. Erst ab fol. 25b wendet sich Satanow den inneren Prozessen im Schöpfer und der Schöpfung (vor der Schöpfung) zu.

Die Argumentation beginnt zunächst mit der Frage, wie es möglich ist, dass der vollkommene Schöpfer ohne Veränderung (*beli shinnuy*) eine Einheit mit der vorläufig mangelhaften Schöpfung darstellt. Das göttliche Wissen ruhte nicht und wollte die erste Schöpfung hervorbringen, aber dieser ersten Schöpfung fehlte der Intellekt (*sekhel*), um das erste Werk, die erste göttliche Tat vollkommen zu machen (*shelemut*). Denn da der Schöpfer seine Schöpfung auf Weisheit und Vollkommenheit gründet, sollte auch die Schöpfung seine ihm eigene Vollkommenheit widerspiegeln. Ziel der Schöpfung war „zum Guten" (*le-haṭiv*) zu gereichen, die Geschöpfe zur Erkenntnis zu führen und die Schöpfung begreifbar zu machen

---

574 Zu den weiblichen Wassern aus dem *Zohar* (I,151b), die zu den männlichen Wassern aufsteigen (siehe auch oben in Kap. 2.5. zu den weiblichen Wassern); Matt, *Zohar. Pritzker Edition*, Bd. 2, 346.

575 Zur Begierde (*teshuqa*) aus Gen 3,16 im Sinne einer Rückkehr (*teshuva*) zum Männlichen in der kabbalistischen Literatur siehe Idel, *Kabbala und Eros*, Index Verlangen, Begierde, Sehnsucht. Zur kosmoerotischen Interpretation dieses Begriffs als Verlangen nach der Rückkehr zum Ursprung der Schöpfung bei Yoḥanan Alemanno (*Ḥesheq Shelomo*) und Al-Ghazali (*Wiederbelebung der religiösen Wissenschaften*) siehe ebd., 302–305. Siehe dort auch den Hinweis auf Al-Bataljusis *Kitab al-Hida'iq*.

576 Man beachte die maimonidische Terminologie.

577 Satanow, *Imre Bina*, 25a.

578 Idel, *Kabbala und Eros*, 291–326.

(*le-haskil*). Aus den Werken seiner Schöpfung erkennen die Maskilim die Weisheit des Schöpfers und begreifen seine Vollkommenheit.

Satanows konzipiert hier drei Erkenntnisstufen: a) alle unteren „Weisheitswunder" (*peli'ot ha-ḥokhma*)[579] besitzen obere Paradigmen (*dugma'ot*),[580] b) alle oberen Weisheitswunder vollziehen sich im unteren Bereich mit weniger Macht (*koaḥ*), c) die oberen himmlischen Paradigmen der wunderbaren und verborgenen Schöpfungstaten[581] waren den Kabbalisten lange vor den Naturforschern bekannt. Denn sie besaßen Kenntnis von den himmlischen Ursachen und deren göttlichen Geheimnissen – wie bereits mehrfach erwähnt wurde. Satanow wiederholt die Konzeption der Weisheitswunder im himmlischen Bereich als Paradigmen der unteren und der unteren Weisheitswunder als Abbilder der oberen. Doch fügt er im Zusammenhang der *ṣimṣum*-Vorstellungen hinzu, dass im *En Sof* die göttlichen Weisheitswunder / verborgenen Schöpfungstaten kontrahiert werden, um sie als Paradigmen für die irdischen Wunder / Schöpfungstaten zu manifestieren und mit ihnen als Grundlage die Schöpfung zu initiieren.[582] Es lohnt ein Vergleich „Weisheitswunder" der lurianischen Kabbala mit Shem Tov Ben Shem Tovs (Beginn 15. Jahrhundert) Metapher des *ṣimṣum* als ein „Atemholen Gottes":

---

579 Siehe die Diskussionen zu den Weisheitswundern oben in Kap. 3.3.

580 Die Interpretation nach Analogieschluss von irdischen auf himmlische Phänomene als *keneged* Konstellation spielte bereits in der Midrash-Literatur und bei deren Übergang zu frühen kabbalistischen Werken, besonders in Hinblick auf die Tempelthematik, eine entscheidende Rolle. Siehe hierzu die ausführliche Studie von Mottolese, *Analogy in Midrash and Kabbalah.*

581 Auch Gikatilla spricht in *Sha'are Ora* von den *peli'ot ha-ḥokhma* aus *Sefer Yeṣira*, vor allem in der fünften Pforte zu *Tif'eret*, wo er den Ursprung der göttlichen Schöpfungswerke im Buchstaben *yud* des Tetragrammatons erläutert und schildert, wie der Mystiker zur Wurzel alles Seins in Form des in der Tora verborgenen vierbuchstabigen Gottesnamens, der entkleidet wird, gelangt. Im *Zohar* (I,258a und *Zohar Ḥadash* 33a) finden sich ebenfalls Stellen zur Erläuterung der wunderbaren, verborgenen Taten sowie bei Moshe Cordovero, *Pardes Rimmonim*, Pforte 23, Teil 1 und 14. Satanows Korrespondenz zwischen oberen und unteren Erscheinungsformen der göttlichen Taten scheinen den Vorstellungen Cordoveros sehr ähnlich zu sein, da auch bei ihm die oberen Paradigmen in den unteren Phänomenen erkennbar sind. In Vitals *'Eṣ Ḥayyim* findet sich der Begriff nur in der 5. Pforte, im 5. Teil, wobei vor allem Menaḥem Azariah de Fano (*Yonat Elem*) und Ramḥal in seinem Kommentar zu *Sefer Yeṣira* die Thematik wieder aufnehmen. Zum menschlichen Körper (*ḥomer*) als bei der Schöpfung notwendiges Gewand der Seele (*ṣura*) in der lurianischen Kabbala, siehe Tamari, *Human Sparks*, 66–75 (Hebräisch). Eine detaillierte Beschreibung der Entwicklung dieses Begriffs von den antiken bis zur lurianischen und post-lurianischen Kabbala erforderte eine gesonderte Studie, besonders in Hinblick auf die zahlreichen Kommentare zu *Sefer Yeṣira* in den unterschiedlichen Epochen der jüdischen Mystik.

582 Satanow, *Imre* Bina, 25b; Necker, *Lurianische Kabbala*, 87.

> [...] so zog auch Gott sein Licht um eine Spanne von sich zusammen, und die Welt blieb als Finsternis. In dieser Finsternis brach er Steine und Felsen aus, um daraus die Wege freizulegen, die die „Weisheitswunder" (*peli'ot ha-ḥokhma*) heißen.[583]

Die unteren Wunder demonstrieren die Ehre seiner (der göttlichen) Weisheit (*kavod ḥokhmato*) in den oberen Welten und aus den unteren können Rückschlüsse auf die oberen, verborgenen gezogen werden, so Satanow. Die oberen Paradigmen der Weisheitswunder bilden die Grundlagen der Schöpfung und in beiden Bereichen formen sie zusammen „eine Welt" (*'olam eḥad*). Die untere Realität (*meṣi'ut*) benötigt die oberen Paradigmen (*dugma'ot*), um ins Sein eintreten zu können. Die Ordnung der Realität (*seder ha-meṣi'ut*) entspricht dabei der Ordnung des Verstehens (*seder ha-haskala*). Anhand der unteren Weisheitswunder offenbaren sich die verborgenen oberen Weisheitswunder allen Menschen (*kol ha-adam*). Die oberen Vorbilder befinden sich im Heer der Höhe (*be-ṣava marom*) – und kein Maskil hegte je Zweifel, sie begreifen zu können (*lo haya safeq be-shum maskil le-hasigam*). Die Seele in uns, vom Schöpfer bereits als intellektuelles Sein (*'eṣem sikhli*) angelegt, erfasst (*maskil*) das Wesen des Seins anhand des Intellekts (*sekhel*) gemäß dessen, was sich außerhalb des Intellektes befindet.[584] Daher hatten die Gelehrten der Seelenweisheit bzw. Psychologie (*ba'ale ḥokhmat ha-nefesh*) recht, wenn sie behaupteten, dass der Wert der Seinsordnung (*'erekh seder ha-nimṣa'im*) innerhalb des Intellekts des Verständigen (*be-sekhel ha-maskil*) dem Wert ihrer Realität außerhalb des Intellekts (*'erekh seder meṣi'utam asher ḥuṣ le-sekhel*) entspricht, je nachdem was sie in der Welt sind.

Konsequenzen

Aus irdischen physischen Weisheitswundern können somit Rückschlüsse auf die himmlischen Paradigmen (im Intellekt) gezogen werden. Auf Grundlage dessen können – so Satanow – zwei neue Erkenntnisse erschlossen werden: a) jede allgemeine Betrachtung begreift, dass die Realität jene paradigmatische (archetypische) Realität im Heer der Höhe benötigt (selbst wenn nur eine weit entfernte Korrespondenz zwischen beiden besteht), b) die Realitätsordnung (*seder ha-meṣi'ut*) begründet sich auf der epistemologischen Verstehensordnung (*seder ha-haskala*). Sogar wenn eine große Distanz bzw. Diskrepanz zwischen Urbild und Abbild besteht, steigen beide an einem Rohr (*qana*)[585] auf. Jede seiner (Gottes)

583 Satanow, *Imre Bina*, 25b.

584 Vgl. die oben angeführten Erläuterungen zu Spinoza und Maimon.

585 Satanow verwendet hier *qana* (Rohr, Halm, Stengel) in Anlehnung an Jes 32,3 anstatt des häufiger gebrauchten *ṣinnor* (Röhre, Kanal).

Aktionen (*pe'ullato*) geht seine Macht / Energie (*koaḥ*) voraus. Sie wird als *steresis* (*he'eder*) bezeichnet, die dem Sein vorangeht. Die Vorbereitung (*hakhana*) und die Kraft für alles sich in actu Manifestierende präzedieren die Manifestation, denn „nichts verbrennt, was nicht bereit ist, verbrannt zu werden".[586] Auch der Mensch tritt erst in seine Existenz ein, wenn er bereit ist, Mensch zu werden. Dieses „Übersein" (*yitaron*, superesse), aus dessen Existenz er hervorgehen wird, besteht in jedem Menschen.

Der „Überschuss" an Vollkommenheit ermöglicht die Grundlegung der irdischen Welt, die dann unter Geltung der Logik von Ursache und Wirkung aus den oberen Paradigmen emaniert. Die rabbinische Erzählung von Rabbi Abuhu verweist dabei auf den willentlichen *ṣimṣum* (*ha-ṣimṣum ha-reṣoni*), wenn dieser sagt: „Was in seinem Willen liegt, gibt den Ausschlag für das willentliche Sein (*hikhri'a ha-ḥawaya ha-reṣonit HB"T*), über das notwendige, bejahende (*meḥuyyavit*) Sein *HBB"T*. In der Natur geht das notwendige Sein (*ha-ḥawaya ha-meḥuyyavit*) dem willentlichen voraus".[587]

Die zunehmende Abschwächung und Verhüllung der himmlischen Paradigmen im irdischen Bereich durch die vier Welten hindurch wird in kabbalistischer Manier als Gewand definiert. Zum Abschluss der Diskussionen zu den Gewändern erfolgt erneut der Hinweis, dass die Kabbalisten das Sein der Dinge und der intellektuellen Gedanken (*ḥawayot ha-ra'ayonim ba-shekhel*) (fol. 26a), die in der Welt des Intellekts noch getrennt sind, bereits in den separaten Intellekten, wo beide noch vereint sind, begreifen können. Als Beispiele führt Satanow die unterschiedlichen Bedeutungen von *ziwwug* (Umarmung, Vereinigung), *yeniqa* (Säugen) und *'ibbur* (Schwängerung, Empfängnis)[588] in den drei Welten (*murgash*, *medumme* und *muskal*) und ihre unterschiedlichen Konstellationen innerhalb des Sefirotsystems sowie deren Interpretation in der linguistischen Strömung der kabbalistischen Literatur nach Buchstabenkombination (*ṣeruf otiyyot*) und dem

586 Ansgar Martins / Elke Morlok, „Engel im Feuer. Zur Rezeptionsgeschichte einer *Zohar*-Stelle zwischen jüdischer Mystik, moderner Esoterik und kritischer Theorie", in Giulia Agostini / Michael Schulz (Hg.), *Mystik und Literatur. Interdisziplinäre Perspektiven*, Heidelberg 2019, 123–167.
587 Satanow, *Imre Bina*, 25b–26a. Es folgt hier noch ein Hinweis auf Naḥmanides' Interpretation von Gen 1 des ersten Tages als Morgen ohne Abend, als Sein, das der ersten Schöpfung vorausgeht. Diese Deutung wird im folgenden Abschnitt wieder aufgenommen.
588 Zur erotischen Terminologie innerhalb der linguistischen Kabbala siehe Moshe Idel, *Abraham Abulafia und die mystische Erfahrung*, Frankfurt a. M. 1994, 221–255. Abulafia verwendet zur Erläuterung von *'ibbur* ein ähnliches Beispiel von einer tüchtigen Frau (*eshet ḥayil*) wie Satanow zuvor, ebd., 234–235, was allerdings auch auf die Vorstellung der *Shekhina* als Braut Shabbat in den lurianischen Shabbatritualen zurückzuführen sein könnte; siehe die Darstellung in Gershom Scholem, „Tradition und Neuschöpfung im Ritus der Kabbalisten", in ders., *Zur Kabbala und ihrer Symbolik*, 159–208, hier 189.

entsprechenden Zahlenwert (Gematria) an. Dabei demonstriert Satanow seine umfangreiche Kenntnis beider kabbalistischer Hauptströmungen (theosophisch-theurgisch und ekstatisch) und der innersefirotischen Bedeutung der Empfängnis bzw. der Zeugung der unteren sieben Sefirot aus *Bina*. Auch reflektiert er über die Vereinigung (*ziwwug*) zweier göttlicher Namen (YHWH und *Adonai*) als Buchstabenkombination im Sinne der Repräsentanz eines intellektuellen Vorgangs in den Reihen der Maskilim aus Vorlagen der linguistischen Kabbala.

In diesem Kontext verweist Satanow auf die Bedeutung von *'ibbur* (26b) als Übertritt vom *En Sof* ins Sein und zugleich die numerische Äquivalenz des Terminus *'ibbur* (288) mit *Ḥesed* (Erbarmen, 72) und *Gevura* (Stärke, Gericht, 216), wobei die beiden letzteren in Addition ebenfalls 288 ergeben. Die Vereinigung der beiden gegenpoligen Sefirot von Gnade (*Ḥesed* oder *Raḥamim*) und Gericht (*Gevura* oder *Din*) symbolisieren innerhalb des göttlichen Systems die Herstellung innergöttlicher Harmonie und Initiation des göttlichen Emanationsflusses aus den drei oberen, verborgenen Sefirot. Dies repräsentiert in der theosophisch-theurgischen Kabbala entweder den Schöpfungsvorgang oder den göttlichen Segensfluss auf die irdische Schöpfung. Die in erotischer Metaphorik beschriebenen Vorgänge von *ziwwug* und *'ibbur* benennen für Satanow das Einfließen göttlicher Kraft (*hashpa'at ha-koaḥ*) und den Beginn der emanativen Schöpfungsordnung als Abfolge von *'illa* und *'alul*. In der Erkenntnis dieser Vorgänge wird die menschliche Seele zum „scheinenden Speculum" (*aspeqlarya ha-me'ira*),[589] das eine prophetische Schau der göttlichen Geheimnisse, alles irdischen und göttlichen Seins, der oberen Paradigmen und göttlichen Erscheinungsformen (*mar'ot elohim*) ermöglicht. Der Grund für diese Fähigkeit liegt in der Existenz der Seele als „Zwischensein" (*'eṣem emṣa'i*) zwischen dem Heer der Erde (*ṣava ha-adama*) und dem Heer der Höhe (*ṣava ha-marom*) – und „Gottes Engel stiegen auf und ab an ihr" (Gen 28,12). Die verschiedenen Konzeptionen der Seele als „Jakobsleiter" bilden eines der brillantesten Motive der mystischen Literatur nicht nur des Judentums[590] seit der Antike bis zum Chassidismus.[591] Sie fließen bei

---

589 LevR 1,14, hg. v. Margulies, Bd. 1, 30–32. Laut diesem Text hätten alle Propheten in neun, Mose aber nur in einen Spiegel geschaut. Zur Vorstellung der Seele als „scheinender Spiegel" bzw. als unterste Sefira in der kabbalistischen Literatur siehe Wolfson, *Through a Speculum that Shines*.

590 Harvey Hames, *Like Angles on Jacob's Ladder. Abraham Abulafia, the Franciscans and Joachimism*, Albany 2007.

591 Siehe die ausführlichen Studien zu den ideengeschichtlichen Entwicklungen dieser Thematik von Moshe Idel, *Ascensions on High in Jewish Mysticism. Pillars, Lines, Ladders*, Budapest / New York 2005; ders., *Enchanted Chains. Techniques and Rituals in Jewish Mysticism*, Los Angeles 2005; Alexander Altmann, „The Ladder of Ascension", in Ephraim E. Urbach / R.J. Zwi Werblowsky / Ḥayyim Wirszubski (Hg.), *Studies in Mysticism and Religion. Presented to Gershom G. Scholem on his Seventieth Birthday*, Jerusalem 1967, 1–32.

Satanow harmonisch in naturwissenschaftliche und kabbalistische Schöpfungskonzeptionen sowie epistemologische Theorien mit ein.[592] Dabei steht am Anfang aller Schöpfung ein minimaler Impuls in Gott selbst (*sha'ashua' / ni'anua'*), der am Ende den gesamten Kosmos entstehen lässt.

Gottes Vergnügen (*sha'ashua'*)

Wie im vorherigen Abschnitt erwähnt, findet der notwendige Impuls zur ersten Bewegung in *En Sof* als Folge eines innergöttlichen, selbstgenügsamen Ergötzens (*sha'ashua'*) statt, das letzten Endes den auslösenden Impuls zur Schöpfung gibt.

Die biblischen und antiken Quellen, besonders die antiken Weisheitsspekulationen zu Prov 8,30, und die weiteren Entwicklungen dieser Interpretation des innergöttlichen Vergnügens als weibliche Konzeption des Göttlichen sowie deren Übergang in die frühen mystischen Konzeptionen wurden bereits eingehend analysiert.[593] Da Satanow sich im Verlauf der bisherigen Diskussionen zu kabbalistischen Motiven in *Imre Bina* jedoch zumeist auf mittelalterliche und lurianische Quellen beruft, sollte hier die Analyse seines Textes in der neunten Pforte von *Imre Bina* auf dem Hintergrund der späteren kabbalistischen Strömungen unternommen werden.[594]

Israel Sarug

In der Schule Israel Sarugs entwickelte sich die Vorstellung weiter, dass das innergöttliche Vergnügen zum entscheidenden energetischen Schöpfungsimpuls im *En Sof* wird. Schöpfungsbeginn und Offenbarung der Urtora korrespondieren auch bezüglich der Wonne Gottes (*sha'ashua'*) eng miteinander, vor allem im orientalischen Zweig der Sarug-Schule. Dort entstand das göttliche Ergötzen auf Grundlage der Identität der Tora mit der Weisheit Gottes und deren Vorstellung als Bauplan der künftigen Welt aus Prov 8,30. Dies wird folgendermaßen formuliert:[595]

---

592 Siehe auch die Interpretationen von Gen 28,11 innerhalb des sefirotischen Systems in *Mishnat ha-Zohar* [Die Lehre des Zohar] (hg. v. Isaiah Tishby), Bd. II, Jerusalem 1961, 262 und 345 (Hebräisch). Zu *Zohar* I,149b siehe die Erläuterungen von Daniel Matt in ders., *Zohar. Pritzker Edition*, Bd. 2, 333–337.

593 Schäfer, *Weibliche Gottesbilder*, 40–47; Idel, *Kabbala und Eros*, 74.

594 Satanow, *Imre Bina*, 26b–27b.

595 Siehe in diesem Kontext die detaillierten Erläuterungen von Necker, *Lurianische Kabbala*, 68, 101–102, 135, denen die Übersetzung folgt. Zur Herkunft des Begriffs aus der Terminologie und Interpretation Cordoveros siehe Ben-Shlomo, *Mystical Theology of Moshe Cordovero*, 60–61

> Der Heilige, Er sei gepriesen, ergötzte sich an sich selbst, das bedeutet, er freute sich und war vergnügt vor Freude, sozusagen wie der Mensch [vergnügt sein kann], so auch der Heilige, Er sei gepriesen.[596]

Die Urtora (*tora qeduma*), die das obere Paradigma für alle weitere Schöpfung darstellt, ist identisch mit Gottes Weisheit und bereitet ihm Freude, doch zugleich beginnt in ihr als zweite Sefira *Ḥokhma* die Schöpfung aus *Keter* hinein in *Bina*, wie bereits bei Rabbi Azriel, Rabbi Esra aus Gerona und in *Zohar* I,15a ausgeführt wird.[597] Die darin implizierte erotische Spannung im Schöpfungsakt wird von Satanow wieder aufgenommen und in seine Symbolik eingebunden.

Der engere Zusammenhang zwischen Gottes Ergötzen und seiner Schöpfung erfährt allerdings keine nähere Erläuterung, lediglich ein Hinweis auf Ps 104,31 ist zu finden.

Eine ähnliche Stelle findet sich in Bacharachs *'Emeq ha-Melekh:*

> *En Sof* vergnügt sich – das ist wie Wasser oder Feuer, wenn der Wind hineinbläst, dann wird es aufgewühlt, es flammt auf wie ein Blitz vor unseren Augen und leuchtet und blitzt aus sich

---

(Hebräisch). Zur Tora als Bauplan Gottes in rabbinischen Passagen und den platonisch-philosophischen Anschauungen, auch bezüglich Philo von Alexandrien, siehe Peter Schäfer, „Die Tora der messianischen Zeit", in ders., *Studien zur Geschichte und Theologie des rabbinischen Judentums*, Leiden 1978, 34–35. Zu Philo und dessen Schöpfungslehre siehe Geoffrey Sterling, „Creatio Temporalis, aeterna, vel continua? An Analysis of the Theology of Philo of Alexandria", *Studia Philonica Annual* 4 (1992), 15–41; David T. Runia, *Philo of Alexandria. On the Creation of the Cosmos according to Moses*, Leiden / Boston / Köln 2001; ders., *Philo of Alexandria and the Timaeus of Plato*, Leiden ²1986; David Winston, „Philo and the Wisdom of Salomon on Creation, Revelation and Providence. The High-Water Mark of Jewish Hellenistic Fusion", in James Kugel (Hg.), *Shem in the Tents of Japhet*, Leiden 2002, 109–130; ders., „Philo and Maimonides on the Garden of Eden Narrative", in Chaim Cohen (Hg.), *Birkat Shalom*, Bd. II, Winona Lake 2008, 989–1002; Albert M. Wolters, „Creatio ex Nihilo in Philo", in Wendy E. Hellerman (Hg.), *Hellenization Revisited*, Lanham 1994, 107–124; Jonathan D. Worhington, *Creation in Paul and Philo: The Beginning and Before*, Tübingen 2011. Zur Philo-Rezeption in der Aufklärung siehe Strauss, *Rabbi Jedidja ha-Alexandri.*

596 Sarug, *Limmude Aṣilut*, 3a. Siehe auch die Aussage gleich zu Beginn der Schrift (1a) im Zusammenhang der 231 Tore / Buchstabenkombinationen aus *Sefer Yeṣira* und der Urtora als Wonne Gottes: וקראו אותו נתיב להיות כי שרש אלו הב" רל"א שערים הנזכרים נכללים בו אם כן מזה השעשוע נבראת וזה שורש לכל.
„Und man nennt diesen Pfad das Sein, denn er ist die Wurzel für die kommenden 231 Tore, die erwähnt werden und sich in ihm befinden. Falls dies so ist, wurde daraus die Wonne [Tora] geschaffen und dies ist die Wurzel von allem."

597 Siehe die detaillierten Angaben zur *Zohar*-Stelle und Rabbi Azriel im Abschnitt zu *ṣimṣum* oben; sowie Gershom Scholem, „Te'uda ḥadasha le-toledot re'shit ha-qabbala [Ein neues Dokument zur Geschichte des Anfangs der Kabbala]", in Jacob Fichman (Hg.), *Sefer Bialik*, Tel Aviv 1934, 141–162, hier 159.

> heraus und in sich hinein, und diese Erschütterung (*ni'anua'*) wird Wonne (*sha'ashua'*) genannt, und aus dieser Wonne in sich selbst wurde das Maß der Gravur (*shi'ur ha-ḥaqiqa*), die Kraft der Tora (*koaḥ ha-Tora*) geboren.[598]

Unter Berücksichtigung der weiteren Ausführungen Satanows auf fol. 21d und im Vergleich mit Bacharachs Zitat, der von einer ähnlichen Verbindung des Vergnügens Gottes und der Schöpfung spricht – und dessen erste Pforte die Überschrift *sha'ar sha'ashu'e ha-melekh* (Pforte der Vergnügungen des Königs) trägt – wird verständlich, dass sich auch hier die Begrenzung durch das „Maß der Gravur" bei der Schöpfung andeutet.[599]

Die Gravur aus der kurz aufflammenden Bewegung der Wonne weist sowohl auf den Wortlaut in *Sefer Yeṣira* § 1 als auch auf die oben diskutierte Stelle aus *Zohar* I,15a und die Gravur der dunklen Flamme in *En Sof* hin.[600] Das Maß bzw. die Begrenzung der göttlichen Wonne ist wie jede Grenze zugleich als Kraft der richtenden Gewalt erkennbar. Satanows Text fährt mit biologischen Details zur Entstehung des Lachens in der Milz und dem dortigen Überquellen des Blutes fort.[601]

In einer längeren Diskussion zum „Ziel der Schöpfung" liefert Satanow eine aristotelisch-maimonidische Lesart der zoharischen „weiblichen Wasser, die allegorisch für das erotische Erwachen des Göttlich-Weiblichen (*Shekhina* oder *Malkhut*) in Vorbereitung zur Vereinigung mit dem Männlich-Göttlichen (*Ze'ir Anpin* oder *Tif'eret*) gebraucht werden. In *Imre Bina* 25a lesen wir dazu:

> Der Gelehrte [wörtl. Maskil] sollte wissen und verstehen, dass an jedem Ort, an dem gesagt und gelehrt wird in der Sprache der Wahrheit [i.e. in lurianischer Terminologie] die Sache der *m"n* (*mayyim nuqvim*, weiblichen Wasser), sie die Begierde des Gewussten (*yadua'*) oder

---

598 Bacharach, *Emeq ha-Melekh*, Israel 2003, 119. Siehe Ronit Meroz, „The School of Saruq: New History", *Shalem* 7 (2002): 151–193, hier 152–169 (Hebräisch).

599 Siehe den von Scholem angeführten Text (aus *Midrash ha-Ne'elam* zu Rut in *Zohar Ḥadash*, Warschau 1884, 87d und den Verweis auf *Zohar* III,23a und 171b) bzw. dessen Übersetzung und dem Funken aus dem Norden als richtende Gewalt, während Gott sich mit den Seelen der Gerechten in Eden vergnügt (*mishta'ashea'*). Scholem, „Tradition und Neuschöpfung", 195–197, 277–278 (Fn).

600 In Delmegidos *Ta'alumot Ḥokhma*, 142–144 wird die göttliche Wonne ebenfalls mit der Gravur verglichen, da diese im Abschnitt *sod ha-ḥaqiqa* (Geheimnis der Gravur) vorgestellt wird. Zur Gravur aus *Sefer Yeṣira* und den Sefirot siehe auch Giulio Busi, „‚Engraved, Hewed, Sealed': Sefirot and Divine Writing in *Sefer Yetzirah*", *Jerusalem Studies in Jewish Thought. Gershom Scholem (1897–1982). In Memoriam*, Bd. 2, Jerusalem 2007, 1–11.

601 Siehe Necker, *Lurianische Kabbala*, 102–103. Zur heterosexuellen Metaphorik in *'Eṣ Ḥayyim* hinsichtlich der göttlichen Wonne und dem Schöpfungsanfang als männliche Aktion siehe ebd., 135.

Intelligiblen (*muskal*) nach der Anhaftung an dem Wissenden oder Verstehenden bedeuten. Denn ihre Begierde zielt darauf hin, verbunden zu sein, jeder Mensch mit seinem Mitmenschen [...]. Wisse, dass dies das Gebot an die Gelehrten des Volkes ist, Seine Wahrheit, gepriesen sei Sein Name, zu begreifen. Dies bedeutet, Gottes Werk und Seine Taten mit dem Intellekt und mit dem Wissen der Weisheit zu sehen, die darin begründet liegt, dass jeder Mensch nach seinem Vermögen, entweder in den Sefirot und den Legionen oben [im Himmel] oder in den Kreaturen auf der Erde, wenn er dessen würdig ist, die Vollkommenheit des Schöpfers aus ihrer Vollkommenheit erkennt.

המשכיל תדע ותשכיל שבכל מקום שנאמר ונשנה בשפת האמת ענין המ"ן, כוונתם על תשוקת הידוע או המושכל תדע שזאת המצוה על משכילי [...] להיות דבוק ביודע או במשכיל אשר תשוקת אלה להיות חוברי' איש אל אחיו עם להשכיל באמיתתו ית"ש ר"ל לראות את פועל ה' ומעשהו בהשכל ודעת החכמה המיוסדת בו איש איש לפי השגתו אם בספי' וצבא מרום במרום, או ביצורי האדמה באדמה, שאם יזכה יבחין שלימות בוראם משלימותם.

Die weiblichen Wasser repräsentieren das Verlangen Gott zu erkennen, das anhand der Kontemplation der Schöpfung befriedigt werden kann. Zugleich regen die kabbalistischen Symbole laut Satanow das Verlangen nach naturwissenschaftlichen Erkenntnissen an.[602]

Satanow beginnt seine Abhandlung zur Wonne Gottes mit einem Hinweis auf die zoharische Erzählung der Wonne der Seelen der Gerechten im Garten Eden,[603] denen er *Peri ʻEṣ Ḥayyim* (Frucht des Lebensbaumes) folgend den Gedanken hinzufügt,[604] dass Gott selbst in den Garten eintritt, kurz vor Mitternacht (*ḥaṣot*), um sich mit den Seelen der Gerechten zu vergnügen (*mishtaʻasheaʻ*).[605] Die sexuellen Konnotationen dieses Verständnisses von *shaʻashuaʻ* wurden von Elliot Wolfson dargelegt,[606] der wiederum seine Beobachtungen auf Sarugs *Limmude Aṣilut* und einen unveröffentlichten lurianischen Text stützt.[607] Sarugs Text diskutierten bereits Scholem und andere, ohne jedoch die sexuelle Metaphorik des Begriffs (*niʻanuaʻ*, Erschütterung) als Voraussetzung der Schöpfung der präexistenten Tora zu notierten, sondern als „die Existenzwerdung der sprachlichen

---

602 Siehe Stillman, *Living Leaves*, 98–99.
603 *Zohar* I,178b und 245b; II,173b und 217b; III,193a.
604 Vital, *Peri ʻEṣ Ḥayyim*, 81d.
605 In *Peri ʻEṣ Ḥayyim*, 81d werden die oben genannten Seelen der Gerechten als „weibliche Wasser" und deren Erhebung als Folge der Wonne im Bewusstsein des Menschen, wenn er seinen Körper verlässt und schläft, sprich in die Gebärmutter der *Imma* (Mutter) eintritt, erwähnt; siehe Shaul Magid, „Conjugal Union, Mourning and ‚Talmud Torah' in R. Isaac Luria's ‚Tikkun Ḥaṣot'", *Daʻat* 36 (1996): xvii–xlv, hier xxx–xxxi und xxxvi, wo anhand der Bewegung der weiblichen Wasser das menschliche Bewusstsein zum Teil der kosmisch-sefirotischen Bewegung wird.
606 Wolfson, *Circle in the Square*, 69–70, 173, 175.
607 Der Text wurde von Ronit Meroz publiziert, dies., „Early Lurianic Writings", in Michal Oron / Amos Goldreich (Hg.), *Massu'ot. Studies in Kabbalistic Literature and Jewish Philosophy in Memory of Ephraim Gottlieb*, Jerusalem 1994, 311–338, hier 327–330 (Hebräisch).

Bewegung“ zu deuten.[608] Doch schon im *Zohar* (II,255a) wird in einer provokativen Passage das Gebet als Wonne (*sha'ashua'*) der Seelen als Ergebnis der „Vereinigung der Lippen“ bzw. dem vorausgehende Akt verkörpert.[609] Vergnügen (*sha'ashua'*) stellt in *Peri 'Eṣ Ḥayyim* den Zustand des Bewusstseins des Mystikers dar,[610] der in die Gebärmutter des weiblichen kosmischen Parts eintritt, um den Kopf von Leah, Jakobs Sexualpartnerin, um Mitternacht zu zerstören. Er tut dies, um sich mit der für ihn vorgesehenen Partnerin Rachel (Leah und Rachel sind beide Aspekte der *Shekhina*), die zuvor im Exil war, vereinen zu können.[611] Somit entspricht *sha'ashua'* nicht der unmittelbar intendierten sexuellen Vereinigung, sondern der Vorbereitung für die eigentlich angestrebte Vereinigung, während derer das männliche Bewusstsein (*moḥin*, Gehirne, aus dem laut Galen der männliche Same stammt) in die Gebärmutter der Urmutter einströmt.[612]

Nach diesen ersten Überlegungen zu *sha'ashua'* geht Satanow unmittelbar zu einer Diskussion über die Beziehung von Zeit und Bewegung bezüglich der traditionellen jüdischen Feste und Rituale über. Gott selbst könne nicht mit zeitlichen Termini beschrieben werden, da er keiner Bewegung unterliege. Dies kann als Hinweis auf die akzidentielle Bewegung bzw. Energie der Sefirot verstanden werden. Somit wird gleich zu Beginn ausgeschlossen, dass diese innergöttliche Erschütterung (*ni'anua'*) anhand der Wonne (*sha'ashua'*) eine essentielle Bewegung bzw. Veränderung in Gott sei, die den zeitlichen Gesetzen unterworfen ist. Die Zeit der Wonne, wohl aus menschlich zeitlicher Perspektive betrachtet, sei genau der Moment von Mitternacht. In diesem Augenblick lasse sich an einem bestimmen Ort der Erde (*be-maqom meyuḥad min ha-areṣ*) eine begrenzte Zeit der Wonne (*'et ha-sha'ashua' mugbelet*) erfahren.

---

608 Siehe *Zohar* I,5a; Scholem, *Kabbalah*, New York 1974, 132; ders., „Der Name Gottes“, 54. Zur erotischen Verbindung zwischen der lurianischen Gebetskonzeption, Sprache und sexueller Vereinigung in der sarugischen Kabbala siehe Yehuda Liebes, „*Zaddik Yesod Olam* – A Sabbatian Myth“, *Da'at* 1 (1978): 73–120, hier 105 Fn 167 (Hebräisch).

609 Siehe Wolfson, *Circle in the Square*, 190 Fn 175. Siehe auch *Zohar* I,4b und *Zohar* III,67, wo das Studium der Tora mit *sha'ashua'* und erotischen Metaphern umschrieben wird; Magid, „Tikkun Ḥaẓot“, xxx.

610 Vital, *Peri 'Eṣ Ḥayyim*, 81d.

611 Siehe Scholem, „Ritus und Neuschöpfung“, 196–198.

612 Siehe Magid, „Tikkun Ḥaẓot“, xxxi mit Erläuterungen zu *Zohar* II,46a und Gottes Ergötzen unter den Seelen der Gerechten als liebende Dreiecksbeziehung zwischen Gott, den Seelen und den Torastudierenden im Garten Eden, welche später in den lurianischen Überlegungen wieder aufgenommen wird. Vital, *Peri 'Eṣ Ḥayyim*, 82a–b.

Satanow spielt hier auf das lurianische Ritual der *tiqqun ḥaṣot* (Vollendung / Wiederherstellung um Mitternacht)[613] am Wochenfest *Shavu'ot* an, an dem die lurianischen Mystiker die unterste Sefira „schmücken" (*le-taqqen*),[614] ihre Seele mit der *Shekhina* vereinigen und zugleich die kosmische Harmonie anhand der *yiḥudim* (Vereinigungen) wiederherstellen. All das dient dazu, den Segenfluss aus dem göttlichen Bewusstsein (*moḥin*, wörtl. Gehirne) zu aktivieren. Jener wiederum erlaubt die Vereinigung der männlichen und weiblichen Elemente der Gottheit und überführt die kosmischen Mächte in einen harmonischen Zustand.[615] Das mitternächtliche Gebet Davids aus bBer 3b (die Debatte zur Lösung des Widerspruchs zwischen Ps 119, 62 und 119,148: Mitternacht oder beim Aufwachen) – ursprünglich zur Erinnerung an die Tempelzerstörung – wurde erst durch Luria zum formalen Teil in der jüdischen Liturgie und wies messianisch-exegetische Wurzeln auf.[616] Laut *Zohar* (II,46b) verbindet das Gebet Davids die drei Erzväter mit dem Thronwagen der *Shekhina*, die die drei obligatorischen jüdischen Gebete eines jeden Tages repräsentieren, wobei in der weiteren lurianischen Interpretation David zusätzlich eine Stilisierung zum messianischen Modell des mitternächtlich Betenden und zum künftigen messianischen König und Erlöser erfährt.[617] In der lurianischen Lesart des *tiqqun ḥaṣot* spielen die erotische Metaphorik und die Wiederherstellung des Weiblichen in den *yiḥudim* (Vereinigungen) eine übergeordnete Rolle. Sie sind nicht auf den himmlischen Kosmos begrenzt, sondern sie erfordern menschliche Partizipation. Satanow möchte je-

---

613 Dieses Gebet (aus zwei Teilen: *tiqqun* Rachel und *tiqqun* Leah) wird ursprünglich (nach Ps 119,62 vs. 148 in bBer 3a–b) nach jeder Mitternacht in Gedenken an die Tempelzerstörung gesprochen, doch geben ihm die lurianischen Anhänger eine ganz neue, eigene Bedeutung. Siehe Magid, „Tikkun Ḥaẓot", xvii–xlv; siehe auch Idel, *Hasidism*, 31–45. Zu den lurianischen Deutungen der beiden Frauengesichter von Rachel und Leah innerhalb der kosmischen Struktur der lurianischen Kabbala von *Ze'ir Anpin* (der Kurzmütige) und *Arikh Anpin* (der Langmütige) siehe Magid, ebd., xxvi–xxviii.

614 So die zweite Bedeutung von *le-taqqen* in diesem Kontext. Siehe zum „Schmücken der Braut" an *Shavu'ot Zohar* I,8a–9a; II,98a. Daniel Matt, „Adorning the ‚Bride' on the Eve of the Feast of Weeks", in Lawrence Fine (Hg.), *Judaism in Practice. From the Middle Ages through the Early Modern Period*, Princeton / Oxford 2001, 61–80; Rachel Elior, „From the Covenant of the Rainbow to the Covenant at Sinai", in Kimberley Stratton / Andrea Lieber (Hg.), *Crossing Boundaries in Early Judaism and Christianity*, Leiden 2016, 74–113, hier 107–113.

615 Siehe Scholem, „Tradition und Neuschöpfung", 195–202.

616 Gershom Scholem, *The Messianic Idea in Judaism*, New York 1971, 37–49, 49–78; sowie ders., *Devarim be-Go*, Tel Aviv 1976, 262–270 (Hebräisch).

617 Magid, „Tikkun Ḥaẓot", xx–xxiii. Zu diesem kabbalistischen Ritual und dessen messianischen Implikationen; Moshe Idel, „*Tiqqun Ḥazot*: A Ritual between Myth, Messianism, and Mysticism", in ders., *Messianic Mystics*, 308–320, mit Kritik an Scholems These, dass diese Riten exilischen Ursprungs seien.

doch mit seinem raschen Übergang zu den jüdischen Festzeiten weitere erotische Ausführungen vermeiden, wie es scheint.[618]

Nach einer ausführlichen Diskussion zu den Festzeiten, deren zeitlichen Unterschieden und denen der Shabbatfeiern aufgrund der verschiedenen Zeitzonen auf der Erde, die Satanows erstaunliche Kenntnisse der zeitlichen Verschiebungen, z. B. zum Shabbatbeginn auf Gibraltar, erkennen lassen, kehrt er zurück zu seinen ursprünglichen Überlegungen zu *tiqqun ḥaṣot.*[619] Die zoharische und lurianische erotische Metaphorik verwendet er nur sehr zurückhaltend, wenn er beispielsweise die Befriedigung / Vergnügen (*ta'anug*) in Bezug auf die Erkenntnis der göttlichen Vorsehung des Maskil oder von Gott selbst andeutet. Die parallele Verwendung dieses Ausdrucks legt eine erotische Konnotation bei *sha'ashua'* nahe, auch wenn dieser Begriff häufig mit „selbstgenügsamer Liebe" übersetzt wird.[620] Mit Verweis auf die zoharische Interpretation der Seelen der Gerechten im Garten Eden ist *sha'ashua'* im Sinne des *tiqqun ḥaṣot* als nächtlicher Rückzug (*hitbodedut*), Konzentration (*hitbonenut*) und damit initiierte *devequt* (Anhaften an Gott bzw. seinem Willen) zu verstehen. Gott selbst ergötzt sich am Anhaften seiner Gerechten in *devequt* zur Zeit ihres Rückzugs (*'et hitbodedut*). Dass diese nächtliche Kontemplation in verschiedenen Teilen der Erde zu einem unterschiedlichen Zeitpunkt stattfindet, lässt sich aus den zuvor dargestellten geographischen Gegebenheiten erklären.

Doch vor Gott selbst, der keinem zeitlichen Wandel (*shinnuy*) unterliegt und bei dem es keine zeitlichen Unterschiede bei den Gebeten der Menschen gibt, führen diese mitternächtlichen Gebete vom Vergnügen zur Freude (*simḥa*).

---

618 Siehe Magid, „Tikkun Ḥaẓot", xxxiv–xliv. Die Seelen der Gerechten, die sich vor Mitternacht mit Gott (*Ze'ir Anpin*) vergnügen, steigen in die Welt der *beri'a* (Schaffung) hinab, um mit Rachel den Verlust ihres Geliebten zu beklagen. Um Mitternacht erhebt sich nun dieser Chorus und hat Teil an der Reparatur (*tiqqun*) des Schadens, den die menschlichen Sünden verursacht haben. Die Übertragung von Energie und die Reparatur des kosmischen Mangels werden in erotischen Bilder der Vereinigung zum Ausdruck gebracht, so dass die Worte des Trostes an Rachel in Gott (*Ze'ir Anpin*) Vergnügen (*sha'ashua'*) verursachen und der Mensch an der daraus resultierenden, durch Freude verursachten kosmischen Bewegung partizipiert. Rachel wird sich am Morgen wieder erheben und mit ihrem kosmischen Partner erneut vereint werden. Scholem, „Tradition und Neuschöpfung, 159–208, hier 170–171, 184–186, 195. Zu Rachel (*Malkhut*) und Leah (*Bina*) im *Tiqqun ha-Shekhina* bei Moshe Ḥayyim Luzzatto siehe Elliot R. Wolfson, „,*Tiqqun ha-Shekhinah*': Redemption and the Overcoming of Gender Dimorphism in the Kabbalah of Moses Ḥayyim Luzzatto", *History of Religions* 36,4 (1997): 289–332, hier 296–297, 299 Fn 32, 322 Fn 141.

619 Satanow, *Imre Bina*, 27b.

620 Zu den verschiedenen Bedeutungen des Terminus *ta'anug* als „erotische Freude, Befriedigung" in der mittelalterlichen und chassidischen Mystik, siehe Moshe Idel, „*Ta'anug*. Erotic Delights from Kabbalah to Hasidism", in Wouter J. Hanegraaff / Jeffrey Kripal (Hg.), *Hidden Intercourse. Eros and Sexuality in the History of Western Esotericism*, Leiden / Boston 2008, 111–151.

> Siehe, Mittenacht ist die Zeit der Isolation / Kontemplation (*'et hitbodedut*), die einen zur Erkenntnis begabt (*mukhsheret*), dies bedeutet die „Anmut Gottes zu schauen" (*la-ḥazot be-no'am*) und „ihn in seinem Tempel aufzusuchen" (*le-vaqer be-hekhalo*).[621] Die Gerechten ergötzten sich damals in diesem Zustand an ihrer Erkenntnis und genossen das Strahlen der *Shekhina* (*nehenim mi-ziw ha-Shekhina*). Dann ergötzt sich auch Gott an seinen Werken, denn sein Wille wurde erfüllt und er sprach „Es werde" und auch die Gerechten werden Gottes Werk sehen. Und sein Tun liegt im Verstehen und Wissen (*we-ma'asehu be-heskel u-we-da'at*) und sie jubeln und freuen sich an ihm (Ps 118,24).[622]

Die zoharische Wonne im Garten Eden mit den Seelen der Gerechten (Ez 40,4 und 44,5)[623] bedeutet nach Satanow, „dein Herz auf Ihn zu legen" (*la-sim elaw libe-kha*).[624] Die ursprüngliche erotische Metaphorik des *Zohar* und der lurianischen bzw. postlurianischen Interpretationen nimmt Satanow an dieser Stelle weitgehend zurück. Doch Kenner der kabbalistischen Traditionen werden die Andeutungen anhand der Begriffe wie *ta'anug, sha'ashua', le-vaqer be-hekhalo, le-henot mi-ziw ha-Shekhina* unmittelbar wahrnehmen und mit den ursprünglichen Konzeptionen assoziieren, auch wenn Satanow zuvor einen langen Umweg über die geographisch bedingten Verschiebungen der Fest- und Gebetszeiten gegangen ist.

Was Satanow in seiner Einleitung zu *Imre Bina* auf literarischer Ebene mithilfe des *meliṣa*-Stils ankündigt, setzt er im Verlauf der Schrift auf inhaltlicher Ebene erfolgreich um. Die einzigartige Konstellation von traditionellen, philosophischen und kabbalistischen Gedanken wird mit naturwissenschaftlichen Errungenschaften verflochten und kunstvoll zu einer harmonischen Einheit, einer vollendeten Intarsie, verschmolzen, die den antizipierten Leser zur Erkenntnis der höchsten Wahrheit führen soll.

Durch Satanows pädagogisches Geschick wird die Errichtung einer religiös-sozialen hierarchischen Struktur vermieden, die sich leicht aus der erkenntnistheoretischen Pyramide mit den Kabbalisten an der Spitze derselben ableiten ließe. Vielmehr soll jeder Lesende entsprechend seines Kenntnisstandes in die Geheimnisse der himmlischen Welt eingeführt werden und zur Vervollkommnung seiner Seele gelangen. Dabei kann Satanow auf umfangreiche Kenntnisse sowohl der kabbalistischen Literaturen als auch der Naturwissenschaften zurückgreifen und dadurch die angestrebte „Bildung" und Erlösung (*tiqqun*) seiner Leserschaft initiieren.

---

621 Hier wird erneut das Zitat aus Ps 27,4 aus der Einleitung von *Imre Bina* aufgenommen.

622 Satanow, *Imre Bina*, 27b.

623 Siehe Idels Ausführungen zu *tiqqun ḥaṣot* und die Teilhabe an der Fülle Rachels und den Aufstieg in den oberen Bereich als akutes messianisches Element in der lurianischen Kabbala; Idel, *Messianic Mystics*, 314.

624 Satanow, *Imre Bina*, 27b.

Um diesen individuellen *tiqqun* seiner Leser bemüht sich Satanow mit größter sprachlicher Finesse und inhaltlicher Expertise.

4 Re-Orientierungen zur Kabbala in der „Wissenschaft des Judentums"

Trotz Satanows sprachlicher Fähigkeiten und seinen umfangreichen Kenntnissen in verschiedenen Wissensbereichen wurde ihm und seinem Werk bisher kein einschlägiges Interesse entgegengebracht. Diesem Umstand entgegen zu arbeiten, ist einer der Anlässe für die vorliegende Studie. In diesem finalen Kapitel sind nun diese (Nicht-)Rezeption und ihre möglichen Ursachen zu diskutieren. Die Situation mag zum einen darauf zurückgehen, dass bereits Satanows Zeitgenossen eine recht ambivalente Haltung ihm gegenüber bezeugten, zum andern aber auch daran, dass die beginnende Wissenschaft des Judentums, die sich an die Aufklärung anschloss, mit kabbalistischen Themen gewisse Schwierigkeiten hatte. Erst Gershom Scholem etablierte die Beschäftigung mit mystischen Literaturen als integralen Bestandteil der wissenschaftlichen Forschung und stellt somit einen entscheidenden Wendepunkt in der Wissenschaftsgeschichte der Jüdischen Studien / Judaistik dar. In dieser Hinsicht lässt sich an der Auseinandersetzung mit Satanow und seinen Schriften ein Paradigmenwechsel innerhalb der judaistischen Forschung in der Wissenschaftsgeschichte ausmachen.[1]

Es wird in den folgenden Darstellungen in Bezug auf unsere heutige Forschung stets zu fragen sein: Lassen sich z. B. aus der Scholem-Kurzweil Debatte zur Objektivität des Forschenden auch Rückschlüsse auf die Beschäftigung mit den Werken Satanows ziehen?[2] Wurden Satanows Schriften und seine kabbalistischen Motive bzw. sämtliche kabbalistische Autoren in Nachwirkung der historischen Interpretation der Haskala als Reaktion auf den Sabbatianismus innerhalb der Forschung bisher vernachlässigt (wie auch Salomon Maimon)?

1 Das kürzlich erschienene Buch von George Y. Kohler entwirft ein Gegennarrativ zu den gängigen Modellen. Er geht davon aus, dass es sich hier lediglich um eine Polemik Scholems handle und die kabbalistische Literatur in der Wissenschaft des Judentums durchaus ernst genommen bzw. untersucht und deren formative Bedeutung für die jüdische Geistesgeschichte sehr wohl erkannt wurde, siehe George Y. Kohler, *Kabbalah Research in the Wissenschaft des Judentums 1820–1880. The Foundation of an Academic Discipline*, Berlin / Boston 2019; siehe auch die Rezension von James J. Diamond, *Jewish History* 33,3–4 (2020): 533–536 und meine Bemerkungen oben in der Einleitung.

2 Zur Form der Satire als Medium der Kritik innerhalb der Haskala siehe Moshe Pelli, „Aspects of Hebrew Enlightenment Satire. Saul Berlin: Involvement and Detachment", *Leo Baeck Institute Year Book* 22,1 (1977): 93–107; ders., „Saul Berlin's Ktav Yosher. The Begining of Satire in Modern Hebrew Literature of the Haskalah in Germany", *Leo Baeck Institute Year Book* 20,1 (1975): 109–127.

https://doi.org/10.1515/9783110716320-005

Geschah dies, weil sie der Annahme einer Kontinuität der jüdischen Geschichte[3] als Aktion und Reaktion entgegenstanden und man sich daher stärker auf andere geistesgeschichtliche Strömungen innerhalb der jüdischen Tradition, besonders der Haskala, konzentrierte, um dieses Kontinuum aufzuzeigen?

4.1 Scholem, Kurzweil und weitere Debatten

Gershom Scholem (1897–1982) übte stellenweise harsche Kritik an Vorgehensweisen von Vertretern der Wissenschaft des Judentums,[4] die ihm zufolge dem lebendigen Geist, der jüdischen Identität bzw. den „metaphysischen" Elementen der jüdischen Tradition eine „Beerdigungszeremonie" bereitet haben.[5] Die Benennung der Fehler verband er mit dem Aufruf zur Suche nach neuen Begriffen und Kategorien,[6] zu einer Re-Orientierung, die über einen „allgemeinen Orientierungswechsel" hinausging:

> Zusammenfassend kann man sagen: Die Steine, die die Bauleute verworfen haben, sind zu Ecksteinen geworden.[7] Die kastrierte Idylle, die aufgeklärte Engstirnigkeit und die Zauberkunststücke der Illusion sind nun überflüssig. Fragen, die die Bibel und der Talmud aufwerfen, die Probleme der lebendigen jüdischen Gesellschaft und ihre materielle und geistige Welt, rundum alles – ihre Lösung hängt von einer grundlegenden Revision ab, von einer Überprüfung unseres Erbes im Lichte unseres neuen Verständnisses. Wir dürfen uns nicht mit einem allgemeinen Orientierungswechsel zufriedengeben, der Blick muss in jede einzelne Einzelheit eindringen – sie von neuem im Lichte der Quellen prüfen, in jedes Problem für sich – es neu denken und in seine tiefste Tiefe hinabsteigen.[8] Kurz: Die Errichtung eines

3 Zu einem alternativen Zugang zu jüdischen Quellen als „panoramic view" siehe Moshe Idel, *Hasidism – Between Ecstasy and Magic*, Albany 1995, 9–15.

4 1819 kamen in Berlin sieben junge Intellektuelle zusammen, darunter Leopold Zunz, Eduard Gans und Markus Jost, um den später so genannten „Verein für Kultur und Wissenschaft der Juden" ins Leben zu rufen und den Grundstein für die „Wissenschaft des Judentums" zu legen. Shneur Zalman Shazar (damals noch Zalman Rubashoff) bezeichnete diese Gründerväter als „Erstlinge der Entjudung". Siehe Zalman Rubashoff, „Erstlinge der Entjudung. Einleitung zu den drei Reden von Eduard Gans im Kulturverein", *Der jüdische Wille* 1 (1918/19): 30–35.

5 Gershom Scholem, „Überlegungen zur Wissenschaft vom Judentum", in ders., *Judaica 6. Die Wissenschaft vom Judentum*, Frankfurt a. M. 1997, 7–52, hier 23.

6 Zu Scholems Kategorienwechsel im Lichte der aktuellen Forschung siehe Moshe Idel, „Transfer of Categories: the German-Jewish Experience and Beyond", in Steven E. Aschheim / Vivian Liska (Hg.), *The German-Jewish Experience Revisited*, Göttingen 2015, 15–43.

7 Ps 118,22.

8 *Laḥashov ota me-ḥadash we-la-redet le-ʿomqah.* Siehe auch eine ähnliche Formulierung zur „echten Versenkung in wissenschaftliche Sachverhalte und Tatbestände" in Gershom Scholem,

> neuen kritischen Gebäudes und das Erstellen eines völlig neuen Bildes unserer Geschichte im weitesten Sinne des Wortes – das ist unsere Aufgabe, die der Wissenschaft vom Judentum in der ‚Generation der Wiedergeburt' (*dor ha-teḥiyya*)[9] auferlegt ist.[10]

Dass auch Scholems Generation diesen Ansprüchen einer „Wiedergeburt", „Auferstehung" und Erneuerung nicht gerecht werden konnte, notierte er selbst resigniert: „Wir traten als Rebellen an, als Nachfolger finden wir uns wieder."[11] Scholem wirft in seiner Rede zum 20-jährigen Bestehen des Instituts für Judaistik an der Hebräischen Universität seinen universitären Kollegen in Jerusalem unverzeihlichen Dilettantismus und einen feigen Rückzug auf einen neuen „Mittelweg" vor. Wie auch die Vertreter der Emanzipation und der Akkulturation vor ihrer eigentlichen Aufgabe, das Judentum als Ganzes zu erfassen, geflohen waren.[12]

In der jüngsten Zeit werden allerdings zunehmend Zweifel laut, ob Scholems Einschätzung der Wissenschaft des Judentums als Folge einer „aufgeklärten Engstirnigkeit" zutreffend ist und ob er ihren Vertretern gerecht wurde – und auch, ob seine eigene Rolle ihr gegenüber wirklich so ablehnend ist, wie bisher angenommen wurde.[13]

Die Wissenschaft des Judentums sei vor allem an einer Erforschung der jüdischen Traditionen unter der Prämisse als säkulare Wissenschaft und deren Methoden interessiert und ihr sei eine „antitheologischen Geisteshaltung" vorzuwerfen – ein ähnlicher Vorwurf, der Satanow ebenfalls häufig gemacht wurde.[14]

„Wissenschaft vom Judentum einst und jetzt", in ders., *Judaica 1*, Frankfurt a. M. 1963, 147–164, hier 164.

9 So im hebräischen Original in Gershom Scholem, *Devarim be-Go*, Tel Aviv 1975, 399. Peter Schäfer übersetzt den Begriff in seinem Aufsatz „Gershom Scholem und die ‚Wissenschaft des Judentums'" mit „Generation der Erneuerung" in ders. / Gary Smith (Hg.), *Gershom Scholem. Zwischen den Disziplinen*, Frankfurt a. M. 1995, 122–156.

10 Scholem, „Überlegungen", 43.

11 Ebd., 49.

12 Nachwort von Peter Schäfer in Scholem, *Judaica 6*, 99–100. Zu den unterschiedlichen Fassungen des Artikels von Scholem auf Deutsch und Hebräisch und deren inhaltlichen Differenzen siehe ebd., 102–105.

13 Schäfer, „Nachwort", in Scholem, *Judaica 6*, 100–102; Christoph Schulte, „Haskala und Kabbala", in ders., *Die jüdische Aufklärung*, München 2002, 119–137; Daniel Abrams, „Defining Modern Academic Scholarship: Gershom Scholem and the Establishment of a New (?) Discipline", *Journal of Jewish Thought and Philosophy* 9,2 (2000), 267–302. Kohler bezeichnet diesen Zusammenhang umgekehrt als „Scholem's conspiracy theory", die kaum haltbar scheint; Kohler, *Kabbalah Research*, 11.

14 Scholem, „Überlegungen", 36–39; Christoph Schulte, „Scholems Kritik der Wissenschaft des Judentums und Abraham Geiger", in Christian Wiese u. a. (Hg.), *Jüdische Existenz in der Moderne. Abraham Geiger und die Wissenschaft des Judentums*, Berlin / Boston 2013, 407–423, hier 415.

Doch sei hier nur angemerkt, dass Scholem selbst sein eigenes geschichtstheologisches Programm stringent zu verfolgen scheint.[15] Aus ideologischer Sicht diente diese – unter weiteren Optionen – zur „Wiedergewinnung" bzw. Wiedergeburt des Judentums, jedoch ohne eine Vernebelung durch und Vermengung mit der Religion zuzulassen.

Wissenschaft des Judentums und Kabbala

Es gilt als ausgemacht, dass die Wissenschaft des Judentums der Erforschung kabbalistischer Literaturen äußerst negativ gegenüberstand. So stellt Graetz die jüdische Mystik der Haskala als „Lüge" gegenüber, etikettiert die mystischen Autoren, z. B. Moshe de Leon, als „Fälscher und Betrüger" und setzt so die mystischen „Fälschungen", den „Aberglaube[n]", den „faule[n] Zauber" und die esoterische „Dunkelheit" dem Licht der Aufklärung und der Rationalität diametral entgegen.[16] Diese Argumentationsfigur findet sich vor allem da, wo Wissenschaft sich auch im historiographischen Sinne als „Siegeszug" des Rationalismus inszeniert. Etwa im Fall David Friedländers, der im Zuge der Aufklärung jüdische Begriffe und Gebete nach einem lang anhaltenden Niedergang von „kabbalistischen Verunreinigungen" befreien wollte,[17] und daher mystische Konzeptionen häufig als Negativfolie den neuen, aufgeklärten Bestrebungen gegenüber stellte. Dass die Sachlage nicht so eindeutig ist und Kabbala nicht unbedingt als Opposition der jüdischen Aufklärung gegenübergestellt werden muss, zeigen zahlreiche Beispiele, wie z. B. Jakob Emden, Moses Mendelssohn, Isaak Satanow, Salomon Maimon und Ephraim Joseph Hirschfeld.[18] Doch sollte nicht von einer generellen Verurteilung mystischer Schriften innerhalb der Wissenschaft des Judentums ausgegangen werden, was an Persönlichkeiten wie Adolphe Franck,

---

15 Scholems „äußerster Zimzum", in Christoph Schulte, *Zimzum. Gott und Weltursprung*, Berlin 2014, 383–398.

16 Schulte, „Haskala und Kabbala", 119.

17 David Friedländer, „Sendschreiben an Seine Hochwürden, Herrn Oberconsistorialrath und Probst Teller zu Berlin", Berlin 1799, ND Jerusalem 1975, 34–36 (zitiert bei Schulte, „Haskala und Kabbala", 120). Dazu siehe auch Heinrich Graetz, *Geschichte der Juden von der ältesten Zeit bis in die Gegenwart. Band 11: Geschichte der Juden vom Beginn der Mendelssohnschen Zeit (1750) bis in die neueste Zeit (1848)*, Leipzig ^{2}1900, 157–161; Uta Lohmann, *Haskala und allgemeine Menschenbildung: David Friedländer und Wilhelm von Humboldt im Gespräch: Zur Wechselwirkung zwischen jüdischer Aufklärung und neuhumanistischer Bildungstheorie*, Münster 2020.

18 Eine detaillierte Analyse inklusive zahlreicher Beispiele findet sich bei Kohler, *Kabbalah Research*.

Adolf Jellinek oder David Joel aus dem 19. Jahrhundert belegt werden kann.[19] Wie in dieser Untersuchung bereits gezeigt, war auch die Haltung jüdischer Maskilim gegenüber der Kabbala nicht immer eine negative. Vielmehr gehörte diese (vor allem bei den osteuropäischen Maskilim) nicht zur literarischen Kategorie einer Geheimlehre, sondern wurde vielmehr „exoterisch“, also in der Öffentlichkeit, verhandelt und die meisten Gelehrten hatten zumindest eine Kenntnis der praktischen Anwendung derselben, wie u. a. in Maimons *Lebensgeschichte* deutlich wird. Wie ausführlich belegt wurde, gelten bei Satanow kabbalistische Konzeptionen nicht als esoterisches Geheimgut, sondern als exoterisches Wissen, das jedoch bei genauer Kenntnis und anhand seiner Anwendbarkeit auf moderne Wissenschaften einen höheren Erkenntnisstand hervorruft, als allein durch wissenschaftliche Betrachtungen möglich wäre. Die Haltungen und Strategien gegenüber kabbalistischen Traditionen aus Osteuropa treten besonders während der Emden-Eybeschütz-Kontroverse in der Hamburger Dreiergemeinde 1750 – 1764 bzw. der Verbannung des Kabbalisten Nathan Adler aus der Frankfurter Gemeinde 1779 und 1789 zutage.[20] Diese Vorgänge sind vor dem Hintergrund der sabbatianischen Umwälzungen zu deuten und der Sorge der rabbinischen Autoritäten vor einem erneuten Aufflammen der häretischen Bewegung.[21]

Zu den innerjüdischen Auseinandersetzungen über mystische Traditionen gesellt sich die Tatsache, dass christliche Aufklärer im Umfeld der Haskala und in den folgenden Generationen ihr Wissen über kabbalistische Quellen meist entweder aus lateinischen Übersetzungen oder populären Beschreibungen bezogen, wenn nicht gar aus judenfeindlichen Werken wie Johann Andreas Eisenmengers *Entdecktes Judentum* (Königsberg 1711), wohingegen die Maskilim im 18. Jahrhundert bei Bedarf noch die hebräischen und aramäischen Quellentexte kon-

---

19 Adolphe Franck, *La Kabbale ou la philosophie religieuse des Hébreux* (Paris 1843); Adolf Jellinek, *Kleine Schriften zur Geschichte der Kabbala* (Leipzig 1851 – 1854); David Joel, *Midrash haSohar. Die Religionsphilosophie des Sohar im Verhältnis zur allgemeinen Religionsgeschichte* (Berlin 1849), so auch Kohler, *Kabbalah Research*, 1 – 25; zu Joel siehe ebd., 79 – 93. Joels Schrift argumentiere vor allem für „eine theologische Uniformität zwischen kabbalistischen Lehren und dem ursprünglichen jüdischen Monotheismus“ (88).

20 Rachel Elior, „Rabbi Nathan Adler of Frankfurt and the Controversy Surrounding him“, in Karl-Erich Grözinger / Joseph Dan (Hg.), *Mysticism, Magic and Kabbalah in Ashkenazi Judaism*, Berlin 1995, 223 – 242; Pawel Maciejko, „The Jews’ Entry into the Public Sphere: The Emden-Eibeschütz Controversy Reconsidered“, *Jahrbuch des Simon-Dubnow-Instituts* 6 (2007): 135 – 154; ders., *R. Jonathan Eibeschütz: And I Came this Day unto the Fountain*, Los Angeles ^{2}2016.

21 Gershom Scholem, „Erlösung durch Sünde“, in ders., *Judaica 5. Erlösung durch Sünde*, Frankfurt a. M. 1992, 7 – 116, hier 35 – 89.

sultieren konnten.[22] Mit dieser Möglichkeit der Referenz auf Quellentexte wird auch Emdens Kritik an der pseudepigraphischen Verfasserschaft des *Zohar* relativiert. Die Zuschreibung des *Zohar* an Rabbi Shimon bar Yoḥai musste nicht nur Emden als „Fälschung" auffallen. Denn der Wortgebrauch, der Einfluss zeitgenössischer Wortbildungen aus dem spanischen Kontext im 13. Jahrhundert und andere literarische Besonderheiten konnten nicht von einem antiken Autor stammen, sondern mussten schon vor Emden den kundigen Lesern aufgefallen und dem 13. Jahrhundert zugeordnet worden sein. Nun aber erst erschien die „falsche" Autorenschaft als Betrug und Fälschung,[23] d. h. es kommen andere Kriterien zur Beurteilung eines traditionellen Werkes zur Anwendung, um sich der christlichen Umwelt und deren „wissenschaftlichen" Maßstäben anzupassen. Schulte bezeichnet dieses Vorgehen angesichts der eigenen Ansprüche des *Zohar* als immanente Kritik und innerjüdische Aufklärung,[24] doch sollte m. E. an dieser Stelle auch auf den Paradigmenwechsel innerhalb der jüdischen Gesellschaft hingewiesen werden. Bei Satanow findet mit dem Anspruch, dass sich inhaltliche Wahrheiten der Schriften ungeachtet der Autorenschaft durchsetzen,[25] ein anderer Paradigmenwechsel statt als in seiner Umwelt. Satanows literarische Kunstfertigkeit und seine Fähigkeit, verschiedenste Stilarten des Hebräischen meisterhaft zu imitieren, versetzten ihn in die Lage, seine Werke glaubwürdig anderen jüdischen Autoritäten zuzuschreiben (im Gegensatz zu Moshe de Leon, dessen sprachliche Komponenten das Werk eindeutig in das 13. Jahrhundert verorten und es somit leicht dem Autor aus dem 2. Jahrhundert abgesprochen werden konnte). Satanow selbst rechtfertigt diese Vorgehensweise in den oben diskutierten (teilweise) pseudo-rabbinischen Approbationen unter Berufung auf den Inhalt. Er will die Erkenntnis der göttlichen Wahrheiten möglichst vielen

---

22 Schulte, „Haskala und Kabbala", 123; ders., „Kabbala in der deutschen Romantik. Zur Einleitung", in ders. / Eveline Goodman-Thau / Gert Mattenklott (Hg.), *Kabbala und Romantik*, Tübingen 1994, 1–19.

23 So bezeichnet auch Wolfssohn in Bezug auf Satanows *Mishle Asaf* und dessen verschleierte Autorenschaft solch ein Vorgehen als unmoralisch und betrügerisch, wobei Aron Wolfssohn selbst unter dem Pseudonym (!) Heyman in *Me'assef* 7,3 (1797): 251–266 schrieb. Satanow antwortet anhand seiner Veröffentlichung *Minḥat Bikkurim*, Berlin 1797, unter dem Namen seines Sohnes Doktor Schöneman, in der er Wolfssohn für dessen Unwissen in seinem Werk *Avtalion* (ebd., 28a) kritisiert. Die Herausgeber des *Me'assef* reagieren mit einer Rezension zu *Avtalion* in *Me'assef* 7,4 (1797): 395–399. Zu weiteren negativen Äußerungen über Satanow von Seiten seiner Zeitgenossen siehe Moshe Pelli, „Isaac Satanow's ‚Mishlei Assaf' as Reflecting the Ideology of the German Hebrew Haskalah", *Zeitschrift für Religions- und Geisteswissenschaft* 25 (1973): 225–242, hier 225–226 Fn 2.

24 Schulte, „Haskala und Kabbala", 129.

25 Siehe oben die Anmerkungen zu den *haskamot* in *Zohar Tinyana* und *Imre Bina*.

Lesern zugänglich machen, um diese zu einem höheren Erkenntnisstand zu führen. Es bleibt jedoch in der detaillierten Analyse seiner Werke unklar, ob er sich selbst im Besitz dieser Geheimnisse, in die nur mündlich initiiert werden konnte, wähnte, oder ob es sich eher um eine rhetorische Strategie handelte, die ein möglichst großes Publikum anziehen sollte.

Jedoch nahm die weitere Entwicklung der Einschätzung Satanows, vor allem in der Wissenschaft des Judentums und bei deren historisch orientierten Vertretern, einen anderen Verlauf und derartige literarische Freiheiten wurden als inakzeptabel abgestempelt – auch wenn sein Umgang mit den zu druckenden Texten nicht immer mit höchsten wissenschaftlichen Maßstäben anzusiedeln ist.[26] Aufgrund dieser neuen Prioritätensetzung im Bestreben, sich der christlichen Majoritätsgesellschaft anzugleichen und zugleich seine podolischen Wurzeln nicht zu verleugnen, erhielt Satanow seinen „schlechten Ruf" als „Heuchler und Fälscher".[27]

Die Frage diesbezüglich lautet, wie derartige Persönlichkeiten in der Wissenschaft diskutiert und verortet werden. Damit kommt zudem die jüngste Wissenschaftsgeschichte in den Blick, vor allem in Israel, und implizit die Frage, warum Scholem die Erforschung der Kabbala weder in der jüdischen Philosophie, Literatur noch in der Geschichte verankert. Wichtige Erkenntnisse darüber liefert die berühmte Scholem-Kurzweil Debatte in der Mitte des letzten Jahrhunderts.

Die Scholem-Kurzweil Debatte

Scholems Vorwürfe an seine Vorgänger und Zeitgenossen, die Anhänger der Wissenschaft des Judentums, nahm Baruch Kurzweil in den 30er Jahren des letzten Jahrhunderts erneut auf und hielt sie Scholems Interpretation des Sabbatianismus entgegen. Dieser Streit im Prisma von jüdischer Geschichtlichkeit, Historismus und Historiographie hatte sich vor allem an Scholems Überblicksdarstellung des Sabbatianismus und Frankismus in seinem Artikel „Erlösung durch Sünde" (hebr. *Ha-miṣwa ha-ba'a be-'avera. Le-havanat ha-shabbeta'ut*, ein Gebot, das durch Übertretung erfüllt wird. Zum Verständnis des Sabbatianis-

26 Siehe Satanows Druck der falschen Handschrift von *Peri 'Eṣ Ḥayyim* in Koretz, oben Kap. 2.5.

27 Der Prozess ist zugegebenermaßen sehr viel komplexer, auch wenn Graetz Satanows Sprachvermögen positiv hervorhebt; Graetz, *Geschichte der Juden*, Bd. 11, 122. Siehe auch das Urteil zu *Imre Bina* von Mordechai Breuer und Michael Graetz: „Sein [Satanows] Versuch, zwischen einer streng rationalistischen Disziplin und einer Strömung, die aus der jüdischen Mystik schöpft, zu vermitteln, verrät ein hohes Maß an originellem Denken, das erst heute von der Forschung gewürdigt wird." Mordechai Breuer / Michael Graetz (Hg.), *Deutsch-jüdische Geschichte der Neuzeit. Bd. 1: Tradition und Aufklärung 1600–1780*, München 2000, 304.

mus),[28] der 1937 in *Kenesset* 2 erschienen war, entzündet. Kurzweils Kritik wendet sich in verschiedenen Aufsätzen und persönlichen Briefen gegen Scholems Meinung, die zionistische Geschichtsschreibung könne einen neuen Standard der Objektivität erreichen, wenn sie die Grundübel der Wissenschaft des Judentums und deren Apologetik überwinde. Unter Bezugnahme auf Karl Löwith und Leo Strauss leugnet der orthodoxe Literaturhistoriker Kurzweil die Möglichkeit einer objektiven Darstellung der Vergangenheit und wirft Scholem die Schaffung eines neuen Mythos vor. Kabbala sei für Scholem ein neues Modell, bei säkularen Juden normatives und rational geprägtes Judentum auszulöschen. Scholem verwandle die jüdische Mystik in eine Ersatzreligion für ungläubige Juden.

In zwei Artikeln in der israelischen Zeitschrift *Ha'areṣ*[29] mit der Überschrift „Anmerkungen zu Gershom Scholems Shabbatai Zwi" *(he'arot le-Shabbeta'y Ṣevi shel Gershom Shalom)* aus dem Jahr 1957 und einem weiteren im Jahr 1965 mit dem Titel „Die Unruhe in der Geschichte und in den Jüdischen Studien" (*i-ha-naḥat ba-hisṭorya u-ve-madda'e ha-yahadut*) kritisierte Kurzweil Scholems messianische Deutung Zwis und seine zionistische Ideologie als Antrieb für seine Forschung aufs Schärfste. Der Vorwurf der Camouflage war Scholem bereits 1947 von seinem Schüler Joseph Weiss gemacht worden, als dieser in einem Artikel vom 28. November 1947 zu Scholems 50. Geburtstag (geb. 5. Dezember 1897) behauptete, Scholem verkleide sich nur als Wissenschaftler, doch im Grunde sei er auf der Suche nach der Esoterik einer Metaphysik.[30] Auch wenn Scholem eher einen philologischen und Kurzweil einen hermeneutisch orientierten Zugang zu den literarischen Quellen hat, liegt der Kernpunkt der Auseinandersetzung in zwei divergierenden Auffassungen zur jüdischen Geschichte, in der die sabbatianische Bewegung eine unterschiedliche Rolle spielte: entweder im Zentrum oder am Rand des Judentums. Diese Debatte zeigt exemplarisch den intellektuellen Austausch an der neu gegründeten Hebräischen Universität im noch jungen Staat Israel und reflektiert m. E. ein grundlegendes Problem wissenschaftlicher Methodik im Umgang mit historisch-literarischen Quellen. Dies betrifft auch den

28 Auf Deutsch in Scholem, *Judaica 5*. 7–116. Siehe Pawel Maciejko, „Gershom Scholem's Dialectic of Jewish History. The Case of Sabbatianism", *Journal of Modern Jewish Studies* 3,2 (2004): 207–220. Zum folgenden Abschnitt über die Scholem-Kurzweil Debatte siehe Noam Zadoff, „The Debate between Baruch Kurzweil and Gershom Scholem in the Research of Sabbateanism", *Kabbalah. Journal for the Study of Jewish Mystical Texts* 16 (2007): 299–360 (Hebräisch).

29 Vom 27. September 1957 und 25. Oktober 1957, und einen späteren vom 5. Februar 1965. Jetzt abgedruckt in Baruch Kurzweil, *Be-Ma'avaq 'al 'Erkhe ha-Yahadut* [Im Kampf um die Werte des Judentums], Tel Aviv 1969.

30 Die Korrespondenz zwischen Weiss und Scholem findet sich in Noam Zadoff (Hg.), *Gershom Scholem and Joseph Weiss. Correspondence 1948–1964*, Jerusalem 2012 (Hebräisch). Zu Kurzweil siehe ebd., 117, 143–145, 154, 164, 166, 168–169, 181, 199–200, 229, 231–232, 262, 265.

Umgang mit Satanow in der Wissenschaft des Judentums und die heutige Beurteilung hybrider Persönlichkeiten der jüdischen Geschichte. Scholems Disziplin musste zunächst noch zwischen Philologie, Historiographie und Theologie etabliert werden und stellt daher in den Überlegungen zu ihrer Konstituierung ein wichtiges Paradigma zum wissenschaftlichen Umgang mit Literaten wie Satanow dar.

Die angesprochene Debatte zwischen Scholem und Kurzweil lässt sich in drei Phasen gliedern, wobei die erste Phase vom Ideologie-Vorwurf, die zweite von religiös-ethischen Vorhaltungen geprägt und die dritte psychologisch-persönlicher Natur ist.[31]

Die Frage, ob Scholem bei der Erforschung der jüdischen Mystik eine „Counter-History" im Sinne Nietzsches zum Ziel hatte und ob er den alten Mythos neu beleben wollte, um dem neuen Mythos des Zionismus Lebenskraft einzuhauchen, wurde in den letzten Jahren in der Forschung intensiv diskutiert. Beabsichtigte er eine Rückkehr zum Mythos, um über den *Logos* zu triumphieren? Hat die „Kabbala tatsächlich einen Wert für das Judentum", so die Frage, die Scholem sich selbst als Leitmotiv seiner Forschung stellt?[32] Sucht Scholem den Wert der Mystik, um einen Schlüssel für das Überleben des Judentums zu finden, eine Quelle der Vitalität aus dem Verstehen der Vergangenheit?[33]

Scholems Auseinandersetzung mit der Wissenschaft des Judentums wie in seinen „Überlegungen zur Wissenschaft des Judentums *(mittokh hirhurim ʻal ḥokhmat Yisraʼel)*"[34] zeigt schärfer als in seiner späteren Rede am Leo Baeck-Institut, die rhetorisch stark abgeschwächt und als „Wissenschaft des Judentums

31 In der Forschung, vor allem in der amerikanischen wie z. B. bei David N. Myers, „The Scholem-Kurzweil Debate and Modern Jewish Historiography", *Modern Judaism* 6,3 (1986): 261–286 wurde Kurzweil positiver und Scholem äußerst kritisch dargestellt. Auch David Biale, *Gershom Scholem. Kabbalah and Counter-History*, Cambridge, Mass. / London 1982 kritisiert Scholem ob seiner Tendenz zu messianischen Interpretationsmustern stark. Seine zionistische Ideologie treibe Scholems Forschung an und der Sabbatianismus werde als zentrale Bewegung im Judentum dargestellt, die bis heute Nachwirkungen habe – ganz im Sinne der zionistischen Paradigmen. Man sollte zusätzlich zu Scholems Artikel zur Wissenschaft des Judentums auch andere Aufsätze, Briefe und Reden Scholems beachten, um ein angemessenes Bild seiner Selbstwahrnehmung als „Philologe der kabbalistischen Texte" und seines Geschichtsverständnisses bzw. der zugrundeliegenden Ideologie zu erhalten.

32 So in seinem Brief an Bialik, Scholem, *Judaica 6*, 66–67.

33 Häufig wird hier das Bild des Angelus Novus von Paul Klee, einem zentralen Thema der Diskussionen zwischen Walter Benjamin und Scholem, verwendet und die Frage gestellt, ob der Sturm des Fortschritts, ihn (Benjamin) gewaltsam in Richtung Gegenwart drücke oder der Angelus Novus als Prophet der Geschichte sein Gesicht der Vergangenheit zu- und von der Gegenwart abwende.

34 Scholem, *Devarim be-Go*, 385–403.

eins und jetzt"[35] veröffentlicht wurde, dass er bei seiner eigenen Forschung der von ihm aufgestellten Prämisse, dass der Zionismus ohne jede ideologische Akzentuierung nach einer bestimmten Seite den Blick auf die jüdische Geschichte befreien könne, nicht in jeder Hinsicht gerecht werden konnte.

Scholem war Teil einer Bewegung, die sich als *mif'al ha-kinnus*, als Sammel- und Kanonisierungsarbeit der kulturellen Schätze des Judentums ausgehend von Ḥayyim Naḥman Bialik unweigerlich auch mit der Aufgabe des Historikers auseinandersetzen musste.[36] Daher entwarf Scholem in seinem Brief an Bialik von 1925[37] ein Programm zur Sammlung und Veröffentlichung der wichtigsten kabbalistischen Handschriften, um die Entwicklung der Kabbala aufzudecken und eine Anthologie der kabbalistischen Texte aus dem Handschriftenmaterial zusammenzustellen. Die Frage „was der Wert der Kabbala sei, für wen und für was?" bildete für den Historiker den Ausgangspunkt, wie auch in diesem Brief und seiner Rede an die Führer der Jugendbewegung („Gedächtnis und Utopie in der jüdischen Geschichte", *zikkaron we-uṭopya ba-hisṭorya ha-yehudit*)[38] deutlich wird. Darin rief er die Jugend auf, die Vergangenheit im Gedächtnis zu bewahren, da sie das Werkzeug zum Kampf für die Zukunft bereitstelle. Die Symbolik in der Geschichte sei zugleich ihre Kraft und die vielen Symbole werden zu einem, das den Weg weise durch seine Verbindung zur Vergangenheit, so Scholem.[39] Es liege die Gefahr bezüglich des historischen Bewusstseins oder eines teleologischen Geschichtsverständnisses in der Tendenz der Auswahl und in dem eigenen geschichtlichen Dasein und seiner Erinnerung.

---

35 Scholem, *Judaica 1*, 147–164.

36 Kohler sieht in Scholems Gegensatz zwischen der Wiederbelebung der jüdischen Kultur und der Tendenz der *Wissenschaft des Judentums*, die jüdische Kultur von unwegsamen Elementen zu befreien, eine künstliche Binarität, die Scholems eigenes Projekt einer objektiven historischen Untersuchung in direkte Oppostion zum apologetischen Bestreben der *Wissenschaft* nach politischer Emanzipation in Deutschland brachte; siehe Kohler, *Kabbalah Research*, 10.

37 Auf Deutsch in Scholem, *Judaica 6*, 53–68.

38 Gershom Scholem, „Zikkaron we-uṭopya ba-hisṭorya ha-yehudit [Gedächtnis und Utopie in der jüdischen Geschichte]", in ders., *'Od Davar* [Noch ein Wort], Tel Aviv 1992, 187–195.

39 Dies wird in seinem Interview mit Muki Zur und Abraham Shapira im Winter 1973/74 deutlich, abgedruckt in Scholem, *Devarim be-Go*, 13–26 (Hebräisch); und in ders., *„Es gibt ein Geheimnis in der Welt". Tradition und Säkularisation*, hg. v. Itta Shedletzky, Frankfurt a. M. 2002, 49–109, siehe auch seine „Zehn Unhistorische Sätzen über die Kabbala", in ders., *Judaica 3*, Frankfurt a. M. 1973, 264–271; bzw., ders., *'Od Davar*, 32–38 (Hebräisch). Man sollte hierzu auch Satanows didaktisch-pädagogische Tendenzen in dem fingierten Gespräch zwischen Noam und Yedaya in *Imre Bina* sowie in seinen Schriften zur Erziehung der Jugend bzw. der Erwachsenen vergleichend heranziehen.

Scholem wird von Kurzweil im zuvor erwähnten Streit eine subjektive Darstellung der sabbatianischen Bewegung vorgeworfen. Dabei bezieht sich Kurzweil vor allem auf die beiden genannten Arbeiten, den Aufsatz von 1937 „Erlösung durch Sünde" und Scholems Buch zu Shabbatai Zwi.

Gleich zu Beginn des Aufsatzes von 1937 legt Scholem seine Absichten offen:

> [...] und ich werde hier versuchen, wenigstens in Grundzügen darzustellen, daß der Sabbatianismus eine einzige kontinuierliche Bewegung war, die selbst nach dem Abfall einiger ihrer Getreuen in den Augen der Gläubigen als Einheit fortbestand – verständlich nur als eine religiöse Bewegung im Innern des Judentums, so paradox dieser Satz auch scheinen mag. Ich will die deutlich dialektische Entwicklung aufzeigen, die vom Glauben an Sabbatai Zwi zum religiösen Nihilismus des Sabbatianismus und des Frankismus führt: zu einer Lehre, die die Seele des Judentums zutiefst erschütterte und den Grundsatz einschloss, daß „die Aufhebung der Tora ihre Erfüllung sei". Vom Nihilismus als religiöser Haltung, die aus den Quellen der Religion schöpft, leitete diese Dialektik schließlich über zur neuen Welt der Aufklärung. Denn die Sabbatianer, die jüdisch blieben, waren Stützen und Wegbereiter der Aufklärung. Sie oder ihre Kinder wurden selbst Aufklärer, nachdem sie die Hoffnung auf ihre Erlösung tief enttäuscht aufgegeben hatten.[40]

Scholem geht von Geschichte als Kontinuum und nicht als Bruch aus und laut ihm führte der Sabbatianismus direkt zur Haskala, der Bewegung, der Satanow angehörte.[41] Diese Strömung leitete „aus Enttäuschung" eine Revolution im Inneren des Judentums ein, die die Einhaltung der Gebote nicht mehr für notwendig erachtete.

Für Scholem ist die Aufklärung die Folge des Bruchs mit dem rabbinischen Judentum mittels der sabbatianischen Bewegung, der Ausbruch aus dem Ghetto, und die Grundlage für neues Denken im Judentum, wie es in der Aufklärung zum Ausdruck kommt. Dabei gilt, dass

> [...] die Pflicht des Historikers ist, das Positive in diesem Negativen, die Sehnsucht nach einem festen Bau inmitten solcher Zerstörung noch hinter allen Dokumenten, hinter Greuel und Gesetzlosigkeit wahrzunehmen [...] und es ist kein Wunder, daß sich vor der Generation des nationalen Aufbruchs niemand fand, der die innere Freiheit dazu besessen hätte. Erst die neue Bewegung [des Zionismus] öffnete uns die Augen und wir sahen den Taumel der Erlösung noch in solchen Erscheinungen, die dem geruhsamen jüdischen Bürger des letzten Jahrhunderts nur Wahn und Schrecken schienen.[42]

40 Scholem, *Judaica 5*, 18 – 19.

41 Siehe hierzu auch Scholems berühmten Aufsatz „Der Nihilismus als religiöses Phänomen", *Eranos-Jahrbuch* 43 (1974): 1 – 50 (wieder abgedruckt in *Judaica 4*, hg. v. Rolf Tiedemann, Frankfurt a. M. 1984, 129 – 188; die Seitenangaben beziehen sich auf diese Ausgabe).

42 Scholem, *Judaica 5*, 20.

Scholems kausale Verknüpfung von lurianischer Kabbala und dem Sabbatianismus führt ihn zu dieser Aussage, dass erst das Paradox und der Widerspruch von Zwis Konversion zum Islam die Energie zwischen dem äußeren Erlebten und der inneren Wahrheit freisetzen konnte. Dies ließ eine neue Interpretation der Vorgänge zu, die letzten Endes das Überleben der Bewegung möglich machten: Die Enttäuschung des Sabbatianismus werde durch den Zionismus geheilt. Ein derartiges Nachzeichnen der Grundlinien zum Verstehen des Sabbatianismus erklärt Scholem im Vorwort zur zweiten Auflage seines Buches über Zwi zu seiner Lebensaufgabe.[43] Der Aufsatz hat nur die ideologische Entwicklung nach dem Tod Zwis im Blick, dagegen setzt das *opus magnum* zu Shabbatai Zwi bereits bei der Konversion Zwis ein, also zu seinen Lebzeiten und den Prophetien Nathan von Gazas. Das Buch will dabei die Bewegung als historisches Phänomen verstehen und nicht dogmatisch, vor allem nicht apologetisch oder kategorisierend sein,[44] sondern will eine Erklärung aller Aspekte der Bewegung bieten. Das Buch verfolge also kein „theologisches Ziel“, sondern wolle die Historie des jüdischen Volkes verstehen und den Preis des Volkes für den Messianismus – so die Frage im Zentrum des Buches – untersuchen.

Es gab viel Lob von Seiten zahlreicher israelischer Forscher wie z. B. Ben Zion Dinur, Samuel Sambursky und Zalman Shazar – letzterer lobt das Werk als eine Schrift, anhand derer die gesamte hebräische Historiographie an Niveau gewinne.[45] Während Scholems Schüler Nathan Rotenstreich in Zwi den Ausgangspunkt für die Historisierung der jüdischen Geschichte sah, da Zwis Ketzerei letztendlich die Geschichte hervorbringe, erachtete Kurzweil Scholems Thesen als den Beginn der Relativierung des Judentums und einer gefährlichen Vermengung der Forschungsgebiete. Er beschuldigte Scholem, die Bedeutung des Sabbatianismus zu übertreiben, da er in säkularen Ereignissen des Judentums eine Offenbarung des Kontinuums des historischen Judentums sehe. Die hohe Einschätzung der sabbatianischen Bewegung beruhe auf Scholems persönlichem, ideologischem Verständnis – dem säkularen Zionismus. Dabei baue Scholem sein Narrativ zum Sabbatianismus auf seiner zionistischen Ideologie auf, um ihm eine wissenschaftliche Grundlage und Berechtigung zu verleihen (also genau das, was er der Wissenschaft des Judentums einst vorwarf: Apologie und Kategorisierung). Er beschreibe die sabbatianischen Texte empathisch und entwickle in seiner Forschung eine Sympathie zu Nathan von Gaza, wohingegen der Gegner der Bewegung, Jakob Sasportas, wenig schmeichelhaft dargestellt werde. Die anti-rabbi-

43 Deren Aufzeichnung nach Scholems Tod gefunden und dann in die zweite Auflage 1988 eingefügt wurde.

44 Siehe oben Scholems Aufruf zur Findung neuer Begriffe und Kategorien.

45 In Shazars Beitrag in der Zeitschrift *Davar* vom 15. April 1957: 5 (Hebräisch).

nische Einschätzung Scholems spiegele hierbei seine aktuelle eigene Haltung wider,[46] wobei er jedoch eine wissenschaftliche Objektivität für sich in Anspruch nehme.

Scholem diskutiert den „Nihilismus als religiöses Phänomen"[47] hinsichtlich der frankistischen und sabbatianischen Bewegungen und deren antinomistischer Tendenzen, d. h. die Suche nach Freiheit im Sinne des Libertinismus im Abwerfen der überlieferten Formen im europäischen Judentum.[48] Scholem bezeichnet Jakob Frank (1726–1791) eindeutig als Nihilist, der sich auch noch seines Mangels an Bildung rühmte.[49] Scholem zeichnet dabei Hans Jonas' Definition des gnostisch-nihilistischen Gottesbegriffes als „Gott – das Nichts der Welt" nach und das Potential des Gnostikers zum mystischen Revolutionär.[50] Frank selbst stamme wahrscheinlich aus der Sekte der radikalen Sabbatianer, doch erst er habe „aus diesen Vorstellungen einen vollständigen Mythos des religiösen Nihilismus gewoben."[51] Sowohl Buber als auch Scholem erkannten die Bedeutung des Mythos für den Fortbestand des europäischen Judentums, wobei Buber diesen im Chassidismus und Scholem ihn in der Kabbala verortete. Sollte sich dieser Mythos in einen nihilistischen verkehren, stand somit mehr als die Existenz einer kleinen sektiererischen Gruppe auf dem Spiel – wenn nicht sogar die des gesamten Judentums. Während Buber sich zur Bewahrung der jüdischen Tradition der Philosophie und Theologie zuwandte, sah Scholem die Geschichte als das Trümmerfeld an, das es aufzuräumen galt. Interessanterweise benutzt Scholem hier zur Beschreibung des Übergangs von Franks Anhängern zur radikalen Aufklärung im 19. Jahrhundert, ihre revolutionäre Bilderwelt und ihr Aufeinandertreffen mit der radikalen Aufklärung denselben Begriff wie bei Satanow: Amalgam.[52] Scholem

---

46 Zu Scholems Auffassung von Aggada und Halacha in Bezug auf kabbalistische Literaturen, auch in seiner Auseinandersetzung mit Walter Benjamin, siehe Johannes Sabel, *Die Geburt der Literatur aus der Aggada: Formationen eines deutsch-jüdischen Literaturparadigmas*, Tübingen 2010, 247–262.

47 Scholem, „Nihilismus"; siehe auch Irving Wohlfahrt, „‚Haarscharf an der Grenze zwischen Religion und Nihilismus': Zum Motiv des Zimzum bei Gershom Scholem", in Peter Schäfer / Gary Smith (Hg.), *Gershom Scholem. Zwischen den Disziplinen*, Frankfurt a. M. 1995, 176–256.

48 Scholem, „Nihilismus", 169.

49 Ebd., 171.

50 Ebd., 137.

51 Ebd., 171.

52 Ebd., 187–188: „Radikale Mystik und radikale Aufklärung bis zum Jakobinismus hin bilden in den Vorstellungen dieser Gruppe ein höchst sonderbares und einzigartiges, dabei mit beträchtlicher Beredsamkeit vorgebrachtes Amalgam. Isaak Luria, Sabbatai Zwi und Jakob Frank stellen mit Moses Mendelssohn, Immanuel Kant und den ersten radikalen Verfechtern der völligen Emanzipation des weiblichen Geschlechts die Autoritäten und Quellen dar, auf die sich ihre

befasste sich intensiv mit nihilistischen und häretischen Strömungen und untersuchte eingehend ihre dialektischen Metamorphosen in ihrer Bedeutung für das Judentum.[53] Kurzweil war hingegen davon überzeugt, Scholem würde damit das Judentum in die Tiefen des Nihilismus ziehen und dem Nihilismus als häretischem Imperativ zu einem Status politischer Theologie bzw. Anarchie[54] im neu gegründeten Staat Israel verhelfen.[55]

In der zweiten Phase, in seinem späteren Aufsatz über die „Unruhe in der Historie und den Wissenschaften des Judentums“ (*i-ha-naḥat she-ba-hisṭorya u-ve-madda'e ha-yahadut*) beleuchtet Kurzweil den Widerspruch zwischen Scholems Forschung, die voll von persönlichen und ideologischen Meinungen sei, und seinem eigenen Anspruch auf eine „reine Wissenschaft“ (*madda' ṭahor*). Das persönlich-ethische Moment sei dabei dominant und die säkulare Wissenschaft, vor allem die Vertreter derselben aus Jerusalem, nehme die prophetische Führungsrolle für sich in Anspruch. Denn die säkularen Forscher behaupteten, überzeitliche Geschichtsgesetze entdeckt zu haben und so die zukünftigen Geschehnisse prophezeien bzw. vorhersagen zu können. Die Behauptung des Historismus, die objektive Wahrheit gefunden zu haben, also so „wie es wirklich war“, beanspruche für sich, daraus eine Vorhersage ableiten zu können, wie sich die Dinge in Zukunft entwickelten. Die Forscher aus Jerusalem (zu denen Scholem gehörte), die sich selbst als die Sprecher des Judentums betrachteten, gingen davon aus, die überzeitlichen Gesetze, also die göttlichen, in den Wurzeln des vergangenen Handelns entdeckt zu haben. Doch dabei verderbten sie die Quellen durch ihr historiographisches Konzept, bei dem sie nicht beachteten, dass das Ich, das Subjekt des Forschers, in die Forschung eintrete. Scholem sei sich bei seiner Forschung nicht bewusst, dass auch er selbst, das Subjekt des Forschers, zugleich das Objekt sei, das die Untersuchung beeinflusse. Scholem selbst sei das Produkt des Säkularisierungsprozesses in der Geschichtsforschung (ähnlich der Haskala) und deren Krise. Dennoch betreibe er – sabbatianische – Theologie, da

---

Briefe, Vorträge und Erklärungen unterschiedslos stützen. Aus dem Nihilismus ist, in merkwürdiger Mauserung, eine Vorhut der jüdischen Aufklärung entstanden, die aber noch immer mit mystischen Akzenten spricht.“ Da jedoch Satanow die „anarchische Utopie“ als Erlösung nicht mit dieser Gruppierung teilte, kann seine Amalgamierung weitaus positiver von Scholem beurteilt werden.

53 Benjamin Lazier, *God Interrupted. Heresy and the European Imagination between the World Wars*, Princeton 2008, 172–199.

54 Siehe dazu die Darstellung Scholems von Franks Aussagen diesbezüglich, Scholem, „Nihilismus“, 177–180.

55 Christoph Schmidt, „Der häretische Imperativ. Gershom Scholems Kabbala als politische Theologie?“, *Zeitschrift für Religions- und Geistesgeschichte* 50,1 (1998): 61–83; David Biale, „Scholem on Nihilism and Anarchism“, *Rethinking History* 19,1–2 (2015): 61–71.

er von den Idealen der sabbatianischen Ketzerei beeinflusst sei. Scholem behaupte als säkularer Theologe, dass die Erfüllung der Tora durch ihre Aufhebung möglich sei und lasse dabei eine extreme Selbstdefinition des Judentums zu. Denn er gehe davon aus, es sei unmöglich, dogmatisch festzulegen, was Judentum sei, sondern die Gläubigen der jeweiligen Epoche würden dies vorschreiben.[56] Somit sei die Relativierung als Kennzeichen des Historismus ein entscheidendes Merkmal jüdischer Identität.[57] Dieses Geschichts- und Identitätsverständnis hält Kurzweil für zu extrem, da hierbei der Historiker entscheide, was „wahr" sei, nicht der Glaubende. Durch die „Umwertung aller Werte" (ähnlich wie in der Haskala), die Relativierung des Judentums, sei die Rechtfertigung einer Anti-Ethik, eines Anti-Humanismus möglich geworden, ja: Scholem bewege sich im Bereich der nihilistischen Theologie,[58] da er eine Theologie ohne *theos*, ohne Gott schaffe. Kurzweil schließt in seiner Kritik viele indirekte Anspielungen auf maskilische Ideale ein, denen Scholem fälschlicherweise folge. Die Historiographie, so Kurzweil, werde in den *madda'e ha-yahadut* zur Ersatzreligion, wie zuvor schon in der Wissenschaft des Judentums, der *ḥokhmat yisra'el*, im 19. Jahrhundert. In seinem Aufsatz zum „Nutzen und Schaden der Wissenschaften des Judentums" (*'al ha-to'elet we-'al ha-nezeq shel madda'e ha-yahadut*),[59] ursprünglich vom 26. Mai 1967, stellt Kurzweil die Assimilationsbestrebungen in den selbigen als Ende des Judentums als lebendige Religion dar.[60] Er nimmt dabei die Formulierung Scholems

56 Gershom Scholem, *Shabbatai Zwi. Der mystische Messias*, Frankfurt a. M. 1992, 230.

57 Zur aktuellen Debatte um jüdische Geschichtsschreibung und Identität siehe Michael Brenner, *Propheten des Vergangenen. Jüdische Geschichtsschreibung im 19. und 20. Jahrhundert*, München 2006; David N. Myers, *Resisting History. Historicism and Its Discontents in German-Jewish Thought*, Princeton 2003; Michael Brenner / David N. Myers (Hg.), *Jüdische Geschichtsschreibung heute. Themen Positionen, Kontroversen*, München 2002; Michael Brenner / Anthony Kauders / Gideon Reuveni / Nils Römer (Hg.), *Jüdische Geschichte lesen. Texte der Jüdischen Geschichtsschreibung im 19. und 20. Jahrhundert*, München 2003; Moshe Rosman, *How Jewish is Jewish History?*, Oxford / Portland, Oregon 2007.

58 Auch Scholem selbst verfasste Artikel zum Problem des Nihilismus wie z. B. Scholem, „Nihilismus" (siehe oben Fn 41) und „Die Metamorphose des häretischen Messianismus der Sabbatianer in religiösen Nihilismus im 18. Jahrhundert", in ders., *Judaica 3*, 198 – 217. Zum Problem des Nihilismus innerhalb seiner *ṣimṣum*-Interpretation siehe Irving Wohlfahrt, „Haarscharf an der Grenze", 176 – 256.

59 In Kurzweil, *Ba-Ma'avaq*, 184 – 240. Der Titel wurde in Anlehnung an den berühmten Aufsatz Nietzsches „Vom Nutzen und Nachteil der Historie für das menschliche Leben" verfasst, in welchem ebenfalls das Prinzip einer „objektiven und reinen Wissenschaft" als Hirngespinst abgetan wird. Siehe Myers, „Scholem-Kurzweil Debate", 284; Maciejko, „Gershom Scholem's Dialectic", 211.

60 Man beachte die maskilische Terminologie an dieser Stelle.

von den Rebellen auf, die zu Nachfolgern[61] und damit zu den Totengräbern des Judentums wurden, die Scholem selbst zuvor auf die Wissenschaft vom Judentum angewandt hatte. Dabei ersetzten die Jerusalemer Forscher, so Kurzweils Vorwurf, die ehemalige Apologetik durch den säkularen Zionismus und wollten anhand der neuen Historiographie das Vakuum des entschwundenen Glaubens durch ihre historisch-philologische Beschäftigung füllen. Doch diese Forscher, die vorgäben, das Schicksal des Judentums in Händen zu halten, könnten niemals zum spirituellen Wesen des Judentums durchdringen. Die Normalisierung des jüdischen Volkes, die in der Wissenschaft des Judentums und in den neuen Wissenschaften angestrebt werde, arbeite auf die Zerstörung des jüdischen Volkes hin, das sich doch gerade durch seine Anormalität auszeichne, in ihr seinen Existenzgrund habe, der sich von demjenigen anderer Völker unterscheide. Die Säkularisierung der jüdischen Gesellschaft, die Staatlichkeit Israels, schrieb der orthodoxe Akademiker, rücke das Volk von seiner in der göttlichen Wahrheit begründeten Anormalität weg. Anhand des Zionismus trete das Judentum in die Historie ein und die historische Forschung versuche genau diese Normalität zu unterstreichen, indem sie die überzeitliche Wahrheit in historisch-irdischen Verhältnissen suche. Daher fällt auf, dass sich Kurzweil in seiner Kritik an der wissenschaftlichen Vorgehensweise Scholems häufig maskilischer Termini bedient.

In der dritten Phase der Auseinandersetzung, der der persönlich-psychologischen Kritik, formuliert Kurzweil Scholems Bestreben als anarchistischen Grundgedanken, der der Schlüssel zum historischen Verständnis Scholems sei. Scholem sehe sich selbst als „religiösen Anarchisten" und suche die Rebellion um ihrer selbst willen, wie dies auch bei anderen jüdisch-religiösen Anarchisten der Fall sei (z. B. bei Bubers Dialogphilosophie). Scholem (und auch Buber) bedächten beide das klassische Judentum nicht und wollten die Grenzen des Judentums sprengen, wobei Buber eine religiöse und Scholem eine anarchistische Motivation besitze. Scholems eigentliches Ziel sei der Nihilismus und die Säkularisierung in diesem Unterfangen nur die Strategie.[62] In Wahrheit werde der Nihilismus als neuer Mythos in dämonischer Gestalt präsentiert. Scholems Hervorhebung der irrationalen Kräfte im Judentum, wie sie in seinen Symbolen der *shemiṭṭot* (kosmische Zyklen) und der *qelippot* (Schalen des Bösen) zum Ausdruck komme, seien ein gefährliches Spiel mit dem Dämonischen.

---

61 Scholem, „Mittokh hirhurim", in ders., *Devarim be-Go*, 402.

62 In der heutigen Forschung kommt man zu einer ganz anderen Bewertung von Scholems Zielen und Absichten, besonders in Bezug auf den erwähnten Nihilismus. Siehe Gerold Necker, „Scholem, Gerhard", in Thomas Bedorf / Andreas Gelhard (Hg.), *Die deutsche Philosophie im 20. Jahrhundert*, Darmstadt 2013, 259 – 262.

So sollte Scholems berühmtes Diktum zum inneren Zusammenhang von Sabbatianismus, Nihilismus und Haskala neu bedacht werden; zumal er selbst schon zu Lebzeiten Korrekturen dieser plakativen Behauptung vorgenommen hat:[63]

> Und vom Nihilismus als religiöser Haltung, die sich aus den Quellen der Religion selbst speist, führte sie [die Lehre von „der Aufhebung der Tora als deren wahre Erfüllung"] zur neuen Welt der Haskala. Dies ist nichts anderes als die dialektische Bewegung der messianischen Idee und der Erlösungssehnsucht im jüdischen Menschen und in den historischen Verwicklungen, die entstehen, wenn eine ganze Nation und spätere Gruppen und Einzelne um ihre Befreiung ringen. „Und sie ruderten und rangen [...] und vermochten es doch nicht; denn das Meer stürmte fort und fort um sie."[64]

Darin lag die These Scholems begründet, dass in der Mystik die zentrale Kraft des Judentums, auch als dämonische, stecke, die das Überleben und die fortwährende Entwicklung des Judentums sichert.[65] Laut Kurzweil nimmt hier ein ungläubiger Intellekt den Platz der Theologie ein, was letztendlich zu einer Zerstörung des Judentums von innen heraus führe. Solch eine Vorgehensweise schaffe ihren eigenen Dämonen: mit Hilfe einer individuell ausgerichteten Anarchie, die zur dämonisch-nihilistischen Macht werde. Dabei interpretiere Scholem den Mythos nach den Begrifflichkeiten Jungs und dessen tiefenpsychologischen Erkenntnissen, was, so Kurzweil, das bitterste Schicksal sei, das die Wissenschaften des Judentums erfahren könnten.

Kurzweil kritisiert hier deutlich das – wenn auch eher zufällige – Aufeinandertreffen zwischen Carl Gustav Jung und Gershom Scholem, wobei letzterer Jung deutlich kritisch gegenüberstand. Scholem nahm ab 1949 regelmäßig bis 1979 an den Eranos-Tagungen in Ascona, die von Jung ins Leben gerufen worden waren, teil.[66] Kurzweil sieht in der raschen Zuwendung Scholems zu Jung – so kurz nach

---

63 Siehe Scholems ursprüngliches Vorwort zu seinem Sabbatai-Zwi Buch, welches unter dem Titel „Ursprünge, Widersprüche und Auswirkungen des Sabbatianismus" 1942–1945 verfasst worden war und dann über Jahre verschollen blieb; folgendes Zitat aus Scholem, *Judaica 5*, 130.
64 Jona 1,13.
65 An Adorno, der Scholem ungefähr all das in lobender Absicht zuschreibt, was Kurzweil denunziatorisch meint, schreibt Scholem am 8. Dezember 1967, „daß ich außer für das Heterodoxe auch sehr viel für das Orthodoxe übrig habe", in *Theodor W. Adorno / Gershom Scholem: Briefwechsel 1939–1969*, hg. v. Asaf Angermann, Berlin 2015, 440.
66 Zu Scholem und Eranos siehe die ausführliche Studie von Steven Wasserstrom, *Religion after Religion. Gershom Scholem, Mircea Eliade, and Henry Corbin at Eranos*, Princeton 1999; Scholem schreibt zu Adornos These, es gebe eine „unterirdische, mystische Tradition bei den modernen Juden" – Kafka, Freud und Mahler: „Ich kann mir die nur unter Jungjanischen Hypothesen vorstellen. Und von denen bin ich nicht gerade überzeugt." (in *Adorno / Scholem: Briefwechsel*, 305).

der Schoah – und in der zweifelhaften Rolle Jungs während der Nazi-Ära[67] eine Rückkehr Scholems zur europäischen Intellektualität, deren Sprache und deren Elite (auch mit zweifelhafter Vergangenheit). Scholem wolle die Ergebnisse seiner Forschung einem nichtjüdischen, deutschen Publikum in seiner Muttersprache präsentieren bzw. mit ihm diskutieren und in Eranos[68] zu einer Synthese gelangen, ohne auf historische Kritik und das philosophische Denken verzichten zu müssen.

Es scheint, als inszeniere Kurzweil hier Scholem anhand seiner Terminologie als modernen Maskil, der den unmittelbaren Kontakt zu seiner Umwelt sucht. Scholems persönliches Streben widerspreche deutlich seinen öffentlichen Aussagen, laut derer kein jüdisch-deutscher Dialog möglich sei. Entgegen Scholems eigenen Behauptungen, er habe in seiner Darstellung der sabbatianischen Bewegung gar keine psychologischen Kategorien verwendet, wirft Kurzweil Scholem nicht nur eine physische, sondern auch eine gedankliche Nähe zu Jung vor. Scholem interpretiere Shabbatai Zwi psychologisch, irrational, und seine Archetypen entsprächen deutlich der Kategorisierung von Jung. Scholem habe hier also die „falschen Kategorien“ gefunden. So wie Jungs „Theologie“ offen sei für eine Theologie ohne Gott, eine nihilistische Theologie, genauso beschreibe auch

Siehe auch Noam Zadoff, *Von Berlin nach Jerusalem und zurück: Gershom Scholem zwischen Israel und Deutschland*, Göttingen 2020, 251–290.

67 Für eine Analyse der antisemitischen Tiefenstruktur von Carl Gustav Jungs Theorie siehe Heinz Gess, *Vom Faschismus zum neuen Denken. C. G. Jungs Theorie im Wandel der Zeit*, Lüneburg 1994, 26–236; sowie Scholems Äußerungen bei seiner Abschiedsrede in Eranos in Gershom Scholem, „Identifizierung und Distanz. Ein Rückblick“, *Eranos-Jahrbuch* 48 (1979): 463–467; zu Jungs Archetypenlehre in Eranos und bei Scholem, siehe Moshe Idel, „Archetypes and Androgynes at Eranos“, *Spring. A Journal of Archetype and Culture* 92 (2015): 193–208. Scholem wusste von Jungs nationalsozialistischen Neigungen spätestens seit Walter Benjamins Brief vom 2. Juli 1937: „[...] vielleicht wirst du gehört haben, daß Jung neuerdings mit einer eigens reservierten Therapie der arischen Seele an die Seite gesprungen ist. Das Studium seiner Essaybände aus dem Anfang dieses Jahrzehnts – deren einzelne Stücke teilweise ins vorherige zurückreichen – belehrt mich darüber, daß diese Hilfsdienste am National-Sozialismus von langer Hand vorbereitet waren.“ Walter Benjamin, *Briefe*, Bd. 2, hg. v. Gershom Scholem / Theodor W. Adorno, Frankfurt a. M. 1978, 731; Scholem äußerte sich dazu verschiedentlich kritisch, besonders interessant ist jedoch der zweite Brief an Anelia Jaffé vom 8. Dezember 1964, wo er angibt, auf welche Weise Jungs antisemitische Texte aufgearbeitet werden sollten. Siehe Gershom Scholem, *Gershom Scholem. Briefe II (1948–1970)*, hg. v. Thomas Sparr, München 1995, 117–118. Mehr zu Jungs Nationalsozialismus in der Wahrnehmung Scholems bei Zadoff, *Von Berlin nach Jerusalem*, 274–279.

68 Dort fand auch die erste Begegnung mit Mircea Eliade statt, der ebenfalls eine zweifelhafte Rolle im Drittem Reich eingenommen hatte. Zu Eliade siehe Moshe Idel, *Mircea Eliade. From Magic to Myth*, New York u. a. 2014, besonders 72; siehe auch Idels Überlegungen zu Rudolph Ottos „Das Heilige“ in ders., „*Ganz Andere*: On Rudolph Otto and Concepts of Holiness in Jewish Mysticism“, *Da‘at* 57–59 (2006): v–xliv; Maciejko, „Gershom Scholem's Dialectic“, 209.

Scholem die Kluft zwischen göttlicher Transzendenz und menschlicher Immanenz in der jüdischen Mystik. Scholem selbst werde in seinem anarchistischen Bestreben, der historischen Forschung den Platz der Religion im Zentrum der jüdischen Geschichte zu geben und in seinem Kampf für den säkularen Zionismus zu einem Nihilisten, der im Elfenbeinturm seiner Forschung sitze – umgeben von der Mythenforschung und den psychologischen Deutungen Jungs.

Aus Kurzweils Perspektive wären demzufolge drei Hauptprobleme in der Forschung Scholems zu konstatieren:[69]

1. Widerspruch zwischen der wissenschaftlichen Untersuchung und der Objektivität der Wissenschaft, die Scholem selbst einfordere und der er selbst nicht Genüge leiste.
2. Scholem als religiöser Anarchist / Nihilist, der sich selbst zum Sprecher des Judentums mache.
3. Seine angebliche Fortsetzung des Judentums, das durch die Transzendenz zwischen Welt und Gott charakterisiert werde, was jedoch dem Mythos entspreche, der sich aus Jungs immanent psychologischen Wurzeln nähre. Diese öffne der gottlosen Theologie Tür und Tor.

Letzen Endes bleibt Kurzweil aber innerhalb der wissenschaftlichen Debatten in Israel und aufgrund der größeren Anerkennung Scholems unter den Kollegen nur der literarische Weg, indem er Scholem mit Satire und Karikatur anzugreifen sucht.

Trotz Scholems „offiziellem“ Schweigen wird an zahlreichen handschriftlichen Einträgen in seinem Exemplar von Kurzweils Buch *Ba-Ma'avaq 'al 'Erkhe ha-Yahadut* (Im Kampf um die Werte des Judentums) in der Scholem Bibliothek in Jerusalem sowie an einer längeren Notiz (*dugma le-mofet la-sin'a ha-meqalqelet et ha-shura. We'al kegon elle a'ane?* [Beispiel für den größten Hass, der die Reihe verdirbt. Was antworte ich gegen solche?]) deutlich, dass sich Scholem mit Kurzweils Kritik intensiv auseinandersetzte. Dies lässt sich zudem zwischen den Zeilen seines Briefes an Kurzweil vom 4. Dezember 1959 finden.[70] Scholem gibt am Ende des Briefes zu, nachdem er sämtliche Behauptungen Kurzweils als falsche Unterstellungen zurückgewiesen hat:

> Ich werde mich auf keine Diskussion darüber einlassen, denn ich habe in Ihren Worten über diese Dinge keinerlei Logik oder irgendeine Beziehung finden können zu dem, was ich darüber in meinen zahlreichen Aufsätzen geschrieben habe. Es ist überhaupt schwer und letztlich nutzlos, über allgemeine Bewertungen zu diskutieren, wobei ich gleichzeitig sehr

---

69 Kurzweil, *Ba-Ma'avaq*, 211.
70 Scholem, *Briefe II*, 50–52.

> wohl der Annahme bin, daß man historische Tatsachen auch anders interpretieren kann, als ich es getan habe.[71]

Scholems Zugeständnis an Kurzweils Kritik des hermeneutischen Zirkels, die dieser in einem Brief vom 8. Januar 1960 formuliert und in dem er Scholem vorgeworfen hatte, im Elfenbeinturm der Wissenschaft zu sitzen, findet sich in einer handschriftlichen Notiz Scholems: *yesh ba-ze qurṭov shel emet* (darin steckt ein Fünkchen Wahrheit).[72]

Es lässt sich jedoch an ganz anderer Stelle auch eine mögliche Antwort Scholems auf Kurzweils Dogmatismusvorwurf finden: In dem Entwurf eines Briefs an seinen Schüler Zwi Werblowsky, der eine englische Übersetzung des Buchs über Shabbatai Zwi anfertigte und zuvor eine Kritik zum Buch in *Molad* veröffentlicht hatte, die ebenfalls mit dem Vorwurf des Dogmatismus argumentierte. [73] Scholem schickte diesen Brief jedoch nie ab, es gab also keine öffentliche Antwort in dieser Sache, doch liegt das hebräische Original vor.[74] Scholem wehrt sich in diesem Brief gegen die Anschuldigung, die dialektische Historiographie behaupte, es sei nicht möglich, die Grenzen zwischen heilig und profan zu bestimmen, und er erschüttere das traditionelle Bild des Judentums – also die Halacha – indem er fragt, ob es überhaupt möglich sei, Geschichte ohne eine bestimmte Anschauung (*peniyyut*, Parteilichkeit, Wendung) zu schreiben. Eine andere Perspektive sei zwar zwischen den Zeilen möglich, doch das Subjekt des Erkennens solle doch nicht zwischen den Zeilen, sondern offen dargestellt werden. Er verwahrt sich gegen die Psychologisierung seiner Person, indem er schreibt, dass er selbst nicht die Tiefen seines Selbst erkenne.[75] Warum sollten andere dazu in der Lage sein? Er wolle nicht die Grenzen dessen festlegen, was Judentum sei und was nicht und er verwehre sich grundsätzlich dagegen, die Wissenschaft diesbezüglich zum politischen Instrument zu machen. Daher könne ihm keineswegs Dogmatismus unterstellt werden:

> Meine Worte richten sich gegen die wirklich „modernen" Autoren, die über das Judentum philosophieren, ohne orthodox zu sein, und die noch in ihrem Unglauben genau zu wissen

71 Ebd., 51.

72 Scholem Archiv 4°1599, NLI Jerusalem, Akte II 277/24.

73 R.J. Zwi Werblowsky, „Reflections on ‚Sabbatai Sevi' by G. Scholem", *Molad* 112 (1957): 539–546 (Hebräisch).

74 Abgedruckt in Scholem, *Briefe II*, 244–248, deutsche Übersetzung 38–45 hier 41. Siehe auch die zahlreichen Anmerkungen zum Brief; ebd., 249–250.

75 „Ich bin mir bewußt, dass ich meine eigenen Tiefen nicht verstehe, und ich bin klug genug, dies zu akzeptieren, auch wenn ich kein Anhänger der verschiedenen psychoanalytischen Methoden bin." Ebd., 43.

> vorgeben, was innerhalb der Grenzen des Judentums erlaubt ist und was nicht. Und ich, der ich unter Tränen schreibe, weiß das alles nicht und ich bedauere diese Unkenntnis meinerseits, freue mich aber gleichzeitig darüber.[76]

In ähnlicher Weise hatte Scholem bereits in einem Brief an Simcha Urbach vom 5. Adar 5714 (8. Februar 1954 oder 1957) argumentiert,[77] indem er schreibt:

> [...] ist mir vollkommen bewußt, dass die Erklärung der historischen Bedeutung von Symbolen und ihrer Entwicklung keinesfalls einen Schlußstrich unter die Möglichkeit setzt, diese Symbole als Gefässe für lebendige Inhalte des Glaubens benützen zu können. [...] Sehr häufig betonen meine veröffentlichten Schriften die einfache Tatsache, daß Philologie und Geschichte notwendige und wichtige Errungenschaften sind, ohne deren Anwendung das Gesamtbild entstellt wird; sie sind aber nicht die letzten Werte, die das Leben des Menschen bestimmen („Und damit Schluß!"). [...] Die Entdeckung der historischen Dimension annulliert keineswegs die nicht-historische, wohl aber verstärkt sie nicht selten die Spannung dieser anderen Dimension.[78]

Kurzweil, der Literat, gehörte nicht zum erlesenen Kreis Rechavias, in dem die Jerusalemer Wissenschaftler, die aufstrebende Elite, die neuen Prinzipen der wissenschaftlichen Forschung festlegten und „unter sich blieben". Kurzweil blieb nur die Antwort in Form einer Satire, [79] in der er mit ironischem Ton beschreibt, wie der Herr aus der *reḥov* (Strasse) Alfasi zum Herrn in der *reḥov* Ben Maimon gehe, um mit ihm über die absolute Wahrheit zu diskutieren: alle Experten für absolute Wahrheit und Ethik, und historiographische Wahrheit des Judentums seien in der Abravanel (Straße) zu finden.[80] Wie es scheint, war diese Literaturform der einzige Weg für den „Literaten" Kurzweil, Kritik an der alle überragenden akademischen Gestalt Scholems zu üben. Dies lassen zudem zwei im Scholem Archiv erhaltene Satiren zur Scholem-Kurzweil-Debatte von Joseph Ben-Shlomo und Nathan Rotenstreich anlässlich Scholems 70. Geburtstag 1967 erahnen.[81]

---

76 Scholem, *Briefe II*, 44. Siehe Satanows Selbstdarstellungen und seine schriftstellerische Tätigkeit in *Minḥat Bikkurim* oben.

77 Scholem, *Briefe II*, 36–38.

78 Ebd., 37–38.

79 Myers, „Scholem-Kurzweil Debate", 284. Zu Scholems „Definition" einer neuen wissenschaftlichen Auseinandersetzung, siehe Abrams, „Defining Modern Academic Scholarship", der hinsichtlich dieser Fragestellung zu einer positiven Antwort gelangt.

80 In dieser Straße in Rechavia, einem Jerusalemer Stadtteil, der hauptsächlich von deutschen Immigranten bewohnt wurde, hatte Scholem seine Wohnung. Alle genannten Straßen (Alfasi, Ben Maimon und Abravanel) sind ebenfalls in diesem Stadtteil zu finden.

81 Zadoff, „The Debate between Kurzweil and Scholem"; siehe auch ders., „‚Divrei Shalom' or ‚Hayei Moharash': Satiric Manuscripts from the Joseph Weiss Archives", *Jerusalem Studies in Jewish Thought. Gershom Scholem (1897–1982). In Memoriam*, Bd. 1 (2007), 365–384 (Hebräisch).

Damit taucht erneut die Frage auf: wie verhalten sich die Forschungsdisziplinen zueinander? Sind es gerade Figuren wie Satanow, die bei nicht vorhandenen interdisziplinären Kooperationen durch das Netz fallen und nicht beachtet werden? Lassen sich aus der Scholem-Kurzweil Debatte zur Objektivität des Forschenden auch Rückschlüsse auf die Beschäftigung mit den Werken Satanows ziehen?[82] Ist die Verurteilung Satanows als Autor Teil einer „allgemeinen Ablehnung" jüdischer Mystik in der Wissenschaft des Judentums? Es fällt auf, dass Satanow aus literaturwissenschaftlicher Perspektive von Vertretern der Wissenschaft des Judentums (und auch in der heutigen Forschung) sehr viel positiver bewertet wird als von historisch-kritisch orientierten Forschern. Dies mag mit der allgemeinen Verortung der Haskala-Forschung innerhalb der literaturwissenschaftlichen Abteilung und weniger innerhalb der Jüdischen Studien oder anderer Geschichtswissenschaften in Israel zusammenhängen. Es soll im Folgenden gezeigt werden, dass es durchaus Positionen innerhalb der Wissenschaft des Judentums gab, die sich um eine Erschließung der mystischen Schriften verdient machten und diese Komponente der jüdischen Geschichte durchaus Beachtung fand – entgegen der Darstellung Scholems, der jedoch seine Kritik bereits im Vorwort zu seinen *Hauptströmungen der jüdischen Mystik* vom Jahr 1938 (der ersten Ausgabe auf Englisch) auf eine fehlende „systematische" Darstellung der jüdischen Mystik relativierte und er sich jetzt daran mache, dieses „Trümmerfeld aufzuräumen".[83]

4.2 Scholem, Satanow und die „Wissenschaft des Judentums"

Zwar strebte Scholem in seiner Forschung eine systematische Darstellung der jüdischen Mystik und ihrer Quellen an. Zudem forderte er eine Aufnahme derselben in das Curriculum der universitären jüdischen Studien – wie dies auch bei Satanow zu vermuten ist. Darüber hinaus trieb er eine Erfassung und Berück-

---

Zur Satire im Anti-Chassidismus siehe Jonatan Meir, *Imagined Hasidism: The Anti-Chassidic Writings of Joseph Perl*, Jerusalem 2013 (Hebräisch); ders., *Joseph Perl: Sefer Megale Temirim*, 2 Bde., Jerusalem 2013 (Hebräisch); Shmuel Werses / ders., (Hg.), *Words of the Righteous: An Anti-Hasidic Satire by Joseph Perl and Isaac Baer Levinsohn*, Los Angeles / Jerusalem 2004 (Hebräisch); Yehuda Friedlander, *Hebrew Satire in Germany 1790–1797*, 2 Bde., Ramat Gan 1979 (Hebräisch).

82 Zur Form der Satire innerhalb der Haskala siehe Pelli, „Aspects of Hebrew Enlightenment Satire"; ders., „Saul Berlin's Ktav Yosher".

83 „[...] erforderte umfangreiche Vorarbeiten auf einem Trümmerfeld, das für die konstruktive Arbeit systematischen Aufbaus erst freigelegt werden musste." Gershom Scholem, *Die jüdische Mystik in ihren Hauptströmungen*, Frankfurt a. M. [3]1988, ix; Abrams, „Defining Modern Academic Scholarship", 269; Peter Schäfer, „Gershom Scholem Reconsidered: The Aim and Purpose of Early Jewish Mysticism", in ders., *Hekhalot Studien*, Tübingen 1988, 277–295.

sichtigung der Reziprozität zwischen jüdischem Leben und den Texten der jüdischen Traditionen voran. Aber es bleibt festzustellen, dass Scholem nicht der Gründer einer eigenen Disziplin war. Denn es lassen sich Vorläufer – auch angesichts seiner anvisierten wissenschaftlichen Methodik und Objektivität – in gewissen Persönlichkeiten des 16. bis 19. Jahrhunderts finden.[84] Unter der Fragestellung, ob Scholem den Rationalismus der Forschung des 19. Jahrhunderts durch ein zionistisches Paradigma innerhalb der Forschung im 20. Jahrhundert ersetzen wollte, präsentiert die Erforschung der Schriften Satanows eine besonders faszinierende Herausforderung, da hier sowohl rationalistische,[85] traditionell-orthodoxe und kabbalistische Elemente zu einer harmonischen Symbiose vereint werden.

Wie von Daniel Abrams dargestellt, entspricht die häufige Hervorhebung von Scholems zionistischen Beweggründen und deren Einfluss auf seine wissenschaftliche Methode im Hinblick auf die Erforschung grundlegender Fragestellungen wie z. B. der Autorenschaft des *Zohar* und dessen literarischer Schichten nicht den Tatsachen. Scholems Kritik an seinen Vorgängern konzentrierte sich zunächst auf deren „unsystematische" Herangehensweise, doch bezeichnete er seinen Ansprüchen und Zielen nicht genügende Arbeiten durchaus als „Scharlatanismus"[86] oder titulierte Wissenschaftler mit rein rationalistischen Vorlieben als „Wissenschaftler der Destruktion" im Sinne der Romantiker, die die Destruktion (die destruktive wissenschaftliche Methode) zum Zweck der Konstruktion (dem Bau ihres deutschen Volkes) nutzen: ihr historisches Bewusstsein verbiete ihnen den positiven Gebrauch ihrer wissenschaftlichen Methode, so dass „die romantische Wissenschaft und ihrer Methoden bei ihnen als eine erschreckende Beerdigungszeremonie erscheinen."[87] Scholems Metapher der „Beerdigungsze-

84 Siehe unten die Ausführungen zu Luzzatto, Joel, Meises, Jellinek, Bloch u. a.; Abrams, „Defining Modern Academic Scholarship", 267–302.

85 Scholem deckt in seiner zuvor erwähnten Rede zum 20. Jährigen Jubiläum des Instituts für Judaistik „Mittokh hirhurim ʿal ḥokhmat Yisraʾel" (die nie gehalten wurde) im Wesentlichen drei Widersprüche der großen Gelehrten des 19. Jahrhunderts auf: a) den zwischen dem Postulat der objektiven Wissenschaft und dem politischen Zweck derselben, b) den zwischen dem Romantizismus (Verzauberung) und dem Rationalismus, c) den zwischen konstruktiven und destruktiven Tendenzen. Schäfer, „Scholem und die Wissenschaft", 125–126; siehe auch Schäfers Aufsatz in Fn 86.

86 Siehe z. B. Scholem, *Kabbalah*, Jerusalem 1974, 20; ders., *Ursprung und Anfänge der Kabbala*, Berlin / New York 2001, vii; Scholems Rezension zu Max Wieners *Die Lyrik der Kabbala: Eine Anthologie* (Wien / Leipzig 1920), *Der Jude* 6 (1921/22): 55–69; dazu siehe Peter Schäfer, „Jewish Studies in Germany Today", *Jewish Studies Quarterly* 3,2 (1996): 146–161, hier 153–154.

87 Scholem, *Devarim be-Go*, 389; siehe Schäfer, „Scholem und die Wissenschaft", 126; siehe auch Abrams, „Defining Modern Academic Scholarship", 270.

remonie“ bezog sich vornehmlich auf den rationalistischen und apologetischen Ton seiner Vorgänger und nahm Steinschneiders Zitat nach Gotthold Weils Überlieferung derselben erneut auf. Diese Äußerung war laut Steinschneider als Reaktion auf die Rede seines zionistischen Schülers zur nationalen Wiedergeburt zu verstehen: „Nicht doch, mein Herr; uns bleibt nur noch die Aufgabe, all diesem ein ‚ehrenvolles Begräbnis‘ zu bereiten.“[88] Jedoch sah Scholem sich selbst als Schüler dieses großen Bibliographen der jüdischen Literatur, auch wenn er dessen Meinung zum Begräbnis keineswegs teilte. Im Gegensatz zu Scholems Aussage in seinem berühmten Brief an Ḥayyim Naḥman Bialik vom 12. Juli 1925 zum künftigen Programm der akademischen Erforschung der jüdischen Mystik,[89] dass „für die wissenschaftliche Erforschung der Kabbala [wurde] bis heute nichts getan“[90] wurde, relativierte er diese Feststellung in späteren Äußerungen. Auf der Basis der philologischen Erforschung der Texte und der zahlreichen Handschriften[91] in ganz Europa sollten „neue Gesichtspunkte“ gestaltet werden können und das „Eis der Ignoranz“ gebrochen werden, wie er 1948 im Vorwort zu seinem *Re'shit ha-Qabbalah* (Jerusalem 1948) angab:

> Während ich kaum annehmen kann, daß in den hebräischen Handschriften noch wesentliches weiteres Material zum Vorschein kommen wird, das mir bei meiner Durchforschung dieser Literatur im Laufe von Jahrzehnten entgangen ist, hoffe ich, daß auch über die hier entwickelte Auffassung des Problems und Interpretation des Materials hinaus neue Gesichtspunkte die Diskussion fruchtbar gestalten können. Nachdem einmal das Eis der Ignoranz gebrochen wurde und der Scharlatanismus, der auf diesem Gebiet sich nur allzu breit gemacht hat, überwunden ist, liegt der Weg für weitere Forschung offen. Die Wissenschaft vom Judentum, die orientalische und abendländische Religionsgeschichte werden in gleichem Maße von einer eindringenden Erforschung und Diskussion des Phänomens der Kabbala Gewinn haben.[92]

88 Gotthold Weils Nachruf auf Steinschneider in *Jüdische Rundschau* XII/6 (8. Februar 1907): 54; siehe auch Scholem, *Judaica 6*, 29.
89 Scholem, *Judaica 6*, 55–67.
90 Ebd., 55.
91 Zu neuen kritischen Methoden der Textforschung bei Scholem siehe Daniel Abrams, „Critical and Post-Critical Textual Scholarship of Jewish Mystical Literature: Notes on the History and Development of Modern Editing Techniques“, *Kabbalah. Journal for the Study of Jewish Mystical Texts* 1 (1996): 17–71, ders., *Kabbalistic Manuscripts and Textual Theory. Methodologies of Textual Scholarship and Editorial Practice in the Study of Jewish Mysticism*, Jerusalem / Los Angeles 2013.
92 Scholem, *Ursprung und Anfänge*, vii–viii.

Scholems ideologische Definition seiner akademischen Methoden zeigt nach den Analysen Abrams[93] innerhalb der 60 Jahre seines Schaffens keinen entscheidenden Einfluss auf die Ergebnisse seiner Forschung und er benutze die zionistische Ideologie nicht als Grundlage, um die rationalistischen Neigungen seiner Vorgänger zu korrigieren. Vielmehr wolle Scholem das Beste der kritischen Methoden derer übernehmen, die die kabbalistische Literatur verachtet hatten, und sich selbst in einer Mittlerposition zwischen modernen Rationalisten und mittelalterlichen Kabbalisten verorten. Die an der Hebräischen Universität betriebene Quellenforschung sollte sich mit ihrem neuen Ansatz zwischen zwei Polen befinden, wie Scholem 1934 in einem kurzen Aufsatz schrieb:

> Man benötigt einen neuen Zugang, der sich selbst vom Standpunkt des Kabbalisten und von dem des aufgeklärten Wissenschaftlers (*maskil*) distanziert und von diesen beiden Lagern alles, was gut ist, einheimst.[94]

In ähnlicher Weise wie Satanow sich selbst zwischen den Polen von Wissenschaft und Kabbala positioniert, verortet auch Scholem die geforderte, neue wissenschaftliche Methode zwischen diesen beiden Polen von Haskala und Kabbala, Aufklärung und Mystik – auch wenn eine interdisziplinäre Erforschung nicht in Scholems Plänen erkennbar ist.[95]

Dabei wirft Scholem sowohl den frühneuzeitlichen und modernen Kabbalisten als auch den Rationalisten eine einseitige Sicht der Dinge vor: Beiden sei die Bandbreite der Quellen entgangen, schon weil sie sich vornehmlich auf die lurianische Kabbala konzentriert hätten. Daher sei keine Zeit für einen kritischen Zugang zur mystischen Literatur geblieben.[96] Auch Satanow unternimmt in seinen Schriften und Publikationen den Versuch, eine möglichst große Bandbreite an hebräischen Autoren und Quellen zu integrieren. Scholem will in ähnlicher Weise alle Facetten der Literatur erfassen, auch „was im Keller vorging", nicht „im Salon, zwischen der Bibel und Luther, zwischen Hermann Cohen und Kant, zwi-

---

93 Abrams, „Defining Modern Academic Scholarship", 273–275; siehe die gegenteilige Schlussfolgerung bei Biale, *Gershom Scholem. Kabbalah and Counter-History*; und David Myers, „Scholem – Kurzweil Debate"; ders., *Re-Inventing the Jewish Past – European Jewish Intellectuals and the Zionist Return to History*, New York / Oxford 1995.

94 *Davar*, 7 Nissan, 5695 (10. April 1934): 14 (Hebräisch). Siehe Abrams, „Defining Modern Academic Scholarship", 275.

95 In einer späteren Erweiterung dieser Aussagen im Aufsatz „Kabbala at the Hebrew University", der 1937 im *The Reconstructionist* 3 (1937): 8–12, hier 9 erschien, bilden der Kabbalist und der rationalistische Zirkel die beiden Pole; Abrams, „Defining Modern Academic Scholarship", 276.

96 Scholem, „Kabbala at the Hebrew University", 10.

schen Steinthal und Wilhelm von Humboldt“.[97] Solche „Unterströmungen“ haben das jüdische Volk als „lebendigen Organismus“[98] erhalten und er wolle keine Auswahl treffen – diese Idee wird in den *Hauptströmungen der Jüdischen Mystik* unter der Prämisse eines hegelianischen Verständnisses jüdischer Geschichte und der Interdependenz ihrer unterschiedlichen Perioden in die Tat umgesetzt.[99] Es soll im Gegensatz zu Zunz' Programm nicht um die Realisierung einer Idee gehen, die durch eine Definition begrenzt wird und die mystischen Literaturen ausschließt, sondern die mystischen Strömungen sollen ihren Platz in der jüdischen Geschichte erhalten. Dabei habe der Zionismus die Aufgabe, jede ideologische und religiöse Färbung zu neutralisieren und eine vorurteilsfreie Wertschätzung des Judentums zu ermöglichen.[100] Solch eine Einschätzung war, so Abrams, auch ohne die Existenz des neuen Staates möglich, auch wenn dieser Staat laut Scholem eine einzigartige Möglichkeit für Juden bot, nun ihre Wissenschaften ohne Apologetik und Ideologie betreiben zu können.[101] Auf den Vorwurf Kurzweils, sein zionistischer Unterbau stelle eine neue Ideologie der Wissenschaft als Religionsersatz dar, antwortet Scholem in seinem Antwortschreiben mit dem Hinweis, die Quellenlage bzw. das „Beweismaterial“[102] deutlich ausgeweitet zu haben und er

> verstehe immer noch nicht, worin ich von meinem Versprechen abgewichen sein soll, mein Buch sei weder Verteidigungsmanifest noch Anklagerede, sondern diene dem Verständnis der Sache. Ich glaube nicht, daß Sie ein großes Geheimnis aufdecken, wenn Sie schreiben, daß ‚Verständnis‘ eine Bewertung mit sich bringt. Ich streite es nicht ab.[103]

---

97 Scholem, *Judaica 1*, 157.

98 Scholem, „Kabbalah and Historical Criticism“, *The Jerusalem Post*, 27. April 1962: 23; erneut abgedruckt in *Devarim be-Go*, 64–68, hier 66 (Hebräisch); siehe auch ders., *Judaica 1*, 151–152: „In der Tat aber rangen im Aufbau der Wissenschaft vom Judentum von Anbeginn zwei Tendenzen miteinander. Die eine ging auf die Liquidation des Judentums als eines lebendigen Organismus aus (also auf die ‚Entjudung‘, wie Salman Rubashoff seinen Aufsatz ‚Erstlinge der Entjudung' überschrieb, der sich mit den ersten programmatischen Äußerungen von Zunz' ‚Verein für Cultur und Wissenschaft der Juden‘ befasste). Die andere war auf seine Verklärung gerichtet.“ (Übersetzung E.M.).

99 Moshe Idel, „Rabbinism versus Kabbalism: On G. Scholem's Phenomenology of Judaism“, *Modern Judaism* 11,3 (1991): 281–296; ders., *Hasidism*, 31–146 mit neuen Modellen in der Kabbala- und Chassidismus-Forschung; zu Scholem siehe auch ders., „Subversive Katalysatoren: Gnosis und Messianismus in Gershom Scholems Verständnis der jüdischen Mystik“, in ders., *Alte Welten. Neue Bilder. Jüdische Mystik und die Gedankenwelt des 20. Jahrhunderts*, Berlin 2012, 216–249.

100 Scholem, *Judaica 1*, 157–159.

101 Abrams, „Defining Modern Academic Scholarship“, 278.

102 Scholem, *Briefe II*, 39.

103 Scholem, *Briefe II*, 41 (Hebräisch, 246).

Scholems Einsatz für einen neuen wissenschaftlich-systematischen Zugang zu den mystischen Quellen anhand philologisch fundierter Forschung wird besonders in seiner Darstellung Johannes Reuchlins (1455–1522), dem ersten deutschen Hebraisten aus Pforzheim, deutlich. Der befasse sich vornehmlich mit Originaltexten der jüdischen Mystik und der Titel *De Arte Cabalistica* könne laut Scholem am besten mit „Über die kabbalistische Wissenschaft" übersetzt werden.[104] Scholem bezeichnet Reuchlins Werk als „wirkliche Forschung über die Kabbala", da sich Reuchlin sowohl mit dem Autor des *Zohar* als auch mit Abraham Abulafia intensiv auseinandergesetzt habe. Daher sei diese Arbeit trotz ihrer „christlichen" Interpretation der Quellen ein beeindruckender und systematischer Überblick über die kabbalistischen Ideen.[105] Doch nicht nur die Quellenforschung, sondern vor allem die erstaunliche Rezeptionsgeschichte von Reuchlins Forschung qualifiziere diesen Denker als einzigartig, was sich an dessen „enormer" Distanz zwischen Forschung und Objekt derselben ausmachen lasse – dies erinnert an Satanows Rekonstruktion der Situation des Autors in *Zohar Tinyana*.[106] Die erste Forschung über Kabbala begann Scholem zufolge mit polemischen und ideologischen Schriften in Deutschland, Italien und Galizien, die ebenfalls eine große Distanz zum Objekt aufwiesen und unter denen vor allem die erste kritische Arbeit, Jakob Emdens *Miṭpaḥat Sefarim* (Altona 1768), hervorzuheben sei.[107] Neben Emden erwähnt Scholem Shmuel David Luzzatto, Adolphe Franck, David Heimann Joel, Shneur Sachs, Aaron Jellinek, Isaac Meises, Heinrich Graetz, Ignaz Stern und Moritz Steinschneider, doch interessanterweise erscheinen keine lebenden Kabbalisten auf dieser Liste, was mit der von ihm geforderten Distanz zum Objekt der Forschung zusammenhängen könnte.[108] Die Pioniere der neuen For-

---

104 Scholem, *Judaica 3*, 247–264, hier 250.

105 Ebd., 252.

106 Abrams, „Defining Modern Academic Scholarship", 280; siehe Arnaldo Momigliano, *Essays on Ancient and Modern Judaism*, hg. v. Silvia Berti, Chicago / London 1994, 190–198, hier 196. Siehe auch Moshe Idel, „Arnaldo Momigliano und Gershom Scholem über jüdische Geschichte und Tradition", in ders., *Alte Welten. Neue Bilder.* 32–54.

107 Scholem, *Kabbalah*, 201–203; siehe auch ders., „Die Stellung der Kabbala in der europäischen Geistesgeschichte", in ders., *Judaica 4*, 7–18, wo allerdings der Verweis auf Emden fehlt. Siehe auch die Überlegungen in seiner berühmten Abschiedsrede von Eranos im Jahr 1979 mit dem Titel „Identifizierung und Distanz".

108 Scholem bedauert, dass die tiefgreifenden Studien von Elyakim Milsahagi [Hamilzahgi] (Samiler) zu kabbalistischen Texten, vor allem zum *Zohar*, verloren seien und nur seine Analyse zur Jerusalemer Handschrift Hs 4º 121 erhalten ist. Siehe zu dieser Figur Jonatan Meir, „Haskala and Esotericism in Galicia. The Unpublished Writings of Elyakim Hamilzahgi", *Kabbalah. Journal for the Study of Jewish Mystical Texts* 33 (2015): 272–313 (Hebräisch); zu Satanows „Brückenposition" zwischen Kabbala und moderner Philosophie und dem Unverständnis der Berliner Maskilim für die Synthesen Maimons und Satanows, ebd., 274–275; zu Satanows Druck lurianischer

schung stellten Shmuel A. Horodezky, Ernst Müller und Gershom Scholem dar. Sie seien mit der Schule der „historischen Kritik“ von Gershom Scholem, Isaiah Tishby, Ephraim Gottlieb, Joseph Dan, Rivka Schatz und Joseph Ben-Shlomo zu vergleichen. Die Nennung seiner selbst am Ende und am Anfang der jeweiligen Reihe präsentiert Scholem als Bindeglied zwischen den Pionieren der neuen Kabbala-Forschung und der Schule der historischen Kritik. Diese Haltung unterstreicht das Recht auf eine autoritative Interpretation der eigenen Geschichte, die bisher von „christlichen“ Forschern wie Franz Molitor, Eliphas Levi und Aleister Crowley okkupiert worden war.[109] Auch wenn Hugo Odeberg und Shmuel Horodezky Scholems neues Modell repräsentieren, distanziert er sich dennoch in seinen Rezensionen in *Qiryat Sefer* stark von ihnen.[110] Horodezky habe eine falsche Gewichtung und irreführende Interpretation der Quellen vorgenommen und Odeberg das falsche Manuskript gewählt. So wird deutlich: Auch wenn die Forschung die von ihm präferierten neuen Methoden angewandt hat, daraus aber die falschen Schlüsse zog, konnte sich Scholem dieser wissenschaftlichen Linie nicht anschließen. Seine Vorgänger, besonders im Hinblick auf die *Zohar*-Forschung, sah er eher in den Vorarbeiten des 16. bis 18. Jahrhunderts.[111]

Graetz und die anderen Gegner des *Zohar* missverstanden diesen als Fälschung, während sie nur den fragmentarischen Charakter der fünften redaktionellen Hand wahrnahmen – bzw. Jellinek und Graetz hatten den *Zohar* nur mit

---

Schriften und der von Hamilzahgi festgestellten Unzuverlässigkeit derselben, ebd., 304–305. Siehe auch Daniel Abrams, „Nineteenth-Century Precedents of Textual Scholarship of Kabbalistic Literature – Elyaqim Milzahagi's *Zoharei Raviah:* Ms. Jerusalem NLI 4º121“, *Kabbalah. Journal for the Study of Jewish Mystical Texts* 31 (2014): 7–25, eben zu jener Jerusalemer Handschrift.

109 Vorwort zu *Die Jüdische Mystik in ihren Hauptströmungen*, wobei Scholem das Adjektiv „christlich“ nur einmal anführt (christliche Forscher) und stattdessen von deutschen und englischen spricht. Zur Diskussion innerhalb der israelischen Forschung um Scholems Zionismus bzw. Messianismusverständnis siehe auch Moshe Idel, „Messianic Scholars: On Early Israeli Scholarship, Politics and Messianism“, *Modern Judaism* 32,1 (2012): 22–53.

110 Die Besprechungen zu Horodezkys *Torat ha-Qabbalah shel Rabbi Moshe Qordovero* (Berlin 1924) sind in *Qiryat Sefer* 1 (1924/25): 203–205 (Hebräisch) und zu Odebergs *3 Enoch or the Hebrew Book of Enoch* (Cambridge 1928) in *Qiryat Sefer* 6 (1929/30): 62–64 (Hebräisch) veröffentlicht worden; Abrams, „Defining Modern Academic Scholarship“, 283.

111 Zu Scholems positiver Bewertung von David Neumarks *Geschichte der jüdischen Philosophie des Mittelalters* (Berlin 1907), da diese keine dogmatische oder monolithische Sicht der wissenschaftlichen Methode zur Kabbalaforschung aufweise, siehe Abrams, „Defining Modern Academic Scholarship“, 286–287; siehe auch Kohler, *Kabbalah Research*, 263. Neumark erkannte laut Kohler die Wichtigkeit der Erforschung der jüdischen Mystik, auch wenn sie laut seiner persönlichen Ansicht „von der Magie des Dunklen“ infiziert war.

den in Druck vorhandenen anderen Werken de Leons verglichen.[112] Frühe Forscher wie Elyakim Hamilzahgi, ein galizischer Talmudist und Maskil (1780 – 1854), nahmen dagegen in seinem Werk *Sefer Raviah* von 1837 bereits sowohl eine Untersuchung der literarischen Schichten als auch der zoharischen Hauptthemen vor – im Unterschied zu Zunz' *Gottesdienstliche Vorträge der Juden* und David Rapoports Biographie von Ben Kalir.[113] Hamilzahgi, Neumark und Christian Ginsburg (*The Kabbalah. Its Doctrines, Development, and Literature*, London 1920) sind zur Gruppe der *Zohar*-Forscher zu zählen, die sich anhand des Vergleichs von verschiedenen Handschriften mit den literarischen Schichten und sprachlichen Vergleichen derselben auseinandersetzen.[114] Während Elijah Delmegidos *Sefer Beḥinat ha-Dat* (1491) und Emdens *Miṭpaḥat Sefarim* (Altona 1768) zu der Gruppierung gehören, die anhand des Vergleichs mit anderen Werken de Leons, dessen Anachronismen sowie sprachlicher Vergleiche mit der rabbinischen Literatur und intellektueller Portraits im *Zohar* und in den rabbinischen Traditionen den *Zohar* analysieren wollte. Auf ähnliche Weise wie Hamilzahgi ging es Scholem zu Beginn seiner Untersuchungen des *Zohar* darum zu beweisen, dass diese Schrift im Gegensatz zu Graetzens Meinung nicht das Werk eines einzigen Autors sei, sondern auf frühen Fragmenten beruhe.

Scholem forderte in seiner Antrittsvorlesung, dass „der Ursprung des Buches und die Entwicklung der gesamten Kabbala neu und systematisch" zu untersuchen seien. In den folgenden zehn oder fünfzehn Jahren widerlegte er jedoch nach und nach alle diese Thesen seiner Antrittsvorlesung, die zu bewahrheiten er ausgezogen war. Inmitten solcher Umbrüche erfüllte sich an ihm der Vers: „Wahrheit wird aus dem Lande sprießen."[115] Diese Aussage erinnert stark an

---

112 Siehe Scholem, „Did R. Moshe de Leon Compose the *Zohar*", *Madda'e ha-Yahadut* 1 (1926): 16 – 29, hier 18 (Hebräisch). Siehe auch Graetz, *Geschichte der Juden*, Bd. 7, Leipzig ³1894, 199, 203, 213 – 214: Graetz spricht hier von de Leon als „frommen Betrüger, der täuschen und irreführen wollte", dem *Zohar* als „Formlosigkeit, Wirrwarr" und äußert sich dahingehend, dass der *Zohar* „wüsten Aberglauben verbreitete und einen Wahn heiligte, der ängstlichen Menschen vor Gram das Leben geraubt hat." Zu Graetz' siebentem Band siehe Kohler, *Kabbalah Research*, 160 – 176. Lange vor Scholem identifizierten bereits Graetz und Jellinek Moshe de Leon als wahren Autor des *Zohar* und nicht die rabbinische Figur des Rabbi Shimon bar Yoḥai.

113 Gershom Scholem, *Kitve Yad be-Qabbalah*, Jerusalem 1930, 40. Siehe auch die positiven Bemerkungen über die Untersuchungen zu den literarischen Schichten im *Zohar*, ebd., 166 – 245.

114 Abrams, „Defining Modern Academic Scholarship", 291 – 299.

115 Gershom Scholem, *Von Berlin nach Jerusalem. Jugenderinnerungen*, Frankfurt a. M. 1997, 237. Siehe auch Biale, *Gershom Scholem: Kabbalah and Counter-History*, 114 – 115, 117. Eine ähnliche Aussage Hamilzahgis zitiert Isaiah Tishby, *Wisdom of the Zohar*, 47 (Hebräisch), laut der Hamilzahgi sich als Maler sehe, der sowohl schöne, angenehme als auch furchterregende Formen wahrnehme und beide zusammen auf ein Blatt Papier bringe, wobei beide ihn weder im positiven noch im negativen Sinne beeinflussten.

Satanows wiederholte Zeugnisse, dass sich die Wahrheit der Worte selbst Bahn brechen werde. Scholem unternahm also eine Revision seiner ursprünglichen Thesen. Abrams ist der Meinung, dass sich kein qualitativer Unterschied zwischen Scholem und seinen Vorgängern finden lässt, auch wenn Scholem das Material mit neuen Daten ergänzt und es auf systematische Weise seinem Publikum präsentiert habe.[116] Dabei wurde die Situation gemäß der von der Wissenschaft des Judentums geforderten Distanz auf Grundlage einer rationalistischen Motivation korrigiert. Scholem ging von einem Kontinuum jüdischer Erfahrung in der Geschichte aus, innerhalb dessen auch die jüdische Mystik positioniert werden könne. Diese solle als jüdische Theologie und Lebenskraft eines Organismus kategorisiert werden, die mit der jüdischen Bibel beginnt und bis heute andauert. Die „Abtrennung“ eines einzelnen Teils der jüdischen Mystik vom Ganzen komme daher dem Vergehen der Häresie, dem „Abschneiden der Sprösslinge“ (*qiṣuṣ baneṭi‘ot*) gleich,[117] sowohl im akademischen als auch im theologischen Sinne.[118] Aus diesem Grund sollten Scholems Äußerungen zur radikalen Trennung zwischen den Disziplinen von Wissenschaft und Theologie und der Differenzierung zwischen Priestern und Gelehrten[119] nur in einer Hinsicht auf ihn selbst übertragen werden: Er übernahm zwar die kritischen Methoden des Historikers, hatte

116 Abrams, „Defining Modern Academic Scholarship“, 298.

117 In der berühmten Erzählung (tHag 2,3, ed. Lieberman, bHag 15a–b) von den vier Rabbinen, die ins *Pardes* eingingen und laut der nur Rabbi Akiva wieder unversehrt herabstieg, wird Aḥer, der dritte Teilnehmer, als der beschrieben, der „schaute“ und die Sprösslinge abschnitt, also zum Häretiker wurde. Zu dieser Erzählung und deren Interpretation siehe Michael D. Swartz, „Jewish Visionary Tradition in Rabbinic Literature“, in Charlotte Elisheva Fonrobert / Martin S. Jaffee (Hg.), *The Cambridge Companion to the Talmud and Rabbinic Literature*, New York 2007, 198–221, hier 201; und die ausführlichen Studien von Yehuda Liebes, *Ḥeṭ'o shel Elisha* [Die Sünde Elishas], Jerusalem 1990; sowie Annelies Kuyt in ihrer Untersuchung zum Abstieg in der Hekhalot Literatur: *The ‚Descent' to the Chariot*, Tübingen 1995.

118 Moshe Idel, „Jewish Mysticism and Jewish History“, *Theory and Criticism. An Israeli Forum* 6 (1995): 137–146 (Hebräisch); Abrams, „Defining Modern Academic Scholarship“, 300; zur Bedeutung dieses Begriffs in der theosophisch-theurgischen Kabbala siehe Tzahi Weiss, *Cutting the Shoots. The Worship of the Shekhinah in the World of Early Kabbalistic Literature*, Jerusalem 2015 (Hebräisch). Scholem wurde sicherlich in seiner Begriffswahl von diesen kabbalistischen Paradigmen beeinflusst. Zum Forschungsüberblick über Kabbala als Kontinuum oder Umbruch siehe ebd., 20–21.

119 „Tatsächlich bin ich der Meinung, daß jemand, der sich mit seinem Gegenstand völlig identifiziert, ein gewisses wissenschaftliches Maß verliert, ohne das es Forschung nicht gibt. Ein Gelehrter ist kein Priester; es ist ein Irrtum, danach zu streben, aus einem Gelehrten einen Priester zu machen.“ Scholem, „Identifizierung und Distanz“, 466. Dies war ein freundschaftlicher Seitenhieb auf Olga Froebe-Kapteyn (1881–1962), die Mäzenin dieser Tagungen in Ascona am Lago Maggiore: „Sie wollte ergriffene Redner, keine Professoren, obwohl sie alle Professoren hiessen.“

aber dennoch großes Interesse an einer ganz bestimmten Interpretation der kabbalistischen Literaturen für die damalige historische Befindlichkeit.[120] Von einem ganz ähnlichen Interesse an den kabbalistischen Texten für seine zeitgenössische Umwelt ist auch bei Satanow auszugehen.

Satanows „unwissenschaftlicher" Umgang mit kabbalistischen Texten, eine völlig vernachlässigte „Quellenarbeit" (vor allem zum *Zohar*, aber auch anderer Schriften) und eine eher assoziative Amalgamierung der Texte und Motive hatten ihn zunächst auf die Agenda Scholems gebracht. Er erfüllte jedoch genau jene Kriterien im Umgang mit den Texten, die für Scholem die Grundlage jüdischer Existenz und Freilegung der Lebenskraft jener Texte repräsentierten. Wie Scholem unternimmt Satanow den Versuch einer Positionierung zwischen *maskil* und *mequbbal*, auch wenn die von Scholem geforderten kritischen wissenschaftlichen Methoden noch keine Anwendung finden. Damit lässt sich unter Umständen Scholems Faszination für diesen Autor erklären. Eine Synthese mit wissenschaftlichen Kriterien wird von Satanow nicht auf der methodischen und methodologischen Ebene, sondern auf der inhaltlich-literarischen angestrebt. Seine Harmonisierung naturwissenschaftlich-philosophischer Erkenntnisse mit kabbalistischen Paradigmen unterschiedlichster Prägung[121] spiegeln für Scholem eine seltene Mischung dieser lebendigen Dynamik der jüdischen Existenz als lebendem Organismus wider, die am Übergang zur Moderne entstand und bisher noch nicht eingehend untersucht worden war. Satanow bringt den „Keller" mit dem „Obergeschoss" des Salons in Einklang. Seine Verwendung der *meliṣa*, die von Scholem in seiner Kritik der vorausgegangenen Generationen[122] in der genannten Jubiläumsrede beinahe als satirisch-polemische Stilübung einer kulturzionistischen Anwendung derselben vorgeführt wird,[123] zeichnet sich nicht nur durch Satanows meisterliche Handhabung derselben, sondern auch anhand ihrer

120 Scholem, „Offenbarung und Religion als religiöse Kategorien im Judentum", in ders., *Judaica 4*, 189–261 (zuerst erschienen in ders., *Über einige Grundbegriffe des Judentums*, Frankfurt a. M. 1970, 90–120). Eine kürzere, hebräische Fassung war 1966 in *Judaism* 15, 23–39 veröffentlicht worden. Siehe auch ders, „Zum Verständnis der messianischen Idee im Judentum", in ders., *Judaica 1*, 7–74.

121 Dass lurianische Traditionen einen höheren Stellenwert in den Diskussionen Satanows, besonders in *Imre Bina* einnehmen, wurde in Kap. 3 gezeigt.

122 Schäfer, „Scholem und die Wissenschaft", 124 und 134. Die *meliṣa* gehöre als religiöse Rhetorik laut Scholem zu dem religiösen Predigtstil (*derash*) der Wissenschaft, welche von einem nationalen Predigtstil und solcher Rhetorik gefolgt wurde, zu jenen Phasen, in denen die wirklichen Kräfte, die in der Welt wirksam sind, das „Dämonische" außerhalb des Bildes, das geschaffen wurde, repräsentieren. Siehe Scholem, *Devarim be-Go*, 402. Und genau jenes Dämonische wollte Scholem angeblich finden.

123 Schulte, „Scholems Kritik", 410.

inhaltlichen Synthese aus. Scholem kritisierte vornehmlich die Anwendung der *meliṣa* bei seinen Vorgängern als ein nicht den Quellen angemessenes Stilmittel, auf dessen Fundament kein stabiles Gebäude errichtet werden könne. *Meliṣa* sei wissenschaftliche Sprache, die nicht den Quellen und den wissenschaftlichen Maßstäben entspreche. Eine dergestaltige Wissenschaft verliere sich in der Analyse, der Klärung und dem „Auspressen“ der Einzelheiten (ähnlich den Mosaikteilen der *meliṣa*), doch verzichte sie auf die Zusammenfassung ihrer Resultate.[124] Daher brauche die Wissenschaft vom Judentum eine Reform (*tiqqun*),[125] wobei Zunz durch seine Wissenschaft die Emanzipation anstrebe,[126] während Scholem ein Judentum durch Wissenschaft schaffen wolle.[127]

Der existenzielle Stellenwert der Wissenschaft für seine Person und seine eigene Geschichtlichkeit wird in Scholems unterschiedlichen Aussagen zur „Wissenschaft des Judentums“ deutlich. Peter Schäfer verweist in seiner Diskussion der Beiträge Scholems zur Wissenschaft vom Judentum[128] und deren unterschiedlicher Rhetorik und Schärfe auf Scholems Revision derselben und sein späteres Bedauern darüber hin. Dies wird in einer kurzen Bemerkung in *Walter Benjamin – Die Geschichte einer Freundschaft*,[129] sowie im Interview mit Jean Bollack vom Oktober und Juni 1978 deutlich.[130]

> Nun, ich bedaure zutiefst, daß ich derart vor den Philistern des (Leo) Baeck-Instituts in London sprechen musste [...] Ich habe mich ungefähr so verhalten wie jene, die, ohne Nazi zu

124 Scholem, *Devarim be-Go*, 402.

125 In der lurianischen Kabbala der zentrale Begriff für die Erlösung bzw. Wiederherstellung des Kosmos und der göttlichen Ordnung. Siehe auch oben die Ausführungen Satanows zu Reformbestrebungen im Bereich der Bildung.

126 Leopold Zunz, *Zur Geschichte und Literatur*, in ders., *Gesammelte Schriften*, Bd. 1, Berlin 1875, 59; siehe auch Kohler, *Kabbalah Research*, 36–46.

127 Schäfer, „Scholem und die Wissenschaft“, 141.

128 In der hebräischen Fassung mit dem Titel „Mittokh hirhurim ’al ḥokhmat Yisra’el [Aus [einigen] Überlegungen über die Wissenschaft des Judentums heraus]“, ursprünglich als Rede zum 20. Jubiläum des Instituts für Judaistik an der Hebräischen Universität konzipiert, die 1944 in *Devarim be-Go* abgedruckt wurde. Die zweite Version hielt er am 7. September 1959 vor der Leo-Baeck Gesellschaft in London und sie war bereits 1950 im *Bulletin des Leo Baeck Instituts* veröffentlicht worden und dann erneut 1963 in *Judaica 1*, 147–164 auf Deutsch. Die deutsche Fassung wurde dann in *Judaica* 6, 1997 von Peter Schäfer in Zusammenarbeit mit Ulrike Hirschfelder und Gerold Necker herausgegeben.

129 Gershom Scholem, *Walter Benjamin – Die Geschichte einer Freundschaft*, Frankfurt a. M. 1975, 149.

130 Dieses Interview wurde auszugsweise auf Französisch in den *Actes de la recherche en sciences sociales* 35 (1980): 3–19 veröffentlicht.

> sein, bereit waren, in *Das Reich* zu schreiben. Der erste, hebräische Artikel war an ein Publikum gerichtet, das anders zu denken imstande war.[131]

Scholem konnte seine ursprünglichen Gedanken einem deutschen Publikum nicht mitteilen, wie er den Leser wissen lässt.

Auf ähnliche Weise hatte sich Satanow seiner Publikationstätigkeit und seinen bildungspolitischen Reformen, die er anhand seiner Publikationen erreichen wollte, verschrieben und zu diesem Zweck unterschiedliche „Gewänder" angelegt. Auch wenn die wissenschaftlichen Zugänge und die Methode der Erschließung der Quellen aus ihrem historischen Kontext heraus nicht unterschiedlicher hätten sein können, wird bei beiden Autoren auf ähnliche Weise ein Umdenken, eine Suche nach neuen „Begriffen und Kategorien" angestrebt. Satanows Integration kabbalistischer Quellen in seine traditionellen, philosophischen und naturwissenschaftlichen Überlegungen als „Lebenskraft" und verbindendes Element zwischen den unterschiedlichen Epochen übten auf Scholem wahrscheinlich einen großen Reiz aus, auch wenn er diesen Fall als „merkwürdige Amalgamierung der kabbalistischen Studien mit der neuen Gedankenwelt der Aufklärung"[132] bezeichnet. Doch „eine Studie über diese eigenartige Figur steht noch aus [...] und [Satanow] kann nicht zu den deutschen Juden gerechnet werden, auch wenn er einen großen Teil seines Lebens in Berlin verbrachte."[133] Satanows Zugehörigkeit zur osteuropäischen Gedankenwelt[134] und deren Verwurzelung in rabbinischem Denken bzw. dessen Methoden stehen fraglos im Hintergrund der Andeutungen Scholems.

Persönlichkeiten wie Satanow und Maimon waren oftmals von der Wissenschaft des Judentums in den Generationen vor Scholem wegen ihrer kabbalistischen Studien in hohem Maße vernachlässigt bzw. des Betrugs und der Fälscherei bezichtigt worden, doch gab es auch rühmliche Ausnahmen.

4.3 Satanow innerhalb der „Wissenschaft des Judentums"

Fälschereivorwürfe gegen Satanow werden vor allem bei Heinrich Graetz laut, der ihm aufgrund seiner Zoharausgabe Täuschung vorwarf.[135] Doch diesen negativen

---

131 Ebd., 4; deutsche Übersetzung bei Schäfer, „Scholem und die Wissenschaft", 148. Zum Unterschied der beiden Fassungen ebd., 143–149.

132 Scholem, „Die letzten Kabbalisten in Deutschland", in ders., *Judaica 3*, 219.

133 Ebd., 220.

134 Vgl. unten Delitzschs Einordnung Satanows in die polnisch-slawische Schule.

135 Graetz, *Geschichte der Juden*, Bd. 11, 121. Mehr zu Graetz siehe unten.

Einschätzungen steht der Aufruf Leopold Zunz’ entgegen, der zur Restaurierung von Satanows Grabstätte als derjenigen eines Menschen, der sein Leben der „Veredelung seiner Brüder“ gewidmet hatte, aufforderte.[136] In diesem Austausch stehen sich erneut ein historisch orientierter Wissenschaftler und ein Literaturwissenschaftler gegenüber, wobei letzterer als einer der Gründer des *Vereins für Cultur und Wissenschaft der Juden* 1819 schon im Sinne Scholems von der belebenden Kraft der Wissenschaft in ihrer Anwendung auf die Quellen und literarischen Überlieferungen ebenso überzeugt war wie von der Möglichkeit, das kulturelle Vermächtnis des Judentums in den Kontext des kulturellen Erbes Europas einzuordnen.[137]

Die Einordnung eines Gelehrten wie Satanow hängt nicht nur mit dessen Bewertung in der jüdischen Geschichte und der Geschichte der jüdischen Literatur oder der Kabbala zusammen, sondern in besonderem Maße auch mit dem jeweiligen Selbstverständnis der Forschenden. Satanows Wiederaufnahme kabbalistischer Symbolik und zentraler Themen der jüdischen Mystik wird je nach ideologischem und methodischem Zugang in der Forschung unterschiedlich bewertet – je nachdem, wie sich die jeweilige forschungsgeschichtliche Position in Bezug auf die kabbalistischen Literaturen verortet. Dies kann an den folgenden Beispielen aus den Reihen der Wissenschaft des Judentums und darüber hinaus exemplarisch gezeigt werden.

4.3.1 Satanow als Literat

Es soll an dieser Stelle im Anschluss an Steinschneiders Urteil über Satanow als „einzig wahre[m] Literat[en]“ ein kurzer Überblick über die – meist positive – Bewertung von Satanow innerhalb der literarkritischen Beurteilungen der Wissenschaft des Judentums gegeben werden, wie sie z. B. von Leopold Zunz,[138] Isaak Markus Jost,[139] Abraham Alexander Wolf,[140] Julius Fürst,[141] Moritz Steinschnei-

---

136 Siehe oben Abschnitt 1.1.

137 Michael M. Meyer, „Jüdisches Selbstverständnis“, in ders. / Michael Brenner / Stefi Jersch-Wenzel (Hg.), *Deutsch-jüdische Geschichte der Neuzeit. Bd. 2: 1780 – 1871*, München 2000, 135 – 176, hier 144. Siehe auch Naḥum Glatzer (Hg.), *Leopold Zunz. Jude, Deutscher, Europäer. Ein jüdisches Gelehrtenschicksal des 19. Jahrhunderts in Briefen an Freunde*, Tübingen 1964; Giuseppe Veltri, „A Jewish Luther? The Academic Dreams of Leopold Zunz“, *Jewish Studies Quarterly* 7,4 (2000): 338 – 351.

138 Leopold Zunz, *Ritus des synagogalen Gottesdienstes*, Berlin 1859; neue hebräische Edition mit Ergänzungen als *Rites of Synagoge Liturgy*, übs. v. Ze’ev Breuer, hg. v. Avraham Fraenkel, Jerusalem 2016 (Hebräisch); zu Satanow ebd., 173, 178, 259 – 264.

139 Isaak Markus Jost, *Geschichte des Judentums und seiner Sekten. Dritte Abteilung*, Leipzig 1859.

der[142] und dem lutherischen Theologen und Kenner der hebräischen Literatur Franz Delitzsch,[143] der der Wissenschaft des Judentums und seinen Vertretern besonders verbunden war, vertreten wurde.[144] Ebenso wird den beiden Verfassern von Untersuchungen zum *Zohar* David Heimann Joel[145] und Christian Ginsburg,[146] Beachtung geschenkt. Bei diesem Überblick kann keinerlei Anspruch auf Vollständigkeit erhoben, eher sollen grundlegende Interpretationslinien zu Satanow, seinem Stellenwert und seiner Rezeption in den nachfolgenden Generationen von Forschern skizziert werden.

4.3.1.1 Leopold Zunz (1794–1886)

Zunz[147] kritisiert zunächst Satanows Emendationen und Erläuterungen in seinem *Iggeret Bet Tefilla* (1773) und seinen Ausgaben des Gebetbuches, der *Pesach-Aggada* und der *Seliḥot*. Es wurde zwar so manches verderbte Wort verbessert, so Zunz, aber auch so manches unberechtigterweise hineinkorrigiert. Er verweist auf die „Ausmerzung" des selbst von Salomo Hanau rezipierten *shenishtaleḥah* (die [Hand, die] weggezogen wurde) des Musafgebets, das Satanow durch *ha-sheluḥah* (die weggezogene [Hand]) ersetzt habe. Dieses ist seitdem in dieser Form im

140 Abraham Alexander Wolf, *'Aṭeret Shalom we-Emet. Die Stimmen der ältesten glaubwürdigsten Rabbinen über die Pijutim*, Leipzig 1857.

141 Julius Fürst, *Bibliotheca Judaica. Bibliographisches Handbuch umfassend die Druckwerke der Jüdischen Literatur einschliesslich der über Juden und Judentum veröffentlichten Schriften nach alfabetischer Ordnung der Verfasser*, Bd. 3, Leipzig 1863. Zu Fürsts Beurteilung von Satanow in *Bibliotheca Judaica*, Bd. 3 siehe auch Lohmann (Hg.), *Chevrat Chinuch*, 258.

142 Moritz Steinschneider, „Hebräische Drucke in Deutschland (Berlin 1762–1800)", *Zeitschrift für die Geschichte der Juden* 5,2 (1892): 154–186. Zu Steinschneiders Forschung als Höhepunkt der Wissenschaft des Judentums im 19. Jahrhundert siehe Siegfried Wagner, *Franz Delitzsch. Leben und Werk*, Gießen 1991, 54–55.

143 Franz Delitzsch, *Zur Geschichte der jüdischen Poesie vom Abschluss der Heiligen Schiften Alten Bundes bis auf die neueste Zeit*, Leipzig 1836; ders., *Formenlehre der jüdischen Poesie. Nebst einem einleitenden Vorentwurf einer Geschichte der jüdischen Poesie von der Vollendung des zweiten Tempels bis auf die Gegenwart*, Leipzig 1836.

144 So edierte er zusammen mit Steinschneider die Schrift *'Eṣ Ḥayyim* des Karäers Ahron ben Eliyahu und arbeitete mit Fürst an einer gemeinsamen hebräisch-aramäischen Konkordanz. Siehe auch Sabel, *Geburt der Literatur*, 75–80.

145 David Heimann Joel, *Die Religionsphilosophie des Sohar und ihr Verhältnis zur allgemeinen jüdischen Theologie*, Leipzig 1849.

146 Christian David Ginsburg, *The Kabbalah. Its Doctrines, Development, and Literature*, London ^{2}1920, zuerst veröffentlicht als Appendix zu *Proceedings of the Literary and Philosophical Society of Liverpool* 19 (1864–1865): 83–232.

147 Leopold Zunz, *Ritus*, Berlin 1859, 175. Zu Zunz und Kabbala siehe Kohler, *Kabbalah Research*, 36–46.

Musafgebet erhalten. Laut Zunz sind viele seiner Korrekturen in den *Seliḥot* (Bußgebete) fehlerhaft, da er keine Handschriften zu Rate gezogen habe. Er habe dadurch nicht selten „gegen Phantome Kriege geführt". In seinen detaillierten Ausführungen zum Terminus *shenishtaleḥah* im Musafgebet in Beilage VIII (im Anhang der Schrift)[148] zu den Nitpa'el-Bildungen im *Piyyuṭ*, der synagogalen Poesie, und deren rabbinischen Belegen und Ableitungen, liefert Zunz ein Beispiel für derartige „Kriege": Satanow ziehe als Belegstelle für seine Korrektur Ez 2,9 (*we-yado sheluḥah*) heran, diese sei aber von Elasar (Ben Kalir) im *Zulat* (ein *Piyyuṭ*, der an Shabbat und den Feiertagen in das Morgengebet eingeschaltet wird)[149] *Adonai Ma'on* in anderer Bedeutung gebraucht worden, so in Beilage VIII. In Beilage IX[150] diskutiert Zunz Satanows unrichtige Korrekturen und Emendationen in seiner Ausgabe der *Seliḥot* weiter. Doch Zunz gibt zu, dass Satanow in einem Fall (*akappera pene melekh*) „keine größere Schuld treffe als seine Vorgänger", selbst wenn er durch seine Änderung den Irrtum vergrößere.[151] Zunz' Urteil am Ende der Beilage „doctrinäre Sprachverbesserer sind keine Textkritiker" sollte meines Erachtens nicht auf Zunz' Gesamtbewertung von Satanow übertragen werden,[152] auch wenn das zunächst als naheliegend erscheinen mag. Er hatte bei dieser Aussage wohl eher die reformatorischen Absichten der Maskilim bezüglich der hebräischen Sprache als Satanows literarische Fähigkeiten im Blick. Zudem rechnet Zunz Satanows *Iggeret Bet Tefilla* (1773) zur „Morgenröthe des Mendelssohn'schen Zeitalters".[153] Eine allgemein negative Interpretation von Satanows Schriften würde sich nur schwerlich mit Zunz' Aufruf zur Restaurierung des Grabsteines als eines verdienten Gelehrten und der Inschrift darauf vereinbaren lassen:

> Hier ist begraben ein kundiger Beschwörer, aus dem Zelte der Tora wich er nicht, und seine Hände waren verläßlich im Schreiben seiner Werke bis die Sonne unterging, es ist der rabbinische Weise, unser Lehrer und Meister Jizchak Halevi aus Satanow, sein Name war bekannt in den Toren, und der Levite entschloß sich, hier zu wohnen, und hier verfaßte er den Großteil seiner Lehre [...].[154]

---

148 Zunz, *Ritus*, 229 – 230.

149 Es handelt sich um eine Einschaltung in den dritten Segensspruch der Amida nach dem Wort *zulatekha*, daher die Bezeichnung *zulat*.

150 Zunz, *Ritus*, 231 – 233.

151 Ebd., 232.

152 Wie dies z. B. von Moshe Pelli, „Isaac Satanow's ‚Mishlei Asaf' As Reflecting the Ideology", 226 Fn 4 vorgeschlagen wird.

153 Zunz, *Ritus*, 175.

154 Nathanja Hüttenmeister / Christiane E. Müller, *Umstrittene Räume: Jüdische Friedhöfe in Berlin*, Berlin 2005, 60. Siehe auch Zunz' Äußerung zu den „Redensarten nach der Manier von

4.3.1.2 Isaak Markus Jost (1793–1860)

Jost folgt in seiner *Geschichte des Judenthums und seiner Sekten*[155] der Wertung von Zunz, indem er sich zu Beginn seiner kurzen Bemerkungen in den Nachträgen seines Werkes unmittelbar auf Zunz' *Ritus* von 1859 bezieht. Ihm habe das Buch von Zunz beim Abschluss seiner Schrift noch nicht vorgelegen, es könne aber nun hier in den Nachträgen zu allen drei Abteilungen seiner Schrift berücksichtigt werden.[156] Jost äußert sich im Hauptteil der Schrift (S. 65–66) durchaus fachkundig und positiv zum Verhältnis von Philosophie und Mystik, wenn er schreibt:

> Wenn die Philosophie von *Geheimnissen* spricht, so redet sie nur von Lehren, die man aus Besorgniss vor Missbrauch nicht öffentlich vorträgt, weil nicht jedem Zuhörer die Befähigung und Reife innewohnt; die *Geheimnisse* der *Mystik* aber sind anderer Natur und erfordern eine *heilige Weihe*. Die *Mystik* musste daher die *Philosophie* abstossen, welche ihr anmassend erschien, und die *Philosophie* jene, weil sie dem einfachen Verstande die Thore verschloss und nur auf dem Boden der Phantasie ihren Bau aufführte. Jene mied die Philosophie als Heidenthum, im Sinne der *Gottlosigkeit*, und diese die Mystik im Sinne des *Götzendienstes.* Dennoch hat keine dieser Richtungen die andere verketzert, sondern beide verfolgten neben einander ihre verschiedenen Bahnen, wenn nur das Gesetz aufrecht erhalten und geübt ward. Daher finden wir auch häufig, dass phantasiereiche Philosophen und Talmudisten in die Mystik, und wiederum Mystiker, welche ihre Vorstellungen verallgemeinern mochten, in die Philosophie eindrangen, und überhaupt, dass sämmtliche Geisteserzeignisse, welche aus ernster Beschäftigung mit dem Wesen des Judentums hervorgingen, wenn auch hie und da als irrig getadelt, als berechtigt angesehen wurden und deren Vertreter sich gegenseitig mit Achtung behandelten.

Besamim Rosh

Jost diskutiert Satanow in Zusammenhang der Ausgabe von *Besamim Rosh* von Shaul Berlin und Satanow. Die Sammlung mit dem Titel *Besamim Rosh* (Titel nach Ex 30,23 „Nimm dir die edlen Gewürze / Balsam von bester Sorte [*besamim ro'sh*] [...]") war ab 1793 unter der Leitung von Satanow erschienen, der sich als Herausgeber und Besitzer der Handschriftenvorlage zu erkennen gab und auch eine

---

Isaac Satanow"; Zunz, *Ritus*, 226. Siehe hierzu auch die Antwort Steinschneiders („niemand hat Satanow der Theilnahme beschuldigt, selbst nicht Carmoly") und Graetzens („Fälscherei") nach Steinschneider, „Hebräische Drucke", 176–177. Zunz hatte indes wenig für den Chassidismus übrig, den er als Beispiel völliger Unzivilisiertheit bzw. Kulturlosigkeit darstellt. Siehe seinen Brief an Samuel Meyer Ehrenberg, den Inspektor der Samsonschen Freischule in Wolfenbüttel und einem der Führer des Reformjudentums in Deutschland, vom 3. Oktober 1820, in Glatzer (Hg.), *Leopold Zunz*, 112.

155 In seinen Anmerkungen zu Abtheilung III, zu Seite 59 bei Zunz, *Ritus*, 396–400.

156 Zu Jost und Kabbala Forschung siehe Kohler, *Kabbalah Research*, 26–35, 148–155.

Approbation zum Werk verfasst hatte.[157] Die 110 Seiten der Originalhandschrift dienten nur als Grundlage, um weitere, ausführliche Abhandlungen mit vierfachem Umfang hinzuzufügen. Die Echtheit der Sammlung war durch den Verweis auf den Vater des Herausgebers belegt. Dieser habe vom greisen Ezechiel Landau in Prag ein Vorwort für die Druckfassung erbeten, was aber aufgrund seines hohen Alters abgelehnt worden war. Die Handschrift der Sammlung trage ein Vorwort des Sammlers Isaak von Molina aus dem 16. Jahrhundert, der die Handschrift aus einer großen Sammlung in Alexandrien erstanden habe – so die Einleitung. Das Werk sei nun dank einer ansehnlichen Ziffer von Pränumeranten erschienen, was auf ein gewisses Vertrauen in den Herausgeber schließen lasse. Nach ersten Bedenken hinsichtlich der Echtheit des Inhalts wurde ein Flugblatt veröffentlicht, um das Werk in Schutz zu nehmen. Auch David Azulai konnte seine Zweifel bei der Erwähnung des Werkes 1796 nicht zurückhalten und merkte an, dass er „vorgefallene Fälschungen“ vermute. So auch Geiger im Jahr 1849, der ohne Nachweis behauptete, das Werk sei „anerkannt untergeschoben“ worden. Zunz habe nun den Experten H. J. Michael in Hamburg beauftragt, das Werk zu untersuchen und das Ergebnis von dessen scharfsinniger Prüfung ergebe, dass es höchstwahrscheinlich aus der Feder Satanows oder Shauls geflossen sei. Es beinhalte Gedanken, die dem 13. Jahrhundert fernlägen und eher dem Kreis der *Me'assfim* zuzuordnen seien. Somit sei die Rede vom Betrug bezüglich des ohnehin schon der Ketzerei verdächtigten Satanow aufgekommen. Er habe die Unverschämtheit besessen, die „Ansichten der freisinnigen Gegenwart“ in das 13. Jahrhundert hineinzutragen, doch habe er dies so glücklich ausgeführt, dass er erst nach einem halben Jahrhundert entlarvt worden sei. Jost fragte sich daher, warum ihn noch im Jahr 1826, als der mutmaßliche Täter schon verstorben war und man keinen mehr zu schonen brauchte, der strenge „Rabbinist“ J. Moser in Berlin, der ein hervorragender Kenner der örtlichen Verhältnisse gewesen sei, auf das Werk aufmerksam gemacht habe, ohne etwas von Betrug zu ahnen. Dies beweise, dass man am „Ort der That“[158] nichts von einem „Verbrechen“ gewusst habe, auch wenn so mancher die Echtheit der Schrift bezweifelt habe. Jost verteidigt daraufhin Satanow, der keinesfalls des Verrats anzuklagen sei, und beschreibt ihn unter dem Hinweis auf die mündlichen Angaben von Eljakim Carmoly, eines heute zugegebenermaßen bekannten Betrügers und Fälschers von Handschriften. Zu den Einleitungen von Satanows Schriften führt er aus:

> Dieser geistreiche Mann kam etwa 1772 aus Podolien, wo er, in den Handelsgeschäften unglücklich, Frau und Kinder zurückliess, als armer Gelehrter nach Berlin. Um seine Familie zu

---

157 Zur Einordnung dieser Schrift bei Steinschneider siehe „Hebräische Drucke“, 170 und 176.
158 Jost, *Geschichte des Judentums*, 398.

> ernähren, gab er eine Anzahl sehr geschätzter Schriften in hebräischer Sprache heraus, die ihm einigen Ruf verschafften. Seine rabbinische Gesinnung war etwas verdächtig, aber seine Kenntnisse und seine Gewandtheit im Benehmen öffneten ihm die angesehensten Häuser. Da er nebenher Handel trieb, der aber auch hier nicht gelingen wollte, so ward er im J. 1784, als der Verein für die Knaben-Erziehung in Berlin eine hebräische Druckerei anlegte, mit der Leitung derselben betraut. (Es war damals ein Ereignis, das man durch eine Abraham-son'sche *Münze* feierte!) Das erste Werk, das man druckte, war aus seiner Feder, nämlich *waya'atar Yitzhaq*, ersch. 1785. Er sorgte zugleich für den Verschleiss der Bücher. Er hatte nun Gelegenheit zu bemerken, wie er öfters selbst es ausspricht, dass *Bücher aus dem Alterthum* besseren Absatz fanden, als neue Schriften, wenn diese auch in Betreff des Inhalts jene bei weitem überträfen. Dieser Neigung Rechnung tragend, verfasste er eine Anzahl Schriften mit unterstellten älteren Namen, die er auf solche Weise leichter an den Mann brachte. Jedermann wusste dies; niemand würde dadurch getäuscht; aber es war eine beliebte Form. (Für das Vorzüglichste halten wir sein *Imre Bina*). Kenner fanden die Kunst und Gewandtheit der Ausführung ergötzlich und noch heute muss man seine Feder bewundern. Er selbst bespricht dieses Verfahren ganz ehrlich in der Einleitung zu seiner Cusari-Ausgabe. In einem Verzeichnisse der Drucke seiner Werkstatt, welches 1796 erschien,[159] giebt er alle die Werke an, die er unter fremden Namen geschrieben, oder woran er Hand angelegt hat.[160]

Nach diesen äußerst positiven Bemerkungen zu Satanow inklusive der Rechtfertigung gefälschter Approbationen, verweist Jost darauf, dass Satanow *Besamim Rosh* nicht erwähne und deshalb vermutlich nie in der Hand gehabt habe. Im weiteren Verlauf erläutert er die in diesem Werk zu findende fiktive Erklärung Maimons zu den Karäern und führt aus, dass es in jenem Jahrhundert viele freisinnige Darlegungen aus den maimonidischen Werken gegeben habe. Auch die Fehler würden höchstens beweisen, dass ältere Abschreiber den Text entstellt hätten, was aber kein Beleg für eine absichtliche Fälschung oder Betrug darstelle. Die Berliner Herausgeber seien wahrscheinlich selbst getäuscht worden und die Hauptschuld liege beim türkischen Verkäufer der Handschrift, der in der Einleitung erwähnt wird, da er nicht die Urschrift, sondern eine fehlerhafte Abschrift zum Kauf angeboten habe. Die Käufer hätten die fremdartigen Begriffe fälschlicherweise als Indiz der Echtheit identifiziert und daher seien die Herausgeber unschuldig. Es solle der geschichtlichen Wahrheit durch diese Korrektur Rechnung getragen und die angeblich „Schuldigen", d. h. Satanow, müssten von aller Schuld freigesprochen werden.

---

159 Es handelt sich dabei um *Sefer ha-Galuy we-ha-Ḥatum* [Buch des Aufge- und Unterzeichneten], Berlin 1783/84.

160 Jost, *Geschichte des Judentums*, 398 – 399. Siehe auch Eljakim David Carmoly (Goschel David Behr) (1802 – 1875), *Toledot Gedole Yisra'el – Ḥadashot we-Gam Yeshanot* [Geschichten der Großen Israels – neue und auch alte], Metz 1828.

Man sieht bereits in der Generation nach Zunz, dass dessen kritische Bemerkungen zu Satanows Zuverlässigkeit bezüglich der Textüberlieferung bzw. seine falschen Korrekturen und Emendationen erste Spuren hinterlassen hatten, so dass Jost sich gezwungen sah, diese negative Beurteilung zu korrigieren und Satanows literarisches Wirken zu würdigen. Die Zuschreibung an antike Autoren war gängige Praxis, welche jedem Leser bekannt war und aufgrund derer ihm kein Vorwurf des Betrugs und der Fälscherei gemacht werden konnte, da Satanow selbst in seiner Einleitung zum *Kuzari* dieses Vorgehen beschrieben habe. Die sprachliche Kunstfertigkeit, vor allem in *Imre Bina*, sei beeindruckend. Jost erwähnt zwar kommerzielle Abwägungen Satanows, stellt diese jedoch nicht in den Vordergrund. Im Unterschied dazu habe Zunz nach der Auskunft Steinschneiders erzählt,[161] dass Satanow auf Kritik entgegnet haben soll: „Ich hab mein Geld!" Laut Jost nennt er aber nirgends ehrgeizige oder sonst persönliche Zwecke oder habe verpflichtende Stellung im Leben und in den Parteien eingenommen.[162]

4.3.1.3 Abraham Alexander Wolf (1801–1891)

Wolf führt Satanow nur zu einer Stelle im *Kuzari* (Berlin 1795, 316 ff) an,[163] bezeichnet ihn dort aber immerhin als „in allen Dichtungsarten bewandert" und nennt exemplarisch seinen Kommentar zur diskutierten Stelle im *Kuzari*. Damit übermittelt er zugleich Satanows Überzeugung, dass man „in den meisten Pijutim [...] um des Gleichklanges willen den Inhalt getrennt hat".[164] Satanows Definition zur Vollkommenheit der *Piyyuṭim* wird von ihm wie folgt beschrieben:

> Aber außerdem haften noch mehrere Mängel an denselben. Bekanntlich wird die Vollkommenheit jeder Sache, nach a) Stoff, b) Form, c) Urheber und d) Zweck derselben geprüft. a) Die Vollkommenheit des Stoffes des Pijutim besteht darin, daß sie in reiner Sprache nach den grammatischen Regeln derselben abgefaßt sind und keine Sprachmischung sich darin findet; unsere Pijutim aber sind zusammengesetzt aus vielen Sprachen, aramäisch, babylonisch d. h. talmudisch und die Hälfte falsches Hebräisch – als kannten sie keinen Unterschied [...] Solcher Fehler und Versündigungen gegen den Sprachbau sind unzählige. Vielleicht (fügt er ironisch bei) war es ihre Absicht zu zeigen, daß sie die Sprache besser

161 Steinschneider, „Hebräische Drucke" 162.

162 Zur scharfen Kritik Steinschneiders an Jost, die an vielen Stellen zu finden ist, siehe Steinschneider, *Bibliographisches Handbuch über die theoretische und praktische Literatur für hebräische Sprachkunde*, Leipzig 1859, xxxii–xxxv.

163 Wolf, *'Aṭeret Shalom*, 28–29.

164 Zu dieser Literaturform und ihren Ausprägungen siehe vor allem die zahlreichen Arbeiten von Elisabeth Hollender, z. B., *Piyyut Commentary in Medieval Ashkenaz*, Berlin 2008; dies., *Clavis Commentariorum of Hebrew Liturgical Poetry in Manuscript*, Leiden 2005; dies., „Hochzeitspiyyuṭim und ashkenazische Dichtkunst", *Frankfurter Judaistische Beiträge* 38 (2013): 49–67.

> verstehen, als die Verfasser der heiligen Schrift. b) Die Vollkommenheit der Pijutform ist die Lobpreisung Gottes und die Entfernung jedweden Mangels von ihm, aber die Peitanim haben nicht nur keine Lobpreisung (*tehila*), sondern Thorheit (*tahala*), Spott; denn aus mangelhafter Kenntnis des hebräischen Sprachgebrauches werden sie verleitet Blasphemien zu sagen.[165]

Im weiteren Verlauf folgen noch die übrigen Kennzeichen für Vollkommenheit der *Piyyuṭim* nach Form, Urheber und Zweck nach den Angaben Satanows. Satanow wird als autoritative Quellen für Definitionen des *Piyyuṭ* angeführt, doch wird in diesem Zusammenhang auch auf seinen Humor bzw. die Ironie in seinen Schriften und Anmerkungen verwiesen. Dieser Hinweis auf Satanows Witz und Humor findet sich später auch bei Steinschneider und Delitzsch' ausführlichen Besprechungen der Person Satanows.

4.3.1.4 Julius Fürst (1805 – 1873)

Nachdem Julius Fürst im zweiten Band seiner *Bibliotheca Judaica* Satanow an einzelnen Stellen als Herausgeber nennt,[166] äußert er sich im dritten Band[167] ausführlicher zu ihm. Neben der Angabe zur Geburt am 29. Elul 1732 in Satanow gibt Fürst keine weiteren Details zur Person an. In der sorgfältigen Auflistung sämtlicher Werke Satanows und deren inhaltlicher und formaler Zusammengehörigkeit nennt Fürst die Korrekturen Satanows (z. B. zu den *Seliḥot*) nur in positiver Hinsicht und verweist darauf, dass er sich vor allem durch eine detaillierte Kenntnis der Verwendung der jeweiligen Handschriften und der kurzen Skizzierung der Quellenlage auszeichne. Hervorzuheben seien vor allem die Angaben zu den Drucken lurianischer Kabbala bzw. diejenigen Schriften Satanows, die Kabbala und Philosophie zu vereinen suchten.

So liest man zu *'Eṣ Ḥayyim:*

> von Is. Loria (s.d.), worin *Sefer Ozrot Ḥayyim*, *Sefer Drushim*, *Sefer Kawwanot ḥeleq* א *u* ב, *Sefer Gilgulim*, *Sefer Liqqutim* u.s.w., sämmtlich in der Bearbeitung Chaj. Vital's. Nach einer fast 200 Jahre alten HS. herausgegeben von Is. Satanow: Zolkiew 1772, f.; Korez 1785, f.[168]

---

165 Wolf, *'Aṭeret Shalom*, 28 – 29.

166 Julius Fürst, *Bibliotheca Judaica*, Bd. 2, Leipzig 1863, 69, 133, 236, 303 – 306, 363.

167 Fürst, *Bibliotheca Judaica*, Bd. 3, 251 – 254. Weitere Nennungen von Satanow auf 565, 575, 578, 604 – 605, 627, 645, 652.

168 Ebd., 252. Fürst hatte hier die zweite Auflage von 1785 vorliegen, nicht die erste von 1782.

Interessant ist hier vor allem der Hinweis auf die Handschriftenvorlage – auch wenn Jahr und Ort nicht mit den heutigen Erkenntnissen übereinstimmen.[169] Diese Behauptung bekräftigt die oben genannte These, dass Satanow im Besitz einer Handschrift gewesen sein könnte, die als Druckvorlage der Koretzer Ausgabe diente, und dass Krüger ihn auch aus diesem Grund als Mitherausgeber hinzugezogen hatte. Zu *Peri ʻEṣ Ḥayyim* schreibt Fürst:

> [...] oder 4 Abschnitte über Gegenstände der Mystik, aus Is. Loria's Schriften von Chaj. Vital gezogen,[170] herausgegeben von etc.: ib. 1785, f.

Fürsts Aussagen zu *Imre Bina* lassen auf einen geplanten weiteren Band schließen:

> *Imre Bina ḥeleq* א. Kabbala und Philosophie und ihre Versöhnung, in Form von Gesprächen dargestellt: Berlin 1784, 4. Ein *ḥeleq* ב dieses Werkes ist nicht erschienen.[171]

Im Nachtrag wird dann erneut auf diesen zweiten Teil verwiesen:[172] „8) *Imre Bina ḥeleq* ב. Zweiter Theil des Imre Bina, aus 4 Abschnitten bestehend." Bisher konnte dieser zweite Teil von *Imre Bina* nicht gefunden werden und Satanow kündigt in der Schrift selbst auch keine weitere Fortsetzung an. Während Fürst im Eintrag zu *Imre Bina* anmerkt, dass dieser zweite Teil noch nicht erschienen sei, liest man im Nachtrag, er sei bereits publiziert und bestehe aus vier Abschnitten. Auf die geplante Herausgabe eines zweiten Teiles lässt zudem der Hinweis Satanows in *Me'assef* 4 (S. 236) schließen, wo ein solcher angekündigt wird.[173] Doch legt sich nach inhaltlichen Analysen der Verdacht nahe, dass ggf. *Sefer ha-Middot* als zweiter Teil von *Imre Bina* zu betrachten ist, zumal beide im selben Jahr er-

---

169 Zur Diskussion der Handschriften-Landschaft der lurianischen bzw. post-lurianischen Schriften siehe Joseph Avivi, *Kabbalah Luriana*, 3 Bde., Jerusalem 2008 (zu *ʻEṣ Ḥayyim*, Bd. 1, 110–126); Abrams, *Kabbalistic Manuscripts*, 711–712.

170 Auf die komplexe Überlieferungs- und Redaktionsgeschichte der lurianischen Schriften durch Ḥayyim Vital, dessen Sohn Shmuel, Jakob Zemaḥ, Abraham Azulai und Meir Poppers kann an dieser Stelle nicht eingegangen werden. Siehe hierzu Gerold Necker, *Einführung in die lurianische Kabbala*, Frankfurt a. M. / Leipzig 2008, 19–76, besonders 47 und 52 zu den Drucken in Koretz. Dem Druck von 1782 lag die Version von Meir Poppers *Derekh ʻEṣ Ḥayyim* zugrunde, dessen Titel von Satanow in *ʻEṣ Ḥayyim* geändert wurde. Siehe Meir Poppers Einleitung in der Ausgabe von Warschau 1890 und Jerusalem 1988, 3.

171 Fürst, *Bibliotheca Judaica*, Bd. 3, 253.

172 Ebd., 254.

173 Siehe Moritz Steinschneider, *Catalogus Librorum Hebraeorum in Bibliotheca Bodleiana*, Berlin 1852–1860, 2503: „Pars II et *Mishle Assaf* cum hujus specimine annunciantur in *Me'assef* IV, 236."

schienen. *Imre Bina* führt nach Satanows Intention zur intellektuellen Vervollkommnung der Leser, während *Sefer ha-Middot* dies in ethischer Hinsicht anstrebt. Daher könnte mit diesem Hinweis eben jenes *Buch der Ethik* gemeint sein.[174]

Zu Satanows *Zohar Tinyana* notiert Fürst:

> Verschiedene kabbalistische Gegenstände in der Sprache des Sohar abgehandelt, so wie Vereinigungsversuche zwischen Kabbala und Philosophie. Als Probe eines zweiten Sohar über den Pentateuch. Angehängt ist ein Gutachten über die Polemik gegen die Echtheit des Sohar von Jak. Emden: ib. 1793, 8.[175]

Auf die angedeutete Polemik wurde oben bereits eingegangen, aber es ist gleichfalls zu beachten, dass Fürst (ähnlich wie in seinem Kommentar zu *Imre Bina*) auf den Harmonisierungsversuch zwischen Kabbala und Philosophie aufmerksam macht, wobei Philosophie bei Fürst Naturwissenschaft einschließt – wie bei Satanow *ḥaqira* sowohl naturwissenschaftliche als auch philosophische Untersuchung bedeuten kann.

4.3.1.5 Moritz Steinschneider (1816 – 1907)

Man sollte Satanows Charakterisierung als „Literat und Schriftsteller"[176] in einem sehr weit gefassten Sinne verstehen, etwa so, wie wir es bei Steinschneider finden:

> 1772 beginnt die schriftstellerische Thätigkeit des, in seiner Art einzigen Literaten Isak b. Moses ha-Levi aus Satanow (er schreibt sich ‚Satnow'), vulgo Itzig Satanow, der allein eine kleine Druckerei beschäftigen konnte, und dessen Schriften und Ausgaben bis zum Todesjahre 1804 (25. Dez.) eine stehende Rubrik in den typographischen Annalen dieser Periode bilden. [...] Es ist sehr zu bedauern, daß wir keine unbefangene und eingehende Schilderung dieses Mannes aus einer Zeit besitzen, in welcher noch die Tradition über Persönliches ergänzen konnte, was aus seinen Schriften, schon wegen der berührten Eigenthümlichkeit, nicht zu schöpfen ist. [...] Satanow war Schriftsteller von Profession im eigentlichen Sinne

---

174 Siehe zu dieser Thematik ausführlich Elke Morlok, „Isaac Satanow (1732–1804) on Moral and Intellectual Perfection", *European Journal for Jewish Studies* 14,2 (2020): 300 – 333.

175 Fürst, *Bibliotheca Judaica*, Bd. 3, 253.

176 Ob man allerdings mit Shmuel Feiner so weit gehen und ihn als „zwanghaften Literaten" bezeichnen sollte, sei dahingestellt. Siehe Shmuel Feiner, *Haskala – Jüdische Aufklärung. Geschichte einer kulturellen Revolution*, Hildesheim u. a. 2007, 312. Zu Kabbala und Steinschneider siehe auch Kohler, *Kabbalah Research*, 94 – 99.

> des Wortes, aber ein geschickter, fleißiger und erfolgreicher, und letzteres nicht bloß wegen seines Talentes, die verschiedenartigen Stoffe in eine entsprechende Stilform zu kleiden.[177]

Die ausführlichsten Erläuterungen zu Satanows literarischem und editorischem Wirken finden sich bei Moritz Steinschneider, der laut Scholem (wie Zunz) zur frühen Phase der Wissenschaft des Judentums zu zählen ist. Diese Persönlichkeiten hatten Scholem selbst „schon immer angezogen“ und als deren rebellischer Nachfolger betrachtete er sich in gewisser Weise.[178] Steinschneider hebt vor allem Satanows Humor, seine Hingabe an das literarische Schaffen und seine philologischen Fähigkeiten hervor. Wie oben erwähnt (Kap. 1.2.) verweist er auf Satanows außerordentliche Produktivität, seine meisterlichen Imitationen der hebräischen Sprachstile und seine „Belesenheit“, auch in der nichthebräischen Literatur.[179] Steinschneider betont vor allem die sprachliche Expertise und Kunstfertigkeit Satanows sowie seine literarische Produktivität und seine Originalität. Er bedauert, dass es keine weiteren Angaben zu seinen persönlichen Verhältnissen gebe und sich diese auch nicht aus seinen Werken erschließen ließen. Im Gegensatz zu anderen geht Steinschneider von keiner bösen Absicht bei Satanows pseudepigraphischen Zuschreibungen aus und kommt auch nicht gleich zu Beginn seiner Ausführungen auf Satanows kabbalistische Interessen zu sprechen, sondern würdigt zunächst sein Schaffen als Autor und Verleger. Im nächsten Schritt thematisiert Steinschneider die Vorwürfe gegen Satanow, er habe nur aus finanziellen Interessen heraus gehandelt und sei eine „unehrliche Natur“:

> Satanow beabsichtige in der That bei seiner Schriftstellerei hauptsächlich den materiellen Gewinn. Zunz erzählte mir (seine Quelle habe ich vergessen), daß Satanow, wenn man seine gedruckten Schriften kritisierte, antwortete: ‚Ich hab’ mein Geld!‘ [...] Grätz (XI, 133, s. weiter unten 1793 über Besamim Rosch) charakterisiert ihn mit folgenden Worten: ‚Satanow war eine unehrliche Natur mit erstaunlicher Sprachbegabung: Auch sein religiöses Verhalten war charakterlos; er heuchelte bei den Frommen und bei den Aufgeklärten.‘ Vor solcher inquisitorischen Strenge würde mancher gefeierter Kritiker unserer Zeit, mit ihren geschärften

---

177 Steinschneider, „Hebräische Drucke“, 162–163. Neben dem Satz (S. 162) „Satanow beabsichtigte in der That bei seiner Schriftstellerei hauptsächlich den materiellen Gewinn.“ hat Scholem in seiner Ausgabe drei Fragezeichen am Rand vermerkt (Scholem Bibliothek, Signatur 15114). Siehe dazu unten die Debatte zwischen Scholem und Lieberman. Neben der Bemerkung (S. 163) „unbegreiflich ist die Herausgabe des Werkes von Isak Loria“ schreibt Scholem „Ja?!“, wobei das Ausrufungszeichen in ein Fragezeichen korrigiert wurde.

178 Schäfer, „Scholem und die Wissenschaft“, 136.

179 Moritz Steinschneider, „Hebräische Drucke“, 162. Zu Satanow schreibt Steinschneider vor allem auf den Seiten 156, 162–182. Auf S. 156 wird nur *Sifte Renanot* mit der Angabe „Von Satanow, Berlin 1773“ vermerkt.

> Begriffen der Gegensätze, schlecht bestehen; hat doch einer es nicht verschmäht, sich literarisch gegen Deut 22,5[180] zu vergehen, um bedenkliche Ansicht zu verbreiten.[181]

Er verbreitete „bedenkliche Ansicht“, also lohnenswerte Gedanken, ungeachtet seiner äußeren Erscheinungsform – und so kommt Steinschneider am Ende des Abschnitts zu einem deutlich positiven Resümee:

> Thatsächlich hat Satanow mehr nützliche Kenntnisse, Witz und Geschmack besessen und verbreitet, als die vorgeblichen Vertreter des Hebräischen in Jahrbüchern und Zeitungen 100 Jahre nach ihm.

Auch für ihn bilden die pseudepigraphischen Angaben in den Werken keinen negativen Aspekt von Satanows Schaffen, denn zur „Mode der fingierten Namen“ schreibt er weiter:

> [...] sie haben schwerlich viele Leser getäuscht und verfolgten keine Tendenz, welche dem Käufer einen größeren Schaden als den geringen Kaufpreis zufügen konnten.[182]

Selbst wenn die fingierten Approbationen einen ernsteren Tadel verdienten, stehe für Satanow seine „Ware“ im Mittelpunkt seines Wirkens und nicht er selbst, wie Steinschneider bemerkt:

> Satanow war Schriftsteller von Profession im eigentlichen Sinne des Wortes, aber ein geschickter, fleißiger und erfolgreicher, und letzteres nicht bloß wegen seines Talentes, die verschiedenartigen Stoffe in eine entsprechende Stilform zu kleiden. Satanow besaß auch die, bei seines gleichen seltene Klugheit, sehr wenig von sich selbst zu sprechen; er pries nur – seine Waare. Damit sollen seine Fictionen natürlich nicht gerechtfertigt sein.[183]

Bevor Steinschneider auf die einzelnen chronologisch aufgestellten Drucke und Ausgaben in Berlin ab dem Jahr 1772 eingeht, verweist er auf die vollständige Liste von Satanows Werken in seinem *Catalogus Bodleiana* und kann sich einen kleinen Seitenhieb auf Fürsts Darstellung nicht verkneifen:

---

180 „Es soll nicht seyn Geräthe des Mannes auf einem Weibe, und es soll nicht anlegen ein Mann Gewand des Weibes; denn ein Greuel des Ewigen deines Gottes ist, wer irgend solches thut.“ Dies ist wohl nicht nur eine Anspielung auf seine literarischen „Verkleidungen“, sondern ggf. auch auf den „polnischen Kaftan ... und die feinste Kleidung eines deutschen *petit maitre*“ bei Delitzsch (siehe weitere Anmerkungen unten).

181 Steinschneider, „Hebräische Drucke“, 162–163.

182 Ebd., 163.

183 Ebd.

> Für seine Schriften verweise ich hier ein für allemal auf Catal. Bodl. p. 2501–2505,[184] Zedner S. 373 ff.,[185] Roest, Catal. Rosenthal S. 477,[186] wo sie nach den Titeln alphabetisch geordnet sind. Bei Fürst, B. J. III, 251 ist weder Ordnung, noch Vollständigkeit, noch Correctheit.[187]

Als Abschluss dieser Einleitung zu den Berliner Drucken formuliert Steinschneider – mit fast identischem Wortlaut wie später Scholem in seinem Brief an Ḥayyim Lieberman[188] – „[...] unbegreiflich ist die Herausgabe des Isak Loria (oder Chajjim Vital, cf. II, 258, III, 481) in Karez 1785.“[189] Er verweist des Weiteren darauf, dass die damals übliche Angabe eines falschen Druckortes aus „verschiedenen Rücksichten in dieser Periode zur Anwendung“ kommt, es ihm aber an vielen Stellen nicht möglich gewesen sei, den wahren Ort der Drucklegung zu ermitteln.

Ab 1773 (*Sifte Renanot*) habe Satanow „zeitig“ mit fingierten Approbationen begonnen,[190] wie dies von Roest bezüglich dieses Werkes schon bei den Approbationen (außer der des Berliner Rabbiners Zebi)[191] festgestellt wurde. Die „Lücke“ der Berliner Drucke ab dem Jahr 1780 erklärt Steinschneider mit dem „Hervortreten wissenschaftlicher Producte“ in den Jahren zuvor sowie damit, dass „der eigentliche Talmudismus von der Berliner Presse verschwindet“.[192] Die letzten Ausläufer davon seien 1783 zu finden. In diesen Jahren entwickelte sich laut Steinschneider eine

> Culturreform, welche die Polemik in verschiedene Länder Europas trug. Diese selbst zu verfolgen ist natürlich unsere Aufgabe nicht, aber wir werden sie berühren müssen. Für die Presse von Bedeutung wurde die Gründung der Freischule.[193]

---

184 Moritz Steinschneider, *Catalogus Librorum Hebraeorum in Bibliotheca Bodleiana*, Berlin 1852–1860. Zu Satanow Sp. 2501–2505. Online unter http://sammlungen.ub.uni-frankfurt.de/freimann/content/titleinfo/3781144 (Zugriff: 15. April 2016).

185 Joseph Zedner, *Catalogue of the Hebrew Books in the Library of the British Museum*, London 1867.

186 Meir Roest, *Catalog der Hebraica und Judaica aus der L. Rosenthal'schen Bibliothek*, 2 Bde., Amsterdam 1875, hier Bd. 1, 477–480. Online unter http://sammlungen.ub.uni-frankfurt.de/freimann/content/titleinfo/4215686 (Zugriff: 15. April 2016). Bei Roest fällt die häufige Erwähnung der fingierten Approbationen auf. Jedoch werden diejenigen von Zwi Hirsch bei *Imre Bina*, *Sifte Renanot* und dem ersten Teil von *Sefer ha-Shorashim* als echt angesehen, ebd., 478 und 480.

187 Ebd.

188 Scholems Brief an Ḥayyim Lieberman vom 14. Tamuz 1951, abgedruckt in David Assaf / Esther Liebes (Hg.), *The Latest Phase. Essays on Hasidism by Gershom Scholem*, Jerusalem 2008, 87 (Hebräisch), siehe oben 2.5. in Fn 473.

189 Steinschneider, „Hebräische Drucke“, 163.

190 Ebd., 164.

191 Und auch die seines Sohnes Shaul; siehe Roest, *Catalog der Judaica*, Bd. 1, 478.

192 Steinschneider, „Hebräische Drucke“, 166.

193 Ebd.

Steinschneider verweist in dieser Sache auf die Pränumerantenlisten und merkt zur Verwendung des Hebräischen im Kreis der *Me'assfim* an:

> Die Presse sollte die entsprechenden Bücher nicht bloß der Schule, sondern auch den Erwachsenen liefern, und das Hebräische war damals die überall verstandene, auch die wissenschaftliche Sprache, welche selbst purificiert werden sollte – die Schule der ‚Biuristen' (Exegeten und Uebersetzer) wurde eine der Puristen.[194]

Bei Steinschneider findet man drei der zentralen Themen von Satanows Gesamtwerk wieder: die ausschließliche Verwendung der hebräischen Sprache,[195] die Vereinbarkeit von Wissenschaft und Tradition und die angestrebte Bildungsreform – auch für Erwachsene –, die mit seinen Schriften und Veröffentlichungen vorangetrieben werden sollte. Das Attribut „orientalisch" im Titel der „Orientalischen Buchdruckerey" ab 1796 „sollte wahrscheinlich ein Umgehung des gescheuten Wortes ‚hebräisch' sein".[196] Die Ausrichtung der Druckerei auf Gewinn sei laut Steinschneider vor allem am Verzeichnis der in der Druckerei erhältlichen Bücher abzulesen.[197] Von den 60 Titeln sei ein Viertel nicht aus der Druckerei hervorgegangen und dies verweise auf ihre Funktion als „Buchhandlung", nicht nur als Druckerei.[198]

Imre Bina und weitere Werke

Zu *Imre Bina* bemerkt Steinschneider entsprechend den oben getroffenen Urteilen zum Aufstieg der Wissenschaft in einem „gewissen Ideenkreis" um Mendelssohn zur „Uebereinstimmung der Tradition und Forschung",[199] dass es sich dabei um fingierte Approbationen längst verstorbener Rabbiner handle. Er äußert in der Fußnote Zweifel an der Behauptung Carmolys, dass Satanow tatsächlich der Leiter der Druckerei gewesen sei und man das Ereignis durch eine „Abraham-

---

194 Ebd., 167–168.
195 Siehe Nils Römer, „Sprachverhältnisse und Leseverhalten der Juden in Deutschland (1770–1830)", in Ingrid Lohmann / Wolfram Weiße (Hg.), *Dialog zwischen den Kulturen. Erziehungshistorische und religionspädagogische Gesichtspunkte interkultureller Bildung*, Münster / New York 1994, 49–58.
196 Steinschneider, „Hebräische Drucke", 169. Siehe die Diskussion oben in diesem Kapitel und in Kap. 1.2.
197 Welches er im Umschlag von *Shire Tif'eret*, Heft III, 1792 ausfindig gemacht hatte.
198 Steinschneider, „Hebräische Drucke", 168–169.
199 Ebd., 169.

son’sche (sic) Münze“ gefeiert habe.[200] Nach erneuter Kritik an Fürst, diesmal in Bezug auf dessen Zuordnung von *Besamim Rosh,* schreibt Steinschneider zu den 1785 edierten Gebetbüchern von Satanow in ironischer Manier:

> Die Approbation auf dem Titelrücken unterschreiben angeblich 14 Autoritäten. Zu diesem Unterschleis passen nicht die Schlußworte, in denen die Wahrheit als das höchste Gut verherrlicht wird![201]

Auf Zunz’ oben angeführte Kritik an den Korrekturen und Emendationen Satanows entgegnet Steinschneider:

> Zunz (Ritus S. 175 und Beilage IX, 231) erkennt wohl das Streben nach grammatischer Herstellung an, vermißt jedoch die historische Kenntniß und den Gebrauch von mss. Es handelte sich aber nicht um kritische, sondern um zweckmäßigere Ausgaben.[202]

Zur oben dargestellten dramatischen Wende und den Streitigkeiten innerhalb der *Me’assfim* bzw. der „Gesellschaft der Freunde“ und über das Erscheinen deutscher Beiträge in der Zeitschrift bemerkt Steinschneider zum Jahr 1792:

> Alle Bücher, Quittungen, Protocolle etc. müssen in deutscher Schrift und Sprache abgefaßt werden [...] die Sprache war aber ein Schibboleth geworden; das Streben der reformirenden Hebraisten verlor in Berlin den Boden, und ihre Anhänger, resp. Nachfolger, benutzten anderweitige Pressen. Selbst der ‚Sammler‘ feierte 3 Jahre und wanderte im VII. Bande (1794 – 97) mit Löwe und Wolfssohn nach Breslau, nachdem wahrscheinlich Differenzen mit Satanow eingetreten waren.[203]

Besamim Rosh und zweckmäßige Ausgaben

Auch wenn laut dieser Aussage Satanow als „eigenwillige Persönlichkeit“ angesehen werden mag, habe er sich dennoch nicht der Fälscherei schuldig gemacht, wie Graetz gerne annimmt.[204] Selbst wenn das 1793 im Namen von Isaak de Molina erschienene *Besamim Rosh* laut Jost aus der Feder Satanows und Shaul Berlins geflossen sei, was Graetz (XI, S. 152) mit dem „Fälscher Satanow“ in Verbindung brachte, bringt Steinschneider vor, dass niemand Satanow der Teilnah-

---

200 Er nimmt hier auf seinen Nachtrag zum Artikel (183 – 184) Bezug, wo er schreibt „Hieraus [aus dem Verzeichnis der Denkmünzen aus der Werkstatt des königlich-preussischen Medallieurs Jakob Abraham] geht zunächst hervor, daß die angebliche Denkmünze auf die Errichtung der jüdischen Freischule eine der beliebten Falschmünzereien Carmoly’s ist.“

201 Steinschneider, „Hebräische Drucke“, 170.

202 Ebd., 170.

203 Ebd., 176.

204 Ebd., 177.

me beschuldigt habe, selbst Carmoly nicht. Als Satanow dann in seinem dritten Teil der *Zemirot Asaf* und dem Kommentar zu *Nevu'at ha-Yeled*, sich „die historisch-kritische Aufgabe leichte gemacht"[205] habe, so streue er doch in seiner „verstümmelten" Ausgabe von de Rossis *Me'or 'Enayim* „Keime historischer Kritik" aus (S. 179).[206] Im Vergleich zu Steinschneiders harscher Verurteilung anderer Autoren ist dies schon als Lob anzusehen. Erneut wird deutlich, dass für Steinschneider in seiner Beurteilung Satanows nicht historisch-kritische Maßstäbe ausschlaggebend sind, sondern die „Zweckmäßigkeit" der Ausgaben sowie seine schriftstellerische Tätigkeit und sprachlichen Fähigkeiten. Zum Abschluss der Beschreibung der Drucke in Berlin, die für ihn ab dem Jahr 1772 beinahe mit den Publikationen Satanows identisch sind, fasst Steinschneider zusammen:

> Aus den Jahren 1801, 1802 habe ich nur 4 unbedeutende Schriften notirt, darunter 1802 Satanow's ethisches Schriftchen Megillat Chasidim T. 1 mit Commentar (60 Bl.), angeblich das alte (verloren gegangene), copiirt von David Lesla Cohen. Es ist sein letztes bekanntes Werk, obwohl er erst am 25. Dec. 1804 starb, aus welchem Jahre mir kein Berliner Druck bekannt ist. Er scheint mit dem 70. Lebensjahre seine unermüdliche Thätigkeit abgeschlossen und die Presse in Siechthum zurückgelassen zu haben. Sein eigensüchtiges Streben hatte wohl zuletzt die Männer abgestoßen, welche von der Presse eine civilisatorische, veredelnde Wirkung erwartet hatten, denen die Herausgabe älterer, selten gewordener Schiften (s. 1790 – 1795, 1798) doch nur von untergeordnetem Werthe war. – Satanow hat in 30 Jahren mehr als 10 Schriften selbst verfaßt, ungefähr ebensoviele mit eigenen Commentaren oder Noten begleitet, zum Theil wiederholt herausgegeben; abgesehen von solchen, die er hauptsächlich corrigirte, ohne Bedeutendes hinzuzufügen.[207]

Auch wenn die anfängliche Begeisterung im abschließenden Resümee etwas zurückgenommen wird, bewertet Steinschneider Satanow äußerst ausgewogen.[208] Eine weitere Perspektive stellt die Bewertung durch Franz Delitzsch dar, der zwar den Vertretern der „Wissenschaft des Judentums" eng verbunden war, jedoch dieser nicht selbst entstammte.

---

205 Zu dieser Schrift und Satanows Zurückhaltung bezüglich historischer Sacherklärungen siehe Moritz Steinschneider, *Polemische und Apologetische Literatur in arabischer Sprache zwischen Muslimen, Christen und Juden*, Leipzig 1877, ND New York 2013, 369.

206 Steinschneider, „Hebräische Drucke", 179.

207 Ebd., 182.

208 Der Erwähnung wert ist auch noch ein Werk mit dem Titel „Ueber den Gebrauch des Drillbohrers u. Destillation etc. hebr." (partem puto Chemiae laudatae), welches in Steinschneiders Katalog Satanow zugeschrieben wird. Siehe Steinschneider, *Catalogus in Bibliotheca Bodleiana*, Sp. 2502.

4.3.1.6 Franz Delitzsch (1813–1890)

Auch Franz Delitzsch, der evangelisch lutherische Theologe aus Leipzig, war auf Satanows herausragende Kenntnisse in den damaligen experimentellen Naturwissenschaften aufmerksam geworden und lobte ihn als „scharfsinnigen Physiker“.[209] An anderer Stelle reduziert er ihn zwar zunächst auf seine Kleidung als Ausdruck seines ambivalenten inneren Wesens, dann hebt er jedoch seine schriftstellerischen Fähigkeiten deutlich hervor.[210]

Es wird bei Delitzsch erneut deutlich, dass die Einordnung Satanows innerhalb des Spektrums wissenschaftlicher Disziplinen nicht eindeutig zu bestimmen ist. In seiner Person waren judaistische, theologisch-philosophische, naturwissenschaftliche, soziologische, historische, politik- und kulturwissenschaftliche Fragestellungen als auch literaturwissenschaftliche Interessen eine vielschichtige Verbindung eingegangen.

In seiner *Zur Geschichte der Jüdischen Poesie* (Leipzig 1836) spricht Delitzsch äußerst lobend über Satanow und präsentiert ihn als Vertreter der „Mendelssohnschen und Kantischen Philosophie“ – an der Schwelle zwischen jüdischer Poesie, die im Niedergang begriffen war, und der aufblühenden deutschen. Satanow sei in Polen das Haupt der modernen Schule[211] neben Moshe Ḥayyim Luzzatto in Italien, Naphtali Herz Wessely in Deutschland und David Franco in Holland. An ihm scheiden sich die neue und die alte Schule. Die jüdisch-polnische Poesie erlebe mit ihm eine Reform,[212] wie die national-polnische mit Konarski. Im Gegensatz zu den anderen bisher genannten Autoren ordnet Delitzsch Satanow der polnisch-jüdischen und nicht der deutsch-jüdischen Literatur zu, wie dies auch später von Scholem erneut hervorgehoben wird. Satanow gilt für ihn als Vertreter der neuen „slavischen“[213] also der polnischen oder osteuropäi-

---

209 Delitzsch, *Zur Geschichte*, 115–116 (Hervorhebung im Original); im Anschluss (116–118) folgt eine Einordnung der Assaf-Psalmen als Versuch der slavischen Lyrik die nationale Lyrik auszubauen, auch mit Hinweis auf Luzzatto. Delitzsch kommt zu dem Schluss (118): „Ferner sind die Psalmen, wie die biblischen, vielfach schattirt; die Aufschriften sind den biblischen nachgeahmt und deuten symbolisch auf den Inhalt und Ton des Gedichts, die Modulation richtet sich nach dem herrschenden Charakter des Inhalts und in den kurzen Regionen des lyrischen Parallelismus bewegen sich die Worte nach dem feinsinnigsten, dem biblischen Rhythmus abgelauschten Takt, ABER DER DICHTER VERGISST ÜBER DER NATUR DIE GNADE, ÜBER DER MENSCHHEIT DIE NATION, ÜBER DER WAHRHEIT DAS GESETZ – ES SIND DIE PSALMEN EINES PHILOSOPHEN, NICHT EINES ISRAËLITEN – DER GNOMIKER SATANOW IST GRÖSSER, ALS DER LYRIKER.“ (Hervorhebung im Original)

210 Ebd., 115. Zu Delitzschs Einschätzung von Satanow und seine signifikante Kritik an ihm, siehe auch ebd., 9, 86, 174; sowie Rezler-Behrsohn, *Isaac Satanow*, 178–179.

211 Delitzsch, *Zur Geschichte*, 89.

212 Ebd., 86.

213 So seine Bezeichnung der polnischen oder osteuropäischen Schule.

schen Schule, die an die „Stelle der abwelkenden Romantik und zugleich in Opposition gegen die germanische Schule" trat.[214] Sie wende sich „mit Ekel von der deutschthümelnden Reformpoesie" ab und Satanows *Sefer Ḥizzayon* bilde das erste Beispiel einer neuverjüngten Poesie,

> [...] in welcher die neuen Ideale, von der eindringenden Klassik und Kunstdoctrin aufgestellt, verwirklicht würden, und zwar auf echt nationalem Wege – so blieb als ein Drittes nur die Rückkehr zur alttestamentlichen Literatur übrig, und in diesem unerschöpflichen, ewigen heiligen Urquell verjüngte sich selbständig die Poësie der slavischen Schule, während die deutsche sich aus dem kastalischen Quell arzneite, und in das Anschaun keines bessern Ideals versunken war, als der deutschen Dichtkunst.[215]

Delitzsch klassifiziert Satanows literarische Werke und seine Imitation unterschiedlicher Sprachstile als „Verjüngung" und Erneuerung der jüdischen Poesie in Polen. Er habe sich von der deutschen Dichtkunst gelöst und die Poesie restauriert, wie er fortfährt:

> Satanow [...] restaurirte die Poësie der slavischen Schule, oder er goss vielmehr in ihre nie erloschene Flamme das reinste Oel aus heiliger Ampel; ein wunderlicher Mann, an dem die seltsamsten Contraste hervorstechen. Unter dem polnischen Kaftan, über den sein Bart herabwallte, trug er die feinste Kleidung eines deutschen *petit maitre*, oben geistlich, unten weltlich, wie er sagte; und, als ihm beim Studium ein Auge ausfiel, trug er ein gläsernes. Sein Aeusseres war ein Bild seines Innern. Er war der gründlichste Kenner der jüdischen *Ueberlieferung* und dabei der feinsinnigste *Philosoph*, der scharfsinnigste *Physiker* und der begeistertste *Dichter*, ein Meister der *alten* und der begründeten *neuen* Schule, – und mit seinen *Asaf-Psalmen* gab er zugleich ein Buch heraus, *wie man* 300 *Perlen an Einem Tage bohren und alle Sorten Liqueure brennen könne.* Bei allem Ernste war er voll des spielendsten Humor's; denn seine Asaf-Sprüche, weit entfernt, sie als biblische einschwärzen zu wollen, kündigte er dennoch in selbstgefertigten, pompösen Belobigungen so an und schrieb sie in einem solchen täuschend alterthümlichen Style, dass Viele sie als Reliquien der Urzeit verehrten, und Andere ihn einen Charlatan nannten, der betrügen wolle. Die Asaf-Sprüche sind noch jetzt, wie bei uns der *Eccesiasticus*, ein Jugendlehrbuch, und für Viele ruht über ihrem Style ein unauflösbarer Zauber.[216]

Ganz im Sinn von Satanows eigenen Angaben in den Approbationen geht Delitzsch von den fingierten Autorennamen als „verzeihliches" Stilmittel und als didaktische Maßnahme aus, um die Aufmerksamkeit der Leser zu erhalten und ihnen seine „Lehre", die sich aufgrund ihrer Wahrheit durchsetzen und verbreiten würde, nahe zu bringen. Auffallend ist die Erwähnung von Satanows Humor (wie

214 Delitzsch, *Zur Geschichte*, 114.
215 Ebd., 115.
216 Ebd., 115 – 116.

auch bei Steinschneider). Seine Asaf-Psalmen und sein Jugendlehrbuch wiesen auf seine pädagogischen Bemühungen im Bildungsbereich hin. Für Delitzsch handelt es sich bei Satanow um einen Universalwissenschaftler, den „gründlichsten Kenner der Überlieferung", „feinsinnigsten Philosoph[en]", „scharfsinnigsten Physiker"[217] und „begeistertsten Dichter", der als Restaurator einer national-klassischen, d. h. einer biblischen Poesie zu feiern ist:

> Wir betrachten hier Satanow nicht als Dichter der alten Schule [...] mit dem üppigen Pfauenbunt ihrer Malereien, dem geschnörkelten Beiwerk ihrer Arabesken und dem orientalischen Humor ihrer musirten, wortspielreichen Sprache – wir betrachten den Mann, der allen Wissenschaften, den judenthümlichen und exotischen, und allen Perioden der Dichtkunst, der arabischen, wie der klassischen, angehört, als *Restaurator einer national-klassischen* d. h. *biblischen Poësie.*[218]

Satanows Funktion als „Restaurator" steht im Zentrum von Delitzschs Urteil. Im weiteren Verlauf gibt er eine detaillierte literaturwissenschaftliche Analyse der „Weisheitssprüche Asaf's", wobei die biblischen Sprüche die Tradition als Grundlage nehmen, die Satanowschen die biblischen „philosophisch ausgelegt" haben, welche bereits in der Gemara als „volksthümliche Sentenzen" zu finden sind. Er habe diese „Hieroglyphen der Lebensweisheit,[219] in dem aramäischen Conversationston bonmotisirt, die sich, eben durch ihre Sprache von den Gnomen der Gelehrten verschieden, als Witzworte des aramäischredenden Volkes darstellen" und in den „salomonischen Gnomenstyl übersetzt, und mit den kennzeichnenden Formeln angeführt".[220] Satanows philosophische Tendenz der „Zergliederung" werde auch in dem von ihm abgefassten Kommentar deutlich und enthalte eine „Nachweisung der Emphasen in den Ausdrücken und der Quellen und Autoritäten für die ausgesprochenen Wahrheiten".[221] Auch Satanows Asaf-Psalmen werden als Versuch des Aufbaus der nationalen Lyrik, die noch mehr das Gepräge philosophischer Reflexion tragen, in den höchsten Tönen gelobt. Doch muss Delitzsch eingestehen, dass Satanow im Vergleich zu Luzzatto „mehr Talent für die *didaktische*, als für die *lyrische* Poësie"[222] besitze. Satanows Ansichten zur Physik blieben auf seinen Ausdruck nicht einflusslos und darum enthielten die *Zemirot Asaf* auch keine Verarbeitung der Nationalgeschichte in

217 Siehe dazu auch oben (Kap. 2.4) die Hinweise zu „Physiklehrern" im Hause der Mäzene in Berlin, ggf. war auch Satanow als ein solcher tätig.
218 Delitzsch, *Zur Geschichte*, 116 (vollständiges Zitat siehe oben).
219 Siehe oben die Erläuterungen zu Scholems Interpretation von Satanows „Hieroglyphizität".
220 Delitzsch, *Zur Geschichte*, 116 – 117.
221 Ebd., 117.
222 Ebd.

lyrischer Form. Sie seien vielmehr durchweg Lob Gottes aus einer rationalen (im Gegensatz zur mystischen) Naturanschauung heraus.

Delitzsch hebt bei seiner Interpretation der Asaf-Psalmen vor allem Satanows philosophisch-rationalistisches Element und die Natur als Erkenntnisquelle des verborgenen Gottes – apriorisch und nicht partikulär – hervor.[223] Die kabbalistisch-mystischen Aspekte seines Schaffens blendet er völlig aus, um am Ende der Darstellung trotz allen Lobes für den Stil und die restauratorischen Leistungen zu resümieren:

> [...] und in den kurzen Regionen des lyrischen Parallelismus bewegen sich die Worte nach dem feinsinnigsten, dem biblischen Rhythmus abgelauschten Takt, ABER DER DICHTER VERGISST ÜBER DER NATUR DIE GNADE, ÜBER DER MENSCHHEIT DIE NATION, ÜBER DER WAHRHEIT DAS GESETZ – ES SIND DIE PSALMEN EINES PHILOSOPHEN, NICHT EINES ISRAËLITEN – DER GNOMIKER SATANOW IST GRÖSSER, ALS DER LYRIKER.[224]

Satanow wird Delitzschs Ansprüchen an eine Erneuerung der Literatur anhand biblischer Nachdichtungen nicht bis ins letzte Detail gerecht und daher rührt seine Kritik.

Zu einem wird hier die Vielschichtigkeit der Schriften Satanows und die Bandbreite möglicher Interpretationen deutlich, zum anderen aber auch die tendenziöse Vereinnahmung der Interpretierenden für ihre eigenen Zwecke und Ziele – auch unter psychologischen Gesichtspunkten.[225] Die Hybridität Satanows wird trotz der positiven Beurteilung durch Delitzsch erneut vor Augen geführt und er lässt eben auch die Notwendigkeit missen, die jeweiligen Autoren in ihrer Beurteilung dem spezifisch eigenen Kontext zuzuordnen und dementsprechend ihre Analysen zu beurteilen. Da Delitzsch Satanow keine originären mystischen Gedanken zuschreibt, werden diese in seinen anderen Schriften von ihm ignoriert oder in Opposition zu seinen philosophischen Bestrebungen gestellt. Dies entspricht in keinem Fall der Intention von *Imre Bina*. Dieses Werk Satanows erwähnt Delitzsch aus gutem Grund mit keiner Silbe.

---

223 Ebd., 118.

224 Ebd. (Hervorhebung im Original).

225 Siehe zu dieser Thematik innerhalb der Kabbala-Forschung Jonathan Garb, „The Modernization of Kabbalah: A Case Study“, *Modern Judaism* 30,1 (2010): 1–22; Garb fordert eine intensivere Auseinandersetzung mit kabbalistischen Autoren der frühen Neuzeit, der Moderne und Postmoderne, die bisher noch nicht in den Fokus der Forschung gerückt sind. Siehe auch die äußerst provokative Monographie von Boaz Huss, *The Question about the Existence of Jewish Mysticism. The Genealogy of Jewish Mysticism and the Theologies of Kabbalah Research*, Tel Aviv 2016 (Hebräisch).

4.3.1.7 David Joel (1815 – 1882)

David Joel zieht in seiner Auslegung der zoharischen Schöpfungslehre bzw. dem Ziel des göttlichen Schöpfungswirkens zum Wohle des Menschen und seiner Erkenntnis der Vollkommenheit des Schöpfers und ihrer weiteren Interpretation bei Luria in *'Eṣ Ḥayyim* Satanows Kommentar zu *More Nevukhim* (II, 18) heran.[226] Satanow wird als Autorität kabbalistischer Auslegetraditionen präsentiert und in einem Zuge mit Naphtali Bacharachs *'Emeq ha-Melekh* genannt, ohne einen qualitativen Unterschied zwischen beiden Autoren anzugeben. Ebenso führt Joel in seiner Deutung der „anderen zwei Nationen" (*trin umin aḥeranim*) im *Zohar* (I,13a) Satanows Verständnis derselben in seinem Anhang zum *Zohar Tinyana* an,[227] der die beiden Nationen als „Römer und Griechen" interpretiert, „deren Weltweisen den Polytheismus verwerfen". Auch wenn er selbst die Phrase auf „Christen und Muhamendaner" bezieht, so besitzt doch Satanows Deutung ausreichend Autorität, um genannt zu werden. Dass Satanows *Zohar*-Imitation nicht als quellenkritische Ausgabe, sondern eher als Interpretationshilfe bzw. maskilisch-kabbalistische Neuinterpretation desselben angesehen werden muss, wurde bereits oben erläutert.[228]

4.3.2 Satanow bei Heinrich Graetz (1817 – 1891)

Auch wenn bereits mehrfach auf Graetz' Verurteilung Satanows als „Fälscher und Betrüger" und seinen Vorwurf eingegangen wurde, unter der traditionellen Kleidung eines polnischen Juden einen bürgerlichen Anzug getragen zu haben,[229] so geht dieser zentrale Vertreter der Wissenschaft des Judentums noch einen Schritt weiter und gesteht ihm mit bissiger Ironie „ein hohes Maß an originellem Denken" zu.[230] Satanow gehöre zum Kreis der *Me'assfim*[231] und wird gemeinsam mit seinem Sohn wie folgt dargestellt:

---

226 Joel, *Religionsphilosophie des Sohar*, 268.

227 Isaak Satanow, *Zohar Tinyana*, Berlin 1783, 25a; Joel, *Religionsphilosophie des Sohar*, 333.

228 Christian Ginsburg (1831 – 1914), ein Konvertit, der von Fürst und anderen Vorgängern abhängig ist, gibt in seinen Untersuchungen zur Kabbala (*The Kabbalah. Its Doctrines*, 217) die erste Druckausgabe von *'Eṣ Ḥayyim* mit 1772 Zolkiev an und schreibt sie Satanow zu. Eine neue Edition sei dann 1785 in Korz [Koretz] erschienen, 1800 in Shklow. Er stützt sich bei den Angaben zu *Sefer 'Eṣ Ḥayyim* auf Fürst, *Bibliotheca Judaica*, Bd. 3, 479 – 481, der Ort und Jahr fälschlicherweise mit Zolkiew 1772 vermerkt hatte.

229 Uta Lohmann / Ingrid Lohmann (Hg.), *„Lerne Vernunft!" Jüdische Erziehungsprogramme zwischen Tradition und Modernisierung*, Münster 2005, 540.

230 Ebd. Zu Graetz und dessen spätere Rezeption siehe Kohler, *Kabbalah Research*, 156 – 176, 190 – 211.

> Zwei Polen, die sich in Berlin aufhielten und zu den bedeutendsten hebräischen Stylisten zählten, und deren Berührung mit deutscher Cultur einen nachtheiligen Einfluß auf ihre sittliche Haltung hatte, gehörten ebenfalls zum Kreise der Measfim, Isaak *Satanow* und *Benseeb. Isaak Levi* aus Satanow (geb. 1732, starb 1804), der vom Bankier Daniel Itzig unterstützt wurde, besaß eine erstaunliche Fertigkeit, Stylarten täuschend nachzuahmen, Salomonische Sprüche und Psalmen, witzelnde Novelletten *nach* Art Alcharisi's mit Kunstregeln für die Poesie eingestreut und mystische Soharsprache, kurz alles Mögliche. Satanow liebte das Versteckenspielen, das Mystificieren. Die Dummen sollten glauben, er habe eine althebräische Sammlung des Sängers Assaf aufgefunden, und die Gescheidten sollten bewundern, wie geistreich und mannigfaltig er sein könne. Das Unschuldigste an seiner hebräischen Schriftstellerei war noch, daß er unter dem Namen seines Sohnes *Schema Satanow* oder Doctor *Schönemann* hebräische Stücke lieferte und seine Mystifikationen verteidigte, obwohl die Bekannten wußten, daß dieser Sohn wenig oder gar nicht hebräisch verstand. Satanow kündigte auch ein Buch über schnelles Bohren[232] von Perlen und über Liqueur-Fabrikation an. Zur Zeit des Mose de Leon oder in anderen Epochen, in denen Schriften in hebräischer oder chaldäischer Sprache ohne Prüfung heilig gesprochen wurden, hätte er Lügenbücher zusammengeschrieben. Satanow war eine unehrliche Natur mit erstaunlicher Sprachbegabung. Auch sein religiöses Verhalten war charakterlos; er heuchelte ebensowohl bei den Frommen wie bei den Aufgeklärten.[233]

Graetz verurteilt Satanow aufgrund seines religiösen Verhaltens und seiner polnischen Herkunft auf Schärfste, wobei er oftmals seiner Verachtung nur anhand von Ironie und Sarkasmus Ausdruck verleiht. Lediglich Satanows Verdienste um die hebräische Sprache vermag er anzuerkennen, wenn sie die übrigen Vergehen auch nicht aufwiegen können. Satanow führe seine Leserschaft an der Nase herum, seine sittlichen und schriftstellerischen Fähigkeiten wiesen dabei ein hohes Maß an Versteckspiel und Heuchelei auf. Graetz zählt ihn trotz seiner Abscheu für die Inhalte von Satanows Schriften zu den bedeutendsten hebräischen Stilisten und unterscheidet bei seiner Leserschaft gemäß Satanows eigenen Vorgaben zwischen denen, die hinter seine sprachlichen Fertigkeiten und Verführungskünste schauen können und zur „Wahrheit der Worte" vordringen – ungeachtet des fingierten Autorennamens, und jenen, die sich täuschen und verführen lassen. Häufig wird in Graetzens Darstellung der Begriff des „Mystischen", „Mystifizierens" und der „Mystifikation" verwendet, eine Art der „Verzauberung" und des „Versteckspielens", die Graetz nicht mit seinem Verständnis von jüdischer Tradition vereinen konnte und wollte.[234] Graetz stellt in ähnlicher

---

231 Graetz, *Geschichte der Juden*, Bd. 11, 116.

232 Siehe oben die Angabe eines Werkes zum „Drillbohrer" bei Steinschneider in seinem *Catalogus in Bibliotheca Bodleiana.*

233 Graetz, *Geschichte der Juden*, Bd. 11, 121–122.

234 Zur Überwindung der spirituellen nationalen Persönlichkeit, die eng mit dem Ostjudentum verbunden ist, siehe Heinrich Graetz, *Die Konstruktion der jüdischen Geschichte*, Berlin 1849. Dass

Weise den Chassidismus als abstoßenden Gegenentwurf zur lichtbringenden Aufklärung dar, wenn er schreibt: „Die neue Sekte, eine Tochter der Finsternis, ist im Dunkel geboren und wirkt auch heute noch auf dunklen Wegen fort.“[235]

Doch Graetz muss Satanows Verdienste um die hebräische Sprache, deren Lehre und die Erneuerung des Hebräischen zur Zeit der Haskala und für die Wissenschaft anerkennen, wie er weiter schreibt: „Satanow und Benseeb haben das Verdienst, die hebräische Sprachlehre von Neuem aufgenommen und verbreitet zu haben.“[236] Satanows hebräische Schriften und seine philosophischen Gedanken bleiben Graetz unzugänglich und unverständlich, da er des Hebräischen nicht in ausreichendem Maße mächtig war. Nicht Satanows poetisch-lyrische Schriften oder seine kabbalistischen Harmonisierungsversuche, die Graetz an anderer Stelle mit einer „Maske“ oder einer „Vermummung“ vergleicht,[237] sondern seine Bemühungen um die hebräische Sprache mildern Graetzens vernichtendes Urteil leicht ab („geistreich und mannigfaltig“).[238] Graetz‘ Abneigung gegen alles Mystische, vor allem aus Osteuropa, kommt in diesen und seinen Aussagen gegen den *Zohar* und seinen Verfasser überdeutlich zum Ausdruck.[239]

Graetz jedoch ein Kenner der kabbalistischen Traditionen war, auch wenn er sie aufs Schärfste verurteilt, zeigt Peter Schäfer in seinem Aufsatz „‚Adversus cabbalam‘ oder: Heinrich Graetz und die jüdische Mystik“, in ders. / Irina Wandrey (Hg.), *Reuchlin und seine Erben. Forscher, Denker, Ideologen und Spinner*, Ostfildern 2005, 189–210. Wie Kohler, *Kabbalah Research*, mehrfach betont, ließen die Forscher der Wissenschaft des Judentums ihre persönlichen Abneigungen gegenüber der jüdischen Mystik bei der historischer Erforschung derselben außer Acht, da sie die Bedeutung für die jüdische Kultur erkannten und historisch nachzuweisen bestrebt waren.

235 Graetz, *Geschichte der Juden*, Bd. 11, 94. An anderer Stelle spricht er vom „Verdummungssystem der Chaßidäer“ (ebd., 114) und bezeichnet die Chassidim als „hässliche(n) Auswuchs des Judentums“.

236 Ebd., 122. Diese Aussage steht gewiss in engem Zusammenhang mit Graetzens Abneignung gegen das Jiddische, das er als „häßliche Mischsprache“, „lallendes Kauderwelsch“ oder gar „Sprachverderbnis“ bezeichnete. Graetz, *Geschichte*, Bd. 11, 11–12, 37. Graetzens eigenes Werk sollte auf keinen Fall ins Jiddische übersetzt werden, da er den „Jargon“ als größte Schande für sein Volk betrachtete. Dass dies doch geschah und seine Beschreibungen zu Osteuropa und zum Chassidismus ins genaue Gegenteil verkehrt wurden, lag gewiß nicht in seinem Interesse. Brenner, *Propheten des Vergangenen*, 106–107.

237 Graetz, *Geschichte der Juden*, Bd. 11, 151 zu Shaul Berlin: „Er schwankte daher bald nach links, bald nach rechts. Saul Berlin liebte es auch, gleich Isaak Satanow eine Maske vorzunehmen.“ Oder weiter unten (152) zu *Besamim Rosh:* „Obwohl die Vermummung dem Verfasser keine Ehre eintrug, setzte er sie doch in größerem Maßstabe fort, gab wahrscheinlich in Verbindung mit dem Fälscher Isaak Satanow eine Sammlung von Gutachten heraus […].“

238 Zu Satanows Verdiensten um die „Verjüngung“ der hebräischen Sprache bzw. die Unkenntnis seines Sohnes diesbezüglich, die besonders Graetz hervorhebt, siehe Moshe Pelli, *The Age of Haskalah. Studies in Hebrew Literature of the Enlightenment in Germany*, Leiden 1976, 86.

239 Siehe oben.

Auch wenn man heute zu erkennen vermag, dass Satanow das Opfer von Graetzens Abscheu gegenüber allem Mystischen in der jüdischen Tradition wurde, so wurde bisher diese Einschätzung seiner Person, seines Wirkens und seiner Schrift nicht grundlegend revidiert, sondern es herrscht nach wie vor eine recht ambivalente Haltung ihm gegenüber in der wissenschaftlichen Debatte vor.

Kontextualisierung der Forschenden

Daher ist es angemessen, auch die wissenschaftlichen Diskussionen zu diesem Autor in ihren jeweiligen Kontext zu stellen und auch diesen historisch zu hinterfragen. Ähnlich wie Satanows Werke und seine Person selbst sind auch die Interpreten seiner Schriften und ihre Beurteilungen in ihren jeweiligen historischen und ideologischen Kontexten zu verorten. In den nachfolgenden Generationen finden sich oftmals keine Leserschaft und keine Gesprächspartner mehr, die Satanows Schriften Wertschätzung entgegenbringen. Darüber lamentierte Satanow bereits zu Lebzeiten:

> Zu wem soll ich sprechen? [...] wo sind jene, in denen sowohl Frömmigkeit als auch Wissenschaft zusammenwohnen? Sie sind höhere Wesen, doch gibt es wenige an der Zahl. Daher ist es an der Zeit still zu schweigen, und es ist eine Schande, dass niemand diese gedruckten Bücher verlangt oder sucht.[240]

Es wurde gezeigt, wie ideologische, historische und literaturwissenschaftliche Vorlieben der späteren Generationen die Wahrnehmung Satanows, seiner Schriften und Publikationen in hohem Maße beeinflusst haben. Nicht nur bei Scholem und dessen Nachfolgern, sondern bereits bei Satanows Zeitgenossen wie Moses Mendelssohn (Frankfurter) in *Pene Tevel* und seinem Ausspruch zu Satanow als „halb Häretiker und halb Frommer“[241] oder später bei Graetz innerhalb der Wissenschaft des Judentums finden sich scharfe negative Beurteilungen. Diese standen aber nicht unbedingt mit Satanows Werken oder seiner editorischen Tätigkeit in Zusammenhang, sondern bezogen sich auf seine Lebensweise und Frömmigkeit oder wiesen im Allgemeinen eine Verurteilung mystisch-kabbalistischer Tendenzen auf. Die Übertragung dieser Klischees auf sein schriftstellerisches Wirken verhinderte eine tiefergehende wissenschaftliche Auseinandersetzung mit ihm und seinem Werk. Schlagworte wie „Fälscherei“, „Betrug“ und „Heuchelei“ wurden rasch mit ihm und seinen Schriften assoziiert. Seine

---

240 Schöneman / Satanow, *Minḥat Bikkurim*, Berlin 1797, 46:1.

241 „[Satanow] ist halb Häretiker und halb Frommer.“ (והוא חצי מין והוא חצי מאמין) Moses Mendelssohn (Frankfurter), *Pene Tevel* [Erdkreis], Amsterdam 1872, 252.

innovativen Synthetisierungsversuche zwischen jüdischer Tradition, Philosophie und Naturwissenschaften mit Hilfe kabbalistischer Symbolik wanderten an den Rand des wissenschaftlichen Diskurses – auch wenn bereits früh in der Wissenschaft des Judentums seine schriftstellerischen Fähigkeiten überaus positiv hervorgehoben worden waren.

Nachwirkungen

Eine indirekte Fortsetzung von Satanows Tätigkeit als Autor und Herausgeber lässt sich wohl in Adolf Jellineks[242] Band „Philosophie und Kabbala“, Leipzig 1854 finden, wo philosophische und kabbalistische Quellentexte in einem Band gedruckt wurden und so miteinander in Beziehung gesetzt werden sollten. Wenn Jellinek Abraham Abulafia und Thomas von Aquin anführt, so ist eine ähnliche Absicht erkennbar wie bei Satanow: die Vergleichbar- und Vereinbarkeit von philosophischem und kabbalistischem Denken. In dieser Reihe sind auch die Bemühungen des liberalen Rabbiners Philipp Bloch (1841–1923) zu nennen. Sein Beitrag „Die Kabbala auf ihrem Höhepunkt und ihre Meister“ war 1905 in der Schriftenreihe der *Gesellschaft zur Förderung der Wissenschaft des Judentums* in Pressburg erschienen und dann erneut in der *Monatsschrift für Geschichte und Wissenschaft des Judentums* 1924. Aufgrund seiner Wiederaufnahme durch Scholem verdient es besondere Beachtung:[243] Bloch konfrontiert den Leser mit einem neuen Bild der Kabbala, aus dem Scholem seine von ihm selbst geforderten Anfänge der Kabbalaforschung entwickelte.

Bloch stellt in seinem Beitrag ein Zitat von Delmegido an den Beginn:

> Ein wenig Kabbala tut gut und ziert den Menschen; zu viel davon beschwert; wer sich zu tief mit ihr einlässt, bleibt in den anderen Wissenschaften zurück.[244]

---

242 Zu Jellinek und seinem Verhältnis zur Kabbala siehe Roland Kiener, „From *Ba'al ha-Zohar* to Prophet to Ecstatic: The Vicissitues of Abulafia in Contemporary Scholarship“, in Peter Schäfer / Joseph Dan (Hg.), *Gershom Scholem's* Major Trends in Jewish Mysticism. *50 Years After*, Tübingen 1993, 145–162, hier 149–152. David Heimann Joel, der die Kabbala als ein Phänomen der Religionsphilosophie einordnete und sie hinsichtlich philosophischer Prinzipien untersuchte, wird bei Giulio Busi, „Beyond the Burden of Idealism: For a New Appreciation of the Visual Lore in the Kabbalah“, in Huss / Pasi / von Stuckrad (Hg.), *Kabbalah and Modernity*, 29–46, hier 36–40 thematisiert; siehe auch Kohler, *Kabbalah Research*, 125–129.

243 www.sammlungen.ub.uni-frankfurt.de/freimann/content/titelinfo/404922 (Zugriff: 10. Oktober 2016).

244 Joseph Delmegido, *Meṣaref Ḥokhma* [Schmelztiegel der Weisheit], Basel 1629, 21a.

Satanows Bemühungen, kabbalistische Lehren auf ihren rationalen Gehalt zurückzuführen, sie zugleich aber mit wissenschaftlichen Doktrinen zu harmonisieren, lassen eine ähnliche Grundhaltung erkennen.

5 Fazit und Ausblick

Wie ist nun Satanow innerhalb der jüdischen Geistesgeschichte einzuordnen? Kann von einem originär kabbalistischen Ansatz ausgegangen werden? Oder eher von einer eklektischen Aufnahme unterschiedlicher zeitgenössischer Strömungen? Oder liegt vielleicht der ernsthafte Versuch einer Wiederbelebung antiker und mittelalterlicher Schriften vor? Oder doch eine reine Harmonisierung unterschiedlicher Literaturen und Epochen?

Eklektizismus zwischen den Welten?

Als „Wanderer zwischen den Welten" vereint Satanow mithilfe seines stark ausgeprägten Eklektizismus in seinem Leben und Schreiben verschiedene Facetten des europäischen Judentums zu Beginn der Moderne, die am Ende vielleicht gar nicht so unterschiedlich sind. Seine Herkunft aus der osteuropäischen Tradition und seine lebenslange Verbundenheit damit – auch nach seiner Migration nach Berlin – eröffnen einen umfassenden Einblick in divergierende Strömungen der jüdischen Gemeinden und Traditionen seiner Zeit. Doch nicht nur seine geographische Flexibilität ist hierbei von Bedeutung, sondern seine Wiederaufnahme religiöser und kultureller Ideen unterschiedlicher Epochen der jüdischen Literaturen (und auch nichtjüdischer Quellen) fügen dieser Variabilität eine epochenübergreifende Komponente hinzu. Hinzu kommt eine starke soziale Mobilität, die seine Zugehörigkeit zu unterschiedlichen sozialen Gruppen anzeigt und eines der Merkmale jüdischer Intellektueller während der Haskala darstellt.

Nicht nur die instabilen politischen Verhältnisse seiner polnischen Heimat, sondern auch der dortige Umgang mit sabbatianischen, chassidischen und kabbalistischen Literaturen und Bewegungen sowie die naturwissenschaftlichen Kenntnisse einer jungen intellektuellen Elite spiegeln sich in seinem Wirken als Autor und Verleger wider. Zudem hinterlassen das Aufeinandertreffen dieser Komponenten mit der maskilischen Kultur und deren Zielen im westeuropäischen Judentum ihre Spuren in seinem unermüdlichen Bestreben nach Verbreitung reformatorischer Ideen im Sinne der Haskala.

Autor, Drucker und Verleger

Seine Tätigkeit als Autor und Verleger der Orientalischen Buchdruckerey erlaubte ihm nicht nur, seine eigenen Publikationen der unterschiedlichsten hebräischen Stilvariationen und Literaturrichtungen wie Lehrbücher, Siddurim, Erzählungen, philosophische Kommentare und Dialoge, Zeitungsartikel, grammatikalische

https://doi.org/10.1515/9783110716320-006

Abhandlungen und auch die Neuausgaben klassischer Texte der jüdischen Geistesgeschichte unmittelbar in dieser Druckerei zu veröffentlichen, sondern ermöglichte ihm (mehr oder weniger gezwungenermaßen) Zugang zu den oberen Gesellschaftsschichten, um die finanziellen Grundlagen dieser Unternehmungen zu sichern. Dabei war seine Tätigkeit als Hauslehrer bei den Familien Itzig und Friedländer nicht nur diesbezüglich von Nutzen, sondern verschaffte ihm auch Zutritt zu der sich neu bildenden intellektuellen Elite um Moses Mendelssohn und den *Me'assfim*. Dieser Kreis prägt wie kein anderer die Diskussionen zur Zeit der jüdischen Aufklärung und spiegelt in seinen Reihen sowohl den Aufstieg als auch den Niedergang einzelner Persönlichkeiten und intellektueller Konzeptionen wider. Die damaligen Umwälzungen im Bereich des Verlags- und Zeitungswesens, die Suche nach immer neuen Mäzenen und Subskribenten gereichten Satanow zum einen als Vorteil, da er nun auch seine kabbalistischen Ideen einem größeren Publikum zugänglich machen konnte, andererseits war er jedoch zugleich abhängig von den sich schnell wandelnden Idealen der intellektuellen und finanziellen Elite jener Zeit.

Koretz

Satanows Kooperationen beim Druck lurianischer Kabbala in Koretz demonstrieren auf eindrucksvolle Weise, dass er nicht nur die entsprechenden Handschriften, finanziellen Mittel und kundigen Berater in seine Tätigkeit miteinbeziehen oder zur Verfügung stellen musste. Denn auch die politischen Konditionen und das Wohlwollen des Adels spielten eine entscheidende Rolle bei diesem Unterfangen und er war sich dessen durchaus bewusst. Nicht nur die Finanzkraft eines Johann Anton Krüger, sondern auch die kulturellen und literarischen Interessen eines Jóseph Klemenz Czartoryski ermöglichten erst den Druck dieser bedeutenden Werke der jüdischen Mystik.

Melișa

Ein Mosaik unterschiedlicher Aspekte und Strömungen der jüdischen Tradition bietet sich in Satanows Werk *Imre Bina*. Anhand der Anwendung der „Intarsien-Methodik" (*melișa*) auf der sprachlichen Mikro- und der inhaltlichen Makroebene vereint er philosophische, naturwissenschaftliche, traditionelle und kabbalistische Perspektiven unterschiedlichster Epochen zu einem harmonischen Ganzen. Dass hierbei nicht unbedingt neue kabbalistische Modelle und Systeme entwickelt, sondern bestehende aufgenommen und „aktualisiert" werden, liegt im Interesse des Autors. Er will die Vereinbarkeit unterschiedlichster Modelle und Systeme, deren rationale Grundlage und ihre Kompatibilität mit moderneren

Strömungen hervorheben, um eine neue intellektuelle und kulturelle Elite heranzubilden. Dies solle eine Akkulturation und Säkularisierung der jüdischen Leser ermöglichen, ohne traditionelle Werte aufgeben zu müssen. Dass dieses Bestreben nicht immer den Geschmack der zeitgenössischen oder späteren Leser und Forscher traf, wurde in Kapitel 4 deutlich gemacht. Dabei unterlässt Satanow jedoch im Unterschied zum aufblühenden Chassidismus eine Ritualisierung der kabbalistischen Konzeptionen und behandelt kabbalistische Texte als „orientalisches Wissen" ohne messianische Ansprüche. Vielmehr verlangt dieses „orientalische Wissen" eine naturwissenschaftlich-philosophische Einordnung und Lesung.

Ambivalenz

Die anhaltende ambivalente Haltung Satanow gegenüber steht meist nicht in unmittelbarem Zusammenhang mit seinen schriftlichen Äußerungen, seiner persönlichen Erscheinung oder seinen polemischen, satirischen und ironischen Bemerkungen, sondern sollte auch im intellektuellen oder kulturellen Kontext der jeweiligen Interpreten verstanden werden. Nicht nur bei Scholem, in den damaligen Diskussionen zur jüdischen Historiographie, Kultur, Literatur und den neu zu definierenden akademischen Aufgaben und Zielen ist dieser Aspekt zu beachten, sondern auch bei den Vertretern der Wissenschaft des Judentums und ihren jeweiligen Standpunkten gegenüber „mystischen" Tendenzen. Vor allem bei Graetz wird die ambivalente Stellung Satanows deutlich: seine Verdienste um die hebräische Sprache und zugleich seine „Verfehlungen" bezüglich „mystifizierender" Äußerungen. Zudem lässt sich in dieser Hinsicht ein beachtlicher Unterschied in der Bewertung Satanows bei den verschiedenen akademischen Disziplinen ausmachen. Während die Literaturwissenschaften meist positive Bewertungen zu Satanows abgeben, fällt seine Figur in den historischen Untersuchungen tendenziell oft negativ auf.

Haskala und Kabbala

Der Eintritt des Judentums in die Moderne mit Autoren wie Satanow und Maimon wirft somit erneut die Frage nach der Verortung der Haskala-Forschung in den Jüdischen Studien und der Erforschung jüdischer Traditionen auf. Es wurde gezeigt, dass die Untersuchung der Werke derartiger Autoren sowohl in den literaturwissenschaftlichen Bereich als auch in das judaistische, historische, theologische oder soziologische Aufgabengebiet angesiedelt sein und zudem an verschiedenen Schnittstellen der Fragestellungen dieser Fächer ansetzen sollte.

Aus der vorliegenden Untersuchung geht deutlich hervor, dass auch Aspekte sozialer und intellektueller Mobilität auf verschiedenen Ebenen eruiert und in die Analyse von Satanows Gesamtwerk einfließen sollten. Die Komplexität und Hybridität einer Persönlichkeit wie Satanow – nicht nur als Autor, sondern auch als Herausgeber, Publizist und Vertreter neuer medialer Möglichkeiten im Berlin des 18. Jahrhunderts – kennzeichnen ihn als Repräsentanten einer neuen intellektuellen jüdischen Elite mit pädagogischen Anliegen und Zielen. Als eine Art Pendant zu christlichen Forschern wie Leibniz unternimmt Satanow den Versuch, moderne wissenschaftliche Kenntnisse in sein Weltbild zu integrieren, seine Leser zu „bilden" und eine Annäherung an die umgebende Majoritätskultur zu leisten, ohne die spezifischen Merkmale der jüdischen Traditionen preiszugeben, sondern diese vielmehr durch einen derartigen Zugang zu stärken und deren Kompatibilität mit modernen Erkenntnissen zu propagieren. Da unter seiner intendierten Leserschaft in Osteuropa mystische Inhalte und Praktiken einen integralen Bestandteil des religiös-kulturellen Allgemeinguts der jüdischen Tradition bilden (allerdings eher die „praktische" als die „theoretische" Seite der Kabbala), werden die kabbalistischen Hinweise, Quellen und Konzeptionen in *Imre Bina* in ihrem theosophischen Zusammenhang skizziert oder eklektisch dargestellt. Denn sie sind dieser Leserschaft bereits bekannt. Er will letztere an die „physikalischen" Erläuterungen heranführen und deren Präfiguration im kabbalistischen Denken erläutern, da bisher naturwissenschaftliche Errungenschaften meist nur einer kleinen Elite zugänglich waren.

Doch lässt er zugleich auch die intellektuellen Weiterentwicklungen der theoretischen Seite der kabbalistischen Topoi in Europa, z. B. Italien, in seine Überlegungen einfließen. Die Bildung seiner Leserschaft im Sinne des traditionellen Judentums, aber auch die Vereinbarkeit desselben mit naturwissenschaftlichen und philosophischen Überlegungen verschiedener Epochen, auch der modernen, waren das Ziel von Satanows Schriften, insbesondere von *Imre Bina*. Er wollte mit einer harmonischen Synthese zwischen Haskala und Kabbala bzw. der Legitimierung der modernen naturwissenschaftlichen Kenntnisse anhand der traditionellen, unter seinen osteuropäischen Lesern bestens bekannten kabbalistischen Paradigmen, seinem Publikum verdeutlichen, dass die naturwissenschaftlichen und philosophischen Errungenschaften der Neuzeit nicht abzulehnen, sondern durchaus mit den alten Traditionen vereinbar sind. Die pädagogische Adaption dieser neuen Paradigmen an die bekannten kabbalistischen Symbole sollte seiner Leserschaft einen bildungspolitischen Neuansatz nahebringen, welchen er seiner Zeit angemessen betrachtete.

Die doppelläufige Hermeneutik

Dem westeuropäischen Publikum hingegen waren die naturwissenschaftlichen Innovationen meist vertrauter als die kabbalistischen, aber das innovative Moment an Satanows Adaptionsmodell besteht darin, dass es sich in beide Richtungen anwenden lässt. Er vermag es daher in seiner Schrift, einem kabbalistisch wenig gebildeten Publikum kabbalistische Konzeptionen anhand naturwissenschaftlicher Paradigmen zugänglich zu machen, ohne zugleich eine intellektuell-soziologische Hierarchie zwischen Kabbala und Naturwissenschaft einzuführen. Dies ist möglich, da im Werk selbst keine Wertung der beiden Ebenen, der wissenschaftlichen und der kabbalistischen vorgenommen wird, sondern beide zur Erkenntnis allgemeingültiger Wahrheiten über Gott und Kosmos führen sollen. Die maskilische, westeuropäische Leserschaft wird anhand der wissenschaftlich-philosophischen Paradigmen in die Problematik eingeführt und dann zu traditionellen kabbalistischen Konzeptionen geleitet. Somit konnten die Berliner Leser in die Welt der Kabbala und die osteuropäischen in die Welt der modernen Naturwissenschaften und der Philosophie initiiert werden. Es ist festzustellen, dass dabei die angestrebte intellektuelle Vervollkommnung der Leser und deren individueller *tiqqun* vor allem anhand der sprachlichen Fähigkeiten Satanows und seiner kabbalistischen Rhetorik herbeigeführt werden sollen und weniger originäre Neukonzeptionen kabbalistischen Denkens geboten werden.[1] Dies ist auf den hohen Stellenwert des Sprachvermögens und der stilistischen Kunstfertigkeit – auch in Satanows Reformbestrebungen zur Haskala – zurückzuführen.

Verleger und Spracherneuerer

Hervorzuheben sind daher gewiss seine Verdienste um die hebräische Sprache und ihre Verbreitung unter den Maskilim. Nicht nur als Verleger machte sich Satanow um die Renaissance klassischer hebräischer Werke wie Maimonides' *More ha-Nevukhim* oder Halevis *Kuzari* verdient, sondern auch als Autor von Grammatikbüchern und sprachwissenschaftlichen Abhandlungen. Zudem sind einige seiner Eingriffe in den *Siddur* (Gebetbuch) bis heute von großer Relevanz. Als Verfasser literarischer Meisterwerke wie *Mishle Asaf*, *Imre Bina* oder *Zohar Tinyana*, die alle völlig unterschiedliche hebräische Stilrichtungen meisterlich imitieren, wollte Satanow seinem Publikum die Schönheit und den Facettenreichtum des Hebräischen nahebringen. Darin lag sicherlich ein weiteres seiner

---

1 Die moralische Vervollkommnung wurden hingegen in *Sefer ha-Middot* vermittelt, wie oben angesprochen. Siehe Elke Morlok, „Isaac Satanow (1732–1804) on Moral and Intellectual Perfection", *European Journal of Jewish Studies* 14,2 (2020): 300–333.

Hauptanliegen bezüglich eines erzieherischen Programms innerhalb der maskilischen Bewegung. In Zeiten einer intensiven Debatte um die Wahl zwischen Jiddisch, Deutsch oder Hebräisch bzw. einer deutsch-jüdischen Varietät[2] innerhalb der jüdischen Gemeinden, die u. a. in den Zeitschriften der Haskala ausgetragen wurde und an denen sich Satanow rege beteiligte,[3] sprach er sich eindeutig für die Pflege des Hebräischen und seine Wiederbelebung aus. So bot er in seinem Artikel „Mi-darke ha-lashon we-ha-meliṣa [Sprachliche und rhetorische Methodik]" im *Me'assef* 4 (1788) einen Überblick über die hebräische Sprache und diskutierte die Möglichkeiten, den Wortschatz zu erweitern, damit die Sprache den Anforderungen der Moderne genügen kann. Dies versuchte er anhand seiner eigenen Schriften zu verdeutlichen, die die große Bandbreite der Ausdruckweisen und Stilrichtungen der hebräischen Sprache deutlich vor Augen führen. Zudem zeigt Satanow die grundsätzliche Flexibilität des Hebräischen auf, indem er neue Gedanken der Haskala in verschiedenen Sprachformen, z. B. dem kabbalistischen Vokabular der mittelalterlichen Quellen, ausführt und auch in der Lage ist, naturwissenschaftliche Kenntnisse mit dieser Terminologie zu übermitteln und mit den mystischen Vorlagen zu harmonisieren.

Synthesen

Die von Satanow angestrebte Synthese findet nicht nur auf einer inhaltlichen, sondern auch auf der sprachlichen und literarischen Ebene statt. Dies zeigt sich deutlich an dem satirischen Unterton der besprochenen *Zohar*-Imitation, wo in ein kabbalistisches Werk das neu aufkommende Genre der Satire meisterlich eingebaut wird. Vor allem in den kabbalistischen Schriften fand im Mittelalter eine Einführung innovativer gedanklicher Konzeptionen und Strukturen mit philoso-

---

2 Ingrid Lohmann (Hg.), *Chevrat Chinuch Nearim. Die Jüdische Freischule in Berlin 1778–1825*, Bd. 1, Münster / New York 2001, 33–36; Nils Römer, „Sprachverhältnisse und Leseverhalten der Juden in Deutschland (1770–1830)", in Ingrid Lohmann / Wolfram Weiße (Hg.), *Dialog zwischen den Kulturen. Erziehungshistorische und religionspädagogische Gesichtspunkte interkultureller Bildung*, Münster / New York 1994, 49–58.

3 Wie z. B. in seinem Artikel „Mi-darke ha-lashon we-ha-meliṣa [Sprachliche und rhetorische Methodik]", *Me'assef* 4 (Ṭevet / 15. April 1788): 72–95 deutlich wird. Zu den Zeitschriften der Haskala siehe Moshe Pelli, *Bikkurei Ha-'Ittim. The ‚First Fruits' of Haskalah*, Jerusalem 2005 (Hebräisch); ders., *The Gate to Haskalah. An Annotated Index to Hame'asef, the First Hebrew Journal*, Jerusalem 2000 (Hebräisch); ders., *Kochvei Yitzhak, the Journal of the Haskalah in the Austro-Hungarian Empire (1845–1873)*, Jerusalem 2016 (Hebräisch); ders., *The Journals of the Haskalah in Mid-Nineteenth Century. HeHalutz (1852–1889); Bikurim (1864–1865)*, Jerusalem 2015 (Hebräisch); ders., *The Journals of the Haskalah. 1820 to 1845*, Jerusalem 2013 (Hebräisch); ders., *Kerem Ḥemed: ‚Ḥochmat Israel' as the ‚New Yavneh'*, Jerusalem 2009 (Hebräisch).

phischem Vokabular statt. Die Vereinbarkeit biblischer mit philosophischer Terminologie wurde bereits in dieser Epoche demonstriert und nun von Satanow in der Aufklärung noch einen Schritt weitergeführt. Zusammenfassend lässt sich konstatieren, dass Satanows Interpretation des lurianischen *tiqqun*, der in *Imre Bina* nicht explizit thematisiert wird, in einer derartigen Harmonisierung nicht nur kabbalistischer und naturwissenschaftlicher Kenntnisse zu finden ist, sondern auch in der Harmonisierung des Hebräischen aus verschiedenen Epochen der jüdischen Tradition, die inhaltliche Adaptionen widerspiegelt. In dieser Hinsicht wird Satanows Schwellenposition erneut deutlich: nicht die bislang bekannte Hierarchisierung unterschiedlicher Denksysteme ist das Ziel literarischen Schaffens, sondern deren Harmonisierung und die Vermittlung pädagogischer Reformen, die zum einen eine Akkulturation an die zeitgenössische Umwelt und eine moderne Gesellschaftsform ermöglichen, zum anderen jedoch auch die traditionellen Werte der jüdischen Kultur und Religion bewahren sollen.

Auch wenn bei Satanow und dessen Werk vielleicht nicht mit Hanegraaff und Asprem von einem „rejected knowledge" ausgegangen werden kann,[4] so doch von einem „vernachlässigten Wissen" (neglected knowledge), das erneut bei diesem Autor aufgenommen wird. Denn Satanow unternahm unter Anwendung medialer Innovationen im 18. Jahrhundert, vor allem mit Hilfe des Buchdrucks und dessen Industrialisierung, sowohl in Osteuropa als auch in Berlin den Versuch, vernachlässigtes Wissen künftigen Generationen des Judentums wieder nahezubringen. In seiner Symbiose zwischen kabbalistischen und wissenschaftlichen Traditionen waren gewiss seine Leser in Osteuropa über die Ausführungen zu neuesten wissenschaftlichen Errungenschaften verwundert. Die Leserschaft in Berlin hingegen war weniger mit den kabbalistischen Traditionen vertraut, die Satanow als „vermittelnde Instanz" zwischen diesen Wissenskorpora einzubringen suchte. Doch er ermöglichte dadurch zugleich auch eine diachrone Präsenz in zwei Zentren des jüdischen Denkens zu Beginn der Moderne: in Berlin und in Osteuropa.

---

4 Wouter Hanegraaff, *Esotericism and the Academy: Rejected Knowledge in Western Culture*, Cambridge 2012; Egil Asprem, „Dis/Unity of Knowledge: Models for the Study of Modern Esotericism and Science", *Numen* 62,5–6 (2015): 538–567; ders. „Reassessing the Sociology of the Occult: Deviance and Rejected Knowledge in Socio-Historical Explanations of Esotericism", in Bernd-Christian Otto / Marco Pasi (Hg.), *Western Esotericism and Deviance: Proceedings of the Sixth International Conference of the European Society for the Study of Western Esotericism*, Leiden / Boston 2020, 1–36.

Angestrebte Reformen

Im Zuge der zunehmenden Industrialisierung des Buchdrucks und der wachsenden Verbreitung esoterischen Wissens nutzte Satanow seine herausgehobene Position als Herausgeber und Autor, um einen neuen, kabbalistisch geprägten Ansatz zur angestrebten Bildungsreform zu verbreiten. Satanows Anliegen bestand nicht darin, neue Gedankenmodelle im Sinne der kabbalistischen Literaturen zu konstruieren und als origineller Kabbalist ein interessiertes Publikum zu gewinnen oder eine eigene Schulrichtung zu gründen. Er wollte vielmehr den Eigenwert kabbalistischer Symbolik, ihre Vereinbarkeit mit naturwissenschaftlichem und modernem philosophischen Denken demonstrieren, um seinem Publikum eine diachrone Akzeptanz traditioneller und moderner Denkweisen zu vermitteln.[5] Dabei konstruiert er in seinem Werk *Imre Bina* – wie oben ausgeführt – einen hermeneutisch-pädagogischen Ansatz, der eine Lesart in zwei Richtungen, auch im Sinne einer sozialen Mobilität, ermöglicht: ein kabbalistisch gebildetes Publikum, das osteuropäische Judentum, wird mit modernen naturwissenschaftlichen Errungenschaften vertraut gemacht, während wissenschaftlich gebildeten Lesern ein Zugang zu den kabbalistischen Ideen gewährt wird. Ziel solch eines Unternehmens als Autor und Herausgeber ist die Destabilisierung bisheriger Wissensordnungen, die auf rein rationalistischen Prämissen basierten, und die Verbreitung kabbalistischer Ansichten als Basis physischer und metaphysischer Erkenntnisse.[6]

Anhand seiner dekonstruierten Hierarchie zwischen Kabbalisten und Naturwissenschaftlern, die in seinen Augen dieselben Wahrheiten entdecken, nur mit einer unterschiedlichen Perspektive und zu einem anderen historischen Zeitpunkt, stellt Satanow somit in seiner Präsentation der Harmonie zwischen Tradition, Naturwissenschaft und Kabbala und der Anwendung sowohl talmudischer Dialektik als auch poetisch-literarischer Stilmittel wie der *shibbuṣ*-Methode eine einzigartige Alternative zu herkömmlichen Reformansätzen der Haskala dar. Es muss hier keine Entscheidung zwischen rationalistischen oder esoterischen Strömungen getroffen werden, denn beide sind seines Erachtens Teil der jüdischen Tradition, führen zur Erkenntnis der göttlichen Wahrheit und zur Vervollkommnung des Einzelnen: Sie schließen einander nicht aus. Es wird zudem eine Annäherung der unterschiedlichen kulturellen und religiösen „Lebenswelten“

---

5 Dass er dabei eine eindrückliche Kenntnis verschiedener Schulen und Epochen der mystischen Strömungen, als auch deren Kompatibilität untereinander, mit klassischen Texten und modernen Wissenschaften aufweist, wurde im dritten Kapitel gezeigt.

6 So auch bei Pinḥas Hurwitz' *Sefer ha-Berit*, Brünn 1797; David Ruderman, *The Best-Selling Hebrew Book of the Modern Era: The* Book of the Covenant *of Pinḥas Hurwitz and Its Remarkable Legacy*, Seattle / London 2015, 10 – 14.

bzw. „Lebensformen"[7] der jüdischen Bevölkerung in Ost- und Westeuropa intendiert, da jede Tradition mit dem jeweils ihr fremden Element bekannt und vertraut gemacht werden soll. Diese beiden Traditionen in Ost und West stellen laut Satanow keinen Gegensatz dar, sondern können im Sinne eines universalistischen Ansatzes der Aufklärung zu einem harmonischen Ganzen zusammengefügt werden.

An der Schwelle

Damals aktuelle Diskussionen zu Skeptizismus und Universalismus werden in Satanows Werk ebenso thematisiert wie politisch-nationale oder esoterisch-eschatologische Fragestellungen. Die Vielfältigkeit theologischer, philosophischer und naturwissenschaftlicher Welterklärungsmodelle und theosophisch-epistemologischer Konzeptionen innerhalb der Haskala und deren Dependenz bzw. Interaktion mit kabbalistischen Traditionen, vor allem, aber nicht nur in Osteuropa, können am Werk Satanows (und Maimons) exemplarisch veranschaulicht werden. Die dynamische Spannung zwischen rationalistischen Tendenzen der Berliner Zirkel und kabbalistischen Strömungen in Osteuropa bzw. deren talmudischer Gelehrsamkeit fließen in Satanows Schrift ein und werden zu einer Synthese zusammengeführt, die eine alternative Art des Eintritts der jüdischen Kultur und Religion in die Moderne darstellt und zugleich eine reformatorische Sicht auf das jüdische Bildungswesen und deren methodische Neuansätze fordert. Als intellektuelle Matrix der Entwicklung integrativer Positionen wie derjenigen Satanows oder Maimons mögen sicherlich auch die Lebenswelten der Haskala und der Kabbala bzw. des Chassidismus gedient haben, die sich in ihrer inneren Entwicklung eventuell in stärkerem Maße gegenseitig beeinflussten als bisher angenommen wurde. Weitere Studien zu dieser Thematik mögen zeigen, ob eine derartige Disposition der historischen Realität entsprach oder das Produkt späterer, auch wissenschaftlicher Überlegungen war. Zumindest zeigen die Konzeptionen Satanows und Maimons, dass die angedeuteten Antagonien der Forschung keine allgemeine Gültigkeit für die maskilische Ära in Ost- und Westeuropa besitzen, sondern einzelne Autoren und Werke individuell analysiert und kontextualisiert werden müssen.

Die auch in der Postmoderne mit kabbalistischer Symbolik assoziierte Vereinbarkeit zwischen Naturwissenschaft und Kabbala, wie sie z. B. im Kabbalah Centre und anderen esoterischen Bewegungen der Moderne und der Postmoderne vertreten wird, könnte mit solchen Bemühungen wie denen Satanows und Mai-

---

7 Rahel Jaeggi, *Kritik von Lebensformen*, Berlin 2014.

mons in unmittelbarem Zusammenhang stehen und bedarf einer gesonderten Untersuchung.

Der Reichtum des Panoramas jüdischer und nichtjüdischer Traditionen unterschiedlichster Prägungen, die Schriftstellern wie Satanow zur Verfügung standen und die Untersuchung der vielfältigen Elemente ihrer Werke, die Kriterien ihrer Auswahl und die Strukturen ihrer angestrebten Synthesen zeigen zugleich die Schwierigkeit der Analyse und Verortung als auch die überaus interessante wissenschaftliche Herausforderung einer angemessenen Betrachtung derselben.

Einordnung

Die Ergebnisse wissenschaftlicher Untersuchungen zu Satanow und die Einordnung seiner Schriften in die europäische und jüdische Geistes- und Ideengeschichte müssen unter neuen methodologischen Perspektiven unternommen werden. Sie kann nur unter Zuhilfenahme eines multiperspektivischen und interdisziplinären methodischen Ansatzes geschehen.[8]

Nach eingehender Betrachtung der Werke Satanows lässt sich feststellen, dass Katz' These der jüdischen Moderne als Säkularisationsprozess in kultureller und soziologischer Hinsicht als singuläres Merkmal und monochromes Phänomen hinterfragt werden muss.

In der vorliegenden Arbeit wurde ein erster Schritt präsentiert, um Texte, die nicht dieser Kategorisierung der jüdischen Moderne durch Katz und andere Forscher entsprechen, näher zu untersuchen und diachrone Perspektiven auf das vielschichtige Werk facettenreicher Autoren wie Satanow zu entwickeln. Dies konnte unter der vornehmlichen Fragestellung nach kabbalistischen Traditionen vorgenommen werden, doch sollten noch weitere Aspekte dieses Literaten – wie z. B. pädagogische, sprachwissenschaftliche, soziologische, politische – eingehend analysiert werden. Die Betrachtung Maimons und seiner hebräischen Werke, vor allem *Ḥesheq Shelomo*, sowie die Interdependenz dieser beiden kabbalistischen Maskilim als auch innerjüdische und außerjüdische Reaktionen auf ihr Schriften, die in der bisherigen Forschung zur jüdischen Aufklärung weitgehend ausgeklammert wurden, sollten daher künftig detailliert und unter diachronen Gesichtspunkten betrachtet werden.

---

8 Elke Morlok, „Blurred Lines. Methodology and Kabbalistic Ideas Within the Berlin *Haskalah*", *Kabbalah. Journal for the Study of Jewish Mystical Texts* 40 (2018): 33 – 59; siehe auch dies., „Isaac Satanow (1732 – 1804)".

Zentrum und Peripherie

Die neu aufkommende Diskussion zur Thematik von „Zentrum und Peripherie"[9] innerhalb der jüdischen Studien kann bei Satanow im Sinne einer neuen sozialen Mobilität zwischen unterschiedlichen geographischen und gesellschaftlichen Zentren und Peripherien angegeben werden, die in engem Zusammenhang mit seiner Tätigkeit als Schriftsteller, Herausgeber und Drucker steht. Die Verbreitung innovativer, kabbalistisch geprägter Ideen war das Ziel all seiner Bestrebungen, die er mit Hilfe der neuen medialen Mittel und unter dem Aspekt der reformatorisch-pädagogischen Bestrebungen der jüdischen Intelligenzia in Berlin und Podolien unter den jüdischen Lesern zu erreichen versuchte. Er war von der reformatorisch-erzieherischen und auch ethischen Kraft der kabbalistischen Texte überzeugt und wollte diese seinem Publikum nahebringen – ob im Zentrum oder in der Peripherie angesiedelt.

Im Unterschied zu Leibniz und auch Newton suchte Satanow in den Naturwissenschaften die Legitimation seiner kabbalistischen Vorstellungen, die jedoch für kabbalistisch gebildete Leser selbst keiner Erklärung bedurften. Während Leibniz und Newton ihre naturwissenschaftlichen und philosophischen Untersuchungen mit kabbalistisch-esoterischen Symbolen zu erweitern und untermauern suchten, ging Satanow von der Gegebenheit dieser kabbalistischen Prämissen aus, die nun durch die Naturwissenschaft und auch die Philosophie im Nachhinein bestätigt wurden. In Satanow und Maimon finden wir jüdische Repräsentanten einer Synthese von Naturwissenschaft und Kabbala, die bisher zu wenig im Fokus der Untersuchungen zum Eintritt der europäischen Gesellschaften in die Moderne, auch in Hinblick auf die Esoterik-Forschung, gestanden haben.

---

9 Z. B. Moshe Shokeid, „Centre and Periphery in Israeli Social Geography", *Journal of Mediterranean Studies* 20,1 (2011): 1–12. Zur lurianischen Kabbala und deren Verhältnis von Zentrum und Peripherie bzw. Exil und dem Land Israel, siehe Moshe Idel, *Messianic Mystics*, New Haven / London 2000, 308–320. Idel geht entgegen der These Scholems davon aus, dass sich lurianische Konzeptionen der *unio mystica* in bestimmten Ritualen gerade nicht im Exil, sondern im Land Israel herausgebildet haben. Zum Status von Safed als Peripherie innerhalb der lurianischen Renaissance im 16. Jahrhundert siehe den Vortrag von Assaf Tamari, „Safed as Periphery: Reviewing the Innovative Nature of the Sixteenth-Century Renaissance in Safed", beim 6. Jahreskongress des Israeli Network for the Academic Study of Western Esotericism in Haifa, 2.–3. Juni 2016; in Vorbereitung als „Safed's Perspective: Situating Sixteenth Century Safed as Center and Periphery" für *Pe'amim*.

Ausblick

Zunächst sollte man einen neuen Blick auf die spezifische Hybridität dieser Persönlichkeiten wagen, bei denen die Amalgamierungen der unterschiedlichsten geistes- und naturwissenschaftlichen Strömungen und Trends nicht unbedingt als ein negatives, sondern als ein positives Merkmal, auch unter Berücksichtigung des jeweiligen Eklektizismus, angesehen wird. Erst dann wird eine zutreffende Verortung und Wertschätzung solcher wirklichen Literaten wie Satanow und Maimon möglich. Haskala als Ausdruck der Dominanz rein rationalistischer Herangehensweisen und intellektueller Konzeptionen wird durch das literarische Werk Satanows in Frage gestellt und sollte in dieser Hinsicht neu überdacht werden, da sich dieser Autor sowohl mit den rationalistischen als auch den klassischen Quellen der jüdischen Mystik auseinandersetzt und eine Kongruenz der beiden sucht, die ihrer Zeit angemessen ist. Auch wenn die kabbalistischen Parameter auf eine rational-philosophische Stufe erhoben werden müssen, so behalten sie doch stets ihren Eigenwert – unabhängig von den intellektuellen Fähigkeiten ihrer potentiellen Leserschaft.

Mit der Untersuchung jüdischer Intellektueller innerhalb der Haskala, die sich nicht nur den rational geprägten Strömungen der Tradition, sondern auch den mystisch-kabbalistischen zuwandten und diese in ihre gedanklichen Systeme einzubinden versuchten,[10] nähern wir uns einer neuen Kategorisierung dieser turbulenten Epoche der jüdischen Geistesgeschichte und ihrer immanent wichtigen Bedeutung für die weiteren Entwicklungen in Europa in ihrer Vielfältigkeit und ihrem Facettenreichtum in angemessener Weise.

---

10 Wie z. B. Herz Scheuer, *Sefer Tore Zahav 'al Shir ha-Shirim we-Nosaf 'alaw Ma'amar be-'Inyan Megillat Ester*, Mainz 1875. Avraham Naftali ben David „Herz" Scheuer (1753–1822) war von 1800 bis 1810 und erneut von 1814 bis 1822 Rabbiner in Mainz. Als Sohn des berühmten Mainzer Rabbiners Tevele David Scheuer (1711–1782), einem der bedeutendsten Gelehrten seiner Zeit, leitete er schon in seiner Jugend die Talmud-Schule seines Vaters. Bei *Tore Zahav* („Goldene Ketten" nach Cant 1,11) handelt es sich um sein Hauptwerk in kabbalistischem Stil, welches posthum von seinem Enkel Shmu'el Bondi (1794–1877) veröffentlicht wurde; siehe Gershom Scholem, „Die letzten Kabbalisten in Deutschland", in ders., *Judaica 3*, Frankfurt a. M. 1973, 222. Besonders interessant ist die handschriftliche Notiz Scholems in seinem privaten Exemplar (Signatur 1753), abgedruckt bei Joseph Dan / Esther Liebes (Hg.), *The Library of Gershom Scholem on Jewish Mysticism. Catalogue*, Bd. 2, Jerusalem 1999, 942–943 (Hebräisch), wo Scholem Bondis nächtliches Studium der kabbalistischen Schrift *Sefer Ḥemdat Yamim* erwähnt und seine Überlegungen abschließt mit dem Satz: „Und das letzte Vorkommen der Kabbala in Deutschland scheint mit den Kreisen von Sabbatianern verbunden zu sein." Siehe dazu Jonatan Meir, „‚Die letzten Kabbalisten in Deutschland': Gershom Scholem und die Familie Wechsler", in Gerold Necker / Elke Morlok / Matthias Morgenstern (Hg.), *Gershom Scholem in Deutschland. Zwischen Seelenverwandtschaft und Sprachlosigkeit*, Tübingen 2014, 243–258.

Bibliographie

Primärliteratur von Isaak Satanow

Bi'ur Millot ha-Higgayon [Erläuterung zu den Logikbegriffen von Maimonides], Berlin: Jüdische Freischule 1794/95.

Gam Elle Divre Asaf [Auch jene sind Sprüche Assafs], Berlin: Jüdische Freischule 1792.

Hagahot me-Rabbi Yiṣḥaq ha-Lewi mi-Saṭnov ʻal Millot ha-Higgayon le-Rambam [Anmerkungen von Rabbi Isaak ha-Levi aus Satanow zur Logik des Maimonides], Jewish National and University Library Jerusalem, Hs Heb. 8°6105.

Ḥeleq Rishon mi-Sefer ha-Ḥizzayon [Erster Teil von dem Buch der Vision], Berlin: [Verlag nicht ermittelbar] 1774/75.

Iggeret Bet Tefilla [Brief über das Gebetshaus], Berlin: [Verlag nicht ermittelbar] 1773.

Iggeret Eder ha-Yaqar [Brief über die teure Zeder], Berlin: [Verlag nicht ermittelbar] 1772.

Maḥberot Immanu'el [Hefte/Makame Immanuels], Berlin: Jüdische Freischule / Orientalische Buchdruckerey 1796.

Megillat Ḥasidim [Schriftrolle der Frommen], Berlin: Jüdische Freischule 1802.

„Mi-Darke ha-Lashon we-ha-Meliṣa [Sprachliche und rhetorische Methodik]", *Me'assef* 4 (Ṭevet / 15. April) (1787/88): 82–95.

Mikhtav Marpe la-Nefesh [Brief zur Seeelenheilung], Berlin 1794/5.

Minḥat Bikkurim [Gabe der Erstlingsfrüchte], Berlin: Orientalische Buchdruckerey 1797 (unter dem Namen seines Sohnes Salomon Schöneman).[1]

Mishle Asaf [Sprüche Asafs], Teil 1, Berlin: Orientalische Buchdruckerey 1789.

Mishle Asaf [Sprüche Asafs], Teil 2, Berlin: Orientalische Buchdruckerey 1791.

Mishle Asaf [Sprüche Asafs], Teil 3, Berlin: Orientalische Buchdruckerey 1793.

Nevu'at ha-Yeled [Prophetie des Kindes], Berlin: Jüdische Freischule 1789.

Perush / Sefer ha-Middot le-Arisṭoṭelis [Kommentar zur Nikomachischen Ethik des Aristoteles], 2 Teile, Berlin: Orientalische Buchdruckerey 1790/91.

Perush / Sefer le-Iyyov [Kommentar zu Hiob], Berlin: Jüdische Freischule 1799.

Pinqas u-Khtav ha-Dat [Heft und Schrift der Religion], Berlin: Jüdische Freischule 1786/87.

Qol Shaḥal [Stimme des jungen Löwen; Ausgabe von Ephraim Luzzattos Gedichtsammlung *Elle Vne ha-Ne'urim*], Izmir [Berlin]: [Verlag nicht ermittelbar] 1790.

Qunṭres mi-Sefer ha-Zohar Ḥibbura Tinyana [Sammlung aus dem Buch *Zohar*, zum zweiten Mal zusammengestellt], Berlin: Jüdische Freischule 1783.

Safa Aḥat [Eine Sprache, Teil 2 des *Sefer ha-Shorashim*], Berlin: Jüdische Freischule 1783.

Seder Siyaḥ Yiṣḥaq / Seder Haggada ʻal Pesaḥ [Pesachaggada], Berlin: Jüdische Freischule 1785/86.

Sefer Divre Rivot [Buch der Polemik], Berlin: [Verlag nicht ermittelbar] 1793/1800.

Sefer ha-Galuy we-ha-Ḥatum [Buch des Aufge- und Unterzeichneten], Berlin: [Verlag nicht ermittelbar] 1783/84.

Sefer ha-Gedarim [Buch der Definitionen des Menaḥem ben Abraham Bonafos aus Perpignan], Berlin: Orientalische Buchdruckerey / Jüdische Freischule 1798.

Sefer ha-Kuzari [Das Buch Kuzari], Berlin: Orienthalische Freyschule 1795.

---

1 Verteidigung gegen Aaron Wolfssohns Angriff in *Me'assef* 7 (1796–1797): 251–266, 395–399.

https://doi.org/10.1515/9783110716320-007

Sefer ha-Middot [Buch der Ethik], Berlin: Jüdische Freischule 1783/84.
Sefer ha-Shorashim: Ḥeleq Rishon Sefat Emet, Ḥeleq Sheni Devarim Aḥadim [Buch der [Verb] Wurzeln, Teil 1: Sprache der Wahrheit, Teil 2: Einzelne Dinge], Berlin: Jüdische Freischule 1787.
Sefer Holekh Tamim [Buch Aufrecht Wandelnder], Berlin: Jüdische Freischule 1794/95.
Sefer Imre Bina [Buch Worte der Einsicht], Berlin: [Verlag nicht ermittelbar] 1784.
Sefer Me'or 'Enayim [Buch Erleuchtung der Augen], Berlin: Jüdische Freischule 1794.
Sefer More ha-Nevukhim [Buch Führer der Verwirrten], Berlin: Jüdische Freischule 1791–1796.
Sefer Sifte Renanot [Buch Singende Lippen], Berlin: [Verlag nicht ermittelbar] 1772/73.
(Bi'ur / Seder) Seliḥa / Seliḥot [Bußgebete am Yom Kippur], Berlin: Jüdische Freischule 1785.
Shir Yedidut [Gedicht über Freundschaft], Berlin: Jüdische Freischule 1799.
Siddur Wa-Ye'etar Yiṣḥaq [Gebetbuch „Und Isaak pries"], Berlin: Jüdische Freischule 1784/85.
Siyaḥ Yiṣḥaq [Erzählung Isaaks], Berlin: Jüdische Freischule 1785.
Tehillim 'im Perush Rashbam [Psalmen mit Rashbams Kommentar], Berlin: Jüdische Freischule 1794.
Zemirot Asaf [Lieder Asafs, Teil 3 zu *Mishle Asaf*], Berlin: Jüdische Freischule 1792/93.

Primärliteratur anderer Autoren

Abravanel, Isaak, *Pirqe Avot / Naḥalat Avot* [Sprüche der Väter / Erbbesitz der Väter] Venedig: Misir Zurzi di Qabali 1567.
Aristoteles, *Über die Seele. Griechisch – Deutsch*, hg. v. Horst Seidl, Hamburg: Meiner 1995.
[Arnold, Friedrich E.], *Beobachtungen in und über Prag von einem reisenden Ausländer*, Prag: Gerle 1787.
Azriel von Gerona, *Kommentar zu den talmudischen Aggadot*, hg. v. Isaiah Tishby, Jerusalem: Mekize Nirdamim 1945 (Hebräisch).
Azriel von Gerona, *Perush 'Eser Sefirot* [Kommentar zu den 10 Sefirot], in Meir Ibn Gabbai, *Sefer Derekh Emuna* [Buch Weg des Glaubens], Warschau: Me'ir Yeḥi'el Halter 1850, 3–9.
Böhme, Jakob, *Sämtliche Schriften, Faksimile-Neudruck der Ausgabe von 1730 in elf Bänden*, neu hg. v. Will-Erich Peuckert, Stuttgart: Frommann 1955–1961.
Cordovero, Moshe, *Pardes Rimmonim* [Granatapfelgarten],[2] Koretz: Johann Anton Krüger 1786, Krakau: Isaac ben Aharon aus Prossnitz 1592 / Munkacs: Kahana & Fry'ad 1906.
De Fano, Menaḥem Azariah, *Pelaḥ ha-Rimmon* [Die Granatapfelscheibe],[3] Munkacz: Kahana & Fry'ad 1906.
De Fano, Menaḥem Azariah, *Yonat Elem* [Stumme Taube / Taube der fernen Inseln],[4] Lemberg: S. Back & A. J. Menkes 1859.
De Leon, Moshe, *Or Zarua'* [Das ausgesäte Licht],[5] hg. v. Alexander Altmann, „Moshe de Leon's *Or Zarua'*. Introduction, Critical Text and Notes", *Qoveṣ 'al Yad* 9 (1980): 219–263 (Hebräisch).

2 Nach Prov 4,13.
3 Nach Cant 4,3; 6,7.
4 Nach Ps 56,1.
5 Nach Ps 97,11.

Delmegido, Joseph Shlomo, *Meṣaref Ḥokhma* [Schmelztiegel der Weisheit],[6] Basel [Hanau]: [Verlag nicht ermittelbar] 1629.
Delmegido, Joseph Shlomo, *Novelot Ḥokhma* [Weisheitssplitter / Früchte der Weisheit],[7] Basel [Hanau]: [Verlag nicht ermittelbar] 1631.
Dohm, Christian Konrad Wilhelm von, *Denkwürdigkeiten meiner Zeit, oder, Beiträge zur Geschichte vom letzten Viertel des achtzehnten und vom Anfang des neunzehnten Jahrhunderts: 1778 bis 1806*, Bd. 4, Lemgo / Hannover: Meyer 1819.
Dohm, Christian Konrad Wilhelm von, *Über die bürgerliche Verbesserung der Juden*, Berlin / Stettin: Nicolai [u. a.] 1781 (ND Duisburg: Salomon-Ludwig-Steinheim-Institut für deutsch-jüdische Geschichte an der Universität Duisburg-Essen 2009).
Dov Baer von Mezeritch, *Devaraw le-Ya'aqov* [Die Worte Jakobs], hg. v. Rivka Schatz-Uffenheimer, Jerusalem: Magnes 1976.
Emden, Jakob, *Miṭpaḥat Sefarim* [Umhang der Gesetzesrollen], Lemberg: M. Wolf 1870/71.
Emden, Jakob, *Sefer Shimmush* [Buch des [magischen] Gebrauchs], Amsterdam [Altona]: Emden 1760.
Euchel, Isaak „Davar el ha-medabberim [Ein Wort an die Schwätzer]", *Me'assef* 3 (1786): 205 – 210; dt. Übersetzung und hebräischer Text bei Andreas Kennecke (Hg.), *Isaak Euchel. Vom Nutzen der Aufklärung. Schriften zur Haskala*, Düsseldorf: Parerga 2001, 59 – 67, 208 – 211.
Euchel, Isaak, „Ist nach dem jüdischen Gesetz das Übernachten der Toten wirklich verboten? In einem Schreiben an den Herrn Professor Löwe in Breslau", *Me'assef* 7,4 (1797): 361 – 391 (Jiddisch).
Euler, Leonhard, *Briefe an eine deutsche Prinzessin: Über verschiedene Gegenstände aus der Physik und Philosophie*, 3 Teile, Leipzig: Junius ^{2}1773/1774.
Friedländer, David, *Sendschreiben an Seine Hochwürden, Herrn Oberconsistorialrath und Probst Teller zu Berlin*, Berlin: Mylius 1799 (Faksimile mit hebräischer Übersetzung Jerusalem: Zalman Shazar 1975).
Gikatilla, Joseph, *Ginnat Egoz* [Nussgarten], Hanau: Eliezer bar Ḥayyim Ulma & Eliyahu ben Zeliqman Ulma 1614/15 / Jerusalem: Yeshivat ha-Ḥayyim we-ha-Shalom 1989.
Gikatilla, Joseph, *Sha'are Ora* [Tore des Lichts], 2 Bde., hg. v. Joseph Ben-Shlomo, Jerusalem: Bialik 1981.
Haller, Albrecht, *Anfangsgründe der Phisiologie des menschlichen Körpers*, Bd. 5, Berlin: Voß 1772.
Ḥar'ar, Natan ben Sa'adya, *Sha'are Ṣedeq* [Tore der Gerechtigkeit], hg. v. Josef Porush, Jerusalem: Makhon Sha'are Ziv 1989.
Herrera, Abraham Cohen de, *Sha'ar ha-Shamayim* [Die Himmelsporte]; ins Hebräische übs. v. Isaak Aboav da Fonseca, Amsterdam: Emanuel Benveniste 1655 / Warschau: Isaac Goldman 1864.
Herz, Marcus, „An die Herausgeber des hebräischen Sammlers über die frühe Beerdigung der Juden", *Me'assef* 4 (1787), erste Zugabe (Oktober 1787): 1 – 35.

6 In Anlehnung an Prov 17,3 „Schmelztiegel für das Silber".
7 Vgl. BerR 17,5. Scholem übersetzt in seinem Buch zu Herrera den Titel mit „Weisheitssplitter" (23), wohingegen in der englischen Ausgabe von *Sabbatai Zwi*, die von ihm durchgesehen wurde, „Fruits of Wisdom" (Princeton 1973, 68) zu lesen ist. Gerold Necker, *Humanistische Kabbala im Barock. Leben und Werk des Abraham Cohen de Herrera*, Berlin / Boston 2011, 193.

Homberg, Naftali Herz, *Imre Shefer* [Schöne Worte],[8] Wien: Anton Schmid ^{2}1816.
Horowitz, Isaiah, *Shene Luḥot ha-Berit* [Die zwei Tafeln des Bundes],[9] hg. v. Shabbetai Sheftel Horowitz, Amsterdam: Emanuel Benveniste 1649.
Hurwitz, Pinḥas Eliyah, *Sefer ha-Berit* [Das Buch des Bundes],[10] Brünn: Josef Karl Neumann 1797 / Wilna: Katzenellenbogen 1897; ND als *Sefer ha-Berit ha-Shalem*, Jerusalem: Yerid ha-Sefarim 1989 – 90.
Ibn Latif, Isaak, *Ginze ha-Melekh* [Die Schatzkammern des Königs],[11] hg. v. Adolf Jellinek, *Kokheve Yiṣḥaq* 28 – 34 (1862 – 1867).
Ibn Tabul, Josef, *Derush Ḥefṣi-Va* [Auslegung zu „Mein Gefallen an ihr“[12]], in Mas'ud ha-Kohen al-Ḥadad (Hg.), *Simḥat Kohen*, Jerusalem: Azri'el 1921.
Ibn Tabul, Josef, *Perush Idra Rabba*, hg. v. Israel Weinstock, *Temirin* 2 (1988): 123 – 167.
Krüger, Johann Gottlob, *Lehrsätze der Diät oder Lebensordnung eines der größten Aerzte: Nebst einem Anhang, diese Lehrsätze bei Gesunden und Kranken gut anzuwenden, eine Krankengeschichte richtig abzufassen, Kranke gehörig auszufragen. Endlich eine Anweisung zur Verfertigung verschiedener bewährter Heilsonderlich Hausmittel*, Nürnberg: Monath & Kußler 1794.
Krüger, Johann Gottlob, *Naturlehre nebst Kupfern und vollständigem Register*, Halle: Hemmerde 1740.
Leiner, Gershon Ḥanokh, *Ma'amar 'Eyn ha-Tekhelet* [Essay über die Quelle des Purpur] Warschau: Kelter 1891.
Leiner, Gershon Ḥanokh, *Ma'amar Ptil Tekhelet* [Essay über die Schnur des Purpur],[13] Warschau: Kelter 1888.
Leiner, Gershon Ḥanokh, *Ma'amar Sefune Ṭemune Ḥol* [Essay über die verborgenen Schätze des Sandes],[14] Warschau: Kelter 1887.
Leistikow, Michael Friedrich, *Auszug der Versuche Herrn Christian Wolffens*, Halle: Renger 1738.
Luzzatto, Moshe Ḥayyim, *Derekh ha-Shem* [Weg des Namens / Gottes], übs. v. Aryeh Kaplan, Jerusalem / New York: Feldheim 1977.
Luzzatto, Moshe Ḥayyim, *Mesillat Yesharim* [Pfad der Rechtschaffenen], hg. v. Josef Avivi, Jerusalem: Mekhon Ofeq 1994.
Luzzatto, Moshe Ḥayyim, *Qelaḥ Pitḥe Ḥokhma* [138 Pforten der Weisheit], Koretz: Johann Anton Krüger 1785.
Maimon, Salomon, *Gesammelte Werke*, 7 Bde., hg. v. Valerio Verra, Hildesheim: Olms 1965 – 1976.
Maimon, Salomon, *Giv'at ha-More* [Anhöhe des *More*], Berlin: Officina Scholae Liberae Judaicae 1791.

8 Nach Gen 49,21.
9 Nach Dtn 9,9.
10 Nach II Reg 23,2; II Chr 34,30.
11 Nach Est 3,9; 4.7.
12 *Ḥefṣi-Va:* Name der Mutter des Königs Manasse und zugleich Name Jerusalems in messianischer Zeit; II Reg 21,1 und Jes 62,5.
13 Nach Ex 28,28.37; 39,21.31; Lev 16,38.
14 Nach Dtn 33,19.

Maimon, Salomon, *Giv'at Hammore*, hg. v. Shmuel Hugo Bergman / Nathan Rotenstreich, Jerusalem: Israel Academy of Sciences and Humanities 2000.

Maimon, Salomon, *Lebensgeschichte. Von ihm selbst geschrieben*, hg. v. Octavia Winkler, Berlin: Union 1988.

Maimon, Salomon, *Salomon Maimons Lebensgeschichte. Von ihm selbst geschrieben und herausgegeben von Karl Philipp Moritz*, hg. v. Zwi Batscha, Frankfurt a. M.: Suhrkamp 1995.

Maimonides, *Iggerotaw we-Toledot Ḥayyaw* [Seine Briefe und Lebensgeschichte], hg. v. Mordechai Bar-Yoseph, Tel Aviv: Mekhon Mordekhay le-Hoṣa'at Sifre Yahadut 1970.

Mendelssohn, Moses, *Gesammelte Schriften*, Bd. 5, hg. v. Georg Benjamin Mendelssohn, Leipzig: Brockhaus 1844.

Mendelssohn, Moses, *Gesammelte Schriften*, Jubiläumsausgabe, Bd. 16, hg. v. Alexander Altmann u. a., Stuttgart: Frommann 1973.

Mendelssohn, Moses, *Jerusalem, or, On Religious Power and Judaism*, hg. und komm. v. Alexander Altmann, Jerusalem / Hanover: Brandeis University Press 1983.

Mendelssohn, Moses, *Netivot ha-Shalom* [Friedenspfade], Berlin: Starcke 1783.

Mendelssohn, Moses, *Sefer ba-Midbar* [Buch Numeri], Bd. 4 v. *Ḥamisha Ḥumshe Tora*, Offenbach: Avraham ben Hirsh Segal 1808.

Mendelssohn, Moses, „Über die Frage: was heißt aufklären?“, *Berlinische Monatsschrift* 4 (September 1784): 193 – 200.

Mendelssohn, Moses, *Yerushalayim. Ketavim Qeṭanim be-'Inyene Yehudim we-Yahadut* [Jerusalem. Kleine Schriften zu Juden und Judentum], hg. v. Nathan Rotenstreich, Tel Aviv: Masada 1947.

Mendelssohn (Frankfurter), Moses, *Pene Tevel* [Erdkreis],[15] Amsterdam: ha-Aḥim Levisson 1872.

Naḥmanides, *Kitve Ramban*, 2 Bde., hg. v. Ḥayyim Dov Chavel, Jerusalem: Mossad ha-Rav Kook 1994.

Nicolai, Friedrich Christoph, *Über meine gelehrte Bildung, über meine Kenntniß der kritischen Philosophie und meine Schriften dieselbe betreffend, und über die Herren Kant, J. B. Erhard, und Fichte. Eine Beilage zu den neuen Gesprächen zwischen Christian Wolff und einem Kantianer*, Berlin / Stettin: [Verlag nicht ermittelbar] 1799.

Der Pentateuch, übs. und erl. v. Samson Raphael Hirsch, Frankfurt a. M.: Kauffmann 1867.

Petaḥya von Regensburg, *Sivuv Rabbi Petaḥya* [Die Rundfahrt von Rabbi Petaḥya], Warschau: Lebensohn 1855.

Recanati, Menaḥem, *Perush 'al ha-Tora 'al Derekh ha-Emet* [Bibelkommentar nach der Methode der Wahrheit], Venedig: Daniel Bomberg 1523.

Recanati, Menaḥem, *Ṭa'ame ha-Miṣwot* [Begründungen der Gebote], hg. v. Simḥa Bunem Lieberman, London: Mekhon Oṣar ha-Ḥokhma 1962 (siehe Hs Paris BN 825).

Romanelli, Samuel, *Massa' be-'Arav* [Reise durch Arabien], Berlin: Jüdische Freischule 1792.

Sarug, Israel, *Limmude Aṣilut* [Emanationslehren], hg. v. Josef Alter Epstein, Munkacs: Samuel Kahn [Blayer & Kohn] 1897.

Scheuer, Herz, *Sefer Tore Zahav 'al Shir ha-Shirim we-nosaf 'alaw Ma'amar be-'Inyan Megillat Ester* [Goldene Ketten über das Hohelied mit Hinzufügung eines Essays zur Esterrolle], Mainz: Yeḥi'el Bril 1875.

Schöneman, Salomon, *Chimia oder Scheidekunst*, Berlin: Jüdische Freischule 1795.

15 Nach Jes 14,21.

Schöneman, Salomon, „Uebersetzung einiger Verse aus meines Vaters Assaf", *Neue Berlinische Monatsschrift* 2 (Okt. 1800): 303–308.
Sha'ar ha-Haqdamot [Pforte der Lehrsätze], Jerusalem: [Verlag nicht ermittelbar] 1988.
Shneur Zalman von Liadi, *Liqquṭe Amarim Tanya* [Sammlungen der Aussagen Tanya], London: Ḳehot 1998.
Vital, Ḥayyim, *'Eṣ Ḥayyim* [Lebensbaum],[16] Koretz: Johann Anton Krüger 1782.
Vital, Ḥayyim, *Peri 'Eṣ Ḥayyim* [Frucht des Lebensbaumes], Koretz: Johann Anton Krüger 1782.
Wessely, Naphtali Herz, *Divre Shalom we-Emet* [Worte des Friedens und der Wahrheit], Berlin: Jüdische Freischule 1782.
Wessely, Naphtali Herz, *Worte des Friedens und der Wahrheit. Dokumente einer Kontroverse über Erziehung in der europäischen Spätaufklärung*, hg. v. Ingrid Lohmann, Münster: Waxmann 2014.
Winckelmann, Ludwig von, *Versuch über die Frage: ob die Juden zu einer Reichsschlussmäßigen Toleranz unter gewissen Bedingnissen gelangen können*, Regensburg: [Verlag nicht ermittelbar] 1780.
Wolfssohn [-Halle], Aaron, „Siḥa be-ereṣ ha-ḥayyim [Gespräch im Land der Lebenden]", *Me'assef* 7,1 (1794/7): 54–67; 7,2 (1797): 120–153; 7,4 (1797): 279–298.

Archivalien und Handschriften

Abulafia, Abraham, *Sefer Ḥayye ha-Nefesh* [Buch des Seelenlebens], Hs München, Bayerische Staatsbibliothek 408.
Archiwum Skarbowe w Warszawie, Memorial to the Finance Commission of the Crown, Memorial Nr. 24, 8. Juni 1781.
Archiwum Skarbowe w Warszawie, Memorial to the Finance Commission of the Crown, Memorial Nr. 25, 18. September 1782.
Arkhiv jugo-zapadnoj Rossii, Kiew 1863.
Azriel von Gerona, *Perush 'Eser Sefirot* [Kommentar zu den zehn Sefirot], Hs Mailand, Bernheimer 53, B1, 113a–117b.
Biblioteka Czartoryskich Krakau 8562 Ew 177, Protokoll aus dem Jahr 1741.
Ibn Tabul, Israel, *Perush Shir ha-Shirim* [Kommentar zum Hohelied], Hs Columbia 893, M6862.
Landshuth, Elieser Leiser, *Notizen zu den Berliner Grabmalen*, Central Archives for the History of the Jewish People, Jerusalem, P229 (Ldh. 2742).
Maimon, Salomon, *Ḥesheq Shelomo* [Das Verlangen Salomons], Hs Abraham Geiger. Hochschule für die Wissenschaft des Judentums Berlin 1778 / Jerusalem National Library of Israel Hs Heb. 8°6426.
Recanati, Menaḥem, *Ṭa'ame ha-Miṣwot* [Begründungen der Gebote], Hs Paris, BN 825.
Scholem Archiv, Jerusalem National Library of Israel, Archiv 4°1599, Akte II 277/24.
Togarmi, Barukh, *Perush Sefer Yeṣira* [Kommentar zum *Sefer Yeṣira*], Hs Paris, BN 770.
Vital, Ḥayyim, *'Eṣ Ḥayyim* [Baum des Lebens], Hs Jerusalem K1, Benayahu, F 44404.

16 Nach Prov 3,18; 13,30; 15,4.

Sekundärliteratur

Abrams, Daniel, „Critical and Post-Critical Textual Scholarship of Jewish Mystical Literature: Notes on the History and Development of Modern Editing Techniques“, *Kabbalah. Journal for the Study of Jewish Mystical Texts* 1 (1996): 17–71.

Abrams, Daniel, „A Critical Return to Moshe Idel's *Kabbalah: New Perspectives:* An Appreciation“, *Journal for the Study of Religions and Ideologies* 6,18 (Winter 2007): 30–40.

Abrams, Daniel, „Defining Modern Academic Scholarship: Gershom Scholem and the Establishment of a New (?) Discipline“, *Journal of Jewish Thought and Philosophy* 9,2 (2000): 267–302.

Abrams, Daniel, *Kabbalistic Manuscripts and Textual Theory. Methodologies of Textual Scholarship and Editorial Practice in the Study of Jewish Mysticism*, Jerusalem / Los Angeles: Magnes / Cherub Press 2013.

Abrams, Daniel, „Knowing the Maiden without Eyes: Reading Sexual Reconstruction of the Jewish Mystic in a Zoharic Parable“, *Da'at* 50–52 (2003): lix–lxxxiii.

Abrams, Daniel, „Nineteenth-Century Precedents of Textual Scholarship of Kabbalistic Literature – Elyaqim Milzahagi's *Zoharei Raviah:* Ms. Jerusalem NLI 4º121“, *Kabbalah. Journal for the Study of Jewish Mystical Texts* 31 (2014): 7–25.

Abrams, Daniel, „Phenomenology of Jewish Mysticism – Moshe Idel's Methodology in Perspective“, *Kabbalah. Journal for the Study of Jewish Mystical Texts* 20 (2009): 7–146.

Adorno, Theodor W., *Negative Dialektik. Jargon der Eigentlichkeit*, in ders., *Gesammelte Schriften*, Bd. 6, hg. v. Rolf Tiedemann, Frankfurt a. M.: Suhrkamp 2003.

Afterman, Adam, *Devequt. Mystical Intimacy in Medieval Jewish Thought*, Los Angeles: Cherub Press 2011 (Hebräisch).

Afterman, Adam, „From Philo to Plotinus: The Emergence of Mystical Union“, in ders., *„And They Shall Be One Flesh“: On the Language of Mystical Union in Judaism*, Leiden / Boston: Brill 2016, 25–48.

Altmann, Alexander, „Isaac Israeli's ‚Chapter on the Elements‘ (Ms. Mantua)“, *Journal of Jewish Studies* 7,1–2 (1956): 31–57.

Altmann, Alexander, „The Ladder of Ascension“, in Ephraim E. Urbach / R.J. Zwi Werblowsky / Chaim Wirszubski (Hg.), *Studies in Mysticism and Religion. Presented to Gershom G. Scholem on his Seventieth Birthday*, Jerusalem: Magnes 1967, 1–32.

Altmann, Alexander, „Lurianic Kabbalah in a Platonic Key: Abraham Cohen Herrera's Puerta del Cielo“, in ders., *Von der mittelalterlichen zur modernen Aufklärung*, Tübingen: Mohr Siebeck 1987, 172–205.

Altmann, Alexander, *Moses Mendelssohn. A Biographical Study*, Oxford / Portland, Oregon: Littman Library 2011.

Altmann, Alexander, „Saadya's Theory of Revelation: Its Origin and Background“, in ders., *Studies in Religious Philosophy and Mysticism*, Ithaca: Cornell University Press 1969, 140–160.

Altmann, Alexander / Stern, Samuel M., *Isaac Israeli: A Neoplatonic Philosopher of the Early Tenth Century*, Oxford: Oxford University Press 1958.

Altschuler, Mor, *The Messianic Secret of Hasidism*, Leiden / Boston: Brill 2006.

Anderson, Charles, *Philo of Alexandria's Views of the Physical World*, Tübingen: Mohr Siebeck 2011.

Angermann, Asaf (Hg.), *Theodor W. Adorno / Gershom Scholem: Briefwechsel 1939–1969*, Berlin: Suhrkamp 2015.
Anidjar, Gil, „Jewish Mysticism Alterable and Unalterable: On *Orient*ing Kabbalah Studies and the ‚Zohar of Christian Spain'", *Jewish Social Studies* 3,1 (1996): 89–157.
Arndt, Nikolaus, „Berühmte Porzellanfabrik und evangelische Gemeinde in Korec", *Wolhynische Hefte* 2 (1982): 66–75.
Aschheim, Steven, „Between East and West: Reflections on Migration and the Making of German-Jewish Identity, 1800–1880", *Studia Rosenthaliana* 23 (1989): 77–87.
Ashtor, Eliyahu, *The Jews of Moslem Spain*, Bd. 1, Philadelphia: Jewish Publication Society 1993.
Asprem, Egil, „Dis/Unity of Knowledge: Models for the Study of Modern Esotericism and Science", *Numen* 62,5–6 (2015): 538–567.
Asprem, Egil, *The Problem of Disenchantment: Scientific Naturalism and Esoteric Discourse, 1900–1939*, Leiden / Boston: Brill 2014.
Asprem, Egil , „Reassessing the Sociology of the Occult: Deviance and Rejected Knowledge in Socio-Historical Explanations of Esotericism", in Bernd-Christian Otto / Marco Pasi (Hg.), *Western Esotericism and Deviance: Proceedings of the Sixth International Conference of the European Society for the Study of Western Esotericism*, Leiden: Brill 2020, 1–36.
Asprem, Egil / Dyrendal, Asbjørn, „Conspirituality Reconsidered: How New and How Surprising Is the Conflation of Spirituality and Conspiracy Theory?", *Journal of Contemporary Religion* 30,3 (2015): 367–382.
Asprem, Egil / Granholm, Kenneth, „Constructing Esotericisms: Sociological, Historical and Critical Approaches to the Invention of Tradition", in dies. (Hg.), *Contemporary Esotericism*, Sheffield: Equinox Publishing 2013, 1–24.
Assaf, David, „The Teaching of the Maggid R. Dov Ber of Mezritsh in Salomon Maimon's Autobiography", *Zion* 71,1 (2006): 99–101 (Hebräisch).
Assaf, David / Liebes, Esther (Hg.), *The Latest Phase. Essays on Hasidism by Gershom Scholem*, Jerusalem: Magnes 2008 (Hebräisch).
Atlas, Samuel, *From Critical to Speculative Idealism. The Philosophy of Solomon Maimon*, Den Haag: Nijhoff 1964.
Atlas, Samuel, „Solomon Maimon's Philosophical Exegesis of Mystical Representations of Time and Temporal Consciousness", in Brian Ogren (Hg.), *Time and Eternity in Jewish Mysticism. That Which is Before and That Which is After*, Leiden / Boston: Brill 2015, 66–82.
Aust, Cornelia, „Between Amsterdam and Warsaw: Commercial Networks of the Ashkenazi Mercantile Elite in Central Europe", *Jewish History* 27 (2013): 41–71.
Avemarie, Friedrich, *Tora und Leben. Untersuchungen zur Heilsbedeutung der Tora in der frühen rabbinischen Literatur*, Tübingen: Mohr Siebeck 1996.
Avineri, Shlomo, „The Presence of Eastern and Central Europe in the Culture and Politics of Contemporary Israel", *East European Politics and Societies* 10,2 (1996): 163–172.
Avivi, Joseph, *Kabbalah Luriana*, 3 Bde., Jerusalem: Ben Zvi Institute 2008 (Hebräisch).
Bacher, Wilhelm, *Die Anfänge der Hebräischen Grammatik*, Leipzig: Brockhaus 1895.
Bacher, Wilhelm, „Die Hebräische Sprachwissenschaft (vom 10. bis zum 16. Jahrhundert)", in Jakob Winter / August Wünsche (Hg.), *Die Jüdische Litteratur seit Abschluß des Kanons. Bd. 2: Die rabbinische Litteratur*, Trier: Mayer 1894, 149–155.
Bähr, Karl Christian, *Symbolik des Mosaischen Cultus*, Bd. 1, Heidelberg: Mohr 1837.

Baier, Karl, „Mesmer versus Gaßner. Eine Kontroverse der 1770er Jahre und ihre Interpretationen“, in Maren Sziede / Helmut Zander (Hg.), *Von der Dämonologie zum Unbewußten. Die Transformation der Anthropologie um 1800*, Berlin / München / Boston: De Gruyter Oldenbourg 2015, 47–83.

Balaban, Majer, *Le-Toledot ha-Tenu'a ha-Franqit* [Zur Geschichte der frankistischen Bewegung], Tel Aviv: Dvir 1934.

Balaban, Majer, *Zur Geschichte der Juden in Polen: Zwei Vorträge*, Wien: Löwit 1915.

Balentine, Samuel, *The Hidden God. The Hiding of the Face of God in the Old Testament*, Oxford: Oxford University Press 1984.

Balog, Yeshayahu / Morgenstern, Matthias, „Der Chassidismus – eine mystische Bewegung im osteuropäischen Judentum“, *Europäische Geschichte Online*, hg. v. Institut für Europäische Geschichte Mainz, Mainz 2010–12–03 (http://ieg-ego.eu/de/threads/crossroads/religionsraeume-und-konfessionsraeume/yeshayahu-balog-matthias-morgenstern-chassidismus/?searchterm=Chassidismus&set_language=de) (Zugriff: 2. November 2015).

Banbaji, Amir „Two Paradigms of Aesthetics in Haskalah Literary Criticism: From Satanov to Lebensohn“, *Hebrew Studies* 53 (2012): 143–177.

Bar-Asher, Avishai, *Journeys of the Soul: Concepts and Imagineries of Paradise in Medieval Kabbalah*, Jerusalem: Magnes 2019 (Hebräisch).

Bar-Asher, Avishai, „Kabbalistic Interpretations of the Secret of the Garment in the 16th Century“, *Da'at* 76 (2014): 191–213 (Hebräisch).

Bar-Asher, Avishai, „‚This Fourth Part has been neither Copied nor Printed‘: On the Identification of the Last Part of *Sha'are Qedusha*“, *Alei Sefer* 23 (2013): 37–49 (Hebräisch).

Baron, Salo, *A Social and Religious History of the Jews*, 3 Bde., New York: Columbia University Press 1937 ([2]1952–1983).

Bartal, Israel, *Geschichte der Juden im östlichen Europa 1772–1881*, Göttingen: Vandenhoeck & Ruprecht 2010.

Bartal, Israel, „The Heavenly City of Germany and Absolutism à la Mode d'Autriche: The Rise of the Haskala in Galicia“, in Jacob Katz (Hg.), *Toward Modernity. The European Jewish Model*, New Brunswick: Transaction Books 1987, 14–42.

Bartal, Israel, „Mordechai Aaron Guenzburg: A Lithuanian Maskil Faces Modernity“, in Frances Malino / David Sorkin (Hg.), *From East and West: Jews in a Changing Europe, 1750–1870*, Oxford: Blackwell 1990, 126–147.

Bartal, Israel, „On Periodization, Mysticism, and Enlightenment – The Case of Moses Hayyim Luzzatto“, *Jahrbuch des Simon-Dubnow-Instituts* 6 (2007): 201–214.

Barzilay, Isaac, „The Scholarly Contribution of Salomon Judah Leib Rapoport“, *Proceedings of the American Academy for Jewish Research* 35 (1967): 1–41.

Barzilay, Isaac, *Shlomo Yehuda Rapoport (Shir) – (1790–1867) – and His Contemporaries*, Jerusalem: Massada Press 1969.

Barzilay, Isaac, *Yoseph Shlomo Delmegido (Yashar of Candia). His Life, Works and Times*, Leiden: Brill 1974.

Battenberg, J. Friedrich, Art. „Privileg“, in Dan Diner (Hg.), *Enzyklopädie jüdischer Geschichte und Kultur*, Bd. 5, Stuttgart / Weimar: Metzler 2014, 22–24.

Battenberg, J. Friedrich, „Tolerierte Juden in Berlin. Zur Ansiedlung Wiener Juden in der Mark Brandenburg unter dem großen Kurfürsten“, in Jörg Deventer u. a. (Hg.), *Zeitenwenden.*

Herrschaft, Selbstbehauptung und Integration zwischen Reformation und Liberalismus. FS Arno Herzig, Berlin: LIT ²2006, 81–100.
Bauer, Max Hermann, *Edelsteinkunde*, Bd. 1, Leipzig: Chr. Hermann Tauchnitz 1909.
Baumgarten, Eliezer, „Notes on Naftali Bacharach's Treatment of Pre-Lurianic Sources", *AJS Review* 37,2 (2013): 1–23 (Hebräisch).
Bayersdörfer, Hans-Peter, „‚Harlekine in jüdischer Kleidung?'– Der szenische Status der Judenrollen zu Beginn des 19. Jahrhunderts", in Hans Otto Horch / Horst Denkler (Hg.), *Conditio Judaica. Judentum, Antisemitismus und deutschsprachige Literatur vom 18. Jahrhundert bis zum Ersten Weltkrieg. Interdisziplinäres Symposium der Werner-Reimers-Stiftung Bad Homburg. Zweiter Teil*, Tübingen: Niemeyer 1989, 92–117.
Beer, Julius, „Ein altberlinischer Friedhof I", *Die Gegenwart – Berliner Wochenschrift für jüdische Angelegenheiten* 1,12 (1867): 91, 141–142.
Ben-Sasson, Haim H. (Hg.), *Geschichte des Jüdischen Volkes – von den Anfängen bis zur Gegenwart*, München: Beck ²1992.
Ben-Shamai, Bracha, *Ideals and Trends of the Enlightenment Movement in the 18th Century as Reflected in „Sefer haḤizzayon" by Isaac Halevy Satanow*, MA Thesis Tel Aviv University 2002 (Hebräisch).
Ben-Shlomo, Joseph, *The Mystical Theology of Moshe Cordovero*, Jerusalem: Bialik 1965 (Hebräisch).
Benayahu, Meir, „Hanhagot mequbbale Ṣefat bi-Meron [Bräuche der Kabbalisten aus Safed in Meron]", *Sefunot* 6 (1962): 9–40.
Bendowska, Magdalena / Doktór, Jan (Hg.), *A World Hidden in Books. Hebrew Old Printed Works from the Collections of the Jewish Historical Institute Warsaw*, Warschau: Jewish Historical Institute 2011.
Benjamin, Walter, *Briefe*, 2 Bde., hg. v. Gershom Scholem / Theodor W. Adorno, Frankfurt a. M.: Suhrkamp 1978.
Bergmann, Samuel Hugo, *Die Philosophie Salomon Maimons*, Jerusalem: Jerusalem University Press 1931/32 (Hebräisch).
Bergmann, Samuel Hugo, *The Philosophy of Solomon Maimon. Translated from the Hebrew by Noah J. Jacobs*, Jerusalem: Magnes Press 1967.
Bergmann, Samuel Hugo, „Salomon Maimons Philosophie der Mathematik", *Isis* 16 (1931): 220–232.
Berkovitz, Eliezer, *Faith after the Holocaust*, New York: Ktav Publishing 1973.
Berkovitz, Eliezer, *God, Man and History*, New York: Jonathan David 1959.
Bernfeld, Simon, *Dor Tahapukhot* [Generation der Umwälzungen], Bd. 1, Warschau: Tushiyah 1914.
Biale, David, *Gershom Scholem. Kabbalah and Counter-History*, Cambridge, Mass.: Harvard University Press ²1982.
Biale, David, „Scholem on Nihilism and Anarchism", *Rethinking History* 19,1–2 (2015): 61–71.
Bialik, Ḥayyim N., „Ha-baḥur mi-Padova [Der junge Mann aus Padua]" in *Gesammelte Schriften Ḥayyim N. Bialik*, hg. v. Yacob Fichman, Tel Aviv: Dvir 1938.
Blumenthal, David, „Maimonides: Prayer, Worship, and Mysticism", in ders. (Hg.), *Philosophic Mysticism: Studies in Rational Religion*, Ramat-Gan: Bar-Ilan University Press 2006, 96–114.
Blumenthal, David, *Understanding Jewish Mysticism. Vol. 2: The Philosophical-Mystical Tradition and the Hasidic Tradition*, New York: Ktav Publishing House 1982.

Bömelburg, Hans-Jürgen, „Die polnisch-litauischen Magnaten als imperiales Personal und übergreifende Herrschaftselite“, in Stephan Wendehorst (Hg.), *Die Anatomie frühneuzeitlicher Imperien*, Berlin / München / Boston: De Gruyter Oldenbourg 2015, 195 – 209.

Bokser, Ben-Zwi, *The Maharal. The Mystical Philosophy of Rabbi Judah Loew of Prague*, Northvale / London: Jason Aronson 1994.

Bonfil, Robert, „Some Reflections on the Place of Azariah de Rossi's *Meor Enayim* in the Cultural Milieu of Italian Renaissance Jewry“, in Bernard D. Cooperman (Hg.), *Jewish Thought in the Sixteenth Century*, Cambridge, Mass.: Harvard University Press 1983, 23 – 48.

Bor, Harris, „Enlightenment Values, Jewish Ethics: The Haskalah's Transformation of the Traditional Musar Genre“, in Shmuel Feiner / David Sorkin (Hg.), *New Perspectives on the Haskalah*, Oxford / Portland, Oregon: Littman Library 2001, 48 – 63.

Bornstein Makovetsky, Leah, Art. „Rabbi / Rabbinate“, *Encyclopaedia Judaica*, Bd. 17, hg. v. Fred Skolnik / Michael Berenbaum, Detroit: Macmillan Reference ^{2}2007, 11 – 15.

Bos, Gerrit, „*Balādhur* (Marking-Nut): A Popular Medieval Drug for Strengthening Memory“, *Bulletin of the School of Oriental and African Studies* 59,2 (1996): 229 – 236.

Bos, Gerrit, „Hayyim Vital's *Kabbalah Ma'asit we-Alkhimiyah* (Practical Kabbalah and Alchemy), a Seventeenth Century ‚Book of Secrets'“, *Journal of Jewish Thought and Philosophy* 4,1 (1994): 55 – 112.

Boyarin, Daniel, „‚Pilpul': The Logic of Commentary“, *Dor le-Dor* 3 (1986): 1 – 25.

Brandstetter, Mordechai, *Sippurim* [Erzählungen], hg. v. Ben-Ami Feingold, Jerusalem: Bialik 1974.

Bransen, Jan, *The Antinomy of Thought: Maimonian Skepticism and the Relation between Thoughts and Objects*, Dordrecht: Kluwer Academic Publishers 1991.

Brawer, Abraham Jacob, *Galiṣya wi-Yehudeha* [Galizien und seine Juden], Jerusalem: Bialik 1965.

Brehm, Britta, *Moses Mendelssohn und die Transformation der jüdischen Erziehung in Berlin. Eine bildungsgeschichtliche Analyse zur jüdischen Aufklärung im 18. Jahrhundert*, Münster u. a.: Waxmann 2002.

Brenner, Michael (Hg.), *Jüdische Sprachen in deutscher Umwelt. Hebräisch und Jiddisch von der Aufklärung bis ins 20. Jahrhundert*, Göttingen: Vandenhoeck & Ruprecht 2002.

Brenner, Michael, *Propheten des Vergangenen. Jüdische Geschichtsschreibung im 19. und 20. Jahrhundert*, München: Beck 2006.

Brenner, Michael / Kauders, Anthony / Reuveni, Gideon / Römer, Nils (Hg.), *Jüdische Geschichte lesen. Texte der Jüdischen Geschichtsschreibung im 19. und 20. Jahrhundert*, München: Beck 2003.

Brenner, Michael / Myers, David N. (Hg.), *Jüdische Geschichtsschreibung heute. Themen Positionen, Kontroversen*, München: Beck 2002.

Breuer, Edward, *The Limits of Enlightenment. Jews, Germans, and the Eighteenth-Century Study of Scripture*, Cambridge, Mass. / London: Harvard University Press 1996.

Breuer, Edward / Sorkin, David, *Moses Mendelssohn's Hebrew Writings*, New Haven / London: Yale University Press 2018.

Breuer, Mordechai, „Qawim li-demuto shel R. Dawid Gans [Typologische Studien zu David Gans]“, *Bar-Ilan* 11 (1973): 97 – 118.

Breuer, Mordechai / Graetz, Michael (Hg.), *Deutsch-jüdische Geschichte der Neuzeit. Bd. 1: Tradition und Aufklärung 1600–1780*, München: Beck 2000.

Brill, Alan, „Maharal as an Early Modern Thinker“, *Kabbalah. Journal for the Study of Jewish Mystical Texts* 17 (2008): 49–73.

Brown, George I., *Graf Rumford. Das abenteuerliche Leben des Benjamin Thompson*, München: dtv 2002.

Brown, Jeremy, *New Heavens and a New Earth: The Jewish Reception of Copernican Thought*, New York: Oxford University Press 2013.

Buber, Martin, „God and the World's Evil“, in *Contemporary Jewish Thought. A Reader*, hg. v. Simon Noveck, Washington: B'nai B'rith, Department of Adult Jewish Education 1963, 256–257.

Buber, Martin, „Gottesfinsternis. Betrachtungen zur Beziehung zwischen Religion und Philosophie“, in ders., *Werke. Bd. 1: Schriften zur Philosophie*, München / Heidelberg: Kösel 1962, 503–603.

Burnett, Stephen G. „German Jewish Printing in the Reformation Era (1530–1633)“, in Dean Philipp Bell / ders. (Hg.), *Jews, Judaism, and the Reformation in Sixteenth Century Germany*, Leiden / Boston: Brill 2006, 503–527.

Burnett, Stephen G., „Reassessing the Basel-Wittenberg Conflict: Dimensions of the Reformation-Era Discussions of Hebrew Scholarship“, in Allison Coudert / Jeffrey Shoulson (Hg.), *Hebraica Veritas? Christian Hebraists and the Study of Judaism in Early Modern Europe*, Philadelphia: University of Pennsylvania Press 2004, 181–201.

Busi, Giulio, „‚Engraved, Hewed, Sealed‘: Sefirot and Divine Writing in *Sefer Yetzirah*“, *Jerusalem Studies in Jewish Thought. Gershom Scholem (1897–1982). In Memoriam*, Bd. 2, Jerusalem: Magnes 2007, 1–11.

Buzaglo, Meir, *Salomon Maimon: Monism, Skepticism, and Mathematics*, Pittsburgh: University of Pittsburgh Press 2002.

Carlebach, Elisheva, *The Pursuit of Heresy. Rabbi Moses Hagiz and the Sabbatian Controversies*, New York: Columbia University Press 1994.

Carmoly, Eljakim David (Goschel David Behr), *Toledot Gedole Yisra'el – Ḥadashot we-Gam Yeshanot* [Geschichte der Großen Israels – neue und auch alte], Metz: E. Hadamar 1828.

Chajes, Julie / Huss, Boaz (Hg.), *Theosophical Appropriations: Esotericism, Kabbalah, and the Transformation of Traditions*, Be'er Sheva: Ben-Gurion University of the Negev Press 2016.

Chajes, Yossi, „‚Too Holy to Print‘: Taboo Anxiety and the Publishing of Practical Hebrew Esoterica“, *Jewish History* 26,1–2 (2012): 247–262.

Chajes, Yossi, „Too Holy to Print: The Forbidden Books of Jewish Magic“, 14. Februar 2014 (http://www.tabletmag.com/jewish-arts-and-culture/books/164141/forbidden-jewish-magic-books) (Zugriff: 23. Januar 2016).

Ciucu, Cristina, *Azriel de Gérone: mystique et philosophe*, Paris: Belles Lettres (im Druck).

Ciucu, Cristina, *Le mal qui fonde Dieu. La redécouverte des origines et le dépassement des théodicées* (in Vorbereitung).

Ciucu, Cristina, „The Neoplatonic Tradition and the Scheme of Emanation“, *Les Cahiers d'Echinox* 12 (2007).

Ciucu, Cristina, „Les penseurs du néant“, *Yod. Revue des Études Hébraïque et Juives* 15 (2010): 215–233.

Cohen-Alloro, Dorit, *The Secret of the Garment in the Zohar*, Jerusalem: Magnes 1987 (Hebräisch).

Cohen, Floris, *The Scientific Revolution: A Historiographical Inquiry*, Chicago: University of Chicago Press 1994.

Coudert, Allison P., *Leibniz and the Kabbalah*, Dordrecht: Kluwer Academic Publishers 1995.

Coudert, Allison P., *Religion, Magic, and Science in Early Modern Europe and America*, Santa Barbara: Praeger 2011.

Coudert, Allison P. / Popkin, Richard H. / Weiner, Gordon M. (Hg.), *Leibniz, Mysticism and Religion*, Dordrecht: Springer 1998.

Crary, Jonathan, *Techniken des Betrachters. Sehen und Moderne im 19. Jahrhundert*, Dresden / Basel: Verlag der Kunst 1996.

D'Ancona, Cristina, *La casa della sapienza. La trasmissione della metafisica greca e la formazione della filosofia araba*, Mailand: Guerini e Associati 1996.

D'Ancona, Cristina, „Greek Sources in Arabic and Islamic Philosophy", in Edward N. Zalta (Hg.), *Stanford Encyclopedia of Philosophy* 2016 (http://plato.stanford.edu/entries/arabic-islamic-greek/) (Zugriff: 20. Januar 2016).

D'Ancona, Cristina (Hg.), *The Libraries of the Neoplatonists*, Leiden / Boston: Brill 2007.

D'Ancona, Joseph, „Delmegido, Menasseh ben Israel en Spinoza", *Bijdragen en Mededeelingen van het Genootschap voor de Joodsche Wetenschap in Nederland* 6 (1940): 105–152.

Dan, Joseph, *Gershom Scholem and the Mystical Dimension of Jewish History*, New York: New York University Press 1988.

Darwin, Robert Waring, „New Experiments on the Ocular Spectra of Light and Colours, communicated by Erasmus Darwin", *Philosophical Transactions of the Royal Society of London* 76 (1786): 313–349.

Davidson, Herbert, *Alfarabi, Avicenna, and Averroes on Intellect*, Oxford: Oxford University Press 1992.

Davidson, Herbert, *Proofs for Eternity, Creation, and the Existence of God in Medieval Islamic and Jewish Philosophy*, Oxford: Oxford University Press 1987.

Davis, Joseph, „Ashkenazi Rationalism and Midrashic Natural History: Responses to the New Science in the Works of Rabbi Yom Tom Lipmann Heller (1578–1654)", *Science in Context* 10,4 (1997): 605–626.

Delitzsch, Franz, *Zur Geschichte der jüdischen Poesie vom Abschluss der Heiligen Schriften Alten Bundes bis auf die neueste Zeit [= Formenlehre der jüdischen Poesie. Nebst einem einleitenden Vorentwurf einer Geschichte der jüdischen Poesie von der Vollendung des zweiten Tempels bis auf die Gegenwart*], Leipzig: Tauchnitz 1836.

Diamond, James J., „Review zu George Y. Kohler, *Kabbalah Research in the Wissenschaft des Judentums (1820–1880)*", *Jewish History* 33,3–4 (2020): 533–536.

Dinur, Ben-Zion, *Be-Mifne ha-Dorot* [An der Zeitenwende], Jerusalem: Bialik 1950/1955.

Drob, Sanford L., *Symbols of the Kabbalah. Philosophical and Psychological Perspectives*, Lanham, MD: Rowman & Littlefield 2000.

Dubnow, Simon, *History of the Jews in Russia and Poland. Vol. I: From the Earliest Times until Present Day*, Philadelphia: Jewish Publication Society of America 2001.

Dubnow, Simon, *Nationalism and History. Essays on Old and New Judaism*, hg. v. Koppel S. Pinson, Philadelphia: Jewish Publication Society 1958.

Dubnow, Simon, *Weltgeschichte des jüdischen Volkes*, Bd. 6 und Bd. 8, Berlin: Jüdischer Verlag 1927/28.

Ducheyne, Steffen, *The Main Business of Natural Philosophy. Isaac Newton's Natural-Philosophical Methodology*, Dordrecht: Springer 2012.

Dürbeck, Gabriele, *Einbildungskraft und Aufklärung. Perspektiven der Philosophie, Anthropologie und Ästhetik um 1750*, Tübingen: Niemeyer 1998.

Dürbeck, Gabriele, „‚Reizende' und reizbare Einbildungskraft: Anthropologische Ansätze bei Johann Gottlob Krüger und Albrecht von Haller", in Jörn Steigerwald / Daniela Watzke (Hg.), *Reiz, Imagination, Aufmerksamkeit. Erregung und Steuerung von Einbildungskraft im klassischen Zeitalter (1680–1830)*, Würzburg: Könighausen & Neumann 2003, 225–246.

Dunkelgrün, Theodor, „The Humanist Discovery of Hebrew Epistolography", in Scott Mandelbrote / Joanna Weinberg (Hg.), *Jewish Books and their Readers: Aspects of the Intellectual Life of Christians and Jews in Early Modern Europe*, Leiden: Brill 2016, 211–259.

Dunkelgrün, Theodor, „Like a Blind Man Judging Colors: Joseph Athias and Johannes Leusden Defend their 1667 Hebrew Bible", in Shlomo Berger / Emile Schrijver / Irene Zwiep (Hg.), *Mapping Jewish Amsterdam: The Early Modern Perspective. Dedicated to Yosef Kaplan on the Occasion of his Retirement*, Leuven / Paris: Peeters Publishers 2012, 79–115.

Dynner, Glenn, Art. „Chassidismus", in Dan Diner (Hg.), *Enzyklopädie jüdischer Geschichte und Kultur*, Bd. 1, Stuttgart / Weimar: Metzler 2011, 489–498.

Efron, Noah, „Irenism and Natural Philosophy in Rudolfine Prague: The Case of David Gans", *Science in Context* 10,4 (1997): 627–649.

Efron, Noah (Hg.), *Judaism and the Sciences. Part 2: Early Modern Period.* Special Issue of *Science in Context* 10,4 (1997).

Ehrensperger, Florian, *Salomon Maimon: Versuch über die Transzendentalphilosophie*, Hamburg: Meiner 2004.

Eisenstein-Barzilay, Isaac, „The Background of the Berlin Haskala", in Joseph Blau u. a. (Hg.), *Essays on Jewish Life and Thoughts Presented in Honor of Salo Wittmayer Baron*, New York: Columbia University Press 1959, 183–197.

Eisenstein-Barzilay, Isaac, „The Ideology of the Berlin Haskalah", *Proceedings of the American Academy of Jewish Research* 25 (1956): 1–37.

Eisenstein-Barzilay, Isaac, „The Scholarly Contribution of Salomon Judah Leib Rapoport", *Proceedings of the American Academy for Jewish Research* 35 (1967): 1–41.

Eisenstein-Barzilay, Isaac, „The Treatment of the Jewish Religion in the Literature of the Berlin Haskalah", *Proceedings of the American Academy for Jewish Research* 24 (1955): 39–68.

Elior, Rachel, „From the Covenant of the Rainbow to the Covenant at Sinai", in Kimberley Stratton / Andrea Lieber (Hg.), *Crossing Boundaries in Early Judaism and Christianity*, Leiden: Brill 2016, 74–113.

Elior, Rachel, „Rabbi Nathan Adler of Frankfurt and the Controversy Surrounding him", in Karl-Erich Grözinger / Joseph Dan (Hg.), *Mysticism, Magic and Kabbalah in Ashkenazi Judaism*, Berlin / Boston: De Gruyter 1995, 223–242.

Elon, Amos, *Zu einer anderen Zeit. Porträt der deutsch-jüdischen Epoche 1743–1933*, München: dtv ^{2}2007.

Emeliantseva, Ekaterina, „The Frankists in the Social Context of Late 18th-Century Warsaw (1789–1792), in Roberta Ascarelli / Klaus Davidowicz (Hg.), *Along the Road to Esau. Studies on Jakob Frank and Frankism*, Arrezzo: Bibliotheca Aretina 2011, 105–130.

Emeliantseva, Ekaterina, „Mystical Non-Conformism and Transgression of Religious Boundaries in Eastern Europe. Warsaw Frankists and St. Petersburg's Tatarinova Circle in the Early 19th Century", in Thies Schulze (Hg.), *Grenzüberschreitende Religion. Vergleichs- und Kulturtransferstudien zur neuzeitlichen Geschichte*, Göttingen: Vandenhoeck & Ruprecht 2013, 185–210.

Endress, Gerhard, „Die wissenschaftliche Literatur", in Helmut Gätje (Hg.), *Grundriss der Arabischen Philologie. II. Literaturwissenschaft*, Wiesbaden: Reichert 1987, 400–530.

Endress, Gerhard, „Die wissenschaftliche Literatur", in Wolfdietrich Fischer (Hg.), *Grundriss der Arabischen Philologie. III. Supplement*, Wiesbaden: Reichert 1992, 3–152.

Engel, Amir, „Gershom Scholems ‚Kabbala und Mythos' jenseits deutsch-jüdischer Romantik", in Gerold Necker / Elke Morlok / Matthias Morgenstern (Hg.), *Gershom Scholem in Deutschland. Zwischen Seelenverwandtschaft und Sprachlosigkeit*, Tübingen: Mohr Siebeck 2014, 203–217.

Engel, Amir, „Reading Gershom Scholem in Context: Salomon Maimon's and Gershom Scholem's German Jewish Discourse on Jewish Mysticism", *New German Critique* 41,1 (2014): 33–54.

Engstler, Achim, *Untersuchungen zum Idealismus Salomon Maimons*, Stuttgart: Frommann-Holzboog 1990.

Engstler, Achim, „Zwischen Kabbala und Kant. Salomon Maimons ‚streifende' Spinoza-Rezeption", in Hanna Delf / Julius Schoeps / Manfred Walther (Hg.), *Spinoza in der europäischen Geistesgeschichte*, Berlin: Hentrich 1994, 162–192.

Etkes, Immanuel, *The Besht: Magician, Mystic, and Leader*, Hanover / London: Brandeis University Press 2005.

Etkes, Immanuel (Hg.), *The East European Jewish Enlightenment*, Jerusalem: Zalman Shazar 1993 (Hebräisch).

Etkes, Immanuel, „Hasidism as a Movement – The First Stage", in Bezalel Safran (Hg.), *Hasidism: Continuity or Innovation?*, Cambridge, Mass.: Harvard University Press 1988, 1–26.

Etkes, Immanuel, „The Question of the Forerunners of the Haskala in Eastern Europe", *Tarbiz* 57,1 (1987): 95–114 (Hebräisch).

Etkes, Immanuel, „The Zaddik: The Interrelationship between Religious Doctrine and Social Organization", in Ada Rapoport-Albert (Hg.), *Hasidism Reappraised*, London u. a.: Littman Library 1996, 159–167.

Fackenheim, Emil, „On the Eclipse of God", in ders., *Quest for the Past and the Future*, Boston: Beacon Press 1968, 229–243.

Faierstein, Morris M., „Kabbalistic Background of Some Lag Ba-omer Customs", *Conservative Judaism* 63,3 (2012): 73–77.

Feiner, Shmuel, „Hamṣa'at ha-'et ha-ḥadasha. Pereq ba-reṭoriqa u-va-toda'a ha-'aṣmit shel tequfat ha-haskala [Die Erfindung der neuen Ära. Ein Kapitel zur Rhetorik und dem Selbstbewusstsein des Zeitalters der Haskala]", *Dappim le-Ḥeqer ha-Sifrut* 11 (1998): 9–28.

Feiner, Shmuel, Art. „Haskala", in *Enzyklopädie Jüdischer Geschichte und Kultur*, Bd. 2, hg. v. Dan Diner, Stuttgart / Weimar: Metzler 2012, 544–554.

Feiner, Shmuel, *Haskala – Jüdische Aufklärung. Geschichte einer kulturellen Revolution*, Hildesheim / Zürich / New York: Olms 2007.

Feiner, Shmuel, *Haskalah and History. The Emergence of a Modern Jewish Historical Consciousness*, Oxford / Portland, Oregon: Littman Library 2002.

Feiner, Shmuel, „The Pseudo-Enlightenment and the Question of Jewish Modernization", *Jewish Social Studies* 3,1 (1996): 62 – 88.

Feiner, Shmuel, „Salomon Maimon and the Haskala", *Aschkenas. Zeitschrift für Geschichte und Kultur der Juden* 10,2 (2000): 337 – 359.

Feiner, Shmuel, „Seductive Science and the Emergence of the Secular Jewish Intellectual", *Science in Context* 15,1 (2002): 121 – 135.

Feiner, Shmuel, „Towards a Historical Definition of the Haskala", in ders. / David Sorkin (Hg.), *New Perspectives on the Haskala*, Oxford / Portland, Oregon: Littman Library 2001, 184 – 219.

Feiner, Shmuel / Naimark-Goldberg, Natalie, *Cultural Revolution in Berlin: Jews in the Age of Enlightenment*, Oxford: Bodleian Library 2011.

Feiner, Shmuel / Sorkin, David (Hg.), *New Perspectives on the Haskalah*, Oxford / Portland, Oregon: Littman Library 2001.

Feiner, Shmuel u. a. (Hg.), *The Library of the Haskalah. The Creation of a Modern Republic of Letters in Jewish Society in the German-Speaking Sphere*, Tel Aviv: ʻAm ʻOved 2014 (Hebräisch).

Feldmann, Seymour, *Gersonides. Judaism within the Limits of Reason*, Oxford: Littman Library 2010.

Fick, Monika, *Lessing Handbuch. Leben – Werk – Wirkung*, Stuttgart: Metzler ^{4}2016.

Fine, Lawrence, *Physician of the Soul, Healer of the Cosmos: Isaac Luria and his Kabbalistic Fellowship*, Stanford: Stanford University Press 2003.

Finkelstein, Louis (Hg.), *Rav Saadia Gaon. Studies in His Honor*, New York: Arno Press 1944.

Fishman, David E., „A Polish Rabbi Meets the Berlin Haskalah: The Case of R. Barukh Schick", *AJS Review* 12,1 (1987): 95 – 121.

Fishman, David E., „Rabbi Moshe Isserles and the Study of Science Among Polish Rabbis", *Science in Context* 10,4 (1997): 571 – 588.

Fishman, David E., *Russia's First Modern Jews: The Jews of Shklov*, New York / London: New York University Press 1996.

Fishman, David E., *Science, Enlightenment and Rabbinic Culture in Belorussian Jewry, 1772 – 1804*, PhD Thesis Harvard University 1985.

Fishman, Talya, „Forging Jewish Memory: *Besamim Rosh* and the Invention of Pre-Emancipation Jewish Culture", in Elisheva Carlebach / John M. Efron / David N. Myers (Hg.), *Jewish History and Jewish Memory. Essays in Honor of Yosef Hayim Yerushalmi*, Hanover / London: Brandeis University Press 1998, 70 – 88.

Fleischer, Ezra, *Shirat ha-Qodesh ha-ʻIvrit bi-Yeme ha-Benayim* [Sacred Hebrew Poetry in the Middle Ages], Jerusalem: Keter 1975.

Fontaine, Resianne, „Love of One's Neighbour in Pinhas Hurwitz's *Sefer ha-Berit*", in Martin F. J. Baasten / Reinier Munk (Hg.), *Studies in Hebrew Language and Jewish Culture*, Dordrecht: Springer 2007, 271 – 295.

Fontaine, Resianne, „Natural Science in *Sefer ha-Berit*: Pinchas Hurwitz on Animals and Meteorological Phenomena", in dies. u. a. (Hg.), *Sepharad in Ashkenaz. Medieval Knowledge and Eighteenth-Century Enlightened Jewish Discourse*, Amsterdam: Koninklijke Nederlandse Akademie van Wetenschappen 2007, 157 – 181.

Fontaine, Resianne u. a. (Hg.), *Sepharad in Ashkenaz. Medieval Knowledge and Eighteenth-Century Enlightened Jewish Discourse*, Amsterdam: Koninklijke Nederlandse Akademie van Wetenschappen 2007.

Fontaine, Resianne (Hg.), *Studies in the History of Culture and Science. A Tribute to Gad Freudenthal*, Leiden: Brill 2011.

Fontaine, Resianne / Freudenthal, Gad (Hg.), *Latin into Hebrew. Texts and Studies. Vol. 1: Studies*, Leiden / Boston: Brill 2013.

Fraenkel, Carlos, *From Maimonides to Samuel Ibn Tibbon: The Transformation of the Dalâlat al-Hâ'irîn to the Moreh ha-Nevukhim*, Jerusalem: Magnes 2007 (Hebräisch).

Fraenkel, Carlos, „Maimonides and Spinoza as Sources for Maimon's Solution of the Problem ‚quid iuris' in Kant's Theory of Knowledge", *Kant-Studien* 100,2 (2009): 212 – 240.

Fraenkel, Carlos, „Maimonides' God and Spinoza's *Deus sive Natura*", *Journal of the History of Philosophy* 44,2 (2006): 169 – 215.

Fraenkel, Carlos, „Maimonides, Spinoza, Salomon Maimon and the Completion of the Copernican Revolution in Philosophy", in Resianne Fontaine u. a. (Hg.), *Sepharad in Ashkenaz. Medieval Knowledge and Eighteenth-Century Enlightened Jewish Discourse*, Amsterdam: Koninklijke Nederlandse Akademie van Wetenschappen 2007, 193 – 220.

Franks, Paul W., „Jewish Philosophy after Kant: The Legacy of Salomon Maimon", in Michael L. Morgan / Peter Eli Gordon (Hg.), *The Cambridge Companion to Modern Jewish Philosophy*, Cambridge: Cambridge University Press 2007, 53 – 79.

Franks, Paul W., „‚Nothing Comes from Nothing': Judaism, the Orient, and Kabbalah in Hegel's Reception of Spinoza", in Michael Della Rocca (Hg.), *The Oxford Handbook of Spinoza*, New York: Oxford University Press 2018, 512 – 539.

Franks, Paul W., „Peirce's ‚Schelling Fashioned Idealism' and ‚the Monstrous Mysticism of the East'", *British Journal for the History of Philosophy* 23 (2015): 732 – 755.

Freedman, Daphne, *Man and Theogony in the Lurianic Kabbalah*, Pistakaway: Gorgias Press 2006.

Freudenthal, Gad, „Épistemologie, astronomie et astrologie chez Gersonide", *Révue des Études Juives* 146,3 – 4 (1987): 357 – 65.

Freudenthal, Gad, „Hebrew Medieval Science in Zamosc, ca. 1730: The Early Years of Rabbi Israel ben Moses Halevi of Zamosc", in Resianne Fontaine u. a. (Hg.), *Sepharad in Ashkenaz. Medieval Knowledge and Eighteenth-Century Enlightened Jewish Discourse*, Amsterdam: Koninklijke Nederlandse Akademie van Wetenschappen 2007, 25 – 67.

Freudenthal, Gad, Art. „Israel ben Moshe Halewi Zamosc", in Andreas Kilcher / Ottfried Fraisse (Hg.), *Metzler Lexikon Jüdischer Philosophen*, Stuttgart / Weimar: Metzler 2003, 174 – 176.

Freudenthal, Gad, „Jewish Traditionalism and Early Modern Science: Rabbi Israel Zamosc's Dialectic of Enlightenment (Berlin, 1744)", in Robert S. Westman / David Biale (Hg.), *Thinking Impossibilities. The Intellectual Legacy of Amos Funkenstein*, Toronto: University of Toronto Press 2008, 63 – 96.

Freudenthal, Gad, „‚Neṣaḥ Yisra'el' o ‚reṣaḥ Yisra'el'? Maqom ha-madda' be-ḥiddushaw shel R. Yisra'el mi-Zamoṭsh 'al ha-Talmud [‚Ermordung Israels' oder ‚Ewigkeit Israels'? Der Platz der Wissenschaft in den Neuerungen R. Israel Zamoscs zum Talmud]", in Ḥayyim Kreisel (Hg.), *Limmud we-Da'at be-Maḥshava Yehudit* [Lernen und Wissen im jüdischen Denken], Bd. 2, Be'er Sheva: Ben-Gurion University Press 2006, 223 – 235.

Freudenthal, Gad (Hg.), *Science in Medieval Jewish Cultures*, Cambridge: Cambridge University Press 2012.

Freudenthal, Gad (Hg.), *Studies on Gersonides. A Fourteenth-Century Jewish Philosopher-Scientist*, Leiden: Brill 1992.

Freudenthal, Gad / Diner, Dan (Hg.), *Science and Philosophy in Ashkenazi Culture. Rejection, Toleration, and Accommodation. Jahrbuch des Simon-Dubnow-Instituts* 8 (2009).
Freudenthal, Gideon, „Die Autarkie des Salomon Maimon", in Lars Lamprecht / Eva-Maria Tschurenev (Hg.), *Geschichtliche Welt und menschliches Wesen*, Frankfurt a. M.: Lang 1994, 15–35.
Freudenthal, Gideon, „Maimon's Philosophical Program. Understanding versus Intuition", in Fred Rush / Jürgen Stolzenberg (Hg.), *Internationales Jahrbuch des Deutschen Idealismus* 8, Berlin / Boston: De Gruyter 2012, 83–105.
Freudenthal, Gideon, „The Philosophical Mysticism of Maimonides and Maimon", in Idit Dobbs-Weinstein / Lenn E. Goodman / James A. Grady (Hg.), *Maimonides and His Heritage*, Albany: State University of New York Press 2009, 113–152.
Freudenthal, Gideon, „Philosophizing in Commentaries", *Da'at* 53 (2004): 125–160 (Hebräisch).
Freudenthal, Gideon, „Rabbinische Weisheit oder Rabbinische Philosophie? Salomon Maimons Kritik an Mendelssohn und Wiesel", *Mendelssohn Studien* 14 (2005): 31–64.
Freudenthal, Gideon, „The Remedy to Linguistic Skepticism. Judaism as a Language of Action", *Naharaim* 4 (2010): 67–76.
Freudenthal, Gideon, „Salomon Maimon: The Maimonides of Enlightenment?", in Görge Hasselhoff / Ottfried Fraisse (Hg.), *Moses Maimonides (1138–1204) – His Religious, Scientific, and Philosophical* Wirkungsgeschichte *in Different Cultural Contexts*, Würzburg: Ergon 2004, 347–362.
Freudenthal, Gideon (Hg.), *Salomon Maimon: Rational Dogmatist, Empirical Skeptic: Critical Assessments*, Dordrecht / Boston: Kluwer Academic Publishers 2003.
Freudenthal, Gideon, „Salomon Maimon's Development from Kabbalah to Philosophical Rationalism", *Tarbiz* 80,1 (2012): 71–105 (Hebräisch).
Freudenthal, Gideon / Klein-Braslavy, Sara „ Salomon Maimon reads Ben-Maimon: On Ambiguous Names", *Tarbiz* 72,4 (2003): 581–614 (Hebräisch).
Freudenthal, Max, „Ein Geschlecht von Erziehern", *Zeitschrift für die Geschichte der Juden in Deutschland* 6 (1935): 141–168.
Frick, Werner, *Providenz und Kontingenz. Untersuchungen zur Schicksalssemantik im deutschen und europäischen Roman des 17. und 18. Jahrhunderts*, Tübingen: Niemeyer 1988.
Friedberg, Ḥayyim Dov Baer, *Bet 'Eqed Sefarim* [Eine Bibliothek von Büchern], Bd. 2, Tel Aviv: Bar Juda 1952.
Friedberg, Ḥayyim Dov Baer, *History of Hebrew Typography in Poland from the Beginning of the Year 1534 and its Development up to our Days*, Tel Aviv: Baruch Friedberg ²1950 (Hebräisch).
Friedberg, Ḥayyim Dov Baer, *Toledot ha-Defus ha-'Ivri* [Geschichte des hebräischen Buchdrucks], Antwerpen: Jacobowitz 1935.
Friedlander, Yehuda, *Hebrew Satire in Germany 1790–1797*, 2 Bde., Ramat Gan: Bar-Ilan University Press 1979 (Hebräisch).
Friedlander, Yehuda, „Die Stellung der Halacha in der Haskala Literatur: Die Haltung gegenüber Maimonides als halachische Autorität", *Jerusalem Studies in Jewish Thought* 5 (1986): 349–362 (Hebräisch).
Fuenn, Shmuel Yoseph, *Kenesset Yisra'el*, Warschau: Ephraim Baumritter 1876.

Fuenn, Shmuel Yoseph, *Safa le-Ne'emanim* [Sprache der Treuen / Glaubenden], Wilna: L. L. Mac 1881.

Fürst, Julius, *Bibliotheca Judaica. Bibliographisches Handbuch umfassend die Druckwerke der Jüdischen Literatur einschliesslich der über Juden und Judentum veröffentlichten Schriften nach alfabetischer Ordnung der Verfasser,* Bd. 2 und 3, Leipzig: Engelmann 1863.

Funkenstein, Amos, „*Imitatio Dei* and the Concept of *Ẓimẓum* in the Doctrine of Ḥabad", in Shmuel Yeivin (Hg.), *Raphael Mahler Jubilee Volume*, Merḥavya: Sifriyat po'alim 1974, 83–88 (Hebräisch).

Funkenstein, Amos, „The Persecution of Absolutes: On the Kantian and Neo-Kantian Theories of Science", in Edna Ullmann-Margalit (Hg.), *The Kaleidoscope of Science. The Israel-Colloquium: Studies in History, Philosophy and the Sociology of Science*, Bd. 1, Dordrecht: Springer 1986, 39–63.

Funkenstein, Amos, *Theology and the Scientific Imagination. From the Middle Ages to the Seventeenth Century*, Princeton: Princeton University Press 1986.

Funkenstein, Amos, „Das Verhältnis der jüdischen Aufklärung zur mittelalterlichen jüdischen Philosophie", in Karlfried Gründer / Nathan Rotenstreich (Hg.), *Aufklärung und Haskala in jüdischer und nichtjüdischer Sicht*, Heidelberg: Schneider 1990, 13–21.

Gafni, Chanan, *„The Mishnah's Plain Sense". A Study of Modern Talmudic Scholarship*, Bene Beraq: ha-Ḳibbuṣ ha-Me'uḥad 2011 (Hebräisch).

Gam-Hacohen, Moran, *Trends in Kabbalah Research in Israel, 1929–2010*, PhD Thesis Ben-Gurion University of the Negev Be'er Sheva 2010 (Hebräisch).

Gara, Nizar Samir, *Die Rezeption der Philosophie des Aristoteles im Islam als Beispiel die Rezeption der Seelenlehre des Aristoteles bei Ibn Sinas Buch ('Ilm al-nafs: Die Wissenschaft der Seele)*, Dissertation Universität Heidelberg 2003.

Garb, Jonathan, „The Authentic Kabbalistic Writings of R. Moshe Ḥayyim Luzzatto", *Kabbalah. Journal for the Study of Jewish Mystical Texts* 25 (2012): 165–222 (Hebräisch).

Garb, Jonathan, „The Circle of Moshe Hayyim Luzzatto in Its Eighteenth-Century Context", *Eighteenth-Century Studies* 44,2 (2011): 189–202.

Garb, Jonathan, „Gender and Power in Kabbalah. A Theoretical Investigation", *Kabbalah. Journal for the Study of Jewish Mystical Texts* 13 (2005): 79–107.

Garb, Jonathan, *Kabbalist in the Heart of the Storm: R. Moshe Ḥayyim Luzzatto*, Tel Aviv: Tel Aviv University Press 2014 (Hebräisch).

Garb, Jonathan, „The Modernization of Kabbalah: A Case Study", *Modern Judaism* 30,1 (2010): 1–22.

Garb, Jonathan, *Yearnings of the Soul: Psychological Thought in Modern Kabbalah*, Chicago: University of Chicago Press 2015.

Garb, Jonathan / Wexler, Philip (Hg.), *After Spirituality. Studies in Mystical Traditions*, New York u. a.: Lang 2012.

Gedenkbuch für Moses Mendelssohn, hg. v. Verband der Vereine für Jüdische Geschichte und Literatur in Deutschland, Berlin: Poppelauer 1929.

Geertz, Clifford, *The Interpretation of Cultures: Selected Essays*, New York: Basic Books 1973.

Geiger, Abraham, „Zu Salomon Maimon's Entwicklungsgeschichte", *Jüdische Zeitschrift für Wissenschaft und Leben* 4,3 (1866): 189–199.

Gelber, Nathan Michael, *Histories of the Jews of Brody: Great Cities of Israel*, Bd. 6, Jerusalem: Mossad ha-Rav Kook 1955 (Hebräisch).

Genot-Bismuth, Jaqueline, „Contribution à une recherche sur l'élaboration d'un métalangage de la poétique dans la pratique hébraique médiévale: l'exploration du terme ‚meliza'", *Sefarad* 41,2 (1981): 231–271.

Ginsburg, Christian, *The Kabbalah. Its Doctrines, Development, and Literature*, London ²1920; zuerst veröffentlicht als Appendix zu *Proceedings of the Literary and Philosophical Society of Liverpool* 19 (1864–65): 83–232.

Ginzburg, Simon, *The Life and Work of Moses Hayyim Luzzatto. Founder of Modern Hebrew Literature*, Philadelphia: Dropsie College for Hebrew and Cognate Learning 1931.

Ginzburg, Simon (Hg.), *R. Moses Ḥayyim Luzzatto and his Contemporaries – A Collection of Letters and Documents*, Tel Aviv: Dvir 1937 (Hebräisch).

Glasner, Ruth, *Gersonides. A Portrait of a Fourteenth-Century Philosopher-Scientist*, Oxford: Oxford University Press 2015.

Glatzer, Nahum (Hg.), *Leopold Zunz. Jude, Deutscher, Europäer. Ein jüdisches Gelehrtenschicksal des 19. Jahrhunderts in Briefen an Freunde*, Tübingen: Mohr Siebeck 1964.

Goetschel, Roland, Art. „Moses Chajim Luzzatto", in Andreas Kilcher / Ottfried Fraisse (Hg.), *Metzler Lexikon Jüdischer Philosophen*, Stuttgart / Weimar: Metzler 2003, 176–178.

Goetschel, Roland, „La notion de *Ṣimṣum* dans le ‚*Šōmēr 'Emūnīm*' de Joseph Ergaz", in Gérard Nahon / Charles Touati (Hg.), *Hommage à Georges Vajda: Études d'Histoire et de Pensée Juives*, Louvain: Peeters 1980, 385–396.

Goldberg, Jacob, *Ha-Ḥevra ha-Yehudit be-Mamlekhet Polin-Liṭa* [Die jüdische Gesellschaft im polnisch-litauischen Königreich], Jerusalem: Zalman Shazar 1999.

Goldberg, Jacob, „The Jewish Sejm: Its Origins and Functions", in Antony Polonsky u. a. (Hg.), *Jews in Old Poland 1000–1795*, London: Tauris 1993, 147–165.

Goldberg, Sylvie-Anne, Art. „Exil", in Dan Diner (Hg.), *Enzyklopädie Jüdischer Geschichte und Kultur*, Bd. 2, Stuttgart / Weimar: Metzler 2012, 295–304.

Goldish, Matt, *Judaism in the Theology of Sir Isaac Newton*, Dordrecht: Kluwer 1998.

Gordis, Robert, *The Word and the Book. Studies in Biblical Language and Literature*, New York 1976.

Gottlieb, Michah, *Faith and Freedom. Moses Mendelssohn's Theological-Political Thought*, New York: Oxford University Press 2011.

Graetz, Heinrich, *Geschichte der Juden von der ältesten Zeit bis in die Gegenwart. Band 10: Geschichte der Juden von der dauernden Ansiedlung der Marranen in Holland (1618) bis zum Beginn der Mendelssohnischen Zeit (1760)*, Leipzig: Leiner ²1882.

Graetz, Heinrich, *Geschichte der Juden von der ältesten Zeit bis in die Gegenwart. Band 11: Geschichte der Juden vom Beginn der Mendelssohnschen Zeit (1750) bis in die neueste Zeit (1848)*, Leipzig: Leiner ²1900.

Graetz, Michael, „Jüdische Aufklärung", in Mordechai Breuer / ders. (Hg.), *Deutsch-Jüdische Geschichte in der Neuzeit. Bd. 1: Tradition und Aufklärung 1600–1780*, hg. v. Michael Meyer, München: Beck 2000, 251–350.

Graetz, Michael, „Der kulturelle Austausch zwischen den jüdischen Gemeinden in Polen und Deutschland im 17. und 18. Jahrhundert", in Karl-Erich Grözinger (Hg.), *Die wirtschaftlichen und kulturellen Beziehungen zwischen den jüdischen Gemeinden in Polen und Deutschland vom 16. bis zum 20. Jahrhundert*, Wiesbaden: Harrassowitz 1992, 79–88.

Green, Arthur, *Tormented Master. The Life and Spiritual Quest of Rabbi Nahman of Bratslav*, Woodstock: Jewish Lights Publishing 1992.

Gries, Ze'ev, *The Book in the Jewish World 1700–1900*, Oxford / Portland, Oregon: Littman Library 2010.

Gries, Ze'ev, „Printing and Publishing Before 1800", http://www.yivoencyclopedia.org/article.aspx/Printing_and_Publishing/Printing_and_Publishing_before_1800 (Zugriff: 12. Januar 2016).

Grözinger, Karl-Erich, *Jüdisches Denken: Theologie – Philosophie – Mystik. Bd. 3: Von der Religionskritik der Renaissance zu Orthodoxie und Reform im 19. Jahrhundert*, Frankfurt a. M. / New York: Campus 2009.

Grözinger, Karl-Erich, „Wundermann, Helfer und Fürsprecher. Eine Typologie der Figur des Ba'al Schem in aschkenazischen-jüdischen Volkserzählungen", in Anthony Grafton / Moshe Idel (Hg.), *Der Magus. Seine Ursprünge und seine Geschichte in verschiedenen Kulturen*, Berlin: Akademie 2001, 169–192 (erweiterte Fassung in ders., *Jüdisches Denken. Theologie, Philosophie, Mystik*, Bd. 2, Frankfurt a. M. / New York: Campus 2005, 714–753).

Guetta, Alessandro, „Kabbalah and Rationalism in the Works of Mosheh Ḥayyim Luzzatto and some Kabbalists of his Time", in ders., *Italian Jewry in the Early Modern Era: Essays in Intellectual History*, Boston: Academic Studies Press 2014, 185–226.

Guetta, Alexandro, *Philosophy and Kabbalah. Elijah Benamozegh and the Reconciliation of Western Thought and Jewish Esotericism*, Albany: State University of New York Press 2009.

Gutas, Dimitri, *Greek Wisdom Literature in Arabic Translation. A Study of Graeco-Arabic Gnomologia*, New Haven: American Oriental Society 1975.

Habermas, Jürgen, *Nachmetaphysisches Denken II: Aufsätze und Repliken*, Frankfurt a. M.: Suhrkamp 2012.

Habermas, Jürgen, *Strukturwandel der Öffentlichkeit. Untersuchung zu einer Kategorie der bürgerlichen Gesellschaft*, Frankfurt a. M.: Suhrkamp 1990.

Habermas, Jürgen, *Theorie des kommunikativen Handelns*, 2 Bde., Frankfurt a. M.: Suhrkamp 1981.

Halbertal, Moshe, *Concealment and Revelation: Esotericism in Jewish Thought and its Philosophical Implications*, Princeton: Princeton University Press 2007.

Halbertal, Moshe, *Maimonides. Life and Thought*, Princeton / Oxford: Princeton University Press 2014.

Halperin, Israel (Hg.), *Pinqas We'ad Arba' Arṣot. Acta congressus generalis Judeorum regni Poloniae (1580–1746) quae supersunt omnia cum deperditorum fragmentis et testimoniis*, Jerusalem: Bialik 1945 (neue, revidierte Edition von Israel Bartal [Hg.], Jerusalem: Bialik 1990) (Hebräisch).

Halperin, Israel, *Yehudim we-Yahadut be-Mizraḥ Eropa* [Juden und Judentum in Osteuropa], Jerusalem: Magnes 1968/69.

Hames, Harvey, *Like Angles on Jacob's Ladder. Abraham Abulafia, the Franciscans and Joachimism*, Albany: State University of New York Press 2007.

Hanegraaff, Wouter, *Esotericism and the Academy: Rejected Knowledge in Western Culture*, Cambridge: Cambridge University Press 2012.

Hans, Nicholas, „UNESCO of the Eighteenth Century: La Loge des Neuf Soeurs and its Venerable Master, Benjamin Franklin“, *Proceedings of the American Philosophical Society* 97,5 (1953): 513–524.
Hansel, Joëlle, „La lettre ou l'allegorie. La controverse sur l'interpretation sur ‚Simsum' dans la cabale italienne du XVIIIe siècle“, in Alain le Boulluec (Hg.), *La controverse religieuse et ses formes*, Paris: Éditions du Cerf 1995, 99–125.
Hansel, Joëlle, „Philosophy and Kabbalah in the Eighteenth Century: Moses Hayyim Luzzatto, Commentator of Maimonides“, in Martin F. J. Baasten / Reinier Munk (Hg.), *Studies in Hebrew Language and Jewish Culture*, Dordrecht: Springer 2007, 213–227.
Harvey, Warren Zev, „*'Ish, ḥesheq*, and *amor Dei intellecualis*“, in Steven Nadler (Hg.), *Spinoza and Medieval Jewish Philosophy*, Cambridge: Cambridge University Press 2014, 96–107.
Hass, Ludwik, *Masoneria polska XX wieku. Losy, loże, ludzie*, Warschau: Oficyna Wydawnicza Polczek Polskiego Czerwonego Krzyża 1993.
Hasselhoff, Görge / Fraisse, Ottfried (Hg.), *Moses Maimonides (1138–1204) – His Religious, Scientific, and Philosophical* Wirkungsgeschichte *in Different Cultural Contexts*, Würzburg: Ergon 2004.
Hayoun, Maurice, *Mémoires de Jacob Emden ou l'anti-Sabbatai Zewi*, Paris: Éditions du Cerf 1992.
Hayoun, Maurice, „Rabbi Jakob Emdens Autobiographie oder der Kämpfer wider die sabbatianische Häresie“, in Karl-Erich Grözinger (Hg.), *Judentum im deutschen Sprachraum*, Frankfurt a. M.: Suhrkamp 1991, 222–236.
Hecht, Louise, „‚How the power of thought can develop within a human mind.' Salomon Maimon, Peter Beer, Lazarus Bendavid: Autobiographies of *Maskilim* Written in German“, *Leo Baeck Institute Year Book* 47,1 (2002): 21–38.
Hecht, Louise, Art. „Toleranzpatente“, in Dan Diner (Hg.), *Enzyklopädie jüdischer Geschichte und Kultur*, Bd. 6, Stuttgart / Weimar: Metzler 2015, 137–141.
Hedwig, Klaus, *Sphaera Lucis. Studien zur Intelligibilität des Seienden im Kontext der mittelalterlichen Lichtspekulation*, Münster: Aschendorff 1980.
Heinrich, Gerda, „Akkulturation und Reform. Die Debatte um die frühe Beerdigung der Juden zwischen 1785 und 1800“, *Zeitschrift für Religions- und Geistesgeschichte* 50 (1998): 137–155.
Heller, Marvin J., „Observations on a Little Known Edition of Tractate Niddah (Prague, c. 1608) and its Relationship to the Talmudic Methodology of the Maharal of Prague“, in ders., *Studies in the Making of the Early Hebrew Book*, Leiden / Boston: Brill 2008, 298–321.
Heller, Marvin J., *Printing the Talmud. A History of the Earliest Printed Editions of the Talmud*, Brooklyn: Am Hasefer 1992.
Heller, Marvin J., *The Seventeenth Century Hebrew Book. An Abridged Thesaurus*, Leiden: Brill 2011.
Heller, Marvin J., *Studies in the Making of the Early Hebrew Book*, Leiden / Boston: Brill 2008.
Heller-Wilensky, Sara, „The ‚First Created Being' in Early Kabbalah and Its Philosophical Sources“, in dies. / Moshe Idel (Hg.), *Studies in Jewish Thought*, Jerusalem: Magnes 1989, 261–275 (Hebräisch).
Herrmann, Klaus, *Sefer Jezira. Buch der Schöpfung*, Frankfurt a. M.: Verlag der Weltreligionen 2008.
Hinneburg, Kristina-Monika / Jurewicz, Grażyna (Hg.), *Das Prinzip Aufklärung zwischen Universalismus und partikularem Anspruch*, München: Fink 2014.

Hoffrogge, Ralf, *Werner Scholem. Eine politische Biographie (1895–1940)*, Konstanz / München: UKV 2014.

Hollender, Elisabeth, *Clavis Commentariorum of Hebrew Liturgical Poetry in Manuscript*, Leiden: Brill 2005.

Hollender, Elisabeth, „Hochzeitspiyyuṭim und ashkenazische Dichtkunst", *Frankfurter Judaistische Beiträge* 38 (2013): 49–67.

Hollender, Elisabeth, *Piyyut Commentary in Medieval Ashkenaz*, Berlin: De Gruyter 2008.

Holz, Helmut, „Deutscher Anteil am Handel und Gewerbe", *Wolhynische Hefte* 3 (1984): 127–152.

Horch, Hans Otto, *Handbuch der deutsch-jüdischen Literatur*, Berlin / Boston: De Gruyter Oldenbourg 2016.

Horwitz, Rivka „Mendelssohn und die Kabbala", in Eveline Goodman-Thau / Gert Mattenklott / Christoph Schulte (Hg.), *Kabbala und die Literatur der Romantik. Zwischen Magie und Trope*, Tübingen: Niemeyer 1999, 17–32 (englische Version: „Kabbalah in the Writings of Mendelssohn and the Berlin Circle of Maskilim", *Leo Baeck Institute Year Book* 45,1 [2000]: 3–24).

Hüttenmeister, Nathanja / Müller, Christiane E., *Umstrittene Räume: Jüdische Friedhöfe in Berlin*, Berlin: Metropol 2005.

Hughes, Aaron, *The Art of Dialogue in Jewish Philosophy*, Bloomington / Indianapolis: Indiana University Press 2008.

Hughes, Aaron, *The Texture of the Divine. Imagination in Medieval Islamic and Jewish Thought*, Bloomington / Indianapolis: Indiana University Press 2004.

Hundert, Gershon David (Hg.), *Essential Papers on Hasidism. Origins to Present*, New York / London: New York University Press 1991.

Hundert, Gershon David, *Jews in Poland-Lithuania in the Eighteenth Century. A Genealogy of Modernity*, Berkeley / Los Angeles: University of California Press 2004.

Hundert, Gershon David, „The ‚Kehilla' and the Municipality in Private Towns at the End of the Early Modern Period", in Antony Polonsky u. a. (Hg.), *Jews in Old Poland 1000–1795*, London: Tauris 1993, 174–185.

Huss, Boaz, „Admiration and Disgust. The Ambivalent Re-Canonization of the *Zohar* in the Modern Period", in Ḥayyim Howard Kreisel (Hg.), *Study and Knowledge in Jewish Thought*, Be'er Sheva: Ben-Gurion University of the Negev Press 2006, 203–237.

Huss, Boaz, „All You Need Is LAV: Madonna and Postmodern Kabbalah", *Jewish Quarterly Review* 95,4 (2005): 611–624.

Huss, Boaz, „Ask No Questions: Gershom Scholem and the Study of Contemporary Jewish Mysticism", *Modern Judaism* 25,2 (2005): 141–158.

Huss, Boaz, „‚Authorized Guardians': The Polemics of Academic Scholars of Jewish Mysticism Against Kabbalah Practioners", in Olaf Hammer / Kocku von Stuckrad (Hg.), *Polemic Encounters. Esoteric Discourse and Its Other*, Leiden: Brill 2007, 81–104.

Huss, Boaz, „*Genizat ha-Or* in Simeon Lavi's *Ketem Paz* and the Lurianic Doctrine of *Ṣimṣum*", in Rachel Elior / Yehuda Liebes (Hg.), *Lurianic Kabbalah*, Jerusalem: Daf Noy Press 1992, 341–362 (Hebräisch).

Huss, Boaz, „Holy Place, Holy Time, Holy Book: The Influence of the *Zohar* on Pilgrimage Rituals to Meron and the *Lag Be-Omer* Festival", *Kabbalah. Journal for the Study of Jewish Mystical Texts* 7 (2002): 237–256 (Hebräisch).

Huss, Boaz (Hg.), *Kabbalah and Contemporary Spiritual Revival*, Be'er Sheva: Ben-Gurion University of the Negev Press 2011.

Huss, Boaz, „Ke-mar'e *Zohar.* Ḥibburim, shirim we-parodeyot be-lashon ha-*Zohar* [Dem Zohar ähnlich. Essays, Gedichte und Parodien in zoharischer Sprache]", in Ronit Meroz / Jonathan Garb / Maren Niehoff (Hg.), *We-Zot li-Yehuda: Qoveṣ Ma'amarim le-Ḥaverenu Prof. Yehuda Liebes* [Und dies ist für Yehuda. Aufsatzsammlung zu Ehren unseres Freund Prof. Yehuda Liebes], Jerusalem: Bialik 2012, 359 – 380.

Huss, Boaz, *The Question About the Existence of Jewish Mysticism. The Genealogy of Jewish Mysticism and the Theologies of Kabbalah Research*, Tel Aviv: Van Leer Institute Press / ha-Ḳibbuṣ ha-Me'uḥad 2016 (Hebräisch).

Huss, Boaz, „*Sefer ha-Zohar* as a Canonical, Sacred and Holy Text: Changing Perspectives of the Book of Splendor between the Thirteenth and Eighteenth Centuries", *Journal of Jewish Thought and Philosophy* 7,2 (1998): 257 – 307.

Huss, Boaz, „The Theologies of Kabbalah Research", *Modern Judaism* 34,1 (2013): 3 – 26.

Huss, Boaz, *The Zohar. Reception and Impact*, Oxford / Portland, Oregon: Littman Library 2016.

Huss, Boaz / Pasi, Marco / Von Stuckrad, Kocku (Hg.), *Kabbalah and Modernity. Interpretations, Transformations, Adaptations*, Leiden / Boston: Brill 2010.

Husserl, Edmund, *Die Krisis der europäischen Wissenschaften und die transzendentale Phänomenologie*, hg. v. Walter Biemel, The Hague: Nijhoff 1954.

Idel, Moshe, *Abraham Abulafia und die mystische Erfahrung*, Frankfurt a. M.: Suhrkamp 1994.

Idel, Moshe, *Absorbing Perfections. Kabbalah and Interpretation*, New Haven / London: Yale University Press 2002.

Idel, Moshe, „Abulafia's Secrets of the Guide: A Linguistic Turn", in Alfred Ivry / Elliot Wolfson / Allan Arkush (Hg.), *Perspectives on Jewish Thought and Mysticism*, Amsterdam: Harwood Academic Publishers 1998, 289 – 329.

Idel, Moshe, *Alte Welten. Neue Bilder. Jüdische Mystik und die Gedankenwelt des 20. Jahrhunderts*, Berlin: Suhrkamp 2012.

Idel, Moshe, „Archetypes and Androgynes at Eranos", *Spring. A Journal of Archetype and Culture* 92 (2015): 193 – 208.

Idel, Moshe, *Ascensions on High in Jewish Mysticism. Pillars, Lines, Ladders*, Budapest / New York: Central European University Press 2005.

Idel, Moshe, „Ashkenazi Esotericism and Kabbalah in Barcelona", *Hispania Judaica Bulletin* 5 (2007): 69 – 113.

Idel, Moshe, „Der Begriff der Überlieferung in der Kabbala des 13. Jahrhunderts", in Ulrich Raulff / Gary Smith (Hg.), *Wissensbilder. Strategien der Überlieferung*, Berlin: De Gruyter 1999, 61 – 93.

Idel, Moshe, „Ben tefisat ha-'aṣmut li-tefisat ha-kelim be-qabbala bi-tequfat ha-renesans [Zwischen der Vorstellung der Unabhängigkeit und der Vorstellung der Instrumente in der Kabbala der Renaissance]", *Italia* 3 (1982): 89 – 111.

Idel, Moshe, „The Changing Faces of God and Human Dignity in Judaism", in Alberto Melloni / Riccardo Saccenti (Hg.), *In the Image of God. Foundations and Objections within the Discourse on Human Dignity*, Berlin u. a.: LIT 2010, 45 – 65.

Idel, Moshe, „The Concept of the Torah in Hekhalot Literature and its Metamorphoses in Kabbalah", *Jerusalem Studies in Jewish Thought* 1 (1981): 58 – 84 (Hebräisch).

Idel, Moshe, „Conceptualizations of *Tzimtzum* in Baroque Italian Kabbalah", in Michael Zank / Ingrid Anderson (Hg.), *The Value of the Particular. Lessons from Judaism and the Modern*

Jewish Experience. Festschrift for Steven T. Katz on the Occasion of His Seventieth Birthday, Leiden / Boston: Brill 2015, 28–54.

Idel, Moshe, „*Deus sive Natura* – The Metamorphosis of a Dictum from Maimonides to Spinoza", in Robert S. Cohen / Hillel Levine (Hg.), *Maimonides and the Sciences*, Dordrecht: Kluwer 2000, 87–110.

Idel, Moshe, „Differing Conceptions of Kabbalah in the Early 17th Century", in Isadore Twerksy / Bernard Septimus (Hg.), *Jewish Thought in the Seventeenth Century*, Cambridge, Mass.: Harvard University Press 1987, 137–200.

Idel, Moshe, „Divine Attributes and Sefirot in Jewish Theology", in Sara Heller-Wilensky / ders. (Hg.), *Studies in Jewish Thought*, Jerusalem: Magnes 1989, 87–111 (Hebräisch).

Idel, Moshe, *Enchanted Chains. Techniques and Rituals in Jewish Mysticism*, Los Angeles: Cherub Press 2005.

Idel, Moshe, „The Evil Thought of the Deity", *Tarbiz* 49,3–4 (1980): 356–364 (Hebräisch).

Idel, Moshe, „Female Beauty: A Chapter in the History of Jewish Mysticism", in Immanuel Etkes u. a. (Hg.), *Within Hasidic Circles*, Jerusalem: Bialik 1999, 317–334 (Hebräisch).

Idel, Moshe, „From the ‚Hidden Light' to the ‚Light within the Torah': A Chapter in the Phenomenology of Jewish Mysticism", in Aharon Zion (Hg.), *Migwan De'ot we-Hashqafot 'al ha-Or* [Vielfältige Meinungen und Ansichten zum Licht], Jerusalem: Ministery of Education 2003, 23–62.

Idel, Moshe, „*Ganz Andere:* On Rudolph Otto and Concepts of Holiness in Jewish Mysticism", *Da'at* 57–59 (2006): v–xliv.

Idel, Moshe, *Der Golem. Jüdische magische und mystische Traditionen des künstlichen Anthropoiden*, Frankfurt a. M.: Suhrkamp 2007.

Idel, Moshe, *Hasidism: Between Ecstasy and Magic*, Albany: State University of New York Press 1995.

Idel, Moshe, „‚Higher than Time': Observations on Some Concepts of Time in Kabbalah and Hasidism", in Brian Ogren (Hg.), *Time and Eternity in Jewish Mysticism. That Which is Before and That Which is After*, Leiden / Boston: Brill 2015, 179–210.

Idel, Moshe, „Hieroglyphs, Keys, Enigmas: On G. G. Scholem's Vision of Kabbalah: Between Franz Molitor and Franz Kafka", in Bernhard Greiner / Christoph Schmidt (Hg.), *Die Arche Noah: Die Idee der „Kultur" im deutsch-jüdischen Diskurs*, Freiburg i. Br.: Rombach 2002, 227–248.

Idel, Moshe, „The History of Kabbalah and the History of the Jews", *Theory and Criticism* 6 (1995): 137–148 (Hebräisch).

Idel, Moshe, „In the State of Walachia, Near the Border? Or: Was the Besht Indeed Born in Okopy?", *Eurolimes. Journal of the Institute for Euroregional Studies* 5 (2008): 14–20.

Idel, Moshe, „Italy in Safed, Safed in Italy: Toward an Interactive History of Sixteenth-Century Kabbalah", in David Ruderman / Giuseppe Veltri (Hg.), *Cultural Intermediaries. Jewish Intellectuals in Early Modern Italy*, Philadelphia: University of Pennsylvania Press 2004, 239–269.

Idel, Moshe, „Jacques Derrida et les sources kabbalistiques", in Joseph Cohen / Raphael Zagury-Orly (Hg.), *Judéités. Questions pour Jacques Derrida*, Paris: Galilée 2003, 133–156.

Idel, Moshe, „Jacques Derrida und die Kabbala", in Joseph Cohen / Raphael Zagury-Orly (Hg.), *„Judentümmer". Fragen für Jacques Derrida*, Hamburg: Philo 2006, 161–193 (dt. Version des franz. Artikels von 2003).

Idel, Moshe, „Kabbalah and Elites in Thirteenth-Century Spain“, *Mediterranean Historical Review* 9 (1994): 5 – 19.

Idel, Moshe, „Kabbalah, Hieroglyphicity and Hieroglyphs“, *Kabbalah. Journal for the Study of Jewish Mystical Texts* 11 (2004): 11 – 47.

Idel, Moshe, *Kabbalah in Italy, 1280 – 1510. A Survey*, New Haven / London: Yale University Press 2011.

Idel, Moshe, *Kabbalah: New Perspectives*, New Haven / London: Yale University Press 1988.

Idel, Moshe, *Kabbala und Eros*, Frankfurt a. M. / Leipzig: Verlag der Weltreligionen 2009.

Idel, Moshe, „Kabbalistic Prayer and Colours“, in David Blumenthal (Hg.), *Approaches to Judaism in Medieval Times*, Bd. 3, Atlanta: Scholars Press 1988, 17 – 27.

Idel, Moshe, *Language, Torah and Hermeneutics in Abraham Abulafia*, Albany: State University of New York Press 1991.

Idel, Moshe, „Die laut gelesene Tora. Stimmengemeinschaft in der jüdischen Mystik“, in Thomas Macho / Sigrid Weigel (Hg.), *Zwischen Rauschen und Offenbarung. Zur Kultur- und Mediengeschichte der Stimme*, Berlin: De Gruyter 2002, 19 – 53.

Idel, Moshe, „Maimonides' *Guide of the Perplexed* and Kabbalah“, *Jewish History* 18,2 – 3 (2004): 197 – 226.

Idel, Moshe, *Messianic Mystics*, New Haven / London: Yale University Press 2000.

Idel, Moshe, „Messianic Scholars: On Early Israeli Scholarship, Politics and Messianism“, *Modern Judaism* 32,1 (2012): 22 – 53.

Idel, Moshe, *Mircea Eliade. From Magic to Myth*, New York u. a.: Lang 2014.

Idel, Moshe, „Moshe Steinschneider, the Study of Kabbalah and Gershom Scholem“, *Pe'amim* 129 (2011): 99 – 109 (Hebräisch).

Idel, Moshe, „The Mud and the Water: Towards a History of a Simile in Kabbalah“, *Zutot* 14,1 (2017): 64 – 72.

Idel, Moshe, „Multiple Forms of Redemption in Kabbalah and Hasidism“, *Jewish Quarterly Review* 101,1 (2011): 27 – 70.

Idel, Moshe, „Mystical Redemption and Messianism in R. Israel Ba'al Shem Tov's Teachings“, *Kabbalah. Journal for the Study of Jewish Mystical Texts* 24 (2011): 7 – 121.

Idel, Moshe, „On the Concept of *Ṣimṣum* in Kabbalah and its Research“, in Rachel Elior / Yehuda Liebes (Hg.), *Lurianic Kabbalah*, Jerusalem: Daf Noy Press 1992, 59 – 112 (Hebräisch).

Idel, Moshe, „On Jerusalem as a Feminine and Sexual Hypostasis: From Late Antiquity Sources to Medieval Kabbalah“, in Mihail Neamtu / Bodgan Tátaru-Cazaban (Hg.), *Memory, Humanity, and Meaning. Selected Essays on Honor of Andre Plesu's Sixtieth Anniversary*, Cluj: Zeta 2009, 65 – 110.

Idel, Moshe, „On Paradise in Jewish Mysticism“, in Chemi Ben-Noon (Hg.), *The Cradle of Creativity*, Hod ha-Sharon: Sha'are Mishpaṭ 2004, 609 – 644.

Idel, Moshe, „On Salomon Maimon and Kabbalah“, *Kabbalah. Journal for the Study of Jewish Mystical Texts* 28 (2012): 67 – 105.

Idel, Moshe, „On the Theologization of Kabbalah in Modern Scholarship“, in Yossef Schwartz / Volkhard Krech (Hg.), *Religious Apologetics – Philosophical Argumentation*, Tübingen: Mohr Siebeck 2004, 123 – 174.

Idel, Moshe, „One from a Town, Two from a Clan – The Diffusion of Lurianic Kabbala and Sabbateanism: A Re-examination“, *Jewish History* 7,2 (1993): 79 – 104.

Idel, Moshe, „Orienting, Orientalizing or Disorienting: An Almost Absolute Unique Case of Occidentalism“, *Kabbalah. Journal for the Study of Jewish Mystical Texts* 2 (1997): 13–47.

Idel, Moshe, „PaRDeS: Some Reflections on Kabbalistic Hermeneutics“, in John J. Collins / Michael Fishbane (Hg.), *Death, Ecstasy, and Other Worldly Journeys*, Albany: State University of New York Press 1995, 249–268.

Idel, Moshe, „Perceptions of the Kabbalah in the Second Half of the 18th Century“, *Journal of Jewish Thought and Philosophy* 1,1 (1991): 55–114.

Idel, Moshe, „Prayer, Ecstasy, and ‚Alien Thoughts‘ in the Religious Experience of the Besht“, in David Assaf / Ada Rapoport-Albert (Hg.), *Let the Old Make Way for the New*, Jerusalem: Zalman Shazar 2009, 57–121 (Hebräisch).

Idel, Moshe, *Primeval Evil in Kabbalah. Totality, Perfection, Perfectibility*, New York: Ktav Publishing House 2020.

Idel, Moshe, *The Privileged Divine Feminine in Kabbalah*, Berlin / Boston: De Gruyter 2019.

Idel, Moshe, „Rabbinism versus Kabbalism: On G. Scholem's Phenomenology of Judaism“, *Modern Judaism* 11,3 (1991): 281–296.

Idel, Moshe, „Radical Hermeneutics: From Ancient to Medieval, and Modern Hermeneutics“, in *Convegno Internazionale sul tema: Ermeneutica e Critica, Roma, 7–8 Ottobre 1996*, Rom: Accademia nazionale dei Lincei 1998, 165–210.

Idel, Moshe, „Sabbath: On Concepts of Time in Jewish Mysticism“, in Gerald J. Blidstein (Hg.), *Sabbath. Idea, History, Reality*, Be'er Sheva: Ben-Gurion University of the Negev Press 2004, 57–93 (deutsche Version „Sabbat: Zeitkonzepte in der jüdischen Mystik“, in Tilo Schabert / Matthias Riedl (Hg.), *Das Ordnen der Zeit*, Würzburg: Königshausen & Neumann 2003, 47–73.)

Idel, Moshe, „*Sefer Yezirah* and its Commentaries in the Writings of Abraham Abulafia, and the Remnants of R. Isaac Bedershi's Commentary and their Impact“, *Tarbiz* 79,3–4 (2011): 383–466 (Hebräisch).

Idel, Moshe, „Sefirot above the Sefirot“, *Tarbiz* 51,2 (1982): 239–280 (Hebräisch).

Idel, Moshe, „Subversive Katalysatoren: Gnosis und Messianismus in Gershom Scholems Verständnis der jüdischen Mystik“, in ders., *Alte Welten. Neue Bilder. Jüdische Mystik und die Gedankenwelt des 20. Jahrhunderts*, Berlin: Suhrkamp 2012, 216–249.

Idel, Moshe, „*Ta'anug*. Erotic Delights from Kabbalah to Hasidism“, in Wouter J. Hanegraaff / Jeffrey Kripal (Hg.), *Hidden Intercourse. Eros and Sexuality in the History of Western Esotericism*, Leiden / Boston: Brill 2008, 111–151.

Idel, Moshe, „Torah: Between Presence and Representation of the Divine in Jewish Mysticism“, in Hava Tirosh-Samuelson / Aaron W. Hughes (Hg), *Moshe Idel: Representing God*, Leiden / Boston: Brill 2014, 31–70.

Idel, Moshe, „Transfer of Categories: the German-Jewish Experience and Beyond“, in Steven E. Aschheim / Vivian Liska (Hg.), *The German-Jewish Experience Revisited*, Berlin / Boston: De Gruyter 2015, 15–43.

Idel, Moshe, „Transmission of Kabbalah in the 13th Century“, in Yaakov Elman / Israel Gershoni (Hg.), *Transmitting Jewish Traditions: Orality, Textuality, and Cultural Diffusion*, New Haven, Conn.: Yale University Press 2000, 138–165.

Idel, Moshe, „Visualization of Colors I: David ben Yehuda he-Ḥasid's Kabbalistic Diagram“, *Ars Judaica* 11 (2015): 31–54.

Idel, Moshe, „Visualization of Colors II: Implications of David ben Yehuda he-Ḥasid's Diagram for the History of Kabbalah“, *Ars Judaica* 12 (2016): 39–51.

Idel, Moshe, *Vocal Rites and Broken Theologies. Cleaving to Vocables in R. Israel Ba'al Shem Tov's Mysticism*, New York: Crossroad Publishing Company 2020.

Idel, Moshe, „The Voiced Text of the Torah", *Deutsche Vierteljahresschrift für Literaturwissenschaft und Geistesgeschichte*, Sonderheft, 68 (1994): 145–166.

Idel, Moshe / Morlok, Elke, Art. „Jerusalem", in *Encyclopedia of the Bible and its Reception*, Bd. 13, hg.v. Christine Helmer / Steven L. McKenzie / Thomas Chr. Römer / Jens Schröter / Barry Dov Walfish / Eric Ziolkowski, Berlin / Boston: De Gruyter 2016, Sp. 1042–1056.

Israel, Jonathan, *Demographic Enlightenment. Philosophy, Revolution, and Human Rights 1750–1790*, Oxford / New York: Oxford University Press 2011.

Israel, Jonathan, *European Jewry in the Age of Mercantilism, 1550–1730*, London / Portland, Oregon: Littman Library ³1998.

Israel, Jonathan, *Philosophy Contested. Philosophy, Modernity, and the Emancipation of Man 1670–1752*, Oxford / New York: Oxford University Press 2006.

Israel, Jonathan, *Radical Enlightenment. Philosophy and the Making of Modernity 1650–1750*, Oxford / New York: Oxford University Press 2001.

Israel, Jonathan / Mulsow, Martin (Hg.), *Radikalaufklärung*, Berlin: Suhrkamp 2014.

Israeli, Oded, *The Interpretation of Secrets and the Secret of Interpretation: Midrashic and Hermeneutic Strategies in Sabba de Misphatim of the Zohar*, Los Angeles: Cherub Press 2005 (Hebräisch).

Jacobs, Noah J., „The Literature on Salomon Maimon – Annotated Bibliography", *Qiryat Sefer* 41,2 (1966): 245–262 (Hebräisch) (dt. Fassung „Schrifttum über Salomon Maimon: Eine Bibliographie mit Anmerkungen", *Wolfenbütteler Studien zur Aufklärung* 4 [1977]: 353–395).

Jacobs, Noah J., „Salomon Maimon's Relation to Judaism", *Leo Baeck Institute Year Book* 8,1 (1963): 117–135.

Jacobson, Jacob, *Die Judenbürgerbücher der Stadt Berlin*, Berlin: De Gruyter 1962.

Jacobson, Jacob (Hg.), *Jüdische Trauungen in Berlin 1759 bis 1813: Mit Ergänzungen für die Jahre 1723 bis 1759*, Berlin: De Gruyter 1968.

Jacoby, David, „Die Romanioten des östlichen Mittelmeerraums. Griechischsprachige Juden in ihrem Verhältnis zu Griechen und Lateinern (13.–15. Jahrhundert)", in David Jacoby / Vera von Falkenhausen (Hg.), *Studien zum mittelalterlichen Judentum im byzantinischen Kulturraum: Süditalien und Sizilien, Konstantinopel und Kreta. Vorträge an der Universität Trier, 4. Juni und 6. November 2012*, Trier: Kliomedia 2013, 49–80.

Jarlert, Anders (Hg.), *Piety and Modernity. The Dynamics of Religious Reform in Northern Europe, 1780–1920*, Leuven: Leuven University Press 2019.

Joel, David Heimann, *Die Religionsphilosophie des Sohar und ihr Verhältnis zur allgemeinen jüdischen Theologie*, Leipzig / Hildesheim / New York: Olms 1849.

Jost, Isaak Markus, *Geschichte des Judentums und seiner Sekten. Dritte Abteilung*, Leipzig: Dörffling & Franke 1859.

Joyce, James, *Ulysses*, New York: Modern Library 1961.

Jüngel, Eberhard, *Wertlose Wahrheit. Zur Identität und Relevanz des christlichen Glaubens*, Tübingen: Mohr Siebeck ²2003.

Jütte, Daniel, *Das Zeitalter des Geheimnisses. Juden, Christen und die Ökonomie des Geheimen (1400–1800)*, Göttingen: Vandenhoeck & Ruprecht 2011.

Kant, Immanuel, *Kants Werke*, hg.v. Ernst Cassirer, Berlin: Bruno Cassirer 1922/23.

Kaplan, Lawrence, „Maimonides and Mendelssohn on the Origins of Idolatry, the Election of Israel, and the Oral Law", in Alfred L. Ivry / Elliot R. Wolfson / Allan Arkush (Hg.), *Perspectives on Jewish Thought and Mysticism*, Amsterdam: Harwood Academic Publishers 1998, 423 – 455.

Karniel, Joseph, „Das Toleranzpatent Kaiser Josephs II. für die Juden Galiziens und Lodomeriens", *Jahrbuch des Instituts für deutsche Geschichte* 11 (1982): 55 – 89.

Karniel, Joseph, *Die Toleranzpolitik Kaiser Josephs II.*, Gerlingen: Bleicher 1986.

Kasper-Holtkotte, Cilli, *Im Westen nichts Neues. Migration und ihre Folgen: Deutsche Juden als Pioniere jüdischen Lebens in Belgien, 18./19. Jahrhundert*, Leiden / Boston: Brill 2003.

Katz, Jacob, „The First Controversy Over Accepting Jews as Free Masons", *Zion* 30,3 – 4 (1965): 171 – 205 (Hebräisch).

Katz, Jacob, „Histọrya we-histọryonim – ḥadashim ki-yeshanim [Historie und Historiker – neue wie alte]", *Alpayim* 12,3 (1996): 9 – 35.

Katz, Jacob, *Jews and Freemasons in Europe 1713 – 1939*, Cambridge, Mass.: Harvard University Press 1970.

Katz, Jacob, „Moses Mendelssohn und E. J. Hirschfeld", *Bulletin des Leo Baeck Instituts* 7,28 (1964): 295 – 311.

Katz, Jacob, „To Whom was Mendelssohn Replying in ‚Jerusalem'?", *Zion* 29,1 – 2 (1964): 112 – 132 (Hebräisch).

Katz, Jacob, „Über die Beziehungen zwischen den Sabbatianern, der Aufklärung und der Reform", in Siegfried Stein / Raphael Loewe (Hg.), *Studies in Jewish Religious and Intellectual History. Presented to Alexander Altmann on the Occasion of His 70th Birthday*, Alabama: University of Alabama Press 1979, 83 – 100 (Hebräisch).

Katz, Steven, „Eliezer Berkovits's Post-Holocaust Jewish Theodicy", in ders., *Post-Holocaust Dialogues: Critical Studies in Modern Jewish Thought*, New York: New York University Press 1983, 268 – 286.

Katz, Steven, „Language, Epistemology and Mysticism", in ders., *Mysticism and Philosophical Analysis*, Oxford / New York: Oxford University Press 1978, 22 – 74.

Katzoff, Charlotte, „Solomon Maimon's Interpretation of Kant's Copernican Revolution", *Kant-Studien* 66 (1975): 342 – 356.

Kaufmann, David / Freudenthal, Max, *Die Familie Gomperz*, Frankfurt a. M.: Kauffmann 1907.

Kellner, Menaḥem, *Maimonides on Human Perfection*, Atlanta: Scholars Press 1990.

Kennecke, Andreas, „‚Hame'assef' – die erste hebräische Zeitschrift", *Menora* 12 (2001): 171 – 188.

Kennecke, Andreas, „HaMe'assef. Die erste moderne Zeitschrift der Juden in Deutschland", *Das Achtzehnte Jahrhundert* 23,2 (1999): 176 – 199.

Kennecke, Andreas, *Isaac Euchel – Architekt der Haskala*, Göttingen: Wallstein 2007.

Kennecke, Andreas, *Isaak Euchel. Vom Nutzen der Aufklärung. Schriften zur Haskala*, Düsseldorf: Parerga 2001.

Keuck, Thekla, *Hofjuden und Kulturbürger. Die Geschichte der Familie Itzig in Berlin*, Göttingen: Vandenhoeck & Ruprecht 2011.

Kilcher, Andreas, „‚Jewish Literature' and ‚World Literature': Wissenschaft des Judentums and its Concept of Literature", in Andreas Gotzmann / Christian Wiese (Hg.), *Modern Judaism and Historical Consciousness. Identities, Encounters, Perspectives*, Leiden: Brill 2007, 299 – 325.

Kippenberg, Hans G. / Stroumsa, Guy (Hg.), *Secrecy and Concealment. Studies in the History of Mediterranean and Near Eastern Religions*, Leiden: Brill 1995.
Kirchner, Joachim, *Die Grundlagen des deutschen Zeitschriftenwesens*, Bd. 1, Leipzig: Hiersemann 1928.
Klatzkin, Jacob, *Thesaurus Philosophicus Linguae Hebraicae et Veteris et Recentioris*, 4 Bde., New York: Olms 1968.
Klausner, Joseph *Hisṭorya shel ha-Sifrut ha-'Ivrit ha-Ḥadasha* [Geschichte der modernen hebräischen Literatur], Bd. 1, Jerusalem: Aḥiasaf 1960.
Knoblauch, Hubert, *Wissenssoziologie*, Konstanz: UVK [2]2010.
Koch, Patrick, „Ein verschollener jüdischer Mystiker? Gershom Scholems Nachforschungen zu Ephraim Joseph Hirschfeld", in Gerold Necker / Elke Morlok / Matthias Morgenstern (Hg.), *Gershom Scholem in Deutschland. Zwischen Seelenverwandtschaft und Sprachlosigkeit*, Tübingen: Mohr Siebeck 2014, 219–242.
Koch, Patrick / Veltri, Giuseppe / Necker, Gerold, „Die versuchte Wiederaufnahme des jüdischen Freimaurers Ephraim J. Hirschfeld in den Orden der ‚Asiatischen Brüder': Ein geheimer Rapport", *Judaica. Beiträge zum Verstehen des Judentums* 68,2 (2012): 129–155.
Kogman, Tal, „Intercultural Contacts in Maskilic Texts about Sciences", in Shmuel Feiner / Israel Bartal (Hg.), *The Varieties of Haskalah*, Jerusalem: Magnes 2005, 29–42 (Hebräisch).
Kogman, Tal, *The ‚Maskilim' in the Sciences: Jewish Scientific Education in the German-Speaking Sphere in Modern Times*, Jerusalem: Magnes 2013 (Hebräisch).
Kogman, Tal, „Min ha-defus li-khetav yad – 'alonim be-republiqat ha-haskala [Vom Druck zur Handschrift – Bulletins in der Republik der Haskala]", in Shmuel Feiner u. a. (Hg.), *The Library of the Haskalah. The Creation of a Modern Republic of Letters in Jewish Society in the German-Speaking Sphere*, Tel Aviv: 'Am 'Oved 2014, 81–101 (Hebräisch).
Kohler, George Y., *Kabbalah Research in the Wissenschaft des Judentums 1820–1880. The Foundation of an Academic Discipline*, Berlin / Boston: De Gruyter Oldenbourg 2019.
Kołodziejczyk, Dariusz, *Podole pod panowaniem tureckim: Ejalet Kamieniecki 1672–1699*, Warschau: Polczek 1994.
Koren, Sharon Faye, *Foresaken. The Menstruant in Medieval Jewish Mysticism*, Waltham, Mass.: Brandeis University Press 2011.
Kracauer, Siegfried, *Geschichte – Vor den letzten Dingen*, in ders., *Werke*, Bd. 4, hg. v. Ingrid Belke, Frankfurt a. M.: Suhrkamp 2009.
Kraemer, Joel L., *Maimonides: The Life and World of One of the Civilization's Greatest Minds*, New York: Doubleday Religion 2008.
Krassen, Miles, *Isaiah Horowitz. The Generations of Adam*, New York / Mahwah: Paulist 1996.
Kraushaar, Aleksander, *Franq we-'Adato 1726–1816* [Frank und seine Gemeinschaft], übs. aus dem Polnischen v. Naḥum Sokolow, Warschau: Lewinski 1895.
Krochmalnik, Daniel, „Scheintod und Emanzipation. Der Beerdigungsstreit in seinem historischen Kontext", *Trumah* 6 (1997): 107–149.
Krötke, Wolf, „Gottes Fürsorge für die Welt. Überlegungen zur Vorsehungslehre", *Theologische Literaturzeitung* 108,4 (1984): 241–252.
Küster, Volker, *Einführung in die Interkulturelle Theologie*, Göttingen: Vandenhoeck & Ruprecht 2011.
Kugel, James, „The Ladder of Jacob", *Harvard Theological Review* 88,2 (1995): 209–227.

Kugel, James, *The Ladder of Jacob. Ancient Interpretations of the Biblical Story of Jacob and His Children*, Princeton / Oxford: Princeton University Press 2006.

Kurzweil, Baruch, *Ba-Ma'avaq 'al 'Erkhe ha-Yahadut* [Im Kampf um die Werte des Judentums], Tel Aviv: Schocken 1969.

Kurzweil, Edith, *The Age of Structuralism: Lévi-Strauss to Foucault*, New York: Columbia University Press 1980.

Kuyt, Annelies, *The ‚Descent' to the Chariot. Towards a Description of the Terminology, Place, Function and Nature of the Yeridah in Hekhalot Literature*, Tübingen: Mohr Siebeck 1995.

Lachower, Yeruḥam Fishel, „Ha-Rambam we-ha-haskala ha-'ivrit be-re'shitah [Maimonides und die beginnende hebräische Aufklärung]", in ders., *'Al Gevul ha-Yashan we-he-Ḥadash. Massot Sifrutiyyot* [An der Grenze vom Alten zum Neuen. Literarische Essays], Jerusalem: Bialik 1951, 97 – 107 (zuvor *Moznayim* 3 [1938/39]: 539 – 546).

Lachower, Yeruḥam Fishel, *Toledot ha-Sifrut ha-'Ivrit ha-Ḥadasha* [Geschichte der modernen hebräischen Literatur], Tel Aviv: Dvir 1966.

Lachter, Hartley, *Kabbalistic Revolution: Reimagining Judaism in Medieval Spain*, New Brunswick: Rutgers University Press 2014.

Lässig, Simone, *Jüdische Wege ins Bürgertum. Kulturelles Kapital und sozialer Aufstieg im 19. Jahrhundert*, Göttingen: Vandenhoeck & Ruprecht 2004.

Lærke, Morgens, „Leibniz's Cosmological Argument for the Existence of God", *Archiv für Geschichte der Philosophie* 93 (2011): 58 – 84.

Lazarus, Felix „Das Königlich Westphälische Konsistorium der Israeliten", *Monatsschrift für die Geschichte und Wissenschaft des Judentums* 58 (1914): 81 – 96, 178 – 208, 326 – 358, 454 – 482, 542 – 561.

Lederhendler, Eli, *Jewish Responses to Modernity: New Voices in America and Eastern Europe*, New York / London: New York University Press 1994.

Lehmann, James H., „Maimonides, Mendelssohn, and the Me'asfim. Philosophy and the Biographical Imagination in the Early Haskalah", *Leo Baeck Institute Year Book* 20,1 (1975): 87 – 108.

Lehnardt, Andreas, *Führer der Verwirrten der Zeit*, Bd. 1, Hamburg: Meiner 2012.

Lehnardt, Andreas, „Geschichte und Individuum – Nachman Krochmals *More Nevukhe ha-Zeman*", *Jahrbuch des Simon-Dubnow-Instituts* 6 (2007): 363 – 388.

Lehnardt, Andreas, Art. „Krochmal, Nachman (ha-Kohen)", *Biographisch-Bibliographisches Kirchenlexikon* 28 (2007): 941 – 952.

Lehnardt, Andreas, „Nachman Krochmal and Leopold Zunz: On the Influence of the *Moreh Nevukhe ha-Zeman* on the *Wissenschaft des Judentums*", *European Journal of Jewish Studies* 7,2 (2013): 171 – 185.

Lehnardt, Andreas, „Rabbi Nachman Krochmal. Eine Biographie zwischen Tradition und Aufklärung", in Folker Siegert (Hg.), *Grenzgänge. Biographien auf der Grenze zwischen Judentum und Christentum, Christentum und Judentum. Festschrift für Diethard Aschoff*, Münster: LIT 2002, 140 – 151.

Leicht, Reimund, „Neu-*Orient*-ierung an Maimonides? Orientalische Deutungsparadigmen in der jüdischen Aufklärung und der frühen Wissenschaft des Judentums", in Burkhard Schnepel / Gunnar Brands / Hanne Schönig (Hg.), *Orient – Orientalistik – Orientalismus. Geschichte und Aktualität einer Debatte*, Bielefeld: Transcript 2011, 93 – 121.

Leicht, Reimund / Freudenthal, Gad (Hg.), *Studies in Steinschneider. Moritz Steinschneider and the Emergence of the Science of Judaism in Nineteenth-Century Germany*, Leiden: Brill 2012.

Levy, Ze'ev, „On Some Early Responses to Spinoza's Philosophy in Jewish Thought", *Studia Spinozana* 6 (1990): 251 – 278.

Lewin, Louis, „Die jüdischen Studenten an der Universität Frankfurt a. d. Oder", *Jahrbuch der Jüdisch-Literarischen Gesellschaft* XVI (1924): 43 – 85.

Lieberman, Ḥayyim, *Ohel Raḥe"l*, Bd. 3, New York: New York Empire Press 1980.

Liebes, Esther, „The Innovation of Hasidism according to R. Barukh of Kossov", *Da'at* 45 (2000): 75 – 91 (Hebräisch).

Liebes, Yehuda, *Ars Poetica in Sefer Yetsira*, Tel Aviv: Schocken 2000 (Hebräisch).

Liebes, Yehuda, *Ḥeṭ'o shel Elisha'* [Die Sünde Elishas], Jerusalem: Akademon 1990.

Liebes, Yehuda, „How the *Zohar* was Written", *Jerusalem Studies in Jewish Thought* 1 (1989): 1 – 71 (Hebräisch).

Liebes, Yehuda, „The Messiah of the *Zohar*", in Shmuel Rom (Hg.), *The Messianic Idea in Jewish Thought: A Study Conference in Honour of the Eightieth Birthday of Gershom Scholem*, Jerusalem: Israel Academy of Sciences and Humanities 1982, 87 – 236 (Hebräisch).

Liebes, Yehuda, „Myth vs. Symbol in the *Zohar* and Lurianic Kabbalah", in Lawrence Fine (Hg.), *Essential Papers on Kabbalah*, Albany: State University of New York Press 1995, 212 – 242.

Liebes, Yehuda, „Porphorita shel Helena mi-Ṭroya we-qiddush ha-shem [Helen's Porphyry and Kiddush ha-Shem]", *Da'at* 57 – 59 (2006): 83 – 119.

Liebes, Yehuda, *Studies in Jewish Myth and Jewish Messianism*, übs. v. Batya Stein, Albany: State University of New York Press 1993.

Liebes, Yehuda, „The Work of the Chariot and the Work of Creation as Mystical Teachings in Philo of Alexandria", in Deborah A. Green / Laura S. Lieber (Hg.), *Scriptural Exegesis. The Shapes of Culture and the Religious Imagination. Essays in Honour of Michael Fishbane*, Oxford: Oxford University Press 2009, 105 – 120.

Liebes, Yehuda, „*Zaddik Yesod Olam* – A Sabbatian Myth", *Da'at* 1 (1978): 73 – 120 (Hebräisch).

Lilienblum, Moshe Leib, *Autobiographische Schriften*, 3 Bde., hg. v. Shlomo Breiman, Jerusalem: Bialik 1970 (Hebräisch).

Lindberg, David C. „Conceptions of the Scientific Revolution from Bacon to Butterfield: A Preliminary Sketch", in ders. / Robert S. Westman (Hg.), *Reappraisals of the Scientific Revolution*, Cambridge: Cambridge University Press 1990, 1 – 26.

Litvak, Olga, *Haskalah. The Romantic Movement in Judaism*, New Brunswick / London: Rutgers University Press 2012.

Löwenstein, Leopold, „Die Familie Teomim", *Monatsschrift für Geschichte und Wissenschaft des Judentums* 57 (1918): 341 – 361.

Lohmann, Ingrid (Hg), *Chevrat Chinuch Nearim. Die jüdische Freischule in Berlin (1778 – 1825) im Umfeld preußischer Bildungspolitik und jüdischer Kultusreform. Eine Quellensammlung*, 2 Bde., Münster: Waxmann 2001.

Lohmann, Uta, „Aus einer kulturellen Revolution geboren: die Republik der Maskilim als säkulare Alternative zur rabbinischen Elite", *Judaica Beiträge zum Verstehen des Judentums* 64,3 – 4 (2008): 211 – 216.

Lohmann, Uta, „‚Dem Wahrheitsforscher zur Belehrung‘. Die Herausgaben von Moses Mendelssohns *Ha-nefesh* (1787) und *Phädon* (1814–1821) durch David Friedländer: Kontexte, Adressaten, Intentionen“, *Mendelssohn-Studien* 19 (2015): 45–77.
Lohmann, Uta, *Haskala und allgemeine Menschenbildung: David Friedländer und Wilhelm von Humboldt im Gespräch: Zur Wechselwirkung zwischen jüdischer Aufklärung und neuhumanistischer Bildungstheorie*, Münster: Waxmann 2020.
Lohmann, Uta, „Sokrates und Mendelssohn – Zur Bedeutung der Zwillingsmetapher im Bildungskonzept von David Friedländer und Jeremias Heinemann“, in Ulrike Schneider u. a. (Hg.), *Zwischen Ideal und Ambivalenz. Geschwisterbeziehungen in ihren soziokulturellen Kontexten*, Frankfurt a. M.: Lang 2015, 281–301.
Lohmann, Uta, „‚Sustenance for the Learned Soul‘: The History of the Oriental Printing Press at the Publishing House of the Jewish Free School in Berlin“, *Leo Baeck Institute Year Book* 51,1 (2006): 11–40.
Lohmann, Uta / Lohmann, Ingrid (Hg.), *„Lerne Vernunft!“ Jüdische Erziehungsprogramme zwischen Tradition und Modernisierung. Quellentexte aus der Zeit der Haskala, 1760–1811*, Münster: Waxmann 2005.
Lohne, Johannes August / Sticker, Bernard, *Newtons Theorie der Prismenfarben. Mit Übersetzung und Erläuterung der Abhandlung von 1672*, München: Fritsch 1969.
Lowenstein, Steven M., *The Berlin Jewish Community: Enlightenment, Family and Crisis, 1770–1830*, New York: Oxford University Press 1994.
Luckmann, Thomas, *Lebenswelt, Identität und Gesellschaft. Schriften zur Wissens- und Protosoziologie*, Konstanz: UVK 2007.
Luckmann, Thomas, *Lebenswelt und Gesellschaft: Grundstrukturen und geschichtliche Wandlungen*, Paderborn: Schöningh 1980.
Lund, Hannah Lotte, *Der Berliner „jüdische Salon“ um 1800. Emanzipation in der Debatte*, Berlin: De Gruyter 2012.
Maciejko, Pawel, „Gershom Scholem’s Dialectic of Jewish History. The Case of Sabbatianism“, *Journal of Modern Jewish Studies* 3,2 (2004): 207–220.
Maciejko, Pawel, „The Jews’ Entry into the Public Sphere: The Emden-Eibeschütz Controversy Reconsidered“, *Jahrbuch des Simon-Dubnow-Instituts* 6 (2007): 135–154.
Maciejko, Pawel, *The Mixed Multitude: Jacob Frank and the Frankist Movement, 1755–1816*, Philadelphia: University of Pennsylvania Press 2011.
Maciejko, Pawel, *R. Jonathan Eibeschütz: And I Came this Day unto the Fountain*, Los Angeles: Cherub Press ^{2}2016 (Hebräisch).
Magid, Shaul, „Conjugal Union, Mourning and ‚Talmud Torah‘ in R. Isaac Luria’s ‚Tikkun Ḥazot‘“, *Da‘at* 36 (1996): xvii–xlv.
Magid, Shaul, *From Metaphysics to Midrash. Myth, History and the Interpretation of Scripture in Lurianic Kabbala*, Bloomington / Indianapolis: Indiana University Press 2008.
Magid, Shaul, „From Theosophy to Midrash: Lurianic Exegesis and the Garden of Eden“, *AJS Review* 22,1 (1997): 37–75.
Magid, Shaul, „Origin and Overcoming the Beginning. Zimzum as a Trope of Reading in Post-Lurianic Kabbala“, in Aryeh Cohen / ders. (Hg.), *Beginning/Again. Towards a Hermeneutics of Jewish Texts*, New York: Seven Bridges Press 2002, 163–214.
Magid, Shaul, „‚A Thread of Blue‘: Rabbi Gershon Henoch Leiner of Radzyń and his Search for Continuity in Response to Modernity“, *Polin* 11 (1998): 31–52.

Mahlev, Haim, „Kabbalah as *Philosophia Perennis?* The Image of Judaism in the German Early Enlightenment: Three Studies“, *Jewish Quarterly Review* 104,2 (2014): 234–257.

Margalith, David S., „R. Barukh Schick and His Book *Tiferet Adam*“, *Qorot* 6 (1972/5): 5–27, 166–181 (Hebräisch).

Marienberg, Evyatar, *Niddah. Lorsque les juifs conceptualisent la menstruation*, Paris: Belles Lettres 2003.

Martin, Lucinda, „The ‚Language of Canaan‘: Pietism’s Esoteric Sociolect“, *Aries* 12 (2012): 237–253.

Martin, Lucinda, „Noch eine ‚res publica literaria‘? Die Briefe der Unsichtbaren Kirche als diskursiver Raum“, *Aufklärung* 28 (2016): 135–172.

Martins, Ansgar, *Adorno und die Kabbala*, Potsdam: Universitätsverlag Potsdam 2016.

Martins, Ansgar, „Chapter 14: Siegfried Kracauer: Documentary Realist and Critic of Ideological ‚homelessness‘“, in Beverley Best u. a. (Hg.), *SAGE Handbook of Frankfurt School Critical Theory*, London: SAGE 2018, 234–251.

Martins, Ansgar / Morlok, Elke, „Engel im Feuer. Zur Rezeptionsgeschichte einer *Zohar*-Stelle zwischen jüdischer Mystik, moderner Esoterik und kritischer Theorie“, in Giulia Agostini / Michael Schulz (Hg.), *Mystik und Literatur. Interdisziplinäre Perspektiven*, Heidelberg: Universitätsverlag Winter 2019, 123–167.

Marx, Moses, „Zur Geschichte des hebräischen Buchdruckes in Russland und Polen“, in Alexander Marx / Herrmann Meyer (Hg.), *Festschrift für Aron Freimann zum 60. Geburtstage*, Berlin: Soncino Gesellschaft der Freunde des Jüdischen Buches 1935, 91–96.

Matt, Daniel, „Adorning the ‚Bride‘ on the Eve of the Feast of Weeks“, in Lawrence Fine (Hg.), *Judaism in Practice. From the Middle Ages Through the Early Modern Period*, Princeton / Oxford: Princeton University Press 2001, 61–80.

Matt, Daniel, *The Book of Mirrors: Sefer Mar’ot ve-Zove‘ot* , Chico, CA: Scholars Press 1982.

Matt, Daniel (Hg.), *Zohar. Pritzker Edition*, 12 Bde., Stanford: Stanford University Press 2004–2017.

McGuire, James E. / Rattansi, Piyo M., „Newton and the ‚Pipes of Pan‘“, *Notes and Records of the Royal Society of London* 21,2 (1966): 108–143.

McIntosh, Christopher, *The Rose Cross and the Age of Reason: Eighteenth-Century Rosicrucianism in Central Europe and Its Relationship to the Enlightenment*, Albany: State University of New York Press 2011.

Meir, Jonatan, „Haskalah and Esotericism in Galicia. The Unpublished Writings of Elyaqim Hamilzahgi“, *Kabbalah. Journal for the Study of Jewish Mystical Texts* 33 (2015): 272–313 (Hebräisch) (engl. Fassung „Haskalah and Esotericism: The Strange Case of Elyakim Getzel Hamilzahgi [1780–1854]“, *Aries* 18 [2018]: 153–187).

Meir, Jonatan, „Haskalah, Kabbalah and Mesmerism: The Case of Isaac Baer Levinsohn“, in Daniel Cyranka u. a. (Hg.), *Finden und Erfinden. Die Romantik und ihre Religionen 1790–1820*, Würzburg: Königshausen & Neumann 2020, 205–227 (hebräische Fassung in Jonatan Meir / Dimitry Shumsky [Hg.], *‘Am we-‘Olam. Israel Bartal Jubilee Volume*, Jerusalem: Zalman Shazar 2019, 137–157).

Meir, Jonatan, „Hillel Zeitlin’s Zohar. The History of a Translation and Commentary Project“, *Kabbalah. Journal for the Study of Jewish Mystical Texts* 10 (2004): 119–157.

Meir, Jonatan, *Imagined Hasidism: The Anti-Chassidic Writings of Joseph Perl*, Jerusalem: Bialik 2013 (Hebräisch).

Meir, Jonatan, *Joseph Perl: Sefer Megale Temirim*, 2 Bde., Jerusalem: Bialik 2013 (Hebräisch).

Meir, Jonatan, „,Die letzten Kabbalisten in Deutschland': Gershom Scholem und die Familie Wechsler", in Gerold Necker / Elke Morlok / Matthias Morgenstern (Hg.), *Gershom Scholem in Deutschland. Zwischen Seelenverwandtschaft und Sprachlosigkeit*, Tübingen: Mohr Siebeck 2014, 243–258.

Meir, Jonatan, *Rabbi Nahman of Bratslav: World Weariness and Longing for the Messiah. Two Essays by Hillel Zeitlin. Introduction and Critical Notes*, Jerusalem: Ornah Hes 2006 (Hebräisch).

Meisl, Josef (Hg.), *Protokollbuch der jüdischen Gemeinde Berlin (1723–1854)*, Jerusalem: Rubin Mass 1962.

Melamed, Yitzhak Y., „,Let the Law Cut Through the Mountain': Salomon Maimon, Moses Mendelssohn and Mme Truth", in Lukas Muehlethaler (Hg.), *„Höre die Wahrheit, wer sie auch spricht." Stationen des Werks von Moses Maimonides vom islamischen Spanien bis ins moderne Berlin*, Göttingen: Vandenhoeck & Ruprecht 2014, 70–76.

Melamed, Yitzhak Y., „Salomon Maimon and the Rise of Spinozism in German Idealism", *Journal of the History of Philosophy* 42,1 (2004): 67–96.

Melamed, Yitzhak Y., „Salomon Maimon et l'échec de la philosophie juive moderne", *Révue Germanique Internationale* 9 (2009): 174–187.

Melamed, Yitzhak Y., *The Young Spinoza. A Metaphysician in the Making*, New York: Oxford University Press 2015.

Melamed, Yitzhak Y. / Socher, Abraham (Hg.), *The Autobiography of Solomon Maimon*, Princeton / Oxford: Princeton University Press 2018.

Mendes-Flohr, Paul, Art. „Moses Mendelssohn", in Andreas Kilcher / Ottfried Fraisse (Hg.), *Metzler Lexikon Jüdischer Philosophen*, Stuttgart / Weimar: Metzler 2003, 187–191.

Meroz, Ronit, „An Anonymous Commentary on the Idra Rabba by a Member of the Sarug School. Or: What is the Relationship between Sarug and his Colleagues, and Ergas, Spinoza and Others?", *Jerusalem Studies in Jewish Thought* 12 (1997): 307–378 (Hebräisch).

Meroz, Ronit, „Contrasting Opinions among the Founders of R. Israel Sarug's School", in Paul Fenton / Roland Goetschel (Hg.), *Expérience et écriture mystiques dans les religions du livre*, Leiden: Brill 2000, 191–202.

Meroz, Ronit, „Early Lurianic Writings", in Michal Oron / Amos Goldreich (Hg.), *Massu'ot. Studies in Kabbalistic Literature and Jewish Philosophy in Memory of Ephraim Gottlieb*, Jerusalem: Bialik 1994, 311–338 (Hebräisch).

Meroz, Ronit, „The School of Saruq: New History", *Shalem* 7 (2002): 151–193 (Hebräisch).

Meyer Michael M. (Hg.), *German Jewish History in Modern Times. Vol. 2: Emancipation and Acculturation 1780–1871*, New York: Columbia University Press 1997.

Meyer Michael M., „Jüdisches Selbstverständnis", in ders. / Michael Brenner / Stefi Jersch-Wenzel (Hg.), *Deutsch-jüdische Geschichte der Neuzeit. Bd. 2: 1780–1871*, München: Beck 2000, 135–176.

Miron, Dan, *Ben Ḥazon le-Emet* [Between Vision and Truth], Jerusalem: Bialik 1979.

Miron, Ronny, *The Angel of Jewish History. The Image of the Jewish Past in the Twentieth Century*, Boston: Academic Study Press 2014.

Molnár, Monika, „Der Friede von Karlowitz und das Osmanische Reich", in Arno Strohmeyer / Norbert Spannenberger (Hg.), *Frieden und Konfliktmanagement in interkulturellen*

Räumen. Das Osmanische Reich und die Habsburgermonarchie in der Frühen Neuzeit, Stuttgart: Steiner 2013, 197 – 220.

Momigliano, Arnaldo, *Essays on Ancient and Modern Judaism*, hg. v. Silvia Berti, Chicago / London: Chicago University Press 1994.

Mondshain, Yehoshua, *Shivḥe ha-Ba'al Shem Ṭov: A Facsimile of a Unique Manuscript, Variant Versions and Appendices*, Jerusalem: Mondshain 1982 (Hebräisch).

Mopsik, Charles, *Les grands textes de la cabale. Les rites qui font Dieu*, Lagrasse: Verdier 1993.

Morgenstern, Matthias, *Nidda. Die Menstruierende* (Übersetzung des Talmud Yerushalmi Bd. VI/1), Tübingen: Mohr Siebeck 2006.

Morlok, Elke, „Blurred Lines. Methodology and Kabbalistic Ideas Within the Berlin *Haskalah*", *Kabbalah. Journal for the Study of Jewish Mystical Texts* 40 (2018): 33 – 59.

Morlok, Elke, „‚Der Duft, der die Welt erhält' – Bemerkungen zum Symbol der Rose im *Buch des Glanzes (Sefer ha-Zohar)*", *Frankfurter Judaistische Beiträge* 42 (2019/20): 47 – 71.

Morlok, Elke, „Erotische Anziehung und doppelte Konstruktion der Schechina in der kabbalistischen Literatur", in Bernd Janowski / Enno Popkes (Hg.), *Das Geheimnis der Gegenwart Gottes*, Tübingen: Mohr Siebeck 2014, 139 – 156.

Morlok, Elke, „Innovation via Combination? The Harmonious Synthesis of Mechanical and Non-Mechanical Concepts in Isaac Satanow's *Imre Binah* (1783)", in Cristina Ciucu (Hg.), *The Role of Jewish Mysticism in Early Modern Philosophy and Science: Kabbalah, „Atheism" and Non-Mechanical Philosophies of Nature in the 17th – 18th Centuries* (Editionsprozess).

Morlok, Elke, „Integrative Hermeneutics via Language and Ritual in Medieval Jewish Mysticism", in Bruno De Nicola / Yonatan Mendel / Husain Qutbuddin (Hg.), *Reflections on Knowledge and Language in Middle Eastern Societies*, Cambridge: Cambridge Scholars 2010, 90 – 110.

Morlok, Elke, „Isaac Satanow (1732 – 1804) on Moral and Intellectual Perfection", *European Journal of Jewish Studies* 14,2 (2020): 300 – 333.

Morlok, Elke, *Rabbi Joseph Gikatilla's Hermeneutics*, Tübingen: Mohr Siebeck 2011.

Morlok, Elke, „Text als Textur bei Joseph Gikatilla und in der *Kabbala Denudata*. Die Rekonstruktion der Struktur der Gottesnamen aus *Sha'arei Orah* in der Lexikographie der *Kabbala Denudata*", *Morgen-Glantz* 16 (2006): 161 – 179.

Morlok, Elke, „Zwischen Ekstase und Gottesfurcht – Wein in der Kabbala und im Chassidismus", in Andreas Lehnardt (Hg.), *Wein und Judentum*, Berlin: Neofelis 2014, 123 – 142.

Morlok, Elke / Musall, Frederek, Art. „Incarnation", in *Encyclopedia of the Bible and its Reception*, Bd. 12, hg. v. Dale C. Allison / Christine Helmer / Choon-Leong Seow / Hermann Spieckermann / Barry D. Walfish / Eric Ziolkowski, Berlin / Boston: De Gruyter 2016, Sp. 1059 – 1063.

Morrisson, Mark, „The Periodical Culture of the Occult Revival: Esoteric Wisdom, Modernity and Counter-Public Spheres", *Journal of Modern Literature* 31,2 (2007): 1 – 23.

Moseley, Marcus, *Being for Myself Alone: Origins of Jewish Autobiography*, Stanford: Stanford University Press 2006.

Motschmann, Uta (Hg.), *Handbuch der Berliner Vereine und Gesellschaften 1786 – 1815*, Berlin / München / Boston: De Gruyter 2015.

Motschmann, Uta (Hg.), *Handbuch der Berliner Vereine und Gesellschaften 1786 – 1815. Supplement*, Berlin / Boston: De Gruyter 2016.

Mottolese, Maurizio, *Analogy in Midrash and Kabbalah. Interpretive Projections on the Sanctuary and Ritual*, Los Angeles: Cherub Press 2007.
Müller, Matthias, „Camera obscura“, in Peter Heering / Michael Markert / Heiko Weber (Hg.), *Experimentelle Wissenschaftsgeschichte didaktisch nutzbar machen. Ideen, Überlegungen und Fallstudien*, Flensburg: Flensburg University Press 2012, 67–92.
Müller, Olaf L., *Mehr Licht. Goethe mit Newton im Streit um die Farben*, Frankfurt a. M.: Fischer 2015.
Mulsow, Martin, *Kriminelle – Freidenker – Alchemisten: Räume des Untergrunds in der Frühen Neuzeit*, Köln: Böhlau 2014.
Mulsow, Martin, *Prekäres Wissen. Eine andere Ideengeschichte der Frühen Neuzeit*, Berlin: Suhrkamp 2012.
Myers, David N., „Recalling *Zakhor:* A Quarter-Century's Perspective“, *Jewish Quarterly Review* 97,4 (2007): 487–490.
Myers, David N., *Resisting History. Historicism and Its Discontents in German-Jewish Thought*, Princeton: Princeton University Press 2003.
Myers, David N., „The Scholem-Kurzweil Debate and Modern Jewish Historiography“, *Modern Judaism* 6,3 (1986): 261–286.
Myers, Jody, *Kabbalah and the Spiritual Request. The Kabbalah Centre in America*, Westport, Conn.: Praeger 2007.
Nadler, Allan, „The ‚Rambam Revival‘ in Early Modern Jewish Thought: Maskilim, Mitnagdim, and Hasidim on Maimonides' ‚Guide of the Perplexed‘“, in Jay M. Harris (Hg.), *Maimonides after 800 Years. Essays on Maimonides and His Influence*, Cambridge, Mass.: Harvard University Press 2007, 231–256.
Naimark-Goldberg, Natalie, *Jewish Women in Enlightenment Berlin*, Oxford / Portland, Oregon: Littman Library 2013.
Necker, Gerold, „Circle, Point and Line: A Lurianic Myth in the *Puerta del Cielo*“, in Rachel Elior / Peter Schäfer (Hg.), *Creation and Re-Creation in Jewish Thought. Festschrift for Professor Joseph Dan, in Honor of his 70th Birthday*, Tübingen: Mohr Siebeck 2005, 193–207.
Necker, Gerold, *Einführung in die lurianische Kabbala*, Frankfurt a. M. / Leipzig: Verlag der Weltreligionen 2008.
Necker, Gerold, „‚Die ganze Seele des Hauses Jakob‘ – Universalismus und Exklusivität kabbalistischer Seelenwanderungslehren in der Frühen Neuzeit“, *Morgen-Glantz* 24 (2014): 15–28.
Necker, Gerold, „Hans Blumenberg's Metaphorology and the Historical Perspective of Jewish Mysticism“, *Jewish Studies Quarterly* 22,2 (2015): 184–203.
Necker, Gerold, *Humanistische Kabbala im Barock. Leben und Werk des Abraham Cohen de Herrera*, Berlin / Boston: De Gruyter 2011.
Necker, Gerold, „Lebenswelten kabbalistischer Terminologie: *Tiqqun* in der Frühen Neuzeit“, *Trumah* 24 (2018): 119–138.
Necker, Gerold, „‚Out of Himself, to Himself‘: The Kabbalah of Jacob Böhme“ in Bo Andersson u. a. (Hg.), *Jacob Böhme and His World*, Leiden: Brill 2018, 197–220.
Necker, Gerold, „Scholem, Gerhard“, in Thomas Bedorf / Andreas Gelhard (Hg.), *Die deutsche Philosophie im 20. Jahrhundert*, Darmstadt: Wissenschaftliche Buchgesellschaft 2013, 259–262.
Necker, Gerold, *Sohar. Schriften aus dem Buch des Glanzes*, Berlin: Verlag der Weltreligionen 2012.

Necker, Gerold / Morlok, Elke / Morgenstern, Matthias (Hg.), *Gershom Scholem in Deutschland. Zwischen Seelenverwandtschaft und Sprachlosigkeit*, Tübingen: Mohr Siebeck 2014.

Necker, Gerold / Zeller, Rosemarie, „Die Präexistenz der Seelen. Eine interreligiöse Debatte im 17. Jahrhundert", *Morgen-Glantz* 24 (2014): 9–14.

Neher, André, *Jewish Thought and the Scientific Revolution: David Gans (1541–1613) and his Times*, Oxford / New York: Oxford University Press 1986.

Neufeld, Siegbert, „Subskribentenlisten als Geschichtsquellen", *Zeitschrift für die Geschichte der Juden in Deutschland* 4,4 (1936): 244–245.

Newman, Eugene, *Life and Teachings of Isaiah Horowitz*, London: E. Newman 1972.

Nieć, Julian, „Czartoryski Józef Klemens (1740–1810)", in *Polski Słownik Biograficzny*, Bd. IV,1, Kraków: Skład główny w księg, Gebethnera i Wolffa 1937, 279–281.

Nieć, Julian, „Z dziejów Koreckije manufaktury ceramicznej", *Biuletyn historii sztuki / Państwowy Instytut Sztuki; Stowarzyszenie Historyków Sztuki* 13,4 (1951): 168–175.

Nietzsche, Friedrich, *„Vom Nutzen und Nachteil der Historie für das Leben"*, hg. v. Dieter Borchmeyer, Frankfurt a. M.: Suhrkamp 1996.

Niggl, Günter, *Geschichte der deutschen Autobiographie im 18. Jahrhundert. Theoretische Grundlegung und literarische Entfaltung*, Stuttgart: Metzler 1977.

Nowak, David, „Self-Contraction of the Godhead in Kabbalistic Theology", in Lenn E. Goodman (Hg.), *Neoplatonism and Jewish Thought*, Albany: State University of New York Press 1993, 299–318.

Oberhänsli-Widmer, Gabrielle, „Schafft Gott das Böse? Schöpfung und Sündenfall biblisch, talmudisch und kabbalistisch gelesen", *Judaica. Beiträge zum Verstehen des Judentums* 59,2 (2003): 129–143.

Ogren, Brian, *Renaissance and Rebirth. Reincarnation in Early Modern Italian Kabbalah*, Leiden / Boston: Brill 2009.

Orent, Joel, „The Transcendent Person", *Judaism* 9 (1960): 235–252.

Oron, Michal, „Mysticism and Magic in Eighteenth-Century London: Samuel Falk, the ‚London Ba'al Shem'", in Reuven Zur / Tova Rosen (Hg.), *Sefer Yisra'el Lewin*, Bd. 2, Tel Aviv: Tel Aviv University Press 1995, 7–20 (Hebräisch).

Oron, Michal, *Samuel Falk. The Baal Shem of London*, Jerusalem: Bialik 2002 (Hebräisch).

Pagis, Dan, *Ḥiddush u-Masoret be-Shirat ha-Ḥol ha-'Ivrit: Sefarad we-Iṭalya* [Innovation and Tradition in Secular Hebrew Poetry: Spain and Italy], Jerusalem: Keter 1976.

Pasi, Marco, „Oriental Kabbalah and the Parting of the East and West in the Early Theosophical Society", in Boaz Huss / ders. / Kocku von Stuckrad (Hg.), *Kabbalah and Modernity. Interpretations, Transformations, Adaptations*, Leiden / Boston: Brill 2010, 151–166.

Patterson, David, *Abraham Mapu. The Creator of the Modern Hebrew Novel*, London: East & West Library 1964.

Pelger, Gregor, „Zwischen jüdischen und anderen Enzyklopädien: Leopold Zunz und das universelle Projekt der Wissenschaft des Judentums", *Jahrbuch des Simon-Dubnow-Instituts* 9 (2010): 457–503.

Pelli, Moshe, *The Age of Haskalah. Studies in Hebrew Literature of the Enlightenment in Germany*, Leiden: Brill 1979.

Pelli, Moshe, „Aspects of Hebrew Enlightenment Satire. Saul Berlin: Involvement and Detachment", *Leo Baeck Institute Year Book* 22,1 (1977): 93–107.

Pelli, Moshe, „The Attitude toward Ḥazal in the Writings of Isaac Satanow", *Biṣaron. Quarterly Review of Hebrew Letters* 4 (1983/4): 72–80 (Hebräisch).

Pelli, Moshe, *Bikkurei Ha-'Ittim. The ‚First Fruits' of Haskala*, Jerusalem: Magnes 2005 (Hebräisch).

Pelli, Moshe, *The Gate to Haskalah. An Annotated Index to Hame'asef, the First Hebrew Journal*, Jerusalem: Magnes 2000 (Hebräisch).

Pelli, Moshe, „Ha-g'enre shel pulmus ha-dati be-sifrut ha-haskala ha-'ivrit: 250 shana le-huladeto shel Yiṣḥaq Saṭnov [Das Genre der religiösen Polemik innerhalb der hebräischen Haskala-Literatur: 250jähriger Geburtstag von Isaak Satanow]", *Ha-Do'ar* 61,12 (1982): 188–189; 61,13 (1982): 204–205; 61,14 (1982): 218–219.

Pelli, Moshe, *Haskalah and Beyond. The Reception of the Hebrew Enlightenment and the Emergence of Haskalah Judaism*, Lanham: University Press of America 2010.

Pelli, Moshe, „Imitations of Religious Reform in the German Hebrew Haskalah Literature", *Jewish Social Studies* 32,1 (1970): 3–13.

Pelli, Moshe, „The Impact of Deism on the Hebrew Literature of the Enlightenment in Germany", *Eighteenth Century Studies* 6,1 (1972): 35–59.

Pelli, Moshe, „Isaac Satanow: Metamorphosis of Judaic Values – *Mishlei Asaf* as Reflecting Haskalah Ideology", in ders., *The Age of Haskalah*, Leiden: Brill 1979, 151–170.

Pelli, Moshe, „Isaac Satanow's ‚Mishlei Assaf' as Reflecting the Ideology of the German Hebrew Haskalah", *Zeitschrift für Religions- und Geisteswissenschaft* 25 (1973): 225–242.

Pelli, Moshe, *The Journals of the Haskalah 1820 to 1845*, Jerusalem: Magnes 2013 (Hebräisch).

Pelli, Moshe, *The Journals of the Haskalah in Mid-Nineteenth Century. HeHalutz (1852–1889); Bikurim (1864–1865)*, Jerusalem: Magnes 2015 (Hebräisch).

Pelli, Moshe, *Kerem Ḥemed: ‚Ḥochmat Israel' as the ‚New Yavneh'*, Jerusalem: Magnes 2009 (Hebräisch).

Pelli, Moshe, *Kochvei Yitzhak, the Journal of the Haskalah in the Austro-Hungarian Empire (1845–1873)*, Jerusalem: Magnes 2016 (Hebräisch).

Pelli, Moshe, „Le-berur she'elot bibliografiyyot bi-yeṣirato shel Yiṣḥaq Saṭnov [Zur Klärung bibliographischer Fragen des Werkes Isaak Satanows]", *Qiryat Sefer* 49 (1973/4): 436–439.

Pelli, Moshe, „Le-re'shit yeṣirato shel Yitṣḥaq Saṭnov: hashlama ven yahadut we-haskala [Zum Beginn des Schaffens Isaak Satanows: Eine Harmonisierung zwischen Judentum und Haskala]", *Ha-Do'ar* 57,21 (1979), 336–337; 57,22 (1979): 350.

Pelli, Moshe, „Literature of Haskalah in the Late 18th Century", *Zeitschrift für Religions- und Geistesgeschichte* 52,4 (2000): 343–347 (ausführliche hebräische Fassung in Moshe Pelli, *Sugot we-Sugiyot be-Sifrut ha-Haskala ha-'Ivrit: ha-G'enre ha-Maskili we-avizareyhu* [Kinds of Genre in Haskalah Literature: Types and Topics], Bene Beraq: ha-Ḳibbuṣ ha-Me'uḥad 1999, 116–137.

Pelli, Moshe, *Moshe Mendelssohn: Be-Khavle Masoret* [Moses Mendelssohn: In Traditionsbanden], Tel Aviv: Aleph 1972.

Pelli, Moshe, „On the Role of ‚Melitzah' in the Literature of the Hebrew Enlightenment", in Lewis Glinert (Hg.), *Hebrew in Ashkenaz. A Language in Exile*, New York: Oxford University Press 1993, 99–110.

Pelli, Moshe, „Religious Disputation in Hebrew Haskalah Literature (Isaac Satanow's ‚Divrei Rivot')", *Proceedings of the World Congress of Jewish Literature. Vol. 9. Division C: Jewish*

Thought and Literature, Jerusalem: World Union of Jewish Studies 1985, 193–198 (Hebräisch).

Pelli, Moshe, „Saul Berlin's Ktav Yosher. The Beginning of Satire in Modern Hebrew Literature of the Haskalah in Germany", *Leo Baeck Institute Year Book* 20,1 (1975): 109–127.

Pelli, Moshe, *Sugot we-Sugiyot be-Sifrut ha-Haskala ha-'Ivrit: ha-G'enre ha-Maskili we-Avizareyhu* [Kinds of Genre in Haskalah Literature: Types and Topics], Bene Beraq: ha-Ḳibbuṣ ha-Me'uḥad 1999.

Pelli, Moshe, „Utopia as a Genre in Haskalah Literature: Isaac Satanow's ‚Divre Rivot'", *Proceedings of the World Congress of Jewish Studies. Vol. 10, Division C: Jewish Thought and Literature*, Jerusalem: World Union of Jewish Studies 1989, 73–80 (Hebräisch).

Pelli, Moshe, „When did *Haskalah* begin? Establishing the Beginning of *Haskalah* Literature and the Definition of ‚Modernism'", *Leo Baeck Institute Yearbook* 44,1 (1999): 55–96.

Pelli, Moshe, „Yiṣḥaq Saṭnov, ha-mahadir shel ‚megillot genuzot' she-ḥibbaran be-'aṣmo [Isaak Satanow, der Herausgeber verborgener Schriftrollen, die er selbst verfasste]", *Biṣaron. Quarterly Review of Hebrew Letters* 1 (1980): 73–78.

Pelli, Moshe, *Yiṣḥaq Saṭnov. Ha-Min ha-Ma'amin be-Sifrut ha-Haskala ha-'Ivrit be-Germanya* [Isaak Satanow. Der gläubige Häretiker innerhalb der hebräischen Haskala-Literatur in Deutschland], Be'er Sheva: Ben-Gurion University of the Negev Press 1973.

Pelli, Moshe, „Yiṣḥaq Saṭnov we-she'elat ha-ziyyuf ba-sifrut [Isaak Satanow und die Frage literarischer Fälschung]", *Qiryat Sefer* 54 (1979): 817–824.

Petrovsky-Shtern, Yochanan, *The Golden Age Shtetl. A New History of Jewish Life in East Europe*, Princeton: Princeton University Press 2015.

Pick, Hermann, „Jüdische Druckstätten", *Neue jüdische Monatshefte* 2–4 (1919/20): 36–39.

Piekarz, Mendel, *The Beginning of Hasidism. Ideological Trends in Derush and Musar Literature*, Jerusalem: Bialik 1978 (Hebräisch).

Piekarz, Mendel, *Between Ideology and Reality. Humility, Ayin, Self-Negation and Devekut in the Hasidic Thought*, Jerusalem: Bialik 1994 (Hebräisch).

Piekarz, Mendel, *Ideological Trends of Hasidism in Poland during the Interwar Period and the Holocaust*, Jerusalem: Bialik 1990 (Hebräisch).

Piekarz, Mendel, *Studies in Bratslav Hasidism*, Jerusalem: Bialik 1972 (Hebräisch).

Pilacrczyk, Kristof, „Hebrew Printing Houses in Poland against the Background of Their History in the World", *Studia Judaica* 7 (2004): 201–221.

Pines, Shlomo, „On the Term *Ruḥaniyyot* and Its Sources and the Doctrine of Yehudah ha-Levi", *Tarbiz* 57,4 (1988): 511–530 (Hebräisch).

Polonsky, Antony, *The Jews in Poland and Russia. Vol. 1: 1350 to 1881*, Oxford / Portland, Oregon: Littman Library 2010.

Polonsky, Antony u. a. (Hg.), *The Jews in Old Poland, 1000–1795*, New York: Tauris 1993.

Raffeld, Meir, „Pilpul, ṣensura we-haskala: Le-qoroteha shel parshanut aḥat le-sugiyat tanuro shel 'Akhnay [Pilpul, Zensur und Haskala: Zu den Quellen einer Interpretation des Abschnitts ‚Der Ofen des Achnai']", *Jerusalem Studies in Hebrew Literature* 18 (2001): 7–18.

Rahe, Thomas, „Leopold Zunz und die Wissenschaft des Judentums", *Judaica. Beiträge zum Verstehen des Judentums* 42,3 (1986): 188–199.

Rakover, Nahum, *Zehut ha-Yoṣerim ba-Meqorot ha-Yehudiyyim* [Identität der Verfasser in jüdischen Quellen], Jerusalem: Moreshet ha-mishpaṭ be-Yisra'el 1991.

Rapoport-Albert, Ada, „God and the Zaddik as the Two Focal Points of Hasidic Worship“, *History of Religions* 18,4 (1979): 296 – 325.
Rapoport-Albert, Ada, „The Hasidic Movement after 1772. Structural Continuity and Change“, *Zion* 55,2 (1990): 183 – 245 (Hebräisch).
Rapoport-Albert, Ada (Hg.), *Hasidism Reappraised*, Oxford / Portland, Oregon: Littman Library 1996.
Rapoport-Albert, Ada, *Women and the Messianic Heresy of Sabbatai Zevi 1666 – 1816*, Oxford / Portland, Oregon: Littmann Library 2011.
Rapoport-Albert, Ada / Assaf, David (Hg.), *Let the Old Make Way for the New. Studies in the Social and Cultural History of Eastern European Jewry Presented to Immanuel Etkes*, Jerusalem: Zalman Shazar 2009 (Hebräisch).
Rawidowicz, Simon, *The Writings of Nachman Krochmal. Edited with an Introduction by S. Rawidowicz*, 2. erw. Auflage, London: Ararat 1961 (Hebräisch).
Reiner, Elchanan, „The Ashkenazi Elite at the Beginning of the Modern Era: Manuscript versus Printed Book“, *Polin* 10 (1997): 85 – 98.
Reiner, Elchanan, „The Attitude of Ashkenazi Society to the New Science in the Sixteenth Century“, *Science in Context* 10,4 (1997): 589 – 603.
Reiner, Elchanan, *Pilgrimage and Pilgrims to Eretz-Yisrael 1099 – 1517*, PhD Dissertation Hebrew University Jerusalem 1988 (Hebräisch).
Reiner, Elchanan, „Wealth, Social Position and the Study of Torah: The Status of the *Kloyz* in Eastern European Jewish Society in the Early Modern Period“, *Zion* 58,3 (1993): 287 – 328 (Hebräisch).
Renneberg, Monika, „Farbige Schatten – oder wie die subjektiven Farben in die Welt der Physiker kamen und was sie dort anrichteten“, in Gabriele Dürbeck u. a. (Hg.), *Wahrnehmung der Natur, Natur der Wahrnehmung: Studien zur Geschichte der visuellen Kultur um 1800*, Dresden: Verlag der Kunst 2001, 237 – 251.
Rezler-Bersohn, Nehama, „An 18th Century Expression of Jewish Nationalism: The Case of Isaac Satanow“, *Proceedings of the Eighth World Congress of Jewish Studies. Vol. 8, Division C*, Jerusalem: World Union of Jewish Studies 1981, 111 – 116.
Rezler-Bersohn, Nehama, „Isaac Satanow. An Epitome of an Era“, *Leo Baeck Institute Year Book* 25,1 (1980): 81 – 99.
Rezler-Bersohn, Nehama, *Isaac Satanow, the Man and His Work: A Study in the Berlin Haskalah*, PhD Thesis Columbia University 1976.
Richarz, Monika (Hg.), *Die Hamburger Kauffrau Glikl: Jüdische Existenz in der Frühen Neuzeit*, Hamburg: Christians Verlag 2001.
Riedl, Peter Philipp, *Öffentliche Rede in der Zeitenwende. Deutsche Literatur und Geschichte 1800*, Tübingen: Niemeyer 1997.
Ries, Rotraud / Battenberg, Friedrich J. (Hg.), *Hofjuden – Ökonomie und Interkulturalität: Die jüdische Wirtschaftselite im 18. Jahrhundert*, Hamburg: Christians Verlag 2002.
Rigo, Caterina, Art. „Jakob ben Abba Mari ben Shimshon Anatoli“, in Andreas Kilcher / Ottfried Fraisse (Hg.), *Metzler Lexikon Jüdischer Philosophen*, Stuttgart / Weimar: Metzler 2003, 57 – 60.
Ringelblum, Emanuel, „Johann Anton Krieger, der Neuhofer Drucker von hebräischen Sefarim. Seine Tätigkeit in den Jahren 1781 – 1795“, *Yivo-Bletter* 7 (1934): 88 – 109 (Jiddisch) (verkürzte engl. Fassung „Johann Anton Krieger, Printer of Jewish Books in Nowy Dwór“, *Polin* 12 [1999]: 198 – 211).

Rivkind, Isaac, „'Al defuse Qoreş [Über die Drucke von Koretz]", *Qiryat Sefer* 4 (1927/28): 58 – 65.
Rivkind, Isaac, „Le-toledot ha-defus ha-'ivri ve-Folin [Zur Geschichte des hebräischen Buchdrucks in Polen]", *Qiryat Sefer* 11 (1934/35): 95 – 116, 384 – 395.
Robinson, James, „The Ibn-Tibbon Family: A Dynasty of Translators in Medieval Provence", in Jay Harris (Hg.), *Be'erot Yitzhak: Studies in Memory of Isadore Twersky*, Cambridge, Mass.: Harvard University Press 2005, 193 – 224.
Römer, Nils, „Sprachverhältnisse und Leseverhalten der Juden in Deutschland (1770 – 1830)", in Ingrid Lohmann / Wolfram Weiße (Hg.), *Dialog zwischen den Kulturen. Erziehungshistorische und religionspädagogische Gesichtspunkte interkultureller Bildung*, Münster / New York: Waxmann 1994, 49 – 58.
Roest, Meir, *Catalog der Hebraica und Judaica aus der L. Rosenthal'schen Bibliothek*, 2 Bde., Amsterdam: Clausen 1875.
Roling, Bernd, *Aristotelische Naturphilosophie und christliche Kabbalah im Werk des Paulus Ritius*, Tübingen: Niemeyer 2007.
Roling, Bernd, Physica Sacra. *Wunder, Naturwissenschaft und historischer Schriftsinn zwischen Mittelalter und Früher Neuzeit*, Leiden / Boston: Brill 2013.
Rosin, David, *Perush Rashbam 'al ha-Tora* [Tora-Kommentar des Rabbi Shmuel ben Meir], Bratislava: Schottlaender 1881.
Rosman, Moshe, *Founder of Hasidism. A Quest for the Historical Ba'al Shem Tov*, Berkeley / Los Angeles: University of California Press 1996.
Rosman, Moshe, „Hasidism as a Modern Phenomenon – The Paradox of Modernization without Secularization", *Jahrbuch des Simon-Dubnow-Instituts* 6 (2007): 215 – 224.
Rosman, Moshe, „Hebrew Sources on the Baal Shem Tov: Usability vs. Reliability", *Jewish History* 27,2 – 4 (2013): 153 – 169.
Rosman, Moshe, *How Jewish is Jewish History?*, Oxford / Portland, Oregon: Littman Library 2007.
Rosman, Moshe, „Hybrid with What? The Variable Contexts of Polish Jewish Culture: Their Implications for Jewish Cultural History and Jewish Studies", in Anita Norich / Yaron Z. Eliav (Hg.), *Jewish Literatures and Cultures. Context and Intertext*, Providence: Brown Judaic Studies 2008, 129 – 154.
Rosman, Moshe, *The Lord's Jews. Magnate-Jewish Relations in the Polish-Lithuanian Commonwealth during the 18th Century*, Cambridge, Mass.: Harvard University Press ^{2}1991.
Rotenstreich, Nathan, „The Concept of Quantity in Salomon Maimon's Philosophy", *Iyyun. The Jerusalem Philosophical Quarterly* 1 (1945): 70 – 86 (Hebräisch).
Rotenstreich, Nathan, „The Problem of the ‚Critique of Judgement' and Salmon Maimon's Scepticism", *Tarbiz* 10,2 (1939): 155 – 171 (Hebräisch)
Rotenstreich, Nathan, „The ‚Science of Judaism' and its Transformation", in Moshe Davis (Hg.), *Teaching Jewish Civilization. A Global Approach to Higher Education*, New York / London 1995, 11 – 15.
Roth, Cecil, „The Cabalist and the King", in ders. (Hg.), *Essays and Portraits in Anglo-Jewish History*, Philadelphia: Jewish Publication Society of America 1962, 139 – 164.
Rubashoff, Zalman, „Erstlinge der Entjudung. Einleitung zu den drei Reden von Eduard Gans im Kulturverein", *Der jüdische Wille* 1 (1918/19): 30 – 35.

Ruderman, David, *The Best-Selling Hebrew Book of the Modern Era: The* Book of the Covenant *of Pinḥas Hurwitz and Its Remarkable Legacy*, Seattle / London: University of Washington Press 2015.

Ruderman, David, *Early Modern Jewry: A New Cultural History*, Princeton: Princeton University Press 2010.

Ruderman, David, *Jewish Thought and Scientific Discovery in Early Modern Europe*, Detroit: Wayne State University Press 1995.

Ruderman, David, *Kabbalah, Magic and Science. The Cultural Universe of a Sixteenth-Century Jewish Physician*, Cambridge: Harvard University Press 1988.

Ruderman, David, „Why Periodization Matters – On Early Modern Jewish Culture and Haskalah", *Jahrbuch des Simon-Dubnow-Instituts* 6 (2007): 23 – 32.

Ruderman, David, *The World of a Renaissance Jew. The Life and Thought of Abraham ben Mordecai Farissol*, Cincinnati: Hebrew Union College Press 1981.

Rürup, Reinhard (Hg.), *Jüdische Geschichte in Berlin. Bilder und Dokumente*, Berlin: Hentrich 1995, 27 – 28.

Rumford (Thompson), Benjamin Count, „Nachricht von einigen Versuchen über gefärbte Schatten", in ders., *Kleinere Schriften politischen, ökonomischen und philosophischen Inhalts*, Bd. 4: Physikalische Abhandlungen, Abtheilung 2, Weimar: Verlag des Industrie Comptoirs 1805, 477 – 496.

Runia, David T., *Philo of Alexandria and the Timaeus of Plato*, Leiden: Brill ²1986.

Runia, David T., *Philo of Alexandria. On the Creation of the Cosmos according to Moses*, Leiden / Boston / Köln: Brill 2001

Rychov, Petro, „The Marketplace in Korets Town: From Classicist Creation to Spatial Dissolution", *TEKA. Komisji Architektury, Urbanistyki i Studiów KrajobrazowychOddział Polskiej Akademii Nauk w Lublinie* 1 (2017), 15 – 22.

Sabel, Johannes, *Die Geburt der Literatur aus der Aggada: Formationen eines deutsch-jüdischen Literaturparadigmas*, Tübingen: Mohr Siebeck 2010.

Sachar, Howard M., *The Course of Modern Jewish History*, neue, überarbeitete Auflage, New York: Vintage Books 1990.

Sadowski, Dirk, Art. „Freischule", in Dan Diner (Hg.), *Enzyklopädie jüdischer Geschichte und Kultur*, Bd. 2, Stuttgart / Weimar: Metzler 2012, 385 – 391.

Sadowski, Dirk, Art. „Ha-Me'assef", in Dan Diner (Hg.), *Enzyklopädie jüdischer Geschichte und Kultur*, Bd. 2, Stuttgart / Weimar: Metzler 2013, 532 – 534.

Sadowski, Dirk, *Haskala und Lebenswelt. Herz Homberg und die jüdischen deutschen Schulen in Galizien 1782 – 1806*, Göttingen: Vandenhoeck & Ruprecht 2010.

Sadowski, Dirk, Art. „Orientalische Buchdruckerey", in Dan Diner (Hg.), *Enzyklopädie jüdischer Geschichte und Kultur*, Bd. 4, Stuttgart / Weimar: Metzler 2013, 441 – 444.

Sagiv, Gadi, „Dazzling Blue: Color Symbolism, Kabbalistic Myth, and the Evil Eye in Judaism", *Numen* 64,2 – 3 (2017): 183 – 208.

Sagiv, Gadi, „Deep Blue: Notes on the Jewish Snail Fight", *Contemporary Jewry* 35,3 (2015): 285 – 313.

Sagiv, Gadi, „Ritualization as Religious Renewal in 18th-Century Hasidism", *Zutot* 16,1 (2019): 19 – 29.

Schäfer, Peter, „‚Adversus cabbalam' oder: Heinrich Graetz und die jüdische Mystik", in ders. / Irina Wandrey (Hg.), *Reuchlin und seine Erben. Forscher, Denker, Ideologen und Spinner*, Ostfildern: Thorbecke 2005, 189 – 210.

Schäfer, Peter, „Gershom Scholem Reconsidered: The Aim and Purpose of Early Jewish Mysticism“, in ders., *Hekhalot Studien*, Tübingen: Mohr Siebeck 1988, 277–295.
Schäfer, Peter, „Gershom Scholem und die ‚Wissenschaft des Judentums'“, in ders. / Gary Smith (Hg.), *Gershom Scholem. Zwischen den Disziplinen*, Frankfurt a. M.: Suhrkamp 1995, 122–156.
Schäfer, Peter, „Jewish Mysticism in the Twentieth Century“, in Judit Targarona Borás / Ángel Sáens-Badillos (Hg.), *Jewish Studies at the Turn of the Twentieth Century. Vol. II: Judaism from the Renaissance to Modern Times*, Boston / Leiden: Brill 1999, 3–18.
Schäfer, Peter, „Jewish Studies in Germany Today“, *Jewish Studies Quarterly* 3,2 (1996): 146–161.
Schäfer, Peter, *Studien zur Geschichte und Theologie des rabbinischen Judentums*, Leiden: Brill 1978.
Schäfer, Peter, *Der verborgene und der offenbare Gott*, Tübingen: Mohr Siebeck 1991.
Schäfer, Peter, *Weibliche Gottesbilder in Judentum und Christentum*, Frankfurt a. M.: Verlag der Weltreligionen 2007.
Schäfer, Peter / Smith, Gary (Hg.), *Gershom Scholem. Zwischen den Disziplinen*, Frankfurt a. M.: Suhrkamp 1995.
Schatz, Andrea, *Sprache in der Zerstreuung. Die Säkularisierung des Hebräischen im 18. Jahrhundert*, Göttingen: Vandenhoeck & Ruprecht 2009.
Schatz-Uffenheimer, Rivka, *Hasidism as Mysticism. Quietistic Elements in Eighteenth-Century Hasidic Thought*, Jerusalem / Princeton: Princeton University Press 1993.
Schatz-Uffenheimer, Rivka, „Ramḥal's Metaphysics in its Ethical Context (a study in „Qelaḥ Pitḥei Ḥokhma“)“, *Jerusalem Studies in Jewish Thought* 9 (1990): 361–396 (Hebräisch).
Scheiger, Brigitte, „Juden in Berlin“, in Stefi Jersch-Wenzel / Barbara John (Hg.), *Von Zuwanderern zu Einheimischen. Hugenotten, Juden, Böhmen, Polen in Berlin*, Berlin: Nicolai 1990, 153–488.
Schenda, Rudolf, *Volk ohne Buch. Studien zur Sozialgeschichte der populären Lesestoffe 1770–1910*, München: dtv 1977.
Schenk, Tobias, *Wegbereiter der Emanzipation? Studien zur Judenpolitik des „Aufgeklärten Absolutismus“ in Preußen (1763–1812)*, Berlin: Duncker & Humblot 2010.
Schlesier, Stephanie, *Bürger zweiter Klasse? Juden auf dem Land in Preußen, Lothringen und Luxemburg*, Köln / Weimar / Wien: Böhlau 2014.
Schmale, Wolfgang / Steer, Martina (Hg.), *Kulturtransfer in der jüdischen Geschichte*, Frankfurt a. M. / New York: Campus 2006.
Schmidt, Christoph, „Der häretische Imperativ. Gershom Scholems Kabbala als politische Theologie?“, *Zeitschrift für Religions- und Geistesgeschichte* 50,1 (1998): 61–83.
Scholem, Gershom, „Die authentischen Schriften von Isaak Luria“, *Qiryat Sefer* 19 (1942/43): 184–199 (Hebräisch).
Scholem, Gershom, *Avraham Cohen Herrera Ba'al Sha'ar ha-Shamayim. Ḥayyaw, Yeṣirato we-Hashpa'ato* [Abraham Cohen Herrera, Autor der Himmelspforte. Sein Leben, Werk und Einfluss], Jerusalem: Bialik 1978.
Scholem, Gershom, Art. „Azriel of Gerona“, *Encyclopaedia Judaica*, Bd. 2, hg. v. Michael Berenbaum / Fred Skolnik, Detroit: Macmillan Reference [2]2007, 771–772.
Scholem, Gershom, *Devarim be-Go. Pirqe Morasha u-Teḥya* [Explications and Implications. Writings on Jewish Heritage and Renaissance, Bd. 1], Tel Aviv: 'Am 'Oved 1976.

Scholem, Gershom, „Did R. Moshe de Leon Compose the *Zohar*“, *Madda'e ha-Yahadut* 1 (1926): 16 – 29 (Hebräisch).
Scholem, Gershom, „Erlösung durch Sünde“, in ders., *Judaica 5. Erlösung durch Sünde* Frankfurt a. M.: Suhrkamp 1992, 7 – 116.
Scholem, Gershom, *„Es gibt ein Geheimnis in der Welt“. Tradition und Säkularisation*, hg. v. Itta Shedletzky, Frankfurt a. M.: Suhrkamp 2002.
Scholem, Gershom, „Farben und ihre Symbolik in der jüdischen Mystik“, in ders., *Judaica 3*, Frankfurt a. M.: Suhrkamp 1973, 98 – 151.
Scholem, Gershom, *Die Geheimnisse der Schöpfung*, Frankfurt a. M.: Suhrkamp 1971.
Gershom, Scholem, *Gershom Scholem. Briefe II (1948 – 1970)*, hg. v. Thomas Sparr, München: Beck 1995.
Scholem, Gershom, „Gut und Böse in der Kabbala“, *Eranos-Jahrbuch* 30 (1961): 29 – 67.
Scholem, Gershom, „Ha-mequbbal R. Avraham b. Eli'ezer ha-Lewi [Der Kabbalist R. Abraham b. Eliezer ha-Levi]“, *Qiryat Sefer* 2 (1945/26): 101 – 144, 269 – 273.
Scholem, Gershom, „Ḥaqirot ḥadashot 'al R. Avraham b. Eli'ezer ha-Lewi [Neue Untersuchungen zu R. Abraham b. Eliezer ha-Levi]“, *Qiryat Sefer* 7 (1930/1): 149 – 165, 440 – 456.
Scholem, Gershom, „Identifizierung und Distanz: Ein Rückblick“, *Eranos-Jahrbuch* 48 (1979): 463 – 467.
Scholem, Gershom, *Judaica 6. Die Wissenschaft vom Judentum*, hg. und übs. v. Peter Schäfer in Zusammenarbeit mit Gerold Necker und Ulrike Hirschfelder, Frankfurt a. M.: Suhrkamp 1997.
Scholem, Gershom, *Die jüdische Mystik in ihren Hauptströmungen*, Frankfurt a. M.: Suhrkamp [3]1988.
Scholem, Gershom, „Kabbalah at the Hebrew University“, *The Reconstructionist* 3 (1937): 8 – 12.
Scholem, Gershom, *The Kabbalah of Sefer ha-Temunah and R. Abraham Abulafia*, hg. v. Joseph Ben-Shlomo, Jerusalem: Akademon 1987 (Hebräisch).
Scholem, Gershom, *Kitve Yad be-Qabbala* [Kabbalistische Handschriften], Jerusalem: Ḥevra le-hoṣa'at sefarim 'al-yad ha-universiṭa ha-'ivrit 1930.
Scholem, Gershom, „Die Krise der Tradition im jüdischen Messianismus“, in ders., *Judaica 3*, Frankfurt a. M.: Suhrkamp 1973, 152 – 197.
Scholem, Gershom, „Die letzten Kabbalisten in Deutschland“, in ders., *Judaica 3*, Frankfurt a. M.: Suhrkamp 1973, 218 – 246.
Scholem, Gershom, „Levush ha-neshamot we-ḥaluqa de-rabbanan [Die Bekleidung der Seelen und das Gewand der Rabbinen]“, *Tarbiz* 24,3 (1955): 290 – 306 (Hebräisch).
Scholem, Gershom, *The Messianic Idea in Judaism*, New York: Schocken 1971.
Scholem, Gershom, „Die Metamorphose des häretischen Messianismus der Sabbatianer in religiösen Nihilismus im 18. Jahrhundert“, in ders., *Judaica 3*, Frankfurt a. M.: Suhrkamp 1973, 198 – 217.
Scholem, Gershom, „Mysticism and Society“, *Diogenes* 15 (1967): 1 – 24.
Scholem, Gershom, „Der Name Gottes und die Sprachtheorie der Kabbala“, in ders., *Judaica 3*, Frankfurt a. M.: Suhrkamp 1973, 7 – 70.
Scholem, Gershom, „Neue Fragmente in den Schriften von R. Azriel aus Gerona“, in *Sefer Zikkaron le-Asher Gulaq we-li-Shemu'el Qlayn* [Studies in Memory of Asher Gulak and

Samuel Klein], hg. v. Institute for Jewish Studies, Hebrew University Jerusalem, Jerusalem: Ḥevra le-hoṣa'at sefarim 'al-yad ha-universiṭa ha-'ivrit 1942, 201–222 (Hebräisch).
Scholem, Gershom, „New Contributions to the Biography of Rabbi Joseph Ashkenazi of Safed", *Tarbiz* 28,1–2 (1959): 59–89, 201–235 (Hebräisch).
Scholem, Gershom, „Der Nihilismus als religiöses Phänomen", *Eranos-Jahrbuch* 43 (1974): 1–50 (ND *Judaica 4*, Frankurt a. M.: Suhrkamp 1984, 129–188).
Scholem, Gershom, *'Od Davar. Pirqe Morasha u-Teḥya* [wörtl. Noch ein Wort; Explications and Implications. Writings on Jewish Heritage and Renaissance, Bd. 2], Tel Aviv: 'Am 'Oved 1992.
Scholem, Gershom, „Offenbarung und Religion als religiöse Kategorien im Judentum", in ders., *Judaica 4*, Frankurt a. M.: Suhrkamp 1984, 189–261 (zuvor in Gershom Scholem, *Über einige Grundbegriffe des Judentums*, Frankfurt a. M.: Suhrkamp 1970, 90–120).
Scholem, Gershom, *Qaryera shel Franqist: Moshe Dobrushqa we-Gilgulaw* [Karriere eines Frankisten: Moshe Dobrushka und seine Nachwirkungen], Jerusalem: [Verlag nicht ermittelbar] 1969/70 (italienische Übersetzung *Le Tre Vite di Moses Dobrushka*, übs. v. Saverio Campanini / Elisabetta Zevi, Mailand: Adelphi 2014).
Scholem, Gershom, *Sabbatai Zwi. Der mystische Messias*, Frankfurt a. M.: Suhrkamp 1992.
Scholem, Gershom, „Schöpfung aus Nichts und Selbstverschränkung Gottes", in ders., *Über einige Grundbegriffe des Judentums*, Frankfurt a. M.: Suhrkamp 1970, 53–89.
Scholem, Gershom, „Die Stellung der Kabbala in der europäischen Geistesgeschichte", in ders., *Judaica 4*, Frankfurt a. M.: Suhrkamp 1984, 7–18.
Scholem, Gershom, „Te'uda ḥadasha le-toledot re'shit ha-qabbala [Ein neues Dokument zur Geschichte des Anfangs der Kabbala]", in Yacob Fichman (Hg.), *Sefer Bialik*, Tel Aviv: Hoṣa'at wa'ad-ha-yovel be-hishtatfut hoṣa'at omanut 1934, 141–162.
Scholem, Gershom, „Two Letters from Palestine, 1760–1764", *Tarbiz* 25,4 (1956): 429–440 (Hebräisch).
Scholem, Gershom, „Überlegungen zur Wissenschaft vom Judentum", in ders., *Judaica 6*, Frankfurt a. M.: Suhrkamp 1997, 7–52.
Scholem, Gershom, *Ursprung und Anfänge der Kabbala*, Berlin / New York: De Gruyter ²2001.
Scholem, Gershom, „Ein verschollener jüdischer Mystiker der Aufklärungszeit: E. J. Hirschfeld", *Leo Baeck Institute Year Book* 7,1 (1962): 247–279.
Scholem, Gershom, *Von Berlin nach Jerusalem. Jugenderinnerungen*, Frankfurt a. M.: Suhrkamp 1997.
Scholem, Gershom, *Von der mystischen Gestalt der Gottheit. Studien zu Grundbegriffen der Kabbala*, Frankfurt a. M.: Suhrkamp ⁴1995.
Scholem, Gershom, „Die Wachtersche Kontroverse über den Spinozismus und ihre Folgen", in Karlfried Günder / Wilhelm Schmidt-Biggemann (Hg.), *Spinoza in der Frühzeit seiner religiösen Wirkung*, Heidelberg: Schneider 1984, 15–25.
Scholem, Gershom, „Wissenschaft vom Judentum einst und jetzt", in ders., *Judaica 1*, Frankfurt a. M.: Suhrkamp 1963, 147–164.
Scholem, Gershom, „Zehn Unhistorische Sätzen über die Kabbala", in ders., *Judaica 3*, Frankfurt a. M.: Suhrkamp 1973, 264–271.
Scholem, Gershom, „Zum Verständnis der messianischen Idee im Judentum", in ders., *Judaica 1*, Frankfurt a. M.: Suhrkamp 1963, 7–74.
Scholem, Gershom, *Zur Kabbala und ihrer Symbolik*, Frankfurt a. M.: Suhrkamp ⁷1992.

Scholz, Heinrich, (Hg.), *Die Hauptschriften zum Pantheismusstreit zwischen Jacobi und Mendelssohn*, Berlin: Reuther & Reichard 1916.
Schreiner, Stefan, „Josef Delmedigos Aufenthalt in Polen-Litauen", in Giuseppe Veltri / Annette Winkelmann (Hg.), *An der Schwelle zur Moderne. Juden in der Renaissance*, Leiden / Boston: Brill 2003, 207–232.
Schütz, Alfred / Luckmann, Thomas, *Strukturen der Lebenswelt*, Konstanz: UVK 2003.
Schulte, Christoph, „Haskala und Kabbala", in ders., *Die jüdische Aufklärung*, München: Beck 2002, 119–137.
Schulte, Christoph, „Integration durch *Haskala?* Ein Paradigma für Minoritäten-Integration heute?", in Kristina-Monika Hinneburg / Grażyna Jurewicz (Hg.), *Das Prinzip Aufklärung zwischen Universalismus und partikularem Anspruch*, München: Fink 2014, 25–36.
Schulte, Christoph, *Die Jüdische Aufklärung*, München: Beck 2002.
Schulte, Christoph, „Kabbala in Salmon Maimons Lebensgeschichte", in Eveline Goodman-Thau / Gerd Mattenklott / ders. (Hg.), *Kabbala und die Literatur der Romantik*, Tübingen: Niemeyer 1999, 33–66.
Schulte, Christoph, „Salomon Maimons Lebensgeschichte: Autobiographie und moderne jüdische Identität", in Karl-Erich Grözinger (Hg.), *Sprache und Identität im Judentum*, Wiesbaden: Harrassowitz 1998, 135–145.
Schulte, Christoph, „Scholems Kritik an der Wissenschaft des Judentums und Abraham Geiger", in Christian Wiese / Walter Homolka / Thomas Brechenmacher (Hg.), *Jüdische Existenz in der Moderne: Abraham Geiger und die Wissenschaft des Judentums*, Berlin / Boston: De Gruyter 2013, 407–423.
Schulte, Christoph, „Was heißt aufklären? Zur Aktualität von Moses Mendelssohns Aufklärungsverständnis", *Mendelssohn-Studien* 16 (2009): 397–412.
Schulte, Christoph, *Zimzum. Gott und Weltursprung*, Berlin: Suhrkamp 2014.
Schulte, Christoph / Goodman-Thau, Eveline / Mattenklott, Gert (Hg.), *Kabbala und Romantik*, Tübingen: Niemeyer 1994.
Schulte, Marion, *Über die bürgerlichen Verhältnisse der Juden in Preußen. Ziele und Motive der Reformzeit (1787–1812)*, Berlin: De Gruyter 2014.
Schutjer, Karin, „Goethe's Kabbalistic Cosmology", *Colloquia Germanica* 39,1 (2006): 21–30.
Schwartz, Dov, „The Educational Development of Humankind in Mendelssohn's Thought – A Link in the Messianic Idea", *Da'at* 22–23 (1989): 109–121 (Hebräisch).
Schwartz, Yossef „*Causa Materialis.* Solomon Maimon, Moses ben Maimon and the Possibility of Philosophical Transmission", in Gideon Freudenthal (Hg.), *Salomon Maimon: Rational Dogmatist, Empirical Sceptic. Critical Assessments*, Dordrecht / Boston: Kluwer 2003, 125–143.
Schwartz, Yossef, „Jewish Orientalism Pre-Modern and Modern: Epochal Variations of Cultural Hybridity?", in Ottfried Fraisse (Hg.), *Modern Jewish Scholarship on Islam in Context: Rationality, European Borders, and the Search for Belonging*, Berlin / Boston: De Gruyter 2018, 31–59.
Sclar, David, „Adaptation and Acceptance: Moses Ḥayim Luzzatto's Sojourn in Amsterdam among Portuguese Jews", *AJS Review* 40,2 (2016): 335–358.
Sclar, David, „Perfecting Community as ‚One Man': Moses Hayim Luzzatto's Pietistic Confraternity in Eighteenth-Century Padua", *Journal of the History of Ideas* 81,1 (2020): 45–66.

Sclar, David, „The Rise of the ‚Ramhal‘: Printing and Traditional Jewish Historiography in the ‚After-Life‘ of Moses Hayyim Luzzatto“, in Gadi Luzzatto Voghera / Mauro Perani (Hg.), *Ramhal: Pensiero ebraico e kabbalah tra Padova ed Eretz Israel*, Padua: Esedra 2010, 139–153.

Seeskin, Kenneth, *Maimonides on the Origin of the World*, Cambridge: Cambridge University Press 2005.

Seeskin, Kenneth, „Maimonides, Spinoza, and the Problem of Creation“, in Heidi M. Ravven / Lenn E. Goodman (Hg.), *Jewish Themes in Spinoza's Philosophy*, Albany: State University of New York Press 2002, 115–130.

Sewell, John Steven, *Lurianic Kabbalah and the Expulsion of 1492: The Scholem-Idel Debate*, MA Thesis Arizona State University 1999.

Shapira, Ḥayyim N., *Toledot ha-Sifrut ha-'Ivrit ha-Ḥadasha* [Geschichte der modernen hebräischen Literatur], Tel Aviv: Massada ²1967.

Shatil, Sharron, „The Doctrine of Secrets of *Emeq ha-Melech*“, *Jewish Studies Quarterly* 17,4 (2010): 358–395.

Shatil, Sharron, „The Kabbalah of Israel Sarug: A Lurianic-Cordoverian Encounter“, *Review of Rabbinic Judaism* 14,2 (2011): 158–187.

Shavit, Uzi, „An Examination of the Term *Haskala* in Hebrew Literature“, *Jerusalem Studies in Hebrew Literature* 12 (1990): 51–83 (Hebräisch).

Shear, Adam, „Jehuda Halevi's *Kuzari* in the Haskalah: The Reinterpretation and Reimagining of a Medieval Work“, in Ross Brann / Adam Sutcliffe (Hg.), *Renewing the Past. Reconfiguring Jewish Culture: From Al-Andalus to the Haskalah*, Philadelphia: University of Pennsylvania Press 2004, 71–92.

Shear, Adam, „Juda Halevi's *Sefer ha-Kuzari* in Early Modern Ashkenaz und the Early Haskalah: A Case Study in the Transmission of Cultural Knowledge“, in Resianne Fontaine u. a. (Hg.), *Sepharad in Ashkenaz. Medieval Knowledge and Eighteenth-Century Enlightened Jewish Discourse*, Amsterdam: Koninklijke Nederlandse Akademie van Wetenschappen 2007, 69–83.

Shear, Adam, *The* Kuzari *and the Shaping of Jewish Identity, 1167–1900*, New York: Cambridge University Press 2008.

Shmeruk, Chone, „The Frankist Novels of Isaac Bashevis Singer“, in *Studies in Contemporary Jewry: Vol. XII: Literary Strategies: Jewish Texts and Contexts*, hg. v. Ezra Mendelsohn, Oxford: Oxford University Press 1996, 116–128.

Sherwin, Byron L., *Mystical Theology and Social Dissent: The Life and Works of Judah Loew of Prague*, London / Toronto: Fairleigh Dickinson University Press 1982.

Shoḥeṭ, Azri'el, *'Im Ḥillufe Tequfot* [Im Wandel der Zeiten], Jerusalem: Bialik 1960.

Shulvass, Moses, *From East to West: The Westward Migration of Jews from Eastern Europe during the Seventeenth and Eighteenth Century*, Detroit: Wayne State University Press 1971.

Sierka, Anna, *Between Tradition and Innovation – Images of the Divine Chariot (Merkavah) in Early Modern Ashkenazi Kabbalah with Particular Focus on Naphtali Bacharach's* Emek ha-Melekh, PhD Thesis Ludwig-Maximilians Universität München 2018.

Siev, Asher, *The Period, Life and Work of Rabbi Moses Isserles*, PhD Thesis Yeshiva University New York 1943.

Silber, Michael K., „From Tolerated Aliens to Citizen-Soldiers: Jewish Military Service in the Era of Joseph II", in Pieter M. Judson / Marsha L. Rozenblit (Hg.), *Constructing Nationalities in East Central Europe*, New York: Berghahn Books 2005, 19–36.
Simon, Ralf, *Das Gedächtnis der Interpretation. Gedächtnistheorie als Fundament für Hermeneutik, Ästhetik und Interpretation bei Johann Gottfried Herder*, Hamburg: Meiner 1998.
Singer, Ludwig, „Neue Beiträge zur Geschichte der Toleranzpatente Josefs II.", *Bnai Brith-Mitteilungen für Österreich* 33 (1933): 186–191, 233–237.
Singer, Ludwig, „Zur Geschichte der Toleranzpatente in den Sudentenländern", *Jahrbuch für die Geschichte der Juden in der Tschechoslowakischen Republik* 5 (1933): 231–311.
Singer, Ludwig, „Zur Geschichte des Toleranzpatentes vom 2.1.1782", *Bnai Brith-Mitteilungen für Österreich* 32 (1932): 1–20.
Sinkoff, Nancy, *Out of the Shtetl. Making Jews Modern in the Polish Borderlands*, Providence: Brown Judaic Studies 2004.
Socher, Abraham, *The Radical Enlightenment of Salomon Maimon. Judaism, Heresy, and Philosophy*, Stanford: Stanford University Press 2006.
Soloveitchik, Joseph, *Halakhic Man*, übs. v. Lawrence Kaplan, Philadelphia: Jewish Publication Society of America 1983.
Sorkin, David, *The Berlin Haskalah and German Religious Thought. Orphans of Knowledge*, London / Portland: Vallentine Mitchell 2000.
Sorkin, David, „The Early Haskala", in Shmuel Feiner / ders. (Hg.), *New Perspectives on the Haskalah*, Oxford / Portland, Oregon: Littman Library 2001, 9–26.
Sorkin, David, *Moses Mendelssohn and the Religious Enlightenment*, Berkeley: University of California Press 1996.
Sorkin, David, *The Religious Enlightenment: Protestants, Jews, and Catholics from London to Vienna*, Princeton: Princeton University Press 2008.
Sperber, Daniel, *Minhage Yisra'el* [Bräuche Israels], 8 Bde., Jerusalem: Mossad ha-Rav Kook 1990–2007 (Hebräisch).
Stein, Leopold, *Die Schrift des Lebens*, Bd. 2, Strassburg: J. Schneider 1877.
Steinsaltz, Adin, *The Thirteen-Petalled Rose*, übs. v. Yehuda Hanegbi, New York: Basic Books 1980.
Steinschneider, Moritz, *Bibliographisches Handbuch über die theoretische und praktische Literatur für hebräische Sprachkunde*, Leipzig: Vogel 1859.
Steinschneider, Moritz, *Catalogus Librorum Hebraeorum in Bibliotheca Bodleiana*, Berlin: Friedländer 1852–1860.
Steinschneider, Moritz, „Copernicus, nach dem Urtheile des David Gans, eines jüdischen Astronomen, der mit Tycho de Brahe in Verbindung stand", *Zeitschrift für Mathematik und Physik* 16 (1871): 252–253.
Steinschneider, Moritz, „Hebräische Drucke in Deutschland (Berlin 1762–1800)", *Zeitschrift für die Geschichte der Juden* 5 (1892): 154–186.
Steinschneider, Moritz, *Polemische und Apologetische Literatur in arabischer Sprache zwischen Muslimen, Christen und Juden*, Leipzig: Brockhaus 1877 (ND New York: Cambridge University Press 2013).
Stemberger, Günter, *Einleitung in Talmud und Midrasch*, München: Beck ^{8}1992.
Stemberger, Günter, *Der Talmud. Einführung, Texte, Erläuterungen*, München: Beck ^{4}2008.

Sterling, Geoffrey, „Creatio Temporalis, aeterna, vel continua? An Analysis of the Theology of Philo of Alexandria", *Studia Philonica Annual* 4 (1992): 15 – 41.
Stern, Selma, *Der preußische Staat und die Juden*, Bd. 1/1, Tübingen: Mohr Siebeck 1962.
Stern, Selma, *Der preußische Staat und die Juden. Dritter Teil / Die Zeit Friedrichs des Großen. 2. Abteilung: Akten*, Tübingen: Mohr Siebeck 1971.
Stillman, Avinoam, *Living Leaves: Printing Kabbalah at Korets, 1778 – 1786*, MA Thesis Ben-Gurion University of the Negev Be'er Sheva 2019.
Stone, Daniel, „Knowledge of Foreign Languages among Eighteenth-Century Polish Jewish", *Polin* 10 (1997): 200 – 218.
Strauss, Ze'ev, *Rabbi Jedidja ha-Alexandri und die Maskilim* (in Vorbereitung bei De Gruyter).
Subtelny, Maria E., „The Tale of the Four Sages who entered the Pardes: A Talmudic Enigma from a Persian Perspective", *Jewish Studies Quarterly* 11,1 – 2 (2004): 3 – 58.
Swartz, Michael D., „Jewish Visionary Tradition in Rabbinic Literature", in Charlotte Elisheva Fonrobert / Martin S. Jaffee (Hg.), *The Cambridge Companion to the Talmud and Rabbinic Literature*, New York: Cambridge University Press 2007, 198 – 221.
Szulc, Michał, *Emanzipation in Stadt und Staat. Die Judenpolitik in Danzig 1807 – 1847*, Göttingen: Wallstein 2016.
Talmage Frank, „Apples of Gold: The Inner Meaning of Sacred Texts in Medieval Judaism", in Arthur Green (Hg.), *Jewish Spirituality: From the Bible to the Middle Ages*, Bd. 1, New York: Crossroad 1987, 313 – 355.
Tamari, Assaf, *Human Sparks. Readings in the Lurianic Theory of Transmigration and its Concept of the Human Subject*, MA Thesis Tel Aviv University 2009 (Hebräisch).
Tamari, Assaf, „Safed's Perspective: Situating Sixteenth Century Safed as Center and Periphery" (in Vorbereitung).
Tamari, Ittai, „Jüdische Drucke aus Konstantinopel. Ein Druckort und seine Bedeutung", in Ulrich Marzolph (Hg.), *Das gedruckte Buch im Vorderen Orient*, Dortmund: Verlag für Orientkunde 2002, 118 – 127.
Tauber, Aryeh, „Defuse Qoreṣ [Koretzer Drucke]", *Qiryat Sefer* 1 (1924/25): 222 – 225; *Qiryat Sefer* 2 (1925/26): 302 – 306; *Qiryat Sefer* 9 (1932/33): 15 – 52.
Tauber, Jacob, *Standpunkt und Leistung des R. David Kimchi als Grammatiker, mit Berücksichtigung seiner Vorgänger und Nachfolger*, Breslau: Selbstverlag 1867.
Taylor, Richard, „Averroes' Philosophical Conception of Separate Intellect and God", in Ahmad Hasnawi (Hg.), *La Lumière de l'intellect: La pensée scientifique et philosophique d'Averroès dans son temps*, Leuven: Peeters 2011, 391 – 404.
Theisohn, Philip, „Zur Rezeption von Naphtali Herz Bacharachs ‚Sefer Emeq ha-Melech' in der ‚Kabbala Denudata'", *Morgen-Glantz* 16 (2006): 221 – 241.
Thomas-Fogiel, Isabelle, „‚Coalition des systémes' et topologie des contradictions: la pratique herméneutique de Salmon Maimon", *Révue Germanique Internationale* 9 (2009): 35 – 51.
Thon, Johannes, „Sprachbewusstsein in nichtklassischen Kontexten. Eine Einleitung aus alttestamentlicher Perspektive", in ders. / Giuseppe Veltri / Ernst-Joachim Waschke (Hg.), *Sprachbewusstsein im Alten Orient, Alten Testament und rabbinischen Judentum*, Halle: Zentrum für Interdisziplinäre Regionalstudien Vorderer Orient, Afrika, Asien der Martin-Luther-Universität Halle-Wittenberg 2012, 1 – 27.
Timerding, Heinrich Emil, „Kant und Euler", *Kant-Studien* 23 (1919): 18 – 64.
Tirosh-Samuelson (Rothschild), Hava, „Continuity and Revision in the Study of Kabbalah", *AJS Review* 16,1 – 2 (1991): 161 – 192.

Tirosh-Samuelson (Rothschild), Hava, „Theology of Nature in Sixteenth-Century Italian Jewish Philosophy“, *Science in Context* 10,4 (1997): 529 – 570.

Tirosh-Samuelson (Rothschild), Hava / Hughes, Aaron (Hg.), *Moshe Idel: Representing God*, Leiden / Boston: Brill 2015.

Tishby, Isaiah, „Darke hafaṣatam shel kitve qabbala le-Ramḥal be-Folin u-ve-Liṭa [Die Verbreitung von Ramḥals Schriften in Polen und Litauen]“, *Qiryat Sefer* 45 (1970): 127 – 154.

Tishby, Isaiah, „‘Iqevot R. Moshe Ḥayyim Luzzaṭṭo be-mishnat ha-ḥasidut [R. Moses Ḥayyim Luzzattos Spuren in der chassidischen Lehre]“, *Zion* 43,3 – 4 (1978): 201 – 234.

Tishby, Isaiah, *Messianic Mysticism. Moses Hayim Luzzatto and the Padua School*, Oxford / Portland, Oregon: Littman Library 2014.

Tishby, Isaiah, *Mishnat ha-Zohar* [Die Lehre des Zohar], 2 Bde., Jerusalem: Mossad Bialik 1969.

Tishby, Isaiah, *Torat ha-Ra‘ we-ha-Qelippa be-Qabbalat ha-Ari* [Die Lehre vom Bösen und der Schale in der lurianischen Kabbala], Jerusalem: Akademon 1964.

Trepp, Leo, „Leopold Zunz – eine Einführung“, *Emuna* 7 (1972): 248 – 254.

Tsamryon, Tsemaḥ, *Moshe Mendelssohn we-ha-Ide’ologya shel ha-Haskala* [Moses Mendelssohn und die Ideologie der Haskala], Tel Aviv: Mif‘alim Universita’iyyim 1985.

Van der Heide, Albert, „Pardes: Methodological Reflections on the Theory of the Four Senses“, *Journal of Jewish Studies* 34,2 (1983): 147 – 159.

Veltri, Giuseppe, „Azaria de Rossis Kritik an Philo von Alexandrien“, in ders. (Hg.), *Gegenwart der Tradition. Studien zur Jüdischen Literatur und Kunstgeschichte*, Leiden: Brill 2002, 282 – 306.

Veltri, Giuseppe, „A Jewish Luther? The Academic Dreams of Leopold Zunz“, *Jewish Studies Quarterly* 7,4 (2000): 338 – 351.

Veltri, Giuseppe, „Jüdische Einstellung zu den Wissenschaften im 16. und 17. Jahrhundert: das Prinzip der praktisch-empirischen Anwendbarkeit“, in Gerd Biegel / Michael Graetz (Hg.), *Judentum zwischen Tradition und Moderne*, Heidelberg: Winter 2002, 149 – 159.

Veltri, Giuseppe, „*Philo* and *Sophia:* Leone Ebreo’s Concept of Jewish Philosophy“, in David B. Ruderman / ders. (Hg.), *Cultural Intermediaries. Jewish Intellectuals in Early Modern Italy*, Philadelphia: University of Pennsylvania Press 2004, 55 – 66.

Vetter, Dieter, „(Mit-)Begründer der Wissenschaft des Judentums“, *Freiburger Rundbrief* 13 (2006): 111 – 122.

Vick, Amiel, *„Through which all of Israel can ascend“: On R. Shneur Zalman of Lyady’s Composition of Nusah Haari*, MA Thesis Hebrew University Jerusalem 2012.

Vilnay, Ze’ev, *Maṣṣevot Qodesh be-Ereṣ Yisra’el* [Heilige Grabsteine im Land Israel], Jerusalem: Mossad ha-Rav Kook 1963.

Vinograd, Yeshayahu, *Oṣar ha-Sefer ha-‘Ivri* [Thesaurus des Hebräischen Buches], 2 Bde., Jerusalem: Institute for Computerized Bibliography 1993.

Vogelstein, Hermann, „Handschriftliches zu Isaak Abraham Euchels Biographie“, in *Beiträge zur Geschichte der deutschen Juden. Festschrift zum 70. Geburtstage Martin Philippsons*, hg. v. Vorstande der Gesellschaft zur Förderung der Wissenschaft des Judentums, Leipzig: Fock 1916, 225 – 231.

Volkov, Shulamit, „Jewish Scientists in Imperial Germany (Parts I and II)“, *Aleph* 1 (2001): 215 – 281.

Volkov, Shulamit, *Die Juden in Deutschland 1780 – 1918*, München: R. Oldenbourg ²2000.

Voß, Rebekka, *Umstrittene Erlöser. Politik, Ideologie und jüdisch-christlicher Messianismus in Deutschland, 1500–1600*, Göttingen: Vandenhoeck & Ruprecht 2011.
Voß, Rebekka / Siluk, Avi, „The 18th Century as a Time of Religious Renewal and Reform", *Zutot* 16,1 (2019): 3–18.
Wagner, Siegfried, *Franz Delitzsch. Leben und Werk*, Gießen: Brunnen 1991.
Wasserstrom, Steven, *Religion after Religion. Gershom Scholem, Mircea Eliade, and Henry Corbin at Eranos*, Princeton: Princeton University Press 1999.
Weber, Max, *Wissenschaft als Beruf 1917/1919. Politik als Beruf 1919. Studienausgabe*, hg. v. Wolfgang J. Mommsen / Wolfgang Schluchter, Tübingen: Mohr Siebeck 1994.
Weidner, Daniel, „Gershom Scholem, die Wissenschaft des Judentums und der ‚Ort' des Historikers", *Aschkenas. Zeitschrift für Geschichte und Kultur der Juden* 11,2 (2001): 435–464.
Weinberg, Joana, *Azariah de' Rossi. The Light of the Eyes*, New Haven: Yale University Press 2001.
Weinberg, Joana, „The Quest for Philo in Sixteenth-Century Jewish Historiography", in Ada Rapoport-Albert / Steven J. Zipperstein (Hg.), *Jewish History. Essays in Honour of Chimen Abramsky*, London: Peter Halban 1988, 163–187.
Weinberg, Magnus, „Die hebräischen Druckereien in Sulzbach. Ihre Geschichte, ihre Drucke, ihr Personal", *Jahrbuch der Jüdischen Literarischen Gesellschaft* 1 (1903): 19–203.
Weinfeld, Moshe, Art. „Brit", in *Theologisches Wörterbuch Altes Testament*, Bd. 1, hg. v. G. Johannes Botterweck / Helmer Ringgren, Stuttgart: Kohlhammer 1973, 781–808.
Weinreich, Max, „Zvey yidishe shpotlider af yidn", in ders., *Filologishe Shriften*, Bd. 3, Wilna: YIVO 1929, 537–554.
Weinryb, Bernard Dov, *The Jews of Poland: A Social and Economic History of the Jewish Community in Poland from 1100–1800*, Philadelphia: Jewish Publication Society of America 1973.
Weintraub, Karl J., *The Value of the Individual: Self and Circumstances in Autobiography*, Chicago / London: University of Chicago Press [2]1982.
Weiss, Joseph, *Studies in East European Jewish Mysticism and Hasidism*, Oxford / Portland, Oregon: Littman Library 1997.
Weiss, Tzahi, *Cutting the Shoots. The Worship of the Shekhinah in the World of Early Kabbalistic Literature*, Jerusalem: Magnes 2015 (Hebräisch).
Weiss, Tzahi, *Letters by Which Heaven and Earth Were Created. The Origins and the Meanings of the Perceptions of Alphabetic Letters as Independent Units in Jewish Sources of Late Antiquity*, Jerusalem: Bialik 2014 (Hebräisch).
Weiss, Tzahi, *Sefer Yeṣirah and Its Contexts. Other Jewish Voices*, Philadelphia: University of Pennsylvania Press 2018.
Weissberg, Liliane, „Erfahrungsseelenkunde als Akkulturation: Philosophie, Wissenschaft und Lebensgeschichte bei Salomon Maimon", in Hans Jürgen Schings (Hg.), *Der ganze Mensch: Anthropologie und Literaturwissenschaft im achtzehnten Jahrhundert*, Stuttgart: Metzler 1994, 298–329.
Weissberg, Liliane, „Kann ein Jude Romantiker sein?", in Alexander von Bormann (Hg.), *Romantische Religiosität*, Würzburg: Königshausen & Neumann 2005, 265–284.
Weissberg, Liliane, „1792–93, Salomon Maimon writes his *Lebensgeschichte* (Autobiography), a Reflection on His Life in the (Polish) East and the (German) West", in Sander Gilman /

Jack Zipes (Hg.), *Yale Companion to Jewish Writing and Thought in German Culture 1096–1996*, New Haven, Conn.: Yale University Press 1998, 108–115.

Werblowsky, R. J. Zwi, *Joseph Karo: Lawyer and Mystic*, London: Oxford University Press 1962.

Werses, Shmuel, „'Al Yiṣḥaq Saṭnov we-ḥibburo *Mishle Asaf* [Über Isaak Satanow und seine Schrift *Mishle Asaf* / Isaac Satanow and His Treatise ‚Mishley Asaph'", *Tarbiz* 32,4 (1962/63): 370–392.

Werses, Shmuel, *Haskala we-Shabbeta'ut. Toledotaw shel Ma'avaq* [Haskala und Sabbatianismus. Die Geschichte einer Kontroverse], Jerusalem: Zalman Shazar 1988.

Werses, Shmuel, *Megamot we-Ṣurot be-Sifrut ha-Haskala* [Trends und Formen der Haskala Literatur] / [Trends and Forms in Haskalah Literature], Jerusalem: Magnes 1990 (Hebräisch).

Werses, Shmuel, „Portrait of the Maskil as a Young Man", in Shmuel Feiner / David Sorkin (Hg.), *New Perspectives on the Haskalah*, Oxford, Portland, Oregon: Littman Library 2001, 128–143.

Werses, Shmuel / Meir, Jonatan (Hg.), *Re'shit Ḥokhmah: An Unknown Anti-Hasidic Manuscript*, Jerusalem: Mandel Institute 2011 (Hebräisch).

Werses, Shmuel / Meir, Jonatan (Hg.), *Words of the Righteous: An Anti-Hasidic Satire by Joseph Perl and Isaac Baer Levinsohn*, Los Angeles / Jerusalem: Cherub Press 2004 (Hebräisch).

Wexler, Philipp, *Mystical Interaction. Sociology, Jewish Mysticism and Education*, Los Angeles: Cherub Press 2007.

Winston, David, „Philo and Maimonides on the Garden of Eden Narrative", in Chaim Cohen (Hg.), *Birkat Shalom*, Bd. II, Winona Lake: Eisenbrauns 2008, 989–1002.

Winston, David, „Philo and the Wisdom of Salomon on Creation, Revelation and Providence. The High-Water Mark of Jewish Hellenistic Fusion", in James Kugel (Hg.), *Shem in the Tents of Japhet*, Leiden: Brill 2002, 109–130.

Wirzubski, Chaim, *Pico della Mirandola's Ecounter with Jewish Mysticism*, Cambridge, Mass.: Harvard University Press 1989.

Wodziński, Marcin, „Good Maskilim and Bad Assimilationists, or Toward a New Historiography of the Haskala in Poland", *Jewish Social Studies* 10,3 (2004): 87–122.

Wodziński, Marcin, *Haskalah and Hasidism in the Kingdom of Poland. A History of Conflict*, Oxford / Portland, Oregon: Littman Library 2005.

Wögerbauer, Michael, „Popularizing Knowledge, Censoring Opinion? The Access to Print in Bohemian Lands (1770–1815)", *Jewish Culture and History* 13,2–3 (2012): 203–219.

Wögerbauer, Michael, „‚Ein unaufhörlicher literairischer Kampf (...) könnte die öffentliche Sicherheit stöhren und die gesellschaftliche Eintracht vermindern.' Zwei Fallstudien zur Zensurpraxis zwischen antijüdischem Diskurs und literarischer Öffentlichkeit um 1800", in Julia Danielczyk u.a (Hg.), *Zurück in die Zukunft. Digitale Medien, historische Buchforschung und andere komparativistische Abenteuer. FS Norbert Bachleitner*, Wiesbaden: Harrassowitz 2016, 37–54.

Wohlfahrt, Irving, „‚Haarscharf an der Grenze zwischen Religion und Nihilismus': Zum Motiv des Zimzum bei Gershom Scholem", in Peter Schäfer / Gary Smith (Hg.), *Gershom Scholem. Zwischen den Disziplinen*, Frankfurt a. M.: Suhrkamp 1995, 176–256.

Wolf, Abraham Alexander, *'Aṭeret Shalom we-Emet. Die Stimmen der ältesten glaubwürdigsten Rabbinen über die Pijutim*, Leipzig: Schnauß 1857.

Wolfson, Elliot R., *Alef, Mem, Tau. Kabbalistic Musings on Time, Truth, and Death*, Berkeley / Los Angeles / London: University of California Press 2006.

Wolfson, Elliot R., *Along the Path. Studies in Kabbalistic Myth, Symbolism, and Hermeneutics*, Albany: State University of New York Press 1995.

Wolfson, Elliot R., „Assaulting the Borders. Kabbalistic Traces in the Margins of Derrida", *Journal of the American Academy of Religion* 70,3 (2002): 475–514.

Wolfson, Elliot R., „Beautiful Maiden without Eyes: Peshat and Derash in Zoharic Hermeneutics", in Michael Fishbane (Hg.), *The Midrashic Imagination. Jewish Exegesis, Thought, and History*, Albany: State University of New York Press 1993, 155–205.

Wolfson, Elliot R., „Beneath the Wings of the Great Eagle: Maimonides and Thirteenth-Century Kabbalah", in Görge Hasselhoff / Ottfried Fraisse (Hg.), *Moses Maimonides (1138–1204) – His Religious, Scientific, and Philosophical* Wirkungsgeschichte *in Different Cultural Contexts*, Würzburg: Ergon 2004, 209–237.

Wolfson, Elliot R., „Beyond the Spoken Word: Oral and Written Transmission in Medieval Jewish Mysticism", in Yaakov Elman / Israel Gershoni (Hg.), *Transmitting Jewish Traditions: Orality, Textuality, and Cultural Diffusion*, New Haven / London: Yale University Press 2000, 166–224.

Wolfson, Elliot R., „By Way of Truth: Aspects of Naḥmanides' Kabbalistic Hermeneutic", *AJS Review* 14,2 (1989): 103–178.

Wolfson, Elliot R., *Circle in the Square. Studies in the Use of Gender in Kabbalistic Symbolism*, Albany: State University of New York Press 1995.

Wolfson, Elliot R., „Circumcision and the Divine Name: A Study in the Transmission of Esoteric Doctrine", *Jewish Quarterly Review* 78,1–2 (1987): 77–112.

Wolfson, Elliot R., „Circumcision, Secrecy and the Veiling of the Veil", in Elizabeth Wyner Mark (Hg.), *The Covenant of Circumcision. New Perspectives on an Ancient Rite*, Hanover: Brandeis University Press 2003, 58–70.

Wolfson, Elliot R., „Coronation of the Sabbath Bride. Kabbalistic Myth and the Ritual of Androgynisation", *Journal of Jewish Thought and Philosophy* 6,2 (1997): 301–343.

Wolfson, Elliot R., „The Cut That Binds. Time, Memory, and the Ascetic Impulse", in Shaul Magid (Hg.), *God's Voice from the Void. Old and New Studies in Bratslav Hasidism*, Albany: State University of New York Press 2002, 103–154.

Wolfson, Elliot R., „Gazing Beneath the Veil: Apocalyptic Envisioning the End", in John T. Pawlikowski / Ḥayyim Goren Perelmuter (Hg.), *Reinterpreting Revelation and Tradition. Jews and Christians in Conversation*, Franklin: Sheed & Ward 2000, 77–103.

Wolfson, Elliot R., „The Holy Cabala of Changes. Jacob Böhme and Jewish Esotericism", *Aries* 18 (2018): 21–53.

Wolfson, Elliot R., „Images of God's Feet: Some Observations on the Divine Body in Judaism", in Howard Eilberg-Schwartz, *People of the Body: Jews and Judaism from an Embodied Perspective*, Albany: State University of New York Press 1992, 143–181.

Wolfson, Elliot R., „The Influence of Luria on the Shelah", *Jerusalem Studies in Jewish Thought* 10 (1992): 423–448 (Hebräisch).

Wolfson, Elliot R., *Language, Eros, Being: Kabbalistic Hermeneutics and Poetic Imagination*, New York: Fordham University Press 2005.

Wolfson, Elliot R., *Rending the Veil: Concealment and Secrecy in the History of Religions*, New York: Seven Bridges Press 1999.

Wolfson, Elliot R., „Retroactive not yet. Linear Circularity and Kabbalistic Temporality", in Brian Ogren (Hg.), *Time and Eternity in Jewish Mysticism. That Which is Before and That Which is After*, Leiden: Brill 2015, 15–50.

Wolfson, Elliot R., „The Secret of the Garment in Naḥmanides“, *Da'at* 24 (1990): xxv–xlix.
Wolfson, Elliot R., *Through a Speculum that Shines. Vision and Imagination in Medieval Jewish Mysticism*, Princeton: Princeton University Press 1994.
Wolfson, Elliot R., „Women – The Feminine as Other in Theosophic Kabbalah. Some Philosophic Observations on the Divine Androgyne“, in Laurence Silberstein / Robert L. Cohn (Hg.), *The Other in Jewish Thought and History: Construction of Jewish Identity and Culture*, New York: New York University Press 1994, 166–204.
Wolfson, Elliot R., „*Yerida laMerkavah:* Typology of Ecstasy and Enthronement in Ancient Jewish Mysticism“, in Robert E. Herrera (Hg.), *Mystics of the Book – Themes, Topics, and Typologies*, New York: Lang 1993, 13–45.
Wolpe, David, „*Hester Panim* in Modern Jewish Thought“, *Modern Judaism* 17,1 (1997): 25–56.
Wolters, Albert M., „Creatio ex Nihilo in Philo“, in Wendy E. Hellerman (Hg.), *Hellenization Revisited*, Lanham: University Press of America 1994, 107–124.
Worhington, Jonathan D., *Creation in Paul and Philo: The Beginning and Before*, Tübingen: Mohr Siebeck 2011.
Wulf, Jan-Hendrik, *Spinoza in der jüdischen Aufklärung. Baruch Spinoza als diskursive Grenzfigur des Jüdischen und Nichtjüdischen in den Texten der Haskala von Moses Mendelssohn bis Salomon Rubin und in frühen zionistischen Zeugnissen*, Berlin: Akademie Verlag 2012.
Ya'ari, Abraham, *Be-Ohale Sefer* [In den Zelten des Buches], Jerusalem: Re'uven Mass 1939.
Ya'ari, Abraham, *Ha-Defus ha-'Ivri be-Arṣot ha-Mizraḥ* [Hebräischer Buchdruck in den Ländern des Ostens], 2 Bde., Jerusalem: Magnes 1936/37.
Ya'ari, Abraham, *Ha-Defus ha-'Ivri be-Qushṭa* [Hebräischer Buchdruck in Konstantinopel], Jerusalem: Magnes 1967.
Ya'ari, Abraham, „Liqquṭim bibliografiyyim 1: Le-toldot ha-defus ha-'ivri be-Nowy Dwor [Bibliographische Nachlese: Zur Geschichte des hebräischen Buchdrucks in Nowy Dwor]“, *Qiryat Sefer* 10 (1933/34): 371–372.
Ya'ari, Abraham, „Toledot ha-hillula bi-Meron [Geschichte der Pilgerfahrt nach Meron]“, *Tarbiz* 31,1 (1962): 72–101.
Yates, Francis, *Giordano Bruno and the Hermetic Tradition*, New York / London: Routledge ^{2}2002.
Yates, Francis, *The Occult Philosophy in the Elizabethan Age*, New York / London: Routledge 2001.
Zac, Sylvain, „Maimon, Spinoza et Kant“, *Benedictus de Spinoza entre lumière et romantisme. Les Cahiers de Fontenary* 36–38 (1985): 65–75.
Zadoff, Mirjam, *Der rote Hiob. Werner Scholem – Kommunist und Jude*, München: Hanser 2014.
Zadoff, Noam, „The Debate between Baruch Kurzweil and Gershom Scholem in the Research of Sabbateanism“, *Kabbalah. Journal for the Study of Jewish Mystical Texts* 16 (2007): 299–360 (Hebräisch).
Zadoff, Noam, „‚Divrei Shalom‘ or ‚Ḥayei Moharash‘: Satiric Manuscripts from the Joseph Weiss Archives“, *Jerusalem Studies in Jewish Thought. Gershom Scholem (1897–1982). In Memoriam*, Bd. 1 (2007): 365–384 (Hebräisch).
Zadoff, Noam (Hg.), *Gershom Scholem and Joseph Weiss. Correspondence 1948–1964*, Jerusalem: Karmel 2012 (Hebräisch).
Zadoff, Noam, *Von Berlin nach Jerusalem und zurück: Gershom Scholem zwischen Israel und Deutschland*, Göttingen: Vandenhoeck & Ruprecht 2020.

Zalkin, Mordechai, „Ha-haskala ha-yehudit be-Folin: Qawim le-diyyun“ [Die jüdische Aufklärung in Polen: Richtlinien], in Israel Bartal / Israel Gutman (Hg.), *Qiyyum we-Shever: Yehude Folin le-Dorotehem* [Existenz und Bruch: Die Generationen der polnischen Juden], Bd. 2, Jerusalem: Zalman Shazar, 391–413.

Zedner, Joseph, *Catalogue of the Hebrew Books in the Library of the British Museum*, London: British Museum 1867.

Zeller, Horst-Joachim, „Moses Mendelssohn – Vernetzung von Bildung, Kultur und Aufklärung 1784“, in Botho Brachmann u. a. (Hg.), *Die Kunst des Vernetzens. Festschrift für Wolfgang Hempel*, Berlin: Verlag für Berlin-Brandenburg 2006, 203–210.

Zinberg, Israel, *A History of Jewish Literature. The Berlin Haskalah*, Bd. 8, New York: Ktav Publishing House 1976.

Zinberg, Israel, *A History of Jewish Literature. Hasidim and Enlightenment (1780–1820)*, Bd. 9, New York: Ktav Publishing House 1976.

Zinberg, Israel, *Toledot Sifrut Yisra'el* [Geschichte der Literatur Israels], Bd. 5, Tel Aviv: Sherbeq ^{2}1959.

Zonta, Mauro, *La filosofia antica nel Medioevo ebraico: La traduzioni ebraiche medievali dei testi filosofici antichi*, Brescia: Paideia 1996.

Zori, David, *Not in den Hands of Heaven. The Limits of Human Action in the Teachings of Early Hassidic Masters*, Jerusalem: Magnes 2016 (Hebräisch).

Zunz, Leopold, *Rites of Synagoge Liturgy*, übs. v. Ze'ev Breuer, hg. v. Avraham Fraenkel, Jerusalem: World Union of Jewish Studies 2016 (Hebräisch).

Zunz, Leopold, *Der Ritus des synagogalen Gottesdienstes*, Berlin: Springer 1859.

Zunz, Leopold, *Zur Geschichte und Literatur*, in ders., *Gesammelte Schriften*, Bd. 1, Berlin: Gerschel 1875.

Zwiep, Irene E., „From Moses to Moses ...? Manifestations of Maimonides in the Early Jewish Enlightenment“, in Görge Hasselhoff / Ottfried Fraisse (Hg.), *Moses Maimonides (1138–1204). His Religious, Scientific, and Philosophical* Wirkungsgeschichte *in Different Cultural Contexts*, Würzburg: Ergon 2004, 323–336.

Zwiep, Irene E., „*From Perush to Be'ur:* Authenticity and Authority in Eighteenth-Century Jewish Interpretation“, in Martin F. J. Baasten / Reinier Munk (Hg.), *Studies in Hebrew Language and Jewish Culture*, Dordrecht: Springer 2007, 257–269.

Zwiep, Irene E. (Hg.), *Mapping Jewish Amsterdam: The Early Modern Perspective. Dedicated to Yosef Kaplan on the Occasion of his Retirement*, Leuven / Paris: Peeters 2012.

Namensregister

Abraham Gershon aus Kutov 164, 166
Abrams, Daniel 18, 34, 39 f., 166, 223, 266, 355, 373 – 382, 394
Abulafia, Abraham 35, 111, 213 f., 231, 288, 294, 304, 307, 321, 342 f., 379, 410
Adler, Nathan 357
Akiva (Rabbi) 171, 174, 223, 382
Al-Farabi, Abu Nasr Muhammad 194, 225
Al-Kindi, Abu Ya'qub ibn Ishaq 194
Alexander von Aphrodisias 192, 242
Anatoli, Jakob 119
Aquin, Thomas von 410
Aristoteles 78 f., 107, 150, 192, 194, 225, 249, 272 f., 290, 295, 312 – 314, 316 f., 333, 346
Aryeh von Modena 208
Asprem, Egil 13, 42 f., 89, 132, 146, 148, 418
August II. 59
Azriel von Gerona 117 f., 288 – 291, 295 f., 298 – 302, 306, 309 f., 314, 316, 321 – 323, 330, 345
Azulai, David 390, 394

Ba'al Shem Tov (Besht) 37 f., 52, 164, 166, 242, 311
Bar Ḥiyya, Abraham 193, 314
Bar Segal, Shmuel Ishar 179
Bar Yoḥai, Shimon (Rashbi) 28, 75, 171–176, 205 f., 208, 211, 216, 358, 381
Baron, Salo 13, 65
Baruch von Kosov 315
Bassan, Jesaja 124
Bayle, Pierre 237
Beer, Julius 49
Ben Asher, Baḥya 111
Ben Asher, Samson 161
Ben Bezalel, Judah Loew (MaHaRaL) 95, 196
Ben David, Abraham (aus Posquières) 206
Ben David, Asher 161
Ben Gershon, Levi (Gersonides) 194, 245
Ben Kalir, Eleasar 381, 388
Ben Labrat, Dunash 192
Ben Meir, Shmuel 77, 81, 154
Ben Moshe, Shlomo 197
Ben Porat Josef, Manasse 201, 210
Ben Shem Tov, Shem Tov 340
Ben Sheshet, Jakob 322
Ben-Shlomo, Joseph 222, 288, 317, 326, 344, 373, 380
Ben Yehuda he-Ḥasid, David 263
Ben Ze'ev, Judah Leib 21
Ben Ze'ev Wolf, Yo'el 161
Bendavid, Lazarus 109, 156
Benjamin, Walter 275, 361, 365, 370, 384
Berkovits, Eliezer 304
Berlin, Shaul 26, 86, 200 f., 215, 217, 237, 239, 389, 400, 408
Bernfeld, Simon 97, 235 f.
Bialik, Ḥayyim Naḥman 125, 361 f., 376
Biester, Erich 132
Bloch, Philipp 375, 410
Bloch, Samson 89
Böhme, Jakob 276, 289
Bollack, Jean 384
Bonafos, Menaḥem ben Abraham 74, 79, 154
Brahe, Tycho 196
Brandstetter, Mordechai David 89 f.
Bresslau, Mendel 133, 138
Buber, Martin 14, 304 f., 365, 368
Büschenthal, Lipmann 47

Carmoly, Eljakim 389 – 391, 399 – 401
Chagiz Moses 123 f.
Cheradamus, Johannes 289
Cohen, David Lesla 401
Cohen, Hermann 17, 377
Cohen, Jakob 124
Cohen de Herrera, Abraham 34, 129, 250, 296, 298, 311 f., 315, 322, 334
Cordovero, Moshe 37, 116, 262, 266 f., 287, 311 f., 314, 326, 328, 340, 344
Crowley, Aleister 380
Czartoryski, Adam Jerzy 183 – 185
Czartoryski, Adam Kazimierz 178, 183 – 185

https://doi.org/10.1515/9783110716320-008

Czartoryski, Jóseph Klemenz 16, 161, 182–186, 413

De Fano, Menaḥem Azariah 311–314, 340
De Leon, David Messer 316
De Leon, Moshe 28, 75, 115, 205 f., 224, 291, 316 f., 356, 358, 381, 407
De Rossi, Azariah 76, 92, 154, 233 f., 241, 243, 401
Delitzsch, Franz 19, 21, 28, 66, 385, 387, 393, 397, 401–405
Delmegido, Joseph Shlomo 129, 195, 197, 249 f., 306 f., 310–315, 322, 330–332, 346, 381, 410
Descartes, René 99
Dinur, Ben Zion 54, 125, 364
Dohm, Christian Konrad Wilhelm von 68, 157 f.
Dubnow, Simon 3 f., 58, 67, 125
DuFour, Pierre 178

Ebreo, Leone (Judah Abravanel) 241 f.
Eisenmenger, Johann Andreas 94, 357
Eisenstein-Barzilay, Isaac 29, 65, 86, 94, 225, 236
Emden, Jakob (Gaon Jabeṣ) 59, 75, 113, 141, 208, 319, 356–358, 379, 381, 395
Ephraim, Veitel Heine 67 f., 83, 152
Ergas, Joseph 250, 315, 327
Eriugena, Johannes Scotus 286, 289, 295, 302, 323
Erter, Isaak 89 f.
Esra aus Gerona 345
Euchel, Isaak 23, 47 f., 70, 88, 92 f., 130 f., 133, 138, 140, 142 f., 146, 151–153, 190, 318

Falk, Samuel Jacob 185
Falkensohn Behr, Issaschar 119
Feder, Ṭuvia 81
Feiner, Shmuel 4 f., 12, 22 f., 26, 30, 33, 61, 68, 70 f., 77, 82 f., 87–91, 110, 125, 131 f., 137, 139–141, 143, 147 f., 150 f., 153–155, 157, 196, 198 f., 227, 247, 395
Ficino, Marsilio 275, 296
Fraenkel, Carlos 5, 86, 99, 105–107, 193
Fränkel, David 197
Franco, David 402
Frank, Jakob 29 f., 51, 65, 365 f.
Friedenthal, Aaron 149
Friedländer, David 8, 25, 67, 69, 71, 76, 83, 132, 139, 141, 152 f., 227, 234, 413, 356, 413
Friedländer, Sanwil 133, 138
Friedländer, Shimon 133, 138
Friedrich II. (der Große) 65–67, 69, 100, 147, 158
Fuenn, Shmuel Joseph 27, 63, 89, 201
Funkenstein, Amos 17, 19, 25, 120, 188, 191, 315
Fürst, Julius 18, 48, 208, 386 f., 393–395, 397 f., 400, 406
Fürstenthal, Raphael J. 146

Gans, David 30, 196 f.
Gaon, Sa'adia 192
Gedike, Friedrich 132
Geiger, Abraham 33, 88, 110, 112, 142, 218, 317, 320, 355, 390
Ginsburg, Christian 381, 387, 406
Gordon, Jequti'el ben Leib 123
Gordon, Judah Leib 89
Gottlieb, Ephraim 347, 380
Gottlober, Abraham Baer 89
Graetz, Heinrich 20, 54, 96, 125, 142, 356, 359, 379–381, 385, 389, 400, 406–409, 414
Günzburg, Mordechai Aaron 84, 89, 233
Gumpertz, Aaron Salomon 84, 88, 120, 197

Ha-Levi, Abraham ben Eliezer 79
Habermas, Jürgen 43–45, 132, 201
Hajjudsch, Yehuda 193
Hakohen, Shalom 143, 146
Halevi, Israel ben Raphael 167
Halevi, Yehuda 8, 30 f., 64, 80, 82, 92, 122, 154, 193, 200, 226, 239, 416
Halevi, Moshe ben Yo'el 63
Haller, Albrecht von 281–283
Haltern, Joseph 47
Hamilzahgi, Elyakim 166, 379–381
Hanau, Salomo 387
Hanegraaff, Wouter 13, 42, 233, 350, 418
Heinemann, Jeremias 25, 156, 234

Herz, Marcus 103 f., 142
Hirschfeld, Ephraim J. 97 f., 185 f., 356
Homberg, Herz 45, 69, 89
Horodezky, Shmuel A. 380
Horowitz, Isaiah ben Abraham Halevi 96, 265
Horowitz, Shabbetai Sheftel 215 f., 270
Horwitz, Rivka 11, 68, 96 f., 99, 102, 116, 215, 221, 270
Humboldt, Wilhelm von 8, 25, 227, 356, 378
Hurwitz, Pinḥas Eliyah 82, 113, 131, 186, 196 f., 250, 260, 307, 419
Huss, Boaz 13 f., 39, 42 f., 75, 100, 172, 175, 188, 207 f., 217, 220, 287, 312, 405, 410
Husserl, Edmund 35, 44 f.

Ibn Ezra, Abraham 111, 193
Ibn Gabirol, Shlomo 193, 295
Ibn Janah, Yona 193
Ibn Lavi, Shimon 312
Ibn Paquda, Baḥya 122, 193
Ibn Rushd, Abū l-Walīd Muhammad ibn Ahmad (Averroes) 194
Ibn Shaprut, Ḥasdai 192
Ibn Sina, Abd Allah (Avicenna) 194, 249
Ibn Tabul, Josef 285, 291 f., 328, 330, 334
Ibn Tibbon, Shmuel 6, 79, 190, 193
Ibn Tibbon, Yehuda 79, 193
Idel, Moshe 6, 9, 21, 34 – 42, 44, 52 f., 86, 90, 96, 99 – 102, 110 f., 113 – 116, 118, 126, 131, 166 f., 192, 198 f., 214, 218, 223, 225, 231, 241 f., 246, 248 – 250, 262 f., 267 f., 271, 275, 278, 284 f., 287 f., 293 f., 296, 301 – 304, 307, 310 – 317, 323 – 325, 329, 331 f., 336, 339, 342 - 344, 349 – 351, 354, 370, 378 – 380, 382, 422
Immanuel von Rom 154
Isaac-Fliess, Bernhard 152
Isaak von Molina 390, 400
Israeli, Isaak 192, 310
Isserles, Moses 196
Itzig, Daniel 64, 67 – 69, 71, 78 f., 83, 132, 139, 147, 151 f., 158, 201, 407, 413
Itzig, Isaak Daniel 68 f., 79, 83, 132, 151, 413

Jakubovitz, Jonas 178
Jellinek, Adolf 294, 357, 375, 379, 380 f., 410
Joel, David Heimann 357, 375, 379, 387, 406, 410
Jonas, Hans 309, 365
Joseph II. 7, 141, 157 – 159
Jost, Isaak Markus 354, 386, 389 – 392, 400

Kant, Immanuel 8, 17, 86, 99, 102 – 109, 115 f., 118, 151, 188, 252, 286, 292, 322, 365, 377, 402
Kaplan, Lawrence 19, 300, 304
Karniel, Joseph 157 f.
Karo, Josef 64, 123, 172
Katz, Jacob 97 – 99, 136, 183, 186, 421
Katz, Naftali 215 f.
Klausner, Joseph 8, 22, 51, 65, 68, 72, 75, 88, 97, 199, 201
Kracauer, Siegfried 45
Krochmal, Nachman 47, 85, 87, 89
Krüger / Krieger, Johann Anton 15, 127, 130, 156, 159, 161, 174, 177 – 182, 184, 186, 394, 413
Krüger, Johann Gottlob 121, 251, 255 f., 258, 275 – 277, 279 – 281
Kurzweil, Baruch 3, 19, 353 f., 359 – 361, 363 f., 366 – 374, 377 f.

Lachover, Yeruḥam Fishel 22, 86, 125
Landau, Yeḥezqel 164, 390
Landshuth, Elieser Leiser 48 f.
Lazer, Yiṣḥaq 178
Lederhendler, Eli 88 f.
Leib (Margolios), Zwi Hirsch ben Aryeh 165, 179
Leibniz, Gottfried Wilhelm 102 – 106, 110, 114, 118, 128, 197, 291, 323, 415, 422
Leiner, Gershon Ḥanokh 274
Leistikow, Michael Friedrich 121, 251, 255 f., 258
Lessing, Gotthold Ephraim 77, 121, 238
Letteris, Meir 146
Levi, Eliphas 380
Levi, Rafael 196
Lévi-Strauss, Claude 40, 200

Levin, Judah Leib 89
Lewin, Zwi Hirsch 215–217
Lieberman, Eliezer 218
Lieberman, Ḥayyim 164, 396, 398,
Lindau, Baruch 153, 196
Locke, John 110, 128
Löwe (Bril), Joel 139, 141 f., 153, 155, 400
Löwith, Karl 360
Luria, Isaak 25, 35, 74, 96, 113, 118, 123, 152, 163, 166 f., 172, 174, 202, 220, 231, 272, 284 f., 290, 306, 310, 312, 347, 349, 365, 406
Lurie, David 89
Luther, Martin 47, 377, 386
Luzzatto, Moshe Ḥayyim 118 f., 122–130, 167, 250, 298 f., 305, 315, 350, 402, 404
Luzzatto, Shmuel David 191, 375, 379

Magid, Shaul 44, 126, 129 f., 230, 274, 278 f., 293, 301, 315, 325, 347–350
Maimon, Salomon 3, 5, 8 f., 11, 20, 33 f., 43, 79, 84–89, 91 f., 98–118, 120–122, 126, 141 f., 147, 170, 188, 190, 196 f., 207, 218, 221 f., 237, 245, 252, 255, 275, 286 f., 292, 316–324, 330, 335, 341, 353, 356 f., 379, 385, 391, 414, 420–423
Maimonides (Rabbi Moshe ben Maimon / Rambam) 5–8, 25, 27, 31, 35, 64, 72, 79 f., 86–89, 92 f., 99, 101 f., 105–107, 109 f., 114–116, 121, 124, 129, 152, 154, 169, 190–193, 202, 208, 211, 218, 220 f., 224 f., 227, 234 f., 237, 240, 245 f., 274, 278, 295 f., 300, 304, 313, 322 f., 339, 345 f., 373, 391, 416
Mapu, Abraham 125, 244
Margolioth, Jehuda Leib 30, 199, 227
Meises, Isaac 375, 379
Melamed, Yitzhak 7, 87, 101 f., 105, 116, 118, 321
Menaḥem von Chernobyl 242, 299
Mendelssohn, Moses 1–3, 6–11, 20, 25, 28, 31, 68, 76, 79, 82, 86–90, 94, 96–102, 105, 115–117, 120 f., 132, 136, 140–142, 149, 155, 158, 164, 168, 195, 197, 216, 221, 227, 233–235, 239, 243 f., 279, 300, 306, 356, 365, 388, 399, 402, 413
Mendelssohn (Frankfurter), Moses 2, 20, 64, 66, 409
Michel, Yeḥiel 165, 167
Mieses, Judah Leib 89
Mokher Seforim, Mendele 89 f.
Molitor, Franz 110, 275, 380
Moscato, Judah 296, 298
Moser, Franz 184
Müller, Ernst 380

Nahmanias, David 195
Nahmanias, Shmuel 195
Naḥmanides 223, 231, 291, 325, 342
Nathan von Gaza 364
Necker, Gerold 1, 15, 18, 34, 97, 114, 126, 129, 166, 170, 186, 188 f., 206, 223, 266, 275, 284 f., 291–293, 307, 312 f., 326–330, 334, 340, 344, 346, 368, 384, 394, 423
Neumark, David 380 f.
Newton, Isaak 1, 16 f., 30, 103, 111, 121, 128, 197, 232 f., 247, 255–257, 261, 263, 274, 292, 294, 299, 422
Nicolai, Friedrich Christoph 99, 121
Nikomachus von Gerasa 192

Odeberg, Hugo 380
Oron, Michal 185, 347
Ostrer, Moshe (von Ostroha) 161, 164 f.

Pelli, Moshe 8, 18 f., 21–27, 63, 66, 73 f., 76 f., 81, 84, 89, 91 f., 94–96, 125, 133, 136–139, 146–148, 151 f., 154, 190 f., 199, 201, 208, 215–218, 222, 225 f., 228 f., 231, 236–238, 244, 274, 353, 358, 374, 388, 408, 417
Philo von Alexandrien 233, 241, 243, 285, 306, 345
Pico della Mirandola 289, 296, 302
Plato 192, 249, 277, 345
Plotin 192, 234, 275
Polonoje, Ya'aqov Yosef von 164, 298
Poniatowski, Stanislaw August 178
Poppers, Meir 166 f., 170, 174 f., 292, 394
Proklos 192

Rabbenu Tam 206

Rapoport, Salomon Judah 85 f., 89
Recanati, Menaḥem 268, 301 f., 310, 316 f.
Reichenau, Josel Pick 153
Reuchlin, Johannes 275, 379, 408
Ricchi, Immanuel Hai 250
Roest, Meir 77, 215, 398
Roling, Bernd 229 f., 316 f.
Romanelli, Samuel 153
Rotenstreich, Nathan 9, 25, 103, 106 f., 136, 364, 373
Rousseau, Jean-Jacques 69

Sachs, Shneur 89, 379
Sadowski, Dirk 45, 69, 71, 139
Sagi Nahor, Isaak 206
Sagiv, Gadi 170, 262 f., 267–269, 274
Sambursky, Samuel 364
Sanz (Sanzer), Ḥayyim von 161, 163 f., 202, 209 f., 216 f.
Sarug, Israel 167, 303, 306, 311, 314, 316, 326 f., 329–332, 344 f., 347 f.
Sasportas, Jakob 364
Schäfer, Peter 18, 34, 100, 243, 285, 292, 344 f., 355, 365, 374 f., 383–385, 396, 408, 410
Schatz-Uffenheimer, Rivka 130, 164, 242, 380
Schick, Baruch 197
Scholem, Gershom 1–3, 10, 14 f., 18 f., 21, 23, 28, 35–40, 42, 79, 90, 97–100, 104, 109 f., 113, 116, 121, 126, 161, 164 f., 174, 186, 188 f., 206, 216, 231, 243, 250 f., 262 f., 265–268, 270 f., 275, 285 f., 288–291, 293, 296, 301–303, 305 f., 309 f., 314–316, 318, 325, 328, 330, 336, 342 f., 345–350, 353–357, 359–386, 396, 398, 402, 404, 409 f., 414, 422 f.
Schulte, Christoph 4 f., 10 f., 15, 18, 68, 96, 109, 115, 123, 126, 128 f., 161, 166, 292, 296, 301, 305 f., 308, 310, 318, 326, 355 f., 358, 383
Schütz, Alfred 14, 43, 45
Shapira, Ḥayyim Naḥum 22, 225
Shapira, Nathan 167
Shazar (Rubashoff), Shneur Zalman 354, 364
Shear, Adam 30 f., 64 f., 67, 80, 84, 92
Shneur Zalman von Liadi 74, 305 f., 308 f., 318
Soloveitchik, Joseph 303 f.
Spinoza, Baruch (Benedict) 5, 86, 99, 101–103, 105–109, 115–118, 126, 195, 237, 240, 295, 321–323, 327, 341
Steinsaltz, Adin 304
Steinschneider, Moritz 18, 21 f., 28, 75, 77, 83, 100, 142, 147 f., 196, 200, 376, 379, 386 f., 389 f., 392 f., 394–401, 404, 407
Stern, Ignaz 379
Strauss, Leo 6, 360

Teomim, Joseph ben Meir 64, 92, 201
Thompson, Benjamin (Count Rumford) 253, 258, 260
Tirosh-Rothschild (Samuelson), Hava 34, 37, 40, 195, 324
Tishby, Isaiah 35, 119, 123, 130, 161, 205, 289, 309, 344, 380, 381
Troki, Isaak 4

Visner, Joseph 89
Vital, Ḥayyim 116, 170, 174, 278, 284, 291 f., 296, 326, 340, 347 f., 393 f., 398
Vital, Shmuel 170, 284, 291, 394

Wachter, Johann Georg 116, 323
Wagenseil, Johann Christoph 4
Waldman, Isaak Eizik Haver 126
Weber, Max 14 f.
Weil, Gotthold 376
Weiss, Joseph 52, 324, 360, 373
Werses, Shmuel 4, 19, 22 f., 26 f., 76, 89, 148, 199, 206, 225, 230, 374
Wessely, Naphtali Herz 7 f., 69 f., 73, 75, 86, 94, 96, 133, 138, 149, 153, 158, 195, 218, 236, 244, 402
Wolf, Abraham Alexander 386 f., 392 f.
Wolf, Yo'el ben Ze'ev 161
Wolff, Christian 99, 104, 116, 121, 251, 258, 281, 323
Wolfson, Elliot R. 41 f., 96, 123, 131, 174, 192, 222–224, 231, 240 f., 247, 250, 263, 266, 269–271, 275, 278 f., 287, 300 f., 325, 343, 347 f., 350

Wolfssohn, Aaron 21, 23, 29, 61, 70 f., 81 f., 94, 141 f., 147, 153, 155, 209, 358, 400
Worms, Asher Anshel 196, 198, 227

Yagel, Abraham 311
Yerushalmi, Yosef Ḥayyim 19, 200
Yonah, Moshe 167, 312

Zalman, Elijah ben Salomon (Gaon von Wilna) 156
Zamosc, Israel ben Moshe Halevi 84, 88, 93, 103, 118 – 123, 161, 191, 197, 258
Zamoyski, Jan 119
Zedner, Joseph 398
Zeitlin, Hillel 77 f.
Zemach, Jakob 170
Zinberg, Israel 22, 82, 143, 199 – 201
Zunz, Leopold 18, 21 f., 28, 47, 49, 83, 148 f., 354, 378, 381, 384, 386 – 390, 392, 396, 400
Zwi, Shabbatai 126, 316, 360, 363 f., 367, 370, 372
Zwiep, Irene 7, 19, 87, 92 f.

Ortsregister

Afrika 153, 192
Akko 126, 198
Altona 59, 102, 146, 379, 381
Amsterdam 2, 4, 19, 31, 56, 122, 124f., 139, 152, 177
Andalusien 31, 192
Ascona 369, 383
Ashkenaz 9, 11, 30f., 38, 52, 56, 59, 64, 86, 92, 143, 191, 194–196, 244, 260, 288, 316, 327, 357, 392

Basel 177, 181, 313
Berlin 1–4, 7f., 10–18, 22, 26, 28f., 31–33, 36, 47–51, 61, 64–71, 80–88, 91, 94f., 98, 101, 103, 110–112, 120, 130–133, 137–140, 143–150, 152, 154–159, 163f., 185f., 195, 197, 202–204, 207, 210, 216, 218–221, 225, 233, 236, 319f., 354, 356, 370, 379, 381, 385, 388, 390–392, 394, 397f., 400f., 404, 407, 412, 415–418, 420–422
Bóbrka 118
Breslau 4, 14, 51, 70f., 138f., 142, 146, 400

Dessau 4, 146, 152, 197, 218

Europa (Ost-/Westeuropa) 1, 3f., 5, 9, 11, 13, 16, 33, 51, 53, 56, 58f., 65f., 80f., 83–85, 90–92., 103, 109f., 117, 119, 122, 128, 131, 137, 148, 152f., 158f., 164f., 183–187, 189–191, 195–197, 207, 209, 274, 283, 315f., 357, 365, 370, 376, 379, 398, 385f., 402, 408, 412, 415f., 418–423

Frankfurt am Main 124, 134f., 139, 144f., 167, 357
Frankfurt an der Oder 51, 61, 83, 120, 152, 201

Galizien 45, 51, 59f., 69, 146, 158f., 379

Hamburg 2, 5, 64, 71, 88, 152, 357, 390

Karlowitz 51
Königsberg 4, 14, 70f., 131–135, 138–140, 152, 357
Konstantinopel (Qushta) 195
Koretz 1, 3, 15f., 127, 129f., 159–167, 174, 177–180, 182–184, 217, 233, 359, 394, 406, 413
Krakau 62f., 95, 168, 181, 196

Leipzig 6, 30, 51, 402, 410
Lemberg (Lwów) 58, 118, 201
Litauen 54, 59, 68, 84f., 101f., 118, 126, 130, 146, 183, 250

Mainz 69, 91, 423
Mantua 153, 310
Metz 139
Mir (Mirz) 101

Neschwitz 101
Nowy Dwor (Neuhof) 177–180, 182
Nürnberg 279

Odessa 4
Okopy 53

Padua 118f., 123–125
Paris 6, 118, 178, 185, 288, 301, 322
Pforzheim 379
Podolien 10, 14, 36, 47, 50–53, 56–59, 66, 77, 159, 167, 390, 422
Polen (Königreich Polen) 3f., 12, 29, 50–61, 63–65, 83f., 95, 116, 118, 130, 139, 143, 149, 156, 161, 177–179, 181, 183f., 195, 250, 402f.,
Prag 4, 95f., 139, 158, 164, 196, 390
Praga 182
Pressburg 410
Preußen 47, 64f., 67, 149, 157f.

Radzyn-Polaski 274
Russland 4, 12, 184

https://doi.org/10.1515/9783110716320-009

Saloniki 79, 195
Satanow 1, 10, 32, 48–52, 56–60, 63, 66, 83, 163, 165, 167, 202, 388, 393, 395, 407
Sawanitz 167, 169
Shklov 85, 197
Smyrna 195
Sukowiborg 101
Sulzbach 177, 181

Tiberias 125 f.

Ukraine 15, 51, 61, 65 f.

Venedig 64, 123 f.

Warschau 56, 63, 77, 168, 177–180, 182, 297, 394
Wien 4, 65, 70 f., 97 f., 146, 163
Wilna 4, 27, 123, 138 f., 156
Wolhynien 1, 52, 58, 159

Zamosc 119, 191

Sachregister

Adaption 8, 10, 16, 20, 39 f., 229, 240, 311, 316, 323, 415 f., 418
Adel 53, 56, 58 f., 98, 183, 413
Akkulturation 4, 12, 60, 69, 85, 101 f., 109, 141, 146, 355, 414, 418
Allegorie 100, 111, 113, 119, 202, 218, 220 f., 223 f., 229, 287, 315, 333, 346
Amalgam / Amalgamierung 1, 11, 15, 274, 365 f., 383, 385, 423,
Ambivalenz 20, 23, 25 f., 53, 66, 105, 234, 353, 402, 409, 414
Anarchie 188, 366, 368 f., 371
Anhaften (*devequt*) 6, 114, 242 f., 324, 337, 350
Antlitz (Gottes) 215, 268, 302–304, 308
Approbation (*haskama*) 27, 64, 71, 74, 80, 82, 92, 161, 163–165, 170, 179, 199–203, 206 f., 209, 215–217, 244, 358, 390 f., 397–400, 403
Archetypen 215, 223, 225, 228, 272, 276 f., 284, 307, 331, 341, 370
Ashkenaz 9, 11, 30 f., 38, 52, 56, 59, 64, 86, 92, 143, 191, 194–196, 244, 260, 288, 315 f., 327, 357, 392
Assimilation 1 f., 9, 61, 367
Ästhetik 26–28, 243 f., 279, 281
Aufklärung 1–15, 18–20, 23–26, 32 f., 44, 48, 52, 61, 64, 68, 70–72, 77, 82–86, 89, 93, 96–98, 101 f., 105–108, 111, 115–119, 123, 128, 131–133, 137–143, 147 f., 150 f., 153–155, 157 f., 166, 188, 190, 227, 234, 237, 240, 243, 250, 279–282, 298, 323, 345, 353, 355–359, 363, 365 f., 377, 385, 395, 408, 413, 418, 420 f.
Auge 76, 79, 185, 223, 239, 242, 245, 249, 251, 256, 258, 260, 262, 265, 270, 273, 282, 312, 328, 333, 345, 363, 403
Autonomie 54–56, 58

Bann (*ḥerem*) 124, 167, 170, 184, 357
Berlinische Monatsschrift 10, 81, 132 f., 137, 146
Besamim Rosh (Edle Gewürze) 200, 389, 391, 396, 400, 408
Bet Midrash (Lehrhaus) 64, 90
Bibliothek 26, 52, 72, 77, 90 f., 108, 114, 134 f., 144 f., 154, 202, 215, 231, 264, 290, 304, 371, 396, 398
Bildung 1, 7–10, 20, 25, 32, 34, 44 f., 48, 64 f., 68 f., 77, 80, 84–87, 90–92, 94, 96, 99, 103, 132, 136–139, 143, 148, 150, 154, 158, 183, 207, 219, 227, 234, 318, 351, 356, 365, 384 f., 399, 404, 415, 417, 419 f.
Bildungsgeschichte 32, 207
Bildungsreform 1, 32, 44 f., 103, 158, 399, 419
Bi'ur / *Be'ur* / Kommentar 72, 78 f., 90, 93, 149, 153 f., 168, 202,
Boṣina de-qardinuta (dunkle Flamme) 216, 266, 285, 328, 330
Brauch (*minhag*) 59, 139, 141, 153, 171 f., 174, 239
Brennbrille 251 f., 255
Briefe an eine deutsche Prinzessin 30, 247, 251–254, 258, 262, 292, 322, 336
Bruch 3, 18 f., 23, 25, 44, 61, 65, 90, 126, 166, 178, 190, 239, 291, 363, 381 f.
Buchstaben 46, 48, 149, 175, 212, 214–216, 242, 251, 272, 276, 283, 307, 312, 314, 321, 327–332, 340, 342 f., 345
Bund / Bundeszeichen 82, 96, 149, 197, 250, 252, 262, 265, 269 f., 299 f., 303

Camera obscura 30, 221, 247 f., 251–253, 256, 258, 260, 263, 269, 272
Charisma 12, 54, 90, 211
Chassidismus / Chassid 4, 11 f., 33, 36–38, 42, 44, 52–56, 77, 89–91, 102, 122, 126, 130, 139, 164, 170, 189, 198 f., 207, 243, 266, 270, 274, 278, 290, 298, 315 f., 323, 343, 350, 365, 374, 378, 389, 408, 412, 414, 420
Chiffrierung 27, 218, 221

https://doi.org/10.1515/9783110716320-010

Counter-History (Gegengeschichte) 42, 361, 377, 381
Creatio ex nihilo (Schöpfung aus Nichts) 285 f., 290, 292 f., 295, 306, 309 f., 318, 330, 345

Dechiffrierung 41, 222, 228
Deismus 25, 128, 218, 229, 231, 237 f., 298, 300
Dialektik 8, 23, 40, 95, 121, 230, 290, 363, 366, 369, 372, 419
Dialog 8, 12, 24, 43, 82, 87 f., 124, 138, 200, 220 f., 227, 234 f., 241 f., 254, 272 f., 304, 368, 370, 399, 412, 417
Diamant / Edelstein 1, 250 f., 256, 258
Direktor 13, 15, 70, 81, 156, 178
Druck 1, 15, 19, 21, 30, 64, 68 – 72, 75, 100, 114, 130, 139, 142, 147 – 149, 153 – 157, 159 – 167, 174 f., 177 – 182, 184, 186, 195, 200, 202, 215 – 217, 233, 279, 295, 313, 323, 359, 379, 381, 387, 389 – 394, 396 – 401, 406, 413, 418 f.
Druckerei (siehe auch Orientalische Buchdruckerey) 1, 14 f., 26, 28, 61, 64, 68 – 72, 81 f., 98, 100, 130, 138 – 141, 146 – 156, 159, 163 – 165, 177 – 179, 181 – 184, 186, 216, 391, 395, 399, 412 f.

Edelstein / Diamant 1, 250 f., 258
Eden 119, 241, 325, 345 – 348, 350 f.
Einsicht (*bina*) 2, 16, 74, 76, 99 f., 117, 150, 172, 188, 199, 214, 225 f., 241, 243, 245 f., 248, 267, 269, 273, 290, 335, 337
Eklektizismus 189, 205, 231 f., 412, 415, 423
Elite 3, 11 f., 26 f., 42, 54, 56, 69, 83, 85, 90, 103, 137, 152, 159, 190, 196, 262, 273, 370, 373, 412 – 415
Emanation 129, 167, 214, 224 f., 242, 247 – 249, 276, 284, 286 f., 289 f., 293 – 296, 298 f., 302, 305, 308, 310, 314, 316, 324 – 329, 331 – 333, 335, 337, 339, 343
Emanzipation 13, 32, 68 f., 131, 141, 157, 207, 355, 362, 365, 384
'Emeq ha-Melekh (Tal des Königs) 327, 345 f., 406
En Sof (das Unendliche) 82, 117, 128 f., 248, 250, 266 f., 269, 284 – 286, 289, 291 – 294, 296, 313 f., 317, 318 f., 321 f., 324 – 334, 340, 343 – 346
Epistemologie 5 f., 17, 25, 106, 188, 245, 249, 277, 286, 341, 344, 420
Eranos 303, 363, 369 f., 379
Ergötzen / Vergnügen (*sha'ashua'*) 17, 241, 248, 324 – 326, 328, 332, 344 – 351
Erinnerung / Gedächtnis 99, 262, 267, 278 – 284, 349, 362, 381
Erkenntnis 6, 9 f., 16 f., 24 f., 27 f., 31, 100, 105 – 107, 109, 114, 121, 143, 172, 188, 190, 197, 205 f., 215, 218 f., 222 – 231, 233 – 237, 240 – 242, 244 246, 249, 254 f., 260, 262, 267, 272 – 274, 276 f., 287, 289 f., 294, 300, 307, 309, 317, 322, 333, 337 – 341, 343, 347, 350 f., 357 – 359, 369, 383, 394, 405 f., 415 f., 419
Erlösung 17, 35, 125, 188, 267, 270, 290, 300, 351, 357, 359, 363, 366, 369, 384
Erotik 26, 131, 150, 198, 214, 252, 263, 271, 288, 335, 339, 342 f., 345 – 351
Erziehung 7, 10, 25, 32, 69, 71, 77, 86, 91 f., 96, 138 f., 147, 156, 158, 219, 222, 362, 391, 399, 406, 417, 422
'Eṣ Ḥayyim (Lebensbaum) 15, 28, 74, 82, 116, 156, 160 – 168, 170, 174, 179 f., 183, 186, 202, 209, 216 f., 284, 292, 296 f., 317, 327, 340, 346 – 348, 359, 387, 393 f., 406
Esoterik 4, 13 f., 26 f., 34, 39, 41 – 43, 99 f., 110, 131, 148, 166 f., 186, 196, 218 f., 221, 233, 243, 270, 275, 284, 288, 342, 350, 356 f., 360, 379, 418 – 420, 422
Ethik 4, 30, 38, 44, 70, 72, 74, 76, 77 – 79, 92, 96, 99, 105, 114, 118, 125, 129 f., 136, 150, 228, 272 f., 361, 366 f., 373, 395, 401, 422
Europa 4 f., 9, 11, 13, 16, 19 f., 33, 44, 53, 56, 83, 86, 89 f., 97, 109 f., 117, 122, 128, 131, 137, 148, 152 f., 158 f., 164 f., 181, 183 f., 187, 191, 195 – 197, 283, 315 f., 365 f., 370, 376 f., 379, 386, 398, 412, 415 f., 420 – 423

Exegese 24, 34, 41 f., 97, 120, 129, 131, 172, 192, 198, 203, 223, 229 f., 234, 241, 270, 324 f., 334, 337, 349, 399
Exil (*Galut* / Diaspora) 92, 129, 244, 270, 284, 303, 348 f., 422
Export 159

Fabel 22, 27, 100, 111, 113, 218, 221
Fälschung 22, 81, 165, 201, 356, 358, 380, 390 f.
Familie 1, 48, 56, 61–64, 66 f., 70, 83, 88, 101, 125, 132, 149, 152 f., 158 f., 182 f., 201, 335, 390, 413, 423
Farben 232 f., 247–256, 258, 260–263, 265–271, 273 f., 336
Farbenlehre 232, 253, 258, 260
Farbspektrum 252, 262, 336
Form (*ṣura*) / *causa* 104–108, 117, 224 f., 245, 286 f., 290, 294 f., 298, 308, 313–317, 327, 331–333, 335–337, 340 f.
Frankismus 4, 9, 29 f., 37, 42, 51 f., 55, 59, 65, 77, 96, 359, 363, 365
Freimaurer 97 f., 184–186
Friedhof 47–49, 57, 83, 388
Frömmigkeit 33, 170, 209, 234, 409

Garten / Pardes 97, 116, 119, 223, 241, 267, 277, 294, 312, 318, 328, 340, 347 f., 350 f., 382
Gebet 21, 41, 78, 90, 97, 156, 172, 175, 211, 266, 289, 348–351, 356, 388
Gebetbuch (*Siddur*) 15, 17 f., 71, 74, 76, 113, 156, 167, 387 f., 400, 412, 416
Gebote (*miṣwa* / *miṣwot*) 17, 31, 42, 48, 209, 226, 239 f., 250, 263, 267 f., 299, 301, 316, 328, 347, 359, 363
Geheimnis (*sod*) 13 f., 41 f., 100, 110 f., 113 f., 163, 172, 188 f., 211, 216, 218, 221–225, 227 f., 231, 246 f., 263, 266, 268, 270, 272, 275, 277, 286–289, 296, 300, 304, 314, 317, 324 f., 335, 337, 339 f., 343, 346, 351, 359, 362, 378, 389
Gehirn 232, 276–282, 327, 348 f.
Gehirnsäfte 117, 214, 221, 224, 256, 275, 327
Gesellschaft 4, 7, 9, 12 f., 25, 43–45, 53–55, 58, 66 f., 70 f., 77, 83, 85, 91, 98, 111, 115, 121 f., 128, 131–133, 138–140, 142 f., 146–149, 151 f., 154 f., 157 f., 181, 190, 201, 232, 237, 283, 354, 358 f., 368, 384, 400, 410, 413, 418, 422
Gewand (*malbush*) 122, 248, 267, 271, 287, 298, 307, 314 f., 324–326, 328–340, 342, 385, 397
Giv'at ha-More (Anhöhe des *More*) 8 f., 106 f., 109, 121, 196, 245
Glaube (*emuna*) 3, 10, 27, 31, 45, 72, 77, 79, 88, 92, 98 f., 117, 122, 128, 131, 154, 170, 174–176, 186, 190, 193, 199, 217 f., 221, 225 f., 229, 234, 236 f., 239–241, 248, 288 f., 297–300, 306, 309, 333, 363, 368, 373
Gnosis / Gnostizismus 35, 42, 188, 303, 365, 378
Gottesfurcht 31, 190, 203, 207, 209, 220 f., 225–228, 235, 248, 266
Grabstein 47 f., 83, 171, 389
Grammatik 15, 17 f., 72–76, 80, 82, 125, 153, 161, 163, 165, 192 f., 207, 243, 302, 392, 400, 412, 416
Gravitation 31, 80, 221, 248, 292–295
Gravur (*ḥaqiqa*) 272, 279, 327, 329, 332, 346

Halacha 6, 72, 86, 90, 96, 130, 189 f., 235, 239, 271, 365, 372
Ha-Me'assef (siehe Me'assef) 14, 18, 21, 23, 30, 61, 69, 71, 74, 76, 81 f., 87 f., 94, 102, 130–143, 145–147, 149, 155, 186, 190, 196, 203, 274, 358, 394, 417
Handel 51, 53, 56, 59, 65, 70, 152, 177, 179, 181 f., 184, 391
Handschrift / Manuskript 19, 30, 48 f., 70 f., 78, 81, 110 f., 113, 119, 131, 151, 154, 162, 164, 167–169, 174, 201, 205, 211, 215, 230, 236, 243, 319, 359, 362, 371 f., 376, 379–381, 388–391, 393 f., 413, 423
Häresie / Häretiker 2, 23, 43, 66, 81, 113, 123, 190, 288, 357, 366 f., 382, 409
Haskala 2–8, 10–12, 14 f., 18, 20, 22 f., 25–33, 38, 45, 47, 56, 60 f., 63, 65 f., 68–73, 76 f., 81–92, 94–96, 101, 110, 119, 125 f., 131–133, 136–141, 146–148, 150–155, 157 f., 166, 183, 189–192, 197,

199 f., 203, 206 f., 215, 217 f., 222, 225–228, 233, 236–238, 240 f., 244 f., 247, 274, 301, 341, 353–358, 363, 366 f., 369, 374, 377, 379, 395, 408, 412, 414–417, 419–421, 423
Haskama / Approbation 27, 64, 71, 74, 80, 82, 92, 161–165, 170, 179, 199–203, 206 f., 209 f., 215–217, 244, 358, 390 f., 397–400, 403
Hauslehrer / Privatlehrer 65, 68, 120, 132, 197, 413
Hebräisch (Sprache) 2, 4–8, 14, 17–23, 27 f., 46, 48 f., 51, 53, 61, 66, 69 f., 72–76, 79–83, 86, 100, 106, 110, 144, 118–120, 124 f., 131–133, 136, 138–143, 146–149, 151, 153, 157, 163, 177–179, 181 f., 184, 190, 192–197, 200, 209, 214 f., 225, 233–235, 237, 241 f., 246 f., 251, 255, 270, 276, 300, 307, 313 f., 323, 329, 355, 357 f., 360, 364, 372, 376 f., 383–393, 396–401, 407 f., 412, 414, 416–418, 421
Heliozentrismus 121, 212
Hermeneutik 17, 20, 27, 34, 36, 41 f., 44, 82, 108, 126, 129, 199 f., 213 f., 219, 223, 230 f., 241, 245–247, 263, 270 f., 274, 277 f., 281, 285, 287, 307, 321, 323–325, 335, 360, 372, 416, 419
Ḥesheq Shelomo (Verlangen Salomos) 33, 88, 107, 109 f., 112, 114 f., 117 f., 218, 253, 317, 319–321, 323, 330, 339, 421
Hester panim (Verbergen des Antlitzes) 17, 302–306, 308 f.
Heuchelei 20, 359, 396, 407, 409
Hieroglyphe 101, 110, 113, 117, 214, 221–224, 256, 275–277, 283 f., 327, 404
Hillula (Pilgerfahrt nach Meron) 171
Historie 12 f., 18, 35, 40, 42, 99, 136, 163, 364, 366–368
Historiographie 13, 18, 35, 125, 359, 361, 364, 367 f., 372, 414
Historismus 359, 366 f.
Humanismus 4, 19, 25, 34, 70, 119, 129, 227, 241, 334, 356, 367, 426
Humor 199, 201, 393, 396, 403 f.
Hybrid / Hybridität 10–12, 20, 102, 190, 361, 405, 415, 423
Idealismus 9, 14, 102, 105, 107, 286
Ideologie 8 f., 24, 29, 34, 38 f., 44 f., 54, 76, 86, 96, 155, 164, 216, 225 f., 230, 233, 238, 356, 358, 360–362, 364, 377, 379, 386, 388, 408 f.
Imagination / Vorstellungskraft 4, 6, 17, 31, 86, 131, 174, 188, 191, 198, 207, 212–214, 221–223, 234, 247, 277–284, 292, 294, 315, 325, 333, 343, 366, 374
Imre Bina (Worte der Einsicht) 2, 16 f., 31, 46, 74, 76 f., 79, 81, 88, 93, 100, 107, 122, 124, 129 f., 137, 139, 150, 163, 188, 199 f., 208, 214 f., 217, 219 f., 224, 226–232, 234–241, 243 f., 247 f., 250, 252 f., 254, 258, 262, 268, 275–277, 284, 286–288, 292–295, 298–300, 303, 305, 323 f., 330, 332 f., 337–342, 344, 346, 350 f., 358 f., 362, 383, 391 f., 394 f., 398 f., 405, 413, 415 f., 418 f.
Intellekt 5 f., 8, 15, 105, 109, 208, 213, 220, 222, 224 f., 227, 232, 237 f., 242, 278, 286 f., 294, 296, 298, 317, 321, 333, 338 f., 341 f., 347, 369

Judentum 5, 9, 11 f., 17 f., 21, 23, 26, 31–33, 36–38, 40 f., 47, 52, 58 f., 77, 80, 85, 89 f., 92, 94, 97, 99, 109, 113, 118 f., 122, 126, 132, 137, 141, 146, 188–192, 194 f., 203, 227, 229, 238–240, 243, 250, 267, 273, 275, 285, 288, 301, 309, 343–345, 354–357, 360–369, 371–373, 376, 378, 383 f., 386 f., 390 f., 408, 412, 414 f., 418 f.
Jüdische Aufklärung / Haskala 1–12, 14 f., 18–20, 22–33, 38, 44 f., 47, 56, 60 f., 63–66, 68–73, 76 f., 81–98, 101 f., 105–108, 110, 115–119, 123, 125 f., 128, 131–133, 136–142, 146–148, 150–155, 157 f., 166, 183, 188–191, 197,199 f., 203, 206 f., 215, 217 f., 222, 225–228, 233 f., 236–247, 274, 301, 323, 345, 341, 353–359, 363, 366–369, 374, 377, 379 f., 385, 395, 408, 413–421, 423
Jüdische Freischule 1, 14 f., 32, 61, 64, 68–72, 139, 141, 143,146 f., 149–151, 155, 398, 400, 417

Jugend 10, 32, 61, 68 f., 91, 98 f., 148, 362, 381, 403 f., 423

Kabbala 1–4, 6, 10–21, 24 f., 27–36, 38–44, 51, 55, 68, 72, 74–76, 78 f., 82, 86, 88, 90, 96–105, 109–111, 113–119, 121–126, 129–131, 159, 161, 163–168, 170–172, 174, 177, 180, 184–186, 188–190, 192, 195, 198 f., 202 f., 205 f., 208 f., 212–225, 227 f., 230–233, 235, 239–243, 246–250, 252, 254 f., 258, 261–263, 266–279, 284–289, 291–293, 295 f., 299, 301–319, 322–331, 334 f., 337–340, 342–353, 355–362, 364–366, 375–389, 393–396, 405 f., 408–423
Kalender 15, 69, 71, 153, 156, 181 f., 215
Kloyz 161–164, 209, 233
Kolophon 167
Kommentar (siehe auch *Bi'ur*) 8, 18, 31, 41, 64, 68, 71–82, 92–94, 102, 106, 109, 111, 115, 117 f., 121 f., 124, 136, 148, 154–156, 158, 168 f., 192, 194, 200, 208, 226, 229, 250, 264, 268, 285 f., 288 f., 291, 295, 304, 308, 317, 340, 392, 395, 401, 404, 406, 412
Körper 212, 245, 249, 256, 258, 260, 270, 280–282, 308, 321, 326, 330, 333, 336, 340, 347
Kosmos 16, 35, 105, 123, 225, 242, 271, 284, 287, 293, 308, 310, 312, 338 f., 344, 347–350, 368, 384, 416
Krise 1, 38, 54, 99, 184, 366
Kritik 19, 21, 35, 38–41, 80–82, 85, 94 f., 103 f., 107, 116 f., 122 f., 128, 133, 136, 147, 156, 190, 194, 198, 235–237, 239, 243, 299, 349, 353–355, 3578–360, 367 f., 370–375, 380, 383, 388, 392, 396, 400–402, 405, 420
Kultur 2–5, 7, 9–14, 16, 18, 20, 22 f., 25 f., 29, 31–33, 40, 42–44, 51 f., 54, 56, 59–61, 64 f., 68–72, 84 f., 90 f., 100–102, 110, 115, 119, 137–141, 146, 148, 150 f., 154, 170 f., 190, 195, 220, 234, 237, 253, 273, 286, 303, 336, 354 f., 362, 383, 386, 389, 395, 399, 402, 408, 412–415, 417–421
Kulturreform 32

Lag ba-'Omer 171 f., 174 f., 177
Leah 348, 350
Lebensgeschichte (Salomon Maimon) 84–86, 100 f., 105, 107, 109–111, 113–117, 120, 141 f., 170, 207, 218, 221, 317–319, 322, 357
Lebenswelt 43–45, 69, 266, 419 f.
Leere 284, 291–294, 306, 331
Leser / Leserschaft 24, 28, 30, 80 f., 92 f., 107, 118, 125, 128, 131, 133, 137 f., 142, 146, 152, 155, 187, 191, 198, 206 f., 209, 217–220, 226–228, 230 f., 244, 246 f., 271, 273, 276–278, 287, 334, 351 f., 358 f., 385, 392, 395, 397, 403, 407, 409 f., 414–416, 418 f., 422 f.
Licht 8, 30, 129, 150, 153, 189, 218, 222, 224, 230 f., 233, 235, 245, 247–258, 260, 263, 265–269, 272–274, 284 f., 288, 290–295, 297, 305 f., 308 f., 311–317, 321–323, 325–332, 334, 341, 354, 356
Limmude Aṣilut (Emanationslehren) 167, 314, 326, 329, 331 f., 345, 347
Literatur 1, 4 f., 8, 10 f., 16, 18 f., 21–24, 26–29, 34, 37–42, 47, 51, 66, 68, 72, 74–77, 81, 84–86, 89–91, 93–96, 109, 111, 116–118, 121 f., 124–126, 131 f., 140, 142 f., 146, 148, 152 f., 156, 166, 170, 190–192, 195, 199, 203, 207, 213–215, 217 f., 222, 225–227, 234–237, 240–245, 247, 261–263, 265, 270, 272, 278 f., 286–288, 296, 298, 303 f., 309, 312, 316, 323–325, 328 f., 336, 339 f., 342 f., 347, 351, 353, 356, 359 f., 365, 373 f., 376–378, 380–384, 386 f., 392, 396, 401–405, 408, 412, 414, 419
Logik 7, 17, 35, 74, 79, 95, 121, 125, 149, 194, 242, 342, 371

Magnat / Magnaten 53–56, 119, 153, 182 f.
Männlich 172, 198, 212, 214, 252, 269 f., 279, 335, 339, 346, 348 f.

Manuskript / Handschrift 19, 30, 48 f., 70 f., 78, 81, 110 f., 113, 119, 131, 151, 154, 162, 164, 167–169, 174, 201, 205, 211, 215, 230, 236, 243, 319, 359, 362, 371 f., 376, 379–381, 388–391, 393 f., 413, 423
Maskil / Maskilim 3, 5–8, 11, 14, 21–23, 25 f., 30, 32, 41, 44 f., 53, 56, 61, 64, 69, 71 f., 76, 84, 87, 89–96, 100 f., 105–107, 109, 133, 136 f., 140, 143, 146, 148, 150, 153, 156, 161, 183, 186, 190 f., 199 f., 202 f., 207, 215–217, 221 f., 224 f., 227, 232, 234–239, 241, 244, 247, 252, 255, 277, 286 f., 295 f., 313, 315, 339–341, 343, 345, 350, 357, 367 f., 370, 373, 377, 381, 383, 388, 406, 412, 416 f., 420 f.
Materie (*ḥomer*) 43, 45, 68, 104, 106, 108, 129, 215, 217, 224 f., 228, 242, 245, 251–254, 266, 268, 270, 273, 279, 281 f., 286 f., 290, 293 f., 298, 306 f., 313 f., 318, 323 f., 333–336, 354, 396
Mathematik 34, 40, 74, 79, 102 f., 106, 119, 194–196
Mäzen 65, 68, 132, 153, 155, 158, 183, 382, 404, 413
Me'assef 14, 18, 21, 23, 30, 61, 69, 71, 74, 76, 81 f., 87 f., 94, 102, 130 f.143, 145–147, 149, 155, 186, 190, 196, 203, 274, 358, 394, 417
Me'assfim 6, 22, 81, 130, 133, 137 f., 141 f., 147, 243, 390, 399 f., 406, 413
Mechanik 11, 31, 80
Meditation 90, 97, 240, 266, 324
Medizin 11, 61, 79, 83, 192–194, 229, 255 f.258, 278 f.
Meliṣa (Mosaikstil, Intarsie) 18, 74, 107, 179, 202 f., 205, 207 f., 218, 240, 243 f., 248, 273, 351, 383 f., 413, 417
Me'or 'Enayim (Erleuchtung der Augen) 76, 79, 154, 234, 242, 401
Mesillat Yesharim (Pfad der Rechtschaffenen) 124 f.
Messias / Messianismus 9, 38, 42, 51 f., 78, 90, 96, 119, 123 f., 126, 129, 161, 163, 165 f., 170, 174, 189, 209, 214, 267, 274, 291, 311, 316, 345, 349, 351, 360 f., 364, 367, 369, 378, 380, 383, 414, 422
Metapher / Metaphorik 8, 25 f., 31, 36, 42, 90, 110, 131, 198, 202, 214, 217, 220 f., 224, 234 f., 241, 243, 249, 252, 266, 268, 271, 285, 288, 308, 311 f., 315, 318, 331, 335, 340, 343, 346–351, 375
Metaphysik 16, 27, 44 f., 79, 100, 104, 106, 111, 119, 130, 150, 198, 224, 227, 239 f., 268 f., 272 f., 293, 309, 312 f., 321, 354, 360, 419
Migration 3 f., 51, 59 f., 65, 67, 84, 412
Minḥat Bikkurim (Gabe der Erstlingsfrüchte) 51, 61, 74, 80–82, 147, 200 f., 209, 273, 358, 373, 409
Mishle Asaf (Sprüche Asafs) 8, 21–24, 31, 68, 72, 74, 76 f., 81 f., 147 f., 199 f., 218, 220, 225 f., 228 f., 237 f., 247, 358, 388, 394, 416
Miṭpaḥat Sefarim (Umhang der Gesetzesrollen) 75, 113, 208, 379, 381
Moderne 1–3, 6–14, 17–20, 22 f., 26, 28, 30, 32–35, 39, 42–44, 47, 51, 53 f., 56, 59, 65 f., 68 f., 76, 79, 82, 84 f., 87–90, 94, 100, 103, 109, 116, 118–122, 125, 132, 136 f., 140, 142, 148, 152, 163, 181, 185, 188, 190 f., 196 f., 200, 206, 211, 214 f., 217, 220, 225, 232, 239, 242 f., 246 f., 249 f., 253, 255, 258, 268, 273 f., 301, 303 f., 322, 327, 342, 349, 353, 355, 357, 360 f., 369 f., 372–383, 402, 405 f., 410, 412–422
Mond 88, 120, 150
Monopol 178 f., 181 f.
More ha-Nevukhim (Führer der Verirrten) 5, 8, 64, 68, 79 f., 86–89, 92, 102, 106, 114–116, 118, 154, 190–193, 202, 206, 211, 220 f., 224, 231, 234, 240 f., 245 f., 274, 296, 304, 313, 406, 416
Musar 38, 124–126, 132, 136, 150, 152, 217
Mystik (jüdische) 1–6, 9, 12, 14, 16, 18 f., 29–31, 34–44, 52 f., 64 f., 78 f., 85 f., 90, 95–102, 109 f., 114–119, 123, 125, 130, 148, 156, 161, 164, 166, 170, 172, 174, 185 f., 188–192, 194, 196, 198, 213 f., 218, 220, 222 f., 225, 228, 231, 234, 240–242, 245 f., 251, 258, 262 f., 265, 267, 269, 271, 275 f., 284–287, 289–296, 300–303, 306 f., 310 f., 316–

318, 322, 324–327, 329, 334, 336, 340, 342–344, 348–351, 353, 356f., 359–361, 365–367, 369–371, 374, 376–380, 382, 386, 389, 394, 405, 407–410, 413–415, 417, 419, 421–423
Mythos 35, 40, 85, 99, 107, 126, 172, 188f., 209, 213, 216, 242, 262, 269, 271, 284, 290, 292f., 296, 301, 310, 315, 348f., 360f., 365, 368–371

Naḥal ha-Besor (Bach Besor oder Gute Nachricht) 133, 143, 244
Narrativ 13, 43, 246, 345, 353, 364
Nationalbewusstsein 28
Natur 5, 20, 81, 99f., 111, 113, 118, 128, 164, 194–196, 212, 214, 218, 228f., 237f., 253f., 258, 282, 289–296, 298, 316, 319, 323, 336, 338, 342, 361, 389, 396, 402, 405, 407, 422
Naturlehre (Krüger) 121, 251, 255f., 258, 275, 277, 279f.
Naturwissenschaft 1–5, 10f., 16f., 20, 24f., 30, 33f., 41f., 46, 69, 76, 79, 91f., 102f., 113, 118–121, 186, 188f., 197, 212, 218, 220, 223, 225, 227, 229f., 233, 240, 247, 260, 268, 272–275, 287, 288f., 307f., 317, 321–323, 340, 344, 347, 351, 383, 385, 395, 402, 410, 412–420, 422f.
Nerven / Nervensaft 16, 276, 279–282
Neṣaḥ Yisra'el (Ewigkeit Israels) 119f.
Neuplatonismus 6, 10, 213, 215, 224f., 275, 284, 295, 306, 310–312, 314
Nichts 126, 245, 285f., 288–291, 296, 301f., 306, 308, 314, 318f., 331, 365
Nihilismus 20, 23, 363, 365–371
Novelot Ḥokhma (Weisheitssplitter) 249f., 306–308, 313f., 331f.

Ökonomie 13, 53, 55f., 148, 164, 186, 253
Optik 11, 16, 30f., 80, 221f., 232, 236, 247–249, 258, 260, 262, 274
Organe 253, 258, 276, 279, 316, 378, 382f.
Orientalische Buchdruckerey 14f., 64, 68–72, 82, 100, 130, 138–140, 148, 155f., 159, 399, 412
Orientalismus 6, 10, 70, 99f., 115, 147–149, 158, 239f., 243, 315f., 344, 376, 399, 404, 414
Orthodoxie 66, 77, 95, 122, 137, 141f., 274, 360, 368f., 372, 375
Osmanisches Reich 51, 159, 195
Osteuropa 3, 5, 9, 11, 32f., 51, 53, 58f., 66, 80f., 84f., 90–92, 103, 119, 159, 164, 183, 185f., 189f., 196f., 207, 209, 274, 316, 357, 385, 402, 408, 412, 415f., 418–420

Panorama 36f., 354, 421
Parabel 5, 22, 25, 202, 221–223, 226, 238, 241, 334f.
Pardes Rimmonim (Granatapfelgarten) 116, 267, 312, 318, 328, 340
Peripherie 422
Pesach 75, 171f., 387
Phänomenologie 35f., 39, 44
Philosophie 1–3, 5–8, 10f., 13, 15–20, 25–27, 30–36, 39–41, 45f., 52, 68, 72, 76, 79f., 82, 84–87, 89f., 92f., 95–103, 105–107, 109–111, 113–124, 126, 128f., 150, 152, 163, 166, 172, 182, 185–198, 200, 203, 206, 212, 216, 218, 220–222, 224–228,232–235, 237, 239–,242, 245f., 248f., 253, 258, 266, 268, 271f., 274f., 278f., 285–287, 292, 294–296, 300, 305–308, 311, 314–319, 321–323, 331, 345, 347, 351, 355, 357, 359, 365, 368, 370, 372, 380, 383, 385, 387, 389, 393–395, 402f., 404–406, 408, 410, 412–416, 418–420, 422f.
Physik 19, 30, 111, 113, 119, 121, 194, 196, 214, 220f., 225, 227, 229, 253, 258, 279–282, 309, 313, 402–404, 415
Physiologie (Phisiologie) 258, 260, 280–284
Pilpul (Pfefferung) 94–96
Pirqe Avot (Sprüche der Väter) 171, 287, 336
Piyyuṭ (synagogale Dichtung) 388, 392f.
Plagiat 24, 199
Pluralität 4, 317
Poesie / Poetik 21, 27, 63, 66, 73, 75, 82, 119, 125, 128, 130f., 199f., 202, 209,

211, 216, 221, 241, 244, 247 f., 272, 274, 278, 387 f., 392, 402–404, 407 f., 419
Polemik 1, 23, 39, 61, 72, 74, 76 f., 81 f., 118, 141 f., 147, 153, 205, 208, 236, 353, 379, 383, 395, 398, 401, 414
Polen 3 f., 11 f., 16, 21, 29, 33, 50–61, 63–65, 67, 82–85, 95–101, 113, 116, 118–120, 130, 139, 143, 147, 149, 156, 159, 161, 163, 177–179, 181, 183 f., 195, 215 f., 250, 377, 385, 397, 402 f., 406 f., 412
Preußen 14, 47, 64–67, 69, 132, 139, 149, 157–159, 400
Providenz / Vorsehung 128–130, 298–300, 309–312, 350
Psalmen 74, 76 f., 81, 111, 147, 154, 206, 217, 246, 303, 402–405, 407
Pseudepigraphie 22, 27, 75, 80–82, 200, 206–208, 216, 358, 396 f.,
Psychologie 27, 43, 113, 205, 221, 280, 287, 305, 341, 361, 368 f., 370–372, 405
Punkt/e 254, 285 f., 288, 290–296, 299 f., 306–308, 314, 318, 326 f., 329–332, 336

Qahal (jüdische Gemeindeleitung) 54 f.
Qaw yashar (gerade Linie) 129, 292–296
Qelaḥ Pitḥe Ḥokhma (138 Pforten der Weisheit) 124, 126 f., 130

Rabbinische Autorität 23, 26, 29, 65, 80, 91, 94, 137 f., 143, 161, 167, 170, 181, 190, 196, 207, 215, 357
Rachel 348–351
Radikalaufklärung 2, 26, 128, 237, 298
Rationalismus 1 f., 4, 8, 13, 15, 29, 31–33, 80, 97 f., 100, 115, 124 f., 150, 190, 192–197, 219–223, 225 f., 235, 237, 241, 277, 287, 356, 359 f., 375–377, 382, 405, 411, 413, 419 f., 423
Rätsel (*ḥidda*) 22, 130, 202, 221 f., 248
Regenbogen 248, 251 f., 254, 256, 258, 262, 265 f., 269 f.
Religion 2 f., 5, 7, 9, 11, 13, 16 f., 20, 22 f., 25, 27, 29, 31–36, 38–42, 44 f., 52, 54 f., 59, 65, 69 f., 76 f., 79 f., 85, 90–92, 94 f., 98 f., 102, 119 f., 123, 128, 132, 136, 141, 148, 154, 166, 178, 182, 186, 188–192, 194, 196, 198, 202, 206, 218 f., 222, 224 f., 227, 229, 233–239, 250, 268, 273–275, 286, 298, 300, 303, 305, 324 f., 335, 339, 343, 350 f., 356, 357 f., 360 f., 363, 365, 369, 371, 376, 378, 383, 387, 396, 399, 406 f., 410, 412, 415, 417, 420
Reshimu (Rest) 129, 292, 306 f., 331 f.
Revolution 2, 4, 16, 26, 43, 68, 86, 103, 105, 107, 113, 128 f., 137, 188, 193, 196, 221, 223, 363, 365
Ritual 39–41, 96, 170–172, 176, 189, 198, 213, 225, 246, 271, 287, 298, 316, 342 f., 348 f., 414, 422
Romantik 8 f., 11, 14, 68, 96, 102, 109, 116, 189 f., 233, 358, 375, 403

Sabbatianismus 4, 9, 11, 30, 36–38, 51 f., 54 f., 97, 113, 123, 125 f., 170, 188, 206 f., 315, 348, 353, 357, 359–361. 363–367, 369 f., 412, 423
Säkularisierung / säkular 1 f., 4 f., 8, 19, 25 f., 66, 68, 77, 87, 90, 121, 132 f., 137, 143, 188 f., 200, 226, 228 f., 234, 239, 268, 355, 360, 362, 364, 366–368, 371, 414, 421
Satire 4, 90, 94, 141, 206 f., 215, 353, 371, 373 f., 383, 414, 417
Schöpfung 16 f., 37, 41, 52, 105, 107, 111, 115, 125 f., 128 f., 148, 203, 212, 214, 216, 224 f., 227 f., 232, 242 f., 245 f., 248–250, 266 f., 270–272, 274, 278, 284–296, 298–311, 313–317, 319, 321, 324–333, 335–350, 406
Seele 1, 6, 9, 17, 24 f., 35, 48, 72, 76, 83, 85, 97, 102, 109, 119, 128, 150, 152, 172, 174, 189, 206 f., 223, 240, 243 f., 248 f., 276 f., 279–283, 294, 304, 308, 314, 317, 321 f., 324, 326, 330 f., 333, 340 f., 343, 346–351, 363, 370, 423
Seelenarzt 24 f., 152
Sefer ha-Berit (Buch des Bundes) 82, 113, 119, 186, 196 f., 250, 260, 307, 419
Sefer ha-Kuzari 30 f., 64 f., 67 f., 75, 79 f., 82, 84, 92, 94, 122, 148, 154, 193, 200, 202, 206, 208, 226, 239, 392, 416

Sefer ha-Middot (Buch der Ethik) 25, 70, 72, 74, 76, 78, 81, 94, 149 f., 203, 218, 225, 228, 239, 394, 416
Sefira / Sefirot 1, 29, 35, 99 f., 114, 117, 129, 172, 198, 206, 214, 216, 228, 232, 247 f., 250, 254, 258 – 274, 285 – 288, 290 f., 293, 295 f., 299, 301 f., 306, 310, 314, 316 f., 319, 321 – 326, 329 f., 332, 335 – 337, 342 – 344, 346 – 349
Sejim 55
Sha'are Ora (Tore des Lichts) 222, 231, 317, 322, 324 f., 329, 334 f., 338, 340
Sha'are Qedusha (Pforten der Heiligkeit) 114, 116 f.
Shabbat 74, 156, 212, 232, 267, 278, 342, 350, 388
Shavu'ot (Wochenfest) 171, 349
Shekhina 123, 174, 198, 265, 267 f., 270 f., 291, 299, 317, 325, 327, 329, 342, 346, 348 – 351, 382
Shemona Peraqim (Acht Kapitel) 25, 152, 192
Shibbuṣ 107, 240, 244, 274, 419
Ṣimṣum (Rückzug Gottes) 16, 107, 116, 118, 123, 126, 128 f., 228, 230, 248 – 250, 284 – 287, 290 – 295, 298 – 315, 317 – 319, 321, 325 f., 328, 330 – 332, 340, 342, 345, 367
Skepsis / Skeptizismus 8, 23 – 25, 34, 103, 115 f., 118, 132, 231, 234, 237 f., 319, 420
Sonne 49, 88, 120, 150, 230, 254 – 256, 265, 283, 295, 297, 319, 322, 328, 336, 388
Soziologie 13 f., 36, 42 – 45, 262, 273, 286, 402, 414, 416, 421
Sprache (siehe auch Hebräisch) 1 f., 17 f., 20 – 22, 27 – 29, 32, 43, 46, 49, 59, 66, 69 f., 72, 74 – 76, 80 f., 91, 97, 100, 102, 106, 109, 111, 115, 117 f., 120, 125, 128, 131 – 133, 136 – 138, 140 – 143, 146 f., 149, 153, 157 f., 163, 165, 178, 189, 192 f., 195 – 197, 202 f., 207, 209, 214, 217, 230, 235, 240, 243, 255, 266, 268, 270, 272, 274, 283 f., 289, 302, 304, 312, 328 f., 336 – 340, 346 – 348, 353, 358 f., 370, 372, 381, 384, 388, 392 f., 393, 395 f., 399 – 401, 403 f., 407 – 409, 413 f., 416 f., 421, 423
Sprüche (*Mishle*) 203
Staat 33, 55 f., 58, 66 f., 69 f., 149, 153 f., 157, 177, 181 f., 186, 337, 360, 366, 368, 378
Stempel / Stempelsteuer 127, 154, 165, 177, 180 – 182
Steuer 54, 58 f., 70, 77, 149, 177, 181 f., 228
Strukturalismus 40
Subskribenten 18, 71, 73, 181, 413
Symbol / Symbolik 2 f., 12, 16 f., 20, 35, 43, 65, 87, 98 f., 113, 119, 121, 155, 209, 221, 224, 230, 235, 250 f., 262 f., 265 – 271, 273 – 275, 277, 284 f., 287 – 289, 296, 301, 305, 314, 325, 342 f., 345, 347, 362, 368, 373, 386, 402, 410, 415, 419 f., 422
Synagoge 21, 63, 113, 140, 386, 388

Theologie 11, 14, 17, 20, 36 f., 39, 52, 90, 95, 97, 114 f., 122 f., 125, 128, 143, 166, 188, 191, 194 – 197, 225, 227, 229, 233, 237, 240, 242, 268, 271, 298, 300, 302 f., 309 f., 322, 326, 336, 344 f., 355 – 357, 361, 364 – 367, 369 – 371, 382, 387, 402, 405, 414, 420
Tiqqun (Wiederherstellung, Vollendung) 17, 35, 123, 126, 128 f., 216, 243, 266, 270, 349 – 352, 384, 416, 418
Tiqqun ḥaṣot (Vollendung um Mitternacht) 349 – 351
Toleranz 4, 7, 15, 25, 32, 69 f., 77, 94, 131, 141, 154, 157 – 159, 182, 197, 237 f.
Tradition 1 – 5, 7, 9 – 13, 17 – 20, 22 f., 25, 27 f., 31 – 38, 40 – 44, 46, 48, 56, 63, 66, 68 f., 72, 75 – 77, 79 f., 86, 88 – 97, 99, 102, 108 f., 114 f., 117 – 122, 124, 132, 137, 139, 141 – 143, 146, 148, 150, 154, 156, 166, 170 f., 174 f., 186, 189 – 192, 194 – 200, 203, 209, 212, 214 – 217, 220, 223 f., 229, 232, 234, 237 – 241, 243 f., 246 f., 249, 262 f., 267 f., 272 – 275, 278, 286, 290, 295, 300 f., 303 f., 308, 314, 316, 322, 325, 327, 329, 331, 336, 339, 342, 346, 348 – 351, 354 f., 357 – 359, 362, 365, 369, 372, 375, 379, 381 – 383,

385, 395, 399, 404, 406–410, 412–416, 418–421, 423
Transfer 10 f., 37, 42–45, 65, 102, 193, 283, 354
Typologie 35, 52, 87 f., 172, 196, 240

Unio mystica 5 f., 35, 334, 422
Universalismus 5, 15, 25, 27, 40, 77, 99,128, 206, 329, 404, 420
Ursache 105, 117 f., 129, 224 f., 227, 231, 252, 254, 258, 262, 265, 272, 294–296, 318, 333, 335–337, 340, 342, 350, 353
Utopie 9, 23, 77, 91, 362, 366

Vernunft 4 f., 7–9, 17, 25, 27, 31–33, 46, 69 f., 72 f., 92, 94, 98–100, 103, 109, 111, 113, 120, 122, 128, 146, 150, 188–190, 218, 225–229, 235, 237, 241, 244, 246, 272, 284, 306, 338, 406
Verstehen 5, 47, 97, 105, 114 f., 137, 191, 206, 209, 215, 217, 224, 226 f., 243 f., 248, 254, 284, 287, 294, 309 f., 326, 335, 337, 339, 341, 346 f., 351, 361, 364, 392, 395
Vorstellungskraft / Imagination 6, 17, 86, 131, 174, 188, 191, 212–214, 221–223, 234, 247, 277, 279–283, 294, 333, 366

Wahrheit 1, 7, 17 f., 24, 27–29, 31, 33, 70 f., 74, 76, 78 f., 83, 86 f., 94, 99, 105, 108, 110, 113–117, 120 f., 128 f., 138–140, 148–150, 155, 158, 164, 199 f., 202 f, 205–209, 215 f., 218, 220–226, 228–231, 234–239, 248, 262, 272 f., 277, 286, 289, 291, 298, 300, 309, 317, 322, 325, 328, 339, 346 f., 351, 358, 364, 366–369, 372 f., 381 f., 386, 391, 398, 400, 402, 404 f., 407, 416, 419
Wahrnehmung 84, 107, 220, 251–253, 258, 260, 280–282, 290, 336, 361, 370, 409
Weiblich 131, 171 f., 198, 212, 214, 243, 252, 263, 267, 269–271, 285, 335, 339, 344, 346–349, 365
Weisheit (*ḥokhma*) 7, 25, 27, 31, 72, 77, 80, 87 f., 92, 94, 100, 110 f., 117, 124, 126, 143, 150 f., 154 f., 172, 190–192, 198, 202 f., 208 f., 211, 214, 216–218, 220–222, 224–228, 230, 232, 234–236, 238, 240 f., 243–246, 248 f., 254, 262, 268 f., 272 f., 286 f., 291, 294, 306, 313, 335–341, 344 f., 347, 404, 410
Widerstand 8, 33, 146, 159, 233, 270, 299 f.
Wirkung 3, 7 f., 12, 16, 18, 25, 30, 32, 35 f., 41 f., 55, 77, 104, 113, 116, 128, 159, 170 f., 191 f., 200, 207, 227, 237 f., , 252–254, 275, 281 f., 295, 313, 315, 319, 333, 342, 353, 356, 361, 369, 401, 410
Wirtschaft 16, 51, 53 f., 56, 60, 64, 69–71, 77, 152, 158 f., 165, 178, 184, 186
Wissen 1, 5 f., 12–14, 16, 24 f., 27, 29, 31, 39, 41–45, 55, 72, 77 f., 85 f., 90–93, 100, 102, 110 f., 113 f., 116 f., 120 f., 141, 143, 148, 150, 155, 172, 193, 195, 197, 206, 208, 218–225, 227–230, 232 f., 234 f., 238, 241, 244, 246, 248, 250, 254 f., 273–275, 277, 284, 288, 293 f., 298, 300, 309, 312, 317, 322, 334, 337, 339, 347, 351, 353, 357, 372, 385, 414, 418 f.
Wissenschaft 1 f., 4 f., 13–20, 24, 26–29, 31 f., 39, 41, 43–45, 47 f., 72, 75, 77, 80, 85, 87 f., 90 f., 93 f., 100–102, 110 f., 113, 119–122, 124, 136 f., 143, 150, 152–154, 157, 188, 190–199, 203, 206, 209, 211 f., 214 f., 217 f., 220–223, 226–229, 231–233, 235–238, 241, 246–250, 252, 254, 258, 272 f., 275, 277, 287, 296, 300–302, 304, 319, 322, 339, 353–361, 364–369, 373–380, 382–386, 398 f., 402, 404–411, 414–416, 418–421
Wissenschaft des Judentums 3, 6, 12, 18–20, 33, 47 f., 88, 93, 110, 112, 131, 136, 156, 201, 218, 240, 317, 320, 353–356, 359–362, 364, 367 f., 376, 378, 382, 384–387, 396, 401, 406, 408–410, 414

Zeitschrift 8, 14 f., 18, 21 f., 71, 75 f., 81, 110, 131–133, 136–143, 146, 155 f., 191, 196, 225, 238, 279, 289, 358, 360, 364, 366, 387, 400, 417
Zensur 95, 157, 163
Zohar 2, 16, 28 f., 35, 75, 78, 100, 113, 115 f., 123 f., 130, 166, 171–174, 199,

202 f., 205 – 209, 211, 215 – 217, 220, 222 – 224, 231, 234, 242 f., 254, 262 f., 265 – 271, 274, 278 f., 285 – 288, 290 – 293, 303, 312, 314, 325, 328, 330, 335, 339 – 340, 342, 344 – 351, 358, 375, 379 – 381, 383, 385, 387, 406, 408, 410, 416 f.

Zohar Tinyana (Zweiter Zohar) 2, 16, 24, 28, 73, 75, 79, 81, 126, 130, 163, 188, 190, 199 – 201, 203 – 206, 208 – 213, 216 f., 232, 234, 294, 338, 358, 379, 395, 406, 416

Zweifel 2, 21, 49, 165, 208, 225 f., 234 f., 238, 241, 341, 355, 390, 399

Zwillingsschwestern / -paar 25, 31, 203, 215, 218, 220 f., 223 – 228, 234 f.

www.ingramcontent.com/pod-product-compliance
Lightning Source LLC
Chambersburg PA
CBHW051533230426
43669CB00015B/2583
9783111518565